2017

新郑年鉴

XIN ZHENG YEAR BOOK

新郑市人民政府 主办

新郑市地方史志办公室 编

方志出版社
Publishing House of Local Records

图书在版编目（CIP）数据

新郑年鉴. 2017/新郑市地方史志办公室编. — 北京：方志出版社， 2017.12
ISBN 978-7-5144-2892-6

Ⅰ. ①新… Ⅱ. ①新… Ⅲ. ①新郑－2017－年鉴
Ⅳ. ①Z526.14

中国版本图书馆CIP数据核字（2017）第321400号

新郑年鉴（2017）

编　　者：	新郑市地方史志办公室
责任编辑：	顾　洁
出 版 人：	冀祥德
出 版 者：	方志出版社
	地址　北京市朝阳区潘家园东里 9（国家方志馆4层）
	邮编　100021
	网址　http://www.fzph.org
发　　行：	方志出版社发行中心
	电话（010）67110500
经　　销：	各地新华书店
印　　刷：	河南省瑞光印务股份有限公司
开　　本：	787×1092　1/16
印　　张：	26.75
字　　数：	1148千字
版　　次：	2017年12月第1版　2017年12月第1次印刷
印　　数：	0001～1200册

ISBN 978－7－5144－2892－6　　**定价：**180.00 元

序 言（一）

《新郑年鉴》（2017）如期出版发行，标志着我市年鉴编纂工作已走上了健康发展的快车道，在这里我代表市委、市政府并以我个人的名义向《新郑年鉴》的出版发行表示衷心的祝贺，向所有编纂人员表示深深的谢意！

2016年是我市实施“十三五”规划的开局之年，也是我市加快现代田园临空经济强市建设、在全省率先全面建成小康社会的关键之年。一年来，我们紧紧围绕建设现代田园临空经济强市总目标，牢固树立“创新、协调、绿色、开放、共享”五大发展理念，深入实施“双融入、双承接”发展战略，扎实开展“两学一做”学习教育，强力推进产业发展、新型城镇化、开放创新、生态建设等四项重点工作，实现了工业经济加快转型、第三产业发展壮大、城市魅力更加彰显、社会大局和谐稳定、各项事业全面发展的大好局面。全国中小城市综合实力百强县（市）上升至第43位；全国县域经济基本竞争力百强县市排名上升至第49位；全国财政收入百强县市排名上升至第43位，县域经济发展质量评价连年位居全省首位。

存正史，可资政育人；纂佳志，能鉴往知来。《新郑年鉴》（2017）作为市委市政府的年度综合性大型信息资料工具书，以准确的数据、丰富的史料、翔实的内容，系统记载了2016年度全市人民团结一致、奋力拼搏的历程，为社会各界了解新郑提供了重要的窗口和平台。愿我们的《新郑年鉴》真正发挥其存史、资政、育人的历史作用，真正成为对外宣传新郑、展示新郑的全新名片，为弘扬新郑精神，助推新郑经济的腾飞发挥更大的作用。

中共新郑市委书记：

序 言（二）

在社会各界的高度关注下和热切期盼中，《新郑年鉴》（2017）如约与大家见面了！她全面翔实地记载了2016年全市各领域取得的丰硕成绩，凝结着全市人民的智慧和汗水。在此，我谨代表市委、市政府和全市人民向《新郑年鉴》的付梓发行表示衷心的祝贺，向全体编纂人员表示诚挚的谢意！

2016年是“十三五”规划的起始年，也是我市经济社会发展乘势突破的一年。一年来，全市上下在市委的正确领导下，务实重干、克难攻坚，大力实施“双融入、双承接”发展战略，扎实推进新型城镇化、产业发展、开放创新、生态建设等重点工作，圆满完成了全年目标任务，经济社会呈现持续健康快速发展的良好态势，县域经济发展质量总体评价连续4年位居全省首位，全国中小城市综合实力百强县（市）和县域经济基本竞争力百强县（市）排名分别升至第43位、49位，为全面顺利实施“十三五”规划奠定了坚实基础。

明鉴春秋，服务现实。年鉴是昨天的历史、今天的镜子、明天的见证，衷心希望全市上下深入学习年鉴，灵活运用年鉴，充分发挥出其资政育人的独特作用，在工作实践中不忘初心、锐意进取、奋发作为，为建设现代田园临空经济强市做出新的更大的贡献！同时，也希望市志编纂人员进一步创新框架、优化栏目、精雕细琢，努力把《新郑年鉴》办出特色、办成精品，使其成为党委、政府科学决策的信息库和参考书，将其打造成为展示新郑风貌的一张靓丽名片。

最后，真诚祝愿我们的《新郑年鉴》越办越好！

中共新郑市委副书记
新郑市人民政府市长 张

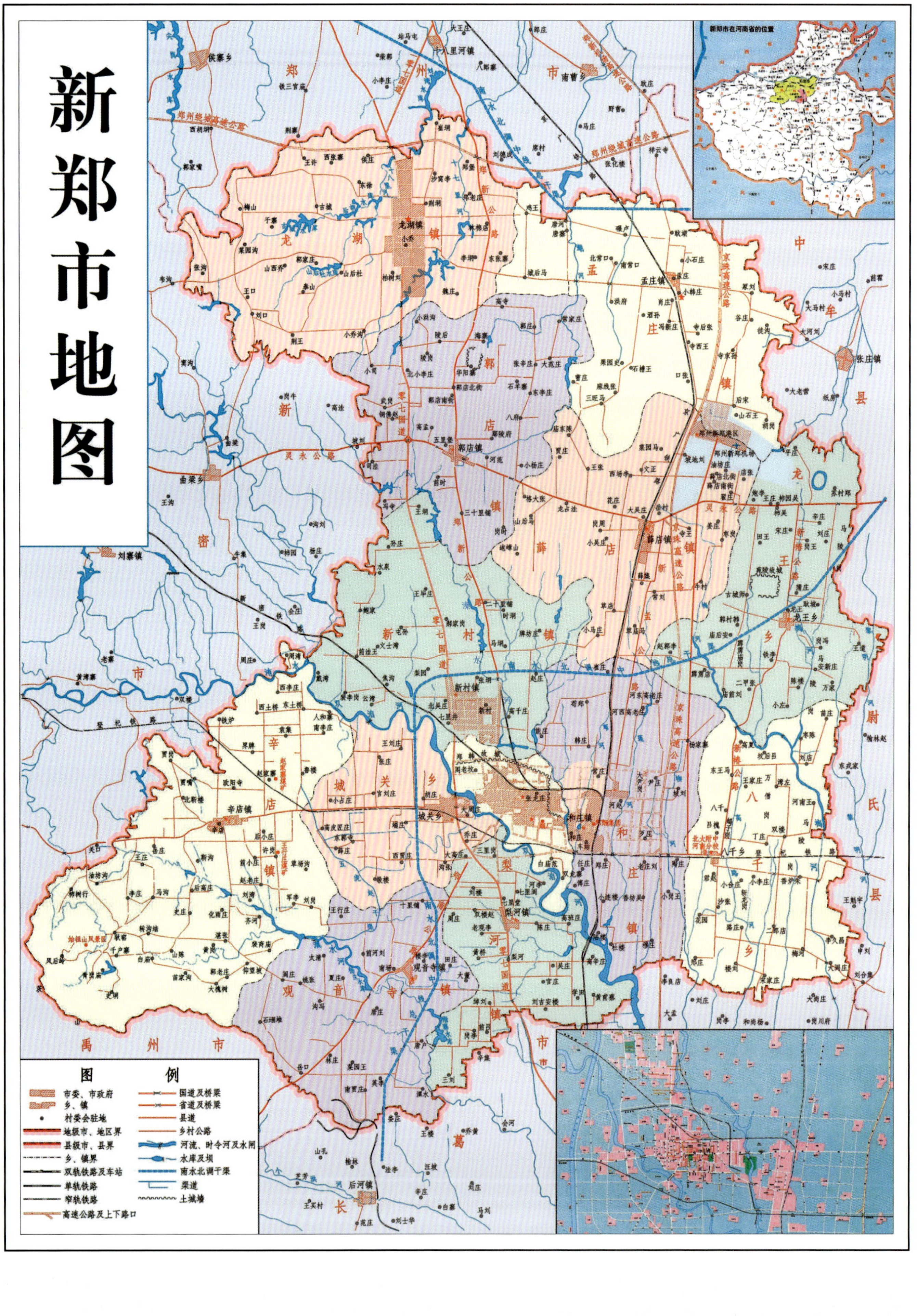
新郑市地图
新郑市在河南省的位置
图例
市委、市政府
乡、镇
村委会驻地
地级市、地区界
县级市、县界
乡、镇界
双轨铁路及车站
单轨铁路
窄轨铁路
高速公路及上下路口
国道及桥梁
省道及桥梁
县道
乡村公路
河流、时令河及水闸
水库及坝
南水北调干渠
渠道
土城墙
龙湖镇
孟庄镇
郭店镇
薛店镇
龙王乡
新村镇
辛店镇
城关乡
和庄镇
八千乡
梨河镇
观音寺镇
郑州市
中牟县
尉氏县
长葛市
禹州市
新密市
郑州绕城高速公路
京珠高速公路
灵永公路
新郑国际机场

河南省新郑市城乡总体规划 2009—2030

中心城区用地布局规划图

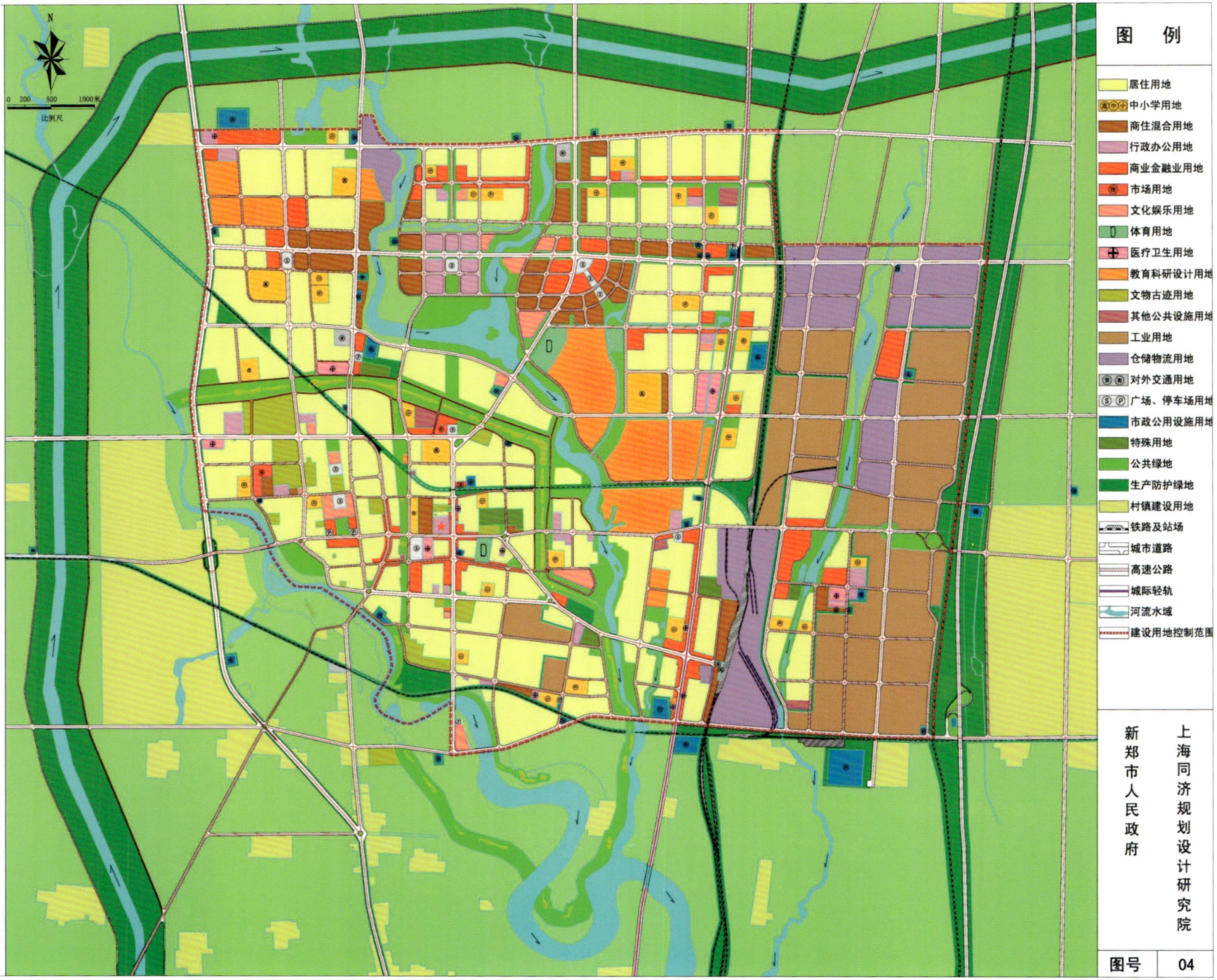

上海同济规划设计研究院
新郑市人民政府

图号 04

荣誉新郑
Honorable Xinzheng

◎国家级

中华第一古都

中国大枣之乡

国家卫生城市

中国优秀旅游城市

中国特色魅力城市200强

中国全面小康十大示范县（市）

全国财政收入百强县市排名位列43位

全国科学发展最具区域带动力中小城市百强县（市）

全国中小城市综合实力排名第43位

全国十佳和谐可持续发展城市

全国县城经济基本竞争力百强县（市）排名第49位

全国最具农业投资价值县（市）

全国品牌农业示范县（市）

全国食品工业十大发展特色县（市）

全国食品工业强县（市）

全国新型农村合作医疗试点县（市）

全国县级城市旅游竞争力20强

全国知识产权试点（市）

全国侨联爱国主义教育基地

全国社会治安综合治理先进单位

全国科技进步先进县（市）

全国体育工作先进县（市）

全国民政工作先进县（市）

全国电气先进县（市）

全国文物保护先进县（市）

全国工商系统商标工作先进集体

全国法治县（市、区）创建活动先进单位（连续4年）

全国经济普查先进单位

全国企业信息化试点县（市）

全国义务教育发展基本均衡县（市）

全国水土保持生态环境建设示范城市

全国农田水利基本建设先进单位

全国中医药工作先进县（市）

全国劳动力转移就业示范县（市）

连续9年荣获全国平安建设先进县（市）

全国“两基”工作先进县（市）

全国价格认证机构规范化建设示范单位

全国农机推广运行机制研究试点县（市）

全国科技富民强县行动试点县

全国和谐中小城市示范单位

拜祖大典被列入国家级非物质文化遗产名录

拜祖大典被评为最具国际影响力祭拜大典

河南省十大文化强县

◎省级

河南省文明城市

河南省园林城市

河南省红旗渠精神杯（连续19年）

河南省对外开放先进县（市）

河南省双拥模范城市“七连冠”

全省移民工作先进单位

河南省信访工作先进县（市）

辛店镇荣膺全国文明镇

龙湖镇成为全省唯一一个全国综合实力百强镇

轩辕湖湿地公园

创新发展
Innovation Development

▲ 中德产业园

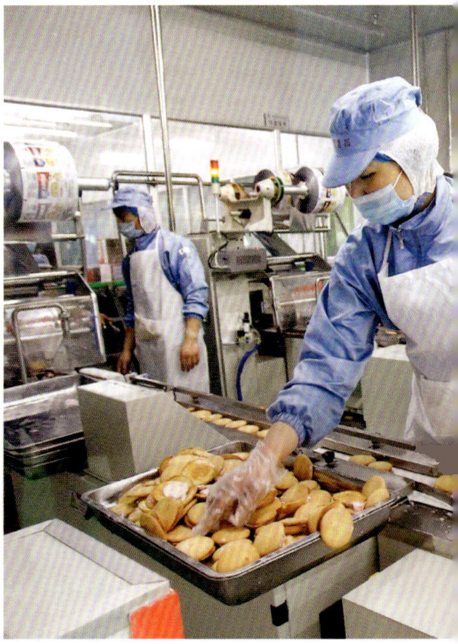

▲ 郑州达利食品有限公司

▲ 总建筑面积18万平方米的孟庄镇农民创业园，是一个集枣产品加工、研发、仓储、销售、流通等多项服务功能于一体的大型综合产业示范园

▲ 河南润弘制药股份有限公司生产车间

协调发展
Coordinated Development

▲林溪湾小区

▲樱桃熟了

▲郑州大学西亚斯国际学院—中国园

▲郑州加加酱业有限公司生产车间

▲黄帝故里中秋拜祖音乐大典

▲群众自发组织广场文化活动

绿色发展
Green Development

▲ 轩辕湖公园健康步道

▲ 环保志愿者绿色骑行倡环保

▲ 新郑郑新快速通道，生态廊道

新郑新区俯瞰图

开放发展

Open Development

▲新郑市行政审批服务中心

▲ 河南雏鹰农牧股份有限公司

▲ 郑州卓峰制药有限公司生产车间

▲ 郑州华南城1号交易广场

共享发展
Share Development

1 新郑市青少年及大学生服务中心
2 社区居民医疗保障一体化
3 新郑正义哥上门服务
4 参加医保享实惠
5 沙滩欢歌
6 消防官兵演练
7 法律援助服务到位
8 平安建设人人有责

丙申年黄帝故里拜祖大典

Ancestor Worship Ceremony of 2016

同根同祖同源　和平和睦和谐

主办单位： 河南省人民政府
政协河南省委员会
国务院台湾事务办公室
中华全国归国华侨联合会
中华全国台湾同胞联谊会
中华炎黄文化研究会

承办单位： 郑州市人民政府
政协郑州市委员会
新郑市人民政府

1 2016年4月9日（农历三月初三）上午9时50分，来自世界各地的炎黄子孙，再次同聚黄帝故里，参加以“同根同祖同源·和平和睦和谐”为主题的丙申年黄帝故里拜祖大典

2 嘉宾步入拜祖现场

3 大典主司仪、中华全国归国华侨联合会主席林军主持大典

4 嘉宾依次向黄帝像敬献花篮

▲嘉宾净手上香

台湾地区原副领导人、两岸共同市场基金会荣誉董事长萧万长，台湾地区行政机构原负责人、中华文化总会会长刘兆玄，台湾地区立法机构原副负责人、台湾海峡两岸民意交流基金会董事长饶颖奇，全国政协委员、香港广东社团总会会长简松年，澳门世界华商联合会主席、澳门环盈集团董事局主席林健生，台湾友嘉集团总裁朱志洋，中华文化博览海外协进会会长、马来西亚原交通部长翁诗杰，美国海外炎黄子孙拜祖大典组委会理事长、美国加州河南促进会会长张丽莉，北美华人企业家联合会会长、加拿大金鑫集团董事局主席庄少卿等分三组走到拜祖台前，虔诚地净手上香。

▲全体人员向轩辕黄帝行施拜礼

维公元二〇一六年四月九日，岁次丙申，三月初三，五洲炎黄后裔恭以虔诚感恩之情，汇聚于中华始祖轩辕黄帝故都故里，敬呈洁净时蔬、鲜硕素果，拜祭于始祖黄帝座下。中华炎黄文化研究会会长许嘉璐，沐手振衣，谨以天下炎黄子孙之名，肃拜恭颂我始祖轩辕黄帝功德。其辞曰：

天玄地黄，远古洪荒。蒙昧既启，人类曙光。
华夏文明，浩浩荡荡。我祖勋德，万古流芳。
教民耕牧，莳谷树桑。婚丧有礼，历数歧黄。
始作舟车，初制度量。选贤任能，维系八方。
修德怀远，封土辟疆。肇现一统，和合共襄。
其始维艰，历尽沧桑。千秋风流，共赋华章。
万载积薪，后来居上。愈挫愈奋，多难兴邦。
天下为公，民本为上。振兴中华，百年梦想。
依法治国，全面小康。全球胄裔，同欣同光。
浩浩九州，大河之南。秣马执辔，崛起中原。
既安且美，维新在前。富而多文，荣我轩辕。
昆仑巍峨，江河浩瀚。先祖前哲，垂宪黾勉。
允恭允让，克勤克俭。济济多士，笃业丕显。
自强自尊，远虑忧患。厚德载物，至诚至善。
我胸宽博，我思悠远。日日维新，岁岁登攀。
四海兄弟，荣辱相关。亿兆同心，骨肉相连。
相扶相持，相敬相谦。中华复兴，四海同欢。
和平伟业，匍匐而前。何惧多阻，不辞万难。
维我竭诚，列祖明鉴。天下大同，龙脉绵绵。
我祖苗裔，披肝沥胆。竭诚禀告，伏惟尚飨!

▲香港、澳门、台湾、郑州的4名儿童放飞和平鸽

▲萧万长、刘兆玄、饶颖奇分别为黄帝故里挥毫题词

▲龙腾盛世

第十届黄帝文化国际论坛

The 10th International Culture Forum on Emperor Huangdi

2016年4月7日至8日，第十届黄帝文化国际论坛在风景宜人的郑州大学西亚斯国际学院隆重举行。热情好客的黄帝故里——新郑人民迎来了来自国内外数百名专家学者、社会名流。专家们围绕“黄帝文化与全国小康社会”这一主题发表演讲。

▲央视著名主持人陈铎、刘芳菲联袂主持

主办单位： 中华炎黄文化研究会
中国先秦史学会
中华黄帝故里建设促进会
郑州市人民政府
政协郑州市委员会

承办单位： 新郑市人民政府
河南省黄帝故里文化研究会

▲中华炎黄文化研究会常务副会长兼秘书长张希清致辞

▲中国著名军旅作家王树增演讲

▲中国社科院学部委员、考古研究所所长王巍演讲

▲中国音乐学院院长、博士生导师王黎光演讲

▲清华大学人文学院历史系（思想文化研究所)教授、博士生导师彭林演讲

▲新华社特约摄影记者林毅演讲

▲陕西师范大学历史文化学院教授、博士生导师、央视《百家讲堂》主讲于赓哲演讲

▲中央党校党史教研部主任、教授、博士生导师谢春涛演讲

丙申年黄帝故里拜祖大典经贸洽谈活动

Economic and Trade Fair Activities of 2016 Ancestor Worship Ceremony in Huangdi Emperor's Birthplace

丙申年黄帝故里拜祖大典经贸洽谈活动邀请客商160余人。活动期间，新郑市共达成合作意向项目35个，意向金额达739.8亿元。按照产业类型分类，商贸物流项目8个，意向金额121.3亿元；绿色建材项目6个，意向金额77亿元；文化旅游创意项目4个，意向金额329.2亿元；高技术服务项目2个，意向金额105亿元；装备制造及电子信息项目2个，意向金额18.5亿元；生物医药项目2个，意向金额9亿元；其他项目11个，意向金额79.8亿元。其中签约仪式当天签约项目12个，合同总金额达370.8亿元。

中国共产党新郑市第五次代表大会

The 5th CPC Municipal Conference of Xinzheng City

2016年7月8日—9日，中国共产党新郑市第五次代表大会在市炎黄文化艺术中心隆重举行。刘建武代表中国共产党新郑市第四届委员会向大会作了《勇于担当谱新篇 真抓实干铸辉煌 为建设现代田园临空经济强市而努力奋斗》的报告。会议以无记名投票方式进行了选举，39位同志当选为市委委员，9位同志当选为市委后补委员，21位同志当选为纪委委员。

2016年7月9日，中国共产党新郑市第五届委员会召开第一次全体会议，会议选举产生中共新郑市第五届委员会常务委员、市委书记、市委副书记。刘建武同志当选中共新郑市委书记。经过选举，刘建武、马志峰、王效光、徐卫东、苗瑞光、王保军、黄卫东、秦彩霞、赵建武、王智明、秦洪源当选为五届市委常委，刘建武当选为市委书记，马志峰、王效光当选为市委副书记。

▲ 中国共产党新郑市第五次代表大会隆重举行

▲ 市委书记刘建武（前排左五）、市长马志峰（前排右五）、市纪委书记徐卫东（前排右四）和新当选的纪委委员合影

新郑市人民代表大会
Xinzheng Municipal People’s Congress

2016年1月25日—28日，新郑市第四届人民代表大会召开第五次会议。时任市长刘建武作《政府工作报告》。大会听取了议案审查委员会所作的议案、建议、批评和意见的报告；表决通过了政府、计划、财政、人大、“法检”两院六个工作报告决议及“十三五”规划纲要决议。

2016年7月28日—29日，新郑市第四届人民代表大会召开第六次会议。会议补选王俊杰为市第四届人民代表大会常务委员会主任，补选马志峰为新郑市人民政府市长。会上，王俊杰和马志峰分别进行宪法宣誓。

▲ 新郑市第四届人民代表大会第五次会议隆重召开

▲ 新郑市第四届人民代表大会第六次会议隆重召开

政协新郑市委员会

Xinzheng Committee of the CPPCC

2016年1月24日—27日，中国人民政治协商会议新郑市第四届委员会第五次会议在市炎黄文化艺术中心隆重召开。市政协主席陈莉代表政协新郑市第四届委员会常务委员会作工作报告。市政协副主席李中俊作关于市政协四届四次会议以来提案工作情况的报告。大会补选马国亮为政协新郑市第四届委员会主席。

▲ 中国人民政治协商会议新郑市第四届委员会第五次会议隆重召开

艺苑新韵

New Rhythms of the Art Gallery

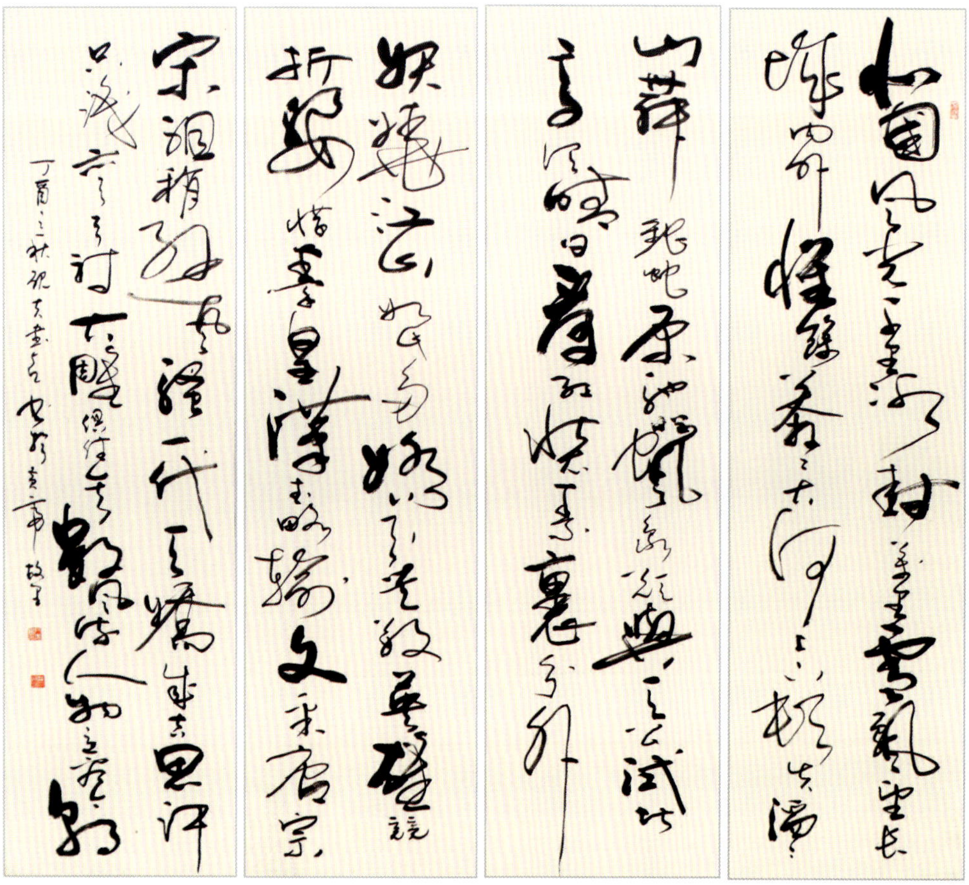

尹书喜

韩洁

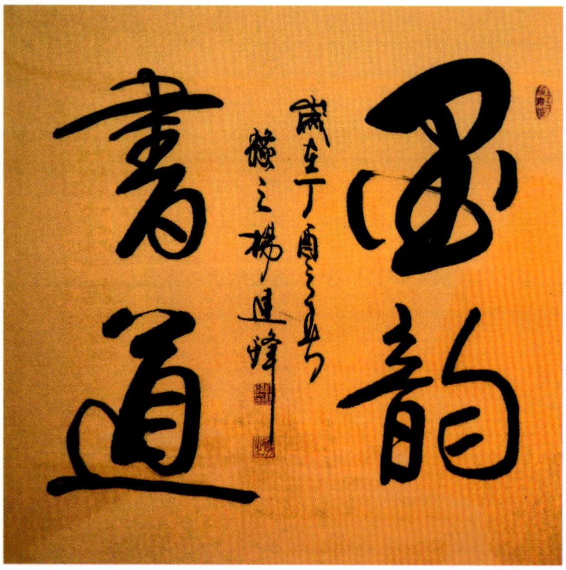

杨建锋

李新成

王 妮

马春嵋

闫水仙

李江华

时晓凯

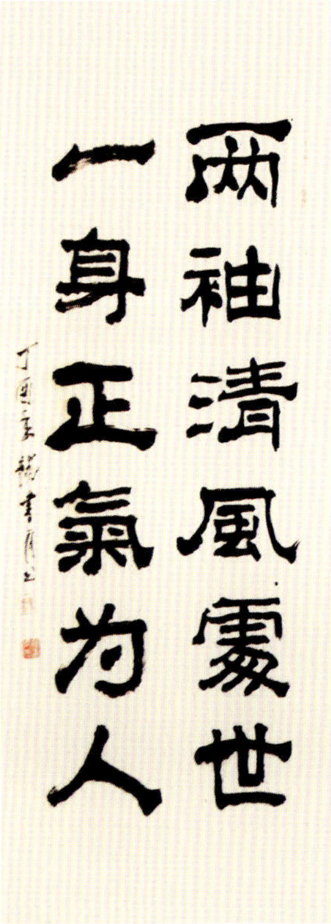

杨书月

赵中祥

赵国增

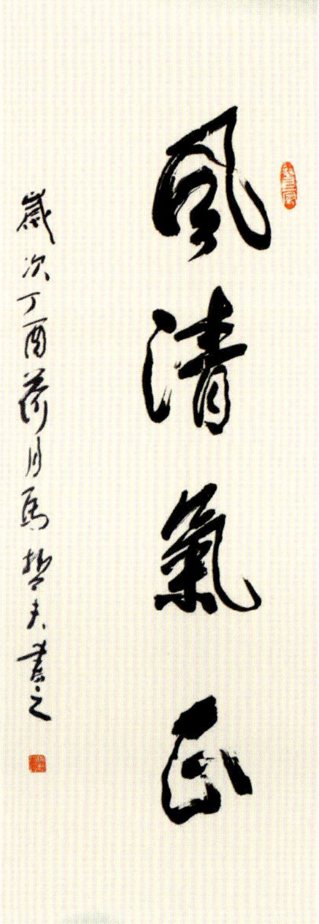

马哲夫

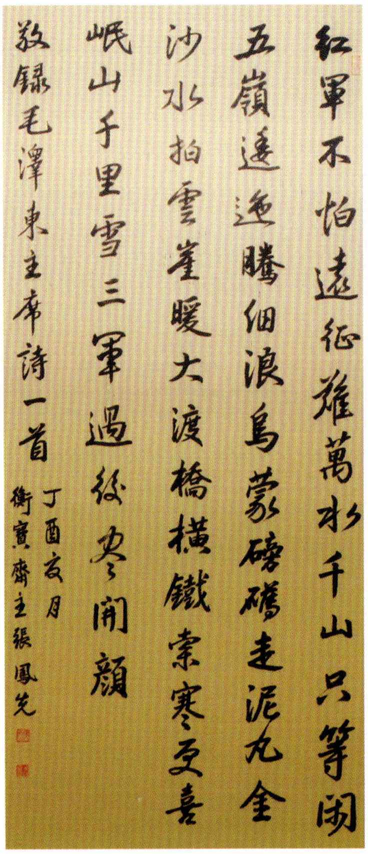

张凤先

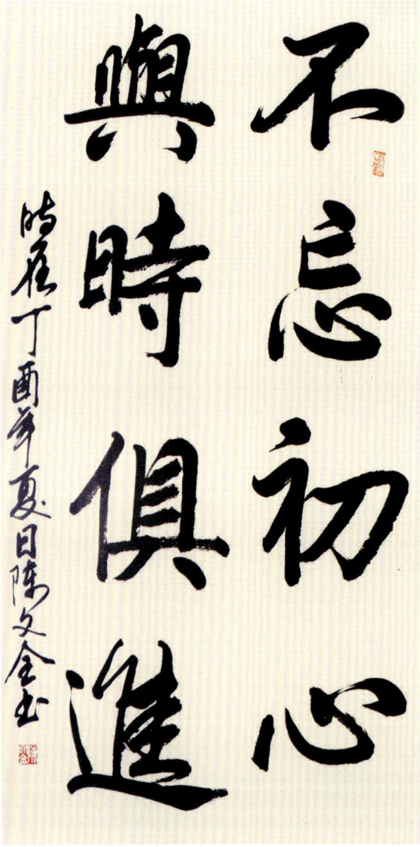

陈文全

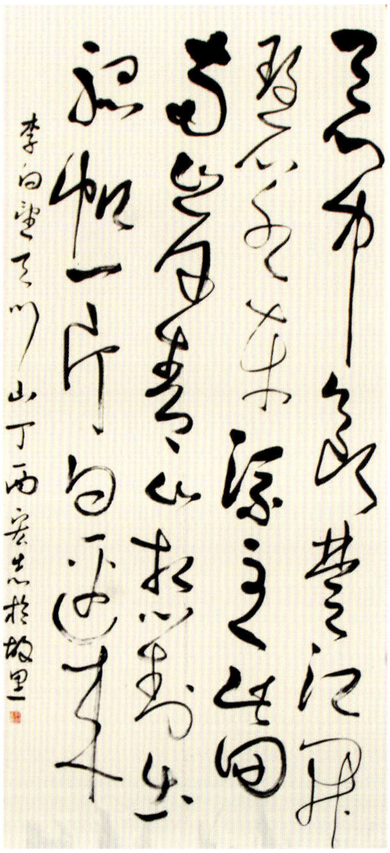
孙宏志

新郑市年鉴编纂委员会

名誉主任 刘建武

主　　任 马志峰

副 主 任 王效光　黄卫东　王智明　秦洪源　王金灿　张全民　李　磊

成　　员 李俊岭　齐光辉　李俊鹏　陈新红　杨献珍　胡凯军　梁国定　邢艳红　李长松　夏红燕　郭建军　李剑波　朱海新　李炎武　韩东伟　孙宏志　李长法　刘德智　王　燕　陈政玮　刘奎志　樊文超　黄军奇　刘学敏　赵舒琪　李炎宏　尚　忠　陶永伟　戴茂松　马冠亚　马伟强　郑彩霞　赵淑梅　王晓莉　宋增彪　宋成刚　宋雪峰　刘新民　王　鹏　左莉敏　冯军辉　高智军　马聪锋　孙现峰　刘志刚　白育峰　马举增　岳明旺　李　勇　冯举涛　马慧萍　郭伟酬　杜伟忠

《新郑年鉴》（2017）编辑部

编辑说明

一、《新郑年鉴》是在中共新郑市委领导下，由新郑市人民政府主办，市地方史志办公室（《新郑年鉴》编辑部）编辑的，具有政府年度公报性质的资料性、综合性、实用性的年刊地情书。其宗旨是：以马克思列宁主义、毛泽东思想、邓小平理论、“三个代表”重要思想、科学发展观、习近平新时代中国特色社会主义思想为指导。

二、《新郑年鉴》2004年创刊，每年出版一卷，逐年排列卷次，本卷为第十四卷。

三、《新郑年鉴》（2017）记述的是2016年度新郑市的政治、经济、文化和社会发展进程及重大事件。为保持事物的连续性和完整性，有些事物记述时限适当上溯或下延。

四、《新郑年鉴》（2017）采用条目体形式编纂，主要按类目、分目、条目三级框架编排，条目为记述实体。为反映重大事件及领导的重要活动以“丙申年黄帝故里拜祖大典”“第十届黄帝文化国际论坛”和图片说明的形式载入。为增加知识性、直观性，书中插排一定数量的照片和图表。

五、《新郑年鉴》（2017）中涉及领导简介的，原则上从简书写。未标明具体城市名的“县”“市”一律为“新郑县”“新郑市”。组织机构及领导成员收录的标准为2016年12月31日前担任领导职务的科级以上（含副科级）领导干部，当年度离退休领导干部未收录。班子成员按市委组织部核定为准，排序仅为编辑需要和查询方便。

六、录入资料由各单位搜集提供，经各单位领导审阅签字后编辑入鉴，少数为编者自撰。书中主要数据出自统计资料，统计资料未详的，以原单位提供数据载入，与统计数据有出入的，以统计数据为准。

七、部分单位或个人提供的优秀稿件因年鉴容量限制未能载入本年鉴，敬请见谅。

八、《新郑年鉴》（2017）的编纂出版，得到了全市各级领导及各部门、各单位及撰稿人的大力支持和帮助，在此深表谢意。

目录

市情总貌

中共新郑市委

新郑市人民代表大会

新郑市人民政府

目录

政协新郑市委员会

纪检　监察

民主党派　工商联

群　团

军　事

法　治

城乡建设和环境保护

商务　政务

园区建设

农　业

工　业

交通　通信

商业贸易

金　融

财政　税务

经济管理与监督

科学技术

教　育

文　化

旅　游

乡（镇）街道

人　物

附　录

索　引

CONTENTS

Important Notes

Digital Xinzheng

Special Notes

Chronicle of Events

General Introductions of Xinzheng

CPC Xinzheng Municipal Committee

Xinzheng Municipal People's Congress

People's Government of Xinzheng

Xinzheng Committee of the CPPCC

Discipline Inspection and Supervision

Democratic Parties & Association of Industry and Commerce

People's Organization

Military

Rule of Law

Urban-Rural Construction and Environment Protection

Commerce & Administration

Zone Construction

Agriculture

Industry

Transportation & Communication

Commercial Trade

Banking

Finance & Tax Affairs

Economic Administration and Supervision

Science and Technology

Education

Culture

Tourism

Sanitation and Sports

Social Life

Township, Town and Subdistrict

Personage

Appendix

Indexes

特载

IMPORTANT NOTES

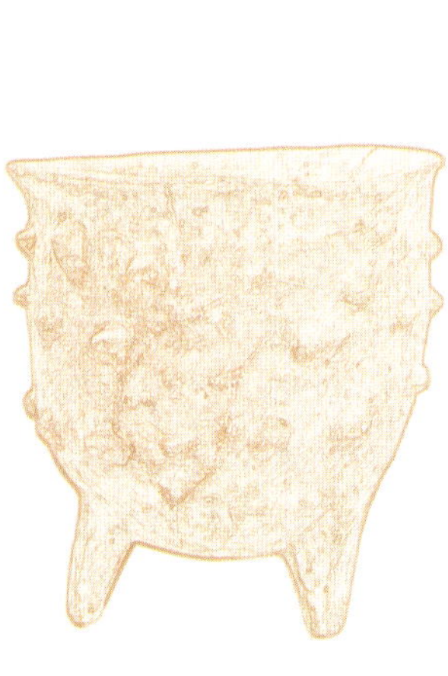

在市委五届三次全会上关于市委常委会2016年工作的报告

刘建武

（2017年1月17日）

现在，我受市委常委会委托，向全会作工作报告。

2016年是新郑市实施“十三五”时期规划的开局之年，也是新郑市加快现代田园临空经济强市建设、在全省率先全面建成小康社会的关键之年。一年来，在省委、郑州市委的坚强领导下，市委常委会全面贯彻中共十八大和十八届三中、四中、五中、六中全会精神，深入贯彻习近平总书记系列重要讲话精神和党中央治国理政新理念新思想新战略，按照“四个全面”战略布局，牢固树立和践行“创新、协调、绿色、开放、共享”五大发展理念，坚持抓好党建是最大政绩、推动发展是第一要务，谋思路、绘蓝图、促落实，团结带领全市人民务实重干、锐意进取，全市经济社会发展和党的建设取得新的进展。一年来，市委常委会坚决贯彻中央、省委和郑州市委重大决策部署，重点抓了四件大事：

第一，扎实开展“两学一做”学习教育。市委常委会把开展“两学一做”学习教育作为推动全面从严治党向基层延伸的重大政治任务，多次召开市委常委会、中心组学习会、党建工作领导小组会统筹谋划、研究部署。市委常委率先垂范、身体力行，带头参加学习、讲授党课、解决问题，带头以普通党员身份参加支部组织生活，示范带动全市党员领导干部开展集中学习讨论3570余次，撰写理论文章、调研报告、心得体会1100余篇，实现学习教育“无缝隙、全覆盖”。结合纪念建党95周年表彰先进，举行先进模范事迹报告会，教育引导党员做到“四讲四有”。结合党风党纪专题民主生活会，全市共查摆问题5类近3000个，制定整改措施近6000条，真正做到了即知即改、立行立改，达到了严肃党内生活、解决问题、锤炼党性的效果。

第二，胜利召开市五次党代会。市五次党代会是全市人民政治生活中的一件大事。市委常委会围绕起草一个好报告、选出一个好班子、形成一个好风气、营造一个好氛围，精心筹备组织，取得圆满成功。这次大会深入贯彻习近平总书记系列重要讲话精神和治国理政新理念新思想新战略，提出了“在全省率先全面建成小康社会、率先开启现代化建设新征程”的重大历史任务，确立了加快现代田园临空经济强市建设，打造“七个新郑”，实现“双突破”的发展目标，描绘了各项事业蓝图，选举产生了新一届市委领导集体，营造了团结民主、开拓创新、风清气正的浓厚氛围，展示了新郑开拓创新、务实发展的良好形象，对动员全市上下团结一心、奋力拼搏，把加快建设现代田园临空经济强市、在全省率先全面建成小康社会的共同事业推向前进，具有重大而深远的意义。

第三，深入开展全面从严治党主体责任深化年活动。市委常委会坚持全面从严治党主线，以监督执纪问责为抓手，逐级签订《党风廉政建设目标责任书》，层层传导压力，形成了党委齐抓共管、各部门密切配合的工作格局。建立完善作风建设常态化工作机制，持续加大监督检查和执纪问责力度。全年共开展专项监督检查64次，查处违反中央八项规定精神问题33个，党政纪及组织处理32人。深入开展作风纪律百日整顿活动，通过集中检查、重点抽查、查办案件等六项措施，组织明察暗访及交叉检查105次，下达监察建议书52份，处理党员干部103人，有效解决了全市机关党员干部作风纪律方面存在的突出问题。落实省委“4+4+2”党建制度体系，打通全面从严治党“最后一公里”，查处整改侵害群众利益的不正之风和腐败案件25件，党纪处分25人。严查懒政怠政为官不为，通过开展自查、邀请他查、一线督查等多种方式，邀请“两代表一委员”对57个政府部门评责问责，共查处案件11件，党政纪处理15人，形成了领导干部勤政廉政、务实高效、便民利民、勇于担当的良好作风。

第四，围绕事关新郑发展全局的重大问题集中攻坚。坚决打好大气污染防治攻坚战。深入贯彻落实省、郑州市大气污染防治攻坚部署，构建党政同责、一岗双责的治理责任体系，完善联防联治、区域防控机制，尤其针对大气污染防治工作中的“死角”“盲区”和“短板”，重点突击、强力攻坚，以“六个率先”为突破，严查扬尘重点污染源，开展“零点行动”30余次，形成了大气污染防治攻坚的高压态势，全年空气质量二级以上213天，大气环境质量明显好转，大气污染防治工作精细化、科学化水平不断提升。大力推进双洎河综合治理。作为新郑市的头号生态工程精心部署、集中攻坚，自2016年7月全面启动以来，双洎河沿线四个乡镇（街道）已完成拆迁近2000户、40余万平方米，护坡和景观工程正在高标准推进，建成后将新增景观园林800公顷、文化旅游园区10公顷，整理土地400公顷，成为集生态、景观、休闲等于一体的安全河、景观河、生态河、幸福河、文脉河。高标准推进黄帝故里改扩建工程。全面启动黄帝故里扩建工程，高规格编制规划、高质量推进建设。持续扩大景区规模，新建黄帝文化展览馆等场馆，对景区内部进行翻修、维护、绿化，景区内外环境焕然一新；积极开展省级风景旅游区创建活动，在加大对工作人员培训力度、提升素质的同时，新设身份证识别入口系统，建立完善景区智能管理系统，着力提高管理服务水平，景区知名度、美誉度持续提升。强力推进违法占地整治。建立部门联合执法联动机制，坚持依法执法、刚性执法、规范执法，整合全市力量，多措并举、克难攻坚，全力开展土地违法违规整治活动，严厉查处土地违法案件，共拆除复耕违法占地153.3余公顷，有效遏制和打击了违法违规用地，依法管地用地水平得到全面提升。精准发力打赢脱贫攻坚战。坚持“转、扶、搬、保、救”五措并举，大力开展“科级干部结对帮扶贫困户”等专项行动，针对建档立卡贫困户安排专人负责，找准贫困人员就业门路，实现精准脱贫。经过全市上下的团结协作、共同努力，1743名建档立卡贫困人口已全部脱贫，在省、郑州市率先完成了全面脱贫任务。

一年来，市委常委会统筹协调，主要做了以下工作：

一、增强“四个意识”，坚定不移地同以习近平同志为核心的党中央保持高度一致

市委常委会把坚决维护以习近平同志为核心的党中央权威作为首要政治纪律，不断增强“四个意识”，从市委常委做起、从四大班子党员领导干部做起，高标准、严要求，发挥好表率作用。

坚决拥护和维护习近平总书记的核心地位。中共十八大以来，习近平总书记带领全党全军全国各族人民开创了中国特色社会主义伟大事业和党的建设新的伟大工程新局面，在改革发展稳定、内政外交国防、治党治国治军等方面取得了一系列具有重大现实意义和深远历史意义的成就。十八届六中全会正式提出了“以习近平同志为核心的党中央”，这是历史的选择、全党的选择、人民的选择。为此，我们要坚定政治自觉，思想上深刻认同核心、政治上坚决维护核心、组织上自觉服从核心、行动上坚定跟随核心，更加紧密地团结在以习近平同志为核心的党中央周围，更加自觉地在思想上政治上行动上同以习近平同志为核心的党中央保持高度一致，更加扎实地把党中央各项决策部署落到实处，做到党中央提倡的坚决响应、党中央决定的坚决执行、党中央禁止的坚决不做。

深入学习贯彻中共十八届六中全会、省十次党代会、

省委十届二次全会和郑州市十一次党代会、郑州市委十一届二次全会精神。把学习贯彻上三级会议精神作为重大政治任务，及时召开市委常委扩大会议传达学习，并进行具体安排部署，教育引导广大党员干部原原本本学习《公报》《准则》《条例》、省委《决定》、郑州市委《意见》和习近平总书记、谢伏瞻书记、马懿书记讲话，切实把思想和行动统一到中央、省委和郑州市委重要会议精神上来。邀请郑州市委宣讲团成员作辅导报告，组织新郑市宣讲团宣讲，新闻媒体全方位、多角度进行宣传报道，迅速兴起了学习宣传贯彻的热潮。近期，我们聚焦十八届六中全会、省委十届二次全会和郑州市委十一届二次全会主题，紧密结合新郑市实际，研究形成《中共新郑市委关于实施全面从严治党八项工程的意见（讨论稿）》，提请这次市委全会审议。

自觉运用习近平总书记系列重要讲话精神武装头脑、指导实践。始终把学习贯彻习近平总书记系列重要讲话精神贯穿于改革发展的各领域、全过程。推动党员干部深入学、系统学、持续学，紧紧抓住各级领导班子和党员领导干部这个重点，以《习近平总书记系列重要讲话读本》和《习近平谈治国理政》等为基本教材，通过专家辅导、集体学习、座谈讨论等多种形式，真正用讲话精神武装头脑、指导实践、推动工作。推动学习向基层延伸、向群众拓展，深入开展讲话精神进机关、进学校、进企业、进社区、进农村等活动，进一步统一思想、振奋精神、凝聚力量。加大对各级党组织贯彻落实系列重要讲话精神情况的督查力度，深入推进中央巡视"回头看"和省委、郑州市委巡察反馈意见整改落实，坚决落实"打好四张牌"，认真贯彻"四重点一稳定一保证"，围绕全市各项重点工作，精耕细作、跟踪问效，推动中央、省委和郑州市委决策部署落到实处。

二、狠抓关键环节，推动经济社会平稳健康发展

一年来，市委常委会严格按照郑州市委稳中求进的要求，将稳增长、保态势作为经济工作的首要任务，突出重点、综合施策，不断推动各项工作取得新成效，保持了经济社会健康快速发展的良好态势。全年预计完成地区生产总值629亿元，增长9%；地方公共财政预算收入65.3亿元，增长17.7%,其中，税收收入44.1亿元，增长19.6%；固定资产投资570.8亿元，增长20.6%。全国中小城市综合实力百强县市排名晋升至43位，全国县域经济基本竞争力百强县市排名跃升至49位，全国财政收入百强县市排名晋升至43位。

坚持转型升级，构建现代产业体系。把调结构作为产业转型升级的主攻方向，聚焦提质增效，着力推动结构调整和产业转型升级，三次产业结构比例由2015年的3.1/57.6/39.3优化为3.2/52.1/44.7。一是以"两个转变"为路径，做强先进制造业。坚持实施优势产品品牌化、优势企业产业化、优势产业基地化"三优三化"战略，以新港产业集聚区、专业园区和农民特色创业园为支撑，持续推进干道经济向园区经济转变、产业"小而全"向主导产业突出转变，着力打造中部现代工业新城。全年新开工15个项目，申报新入规上工业企业38家，规上工业企业增加值预计完成290亿元，增长6.5%。二是以"互联网+"为导向，做大现代服务业。积极承接郑州市场外迁，加快推进大型现代物流企业建设，依托庞大的实体店资源，构建"实体+网络+物流"OTO全渠道经营模式和线上线下无缝对接平台，以电子商务带动现代服务业的整体提升。全年现代服务业预计完成增加值281亿元，增长12%。三是以示范区建设为载体，做优都市农业。持续加快都市型现代农业示范区、高标准粮田优种示范区和红枣综合产业园区等"三大示范区"建设，大力发展都市生态农业、创意农业、乡村旅游等，切实提升农业的社会效益、规模效益和经济效益。全年规模以上农业龙头企业实现销售收入188亿元，农业规模经营化率达58%。

坚持城乡统筹，推进新型城镇化建设。围绕国家新型城镇化综合试点建设，按照"以建为主、提升品质、扩大成效"的要求，扎实推进城乡一体发展。一是完善城乡基础设施。按照"北进东连、统筹西南"的思路，加快推进城乡路网、水网、电网等一体化建设，城市承载能力显著提升。新修道路近130千米；新建污水处理厂3座，规划建设生活垃圾焚烧发电厂和垃圾填埋场，基本实现垃圾污水集中无害处理。二是提升城市建设品质。以美好家园新型示范社区建设为抓手，采取企业代建、政府自建、货币化安置等多种模式，实现了群众妥善安置、土地整理高效、房产库存消化的多重效果。全年新建续建社区52个，回迁群众5000余户。三是扎实做好试点工作。围绕试点八项重点工作，按照"五化"标准，落实新型城镇化"1+10"配套政策，打通城乡之间教育、养老、医保等制度通道，加快推进农民市民化进程。新型城镇化率提升1.5个百分点，达到63.5%。

三、深化改革、开放创新，不断增强发展动力和活力

市委常委会认为，改革是破解发展瓶颈、解决现实矛盾的关键，开放是繁荣发展的必由之路，创新是发展的第一动力，必须坚定不移全面深化改革，深入实施开放创新双驱动战略，着力培育体制机制新优势，拓展开放发展新空间。

深化体制改革，全面提升行政效能。聚焦标志性、关键性改革举措，稳步有序推进各项改革。围绕完善领导机

制，在市五次党代会后，及时调整了市委常委分工和四大班子领导分包联系乡镇情况，召开市委务虚会，认真研究制定新型城镇化、工业经济发展、对外开放、科技创新等三年行动计划；在总结重大项目推进领导分包等一线工作法经验的基础上，进一步梳理全市重大项目，建立健全了四大班子领导干部分包项目机制，促进了项目建设的快速推进。围绕四项重点工作，由四大班子主要领导任组长，分管领导任副组长，成立了经济运行、城乡规划等八个工作领导小组，各领导小组坚持深入一线、深入基层，对重点工作、重点环节加强督查，切实解决实际问题，形成了“党委统一领导、政府分工负责、人大、政协通力合作”的工作格局，有力推进了各项工作的顺利开展。围绕健全督查考核机制，整合市委督查室、市政府督查室、市机关效能监察投诉中心、市绩效考核办公室等4个机构，在全市范围内公开选拔班子成员和工作人员，组建市委市政府督查考核办公室，凝聚工作合力，形成了纵向到底、横向到边的大督查工作格局，开创了督查考核工作新局面。自市督考办成立以来，催办转办领导批示、市长热线等7400余件，督办人大、政协建议提案近300件，有力保障了市委市政府决策部署的贯彻落实。围绕改革服务机制，以简政放权、放管结合、优化服务为导向，建立了现代化综合性政务服务中心，将49个职能部门、138项行政审批事项和253项公共服务事项集中办理，实现了行政审批服务工作顺畅运行。全年共受理办结事项94.8万余件，即时办结率达100%，减少了审批环节、简化了办事程序、提升了行政效能。

坚持开放创新，持续增强发展活力。一是全面提升开放水平。加大招商引资力度，充分利用举办黄帝故里拜祖大典等重要节点开展招商活动，大力开展“五职”招商、以商招商、驻点招商，新签约项目28个、签约金额464亿元，引进域外境内资金115亿元，实际利用外资2亿美元。二是持续推动“双创”工作。出台了一系列优惠政策，设立5000万元的创新创业专项资金，大力推动产学研融合发展。新建一批创新创业综合体和众创空间，入驻各类创业团队320余家，高层次人才队伍不断壮大，科技创新综合能力持续提升。三是创新要素运作模式。灵活采用PPP等融资模式，引入社会资金参与公共基础设施建设，全年融资到位资金132.5亿元。强化土地集约利用，大力推进“腾笼换鸟、腾笼换凤”，腾出更大发展空间，全年盘活闲置和低效利用土地74.67公顷。

四、坚持统筹协调发展，推动各项工作落实

市委常委会统筹经济建设和社会发展的关系，充分利用有利条件，发挥自身优势，加大对社会事业的投入，积极应对发展面临的诸多挑战，开创了各项社会事业发展的新局面。

坚持保护生态，打造宜居宜业环境。牢固树立绿色发展理念，以“增加绿量、提升品质”为主线，科学布局城镇内部及周边绿地，加大出入市口、主要景观道路等关键节点的绿化力度，建立了互相交错、联系紧密的绿地系统。新建提升生态廊道近180千米，森林覆盖率和城市建成区绿地率分别达29.6%、35.7%。按照“市区河道景观化、郊区河道生态化”的标准，开展“水清河美”“城市河流清洁”行动，高标准推进潮河、黄水河等8条水系综合治理工程，市域水环境质量明显提升。

坚持加大投入，着力保障改善民生。扎实做好“民生十件实事”，全年用于民生领域的财政支出达63亿元，增长30%。继续完善12年免费教育，新修、改扩建中小学、幼儿园14所，市级公立医院主体已完工，城乡居民健康档案建档率达97%。深入实施“双免”工程，累计开展各类就业培训197期、2.5万人次；培育发展国家级农民合作示范社1家、省级2家，带动农民增收10%以上。

坚持打造品牌，促进文化新郑建设。成功举办丙申年黄帝故里拜祖大典、第十届黄帝文化国际论坛、“月是故里明”中秋拜祖音乐大典等活动，黄帝文化品牌影响力不断扩大。大力实施“百千万”文化惠民工程，深入开展第三届群众文化艺术节，积极举办广场舞、剪纸、书画等各类文化活动。全年共举行“百场演出送农民”、百姓大舞台广场文化活动等4000余场。举办“中华枣乡风情游”、第十一个“文化遗产日”等活动，加快旅游精品工程建设，大力培育特色旅游村，龙湖镇西泰山村被评为“中国乡村旅游模范村”。

坚持规范提升，完善网格化管理机制。按照“深化规范提升”的要求，严格落实固定下沉日、组团下沉机制和“三个三分之一”，出台痕迹化管理办法，推行痕迹化管理制度，整合30个职能部门2600余名下沉人员，组成“条主业、块用人”的基层综合管理队伍，共召开条块联席会116次，开展联合执法117次，联动解决重点疑难问题270起。对项目建设、信访稳定等工作进行“三色旗”评定，每月对各单位相关工作进行定量分析，有力推动了各项工作落实。

五、强化基层民主法治，维护社会和谐稳定

市委常委会坚持党的领导、人民当家做主和依法治理的有机统一，创新工作机制，狠抓措施落实，巩固发展民主团结、生动活泼、安定和谐的政治局面,凝聚各方智慧和力量。

支持市人大及其常委会依法履行职能。市人大及其常委会运用监督职能，积极推进市委中心工作。对城市精细化管理、开放创新等进行专题询问，对招商引资、项目建设、城市绿化等重点工作进行评议，听取和审议拆迁安置信访问题、工业经济发展、大气污染防治等工作报告；依法行使重大事项决策权和人事任免权，强化代表议案意见督办工作，全面加强乡镇人大工作和建设。全年市人大共听取和审议工作报告26项，组织集中视察、调研30余次，各项职能得到有效发挥。

坚持和完善中国共产党领导的多党合作和政治协商制度。市委常委会定期就重大决策向民主党派、工商联和无党派人士通报情况、听取意见。市政协及其常委会主动服务全市工作大局，认真履行政治协商、民主监督和参政议政职能，深入重点项目进行督导，围绕智慧社区建设、城市精细化管理、生态水系建设等开展专项监督、调研视察，围绕精准扶贫、双创工作等专题议政、建言献策。全年共组织委员撰写提案195件，立案152件，全部办理完毕，进一步提升了履职实效，促进了各项工作开展。

巩固发展最广泛的爱国统一战线。加强与各民主党派、工商联和无党派人士的团结合作。落实“亲”“清”要求，积极构建新型政商关系，促进非公有制经济健康发展。扎实做好民族、宗教、对台等工作，切实维护民族团结、宗教和谐。积极推进群团改革发展，着力解决“机关化、行政化、贵族化、娱乐化”等突出问题。坚持党管武装原则，深入开展以爱国主义为核心的全民国防教育活动，军民融合式发展成效突出，蝉联七届省“双拥”模范城和九届郑州市“双拥”模范城。

加强和创新社会治理。压实各级领导班子、领导干部维护一方稳定、确保一方平安的政治责任，实现了不发生重特大安全生产事故、大规模群体性事件和恶性案件、持续负面舆论炒作的目标。深入推行依法逐级走访，严格落实领导接访制度，着力抓好信访积案化解、信访信息化建设等工作，维护了群众的合法权益。广泛开展“平安家庭”“平安学校”“平安企业”等各领域、各层面的平安细胞创建活动，连续被评为郑州市平安建设工作先进县（市）。全市人民调解组织调解各类矛盾纠纷1万余起，调解成功率达90%。深化以“法律六进”“七五”普法为载体的普法工作，依法打击各类违法犯罪活动，人民群众安全感不断提升，再次被评为全国法治县（市）区创建活动先进单位。

六、突出全面从严治党，着力提升党建水平

市委常委会认真贯彻落实上三级关于全面从严治党的安排部署，进一步坚定理想信念，树牢群众观点，转变工作作风，全面提升党建科学化水平。

加强理想信念教育。广泛开展群众性主题教育活动，在郑州日报、新郑新闻、新郑政府网等开辟专题栏目，深入开展中国特色社会主义、社会主义核心价值观、优秀传统文化等宣传教育，不断增强“四个自信”。精心组织庆祝中国共产党成立95周年、纪念红军长征胜利80周年等重大主题宣传，营造了“爱党、护党、拥党”的浓厚舆论氛围。以“轩辕大讲堂”“百姓宣讲直通车”等为载体，把党的创新理论送到企业、校园、社区等基层一线。严格落实上级关于意识形态工作责任制要求，坚持将引领意识形态工作与各项重点工作紧密结合，坚持定期分析研判意识形态领域形势，对重大舆情、重点情况、重要社情民意中的倾向性、苗头性问题，有针对地提出指导意见，及时做出安排。

加强基层党组织建设。建立完善市、乡、村三级公共便民服务平台，在15个乡镇（街道、管委会）、240个村（社区）全面推行在线管理平台工作，实现了便民服务平台全覆盖。按照“六步工作法”要求，挑选党务干部到软弱涣散村任第一书记，围绕存在问题建立台账，切实加强整改，全市25个软弱涣散基层党组织已全部完成整顿。实施党的组织和工作“双覆盖”工程，新建“两新”组织43个，全市应建已建率达100%。推行民主集中决策、网格代办服务制度和“四议两公开”“一征三议两公开”工作法，全年完成代办服务1.7万余件，运用两个工作法决议事项近3000个，提高了基层党支部领导班子议事决策的科学化、民主化水平。

加强干部队伍建设。把思想政治建设放在首位，大力实施“865”培训计划，共举办各类培训350余期、5万余人次，有力提升了干部队伍整体素质。坚持选派优秀干部到工作一线历练，先后抽调干部7批800余人次参与拜祖大典、脱贫攻坚、拆迁安置、大气污染防治等中心工作，有效提升了广大党员干部处理复杂矛盾和解决实际问题的能力。严格落实联席会议、谈心谈话、领导干部个人有关事项报告等制度，对违反会风会纪、中心工作落实不力的53名科级干部进行了约谈提醒，对6名科级干部进行了诫勉谈话。深化干部选拔任用制度改革，健全干部选拔任用程序和办法，实行“四凡四必”“一报告两评议”，开展自查自纠，认真倒查倒排，杜绝“带病提拔”现象发生，干部评议率达100%，进一步增强了干部监督管理的实效性。

加强换届监督检查。严格执行中央关于“九个严禁、九个一律”的纪律要求，科学谋划，强化领导，顺利完成了乡镇换届，选优配强了乡镇党委领导班子，为新郑今后

发展提供了组织保障和政治保障。结合乡镇党委换届时间节点，成立了10个换届督导组全程督导，保证了换届工作有序开展。换届期间，共开展谈心谈话4批、663人次，发放各类换届纪律材料5.7万余份，未接到一起关于换届风气监督方面的举报，顺利通过了省委、郑州市委换届风气巡回督导组的检查验收。积极构建多元化、立体化监督体系，为市乡人大换届工作扎实推进做好充分准备。

加强党风廉政建设。认真贯彻《廉洁自律准则》和《纪律处分条例》，严格执行领导干部个人有关事项报告、述责述廉、廉政谈话和离任审计等制度，推动监督执纪"四种形态"成为工作常态，形成了"不想腐、不敢腐、不能腐"的政治氛围。2016年，全市纪检监察机关共立案146件，党政纪处理146人，其中科级干部21人。市公共资源交易中心共办理各类业务621宗，成交金额144.7亿元，为政府增收节支53.4亿元，被评为全国公共资源交易十佳创新型机构。

2016年7月，新一届市委常委会选举产生之后，对进一步加强自身建设提出了明确要求。我们坚持政治坚定，认真贯彻落实《关于新形势下党内政治生活的若干准则》《中国共产党党内监督条例》，牢固树立"四种意识"，严守政治纪律和政治规矩，确保上级决策部署在新郑得到有效落实。我们坚持民主决策，研究制定了市委工作规则、市委常委会议事决策规则，进一步明确了常委会议事决策内容、程序、方法及监督措施，不断提高民主决策水平。我们坚持执政为民，坚持群众路线，主动问计于民、问需于民、问政于民，把群众的愿望和需求作为决策的依据，努力解决好群众最关心、最直接、最现实的利益问题，让人民群众在共建共享中有更多获得感、幸福感。我们坚持严于律己，自觉遵守组织纪律、工作纪律等制度和规定，带头严肃党内政治生活，带头深入基层和项目建设现场解决问题、推动工作，为广大党员干部做出表率、树立标杆，在全市上下营造了风清气正、干事创业的良好氛围。

以上报告的是2016年以来市委常委会的主要工作。这些工作的推进和成绩的取得，是省委省政府、郑州市委市政府坚强领导的结果，是市委、市人大、市政府、市政协四大班子齐心协力、克难攻坚的结果，更是全市各级党组织、广大党员和干部群众艰苦创业、共同努力的结果。市委全委会的同志们给予了大力支持和配合。成绩来之不易，必须倍加珍惜。

在看到成绩的同时，市委常委会也清醒地认识到工作中还有不少需要改进的地方：城市建设整体谋划不够、建设规格不高、亮点特色不多，还需进一步提升品质；新型城镇化发展还不均衡，城乡一体化水平有待提高，新型城镇化试点经验探索和工作创新方面还需进一步加强；保障改善民生还不够到位，保持社会和谐稳定还需付出更大努力；部分党员干部的思想观念、工作作风、素质能力与新形势、新任务还不相适应，基层党组织堡垒作用、党员干部先锋模范作用还没有充分发挥，不正之风和慵懒散现象仍不同程度存在。对这些问题，我们高度重视，将采取有力措施认真加以解决。

希望同志们对市委常委会的工作提出意见和建议。

政府工作报告

——2017年3月13日在市五届人大一次会议上

新郑市人民政府市长　马志峰

一、本届政府工作回顾

过去五年，是新郑经济社会跨越发展的五年。面对严峻复杂的宏观经济形势和改革发展稳定的艰巨任务，市政府在上级党委、政府和市委的正确领导下，在市人大、市政协的监督支持下，全面落实中共十八大和十八届三中四中五中六中全会精神，深入贯彻习近平总书记系列重要讲话精神，抢抓机遇、开拓创新，克难攻坚、跃势而上，干成了一系列打基础利长远的大事要事，圆满完成了市四届人大一次会议确定的目标任务。

这五年，是新郑产业结构趋优、综合实力大幅提升的五年

国民经济持续增长。2016年地区生产总值达到651.1亿元，是2011年的1.5倍，三次产业比由2011年的4:73.2:22.8优化为2016年的3.1:51.5:45.4。地方一般公共预算收入和税收收入分别由2011年的21.6亿元、13.7亿元增加到2016年的65.3亿元、44亿元，连续4年排名全省县（市）首位。五年累计完成固定资产投资2030亿元，年均增长21.7%，是新郑历史上投资规模最大的时期。城镇和农村居民人均可支配收入分别达28388元和18367元，比2011年净增10489元和7356元，城乡居民收入比由2011年的1.63：1缩小到2016年的1.55：1。县域经济发展质量评价连续3年位居全省首位，全国中小城市综合实力百强县（市）和县域经济基本竞争力百强县（市）排名分别由2012年的第51位、62位攀升至第43位、49位。

现代农业稳步发展。持续加大农业投入，累计拨付“三农”资金46亿元，新增恢复灌溉面积1万公顷，建成农村安全饮水工程55处，解决12万人饮水安全问题；实施示范乡镇、河道治理等15大类177项重点水利工程，连年夺得省“红旗渠精神杯”。加快都市型现代农业示范区、高标准粮田优种示范区和红枣综合产业园建设，累计新增体验农业、观光农业、生态农业等现代农业面积5866.67公顷，入驻企业48家，建成高标准农田7800公顷，成功获批国家现代农业示范区。狠抓农业产业化经营，农业龙头企业和农民专业合作社分别达68家、470家，累计认证无公害农产品88个、绿色有机食品54个，被评为全国最具农业投资价值县（市）和全国品牌农业示范县（市）。升级改造标准化养殖场56个，被确定为全国生猪调出大县、省级畜禽无害化处理试点县（市）。

工业经济加快转型。出台工业稳增长调结构促转型实施意见和工业经济发展三年行动计划等系列政策措施，全市规模以上工业企业达300家，2016年主要工业增加值完成284.4亿元，五年年均增长10.6%。项目建设成效突出，雪花啤酒、光明乳业等51个重大项目建成投产，IBM智慧芯城、遂成药业、润弘制药等一批重点项目快速推进。食品加工、生物医药主导产业地位日益凸显，2016年分别完成增加值64.2亿元、12.5亿元，是2011年的1.9倍、1.7倍。高新技术产业竞争力不断增强，2016年完成高新技术产业增加值66.2亿元，占规上工业增加值比重达23.3%，比2011年提高13.1个百分点。企业实力显著增强，好想你、雏鹰农牧营业总收入分别由2011年的7.8亿元、13亿元增长至2016年的20.7亿元、60亿元，达利食品、中储粮等25家企业销售收入超10亿元，正佳能源、龙翔电气等26家企业上市挂牌融资。深入实施质量强市战略，好想你、天津药业等4家企业荣获省长质量奖、郑州市市长质量奖，恒天电缆、瑞泰耐材等15家企业通过省质量诚信A等工业企业评定，累计新创中国驰名商标7件，省级著名商标56件、名牌产品17个。认真落实“三去一降一补”，关停煤矿、土小企业、排污不达标企业38家。

第三产业发展壮大。现代商贸物流业规模迅速扩大，华南城、华商汇营业面积分别突破180万和40万平方米，

1.7万户商户入驻经营。旅游业持续升温，编制出台全域旅游发展规划，郑韩故城墙遗址公园、白居易故里文化园建成开放，车马坑景区和博物馆改造完成，连续18年成功举办“中华枣乡风情游”活动，累计接待游客2100万人次，实现旅游收入56亿元。房地产业健康发展，累计竣工商品房887万平方米，房屋交易面积1590万平方米，交易额904亿元，连续3年位居全省县（市）首位。金融服务业蓬勃发展，13家银行在新郑市设立分支机构，成为全省进驻银行最多县级市；银行存贷款规模分别达619亿元、458亿元，均位居全省县（市）首位，被评为省金融生态建设先进县（市）；新郑农商行存贷款规模位居全省县级农信社首位，荣获省五一劳动奖。2016年完成第三产业增加值295.6亿元，是2011年的2.9倍。

要素保障更加有力。多措并举破解用地难题，累计获批建设用地3066.67公顷，盘活闲置低效用地500公顷，收储国有土地1266.67公顷；加强耕地保护，拆违复耕土地226.67公顷。积极拓宽融资新渠道，打造新区投资公司、政通公司两个百亿级政府投融资平台，成功发行44亿元省内县级市最大规模城投债、15亿元全省县级市首支PPN定向债，累计完成融资近350亿元，争取上级资金超50亿元。

这五年，是新郑城镇化快速推进、城乡面貌显著改善的五年

城市魅力更加彰显。全面实施新型城镇化三年行动计划，城镇化建设水平和质量不断提升，城市建成区面积由2011年27.7平方千米扩张至36平方千米，新型城镇化率比2011年提高17.4个百分点，达63.5%，被确定为国家新型城镇化综合试点、智慧城市试点和省百城建设提质工程试点县（市）。加大城区棚改力度，完成17个村棚户区拆迁，投入55亿元完成黄帝故里景区核心区扩建征迁，景区建成区面积达到7.33公顷。加快基础设施建设，持续增强城市承载力，建成投用第二水厂，全市人民喝上了甘甜优质的丹江水；新建改造城乡电网905千米，新增容量25万千伏安，有效保障了群众生产生活用电；按照“海绵城市”建设标准，综合提升城区5条主干道，扩宽升级9个干道十字路口，改造背街小巷120条、老旧小区36个、街头游园13处，15个公共停车场投入使用，备受群众关注的人民路西延、南环路拓宽工程竣工通车；加强供热管理，提高供热质量，集中供热面积达137万平方米。新区城市框架逐渐拉大，完成规划区内32个自然村全域拆迁，建成区面积由2011年起步建设扩张至2016年的8平方千米，建成中兴路、学院路等16条道路、5座桥梁，构建了“四纵四横”路网体系；新郑一中新校区、弘远路幼儿园等7个学校顺利招生，综合性行政审批服务中心、老年人活动中心、人民医院新院区等民生项目建成投用；中央商务区11个大型商业和总部经济项目开工建设，新区人气商气迅速集聚。

城乡融合全面加快。围绕人居环境改善和基础设施建设，累计完成各类拆迁1540万平方米。开建新区第二社区、解放北路社区等社区68个，建成安置房6万套、806万平方米，团购安置房1.4万套，近8万名群众喜迁新居。完善城乡路网体系，建成中华北路、新老G107连接线等道路197条、563千米，群众出行更加便利。加快推进天然气管网全覆盖，铺设天然气管道317千米，11个乡镇（街道、管委会）实现天然气入社区，14.8万户居民用上了清洁环保的新能源。龙湖新城迅速崛起，建成区主干道延伸至80余千米，郑州轨道交通二号线南延、大学路南延竣工通车，铺设水电气暖各类管线150千米，新增绿化面积330万平方米，6所中小学校建成招生，龙湖国家级湿地公园、九年一贯制学校等项目快速推进。全面加快中心镇、特色小镇和美丽乡村建设，高标准规划薛店中原创客小镇等特色小镇，辛店人和寨、观音寺溱水寨被评为首批郑州市历史文化风貌特色村，辛店北靳楼、龙湖泰山村被评为首批郑州市自然生态风貌特色村，龙湖泰山村被农业部评为中国美丽休闲乡村。

产业集聚区（园区）功能日趋完善。坚持把集聚区（园区）作为产业转型升级主阵地，全面加快道路、水、电、气及污水处理等基础设施建设，新港产业集聚区产业发展承载力持续提升，扩区总体发展规划顺利获批，2016年完成增加值80亿元以上，达到省二星级产业集聚区标准；中原食品工业园获评郑州市“五强”“五快”专业园区；辛店绿色建材产业园及乡镇农民创业园功能日益完善。

这五年，是新郑持续深化改革、开放创新的五年

重点领域改革深入推进。全面完成行政审批“两集中、两到位”和“五单一网”制度改革，共削减行政审批事项124项，取消非行政许可、民生不必要证明76项，703项行政审批和便民服务事项进驻服务大厅，264项审批服务事项实现“一口受理”。深入开展商事登记制度改革，全面实行“五证合一、一证一码”。加强公共资源交易管理，创新交易机制，实施国有土地网上招拍挂，累计受理业务621宗，总成交金额144.7亿元，为财政增收节支53.4亿元，被评为全国公共资源交易十佳创新型机构。出台新型城镇化“1+10”政策，打通城乡教育、养老、医保等制度通道，农民市民化进程不断加快。

招商引资成果丰硕。坚持把招商引资作为对外开放突破口，大力实施五职招商、以商招商，累计签约项目287个，到位资金3357亿元，其中招引华润雪花、光明乳业、IBM等国内外500强企业11家，华南城、新尚等行业20强及

知名企业6家。外经外贸稳步增长，五年实际利用外资、外贸出口分别达9.9亿美元和3亿美元。被评为郑州市对外开放和市场外迁工作先进单位。

创业创新后劲充足。坐拥雄厚的创业创新资源，入驻西亚斯国际学院、升达大学、中原工学院等高等院校12所，常年在校师生达18万人，是全省拥有大学最多的县级市。加快创新创业步伐，出台加快“双创”综合体建设、支持创新创业等系列政策文件，设立5000万元创新创业专项基金，初步建成电子商务等创新创业综合体、众创空间11家，入驻企业团队200多家，孵化项目167个。大力支持科技创新，累计培育省、郑州市级研发中心29个，新申请专利4343件、转化科技成果69项，科技进步对经济增长贡献率由2011年的54.4%提高到2016年的61%。

这五年，是新郑生态建设不断加强、环境质量逐步提高的五年

生态绿化扎实推进。累计投入49.6亿元，新建提升解放北路、S102等生态廊道50条、528千米，绿化面积6000公顷，基本实现主要道路廊道全覆盖；大力实施具茨山森林公园建设、苗木花卉培育、古枣树森林公园建设等林业生态工程，新增造林5266.67公顷、城市绿地210公顷，林地面积、城市建成区绿地面积分别达到2.6万公顷、1066.67公顷，森林覆盖率和城市建成区绿地率分别由2011年的25.6%、32.5%提升至2016年的29.6%、35.7%，被评为省林业生态县（市）。

生态水系加快建设。编制生态水系总体规划、城乡河道综合治理等10多项专项规划，构建了“一渠一核九脉五区”水生态空间布局。全面实施“水清河美”行动，高标准打造全域生态水系，总投资70亿元的双洎河综合治理工程全面启动，暖泉河、黄水河等河流整治工程顺利推进，轩辕湖公园、黄水河公园等5个生态湿地公园向市民开放。

大气污染防治深入实施。坚持大气污染防治常态化，深入开展“清洁城市”“零点夜查”行动，统筹推进燃煤、扬尘、机动车等污染治理，所有工地按照“七个100%”标准整治达标，累计查处环境违法企业151家，拆除改造燃煤锅炉343台，淘汰黄标车和老旧车辆6000余辆，2016年空气质量达到或优于国家二级标准天数达到213天，高于郑州市空气质量优良天数55天。

人居环境持续改善。深入开展城乡环境卫生综合整治，城区机械化清扫率达到80%，创建各级卫生镇（村）52个、生态镇（村）37个、农村人居环境达标村15个，顺利通过国家卫生城市复审验收，成为全国12个创卫成果受表彰城市之一，被确定为国家健康城市试点。持续提高垃圾和污水处理能力，建成辛店、薛店等5座污水处理厂，垃圾焚烧发电厂、第二垃圾无害化处理场建设快速推进，垃圾无害化处理率达到100%，城市污水处理率由2011年的85.9%提高至2016年的89.5%。

这五年，是新郑民生投入最大、群众得到实惠最多的五年

文化教育成绩显著。优先发展教育事业，累计投入教育资金45亿元，新建改建中小学、幼儿园46所，为幼儿园配备校车56辆，所有幼儿园、中小学校教室和高中宿舍安装冷暖空调，高考成绩连续25年位居郑州县（市）首位，被评为全国义务教育发展基本均衡县（市）、全国“两基”工作先进县（市）。连续11年高规格举办黄帝故里拜祖大典，成功举办10届黄帝文化国际论坛，电影《轩辕大帝》成功上映，黄帝文化品牌知名度持续提升。大力实施文化惠民工程，新建文艺队伍300余支，举办各类文化活动2000余场，顺利通过国家先进文化县（市）复审。不断增强公共文化服务能力，改造提升文化服务中心150个，免收6万户居民家庭视听维护费，发展农村无线数字电视用户4.8万户，实现数字电视信号、主要公共区域无线网络全覆盖、全免费。

民生保障日益健全。坚持集中财力办大事、办实事，累计投入民生资金212亿元，连年办理为民十件实事。全力支持就业创业，累计新增城镇就业再就业4万人，转移农村劳动力9万人，发放小额担保贷款4.5亿元。完善民生保障体系，建成投用消防指挥中心及消防站5个；建成村级幸福站、社区托老站47个；为80岁以上老人、普通高中一线教师、环卫工人发放高龄补贴、就餐补贴5937万元；城乡居民养老保险参保34.4万人，城镇居民医疗保险参保16.5万人，被评为全国新型农村和城镇居民养老保险工作先进单位；城乡居民大病保险年度支付限额提高至40万元，最低保障标准分别提高至550元、320元，累计发放低保金2.2亿元，被评为全国农村五保供养先进单位。大力推进安居工程，建成保障性住房3.2万套，累计为2848户住房困难家庭发放住房补贴749万元，配备居民小区充电棚548座、充电桩1838个。全力推进精准扶贫，完成柿树行、大槐树村扶贫搬迁，1.9万名贫困人口实现稳定脱贫。移民工作被省委、省政府记集体一等功。

社会事业全面发展。持续提升医疗服务能力，市级公立人民医院主体完工，新建改建乡镇卫生院7个，为全市中小学生和60岁以上老人免费体检，成功创建省级慢性病防控示范区，被评为全国基层中医药先进县（市），连续13年保持全国计划生育优质服务先进县（市）称号。妇女儿童、青少年权益保护、老龄和残疾人事业健康发展，统计、审计、粮食、供销、工商、质监、食药监、市场建设、物价、国防教育、民兵预备役、人防、外事侨务、对

台事务、民族宗教、地方志、气象、黄帝文化研究等工作均取得新成绩，税务、邮政、铁路、烟草、供电、盐业、通信等部门和驻新郑各高等院校、各金融机构，都为全市经济社会发展作出了积极贡献。

社会大局和谐稳定。加强社会治安综合治理，城乡重点区域实现技防全覆盖。以化解矛盾为导向，以解决群众合理诉求为目的，深化信访制度改革，信访形势持续稳定，被评为全省信访工作先进县（市）。严格落实安全生产责任制，深入开展安全隐患排查整治，被评为省“安全生产月”先进单位。深化规范提升网格化管理，排查解决两大类20项工作突出矛盾近27万件，调处率96.8%。

文明风尚日渐浓厚。积极培育和践行社会主义核心价值观，深化公民思想道德建设，激发全社会奋发向上、崇德向善的正能量。大力实施公共文明素养提升工程，深入开展“文明家庭”“最美黄帝故里人”评选等活动，社会文明程度不断提高，被确定为河南文明城市提名城市。全市省级文明单位达32家，辛店镇荣膺全国文明镇。农商行、好想你、雏鹰农牧、浩创、康桥、正商等一批爱心企业及社会各界，积极投身社会公益活动，累计出资6700多万元，捐赠各类环卫车、校车780余辆，资助困难家庭学生、五保老人等特殊人群4000多人次，展现了新郑人民的高度社会责任感。

这五年，是政府作风务实转变、行政效能明显提升的五年

依法行政深入推进。坚持在市委领导下开展工作，认真落实市人大及其常委会决议决定，自觉接受市人大法律监督和市政协民主监督，累计办理人大代表建议673件、政协委员提案865件。全面推行政府信息公开，24个政府组成部门预决算信息全部公开，政府网站连续6年荣获中国政务网领先奖。深入开展服务型行政执法，被评为省服务型行政执法示范单位。“六五”普法圆满完成，学法守法用法氛围日益浓厚，被评为全国法治县（市）创建活动先进单位。

行政效能明显提升。严格落实中央八项规定，“三公经费”比2012年下降20.7%。扎实开展群众路线教育实践活动、“三严三实”专题教育和“两学一做”学习教育，常态化整治“四风”“不严不实”问题，干部作风明显转变。整合部门职能，成立市督考办，为全市重点工作推进提供有力保障。持续整治懒政怠政、为官不为等不良行为，定期开展“背靠背”民主评议，部门为民服务意识显著增强。认真履行“一岗双责”，强化行政监察和审计监督，累计审计项目766个，管理不规范资金126亿元。认真办好阳光村务网，全面公开村级政务、财务等信息，不断提升村务管理透明度。

各位代表！经过五年努力，新郑市经济社会发展站上新的历史起点，为全面建成小康社会打下了坚实基础。这些成绩的取得，得益于上级党委、政府和市委的正确领导，离不开全市各级各部门、各人民团体、驻新郑各单位、新郑驻军和广大客商的鼎力支持，凝聚着各位人大代表、政协委员、离退休老同志及广大干部群众的智慧和力量，饱含着全市人民艰苦创业、奋力拼搏的辛勤和汗水。在此，我代表市政府，向全市人民致以崇高的敬意！向所有支持、参与新郑建设，为新郑经济社会发展作出积极贡献的同志们、朋友们，表示衷心的感谢！

回顾过去五年的工作，我们深深地体会到，要做好新郑的工作：必须咬定发展不放松。把发展作为解决前进中一切问题的关键，创新发展思路，转变发展方式，增强实力创优势，加速转型增后劲，千方百计保持经济又好又快发展。必须全心全意惠民生。把保障和改善民生作为一切工作的出发点和落脚点，从解决群众最关心的问题抓起，从办好群众最期盼的事情做起，尽最大努力改善群众生活、提升民生质量，不断提高群众获得感。必须开放创新双驱动。把改革创新作为解决深层次矛盾的治本之策，以体制机制改革和政策创新破解发展难题，以扩大开放推动经济结构调整，不断增强发展的动力和活力。必须团结务实聚合力。始终坚持在上级党委、政府和市委的坚强领导下，在市人大、市政协的监督支持下开展工作，凝聚各方智慧力量，脚踏实地、真抓实干，推动新郑发展不断迈上新台阶。必须抢抓机遇求突破。牢固树立机遇意识和进取意识，善于在发展变化中抓住机遇，赢得科学发展的主动权。这些经验是全市人民智慧的结晶，弥足珍贵，必须倍加珍惜、发扬光大。

在肯定成绩的同时，我们也清醒地认识到发展中存在的问题和不足，主要表现在：城市建设品质不高，城乡基础设施建设滞后，交通拥堵、热源不足等问题还比较突出；产业核心竞争力不强，新旧动力转换迟缓，转型升级任务依然艰巨；科技创新能力较低，高层次的科教机构和创新型、开放型人才还比较匮乏；环境污染尚未得到彻底整治，大气、河流污染等环境问题还比较严重；就医、就学、就业条件与群众需求还有差距，公共服务能力和水平需进一步提高；政府职能转变还未完全到位，依法行政水平、政务服务效率亟待进一步提升。我们一定要正视问题，敢于担当，全力以赴做好政府工作，不辱职责使命，不负人民重托。

二、新一届政府的指导思想、奋斗目标和工作重点

今后五年，是新郑市在全省率先全面建设小康社会的

决胜时期，也是率先开启现代化建设新征程的关键时期。新一届政府将积极抢抓发展机遇，在郑州国家中心城市建设大局中，团结带领全市人民，齐心协力、和衷共济，开拓进取、奋勇争先，在更高起点和更高水平上推动新郑取得更大成就。根据市五次党代会精神和“十三五”时期规划纲要，今后五年政府工作的指导思想是：全面贯彻中共十八大和十八届三中四中五中六中全会精神，以邓小平理论、“三个代表”重要思想、科学发展观为指导，深入贯彻习近平总书记系列重要讲话精神，认真落实“四个全面”战略布局，牢固树立“创新、协调、绿色、开放、共享”五大发展理念，紧密契合郑州国家中心城市建设，深入实施“双融入、双承接”发展战略，以现代田园临空经济强市建设为统揽，以新型城镇化建设为引领，以现代产业体系构建为支撑，以开放创新为动力，以生态宜居环境为保障，统筹抓好“四项重点工作”，把新郑建设成为中部现代产业新城、中原经济区现代商贸物流中心、新型城镇化示范城市、黄帝故里历史文化名城。

今后五年，新一届政府将牢牢坚持五大发展理念，着力建设“七个新郑”：

（一）着力建设实力新郑。地区生产总值、地方一般公共预算收入分别突破千亿、百亿，打造现代商贸物流、食品加工、电子商务3个千亿级和生物医药1个百亿级产业集群，逐步形成电子信息和高端装备制造两个新兴产业集群，综合实力跨入全国县域经济第一方阵。

（二）着力建设宜居新郑。科学修编城乡总体规划、专项规划和总体城市设计，加快建设智慧城市、海绵城市，统筹推进中心城区、城市组团、中心镇、建制镇及特色小镇、美丽乡村、街区制新型社区建设，建成特色小镇2—3个，新型城镇化率达到70%以上，建成国家新型城镇化示范城市，推动城市建设管理水平向全国一流中小城市迈进。

（三）着力建设活力新郑。持续深化投融资、公共管理等重点领域改革，不断释放经济社会发展活力。全面提升开放水平，积极参与“一带一路”等全国乃至全球经济战略合作，招引国内外500强、行业20强企业10家，到位资金800亿元以上。加快“双创”步伐，大力推进“1+3”创新创业综合体、众创空间、科技孵化器等平台载体建设，建成中部地区最具活力的科技创新示范县（市）。

（四）着力建设美丽新郑。加强生态文明建设，构建“森林、湿地、流域、农田、城市”五大生态系统，空气质量和地表水达标率80%以上，城乡污水处理率95%以上，森林覆盖率34.7%以上，城市建成区绿地率37%以上，新增城乡绿色生态带4533.33公顷，建成国家森林城市、国家生态园林城市、全国水生态文明城市。

（五）着力建设文化新郑。大力传承弘扬黄帝文化，完成黄帝故里扩建二期核心区建设，打造黄帝故里历史文化名城。深入实施公共文明素养提升和百千万文化惠民工程，居民文明素养和城乡文明程度不断提升，文化软实力不断增强。

（六）着力建设幸福新郑。居民收入与经济发展同步增长，城镇和农村居民人均可支配收入分别达到4.2万元和2.9万元。统筹发展公共交通、教育、医疗、养老、卫生等各项民生社会事业，基本实现公共服务均等化。每年为群众办一批实事，让城乡居民更多更公平地享受改革发展成果，不断增强人民群众获得感和满意度。

（七）着力建设平安新郑。坚持依法治市，健全社会服务管理监督体系，持续提升民主法治水平。完善依法维权和社会矛盾排查化解、安全隐患排查等工作机制，巩固平安建设成果，全力夺取全国平安建设“长安杯”。

三、2017年政府工作的主要任务

2017年是实施“十三五”时期规划的重要一年，是供给侧结构性改革的深化之年。今年政府工作的总体要求是：全面学习贯彻中共十八大、十八届三中四中五中六中全会和习近平总书记系列重要讲话及省委、郑州市委党代会、经济工作会议精神，始终坚持“创新、协调、绿色、开放、共享”发展理念，紧紧围绕“四个全面”战略布局，抢抓郑州建设国家中心城市重大战略机遇，深入实施“双融入、双承接”发展战略，瞄准建设中部现代产业新城、中原经济区现代商贸物流中心、新型城镇化示范城市、黄帝故里历史文化名城“四大定位”，持续深化“四重点一稳定一保证”工作总格局，牢牢把握“稳中求进”总基调和“奋发有为”总要求，强化“目标导向、问题导向”，以新型城镇化为引领，以现代产业体系为支撑，以项目建设为抓手，大力推进“5115”工程，统筹做好稳增长、促改革、调结构、防风险、惠民生各项工作，持续提高发展的质量和效益，实现经济平稳健康发展和社会和谐稳定。

2017年全市经济社会发展的主要预期目标是：地区生产总值增长10%左右，地方一般公共预算收入增长10%左右，主要工业增加值增长10%左右，固定资产投资增长15%左右，社会消费品零售总额增长14%左右，城乡居民收入增长与经济增长基本同步，主要污染物化学需氧量、二氧化硫排放量削减率完成上级下达目标。

围绕年度目标，我们将着力抓好以下几个方面的工作：

（一）突出品质提升，扩大城镇化建设新成效

按照“以建为主、扩大成效、提升品质”的要求，坚持高起点规划、高质量建设、高标准管理，扎实推进新型城镇化新三年行动计划和百城建设提质工程，全面提升城镇化建设质量和水平。

坚持高标定位，提升城市品质。瞄准建设全国一流中小城市目标，按照“多规合一”要求，认真修编城乡总体规划、土地利用总体规划，精心编制智慧城市、健康城市、生态水系等专项规划，高标准实施城区主干道、城市新区、滨水地段等重要区域规划设计，科学指导现代化城市建设。加快完善新区功能。完成崇文路等5条道路建设及18项道路桥梁亮化工程，开建永福路等7条道路和常青路暖泉河大桥，加快河道景观提升；谋划启动高端星级酒店建设，开建中华路小学等3所学校，快速推进新尚商业综合体等5个商业项目及望京新城建设，建成中兴路地下商场、弘远路中学，迅速提升新区人气和活力。推进老城有机更新。改造迎宾街、文化路等10条道路，打通金城路西延至南关桥、褚庄路南延至西关桥、陶文路西延至文化路、渔夫子路南延至炎黄大道等4条断头路，不断完善城市路网。积极改造城区背街小巷、老旧小区，完成和庄村、白庙范村、沈庄村棚户区拆迁并启动安置房建设，继续推进西街、北街居委会等旧城改造和黄帝故里景区扩建征迁，建成接旨胡同历史文化商业街和3个街头游园，高标准提升人民路等3条道路绿化景观，着力打造靓丽城市新貌。高起点启动重点片区建设。按照不低于郑州市主城区标准，启动龙湖西部片区开发建设，加强与省国土资源开发投资管理中心合作，完成龙湖西部规划设计，快速推进新老国道107连接线西延、双湖大道西延等8条道路建设，积极招引影响力大、带动力强的重大项目落地发展，不断扩展龙湖片区建设新空间。坚持国际化城市建设理念，推进华夏幸福产业新城起步区核心区建设，围绕打造北接郑州、东连港区15分钟商圈，实施中华路北段景观提升，启动城市国际中央公园和幸福足球公园规划设计，着力培育高端产业的前沿基地和先进生产力促进中心，打造中原产业中枢·国际效率城市。按照不低于航空港区核心区标准，启动新区新规划片区规划建设，着力打造新区升级版。

注重功能完善，建设现代产业园区。按照“一区两园”发展格局，高标准规划建设新港产业集聚区道路、水、电、气及污水处理等基础设施，建成永康路等4条道路及2个110千伏变电站，全面提升集聚区产业承载力，跨入省二星级产业集聚区行列。加快华南城特色商业区建设，积极承接郑州专业市场外迁，认真做好规下企业转轨上企业、注册地变更等业务指导，迅速提升发展指标，力争跻身省“十快”服务业特色商业区行列。坚持要素向项目集聚、资源向产业整合、项目向园区集中，加快建设辛店绿色建材产业园、乡镇农民创业园，逐步完善产业集聚区、专业园区、农民创业园互为补充、联动发展的园区发展格局。

打造特色镇村，加速城乡一体化进程。充分发挥城镇在新型城镇化建设中的节点带动作用，坚持城乡统筹、产城融合，统筹推进4个中心镇和一般建制镇建设，加快实现全域城镇化。借助郑州市主城区、航空港经济综合实验区辐射作用，以现代商贸物流、电子商务、旅游休闲、电子信息、高端制造产业为带动，坚持以中心城区建设标准，快速推进龙湖、孟庄、薛店、郭店镇域开发，着力打造各具特色的现代化新城镇。抢抓南水北调重大配套水利工程建设机遇，依托新村、梨河、观音寺、城关丰富的现代农业资源和具茨山独特的旅游资源，不断加大生态旅游开发建设力度，大力发展三次产业深度融合的现代观光农业，着力打造农业观光休闲小镇和生态旅游小镇。依托新港产业集聚区、绿色建材产业园，加速和庄、辛店功能提升，加快项目建设，促进产城互动，着力打造实力雄厚的现代工业强镇。坚持凸显特色，因地制宜推进辛店人和寨、观音寺溟水寨等美丽乡村建设，让人民群众望得见山、看得见水、记得住乡愁。坚持货币补偿与实物安置并举、盘活存量与优化增量并重，新开建12个新型社区，加快推进36个续建社区，建设安置房2.2万套、292万平方米；灵活采取棚改货币化、现房回购等方式，团购商品房转安置房5000套，力争年底前再回迁9000户，综合安置率达到95%以上。有序推进新型社区房屋产权证办理，落实集体资产管理办法，保障拆迁群众合法利益。认真落实农民市民化系列政策措施，健全更加科学有效的市民化成本分担机制，逐步实现城乡居民公共服务和社会保障均等化，不断加速农民市民化进程。

优化城乡路网，构建全域交通体系。按照“东北提升、西南通达”的要求，加大交通路网建设力度，着力构建畅通郑港、无缝衔接的全域交通路网体系。围绕对接郑州市主城区，完成郑新快速通道、中华北路辅道等4条道路建设，加快国道107、郑新快速通道龙湖段综合整治，着力破解重要节点道路拥堵问题，持续提升直达郑州通行能力。围绕对接航空港经济综合实验区，启动学院路东延等3条道路建设，实施中华北路与双湖大道、新老国道107连接线、省道102，郑新快速通道与省道102，商登高速与万邓路等5项立交工程，努力实现与航空港经济综合实验区无缝对接。围绕改善市域交通环境，启动省道323城区段南移，将茨山路打造为高标准城市道路；启动大学南路新郑段南延建设，改造省道103新郑段，着力打造市域快速通道；加快梨河镇公交首末站建设，开通新区至华南城公交线路，不断改善城乡居民出行条件。

实施精细化管理，提高城市管理水平。深入开展“清洁城市”行动，不断完善环卫设施，装备现代环卫机械，力争机械化清扫率达90%以上。探索推行环境卫生社会化管理新模式，持续提升城乡环卫工作水平。加快海绵城市建设，升级改造5条城区干道人行道，年内建成区污水管网覆盖率达90%以上。科学布局城市公共停车场，合理规划设置停车位，逐步完善城市交通标识，加强重要时段、重点路段交通管控疏导，积极改善城区交通环境。完善城镇规划稽查制度，加大城乡违法建设、违法用地整治力度。建成运营数字化城管系统，加强农贸市场综合整治，大力开展占道经营等城市乱象专项治理，营造良好市容市貌。完成燃气锅炉热源建设，提高城区集中供热质量。

（二）加速转型升级，打造产业发展新高地

坚持以提高产业竞争力为核心，深化供给侧结构性改革，持续抓好“三去一降一补”，加快项目建设，加速转型升级，推动三次产业协调发展，努力建设中部现代产业新城。

壮大先进制造业，促进集群发展。积极对接《中国制造2025河南行动纲要》，全力抓项目、铸链条、建集群，加快培育现代产业体系。围绕打造千亿级现代食品产业集群，大力发展冷链食品、功能休闲食品产业，加快金星啤酒、恒喜龙食品等项目建设，鼓励雪花啤酒、达利食品等骨干企业新增高附加值产品，力争年内食品加工业销售收入突破300亿元。围绕打造百亿级生物医药产业集群，大力培育化学药品、现代中药和先进医疗器械产业，加快润弘制药、遂成药业等项目建设，积极招引信心药业、必康制药等知名企业入驻发展，力争年内生物医药产业销售收入突破50亿元。围绕做强先进制造业，依托IBM智慧芯城、中德产业园、龙翔电气等优势企业，着力引进电子信息、高端装备制造产业项目，不断壮大产业规模。

繁荣现代服务业，提升三产竞争力。围绕提升现代商贸物流业规模和效益，加快华南城二期、华商汇等项目建设，着力引进传化物流等行业龙头企业落户，带动龙湖成为辐射周边、连通省内外的区域现代商贸物流中心，力争年内现代商贸物流业销售收入突破300亿元。科学制定电子商务产业发展规划，加快电子商务示范基地和产业园区建设，努力吸引知名电商企业入驻发展，致力打造中部地区知名电商基地。深入实施全域旅游发展战略，不断提升旅游业发展水平。以新郑新区、新郑教育园区为主体，积极引进总部基地、文化创意等高端服务业态，大力培育健康养生、居家养老等消费热点，不断提高服务业经济效益。

筑牢农业基础，助力农民增收。以都市型现代农业示范区、高标准粮田优种示范区和红枣综合产业园为载体，大力发展现代设施农业、生态休闲观光农业，着力提高农业全产业链效益。加强农田水利基本建设，新打配机井80眼，新增节水灌溉面积666.67公顷，持续提高农业综合生产能力。加强新型农业经营主体培育，新增农业龙头企业8家、农民专业合作社30家、家庭农场12家。深入开展“百名科技人员包百村”科技服务活动，培训新型职业农民100人，带领群众增收致富。健全农产品质量检测和可追溯体系，强化动植物疫病防控，新增标准化养殖场4个，新认证无公害农产品12个、绿色有机食品4个。

实施项目建设年，加快项目建设。坚持把项目建设作为切入点、总抓手，在产业发展、新型城镇化、基础设施、生态建设、社会事业五大领域，深入实施“5115”工程，确保圆满完成516亿元的年度投资任务。按照郑州市下达“一季度开工率50%、二季度开工率80%、三季度全部开工”的项目进度要求，加快推进一批新开工项目，对华夏幸福产业新城一期等139个项目，做细前期工作，确保早日开工建设。加快推进一批续建项目，对华南城二期、粮油食品智慧化园区、威纳啤酒等96个项目集中突破，确保早日建成投产。加快推进一批在谈项目，对意向招引项目，明确专人，跟踪推进，确保早日签约落地。健全完善项目建设协调服务、跟踪督办、观摩考评机制，努力提高项目履约率、资金到位率、开工建设率和建成投产率。

强化要素保障，破解瓶颈制约。不断提高资本运作能力，深入研究百城建设提质工程年度融资计划，积极对接省级投资公司，科学策划包装项目，优化融资方案，扩大融资规模。探索建立覆盖水利、教育等领域的投融资平台，加大PPP项目包装推介力度，力争全年融资50亿元以上。加快批而未供、供而未用土地盘活，鼓励存量土地流转，加大土地指标申请报批力度，力争全年批回土地333.33公顷以上，盘活闲置土地66.67公顷，切实保障项目用地需求。大力推行土地预评估制度，对不符合产业政策、达不到投资强度和税收标准的，坚决不予供地，真正从源头上杜绝闲置用地、低效用地产生。

实施强企工程，提高引领支撑能力。全面落实工业经济稳增长调结构促转型实施意见，加大对“30强”“30优”企业帮扶力度，力争全市新增规模以上工业企业25家，年销售收入超10亿元企业达30家。深入实施质量强市和名牌带动战略，做好“市长质量奖”评选，新创中国驰名商标1件，省级著名商标8件、名牌产品6个。加强润弘制药、亿万中元等上市后备企业帮扶，力争全年新增上市及挂牌融资企业10家。大力培育高新技术企业，力争年内高新技术企业达到14家。深化“三请三进”企业服务，着力解决资

金、技术、人才难题，切实降低实体经济企业成本。

（三）深化开放创新，增添经济发展新动能

坚持改革不停顿、开放不止步、创新无止境，深入推进重点领域和关键环节改革，聚集创新资源，提升开放水平，努力把改革红利和开放创新成果转化为发展新优势。

深化重点领域改革。坚持简政放权“六个100%”标准，在更大范围、更深层次上推进“放、管、服”改革，不断提高承接“权力下放”的能力。坚持审管分离，严格落实“五证合一、一照一码”商事登记制度，全面推行“一口受理”政务服务模式，最大程度方便企业和群众办事。全面规范行政审批中介服务事项，科学优化公共服务流程，切实提升政务服务效能。认真落实承包土地“三权分置”办法，全面完成农村土地承包经营权确权登记颁证。探索建立农村产权交易服务平台，促进农村生产要素合理流动。

提高对外开放水平。认真筹办丁酉年黄帝故里拜祖大典经贸洽谈活动，全面打造对外开放新窗口。抢抓“一带一路”国家战略及郑洛新国家自主创新示范区、河南自贸区、郑州国家中心城市建设重大机遇，积极争取国家、省、郑州市重点项目布局新郑。加快雏鹰粮食进出口岸建设，着力打造集粮食口岸、海关服务中心、检验检疫中心为一体的粮油食品智慧化园区。紧盯主导产业、战略性新兴产业，瞄准世界500强和行业20强，大力实施五职招商、以商招商，力争全年新签约项目30个、签约金额350亿元、到位资金200亿元、利用外资2亿美元。加强外经外贸合作，力争全年外贸进出口8000万美元。

加大科技创新力度。坚持政府主导、市场运作、多元发展理念，加快建设创新创业平台，新建高端装备制造、电子信息创新创业综合体1个，快速推进电子商务等“1+3”创新创业综合体和众创空间建设，力争新入驻企业团队200家、孵化项目100个。紧密对接“智汇郑州·1125聚才计划”，强化人才队伍建设，力争全年新引进领军人才和高层次创新创业紧缺人才10名、领军型科技创新创业团队3个。深化政产学研结合，建立高校、科研院所与新郑市企业深度合作机制，力争年内院士工作站达到5家、新增郑州市级以上工程技术研发中心4家，新申请专利1400件、转化科技成果18项。

（四）狠抓生态建设，展现城乡环境新面貌

按照“大生态、大环保、大格局、大统筹”总体要求，坚持发展与保护并重、管理与服务并举，深入推进森林、湿地、流域、农田、城市生态系统建设，通过实施“五大工程”，努力打造天蓝地绿水清、宜居宜业宜游的美丽新郑。

大力实施蓝天工程。强化建筑工地、交通道路、渣土运输等扬尘治理，加强重污染天气监测预警，完善应急处置措施，全面遏制扬尘污染。严厉整治土小企业、餐饮油烟、物料堆场污染，持续做好秸秆禁烧、烟花爆竹禁放工作，最大限度减少空气污染。完成黄标车淘汰任务。强化散煤治理，拆除10吨以下燃煤锅炉97台，提标治理10吨以上燃煤锅炉11台，积极推进电代煤、气代煤，实现城市建成区内热源无煤化、镇村地区热源无散煤。力争全年优良天数达219天以上。巩固国家卫生城市创建成果，加速城乡环卫一体化，新建镇村新型环保垃圾收集点238个。

大力实施绿地工程。坚持增绿增质增效，大力开展生态造林绿化，着力打造中心城区绿色生活圈、中心城区外围生态隔离圈、市域边界森林组团防护圈。启动具茨山森林公园建设和陉山生态修复工程，新建提升省道323城关乡段、中兴路东延等生态廊道6条、26千米、122.33公顷，建成常青路带状公园。科学布局城镇内部及周边绿地，启动2000公顷国家古枣林公园、郑韩故城生态文化公园建设，建成马庄、高坡岩遗址生态文化公园，努力打造互相交错、联系紧密的绿地系统。

大力实施碧水工程。坚持海绵城市建设理念，全面启动河湖水系贯通工程设计建设，持续加强水环境治理。快速推进双洎河生态治理工程，开挖拓宽城区段河道，形成大体量景观水面，着力打造双洎河靓丽水系景观带；严格落实河长制，统筹推进暖泉河、莲河等河道治理，封堵黄水河、双洎河所有排污口，科学设置流域水质自动监测基站，确保国控断面水质稳定达标。加快完善城镇污水处理设施，力争全市污水日处理能力达36万吨，实现市域污水全收集、全处理。加强饮用水源地保护，启动南水北调中线调蓄工程建设，开建龙湖第二水厂，完成辛店镇裴商庙等18个行政村安全饮水工程，确保全民饮水更加安全卫生。

大力实施湿地修复工程。深度整合河流、湖泊等湿地资源，加大湿地保护修复力度，积极构建湿地生态系统。坚决制止无节制围垦、开荒行为，切实维护湿地生态平衡。高标准实施河湖生态提升工程，加快推进双洎河湿地治理、七里河湿地公园建设工程，全面提升湿地经济、生态和社会效益。

大力实施农田治理工程。突出农业结构调整，加快推进郑州市都市生态农业示范园、金鹭鸵鸟园等项目建设，积极拓展城市近郊休闲功能，努力打造郑州绕城生态产业带。积极推广大棚种植、节水灌溉等农业生产新技术，促进农田管理由粗放式向精细化转变，不断提高农田管理效益。严格控制农业面源污染，科学调整畜禽养殖禁养区、限养区范围，全部关闭和搬迁禁养区内畜禽养殖场，不断

提升农村环境质量。科学施用生物农药、化肥等农业投入品，减少农用地污染。

（五）增进民生福祉，推动社会事业新发展

坚持把增进民生福祉作为一切工作的出发点和落脚点，广泛倾听群众呼声，严格兑现惠民政策，加快完善公共服务，努力提高人民群众获得感。

繁荣文化事业，塑造文化品牌。高标准推进黄帝故里景区、郑韩故城墙遗址公园二期等一批历史文化工程，精心策划举办丁酉年黄帝故里拜祖大典和第十一届黄帝文化国际论坛，不断提升黄帝文化影响力。坚持在黄帝文化引领下全面发展文化事业，深入开展百场演出下基层、公益电影下基层、轩辕大讲堂等特色文化活动，鼓励原创文艺精品创作，不断丰富城乡群众文化生活。认真做好乡镇（街道）志编纂工作，切实保护地情文化资源。大力倡导全民阅读，营造全民学习浓厚氛围。深化文明城市、文明村镇、文明单位创建，不断提升城市文明程度。

筑牢民生之基，强化社会保障。持续加大教育投入，深化教育教学改革，优化教育资源配置，引进优秀教师，改善办学条件，切实提升全市教育水平，确保教育工作在郑州市保持领先地位。坚持政策托底、守住底线，加强新型社会保障、社会救助和社会福利体系建设，织密社会保障安全网。启动市级人力资源服务平台建设，加快完善覆盖城乡的公共就业网络。统筹推进重点群体就业，鼓励创业带动就业，构建和谐劳动关系。实施全民参保登记计划，扩大社会保险覆盖面。不断提高医疗保障水平，实施统一的城乡居民医保制度，门诊规定病种由15种增加到27种。完善城乡低保标准自然增长机制，保障城乡困难群众生产生活。探索设立扶贫开发专项基金，灵活采取政策帮扶、产业帮扶等措施，努力防止因病致贫、因学返贫，切实提高扶贫实效。加快完善市乡村（社区）公共卫生服务体系，完成市妇幼保健院迁建选址。深化分级诊疗制度改革，完善智慧医疗平台，初步形成“健康进家庭、小病在基层、大病到医院、康复回基层”的公共医疗服务新格局。健全以居家养老为基础、社区养老为依托、机构养老为支撑、医养结合的养老服务新体系，协调推进老龄事业发展。继续做好供销、民族宗教、外事侨务、对台事务、地方志、气象、粮食、档案等工作，推动社会事业全面发展。加强国防动员、民兵预备役、“双拥”共建和优抚安置工作，使军政军民关系更加和谐稳固。

加强社会治理，构建和谐社会。以连创全国平安建设先进县（市）为目标，深入开展平安社区、平安企业等“细胞工程”创建，全力夺取全国平安建设“长安杯”。强化社会治安综合治理，为新郑籍居民家庭两轮电动车免费安装防盗装置，做好流动人口、社区矫正人员等重点群体服务管理，严厉打击违法犯罪，确保社会和谐稳定。健全公共法律服务体系，完善人民调解、法律顾问和法律援助制度。加强社会诚信体系建设，持续优化经济社会发展环境。做好信访预警研判，及时解决群众合理诉求，着力打造阳光信访、法治信访。强化食品药品安全监管，加快食品药品检验检测中心建设。严格落实安全生产“党政同责、一岗双责、齐抓共管、失职追责”，督促企业全面落实主体责任，扎实开展各类隐患排查整治；实施行业消防安全标准化建设，建成投用2个小型消防站及综合性安全防范教育体验馆，增强全民安全意识，杜绝重特大安全事故发生。

各位代表，让人民群众过上幸福美好的生活，是政府工作的不懈追求。今年政府将继续加大资金投入，努力办好为民实事。（1）集中财力实施教育提升工程，在公立学校、幼儿园试点安装新风系统；安排1000万元专项资金用于奖励中小学教育教学成绩突出的学校、教师和学生；新建10所、改扩建8所公办中小学校；为在村委会或乡镇政府所在地公办学校工作的教师每人每月分别发放700元、500元生活补助；公办幼儿园、小学、初中班主任生活补助标准每人每月提高至300元，高中班主任每人每月提高至500元；高中段学生年生均公用经费标准提高至2500元，免除高中段学生书本作业费。（2）促进群众就业再就业，采取政府购买服务方式，新增1000个政府公益性岗位。（3）提升公共医疗及计生服务水平，投入运营市公立人民医院，开建市级公立中医院，免费为新郑籍35周岁以上高龄孕妇提供生育健康筛查。（4）全部免除新郑籍亡故居民殡葬基本服务费，完成市民公墓规划选址并启动建设，逐步降低群众殡葬负担。（5）完善城乡公共交通设施，新建城区公共停车场9个，进一步缓解城区停车难问题；发行公交一卡通，启动华南城客运枢纽站建设。（6）加快融郑融港步伐，完成郑州紫荆山路南延至郭店建设工程，启动求实路南延和学院路、莲花路、友谊路东延工程及商登高速中华路出入口工程。（7）完善基层文化活动场所，建成3个乡镇（街道、管委会）综合文化站、120个村（社区）综合文化服务中心、14个村史馆和6个街区图书馆，购置40台电子阅读机。（8）提升城乡环卫装备水平，购买大型洗扫车、冲洗车、吸尘车、清雪车、道路养护车和雾炮车等环卫车辆20台以上，建成投用第二生活垃圾无害化处理场、垃圾焚烧发电厂。（9）实施生态水系治理，全面完成双洎河郑风苑至任庄坝段水体治理和南关段清淤治理工程，建成龙湖国家级湿地公园、暖泉河上游景观公园；提高城乡污水处理能力，完成第二污水处理厂迁建和华南城污水处理厂二期、新港污水处理厂二期、薛店污水处理厂二期及城关污水处理厂水质提标工程，升级改造第三污水处理厂，启动建设日处理能力600吨污泥处理厂。（10）建成具茨山森林健康养生园和黑龙潭森林健康养生园，新增生态林地1333.33公顷。

四、全面加强政府自身建设

各位代表，立足新起点、适应新常态、实现新跨越，任务艰巨、时不我待。我们将不忘初心、牢记使命，始终践行法治理念、锤炼过硬作风，不断提高科学发展能力和水平。

*秉公用权、依法行政，打造法治政府。*时刻牢记权为民所用、利为民所谋，自觉加强对权力运行的制约和监督，真正把权力关进制度笼子，任何时候都不搞特权、不以权谋私。自觉主动接受人大法律监督、政协民主监督和社会舆论监督，广泛听取社会各界意见建议，不断提高人大代表建议和政协委员提案办理质量。严格执行政府议事规则和决策程序，坚持政府决策民主集中制和重大事项社会征询、专家论证、听证公示、合法性审查、责任追究等制度，切实提高决策科学化、法治化水平。深入开展“七五”普法，进一步健全政府系统学法制度，努力提升政府工作人员依法行政能力。

*勤政为民、夙夜在公，打造亲民政府。*勤政是党员干部执政为民的基本要求。要把全部精力放在干事创业上，大力弘扬“5+2、白加黑”的敬业奉献精神。始终把人民群众放在心中，认真践行“一线工作法”，广泛深入开展调研活动，切实做到带着问题下基层、放下架子察民情、俯下身子解民忧，集中精力解决一批民生热点难点问题，办成一批惠民利民实事好事。认真落实领导干部公开接访、定期下访制度，继续办好市长热线、在线访谈、政务微博微信、公共管理信息网络等平台载体，进一步完善群众诉求回应体系，畅通社情民意诉求渠道，切实增强政府向心力。

*履职尽责、脚踏实地，打造务实政府。*坚持以“钉钉子”的精神和抓铁有痕、踏石留印的工作作风，不折不扣落实上级工作部署、市委决策事项和人大决议决定，面对困难不退缩，遇到矛盾不回避，勇于担当、敢于负责，坚决不辜负党和人民重托。进一步完善督查问责、失职追责工作机制，杜绝推诿扯皮、敷衍塞责等不良风气。牢固树立正确的政绩观，不提脱离实际的目标，不说空话、不慕虚名，不搞形象工程、不做面子文章，努力创造经得起实践、历史和群众检验的一流业绩。

*转变作风、提高效能，打造效率政府。*巩固群众路线教育实践活动、“三严三实”专题教育和“两学一做”学习教育成果，深入开展正风肃纪行动，坚持行风政风评议，整治庸政懒政怠政行为。进一步转变文风会风，杜绝以会议贯彻会议、以文件落实文件。积极推行“互联网+政务服务”，切实规范政务服务中心运行，加快乡镇、村（社区）便民服务中心建设，进一步完善政务服务网络，全面提升政务服务质量和水平。认真落实重点项目推进及企业服务联席会议制度，坚持重点项目领导分包、首席服务官等工作机制，针对企业及人民群众生产生活中遇到的困难和问题，随时发现随时研究解决，切实提高为民服务效率。

*清正廉洁、严守底线，打造廉洁政府。*廉洁自律是从政道德的原则底线和做人操守。要认真落实党风廉政建设责任制，持续强化廉政监察、审计监督，严肃查处各类违法违纪案件。加强国有资产监管，规范土地使用权出让、工程招投标、政府采购和产权交易行为，切实从源头上预防和治理腐败。进一步深化政务公开，拓宽政务公开领域，丰富政务公开形式，不断提升政府工作的透明度和公信力。严格落实中央八项规定，深化公务用车改革，严控“三公”经费支出，坚持把有限财力优先保证民生工程和基础设施项目需求，树立清正廉洁政府形象。

各位代表，蓝图鼓舞人心、目标催人奋进。让我们在市委的坚强领导下，在市人大、市政协的监督支持下，以更加坚定的信心、更加昂扬的斗志、更加务实的作风，抢抓机遇、开拓进取，埋头苦干、奋力拼搏，全力以赴推动新郑市经济社会发展再上新台阶，为把新郑早日建设成为现代田园临空经济强市而努力奋斗！

新郑市国民经济和社会发展第十三个五年规划纲要

“十三五”时期（2016—2020年），是新郑率先全面建成小康社会、率先实现全域城镇化的关键时期，是深化改革开放、打造经济升级版的攻坚时期。《新郑市国民经济和社会发展第十三个五年规划纲要》（以下简称《纲要》），是“十三五”时期新郑市深入贯彻落实“四个全面”战略布局、坚持“创新发展、协调发展、绿色发展、开放发展、共享发展”理念、率先全面建成小康社会的总体规划，主要阐明“十三五”时期新郑经济社会发展的战略目标和发展任务，明确政府工作重点，引导市场主体行为，是指导今后五年经济社会发展的行动纲领。

第一章　现实基础和发展环境

“十二五”时期是新郑市抢抓机遇、奠定基础、确立地位，在科学发展上迈出坚实步伐的关键五年。五年来，面对极为错综复杂的发展环境，全市上下认真贯彻河南省和郑州市重大战略部署，牢牢把握“抓改革创新、强投资开放、促结构转型、求民生改善”总要求，深入实施“双融入、双承接”发展战略，着力提升经济建设、文化建设、生态建设、社会建设、民主法制建设水平，全面完成“十二五”规划确定的目标任务，为“十三五”时期全市经济社会持续健康较快发展奠定了坚实基础。

第一节　“十二五”发展成就

综合实力跃上新台阶。2015年，全市地区生产总值预计完成620亿元，是2010年的1.6倍，年均增速达11%。公共财政预算收入达到60亿元，年均增幅达到29.9%；税收达到41亿元，年均增幅达到31.4%，财政收入和税收总量均居全省县（市）首位，跻身全国财政收入百强县（市）第44位。全社会固定资产投资完成473亿元，是“十一五”末的1.7倍，实现年均增长20.8%。社会消费品零售总额完成196亿元，年均增长16.7%。城镇居民人均可支配收入达到27258元，年均增长11.4%；农村居民人均可支配收入达到17027元，年均增长13.5%。县域经济发展质量总体评价在全省108个县（市）蝉联第1位，全国中小城市综合实力百强县（市）排名晋升至第45位，全国县域经济基本竞争力百强县（市）排名晋升至57位，全市经济社会发展站在了一个新的历史起点上。

产业转型迈出新步伐。初步形成了以商贸物流、食品加工、生物医药为主，富士康配套产业、高端制造业和传统制造业提升为辅的“三主三辅”现代产业体系，全市三次产业结构由2010年的4.7：70.9：24.4调整为2015年的2.8：58.2：39.0。工业经济量效齐升。雪花啤酒等一大批“三力”型食品加工项目建成投产，发展后劲显著增强；开工建设了润弘制药产业园，引进了国药集团等知名企业，生物医药产业实力加速壮大；形成了产业集聚区、专业园区、农民特色创业园互为补充、联动发展的产业载体发展格局；“好想你”“白象”“枣博士”等获中国驰名商标，全市上市企业达到6家。第三产业势头强劲。引进了华南城、华商汇等一批航母型、基地型、集群型商贸物流项目，大力实施OTO模式，“新郑商贸”开始流通全国各地；持续做好黄帝故里拜祖大典和黄帝文化国际论坛，黄帝文化品牌知名度和影响力进一步扩大；交通、兴业、中信等银行纷纷在新郑设立分支机构，新郑市成为全省进驻银行最多的县级市，第三产业增加值占地区生产总值的比重从“十一五”末的24.4%提升到39%。农业经济持续繁荣。农业综合生产能力稳步提高，“十二五”末，全市粮食总产量达到27.5万吨；新建高标准农田4000公顷，新增土地流转面积6400公顷，新发展农业产业化龙头企业12家、农业专业合作社308家、省级农业产业化集群3个，形成了中国红枣综合产业园、优质大樱桃基地等10多家特色产业园，成功创建国家级现代农业示范区，都市型现代农业初具规模。

新型城镇化实现新突破。坚持“产业为基、就业为本、民生优先、产城融合、城乡统筹”，加速推进新型城镇化。中心城区功能更加完善，新修文化路、学院路等新区道路22条、58千米，改造人民西路、庆安路等市区道路15条、25千米，城市路网基本完善；黄水河湿地文化园、轩辕湖公园、郑韩故城遗址公园一期等项目基本建成，市民生活环境日益改善；新郑一中、新郑人民医院、行政审批服务中心等公共服务设施建成投入使用，新郑商会大厦等中心商务区项目全面启动。龙湖教育园区加速发展，建成鸿鹄路南延等9条32千米道路，完成各类市政管网铺设142.6千米，启动了龙湖国家级湿地公园和双湖大道人防休闲工程建设，郑州轨道交通二号线新郑段全面开建。薛店、辛店新市镇建设成效显著，城镇面貌焕然一新。中华路北延、大学路南延、国道107连接线等新建工程和国道107、省道102等拓宽改造工程建成通车，基本形成全域通达、廊道配套的路网框架；建成游园（广场）2个，升级改造游园（广场）14个，构建了以廊道为纽带的生态体系，城市建成区绿化覆盖率达到42.8%；新建污水处理厂达到4座，基本实现市域污水“全收集、全处理”；市域垃圾无害化处理基本达到100%，“绿、亮、净、美、畅”的城市环境初步形成。累计拆除各类建筑物1170万平方米，开建新区第二社区等63个社区，新建安置房657.13万平方米，梨河镇绰刘等25个社区实现回迁，回迁10852户，41408人。成功创建国家卫生镇1个、省级卫生镇3个、郑州市卫生乡（镇）7个；省级、郑州市卫生先进单位99个、卫生村（社区）91个；郑州市无烟单位234个，顺利通过国家卫生城市复审。对古村落、古建筑、古城墙等实施保护性开发，留住了乡村记忆。在社会治理体系、智慧城市建设、投融资机制等方面进行大胆探索，新型城镇化动力不断增强。2015年全市城镇化率达到62%，被国务院确定为国家新型城镇化综合试点城市。

改革开放创新取得新进展。深化行政审批制度改革，“两集中、两到位” 和“五单一网”改革基本完成，行政审批服务中心正式投入使用，真正实现了“一站式、一条龙”服务；完成城市新区、产业集聚区（园区）与所在乡镇机构套合改革；在全省率先启动农村土地承包经营权确权登记办证试点工作；成立了政通投资公司、新区发展投资公司两个百亿级政府融资平台，成功发行省内最大规模县级市城市投资债券；“五险合一”改革顺利完成，医疗卫生、食品监管等领域改革也取得阶段性成果。对外开放持续扩大，累计引进域外境内资金446亿元，实际利用外资累计达9.67亿美元。科技创新实力倍增，新增郑州市级以上工程技术中心（重点实验室）32家，省级企业技术中心6家，国家级企业技术中心2家，院士工作站3个；出台了“大众创业、万众创新”的扶持政策，电子商务和新能源新材料创新创业综合体投入运营；2015年全市实现高新技术产业增加值55.82亿元，是2010年的1.6倍，连续22年获得全国科技进步先进县市称号。

生态文明建设获得新成效。围绕打造美丽新郑，以治污减排为主线，以流域区域环境综合整治为重点，坚持监管与治理并重，大力推进生态文明建设。积极开展林业生态建设，新建郑新快速通道、中华北路等生态廊道28条343.6千米，实施绿化提升工程，累计造林9133.33公顷。强力实施碧水蓝天工程，开展水环境综合整治、大气污染防治工作，落实最严格水资源管理制度，实施双洎河、黄水河、莲河和十七里河综合整治，打造全域生态水系，城市集中式饮用水源地水质达标率100%；拆改燃煤锅炉159台，大力推动机动车尾气治理，开展扬尘防治专项排查，建设无燃煤区4.56平方千米。积极开展生态区建设，扎实推进农村环境连片综合整治和规模化畜禽养殖企业污染治理，成功创建5个省级生态镇、24个省级生态村、22个郑州市级生态村。深入实施项目减排、工程减排和结构减排战略，2015年全市单位生产总值能耗比2010年降低17.4%，COD、氨氮、二氧化硫、氮氧化物排放总量分别比2010年削减16%、20%、2%和4%。不断强化环境监察力度，持续开展“十五小、土”企业整治等专项行动，市民环保意识不断增强。

社会治理能力实现新提升。以基层党组织为核心，政府公共服务、市场监管、社会管理、环境保护与群众自治有效衔接、互为支撑，基层治理结构不断完善，政府履职能力有效提高。不断加强“坚持依靠群众推进工作落实”长效机制建设，按照“条块融合、职责明确、联动负责、网格覆盖”的原则，划分三级网格923个，下沉各级各类人员3676人，排查两大类20项工作突出矛盾159189起，调处率达99.4%。深入开展群众路线教育实践活动，扎实推进“三严三实”专题教育。建立健全食品安全监管机制，集中开展食品、药品安全专项整治。严格落实安全生产责任制，不断强化对煤矿、建筑施工等重点行业领域的安全监管，确保全市未发生特大安全事故。持续健全群众信访工作机制，畅通群众信访渠道，杜绝了群体性事件发生。全面推进“双安双治双基”建设，城乡重点区域实现技防全覆盖，公共安全感指数居全省前列。

和谐社会建设呈现新气象。坚持把增进人民福祉、促进人的全面发展作为发展的出发点和落脚点，不断推进各项社会事业迈上新台阶，全市民生支出占公共财政预算支出的比例超过68.63%。全面实行十二年免费教育，新建、改建中小学、幼儿园89所；五年来新增城镇就业再就业43551人，完成农村劳动力转移就业62080人，城镇登记失业率控制在4%以内；建成村级幸福站、社区托老站29所；城乡居民养老保险参保率达99%，新农合参合率超过99.85%。深入开展“百千万”文化惠民工程，顺利创建国家公共文化服务体系示范区；市立综合医院主体工程完成，新建、扩建乡镇卫生院6个，建成社区卫生服务中心6

家，标准化村卫生所264家，市、乡、村三级医疗保障体系逐步形成。扶贫开发成效突出，完成具茨山苗家沟等9个贫困村6800人易地扶贫搬迁，建成安置房30万平方米。扎实推进人口和计划生育工作，人口自然增长率控制在6‰以内。体育、妇女儿童、慈善、气象等工作都取得了突出成绩。总体上看，“十二五”时期，是新郑科学谋划特点最突出、创新实践特点最鲜明、转型发展成效最显著、综合实力提升最明显的五年，是新郑发展优势日益凸显、发展后劲蓄积增强、在全省发展大局和郑州都市区建设中地位不断提升、人民群众得到实惠最多的五年。经过五年的努力，新郑市站在了率先全面建成小康社会、率先实现全域城镇化新的历史起点上。

第二节 “十三五”时期发展环境

“十三五”时期，国际国内环境继续发生复杂深刻变化，新郑市经济社会发展既面临难得的历史机遇，也面临诸多矛盾叠加、风险隐患增多的严峻挑战，必须准确把握、妥善应对，更加奋发有为地开拓发展新境界。

发展机遇。一是以信息化、智慧化、低碳化为主要特征的新一轮技术革命正在全球迅速发展，诸多领域的技术突破和大规模产业化即将产生，将深刻改变现代经济生态系统，为新郑市壮大新兴产业规模、提升产业结构层次、完善“三主三辅”现代产业体系拓展了新空间。二是国家实施“四个全面”战略布局，为新郑市今后五年消除制度性障碍、推进治理体系和治理能力现代化、增强全市持续发展的新动力新活力提供了新保障。三是 “一带一路”发展战略的推进和经济转型升级步伐加快，为新郑市加快构建“三主三辅”现代产业体系、发挥新型城镇化综合试点城市先导作用，率先实现全面建设小康社会、率先全域城镇化奠定新支撑。四是省委、省政府把加快航空港经济实验区建设作为融入“一带一路”发展战略、融入全球价值链和全球市场的重要载体和平台，多措并举全力支持航空港经济实验区发展，为“十三五”时期新郑接受航空港经济实验区相关高端要素辐射带动，形成全方位、高层次对外开放格局带来了新机遇。五是建设郑州国际商都成为郑州“十三五”及未来较长一段时期经济社会发展的统领，为新郑市发挥文化、区位、产业等优势，吸引更多人流、物流、商流在新郑汇集，进而推动经济社会全面跃升提供了新契机。

面临挑战。一是产业转型升级难度加大。未来五年，国内经济仍将处在增速换挡、结构调整、动力转换的新常态时期，国内经济矛盾和风险进一步加大，新郑市现代服务业比重偏低，新兴产业规模亟待做大，科技对产业发展的支撑力不够，产业转型升级动力有所减退。二是周边区域竞争日益激烈。金水区强力打造全省“首善之区”，二七区着力建设区域性商贸物流中心，登封定位于建设世界文化旅游名城，巩义、新密等也都在积极强化次区域服务中心功能，各地对生产要素的争夺日趋激烈，对新郑市加快发展形成了一定的“挤出效应”。三是资源和环境制约更加突出。进入经济新常态，原有传统比较优势逐步弱化，资金短缺问题依然存在，后备土地资源不足与快速发展对土地需求增加的矛盾将日趋突出，全市节能减排和改善生态环境的任务还很艰巨，这些“短板”的存在为新郑市“十三五”时期更好更快发展形成了一定制约。四是社会矛盾积累加深。新郑市工业化、城镇化不断提速，社会结构、社会利益格局发生了深刻变化，内生性社会矛盾进入易发期，弱势群体要求公平分享改革发展成果的期待在上升，中产阶层要求拓宽上升通道的期待在增加，不可避免产生一定的矛盾和冲撞，对新郑市社会治理能力提出了新的挑战。

总体判断：“十三五”时期新郑市发展仍处于大有可为的重要战略机遇期，经济社会发展持续向好的基本态势没有变，将跨入率先全面建成小康社会、率先实现全域城镇化、加快现代化进程的新阶段。这一时期，全市上下必须解放思想，团结一致，切实增强使命感和责任感，牢固树立战略机遇意识，充分利用一切有利条件，努力开创新郑发展新局面。

第二章 总体要求与发展目标

在经济新常态背景下，按照中央和省委省政府的要求，明确在全省、郑州都市区中的功能和定位，科学规划空间布局，实施“双融入、双承接”战略，建设现代田园临空经济强市，奋力在全省率先全面建成小康社会。

第一节 指导思想

全面贯彻中共十八大和十八届三中、四中、五中全会精神，以邓小平理论、“三个代表”重要思想、科学发展观为指导，深入贯彻习近平总书记系列重要讲话精神，落实“四个全面”战略布局，着力贯彻“创新、协调、绿色、开放、共享”五大发展理念，抢抓航空港实验区和中原经济区建设两大机遇，深入实施“双融入、双承接”发展战略，以建设现代田园临空经济强市为统揽，以新型城镇化为载体，以构建现代产业体系为支撑，着力打造全国新型城镇化示范城市、中原经济区商贸物流中心、黄帝故里历史文化名城，确保率先全面建成小康社会，率先开启现代化建设新征程。

第二节 基本原则

突出“双融入”，坚持借势发展。以建设田园临空经济强市为目标，加快实施“融入大郑州、融入航空港”战略，加快推进新郑与郑州、与航空港实验区规划同步、基础设施同建、产业同构，努力实现与郑州、与航空港经济实验区的“无缝对接”。

突出动力转换，崇尚创新发展。主动适应新常态，积极作为新常态，下大力气推进经济社会转型升级，实现由主要依靠资源和投入为主向主要依靠创新驱动为主的动力转换，着力推进科技创新、产品创新、组织创新、管理创新及商业模式创新，增强创新对经济发展的支撑力和驱动力。

突出统筹兼顾，注重协调发展。牢牢把握“四个全面”总体布局，正确处理发展中的重大关系，促进城乡区域协调发展，促进经济社会协调发展，促进新型工业化、信息化、城镇化、农业现代化同步发展，促进政治、经济、社会、文化、生态全面协调发展。

突出生态优先，倡导绿色发展。坚持经济发展与生态保护并重，积极发展绿色经济、循环经济和低碳经济，加快形成绿色低碳的产业结构、增长方式、消费模式，努力创造清新优美、绿色低碳、和谐共生、生态宜居的新新郑。

突出“双承接”，厚植开放发展。在“融入大郑州、融入航空港”的基础上，大力开展招商引资，积极承接沿海地区产业转移，承接郑州市退城产业转移，千方百计引进资金、技术、人才和项目，实行更加积极主动的开放战略，增强加快全市发展的活力。

突出民生为本，推进共享发展。坚持以人为本、民生优先，切实解决好就业、教育、住房、医疗、社会保障等关系人民群众切身利益的实际问题，让改革发展的成果更多、更公平地惠及全体人民，努力为全市经济社会发展营造和谐稳定的发展环境。

第三节 战略定位

根据河南省和郑州市重大战略布局，结合新郑市发展优势，提出新郑市未来发展的战略定位：

现代田园临空经济强市。以服务郑州都市区、服务航空港综合经济实验区为格局，以两城两市镇的快速通道和绿色廊道为纽带，以产城一体和公共服务为依托，最大限度地尊重自然、保护环境，围绕“山水田、产城园、健养闲”，着力建设适宜人居、适宜产业发展的现代田园临空经济强市。

全国新型城镇化示范城市。以国家新型城镇化试点为契机，坚持“产业为基、就业为本、民生优先、产城互动、城乡统筹”，加快建立农业转移人口市民化成本分担机制，推动建立多元化可持续的城镇化投融资机制和城乡一体化发展机制，推进城市“多规融合”制度和智慧城市建设，探索一条适合我国中部地区县级市新型城镇化的道路，努力打造全国新型城镇化示范城市。

中原经济区商贸物流中心。依托郑州航空港和新郑市独特的区位交通优势，加快推进华南城、华商汇等现代商贸物流园区建设，培育发展电子商务、智能物流、文化休闲等业态，将新郑打造成为辐射中原经济区的区域性商贸物流中心。

黄帝故里历史文化名城。充分发挥黄帝文化、郑韩文化、裴李岗文化等资源优势，以黄帝故里拜祖大典和黄帝文化国际论坛为载体，挖掘文化内涵，创优旅游品牌，持续提升黄帝文化品牌知名度，推动全市文化事业和文化产业新发展，着力打造黄帝故里历史文化名城。

第四节 发展目标

综合考虑宏观环境和发展条件，今后五年经济社会发展的总体目标是：继续巩固和保持在全省县域经济发展中的领先地位，力争提前三年实现生产总值、居民可支配收入较2010年指标实现翻番，全面建成小康社会；2020年，初步实现现代化，基本实现全域城镇化，初步建成自然之美、社会公正、城乡和谐的现代田园临空经济强市。

——**经济保持平稳较快增长。**主要经济指标增速高于郑州市平均水平1—2个百分点。商贸物流、现代食品制造、生物制药等三大主导产业竞争力显著增强，创新创业取得新突破，服务业发展全面提速，综合实力在全国排名中不断提升。

——**人民生活品质稳步提升。**全面消除贫困，实现更加充分就业，力争居民收入水平与经济发展同步提升。城市基本公共服务体系更加完善，学有优教、病有良医、老有舒养、住有安居、出有畅行、游有美景，人民群众的幸福感、归属感显著提升。

——**生态环境质量明显改善。**进一步加强生态建设、环境保护和节能减排工作，各项约束性指标力争全部达到或符合国家、省、郑州市下达目标。统筹推进城市生态体系重建，加快推行绿色的生产生活方式，综合提升城市的生态景观效果。

专栏1："十三五"经济社会发展的主要目标

<table>
<tr><th rowspan="2">指标名称</th><th rowspan="2">序号</th><th rowspan="2" colspan="2">指标名称</th><th rowspan="2">单位</th><th colspan="2">2015年预计</th><th colspan="2">2020年目标</th><th rowspan="2">指标属性</th></tr>
<tr><th>绝对值</th><th>十二五年均增速</th><th>绝对值</th><th>年均±%</th></tr>
<tr><td rowspan="17">经济发展</td><td rowspan="4">1</td><td colspan="2">地区生产总值</td><td rowspan="4">亿元</td><td>620</td><td>11</td><td>950</td><td>10</td><td rowspan="4">预期</td></tr>
<tr><td colspan="2">其中：第一生产业</td><td>17</td><td>4.2</td><td>24</td><td>4.3</td></tr>
<tr><td colspan="2">第二产业</td><td>361</td><td>11.4</td><td>516</td><td>9.5</td></tr>
<tr><td colspan="2">第三产业</td><td>242</td><td>11.7</td><td>410</td><td>11</td></tr>
<tr><td>2</td><td colspan="2">人均生产总值</td><td>元</td><td>96500</td><td>11.3</td><td>148000</td><td>9</td><td>预期</td></tr>
<tr><td>3</td><td colspan="2">权社会固定资产投资</td><td>亿元</td><td>488</td><td>21.3</td><td>980</td><td>15</td><td>预期</td></tr>
<tr><td>4</td><td colspan="2">公共财产预算收入</td><td>亿元</td><td>60</td><td>29.9</td><td>97</td><td>10</td><td>预期</td></tr>
<tr><td>5</td><td colspan="2">外贸进出口总额</td><td>万美元</td><td>6500</td><td>13</td><td>8300</td><td>5</td><td>预期</td></tr>
<tr><td rowspan="2">6</td><td rowspan="2">实际利用</td><td>域外境内外资金</td><td>亿元</td><td>107</td><td>18.5</td><td>172</td><td>10</td><td>预期</td></tr>
<tr><td>外资</td><td>万美元</td><td>18370</td><td>6</td><td>23350</td><td>5</td><td>预期</td></tr>
<tr><td>7</td><td colspan="2">规模以上工业增加值</td><td>亿元</td><td>284.7</td><td>13</td><td>486</td><td>10</td><td>预期</td></tr>
<tr><td>8</td><td colspan="2">服务业增加值比重</td><td>%</td><td>39</td><td>—</td><td>43.2</td><td>—</td><td>预期</td></tr>
<tr><td>9</td><td colspan="2">社会消费品零售总额</td><td>亿元</td><td>199.2</td><td>17.1</td><td>394</td><td>15</td><td>预期</td></tr>
<tr><td rowspan="2">10</td><td colspan="2">金融机构存款余额</td><td>亿元</td><td>493</td><td>29.4</td><td>908</td><td>13</td><td rowspan="2">预期</td></tr>
<tr><td colspan="2">金融机构贷款余额</td><td>亿元</td><td>347</td><td>32.4</td><td>639</td><td>13</td></tr>
<tr><td rowspan="2">11</td><td rowspan="2">城镇化率</td><td>常住人口</td><td>%</td><td>62</td><td>—</td><td>70</td><td>—</td><td rowspan="2">预期</td></tr>
<tr><td>户籍人口</td><td>%</td><td>51.5</td><td>—</td><td>65</td><td>—</td></tr>
<tr><td rowspan="4">创新驱动</td><td>12</td><td colspan="2">研究与开发（R&D）经费占GDP比重</td><td>%</td><td>2.5</td><td>—</td><td>2.8</td><td>—</td><td>预期</td></tr>
<tr><td>13</td><td colspan="2">万人发明专利拥有量</td><td>件</td><td>4.08</td><td>—</td><td>4.2</td><td>—</td><td>预期</td></tr>
<tr><td>14</td><td colspan="2">新增劳动力平均受教育年限</td><td>年</td><td>12.9</td><td>—</td><td>13.9</td><td>—</td><td>预期</td></tr>
<tr><td>15</td><td colspan="2">主要劳动年龄人口接受高等教育比例</td><td>%</td><td>14.7</td><td>—</td><td>21.1</td><td>—</td><td>预期</td></tr>
</table>

续表

民生福祉	16	居民人均可支配收入		元	22896	—	37720	10.5	预约
		其中：城镇居民人均可支配收入		元	27258	11.4	43498	10	预约
		农村居民让你军可支配收入		元	17027	13.5	28691	11	预约
	17	城镇就业	新增就业人数	人	7180	—	7000	—	预约
			调查失业率	%	3	—	3	—	预约
	18	每千人口执业（助理）医师数		人	1.8	—	3.63	—	约束
	19	城镇保障性住房建设（累计）		套	21845	—	16000	—	约束
	20	平均每千名老人养老床位数		张	24	12.73	35	5.94	约束
生态文明	21	耕地保有量		万公顷	5.27	—	5.2	—	约束
	22	万元生产总值用水量		立方米	17.8	—	16	—	约束
	23	万元生产总值能耗降低（累计）		%	0.4	—	完成郑州市达成目标		约束
	24	万元生产总值二氧化碳排放降低（累计）		%	—	—	完成郑州市下达目标		约束
	25	森林发展	森林覆盖率	%	31.98	—	33.8	—	约束
			森林积蓄量	亿立方米	3	—	3.6	—	约束
	26	空气质量达标率		%	56	—	完成市下达目标		约束
		其中：细颗粒物（PM2.5）浓度		mg/m^3	85	—	下降11%		约束
	27	主要污染物排放消减量	化学需氧量	%	-16.2	—	完成市下达目标		约束
			二氧化硫	%	-2.1	—	完成市下达目标		约束
			氨氮	%	-20.4	—	完成市下达目标		约束
			氮氧化合物	%1	-4.1	—	完成市下达目标		约束

注：预期性指标是政府期望的发展方向，主要依靠市场主体的自主行为实现。政府要创造良好的宏观环境、制度环境和市场环境，并适时调整宏观调控的方向和力度，综合运用经济政策引导社会资源配置，努力争取实现。

约束性指标是在预期性基础上进一步强化了政府责任的指标，是省政府在公共服务和涉及公众利益领域对地方政府和省政府有关部门提出的工作要求。政府要通过合理配置公共资源和有效运用行政力量，确保实现。

——社会治理体系不断完善。行政效率和政府公信力明显提高，社会治理能力现代化水平稳步提升，重要领域和关键环节改革取得突破，依法行政各方面制度更加成熟，城市管理市民参与度不断拓展，打造法治、安全、效率的新郑形象品牌。

——精神文明建设持续进步。城市文脉资源得到有效保护挖掘利用，黄帝故里历史文化名城魅力彰显。社会主义核心价值观深入人心，社会道德风气加速好转，市民文明素质进一步提高。

第三章　发展重点和主要任务

根据总体要求、战略定位、指导原则和发展目标，“十三五”时期，新郑市要着眼事关经济社会发展全局和长远的重点领域，推动重大任务实施，实现更有效率、更加公平和更可持续的发展。

第一节　崇尚创新发展 打造实力新郑

顺应区域发展竞争日趋激烈和发展动力转换的趋势，突出产业升级带动、科技创新驱动、人力资源支撑，加快动力结构转换，着力提高发展质量和效益。

一、构建现代产业体系

深入实施“双承接”发展战略，突出龙头带动、项目聚集、园区承载、质效提升，着力建设以食品、医药为主的现代制造业基地，以商贸物流为主的现代服务业基地，以都市生态为特色的现代农业示范基地，努力构建特色鲜明、布局合理、竞争力强的现代产业体系。

（一）打造以食品、医药为主的现代制造业基地

打造千亿级现代食品产业集群。大力发展粮油制品、枣业、啤酒、烟草业、肉制品、乳制品6大优势食品产业，着力打造特色鲜明、优势突出、国内一流的千亿级现代食品产业集群。到2020年，现代食品制造业销售收入达到500亿元以上。粮油制品以中储粮、白象、达利为龙头，重点建设完善面制品、油制品深加工产业链，提高精深加工产品比重，完善各档次产品结构，提高装备配套能力，打造省级粮油制品加工龙头基地。枣业以“好想你”枣业为龙头，以全产业链式发展促进枣业扩大规模、拓展空间，促进枣业从种植、加工、研发到销售服务上下游联合协作，形成互为市场、利益共享、风险共担、协同发展机制；以好想你红枣产业园为引领和抓手，加快推动由枣产品加工制造业向工业旅游、现代都市观光旅游产业延伸，以产业融合发展促进枣业优化升级，培育新郑枣业新的增长点。啤酒业以华润雪花啤酒为龙头，积极适应市场消费需求，丰富产品品种、优化产品结构，着力提升设备和生产技术水平，着力扩大啤酒生产规模、提高市场占有率。烟草业重点推进行业资源整合，加快推动河南中烟物流储运中心建设发展，努力推动由卷烟生产制造基地向研发基地、仓储物流中心、销售基地转型。肉制品以雏鹰农牧集团为龙头，大力发展冷鲜分割肉、调理肉食品等主导产品，积极开发新型高端肉制品，推广现代化屠宰生产线以及肉品分级设备、病害畜禽无害化处理设备及肉品质量可追溯专用技术等，培育绿色、有机肉制品特色优势。乳制品以光明乳业为龙头，以提高生产规模和水平为重点，加速产品结构优化升级，大力发展满足不同层次消费需求的乳制品，加快培育知名品牌和企业集团，努力打造国内一流乳制品生产基地。

以龙头企业做优做强为着力点，打造优势产业集群。引导促进资源配置加快向具有品牌、资本、规模优势的龙头企业、产业基地和集聚区集中，加大对好想你、雏鹰农牧、雪花啤酒、光明乳业等重点企业及食品产业龙头骨干企业的帮扶力度，鼓励优势企业开展跨地区、跨所有制的兼并重组、战略合作，加快规模扩张，增强龙头企业核心竞争力，发展壮大食品产业集群。到2020年，力争年销售收入超10亿元企业达到40家。

以培育壮大知名品牌为着力点，全面提升食品产业市场竞争力。以好想你、雏鹰农牧等优势骨干企业为主体，通过自主创新、品牌经营、地理标志保护、商标注册、专利申请等手段，大力培育一批、扶持一批、推荐一批全国性的强势品牌，着力强化在枣业、肉类加工等行业的产业链控制能力，不断提升品牌的影响力和竞争力。

以技术创新为着力点，加速食品产业优化升级。发挥企业在自主创新中的主体作用，积极扶持河南省枣科学院士专家工作站、白象食品省级研发中心等发展，加大研发投入，加速科技成果转化，推进国际先进水平的加工、保鲜、包装、监测检验、综合利用等高新技术和先进装备推广应用，提高产品精细化加工和综合利用水平。

以扩大开放为着力点，拓展食品产业发展空间。努力扩大食品行业对内、对外开放，拓宽合资合作渠道，积极承接食品产业转移，积极引进先进理念、人才、技术、项目，推动与国内外龙头企业的战略合作，争取引进一批跨国食品公司落户，提升新郑食品行业的品牌影响力。

以确保食品安全为着力点，提高食品质量和监管水平。建立健全全员、全方位、全过程的食品质量安全控制和管理体系，完善食品安全监管责任制和责任追究制，推进企业诚信体系建设，提高新郑食品的美誉度。

打造百亿级生物医药产业集群。围绕做大做强生物医药产业，以引育龙头企业为重点，带动生物医药产业链完

善，以园区为载体，发展壮大生物医药产业集群，以创新研发为关键，增强生物医药产业核心竞争力，到2020年，生物医药产业销售收入达到100亿元以上。

引进和培育龙头企业。以完善产业链条、提升技术水平、增强核心竞争力为目标，大力支持润弘制药、遂成药业等龙头企业加快发展，支持重点企业兼并重组，加大润弘制药等上市后备企业辅导力度，加大对国内外知名品牌生物医药企业的招引力度。

加强园区建设，提升生物医药产业集聚集群发展水平。加快润弘制药工业园、遂成医药产业园、裕港医疗产业园、瑞孚医疗电子产业园等生物医药产业园区建设，壮大生物医药产业集群优势、规模优势，打造中部生物医药谷。

坚持创新引领，增强生物医药产业核心竞争力。以遂成药业、润弘制药、卓峰制药等龙头企业为主体，深化产学研结合，加快消化吸收再创新，力争突破关键技术，取得一批高水平的专利和成果，培育一批年销售收入超过5亿元的生物技术产品。加强国家级企业技术中心、工程技术研究中心等研发平台建设，支持重点企业与高校、科研单位联建高水平研发机构，着力打造省级生物医药研发生产基地。

发展高端制造业。大力发展临空电子信息产品研发制造业。不断深化与郑州航空港联动发展、错位发展、配套发展，围绕智能终端产业链、服务链，以富士康配套产业为重点，积极引进富士康上下游链条企业，积极发展手机零部件研发制造等智能终端配套产业；依托现有产业基础和物流优势，促进高宝包装、正隆包装等富士康配套企业壮大产业集群、形成规模优势。大力发展航空汽车零部件制造业。以临空指向性较高以及具有高附加值、高资本与技术含量为导向，积极引进培育航空、汽车零部件研发制造企业，不断提高同步开发、专业制造和规模配套能力，逐步推进汽车零部件企业在新郑集聚发展。

改造提升传统制造业。以科技创新促转型升级。依托建华管桩、康翔塑业等新型建材企业，坚持用新工艺、新设备、新技术改造提升传统制造业，提高产品科技含量和附加值，增强企业核心竞争力。以龙头带动促转型升级。积极引进国内外知名建材生产及关联配套企业，充分发挥法国圣戈班等世界500强企业的引领带动作用，以杭萧钢构、郑州一建等企业为龙头，大力发展绿色建筑产业，打造省级住宅产业化示范基地，加快传统制造业升级改造步伐。

专栏2：“十三五”时期制造业提升重大项目

◆*现代食品制造业*。河南金裕投资管理有限公司食品生产建设项目，总投资11.7亿元，年产3万吨新技术健康功能型糖果巧克力及2.6万吨休闲豆制品、1.44万吨蛋糕；河南冠超食品有限公司食品生产建设项目，总投资7.2亿元，年产12万吨肉制品及功能性食品；郑州康盛食品有限公司葡萄酒新建项目，总投资5.5亿元，年产760万瓶葡萄酒；郑州佳龙食品有限公司食品加工项目，总投资4亿元，年产50吨黄豆食品、200吨面粉食品项目等。

◆*生物医药业*。遂成药业股份有限公司生物医药产业园建设项目，总投资11亿元，主要建设水针剂、固体制剂车间、综合制剂车间、中药前处理提取车间;河南润弘制药股份有限公司生物医药产业园建设项目，总投资11亿元；郑州瑞孚国际医疗电子产业园项目，总投资13亿元，建设标准化厂房73.7万平方米；河南裕港置业有限公司国际医疗产业园项目，总投资20亿元，占地31.68公顷，总建筑面积5.54万平方米等。

◆*高端制造业*。新郑市电子科技工业园项目，总投资6.8亿元，总占地约15公顷，总建筑面积20万平方米；河南省泰德能源技术有限公司装备制造项目，总投资2.9亿元，年产50套高温高压环保型石油不压井作业机及50套钻井废泥浆处理设备等。

◆*战略新兴产业*。河南鸽瑞复合材料有限公司金属覆膜（板）带项目，总投资23.2亿元，年产100万吨金属覆膜（板）带；瑞典瑞房国际有限公司北欧生态环保产业园项目，总投资50亿元，打造北欧特色的生态环保型中小企业聚集区；河南和美实业有限公司新材料食品包装生产项目，总投资4.2亿元，年产7000吨新材料食品包装膜及新型材料食品包装袋；郑州神州物联科技有限公司智能卡生产项目，总投资2.1亿元，年产2亿张银行卡及智能卡等。

◆*传统产业升级*。宏业纺织升级改造建设项目，总投资14.9亿元，年产高档纱线5万吨；第一纺织升级改造建设项目，总投资5.1亿元，年产高档纱线5万吨；郑州一建钢结构加工项目，总投资20亿元，年产10万吨钢结构；杭萧钢构富春住宅产业化基地建设项目，总投资10亿元，年产钢构件10万吨、楼板500万平方米、墙板1000万平方米；中新房新型建材项目，总投资30亿元，年产800万平方米新型房屋；河南吉祥建材（二期）实业有限公司铝板带箔生产项目，总投资2亿元，年产10万吨铝板带箔；郑州贝斯通建材有限公司石材加工项目，总投资0.53亿元，加工各种性能优异的石材；郑州正赢石化有限公司节能环保产品生产项目，总投资4.7亿元，年产12万吨节能环保产品项目；新郑市中原绿色建筑产业园建设项目，总投资160亿元，建成以绿色、新型、节能为主导的住宅产业化基地项目等。

（二）打造以商贸物流为主的现代服务业基地

打造千亿级商贸物流产业集群。围绕打造千亿级商贸物流产业集群和千亿级龙湖商圈目标，依托郑州航空港和郑州国际商都建设，不断强化郑州华南城、华商汇、乾

龙物流园等龙头骨干引领带动作用，加快推动商贸物流业扩容提质、增效升级，打造在中部地区有影响力、有辐射力、有资源整合力的商贸物流基地。到2020年，商贸物流业实现销售收入600亿元以上。加快发展现代物流业。充分发挥临空优势，积极吸引知名物流企业设立分支机构，大力发展中转配送、分拨分销等高端物流增值业务，积极发展第三方、第四方物流，提升新郑现代物流产业层次。依托枣业、面制品、肉制品、乳制品等大型生产加工企业和集聚区、专业园区,着力推动一批运转高效、跨区域经营的冷链物流配送中心项目建设,积极构建跨区域冷链物流配送网络。积极主动承接郑州市区市场外迁转移。发挥新郑区位交通等基础优势以及商贸物流产业发展优势，以郑州华南城以及各建材、农机等专业商贸物流园区为重点，坚持规划引领、项目支撑，做好商户对接、服务对接，积极承接市区市场外迁，尽快形成集聚优势、规模优势，打造郑州新兴商贸物流销售中心、服务中心。加快建设商贸商务综合体。加快推进华南城一期提质增效、二期建成运行，着力提升华南城、新尚商业综合体等大型都市综合体的凝聚力和影响力，将商贸商务综合体打造成为千亿商圈的增长极和重要支撑。着力推进沿街商铺进市场、进商业综合体，加快传统商贸业优化升级步伐。积极招引奥特莱斯商业综合体入驻，建设中部商贸会展之都。大力发展新业态新模式。抓住互联网经济和电子商务加速发展新机遇，依托商贸物流企业集聚优势，创新实施OTO模式，支持商贸企业向上游加工业、下游电子商务方向发展，着力打造“国际领先、全国一流”的全产业链商贸物流业基地。

打造千亿级电子商务产业集群。以互联网零售为主体，以华南城为先行示范，鼓励华南城、华商汇等物流企业开发电商平台，积极打造OTO全渠道经营模式和线上线下开放平台，形成“店商+电商+零售服务商”的新型商业模式，使华南城实体经济业态与网络经济业态有机结合、强强联合，推动产业业态提升，实现线上到线下无缝衔接、线下到线上互通联动。促进电子商务创新发展，发挥中原智谷产业园、IBM智慧产业芯城的创新引领和集聚优势，鼓励电子商务技术创新、内容创新、模式创新，引导和支持电子商务企业开拓新领域、发展新业务、探索新模式。加快电子商务示范基地和产业园区建设，重点培育一批省级和国家级电子商务示范企业，壮大电子商务骨干企业队伍。出台电子商务扶持政策，鼓励大型传统百货、连锁超市、批发市场等重点商贸企业，依托现有实体网点、货源渠道、物流配送等商业资源，组织开展网络零售业务，促进传统商品流通方式向电子商务方式转变，加快打造中部电商基地。到2020年，电子商务实现销售收入500亿元以上。

大力发展文化旅游业。全面打造富有吸引力、凝聚力、竞争力的“黄帝故里、郑韩故都、红枣之乡”的新郑旅游形象，到2020年，全市游客达到490万人次以上，旅游总收入15亿元以上。以黄帝文化为引领，打造国际知名的旅游目的地。高规格举办黄帝故里拜祖大典和黄帝文化国际论坛，高标准建设黄帝故里历史文化名城，将故里景区建设成为“全球华人寻根圣地、中华民族精神家园”，打造全国寻根拜祖旅游精品景区，持续提升黄帝文化品牌影响力。以黄帝文化寻踪、郑韩文化寻踪和新郑历史文化名人寻踪为特色，积极推进黄帝故里核心景区、郑韩故城国家遗址公园、白居易故里文化园、郑国车马坑、人和明清古寨等项目建设，不断丰富文化旅游产品、优化旅游线路，吸引更多游客前来寻根拜祖、观光旅游。加强旅游策划宣传，大力实施旅游品牌工程，充分利用世界旅游城市市长论坛、东北亚国际旅游论坛、黄帝文化国际论坛以及国际旅游展览会和世界旅游博览会等知名节会活动，强力推广黄帝故里旅游形象与旅游产品。以深化工业、农业与旅游业融合发展为主线，依托新郑都市特色生态农业发展优势及现代食品、商贸服务等产业基础，整合提炼历史人文、民俗风情等要素，持续办好枣乡风情游、龙湖镇泰山村樱桃节等节庆活动，推动孟庄镇打造红枣特色旅游小镇、薛店镇打造啤酒特色旅游小镇、具茨山等地打造农家乐特色旅游度假小镇，着力完善硬件设施，大力开发融观赏、参与、娱乐、度假于一体的旅游项目，积极引导群众发展规范化农家乐、农家宾馆项目，着力打造功能齐全、服务优良、环境优美、游客满意的特色旅游景区。以新郑优美独特的山水资源、丰富多样的生态资源为依托，大力发展山水、生态旅游，积极推进具茨山国家森林公园、南水北调干渠滨河公园、龙湖宜居教育城西部生态休闲基地等建设发展。大力发展新型旅游业态，依托好想你红枣城、港中旅河南力上旅游度假综合体、龙泉湿地公园等项目建设，积极发展养生旅游、商贸旅游、工业旅游和慈善旅游等新型旅游业态。发挥中原工学院、西亚斯学院、升达大学等十多所高校优势，精心包装，探索、开发一批高校研学旅游线路。利用黄帝故里和新郑博物馆、白居易纪念园、欧阳修陵园等爱国主义教育资源，寓教于游，开发一批中小学生研学旅游线路。以郑州旅游集散副中心建设为引领，全面提升旅游承载力和服务水平。抓好旅游道路标识、游客服务中心、旅游厕所、旅游停车场等设施建设，营造便捷、舒适、满意度高的旅游环境。推动城市公共交通线路延伸至周边主要景区和乡村旅游点，在汽车站、商业集中区等公共场所设立一批旅游咨询服务中心

（点），支持建设一批自驾车旅游服务区、自驾车营地、房车营地和汽车旅馆。探索建立旅游、工商、公安、城管、交通、卫生、质监和物价等部门联合执法机制，加强旅游市场综合执法。大力开展文明旅游宣传引导活动，加强旅游交通、餐饮食品、特种设备等安全监督检查，确保旅游安全。推进智慧旅游建设，开通全国统一的旅游服务热线12301，开发智慧旅游App客户端，构建集全市旅游信息发布、电子商务于一体的智慧旅游综合平台。加快智慧景区建设，推进黄帝故里、具茨山、郑国车马坑等重点旅游景区智能化管理与服务，实现Wi-Fi信号全覆盖，逐步实现无线导游、游客分流、车辆调度、安全监控等多重功能。支持旅行社、旅游星级饭店、旅游农家乐等企业开展网络营销，实现网络预订和网上支付等电子商务功能。

积极发展健康养老服务业。依托新郑市生态资源、文化资源优势，抓住国家加快发展大健康产业的战略机遇，根据老年旅游市场的需求，积极开发运动健身、温泉养生和森林休闲等多层次、多样化的养生旅游产品。引导各景区加强老年旅游服务设施建设，鼓励旅行社、旅游星级饭店等针对老年旅游推出经济实惠的旅游产品和优惠措施。推动龙湖镇泰山村养老项目形成老年旅游服务品牌。充分发挥政府主导作用和社会力量主体作用,逐步建立完善以居家为基础、以社区为依托、以机构为支撑、医养相结合的养老服务体系，积极发展老年人的生活照料、家政服务、医疗康复、文化娱乐、精神慰藉、应急救助等多样化服务，打造健康宜居养老环境。

稳步发展金融服务业。积极引进更多国内、外金融机构和非金融机构，丰富新郑市金融发展体系，积极探索农村金融创新发展，推动村镇银行发展；引导担保公司、小额贷款公司等非金融机构规范有序发展，维护好社会金融生态发展，保持社会稳定。完善银企互动平台，促进银企项目对接。加强企业上市和“新三板”挂牌培育工作。完善农村金融体系，推进村镇银行发展。引导担保公司、小额贷款公司等金融机构规范有序发展，维护良好金融生态环境。

规范发展房地产业。规范、有序发展房地产业，坚持高档社区、普通商品房和保障性住房协调推进，积极培育发展二手房市场和住房中介租赁市场，构建多层次住房供应体系。

专栏3：“十三五”时期服务业发展重大项目

◆*商贸物流业*。郑州华南城建设项目，总投资650亿元，总建筑面积1200万平方米；郑州华商汇控股有限公司华商汇大型现代综合性商贸物流中心一期项目，总投资246.6亿元，总建筑面积836万平方米；河南卓商农业发展有限公司中国郑州国际农用机电展览贸易中心建设项目，总投资37.5亿元，总建筑面积175万平方米；圣戈班绿色建材国际商贸城建设项目，总投资4.亿元，总建筑面积135万平方米；河南中烟新郑原料仓储中心建设项目，总投资，14.5亿元，总建筑面积38.5万平方米；郑州乾龙物流有限公司现代物流园建设项目，总投资15亿元，总建筑面积100万平方米；中国·中原不锈钢物流园项目，总投资26亿元，总建筑面积为72万平方米；鸿元控股集团新地电商物流产业园，总投资8亿元，总建筑面积8万平方米；河南统一供销物流配送园建设项目，总投资18亿元，占地40公顷；河南大地鑫辉国际建材物流园有限公司大地鑫辉国际建材电商物流园项目，总投资16亿元；河南省国美电器有限公司国美电商区域总部基地项目，总投资7亿元，总建设面积17万平方米；万佳商业连锁有限公司企业总部建设项目，总投资5.1亿元，总建筑面积5.7万平方米等。

◆*商务服务业*。郑州新尚置业有限公司新尚天地城商业综合体、郑州华南城二期商务配套项目、港中旅旅游度假综合体、工商联商会大厦、华祥喜度大厦、财富广场、建设银行总部大楼、中冶商厦、国土开发商务写字楼、新区邮政综合大厦、新区华信五星级酒店等。

◆*房地产开发*。河南正商置业有限公司正商智慧城建设项目，总建筑面积150万平方米；郑州融侨房地产开发有限公司融侨城西苑建设项目，总建筑面积58万平方米；河南新中建设有限公司富田兴和湾建设项目，总建筑面积70万平方米；新郑锦恩置业有限公司锦艺城建设项目，总建筑面积126万平方米；郑州双湖置业有限公司原溪里建设项目，总建筑面积53.87万平方米等。

（三）打造以都市生态为特色的现代农业示范基地

优化都市生态农业布局。坚持以“服务城市、富裕农民、优化生态、繁荣农村”为目标，以“国家现代农业示范区建设”为统领，以现代科学技术和物质装备为支撑，以特色种植、设施园艺、生态休闲、创意创业和农产品加工业等为主体,大力发展“优质粮食、特色果蔬、现代畜牧、农产品加工”四大主导产业，加快构建“特色种植、标准化养殖、农产品加工”等“三位一体”的现代农业产业体系，规划建设“一区、三特色、七组团、30个精品园”的现代都市生态农业发展新格局，示范引领现代农业发展。

构建都市生态农业体系。坚持市场导向、因地制宜、提质增效、可持续发展，以粮油、林果、畜牧业为主导产业，以蔬菜、花卉苗木为特色产业，构筑以区域特色农业为主导、涉农企业为龙头、城乡互动的都市型现代农业发

展新格局。粮油产业以实现从生产向加工跨越为目标，以“品种良种化、生产科技化、经营规模化、管理智能化、产品品牌化、产业体系化”为路径，不断提升国家现代农业示范区建设水平，推广高新实用科技和生态循环农业示范模式，实施粮油“百、千、万”高产创建示范工程，加大农业基础设施投资力度，扶持培育粮油产业化龙头企业，建设一批高标准粮油生产加工园区。林果产业坚持专业化、规模化和特色化发展，发挥新郑市“中国名特优经济林红枣之乡”“国家级森林公园”等品牌优势，重点发展以红枣、樱桃为特色的优质林果产业，加快建设集生产、仓储、运输、加工与销售一体化的林果生产供应基地。畜禽产业要大力推进集约化、规模化养殖，加快生态、低碳畜牧业发展，积极引导和规范专业合作组织，着力打造一批具有地方特色的畜产品知名品牌，保障畜产品供给和质量安全，构建现代畜牧业产业体系。蔬菜产业坚持规模生产、精细管理、绿色安全、品牌发展，按照“高产、优质、高效、生态、安全”的要求，积极推动万亩蔬菜基地建设，积极发展社区超市、配送体系、高端会员，培育绿色、有机蔬菜供应体系，巩固扩大本地市场，加快拓展中高端市场。积极推进无公害农产品、绿色食品和有机食品品牌认证，构建农产品安全质量保障体系。花木产业以改善地区生态、景观环境，提高经济效益为目标，加快新品种、新技术的引进、研发和推广，加强与高等院校和科研院所联合，着力打造集生态、景观、经济效益于一体的观赏花卉、园林苗木生产基地。

培育壮大农业产业化集群。扶优扶强好想你、雏鹰农牧、白象等龙头企业，大力推进集群化、园区化、基地化发展，抓好中国红枣综合产业园、优质大樱桃基地、供港蔬菜基地、精品园艺等特色产业园建设，加快正龙食品等龙头企业上市步伐，加大对“好想你”枣业、雏鹰农牧等龙头企业的帮扶力度，促进农业产业化集群升级发展。

培育新型现代农业经营主体。加大对龙头企业和农民专业合作社的指导、扶持、服务力度，引导生产要素向农产品加工企业、农民合作社、专业大户集中，推动农业生产规模化发展，到2020年，新发展农业产业化龙头企业5家、农民合作社80家。

健全都市生态农业支撑体系。创新农业投融资、农业基础设施建设、农业经营、农产品的产销模式、财政支农、农业保险、农业科技推广应用、农业可持续发展等现代农业发展体制机制，以机制体制创新促进现代农业发展，加快推进农业现代化。着力强化都市生态农业科技支撑。加快农业技术创新体系建设，加强产学研合作，积极建立河南省农业大学、河南省农业科学院与新郑市现代农业发展互动机制，联合科研、高校技术力量，聚集项目，引进成果，强化集成创新、成果转化和产业化。加速基层农技推广服务体系改革，鼓励农民专业合作组织、龙头企业、规模种养场（户）和社会力量参与农技推广服务，拓展全市原有农业推广中心站功能，实现新郑市农业科技推广体系的升级与优化。着力强化人力资源支撑。大力开展多层次、多渠道农民教育培训工作，围绕粮油高产创建、菜篮子工程、林果特色园创建、现代农业公共服务能力建设、农机购置补贴政策、农村生态能源等重大农业工程项目，开展农业实用技术培训。开办农业讲坛，聘请国内外的农业专家、农业企业进行专题讲座，定期举办现代种业、绿色农业、食品安全、现代农业物流等农业专题论坛；开展农业实训，学习现代农业管理方式。强化农业信息化支撑，积极推进光纤入户，加快农村地区宽带网络建设，全面提高宽带普及率和接入带宽；大力发展智慧农业，加强面向基层的涉农信息服务站点和信息示范村建设，积极探索利用“12316”三农热线、农业信息网站、广播电视和互联网技术等现代信息技术改造传统农业、服务现代农业的途径和方式，促进农业农村信息化的跨越式发展。强化农业基础设施支撑。因地制宜，突出重点，完善农田水利设施，加大中低产田改造及农田水利改造，大力发展节水灌溉，推广渠道防渗、管道输水、喷灌滴灌等技术，全面推动精准农业建设。不断提升农产品质量安全水平、确保不发生重大农产品质量安全事件，保障农产品质量安全和农业产业健康发展。

专栏4：“十三五”时期都市农业发展重大项目

◆**都市型生态农业**。新郑市都市型现代农业核心区建设项目，总投资15亿元；辛店古桃源都市观光农业项目，总投资2.2亿元，地200公顷；翠谷农业公园项目，总投资7.7亿元；中国航空港农业公园项目，总投资4.6亿元；观音寺沣都农业示范园区项目等。

◆**特色高效农业**。台湾循环农业发展联合会高效农业示范基地一期建设项目；辛店国家珍稀濒危植物种质资源库建设项目；万亩农田综合开发建设项目；新郑市丰农林果专业合作社建设项目等。

◆**优质农产品生产基地**。优质粮油生产基地、万亩绿色粮食生产基地、小麦良种繁育示范园、有机小麦生产基地，标准化“菜篮子”生产基地、设施农业建设工程、生态畜牧业工程、生态水产养殖基地建设工程、农业产业化经营及农产品深加工项目等。

◆**农田水利设施**。抗旱应急工程；小型农田水利重点县；农业节水灌溉工程；和庄镇提灌工程；农田水利现代化示范乡镇项目；移民后期扶持项目；生态补源发展灌溉工程；机井升级改造工程等。

◆**水库及河道工程**。后胡水库水源地保护工程；老观寨、望京楼、五虎赵、杨庄等4个水库水源地保护工；桐树岗水库应急水源工程；杨庄水库五虎赵水库扩容调蓄项目；双洎河胡垌至贾梁段河道治理工程；黄水河上游段治理工程；潮河小范庄至唐河段中小河道治理工程；莲河西高老庄至杜楼段中小河道治理工程；沂水河杨庄至沂水村治理工程；溱河治理工程；十八里河治理工程等。

◆**生态农业支撑保障工程**。中小河流治理工程、中小型水库维修养护工程、农业科技创新综合体建设工程、农村产权交易市场建设等。

（四）打造“互联网+”产业融合创新示范基地

推动“互联网+制造业”。推动重点制造领域智能化升级。支持现代食品、生物医药、高端装备等制造业企业围绕产品、生产线、供应链及商业模式等环节，开展跨界融合创新，加快互联网与制造业融合发展。开展智能制造试点示范，推进生产装备智能化升级、工艺流程改造和基础数据共享，加快基于个性化产品的服务模式和商业模式创新，力争将好想你、白象食品、天津药业等龙头企业打造成为智能制造试点示范企业。推进制造业服务化转型。鼓励新郑制造企业利用物联网、云计算、大数据等技术，整合产品全生命周期数据，形成面向生产组织全过程的决策服务信息，为产品优化升级提供数据支撑。鼓励企业加快从制造加工环节向自主研发、品牌营销等服务环节延伸，做大做强服务业务。鼓励中小企业利用云计算、云服务平台开展面向客户需求的定制化服务，鼓励互联网制造和互联网型制造企业发展，倒逼制造业技术创新和模式创新。

推进“互联网+服务业”。推广生活性服务业O2O模式。支持商贸、餐饮、家政等传统服务业电商化发展，组建专业化的网络服务平台，引入互联网O2O商业模式，利用互联网高效组合信息、数据和商业关系，打通用户全生命周期的全服务渠道。推动商务电子化和运营数据化，支持服务企业更好利用大数据驱动线下商业线上化，提高商业服务效率、服务水平。促进物流信息共享互通。发挥互联网信息集聚优势，聚合各类物流信息资源，鼓励骨干物流企业和第三方机构搭建面向社会的物流信息服务平台，整合仓储、运输和配送信息，开展物流全程监测、预警，提高物流安全、环保和诚信水平，统筹优化社会物流资源配置。

推广“互联网+农业”。建设智慧农业示范推广基地。加快应用现代信息技术改造提升传统农业，重点依托特色农业产业基地、都市农业园区等，大力推广应用信息化管理系统、农业专家咨询服务系统和农业电子商务，不断提升农产品生产、加工、储藏、运输和市场营销智能化水平。大力推动物联网技术的应用。在基础较好的领域和地区，推广成熟可复制的农业物联网应用模式，普及基于环境感知、实时监测、自动控制的网络化农业环境监测系统。促进物联网技术在农业示范园区的普及，提升新郑农业发展的科技水平，鼓励电信运营商、物联网运营企业参与智慧农业建设。利用微信、QQ等现代信息渠道，宣传新郑智慧农业，不断提高新郑农业的知名度与市场竞争力。

支持“互联网+新兴业态”。支持和培育新兴业态发展。抓住“互联网+”发展机遇，推动互联网由消费领域向生产领域拓展，培育发展车联网、云制造、大数据、互联网金融、数字出版、3D打印等潜力巨大的新业态。引导企业发挥技术和市场优势，在产业组织、产品、经营模式等方面全面创新，培育一批具有创新活力和动力的新业态。推动各领域商业模式创新。鼓励企业积极运用互联网思维、粉丝经济、大数据等诸多新技术新理念，创新商业模式，发展互联网经济新业态。探索政府支持企业商业模式创新的新机制，将商业模式创新纳入市科技计划予以支持。

（五）构建现代产业科学发展载体

推动新港产业集聚区提质增效创新发展。围绕“双融入、双承接”发展战略，聚焦重点产业提升、招商引资增效、新兴产业培育、配套设施提质，加快推动新港产业集聚区食品制造、生物医药产业升级，带动生物医药科技研发、配套仓储物流配送等产业。不断强化光明乳业、威纳啤酒、恒喜龙、冠超食品、遂成药业、润弘制药等项目带动作用，壮大主导产业、做强产业基础，集聚规模效应。依托鸿元电商物流、顺丰物流、鑫龙物流等项目，统筹规划建设专业物流园区，构建与产业集群发展相适应的现代物流支撑体系。加快培育太空食品、保健食品、免疫球蛋白等科技含量高的食品、医药深加工产业及工业旅游、检测研发、电商物流等相关配套产业，拉长产业链条，扩大品牌影响，增强辐射带动作用，打造中高端食品、医药产业基地。到“十三五”时期末，将新港产业集聚区打造成主导产业明晰、产业布局合理、产城协同融合、带动辐射能力强、公共服务完善，在全市加快结构调整和产业优化升级中起支撑作用的产业集聚区。着力提升产业集聚区综合承载力。优先配置要素资源，积极吸引企业、项目、人才、技术、资金等要素向产业园区集中，加快基础设施建设和配套产业发展。整合资源，建设标准化厂房和公共技术服务平台，推动技术创新、智慧园区、现代物流、人力资源服务等平台建设，提升产业集群发展支撑能力。拓宽融资渠道，创新融资模式，加强与各类金融机构沟通，为集聚区发展提供资金支持。高标准规划和实施莲河治理工程和南水北调保护带工程，加强环境综合整治，减少污染物排放，推动绿色、可持续发展。

加快华南城推进特色商业区建设。按照产业集中、发展集约、资源共享、功能互补的要求，紧紧围绕现代专业市场集群的功能定位，主动整合郑州及郑州周边乃至河南全省各类分散的专业市场，重点推动小商品、建材、汽摩配件等七大类产品交易市场集聚发展。整合线上线下资源，完善华南城电子商务产业园和华南城网商创业园，引导入驻园区的小微企业实现线上线下融合发展、互动发展，支持大学生创业，辅助小微网商，着力打造中原地区最大的“互联网+”创业平台。建立健全特色商业区管理机制，加强基础设施和公共服务平台建设，强化招商引资和要素集聚，适时推进特色商业区扩区工作。到“十三五”时期末，建成辐射中原经济区的商贸物流中心。

优化都市生态农业载体建设。以都市型现代农业示范区建设为抓手，按照“项目集中布局、产业集群发展、资源集约利用、功能集合构建”的原则，在郭店、新村、薛店、孟庄等乡镇，建设以休闲观光农业为主的都市型现代农业示范区；在梨河、观音寺、城关等乡镇，建设以优质粮油、精品蔬菜、食用菌和畜牧为主的高标准粮田优种示范区。充分发挥示范区基础设施、科技创新、人力资源等优势条件，大力发展设施农业、高效农业、休闲观光农业、精准农业和农业物联网技术，提高都市生态农业科技装备水平。建立健全示范区监管、服务运营长效机制，全面优化发展环境。

二、构建现代创新体系

大力推进大众创业万众创新，突出抓好主体、平台、载体、机制、人才等关键环节，进一步优化创业创新环境，最大限度激发大众创业万众创新活力。

强化企业创新主体地位。做大做强高新技术企业，围绕新郑市“三主三副”产业重点方向，策划、储备、滚动一批高新技术产业化项目，重点解决生物医药、食品加工、电子信息等领域的重大技术难题，扶持发展一批市场竞争力强的高新技术龙头企业。加快培育科技型小微企业，依托新郑市产业发展要求，支持围绕上下游配套产业，充分利用国家、省、市科技政策，整合社会优势资源，加快培育一批科技型中小企业。到2020年，经认定的高新技术企业达到16家，科技型中小企业达到100家。

加快推动创新创业综合体建设。依托市内高校平台，打造中原工学院大学科技园、西亚斯学院创客空间等创新创业综合体；依托龙头企业平台，打造华南城电商产业园、中国红枣产业园等创新创业综合体；依托社会资本平台，建设飞宇电气装备产业园、IBM联合创新中心、中德产业园、瑞孚国际医疗电子产业园等创新创业综合体；依托政府投资平台，建设财富广场、农民特色创业园等创业创新综合体；依托产业集聚区、特色商业区平台，打造一批集科技企业孵化、创业培育、创新研发、成果转化、科技服务、科技融合服务、人才集聚和生活服务等多功能为一体的创新创业综合体；依托现代农业示范区平台，打造都市农业、观光农业、精准农业创新创业综合体。

培育创业创新群体。营造公平竞争的创业环境，推动科技人员、高校毕业生、农民工、退役军人、失业人员等各类市场创业主体，不断开办新企业、开发新产品、开拓新市场，实现创新支持创业、创业带动就业良性互动发展。以青年和大学生创新创业者、企业高管、科技创业者等为重点，培育一批创客和极客。

推动创新载体平台建设。围绕新郑市主导产业和优势产业，整合和运用多方创新资源，引导和支持企业采取多种形式建设一批国家和省级企业技术中心、工程技术研究中心、重点实验室、院士工作站、博士后工作站等，全面提高新郑科研实力。依托新郑区位优势和高校资源优势，创新企业为主导的产学研协同创新机制和模式，组建一批企业主导的产业技术创新战略联盟、产业研究院，搞好新郑市互联网产业创新创业联盟等建设。“十三五”期间，新建各类研发中心15家，其中省级2家。围绕创新创业综合体、众创空间等，重点支持科技信息服务平台、科技综合服务平台、金融服务平台等建设，为创新创业提供专业化服务。

实施质量强市战略。将经济运行质量纳入质量强市总体目标，形成经济运行、产品、工程、服务、环境“五大质量”提升机制。实施品牌带动战略，加快培育壮大自主品牌，广泛开展产品品牌宣传。健全质量公共服务平台，培育一批先进制造业和现代服务业的高端品牌。争取“十三五”期间，新创河南名牌产品20个，培育5件中国驰名商标，30件河南著名商标。实施标准化战略，充分发挥新郑市主导产业的作用，鼓励企业积极参加国家标准、行业标准、地方标准制定，争取获得标准的话语权。争取每年有一批企事业单位主持或参与国际、国家、行业、地方标准的制修订。

强化政策引导支持。加快完善政府扶持政策体系，从投入、土地、环境、人才、财税、市场、服务等方面制定一系列有针对性、前瞻性和“含金量”的扶持政策，为创新创业提供有效的政策保障。积极落实优惠政策，根据创新创业需要，落实高新技术企业税收优惠政策，提高对企业技术创新投入的回报，引导形成公平、普惠的政策环境。不断创新金融支持政策，加快建立创业投资引导基金和产业发展引导资金，引导社会资本支持创新创业；强化财政资金杠杆作用，创新"财园信贷通""财政惠农信贷通"等融资模式，强化对创新创业企业、新型农业经营主体的信贷扶持；创新贷款担保制度，支持金融机构开展多种形式创业担保贷款服务，给予创业担保贷款扶持。充分发挥政府采购支持作用，加大创新产品和服务的采购力度，落实和完善政府采购促进中小企业创新发展的相关政策，把政府采购与支持创新创业发展紧密结合起来。

专栏5："十三五"时期创新建设重大项目

◆重点项目。中原工学院大学科技园、华南城创新创业综合体、飞宇电气装备产业园、IBM联合创新中心等创新创业综合体建设、郑州智慧云谷科技有限公司新郑智慧云谷电气装备产业园建设项目。

◆创新创业主体培育工程。主要包括科技型小微企业培育工程、高新技术企业培育工程以及高层次人才、大学生、科研工作者、农村劳动力等新型创业主体培育工程。

◆创新创业平台搭建工程。主要包括创新创业综合体建设工程、众创空间建设工程以及技术研发平台、公共服务平台搭建工程。

三、实施人才强市战略

加大创新型人才引进力度。加大海内外高层次人才引进力度。围绕生物医药、现代食品、电子信息等重点优势产业提升中重大难题突破和高新技术产业发展，深入实施人才引进"智汇郑州·1125聚才计划"，创新"人才+项目+资金""人才+团队"人才引进模式，到2020年，实现高层次创新型人才较大增长，全市引进海内外领军人才20名，其中国家"千人计划""万人计划"人才5名，海外留学归国人才15人。更加注重柔性引才引智。坚持刚性引进和柔性引进相结合，加快完善政府、民间、市场等多元化主体的人才引进格局，建立不求所有、不求所在、但求所用、来去自由的柔性流动机制和固定与流动、专职与兼职相结合的灵活引才机制；建立特聘专家制度，研究制定重点产业人才特殊津贴制度，鼓励各类人才开展技术合作、技术入股，支持用人单位以岗位聘用、项目聘用、项目合作等方式引进。

加强高层次人才培养。建立健全院（校）地、院（校）企高层次人才培养合作机制，鼓励各类用人主体委托国内外知名科研院所（大学）培养高层次人才。采取"人才+项目"等方式，依托国家和省重点人才计划及重点科研、工程和产业项目培养高层次人才。建立每年定期邀请国内知名专家来新郑开展专题培训机制，继续推动"百名院士专家新郑行"活动。从在新郑高校、事业单位中选派科技、经营管理人员到科技型中小企业兼职、挂职，帮助培养高层次创新创业人才。

拓展人才宜业创业空间。推进住房、教育、医疗、文化、体育等各方面配套设施建设，完善人才宜居宜业环境。增强社会治安执法工作，建立健全专业部门与社会力量相结合的社会治安防控体系，依法打击各种犯罪活动，维护人才的合法权益，保证人才工作环境的稳定安全。完善人才流动配置机制、人才有效激励机制、人才合理使用机制、人才科学评价机制以及人才服务机制等，为人才可持续发展拓展空间。

第二节 注重协调发展 打造魅力新郑

坚持走以城乡统筹、城乡一体、产城融合、节约集约、生态宜居、和谐发展为特征的新型城镇化道路，优化市域城镇体系，统筹城乡基础设施建设，健全城乡发展一体化体制机制，推进城乡要素平等交换、合理配置和基本公共服务均等化，建设国家新型城镇化示范区，打造魅力新郑。

一、优化市域城镇体系

树立全域城镇化、城乡一体化的理念，确立"北部城镇化、南部田园化"的市域空间布局，着力构筑"两城（中心城区、龙湖新城）、两市镇（薛店镇、辛店镇）、若干特色乡镇和新型社区"的城镇体系。

做大做强中心城区。加快推进新郑新区建设。加强新区基础设施、公共服务和生态环境建设，重点推进城市综合管廊、新区中小学、公共服务中心、轩辕湖公园二期等项目；加快新区中心商务区建设，重点推进新区新尚综合体、港中旅旅游综合体、商会大厦、华夏国际商务中心、建行总部大厦、华祥商务大厦、正港国际大厦等项目。加快城镇棚户区改造，积极推进新区第二社区、河赵社区等保障性住房项目和裴大户寨、张龙庄等城中村改造项目。加快黄帝故里历史文化名城建设，重点建设黄帝故里核心景区。加强城区与航空港经济综合实验区和周边乡镇的连接，重点建设中华路南延至长江路、郑韩路西延至大学南路、茨山路升级改造、中兴路东延至新港大道、新村大道东延至新港大道、西环路（国道107改线）等工程。到2020年，中心城区建成区面积达到42平方千米，城区人口35万，成为新郑市政治、文化、公共服务中心、黄帝故里历史文化名城和具有中原文化特色的现代化城市。

加快建设龙湖新城。加快龙湖新城路网等基础设施建设，重点推进鸿鹄路南延、祥和路东延、双湖大道西延至大学路、泰山路西延至大学路等，配合做好中华路北延（新老国道107连接线—郑州东四环）、紫荆山路南延至鸿鹄路、地铁2号线南延、国道310郑州西南段改建工程。不断完善公共服务设施，重点推进铁道警官学院等高等院校建设工程，积极引进郑州外国语、郑州十一中等市区优质基础教育资源，依托区内高校和房地产开发项目，加快配套中小学、幼儿园建设。加快推进商贸物流城建设，重点推进华南城二期、华商汇、乾隆物流园区、郑州国际农用机电展览贸易中心等项目建设，建成辐射中原经济区的商贸物流中心。到2020年，龙湖新城建成面积达到40平方千米，人口达到35万，成为商贸物流引领、教育特色突出、充满生机与活力的新城。

建设薛店临空经济新市镇。依托中原食品工业园，围绕建设航空经济实验区功能配套区和新型现代食品制造业基地，全面启动全域城镇化，加快临空型新市镇建设。“十三五”期间，重点推进解放北路棚户区改造、大吴庄棚户区改造等安居工程建设项目，推进中国国际红枣城、啤酒商业风情街、裕港医疗产业园、瑞孚医疗电子产业园、IBM产业园等项目建设。到2020年，全镇完成地区生产总值达到130亿元，镇区建成面积达到15平方千米，人口达到10万人，建成特色突出的临空经济新市镇。

打造辛店循环经济新市镇。依托煤炭循环经济产业园，加快推进循环经济发展。推动辛店循环经济产业园转型发展。支持赵家寨、王行庄煤矿转型升级，引进煤、煤制品、煤化工等循环经济产业链，建设省级生态型煤炭循环经济产业园。加快杭萧钢构、郑州一建等项目建设，发展绿色建材、智能家居等新型住宅产业，打造全省新型建材产业基地，推进传统建材行业转型升级。加快郑州一棉、宏业纺织易地搬迁建设，积极承接郑州市内服装、纺织等企业有序转移。推进农民创业园建设，打造传统产业转型升级示范区。以煤炭塌陷区搬迁和具茨山易地搬迁扶贫为重点，加快建设蓝天新城、具茨山社区、翰林居、靳沟新型社区、和谐佳苑等新型社区，加强教育、卫生、文化、民政等公共服务设施和供电、供水、供气、污水处理、垃圾处理等基础设施项目建设，到2020年，全镇地区生产总值达到100亿元，镇区建成面积达到12平方千米，人口达到8万人，成为支撑全市发展的重要增长板块。

打造特色乡镇。按照“北部城镇化、南部田园化”的思路，加速全市特色乡镇发展。坚持规划引领，科学修编孟庄、郭店等北部乡镇规划，高标准推进孟庄、郭店镇区改造，保护性开发原生态红枣种植区，加快高端制造园区建设，着力打造产业特色鲜明的空港旅游休闲小镇和新型制造业重镇。高标准实施梨河现代农业基地建设、观音寺智慧小镇开发，着力打造富有现代田园风光的风情小镇。加快城关乡老工业区改造、新村城北医药产业园“退二进三”，加速和庄镇、八千乡产城融合步伐，实现近郊乡镇融城发展。

建设新型社区。按照因地制宜、分类实施的原则，有序推进新农村建设。加大城区、镇区、产业集聚区（园区）及干道公路两侧村庄拆迁力度，有序推进煤矿塌陷区、都市型生态农业园区村庄改造。“十三五”期间，继续建设孟庄镇中心社区、城后马社区、和庄镇和赵社区、新郑新区第二、第三社区、城关乡西城花园南苑社区、郭店镇华阳寨社区等；新开工建设古枣园社区、和庄镇高拱故里社区、河李社区、三里岗社区、城关乡中心社区、七里堂社区二期、城关乡居易社区三期等新型社区。加强古村落、古建筑保护，加强特色村的开发保护，着力培育主导产业、特色产品，加快特色村发展。高标准推进人和寨等美丽乡村试点工作，抓好华阳寨、东郭寺等7个特色文化村建设，让群众看得见风景、留得住乡愁。“十三五”时期末，建成可容纳5000—6000人居住的新型社区30个，建成美丽乡村6个。加大易地搬迁扶贫力度，到2017年全面完成易地扶贫搬迁，全市贫困村和贫困人口实现全面脱贫。

二、加强城乡基础设施建设

加快综合交通体系建设。进一步完善城乡路网布局，形成“内外畅通、主次衔接、镇镇通达、社区相连”的综合交通体系。着力实施新郑与郑州市区、航空港区及周边地区的快速通道建设，重点建设国道343（原省道323南移）、国道310郑州西南段改建工程、省道102线（郭店镇至中牟与尉氏交界段）改建工程、省道317线（密港大道，新郑机场至郑尧高速段）新建工程、省道227线（大学路南延，原S323至郑许交界段）新建工程、省道103（大高庄至禹州交界）改建工程、中华路北延（新老国道107连接线—郑州东四环）续建工程，西环路（国道107新村至梨河段改建工程绕线段）、万郑路西段（国道107至大学路南延）等主干公路建设，形成以城市快速通道、高速公路为骨架的“九纵十横”交通网络。加快农村道路建设，提升农村公路服务水平，每年修建农村公路60千米左右。“十三五”时期末，每个乡镇、每个新型社区和产业聚集区都通二级公路，每个行政村都通三级公路，自然村通路率达到100%，彻底消灭全市农村公路“断头路”现象。加快新郑市客运服务中心、新郑市华南城客运枢纽、新郑市华南城停靠站、新郑市市区四周公交首末站等公路场站建设，提高公共交通服务能力，着力构建布局合理、科技含量高的综合交通运输体系。大力实施"公交城市"发展战略，实现公共交通服务体系覆盖全境，智能交通初具雏形，群众出行更加快捷、安全、方便、舒适。配合机场—登封—洛阳城际铁路、地铁2号线南延和商登高速等过境项目，积极争取地铁2号线南延到新郑市区、机场—许昌城际铁路。

专栏6："十三五"时期综合交通体系建设重大项目

◆**市域公路建设**。国道343（原省道323）新郑境改建工程，总投资14.9亿元，全长34.955千米，一级公路标准；国道310郑州西南段改建工程，总投资7亿元，全长13.8千米，一级公路标准；省道102线（郭店镇一中牟与尉氏交界）改建工程，总投资13.2亿元，全长16.7千米，一级公路标准；省道317县新郑境（新郑机场—郑尧高速）新建工程，总投资9.8亿元，全长14千米，一级公路标准；省道227线（大学路南延，原省道323至郑许交界段）新建工程，总投资5.6亿元，全长16千米，一级公路标准；省道541线（郑州南四环至国道343连接线）新建工程，投资估算2.2亿元，新郑境内全长4.2千米，一级公路标准；省道103新郑境（大高庄至禹州交界）改建工程，投资估算6.1亿元，全长13.5千米，一级公路标准；中华路北延（新老国道107连接线—郑州交界）续建工程，全长3千米，双向八车道，总投资6800万元；西环路（国道107新村至梨河段改建工程绕线段）建设项目，总投资2.4亿元，全长8千米，双向六车道；万邓路西段（国道107至大学路南延），总投资4000万元，建设标准为二级公路，双向六车道，全长6千米；中华南路南延（长江路—国道343），总投资3900万元，总长3.9千米，双向八车道；郑新路快速通道辅道（南水北调桥—省道102），总投资4000万元，长9.5千米；中华路北延辅道（万邓路—新老107连接线），总投资8000万元，长15千米；求实路南延（新老国道107连接线至密港大道），总投资4900万元，长3.2千米。渠西路（南水北调西侧，新村镇与城关乡交界—长葛界）建设项目，总投资3301万元，长17.7千米。

◆**轨道交通建设**。配合推进地铁2号线南延、机场——登封—洛阳城际铁路建设，大力争取地铁2号线南延至新郑、机场—许昌城际铁路等工程等。

◆**客运场站建设**。新郑市客运服务中心，占地15.33—17.33公顷，包括公共交通首末站、长途汽车站、出租车站、社会停车场和大型电动车充电站等，建筑面积1.1万平方米，停车场面积6万平方米，总投资1.8亿元；新郑市华南城客运枢纽，紧邻郑州地铁2号线华南城站，占地15.33—17.33公顷，包括公共交通首末站、长途汽车站、出租车站、社会停车场和大型电动车充电站等，与地铁交通实现零换乘，建筑面积1.1万平方米，停车场面积6万平方米，总投资1.8亿元；新郑市华南城停靠站，拟建在郑州地铁2号线华南城西站一侧，占地3.33公顷，包括停靠站、公共交通首末站、出租车站和社会停车场等，与地铁交通实现零换乘；新郑市西关停靠站，拟建在国道107与郑韩路交叉口附近，包含公共交通首末站，占地3.33公顷；新郑市众合国际石材物流产业园停靠站，拟建在郑州国际石材工业园附近，占地0.67公顷；新郑市梨河公共交通首末站，拟建在新郑市第一人民医院附近，占地2公顷；新郑市产业集聚区公共交通首末站，拟建在新郑市产业集聚区东南，该站已经纳入新郑市产业集聚区的控制性详细规划，占地2公顷；新郑市汽车综合性能监测站，拟选址在新村镇107国道与万邓路交叉口，建设用地2公顷，总投资2000万元。

推进城市畅通工程。进一步优化市内交通路网，继续实施放射道路提升改造，结合旧城、棚户区、城中村改造，实施道路打通工程，提高中心城区道路系统整体承载和微循环能力；重点推进郑韩路东延至中华路、学院路西延至G107、文化路北延、人民路黄帝像周边改造、新区汽车站迁建等项目建设。加快推进公共交通建设，完善快速公交系统，建设公共自行车系统，形成以公交为主体、出租车和公共自行车系统为补充，功能层次完善的城市公共交通系统；实施立体化、智能化、精细化的交通管理，完善智能交通系统，健全交通引导疏导机制，加强交通监控与管理，推进公共停车场和充电桩建设，重点治理违法占道经营和车辆违法乱停乱放占用交通资源，倡导公交出行、绿色出行，树立行人优先理念，营造高效有序的交通环境，提高路网整体运营和管理效率。

提升基础设施承载力。科学规划建设城乡配套基础设施，加强城区基础设施改造，着力提升城市在基础能源、供排水、垃圾处理、综合管廊建设等领域的承载能力。加强供排水和污水处理设施建设，积极推进海绵城市建设，实施节水示范工程，推广雨水、河水、中水等替代水源利用。积极推进电网改造升级，提高终端供电能力和供电质量，建设供电能力充裕、运行安全灵活、可靠性高的坚强智能电网。统筹规划全市天然气市场开发工作，优化天然气利用结构，保障居民生活用气。加快新能源产业化发展，加强风能、太阳能、地热能、生物质能等可再生能源开发和综合利用。加快供暖热源建设，重点推进华润电力热电联产、生活垃圾焚烧发电、集中供热管网工程改造等工程。完善生活垃圾的分类投放、收集、转运、处置体系，提高分类运输和分类处置利用水平；加强危险废物、医疗废物的管理、收集，全面实施无害化安全处理；推进餐厨垃圾的回收和再利用；规范车辆的报废拆解处理；扶持企业实施电子垃圾的回收和无害化处理。在新建城区，积极推进水、电、气、暖、通信等统一规划建设，大力推进综合管廊建设。有序开发利用地下空间，加快人防工程建设；抓好紧急疏散避难区、应急疏散避难场所、临时疏散避难点建设。完善殡葬服务体系，加快殡仪馆迁建。加强消防队站和消防设施建设，完善城市消防体系，增强高空消防作业能力。

专栏7：“十三五”时期城市基础设施提升重大项目

◆**城市道路建设**。铁西路（S323—新村大道）工程，总投资7000万元，建设标准为二级公路，双向六道，路基宽50米，长6.8千米；南环路改线拓宽工程，总投资2030万元，长1038米，宽35米，快车道为双向六车道；轩辕路改造和西延工程（G107—广场西路）,总投资2031万元，长1460.2米；文化路北延工程（黄水路—学院路），总投资5015万元，长1520米，宽36米，双向六车道；学院路西延工程（郑新路—华瑞路），总投资1059万元，全长719.36米，设计道路总宽40米，双向六车道。宽22米。

◆**市政设施建设**。新郑市城乡环卫基础设施建设项目；新郑第二生活垃圾无害化处理场项目，占地13.33公顷；华南城污水处理厂二期工程，7万吨/日；辛店污水处理厂二期工程，3万吨/日；薛店污水处理厂二期工程，3万吨/日；城关乡污水处理厂一期工程，3万吨/日；新港产业集聚区污水处理厂一期工程，3万吨/日；第一污水处理厂二期工程，2万吨/日；新郑市第一水厂改造工程，2万方/日；第二水厂扩建工程，5万吨/日；观音寺水厂、辛店水厂、新型社区供水改造工程等。

◆**能源建设**。华润电力2×350MW热电联产项目，总投资50亿元；光大环保能源1500万吨生活垃圾焚烧发电项目，总投资5.2亿元。

加快智慧城市建设。依托大数据资源平台，突出为民、便民、惠民，向城市居民提供广覆盖、多层次、差异化、高质量的公共服务。推行政企合作模式，加强政府各部门、公共服务机构信息化部门的信息系统科学对接，及时收集传递、集中整合城市经济、文化、公共资源、管理服务、市民生活、生态环境等各类政务、公共服务数据信息，推进政府职能部门、公共服务机构数据资源的互联互通和共享使用。加快宽带通信网、数字电视网和下一代互联网互联互通，共建共享，全面推进“三网融合”；结合各种网络发展需求，积极构建满足未来信息消费需求的下一代互联网基础设施；全面提升有线电视网络技术水平和业务承载能力，开展宽带互联网接入、多媒体传输、视频点播等网络业务。大力推动电子政务、经济活动、社会管理、公共服务等重点领域的信息化应用，着力推进电子政务和政府网站建设，完善基础数据库，支持信息交换共享，深化电子政务应用；推进医疗卫生、社会保障、教育、社区服务、惠农服务、科技服务、养老、公共安全、食品药品监管等民生领域开放数据共享，推进社会保障“一卡通”“数字社区”、城市智能交通管理系统、社会公共管理信息平台等项目，提高重点民生领域的社会管理信息化水平。建立网上行政服务中心，实现行政审批数据共享、协同办理，并联审批事项网上办理覆盖率达到100%。

三、推进国家新型城镇化综合试点

建立农业转移人口市民化成本分担机制，明确市民化成本支出事项及支出成本，明确成本分担主体和分担责任；深化农业人口转移的农村配套改革，建设完善社区配套服务设施；完善市民化制度保障体系，深化实施“六大工程”，引导农民生产生活方式转变；拓宽城市建设融资渠道，强化政府平台公司对土地一级整理的主导作用，加快推进棚户区改造；促进城乡一体化发展，加快推进城乡基础设施建设，努力实现城乡空间布局、产业发展、基础设施、社会保障、公共服务、生态文明建设一体化；完善多规融合的规划体系，科学编制城镇体系空间布局、现代产业布局、新型城镇化交通路网等规划；推动农业现代化与新型城镇化联动发展，加快推进都市型现代农业示范区建设，进一步提升农业产业化规模和层次。围绕“人”的城镇化，消除现有户籍制度城乡之间隐藏的待遇差，逐步实现城乡居民社会保障一体化、公共服务均等化、房屋产权同质化、就业机会平等化。到2017年，完成试点工作任务，形成可复制的经验，到“十三五”时期末，建成全国新型城镇化示范城市。

四、大力提升文化软实力

坚持社会主义先进文化前进方向，坚持以群众为中心的工作导向，坚持把社会效益放在首位、社会效益和经济效益相统一，坚定文化自信，增强文化自觉，加快文化改革发展，加强社会主义精神文明建设，建设文化强市。

全面提高公民文化素质。深入开展社会主义核心价值主题宣传教育活动。深化公民道德建设工程和群众性精神文明创建活动，大力弘扬“厚德自强、传承创新”的新郑精神，广泛开展文明城市、文明村镇、文明单位、文明家庭等群众性精神文明创建活动。实施市容环境清洁、窗口服务达标、交通秩序畅通、社会文化环境净化行动，不断提升全社会文明程度。推进社会公德、职业道德、家庭美德、个人品德建设。打造"新郑好人"特色品牌，完善好人推荐遴选机制、激励帮扶机制和学习弘扬机制，在全社会形成崇德向善的浓厚氛围。推进诚信制度化建设，深入开展诚信教育主题实践活动。深入开展志愿服务活动，探索建立主题志愿服务机制，推动生态文明、网络文明、公益活动和各类关爱等志愿服务制度化、常态化。

丰富人民群众文化生活。大力推进文化惠民工程，建成文化馆新馆、图书馆新馆、工人文化宫、青少年活动中心、妇女儿童活动中心、科技馆等一批文化设施，形成集文化艺术传播、信息交流、培训会务、文化休闲于一体的文化中心。加快基层公共文化设施建设，推进社区综合文化中心、文化广场、文化公园、群众文化大舞台建设，形成覆盖城乡、结构合理、功能健全、实用高效的公共文化设施网络。鼓励社会力量进入公共文化服务领域，探索建立公共文化设施共建共享机制。鼓励创作反映新郑历史、文化、经济等领域的文化艺术精品，增强"文化软实力"。积极发展档案事业，建成档案馆新馆，加强档案馆达标建设。普及科普知识，倡导全民阅读。

大力发展文化产业。以广播影视、文化旅游、文化娱乐、网络服务等产业为重点，搭建市场要素平台，加快文化产业发展，促进公益性文化和经营性文化良性互动、协调发展。依托黄帝文化、郑韩文化、红枣文化，加快培育一批具有自主知识产权和较强创新能力的文化创意企业，打造新郑文化品牌。发展新型文化业态，运用"互联网+"促进文化产业升级，形成一批具有较强竞争力的产业集群，加快把文化产业发展成为先导性、战略性、支柱性产业。加强新郑文化产品市场和文化要素市场建设，构建统一开放竞争有序的文化市场体系。到2020年，文化产业增加值占全市GDP比重10%以上。

构建黄帝文化传承体系。实施黄帝文化传承工程，坚持"原址原状保护"和"应保尽保"的原则，加快推进黄帝故里历史文化名城建设，留住城市文脉，积极推进黄帝故里核心区、郑韩故城国家考古遗址公园和裴李岗文化遗址和具茨山岩画遗存等文化遗产的保护开发与利用；继续做好郑国车马坑、李诚墓、凤台寺塔、后周皇陵、崇孝寺、卧佛寺塔、裴度墓华阳古城、唐户遗址等的保护工作；建设新郑市博物馆新馆、中华姓氏博物馆、国学馆等一批历史文化展示工程。加大乡土文化保护，对古村落、古建筑、古城墙等实施保护利用，留住乡村记忆；重视发掘、整理、传承和保护各类非物质文化遗产。

专栏8："十三五"时期文化新郑建设重大项目

◆**黄帝故里核心景区建设项目**；新郑市文化活动中心项目，包括市文化馆、豫剧文化演艺中心、文化艺术中心等；新郑市群众文化馆项目，包括工人文化宫、青少年活动中心、妇女儿童活动中心、科技馆等；新郑市图书馆新馆和档案馆新馆项目；新郑市广电新闻中心建设项目；华阳故城保护利用项目；新郑市博物馆新馆建设项目；郑韩故城国家考古遗址公园建设项目；白居易故里文化园建设项目；中国国际红枣城建设项目；新郑市博物馆维修、陈展提升项目；具茨山景区开发项目；港中旅河南力上旅游度假综合体项目；中华太极（国际）城（一期）项目；智慧健身休闲产业园项目等旅游项目；山水寨生态庄园建设项目；后周皇陵保护展示项目；唐户遗址保护利用项目；风台寺塔和卧佛寺塔本体维修和环境整治项目；欧阳修陵园维修、陈展提升项目等。

第三节　倡导绿色发展　打造美丽新郑

顺应人民群众对良好生态环境的期待，以建设现代田园临空经济强市为契机，坚持绿色发展，坚持城乡统筹，着力缓解资源环境瓶颈约束，推动形成绿色低碳循环发展新方式，打造美丽新郑。

一、强化资源节约和管理

坚持节约优先、集约利用方针，加强土地、水、矿产等资源的保护与合理开发，切实提高资源保障能力和利用水平。

大力推进节能降耗。强化节能减排约束性指标，加强能源消耗强度和能源消耗总量双控制度。继续实施工业、公共机构、建筑、交通等重点领域的节能降耗，加快节能惠民工程建设，完善节能统计、监测和考核体系。强化清洁生产审核，加快淘汰落后产能步伐。鼓励技改创新，推广应用先进适用节能减排新技术、新产品、新装备。优化能源结构，提高可再生能源比重。

集约节约土地资源。统筹城乡发展用地，严守土地资源利用红线，提高土地节约集约利用水平。加强耕地和基本农田保护，实行耕地保有量、基本农田面积和建设用地规模总量控制。鼓励向"空中""地下"发展，有序拓宽城市发展空间。严格实行土地开发空间管制，强化散乱、废弃、闲置和低效用地整治，加强煤炭塌陷区土地治理，加快批而未供、供而未用土地利用，推进农用地有序流转，严格项目供地评价考核。

合理调配和节约用水。严守水资源利用红线，建设节水型社会。优化水资源配置，实行最严格的水资源管理制度，推进水资源梯级利用和循环利用。构建节水体系，推广节水型设备和器具，推进工业节水技术改造和农业节水灌溉。推进“海绵城市”建设，实施雨水回用工程。加大节水宣传力度，引导全社会形成良好的节水意识和行为。

二、加强城乡环境整治

坚持预防为主、防治结合，坚持城乡统筹，加强环境保护与整治，着力解决影响科学发展和损害群众健康的突出环境问题，大力开展爱国卫生运动，巩固国家卫生城市创建成果，建立健全城乡环境卫生长效管理机制，实现环境卫生管理工作规范化、制度化、常态化，提升城乡环境卫生管理水平。

加强大气环境综合整治。实施“蓝天工程”，开展区域大气污染综合整治。有序开展无燃煤示范区建设，强力推进城区燃煤锅炉拆改，推广使用清洁能源燃烧设备。深化主要大气污染物总量减排，重点抓好化学需氧量、氨氮、二氧化硫、氮氧化合物等主要污染物排放治理，大力推进节能减排、循环化改造等工程。加强在用机动车使用清洁能源改造，加强施工工地、渣土运输及道路等扬尘控制，做好秸秆禁烧和综合利用。到“十三五”时期末，空气质量达标率达到70%以上。

加强水环境综合整治。实施“碧水工程”，加强区域水环境综合整治，建设水生态文明试点城市。加强南水北调干渠、城镇饮用水水源地环境管理，构建水源地水质自动监控系统，提升水源地应急能力。开展城市河流清洁行动，重点建设双洎河、黄水河、莲河、十七里河、十八里河、潮河等主要河道综合整治和景观打造项目。深化主要水污染物减排，加强工业企业、养殖业水污染防治，严格控制化学需氧量、氨氮排放总量。加强城镇污水处理厂建设，重点建设华南城污水处理厂二期、城关乡污水处理厂、新港产业集聚区污水处理厂、辛店污水处理厂二期、薛店污水处理厂二期等项目，力争到2020年，城市污水处理率达到90%以上；市域水环境功能区环境质量达标率达到80%以上。

加强生活垃圾处理。实施乡村清洁工程，全面控制农村面源污染。科学有序地开展城乡环境卫生一体化工作，建立全市城乡生活垃圾统一收集、统一清运、集中处理的管理模式，加大乡镇、农村生活垃圾收集力度，提高全市生活垃圾整体处理水平，实现生活垃圾资源化利用，彻底解决农村环卫事业发展滞后、垃圾围村、环境脏乱差的问题。力争到2020年，全市生活垃圾无害化处理率达到100%。

完善环境治理机制。建立环境治理专项考核和责任制度，将环境治理纳入政府领导干部工作职责范畴和政绩考核体系。探索建立综合决策机制，引导部门协同推进环境保护与治理。统筹区域环境容量，积极推进清洁生产审核工作。健全建设项目环评审批与日常环境监管联动机制。建立生态环境监测预警系统，创新生态补偿的市场化运作机制。严格执法监管，加大环境违法违规成本约束和处罚力度，严厉打击各类环境违法行为。完善公众参与机制。

三、加强城乡生态建设

以推进国家生态园林城市建设为契机，坚持城乡统筹、突出重点、因地制宜、循序渐进，加强城乡生态建设，提升新郑城市形象。

推进重点区域的生态建设。推进辛店森林山地生态区、双洎河与黄水河流域生态区、十七里河与十八里河生态区、大枣果林生态区、东部平原生态区5个生态功能区建设，开展生态功能区基础调查，加强市域水土保持、生物多样性保护，提高区域生态屏障作用。加快南水北调中线工程（新郑段）生态带建设，有序拓宽林业生态廊道，重点实施国土生态安全体系提升工程。结合城市空间布局，建设互相交错、联系紧密的绿化系统、绿地系统。力争到2020年，森林覆盖率达到33.8%以上。

加强城市生态建设。围绕国家生态园林城市建设，创造生态宜居的城市环境。推进城市公园、主要景观道路、出入市口、社区园林等建设与优化，积极支持高层建筑、桥梁实施立体绿化。推进城市废弃物资源化利用，提高“城市矿产”开发利用水平。优化城市环境卫生设施配置，提升城市生活垃圾、医疗垃圾无害化处理能力。

优化农村生态建设。编制和实施农村生态环境建设专项规划，保护生态多样性，维护生态稳定。结合美丽乡村建设，构建格局特色、错落有致、丰富多样的生态村落体系。实施乡村清洁工程及绿化、美化工作，全面控制农村面源污染。禁止工业固体废物、危险废物、城镇垃圾及其他污染物向农村转移。力争到2020年，创建省级农村人居环境达标村达到规划保留村总数的80%，市级生态文明村10个。

第四节 厚植开放发展 打造活力新郑

抢抓“一带一路”以及建设郑州航空港经济综合试验区等重大机遇，积极深化改革，全面对外开放，全面实施创新驱动发展，以改革创红利、增动力、促发展，以开放促转型、促赶超、促跨越，以创新引人才、增活力，着力形成改革开放发展新格局，努力打造活力新郑。

一、深化重点领域改革

深化经济领域改革。深化市场要素配置改革。打破地域分割和行业垄断，促进人才、资金、科研成果等在城乡、企业、高校、科研机构间有序流动，加快形成统一开放、竞争有序的市场体系。深化基础产业领域和土地、资本、技术创新等生产要素市场的改革，使市场更大范围、更为有效地发挥资源配置的决定性作用。完善市场决定价格机制。缩小政府定价范围，完善价格监管机制，基本放开竞争性领域商品和服务价格。推进能源价格市场化，理顺医疗服务价格，健全交通运输价格机制，改革农产品价格形成机制，完善居民生活用电、用气、用水等阶梯价格制度。深化投融资体制改革。积极推行PPP等新模式，引进社会资本参与公共服务基础设施建设。建立现代产权制度。推动产权保护法治化，加快健全归属清晰、权责明确、保护严格、流转顺畅的现代产权制度。实施知识产权战略，完善知识产权审判、侵权查处机制和维权援助体系，营造激励创新的公平竞争环境。建立健全环境资源产权制度，完善促进环境产权公平交易的利益补偿机制和生态环境治理恢复责任机制。形成产权保护的法治环境。完善农村土地集体权能，完善土地所有权、承包权、经营权分置办法，依法推进土地经营权有序流转。提高国有资产交易流转的规范性和透明度，查处侵犯市场主体产权的典型案例，引导和改善保护产权的舆论环境和社会氛围。

深化行政管理体制改革。加快政府职能转变。加快推进“五单一网”制度建设，梳理政府与市场、企业、社会的关系，探索建立政府权责清单、行政审批事项清单、产业集聚区企业投资项目管理负面清单、行政事业性收费清单、政府性基金清单以及政府服务网，推进政府事权的规范化、透明化。全面深化行政审批制度改革，进一步整合撤并行政审批职能，以职能调整归并、并联审批和网上审批为重点，完善行政审批服务体系运转机制。完善政府管理方式，改善经济调节机制，更多地运用经济手段、法律手段并辅之以必要的行政手段调节经济活动，增强宏观调控的科学性、预见性和有效性，促进经济又好又快发展。加快推进政府机构改革。严格控制机构编制，严格按规定职数配备领导干部，严格控制财政供养人员总量。深化产业集聚区、专业园区等与所在行政区管理套合制度改革，优化机构设置、职能配置、工作流程。加快推进村委会改居委会、撤乡建镇、撤镇建街道办事处，强化社区居委会建设。

深化城乡一体化综合改革。推进户籍制度改革。按照“统筹规划、自愿有偿、积极稳妥、综合配套、促进发展”原则，全面推进城乡户籍制度改革。完善农民转户进城政策体系，确保转户进城人员与城镇居民享受同等待遇，充分保障农民利益。建立配套的社会保障制度和安居房制度、宅基地和承包地退出补偿制度，鼓励有条件的农民在自愿的前提下，由农村居民转为城镇居民，落实好宅基地、林地、承包地置换政策，解决入城进镇人员后顾之忧。大力推进农村产权制度改革。按照所有权、承包权、经营权三权分置要求，全面开展农村集体土地所有权、土地承包经营权、集体建设用地使用权、宅基地使用权、小型农田水利工程所有权等确权办证，逐步建立统一的城乡建设用地市场。推进土地利用制度改革。实行最严格的耕地保护制度和集约节约用地制度，管住总量，严控增量，盘活存量，优化结构，提高效率，合理满足城镇化用地需求。完善农村集体土地流转办法，建立市、乡镇（街道）、村三级土地流转服务中心，培育和发展农村土地承包经营权流转市场和中介服务组织，推进以土地入股设立专业合作社改革试点。改革征地制度，规范征地程序，完善对被征地农民合理、规范、多元保障机制,提高农民在土地增值收益中的比例。

创新社会事业和社会治理体制。完善收入分配制度。合理调整收入分配格局，逐步提高居民收入在国民收入分配中的比重，提高劳动报酬在初次分配中的比重，城乡居民收入普遍较快增长。推动工资支付保障制度建设，完善和落实最低工资制度。执行好低保扩面调标政策，逐步提高农村养老保险财政支付比重。倡导扶弱济困，引导先富起来的群体支持弱势群体、困难群体。深化事业单位收入分配制度改革，落实完善公务员工资制度的相关政策，规范收入分配秩序。加快推进公共服务均等化。按照公共服务资源均等化、城乡一体化等原则，积极推动社会保障、教育、医疗等领域改革，让全体人民共享发展成果。加快建立可持续的社会保障制度，实现企业与机关事业单位养老制度并轨、城乡医保制度接轨。率先建立基础教育公共服务资源市级统筹机制，推动教育优质资源均等化。深化公立医院综合改革，鼓励引导社会资本举办医疗机构，全面提升医疗服务水平。

二、提升对外开放水平

加大招商引资力度。创新招商方式，围绕全市“三主三辅”现代产业体系构建，紧盯长三角、珠三角、京津冀等重点地区，对接世界和中国500强、行业50强，着力开展精准招商、中介招商、专题招商和集群招商。打造招商平台，按照新港产业集聚区、特色商业区、循环经济产业园、中原食品工业园等发展载体主导产业发展定位，制定产业图谱、策划特色集群项目、确定招商路线图，以产业图谱明确产业链上下游关联产业、以招商图谱锁定产业链关联行业的知名企业，跟踪引进产业链配套项目，拓展引

进产业链下游关联项目，不断完善、延伸产业链条。拓宽开放领域，大力推动现代服务业、社会事业、基础设施、节能减排、现代农业等领域开放招商，在现代物流、文化旅游等方面引进一批重大项目。到2020年，招商引资到位资金达到200亿元，实际利用外资达到2.3亿美元。

大力发展对外贸易。提升开放型经济水平，紧紧抓住国内外产业结构调整和产业转移加速的机遇，以产业集聚区等为平台，培育以技术、品牌、质量、服务为核心的出口竞争新优势，引进若干竞争优势大、带动能力强的出口导向型项目，打造具有新郑特色的出口品牌。加快企业“走出去”步伐，引导新郑有条件、有实力的企业开展跨国经营，支持外经企业扩大国外承包工程业务和境外投资规模，拉动外贸出口和外派劳务增长，全市进出口总额达到8000万美元，境外投资达到7000万美元。

着力加强区域合作。积极融入国家“一带一路”战略，密切与丝绸之路经济带沿线节点城市的联系，促进基础设施互联互通，深化能源资源、经贸产业和人文交流合作。深化向东开放，重点深化与珠三角、长三角地区合作，加强产业承接和人才、技术、经济联系，提升产业层次和创新发展能力。扩大向西开放，提高在西部地区的市场占有率和关键资源的获取能力。强化与港澳台交流合作，探索城市外交，主动融入国际国内分工体系。

优化对外开放环境。坚持把优化开放环境放在重要位置，大力营造竞争有序的市场环境、透明高效的政务环境、公平正义的法制环境和合作共赢的人文环境。推行普遍备案、有限核准的外来资本管理制度，积极探索准入前平等待遇加负面清单管理模式。继续推行重大项目联审联批制，建立健全互动式、联动式、可交叉进行的行政审批模式，加快项目审核、登记等工作。积极推进行政综合执法，严格执法程序，从严控制和进一步减少各类检查，严禁以检查为名，干扰企业正常生产经营。

第五节 推进共享发展 打造幸福新郑

坚持民生优先，加快以改善民生为重点的社会建设，积极推进基本公共服务均等化、社会管理精细化，切实完善保障和改善民生的制度与政策安排，不断提高民生幸福水平。

一、实施五大民生工程，提高人民生活品质

着力保障和改善民生，重点实施就业、就学、就医、社保、住房“五大民生工程”，使全市人民生活品质得到显著提升，经济社会发展成果实现共享。

实施充分就业工程。积极拓宽就业渠道。积极推进大众创业，万众创新，全面实施就业促进计划和创业引领计划，鼓励创业带动就业。支持服务业和中小企业发展，建立产业、税收、投资等政策与促进就业政策的联动机制，鼓励灵活就业，推动充分就业。继续完善就业援助制度，大力开发公益性岗位，对就业困难人员实行优先扶持和重点帮助。“十三五”时期，城镇年均新增就业岗位6500个，城镇调查失业率控制在3%以内。完善就业服务网络。推进城乡统筹就业，完善促进各类劳动者平等就业的公共就业服务体系，建立人力资源跨地区配置新平台。加强就业、失业、人力资源市场供求情况动态监测。加强职业技能培训，重点开展企业职工在岗和转岗技能、新成长劳动力技能储备、失业人员再就业、创业等培训，继续抓好退役士兵免费职业技能培训。建设一批高技能人才培养示范基地和公共实训基地。采取奖励补贴、政府直补企业开展培训等综合激励措施，增加技能型劳动力的有效供给。构建和谐劳动关系。完善劳动保障政策法规制度体系，建立规范有序、公平合理、互利共赢、和谐稳定的社会主义新型劳动关系。加强政府监管，充分发挥工会等组织的作用，强化企业社会责任，完善劳动关系三方协商机制和劳动争议调解工作机制。全面推行劳动合同制度，扩大集体合同覆盖面。完善欠薪保障制度，建立健全劳动密集型企业工资支付保证金制度和监控预警制度，严厉打击恶意欠薪行为，维护劳动者合法权益。加强人文关怀，开展科学文化知识和技能培训，帮助新生代农民工更好地融入城市。

实施均衡教育工程。坚持教育优先发展，大力推进教育均衡发展，全面发展各类教育，打造新郑教育品牌，率先在全省实现教育现代化。高质量普及15年教育。以素质教育为导向，巩固提升基础教育发展水平。以实施“第二期学前教育3年行动计划”为契机，加大学前教育投入，规范学前教育管理，促进学前教育发展。以推动义务教育均衡发展为目标，切实改善义务教育薄弱学校基本办学条件，解决城区和部分镇区义务教育优质资源不足问题，促进义务教育优质均等化发展。以推动特殊教育规范化建设为目标，加强特殊教育学校建设，切实保障特殊儿童接受义务教育的权益。坚持优质发展与特色发展相结合，加强普通高中基础能力建设，探索建立多渠道升学、多样化成才的办学模式，全面提高普通高中办学质量和效益。“十三五”时期末，高中阶段教育毛入学率达到90%以上，新增劳动力平均受教育年限达到15年以上。大力发展职业教育。围绕新郑现代产业体系发展趋势，建立起覆盖初等成人职业技术教育、中等职业教育、高等职业教育的现代职业教育体系。结合国家级现代农业示范区、航空港服务配套区、区域性商贸物流中心区建设以及城镇化发展需求，加快推动职业学校传统专业的升级转型，建设一批特色专业，培养一批高素质劳动者和技术技能人才。以创建全国农村职业教育和成人教育示范县为核心，以教育园

区为平台，深化体制机制改革增强职业教育的多样性与开放性，打造中原地区重要的职业教育基地。加快发展继续教育。强化终身学习理念，统筹社会教育资源，建立数字化资源库和学习平台，扩大现代远程教育规模，加强覆盖城乡的社会教育机构和网络建设，开展针对职业、生活的继续教育和培训。促进学历教育和非学历教育协调发展、职业教育和普通教育相互沟通、职前教育和职后教育有效衔接，不断完善终身教育体系。进一步增强市、乡两级社区教育指导服务中心的能力，改善乡、村两级成人学校办学条件，打造“十分钟便民学习服务圈”。加强学习型组织、学习型城市建设，综合提升城乡居民整体素质，争创全国社区教育实验区、示范区。

实施健康新郑工程。全面落实医药卫生体制改革，优化医疗卫生资源配置，完善社区卫生服务网络，提高公共卫生和医疗服务水平。不断优化医疗卫生资源配置。合理布局医疗卫生机构，加快医疗卫生设施建设，推进医疗卫生资源配置均衡化。加快公立医院建设，推动新郑市公立人民医院建设、新郑市公立中医院和市妇幼保健院迁建项目，优化医疗机构结构。积极探索“医养结合”养老新模式，加快新郑市老年医养康复中心建设，基本满足新郑市老年人养老差异需求，全面提升老年人生活质量。到2020年，新增医疗床位0.75万张，每千人口执业（助理）医师数和每千人病床数分别达到3.6人和13.2张。持续增强公共卫生服务能力。建立健全疾病预防控制、健康教育、妇幼保健、精神卫生、应急救治、采供血、卫生监督和计划生育等专业公共卫生服务网络。逐步提高人均公共卫生经费标准，全面免费提供国家基本公共卫生服务项目，实施重大公共卫生专项。积极预防重大传染病、慢性病、职业病、地方病和精神疾病。普及健康教育，90%以上的城乡居民建立电子健康档案。建立健全医疗卫生服务体系。加强基层医疗卫生机构建设，全面建立以县级医院为龙头、乡镇卫生院为骨干、村卫生站为基础的农村医疗卫生服务网络，实现城市社区卫生服务街道全覆盖。新增医疗卫生资源重点向基层倾斜，向薄弱区域、薄弱领域倾斜，增强医疗机构的综合服务能力。进一步提升医疗机构管理水平，强化医疗安全管理，提升医疗服务质量，不断拓宽医疗联合体的形式和覆盖面，加强区域医疗中心和临床重点专科建设，建成并发挥新郑市公立人民医院的龙头带动作用，拓宽基层医疗机构的医疗业务范围，提升医疗综合服务能力。加快构建分级诊疗体系，逐步实现基层首诊、双向转诊、急慢分治、上下联动的分级诊疗模式，提高医疗资源利用率。加快中医药事业发展，探索建立现代化中医药服务体系。积极开展全民健身活动。加快新郑体育中心以及社区、乡镇体育设施建设，为人民群众提高基本体育服务。支持开展“全民健身”主题活动，鼓励举办有特色的体育赛事。支持发展体育产业，培育体育健身市场，扩大和引导消费，推动体育产业与旅游、文化等相关产业互动发展。

实施城乡社保一体化工程。加快推进社会保障制度改革，建立健全社会保障体系，逐步建立与城市经济发展水平相适应，制度完善管理科学、体系完善、覆盖城乡、运转高效的社会保障体系。积极推动机关事业单位养老保险制度改革，不断完善城镇企业职工养老保险制度，大力推进新型农村养老保险参保工作，不断提高城乡社会养老保险待遇水平和服务能力。推动医疗保险制度改革，整合医保险种资源，健全完善城市医疗保险制度，逐步实现人人享有基本医疗保险保障的目标。扩大失业保险范围，建立保障生活、预防失业、促进就业“三位一体”失业保险制度。加强社保基金管理，提高基金收益水平，确保社保基金保值增值。鼓励和支持发展职业年金、企业年金、商业保险等补充养老。不断完善社会福利体系。加大财政投入力度，完善贫有所济、灾有所救的社会救助体系，促进社会福利由“补缺型”向普惠型转变。积极探索完善具有新郑特色的社会救助体系，逐步提高保障标准，扩大覆盖范围，实现城乡低保、重点优抚对象、“三属”抚恤金、特困人员供养等城乡统筹一体化建立健全养老服务保障制度，探索制定政府购买居家养老服务政策，落实80周岁及以上老年人高龄津贴制度，建立养老服务人员特殊岗位补贴制度，鼓励养老护理员长期从事养老护理职业并不断提高专业服务水平。健全老龄化服务体系，建成综合性老年康复中心。到2020年，机构养老床位总数翻一番，每千名户籍老人机构养老床位数达到35张。大力发展社会慈善事业，拓宽社会捐助渠道。

实施安居保障工程。坚持国家、省、市对房地产市场宏观调控政策不动摇，坚持加大政府对中低收入群众住房保障力度不动摇，加强对房地产开发行为的引导，合理引导住房消费，促进房地产市场平稳健康发展。坚定不移推进保障性住房建设。坚持政府主导，多方参与的原则，把保障性住房建设与经济社会发展相结合，与提高城市新区、产业聚集区承载能力相结合，与解决失地农民住房问题相结合，探索保障房建设新模式。创新政策性住房投融资机制和工具，采取市场化运作方式，为保障房建设提供长期稳定、成本适当的资金支持。继续加大财政投入，提高建设质量，保证公平分配，完善准入退出机制。全面实施城中村、旧城、棚户区改造工程，改善群众居住条件。“十三五”期间，新建保障性住房1.6万套。持续改善房地产市场调控。把保障基本住房、健康发展房地产市场作为新郑经济社会发展的工作目标。加快推进多元化开发模式，以人为本，合理开发住房地产、商业地产、办公地产、休闲旅游地产、教育医疗地产等多元化地产，有效解决农民住房、改善人居环境、提供产业支撑等问题，打造宜居宜业新新郑。落实差别化的土地、金融、税收等房地产政策，合理引导自住和改善性住房需求，抑制投资投机性购房需求。完善住房公积金制度，提高公积金使用效率。加快住房信息系统建设，完善房地产市场信息发布制度。

专栏9：“十三五”时期民生工程重点项目

◆**均衡教育工程**。铁道警官学院续建项目、新郑市第二中学迁建项目、溱水路中学建设项目、龙湖镇第三初级中学建设项目、龙湖镇一初中扩建项目、新村镇吴庄社区中小学建设项目、龙湖镇山后杜小学建设项目、薛店镇大吴庄小学项目、阁老路小学建设项目、中心城区新区第二社区小学项目、新郑市轩辕小学搬迁工程、新华办裴大户寨小学等中小学建设项目。

◆**学前教育工程**。郭店镇海寨社区幼儿园建设项目、薛店镇吴庄社区幼儿园建设项目、郭店镇铜佛赵社区幼儿园项目、新村镇吴庄社区幼儿园项目、新建路办事处幼儿园项目、新村镇暖泉湖社区幼儿园等项目。

◆**健康新郑工程**。新郑市公立人民医院、市公立中医院项目、市妇幼保健院项目、新郑市精神专科医院项目、市老年医养康复中心项目、新郑市未成年人救助中心项目。

◆**保障性安居工程**。新郑新区第二社区、第二社区故里安置房、李唐庄安置社区、城后刘安置社区等项目；孟庄镇中心社区、小石庄新型社区、城后马新型社区等项目；龙湖中心社区郑堡安置点、郑老庄安置点、林锦店安置点、东苑社区安置点、社区沙窝李安置点、罗垌安置点、孙庄安置点项目、崔垌安置点、荆垌一二组安置点、柏树刘夏寨安置点等其项目；城关乡西城花园北苑社区三期、西城花园南苑社区建设等项目；新村镇吴庄棚户区改造、裴李岗安置点等项目；郭店镇华阳寨社区建设等项目；观音寺镇林庄、南场、岳口棚户区改造等项目；和庄镇河赵社区、尹庄棚户区改造等项目；薛店镇大吴庄棚户区改造、解放北路棚户区改造（二期）等项目；辛店镇蓝天新城、具茨山社区等项目。

二、创新五大社会建设体系，建设和谐宜居家园

以实现人的全面发展、构建和谐新郑为目标，全面提升社会服务管理精细化水平。

建设社会精细管理体系。推进社会管理网格化、信息化。整合现有各类信息化资源、充分利用新一代信息技术，建立全方位、全时空、全覆盖“三全”网格化社会管理服务平台；坚持以大数据技术运用为依托，做好大数据采集，加强信息数据分析应用，推动政府决策科学化、社会管理高效化、公共服务精准化；发挥社会公共管理信息平台的作用，排查上报调处化解各领域矛盾问题，加强市级平台的统筹协调，开展市级联席会议和集中执法；发挥“阳光村务网”作用，全面公开政务、财务、党务等信息，接受群众监督，切实保障人民群众的知情权、监督权和参与权；发挥网格长、下沉人员和群众工作队三支队伍作用，化解问题矛盾，服务人民群众，促进经济发展。推进社区管理规范化、一体化。深入推进城市社区规范化建设，提升社区管理水平，推进社区综合服务管理模式创新。引入多元参与评估机制、考核评比结合机制、居民满意主导机制等，完善社区建设。深入推进村庄社区化管理，结合城中村改造、重点镇建设、重大项目建设等，建设基础设施完善、配套设施齐全、生态环境良好的新型农村社区，实现基础设施城镇化、生活服务社区化、生活方式市民化。强化对社会组织的引导性、控制力。坚持社会组织的公益性、非营利性，强化对社会组织的引导、管理和监督。重点扶持行业协会、慈善公益和公共服务等社会组织，深入开展政府购买社会组织服务工作。健全社会组织的扶持和激励机制以及涉外社会组织的管理机制，引导社会组织良性健康发展。进一步健全和完善枢纽型社会组织工作制度和管理体系，充分发挥枢纽型社会组织的作用。深化社会领域党建，发挥工会、共青团、妇联等人民团体参与社会管理和公共服务的作用，实现新社会组织的党建工作全覆盖。

建设人口服务管理体系。稳步做好人口计划生育工作。坚持计划生育的基本国策，依照法律程序调整完善人口政策，促进人口长期均衡发展。加大出生缺陷预防干预力度，做好优生咨询、孕前筛查、营养素补充等服务，推进优生优育，改善出生人口素质和结构。综合治理出生人口性别比偏高问题。积极应对人口老龄化。发展城乡老龄事业，构建适度普惠型社会养老服务体系。坚持居家养老、社会养老、机构养老相结合，努力满足社会养老需求。建成1—2个省级养老服务示范基地。加大老龄人旅游休闲场所、老年公寓、智能住宅建设，推动老龄产业健康快速发展。弘扬敬老风尚，提高老年人生活质量。开发利用老年人力资源，鼓励老年人继续为社会发挥力量。保障妇女儿童和残疾人权益。实施妇女发展规划，保障妇女平等获得就学、就业、社会保障、婚姻财产和参与社会事务的权利。加强妇女卫生保健、扶贫减贫、劳动保护、法律援助等工作。实施儿童发展规划，依法保障儿童生存权、学习权、发展权、受保护权。改善儿童成长环境，促进儿童身心健康发展。加强婴幼儿早期启蒙教育和独生子女社会行为教育。妥善解决留守儿童、孤残流浪儿童救助等问题。建成未成年人救助保护中心，加强对流浪未成年人救助保护。健全残疾人社会保障和服务体系，倡导和鼓励社会各界关心、支持和参与残疾人事业，加强残疾人康复、

教育、托养、就业工作。加强流动人口服务管理。建立以流动人口现居住地为主与流出地管理相结合的管理制度，使流动人口享有与户籍人口、产业工人同等的公共服务、发展机会和公平待遇，逐步实现流动人口管理全国“一盘棋”。进一步拓展计划生育流动人口信息交换平台的功能，建立与就业信息平台、劳动资源管理平台的对接，实现信息共享，对城乡、区域间人口分布与生产力布局进行动态分析。准确把握流动人口生存发展状况和流动迁移趋势；为政府科学决策和公共服务提供信息支持，加强流动人口服务，完善社会管理。及时为政府出台引导政策提供依据，继而实现要素在城乡、区域间的有效配置。

建设环境综合治理体系。按照“属地负责、部门联动、信息共享、综合治理”的原则，坚持“标本兼治、着重治本”，建立健全环境问题防范、发现、处理、分析和奖惩的常态化工作机制，构建“五好”秩序。坚决遏制违法占地、违法建设、违法经营。坚持“发现一起拆除一起”，严格执行“先拆违、后拆迁”，严厉打击突击建设恶意诈取拆迁补偿的行为。着力营造整洁有序的城乡环境。加强对河道两岸、生态走廊以及交通主干道等重点区域的环境综合整治；加强农村地区改水、改厕、改路、卫生整治、民房改造等环境建设工程；加强农村田园景观和庭院经济规划建设；加强老城区拆旧拆破工作；加强交通整治和拥堵节点疏导，提高公交客运服务水平，营造便捷有序的交通环境；加强旅游资源整合力度，健全管理机制，规范旅游市场。

建设安全稳定保障体系。健全与完善民主法制制度体系。坚持和完善基层民主制度，拓宽群众参与途径，畅通政民沟通渠道，推动形成科学有效的利益协调、诉求表达、矛盾调处和权益保障机制，使人民群众充分行使民主权利。深入推进信访工作制度改革，全面推行依法逐级走访，引导群众更多以书信、电话、传真、视频、电子邮件等形式表达诉求，全力打造 “阳光信访”“责任信访”“法治信访”。贯彻党的民族、宗教、侨务政策，做好宗教、侨务和对台工作。关心支持关工委、老促会工作。坚持依法行政，推进法治政府建设。公正司法，严格执法，维护社会正义和司法权威。拓宽和规范法律服务，积极开展法律援助，努力实现法律援助应援尽援。坚持依法治市，深入开展法制宣传教育，提高全民法律意识，形成遵法守法、依法办事的社会风气。完善公共突发事件应急处置体系。健全对事故灾难、公共卫生事件、食品安全事件、社会安全事件、重大环境污染事件的预防预警和应急处置体系，提高政府应对公共突发事件能力。增强公共安全保障能力，建立应急联动机制。实施分级管理，明确各级政府的责任，进一步完善突发公共事件专项应急预案、部门应急预案和地方应急预案。强化公共场所应急体系建设。提高公众自救、互救和应对各类突发公共事件的综合能力。加强社会治安综合治理。推进社会治安综合治理防控体系建设工程，严密防范、依法打击各类违法犯罪活动，全面加强禁毒工作。建立重大社会决策、重大工程项目社会稳定风险评估机制。健全社会舆情汇集分析机制，完善网络问政和信访工作机制，畅通群众利益诉求和权益保障渠道，积极预防和妥善处置各类群体性事件，切实把各类矛盾纠纷解决在萌芽状态。扎实推进人民来访接待厅和基层综治信访维稳中心建设。健全互联网安全管理制度。维护国家安全和社会稳定。提高安全生产水平。全面加强安全生产法制、体制机制建设，严格安全准入，夯实安全基础，强化企业安全生产主体责任落实和责任追究。加快推进监管监察执法能力、应急救援能力和技术支撑能力建设。强化安全生产宣教培训，提高公众安全意识，保障全民安全健康权益，有效控制工矿商贸就业人员的伤残率及职业病发病率。到“十三五”时期末，亿元生产总值生产安全事故死亡率、工矿商贸就业人员10万人生产安全事故死亡率控制在省、市下达的目标范围内。保障食品药品安全。加强食品药品监督管理，完善食品药品供应保障，建立食品药品质量追溯制度，形成来源可追溯、去向可查证、责任可追究的安全责任链。建立药品安全预警和应急处置机制，加强检验检测、认证检查和不良反应监测等药品安全技术支撑能力建设。保证食品药品质量和安全，维护人民生命安全健康。加强国防动员基础能力建设。继续完善国防动员组织机构体系，以潜力调查、信息化建设、动员中心、专业保障队伍建设等工作为抓手，大力推进国防动员常态化建设。做好与国防密切相关的建设项目和重要产品的相关工作与军事需求的衔接。

建设作风建设制度体系。坚持走群众路线，践行“三严三实”，狠刹“四风”、坚持转变作风，大力弘扬不甘人后、敢打善拼的拼抢精神，忠诚对党、赤诚为民、履职尽责、廉洁奉公，求实求效、真抓实干，努力做到“严、细、深、实、快”，推动作风建设常态化长效化。完善改进作风制度体系。坚决贯彻落实中央、省委以及郑州市委有关制度规定，认真落实《中共河南省委关于严肃县级以上机关党员领导干部党内政治生活的若干规定》《基层党风政风监督检查责任追究办法（试行）》和省委、省政府提出的“20项具体要求”，落实郑州市委市政府二十条规定，继续完善新郑市正风肃纪督查等制度，确保正风肃纪取得实效。完善权力运行制度体系。扎实推进行政审批制度改革，公布权力清单，切实做到清单之外无权力；完善重大事项、重大决策民主协商和咨询制度，研究制定出台《新郑市重大事项和重大决策民主协商实施意见》《新郑市重大事项和重大事项决策咨询实施意见》；建立健全党务公开、政务公开和各领域办事公开制度，重点围绕行政权力运行、财政资金管理、公共资源配置、公共服务和公共监管5个方面做好政府信息公开工作，畅通公开渠道，做到议事规则、决策过程、行权程序和办事结果公开。完善党风廉政建设责任制度体系。坚持把党的纪律和规矩挺在前面，突出标本兼治、惩防并举，从严监督执纪问责，形成廉洁从政的良好环境。加快建立党风廉政建设与经济社会发展同部署、同检查、同落实制度，推动党风廉政建设常态化、长效化；加快落实党风廉政建设主体责任制度，制定落实党委严格执行党的政治纪律、组织纪律、工作纪律、财经纪律和生活纪律等有关制度，推动党风廉政建设制度化；积极推进党的纪律监察体制改革，优化纪检监察力量，强化监督检查、强化执纪问责、强化制度预防，全面提升党风廉政建设工作水平。

第四章　强化规划实施保障

国民经济和社会发展规划是政府履行宏观调控、经济调节和公共服务职责的重要依据，是规划期限内本级政府的行动纲领。为保证“十三五”时期规划得到有效实施，必须强化规划实施保障。

第一节　抓好规划实施

本规划是经济社会发展的蓝图，具有科学性和法定的强制性。要强化规划的权威性和约束性，把规划的目标逐年分解，作为硬指标落实到基层。各级各部门要按照职责分工，将规划纲要确定的相关任务纳入本单位年度计划，落实责任，明确进度，抓好落实，确保年度经济和社会发展各项任务的顺利完成。对重大建设项目，要建立领导负责制，加强新项目的攻关力度和在建项目的调度力度，强化项目的开发，确保规划项目的落实。政府要综合运用政策、制度、财税、信贷等手段，引导规划的实施，确保规划如期实现。

第二节　注重规划协调

建立和完善由国民经济社会发展总体规划与各类专项规划等构成的新郑国民经济和社会发展规划体系，明确各类规划的功能，增强规划的整体协同性。一是加强国民经济社会发展规划与其他各类规划的横向衔接。妥善处理经济社会发展规划与城市规划、土地利用规划之间的关系，建立健全规划衔接机制和互动一体的规划体系，确保其在空间配置上互相协调，在时序安排上科学有序。确保各项专题规划既能与总体规划指向一致，又能明确各专项领域的发展方向、发展目标、工作重点和政策措施安排。二是加强年度计划与中长期规划的纵向衔接。要把“十三五”时期规划与年度计划、各类行动计划及重大项目建设计划等紧密结合，明确国民经济和社会发展特定领域近期建设的重点和时序，着力解决突出矛盾和薄弱环节。将规划目标、任务的完成情况和相关措施等分解到年度，形成长效的规划实施机制。

第三节　强化规划督查

加强督查是规划实施的重要保证，规划制定后，要通过各种方式向社会公布。在实施过程中，要全过程接受社会监督和舆论监督。建立健全重大事项报告制度，定期将规划目标和主要任务的进展情况向市人大常委会报告，向市政协通报，人大要对规划执行中出现的问题，会同政府，提出解决办法。要发动社会监督，动员社会力量，开展规划的主要目标、重大建设项目、社会福利和公益性事业的监督，形成全社会关心规划、参与实施和共同监督的良好氛围。

第四节　加强规划考核

制定“十三五”时期规划实施考核体系，确定合理的考核办法和评估方式，强化对结构优化、民生改善、资源节约、环境保护和基本公共服务等目标任务完成情况的综合评价考核。把“十三五”时期规划的目标和任务列入年度考核体系，加强对各级领导干部“十三五”时期规划执行情况的监察监督，考核结果作为各级各部门领导班子调整和领导干部选拔任用、奖励惩戒的重要依据，为规划实施提供持续的动力。围绕规划提出的主要目标、重点任务和政策措施，组织开展规划实施情况中期评估，全面分析检查规划实施效果及各项政策措施落实情况，找出规划实施中的问题，提出解决问题的对策建议，并根据中期评估结果和环境变化情况依法适度修订规划内容，调整相关指标。

数字新郑

DIGITAL XINZHENG

数字新郑
DIGITAL XINZHENG

·数字新郑 >>>

DIGITAL XINZHENG

全国中小城市综合实力百强县（市）排名升至 43 位

全国财政收入百强县市排名第 43 位

全国县域经济基本竞争力百强县（市）排名上升至 49 位

全年地区生产总值完成 651.1 亿元

第一产业增加值 20.1 亿元

第二产业增加值 335.4 亿元

第三产业增加值 295.6 亿元

全市财政总收入 88.1 亿元

全市财政支出 140.35 亿元

地方公共财政预算收入 65.3 亿元

政府性基金收入 51.5 亿元

公共财政预算支出 83.84 亿元

政府性基金支出 56.51 亿元

实现地方财政收入 116.8 亿元

税收收入44.1亿元

全市完成全社会固定资产投资 582.2 亿元

城镇以上固定资产投资 566.2 亿元

农村住户固定资产投资 16 亿元

第一产业固定资产投资 9.4 亿元

第二产业固定资产投资 101.7 亿元

第三产业固定资产投资 **455.1** 亿元

第三产业（现代服务业）完成增加值 **281** 亿元

房地产开发投资完成 **173.7** 亿元

全市房屋施工面积 **1158.4** 万平方米

房屋竣工面积 **139.9** 万平方米

商品房销售面积 **402.5** 万平方米

批发和零售业增加值 **41.5** 亿元

住宿和餐饮业增加值 **18.8** 亿元

实现社会消费品零售总额 **233.1** 亿元

完成销售（营业）总额 **650.6** 亿元

批发业销售额 **387.1** 亿元

零售业销售额 **222.6** 亿元

全市主要工业增加值 **284.4** 亿元

食品制造业完成增加值 **64.23** 亿元

生物医药化工业完成增加值 **68.08** 亿元

非金属矿物制品业完成增加值 **64.46** 亿元

钢铁及金属制品业完成增加值 **30.64** 亿元

住宿业销售额 **2.4** 亿元

餐饮业销售额 **38.5** 亿元

年末全市总户数 **168974** 户

年末全市总人口 **635790** 人

全市总人口中女性人口 **323427** 人

全市金融机构存款余额 **618.7** 亿元

金融机构贷款余额 **458.2** 亿元

全年农民人均可支配收入 **18367** 元

农民人均生活消费支出 **17361** 元

城镇居民人均可支配收入 **28388** 元

城镇居民人均消费支出 **27502** 元

全市工业增加值 **310.8** 亿元

全市新入规模以上工业企业达到 **38** 家（总数达到329家）

实现规模以上工业企业增加值 **290** 亿元

全年招商引资项目 **28** 个

招商引资签约金额 **464** 亿元

招商引资到位资金 **170** 亿元

13 家银行在新郑市设立分支机构，成为全省进驻银行最多的单位

银行存款额达到 **619** 亿元，居全省县（市）首位

银行贷款额为 **458** 亿元，居全省（市）首位

设备制造业完成增加值 **22.29** 亿元

纺织服装业完成增加值 **6.7** 亿元

煤炭开采和洗选业完成增加值 **1.23** 亿元

新开工项目 **15** 个

转化科技成果 **15** 项

高新科技实现增加值 **66.2** 亿元

农业龙头企业达到 **68** 家

农村专业合作社达到 **470** 家

建成 **47** 个村级幸福站和社区托老站

发放小额担保贷款 **7180** 万元

农村劳动力转业就业 **1.66** 万人

全市新增城镇就业再就业岗位 **7000** 个

下岗失业人员再就业 **2771** 人

就业困难人员再就业 **451** 人

引进域外境内资金 **115** 亿元

引进省外资金 **107.8** 亿元

全年融资到位资金 **132.5** 亿元

实际利用外资 **1.98** 亿美元

进出口总值 **7863** 万美元

专利申请量 **1754** 件

实现技术市场交易额 **7.6** 亿元

技能培训 **1.1** 千万人

人口自然增长率为 **6.43** ‰

人口出生率为 **12.47** ‰

死亡率为 **6.04** ‰

共有44.21万人参加新型农村合作医疗，“参合率”达 **99.9** %

城乡居民大病保险年度支付限额提高至 **40** 万元

办理合作医疗补助100.76万人次，补助金额 **2.32** 亿元

免费婚检率达到 **48.1** %

全年共销售基药6874.6万元，直接让利患者 **1924.9** 万元

以社会化形式发放城乡低保家庭生活保障金 **3804.62** 万元

公益性岗位就业 **111** 人

开展各类就业前培训263期，**2.41** 万人

城市家庭低保标准人均 **550** 元

农村家庭低标准人均 **320** 元

全市五保人员 **1243** 人

为五保对象发放五保资金 **770.14** 万元

农村五保人员每人每月供养标准 **640**元

农村五保人员分散供养每人每月标准 **384** 元

森林覆盖率 **29.6** %

城市建成区绿地率 **35.7** %

建成农村安全饮水工程 **55** 处

解决 **12** 万人饮水安全问题

新增恢复灌溉面积 **1** 万公顷

累计新增体验农业、观光农业、生态农业等现代化农业面积 **5866.67** 公顷

全年花生总产量 **2.1** 万吨

全年瓜果产量 **1.01** 万吨

农业机械总动力 **58.5** 万千瓦

城乡低保户 **6309** 户

城乡低保人 **1.12** 万人

都市型现代农业示范区、高标准粮田优种示范区和红枣综合产业园区入驻企业 **48** 家

培育发展国家级农民合作社示范社 **1** 家

培育发展省级农民合作社示范社 **2** 家

建成高标准农田 **7800** 公顷

新认证无公害农产品生产基地 **153.33** 公顷

累计认证无公害农产品 **88** 个

绿色有机食品 **54** 个

全年粮食总产量 **26.8** 万吨

夏粮总产量 **13.74** 万吨

秋粮总产量 **13.06** 万吨

全年油料总产量 **2.25** 万吨

全年蔬菜总产量 **21.59** 万吨

新建污水处理厂 **3** 座

新建改造城乡电网 **905** 千米

全年完成邮电业务总量 **20.67** 亿元

农用拖拉机达到 **1.12** 万台

联合收机 **1823** 万台

机耕面积 **3.08** 万公顷

机播面积 **5.13** 万公顷

机收面积 **4.4** 万公顷

农村用电量 **42550** 万千瓦时

化肥使用量（折纯）**33795** 吨

境内铁路营业里程 **62** 千米

全市新修道路 **130** 千米

全市规模以上工业企业主营业务收入 **1276.89** 亿元

全市规模以上工业企业实现利润 **171.78** 亿元

全市规模以上工业实现利税 **231.11** 亿元

新建社区 **52** 个

回迁群众 **5000** 户

建成保障性住房 **3.2** 万套

为2848户住房困难家庭发放住房补贴 **749** 万元

邮政业务量完成 **1.42** 亿元

电信业务量完成 **19.25** 亿元

全市建筑业实现增加值 **24.7** 亿元

全市具有资质等级的建筑企业利润总额 **1.5** 亿元

全市具有资质等级的建筑企业税金总额 **1.9** 亿元

新增郑州市级工程技术研发中心 **2** 家

全市规模以上农业企业实现销售收入 **188** 亿元

农业规模经营化率达到 **58** %

新增公共服务平台 **1** 家

全市城镇化率达到 **63.5** %

华南城入驻商户 **1.7** 万多家

华南城营业面积突破 **180** 万平方米

华商汇营业面积 **40** 万平方米

全年共接待游客 **433** 万人次

全年旅游业实现直接经营收入 **11.64** 亿元

催办、转办领导批示、市长热线等 **7400** 余件

升级改造标准化养殖场 56 个

城区空气质量达到或优于国家二级标准的天数 213 天

城市集中饮水源地水质达标率 100 %

全年审核资金 1.4 亿元

全市人民调解组织调解各类矛盾纠纷10000余起，调解成功率 90 %

取消非行政许可、民生不必要证明 76 项

全市特殊教育 1 所

全市小学生人数 7.72 万人

全市普通初中学生人数 2.4 万人

全市普通高中在校生 1.5 万人

职业中专在校生 2.97 万人

幼儿教育 3.45 万人

特殊教育 135 人

高考专科一批以上上线人数3859人，上线率 98.59 %

高考本科一批上线人数969人，上线率 24.76 %

高考本科录取控制线2948人，上线率 75.32 %

办理人大、政协建议提案 300 件

行政服务中心（含49个职能部门、138项行政审批事项和253项公共服务事项集中办理）全年共受理办结事项 94.8 万余件

总人口中城镇人口 35.75 万人

城区面积达到 36 平方千米

实施党的组织和工作“双覆盖”工程，新建“两新”组织 43 个

全年完成代办服务 1.7 万余件

运用两个工作法决议事项近 3000 个

举办干部培训350余期，培训人员 50000 余人次

264 项审批服务事项实现“一口受理”

共削减行政审批 124 项

703 项行政审批和便民服务事项进驻服务大厅

全市职业中专 6 所

全市普通高中 7 所

全市普通初中 27 所

全市小学 100 所

高考成绩连续 **25** 年位居郑州县市第一

新建、改扩建城乡中小学、幼儿园 **14** 所

全市机关事业单位养老保险参保人数 **3.23** 万人

成功发行 **44** 亿元省内县级市最大规模城投资

发行 **15** 亿元全省县级市首支PPN定向债

征缴机关事业单位养老保险费 **2.82** 亿元

全市企业养老保险参加企业总数达到 **794** 家

全市企业养老保险参保职工 **6.33** 万人

征缴企业职工基本养老保险费 **3.12** 亿元

城乡居民养老保险参保人数达到 **34.43** 万人

征缴城乡居民社会养老保险费 **2089** 万元

全年争取上级资金 **50** 亿元

全年用于民生领域的财政支出资金达 **63** 亿元

60周岁及以上参保居民达到 **9.07** 万人，参保率100%

生育保险参保职工 **4.54** 万人

征缴生育保险金 **1581** 万元

全市幼儿园教育 **139** 所

全市共有各类医疗卫生（含村卫生室）机构 **567** 家

新组建文艺队伍 **300** 余支

举办各类文艺演出 **4000** 余场

全市共有医疗床位 **4300** 张

全市共有卫生技术人员 **4437** 人

执业医师执业助理医师 **1464** 人

注册护士 **1890** 人

城乡居民健康档案建档率达 **97** %

免收 **6** 万户居民家庭视听维护费

发展农村无线数字电视用户 **4.8** 万户

改造提升文化服务中心 **150** 个

全市机关事业养老保险参保单位达到 **411** 家

为80岁以上老人、普通高中一线教师、环卫工人发放高龄补贴、就餐补贴 **5937** 万元

配备居民小区充电棚 **548** 座

配备居民小区充电桩 **1838** 个

全年造林绿化面积 **587.4** 公顷

生态廊道建设面积 **2000** 公顷

新建提升生态廊道近 **180** 千米

退耕还林自查验收 **1750.06** 公顷

新增绿化面积 **330** 万平方米

创建各级卫生镇（村）**52** 个

建成省级农村人居环境达标林 **15** 个

创建各级生态镇（村）**37** 个

全市省级文明单位达 **32** 家

获批建设用地 **3066.67** 公顷

好想你、天津药业等 **4** 家企业荣获省长质量奖、郑州市市长奖

恒天电缆、瑞泰耐材等 **15** 家企业通过省质量诚信A等工业企业评定

累计新创中国驰名商标 **7** 件

省级著名商标 **56** 件

名牌产品 **17** 个

关停煤矿、中小企业、排污不达标企业 **38**家

完成柿树行、大槐树村扶贫搬迁，**1.9** 万名贫困人口实现稳定脱贫

失业保险参保人数 **4.54** 万人

征缴失业保险费 **2427** 万元

工伤保险参保人员 **6.64** 万人

征缴工伤保险费 **2261** 万元

城镇职工基本医疗保险参保职工**6.64** 万人

征缴城镇职工基本医疗保险金**1.58** 亿元

城镇居民基本医疗保险参保居民**16.54** 万人

征缴城镇居民基本医疗保险金 **1423** 万元

收储国有土地 **1266.67** 公顷

拆违复耕地 **226.67** 公顷

新改造背街小巷 **120** 条

新改造老旧小区 **36** 个

新改造街头游园 **13** 处

15 个城区公共停车场投入使用

连续**18**年成功举办“中华枣乡风情游”活动

全市纪检监察机关共立案 **146** 件，党政处理146人（其中科级干部21人）

市物资交易中心共办理各类业务621宗，成交金额 **144.7** 亿元，为政府增收节支53.4亿元

好想你营业收入 **20.7** 亿元

达利食品、中储粮等 **25** 家企业销售收入超10亿元

正佳能源、龙翔电气等 **26** 家企业上市挂牌融资

完成规划区内 **32** 个自然村全域拆迁

建成中兴路、学院路等 **16** 条道路，5座桥梁

11 个乡镇、街道、管委会实现天然气入社区

14.8 万户居民用上了清洁环保的新能源

西亚斯、升达大学、中原工学院等12所高等学校常年在校学生 **18** 万人

城区机械化清扫率达到 **80** %

城市污水处理率达到 **89.5** %

垃圾无公害处理率达到 **100** %

新建、改建中小学、幼儿园 **56** 所

为幼儿园配备校车 **56** 辆

“中华枣乡风情游”累计接待游客 **2100** 万人次

“中华枣乡风情游”实现旅游收入 **56** 亿元

完成 **17** 个村棚户区拆迁

投入 **55** 亿元完成黄帝故里景区核心区扩建征迁

黄帝故里景区建成面积达到 **7.33** 公顷

集中供热面积达 **137** 万平方米

连续 **11** 年高规格举办黄帝故里拜祖大典

成功举办 **10** 届黄帝文化国际论坛

建成投用消防指挥中心及消防站 **5** 个

新建改建乡镇卫生院 **7** 个

审计项目 **766** 个

管理不规范资金 **126** 亿元

拆除改造燃煤锅炉 **343** 台

城区可吸入颗粒物PM10年平均浓度为 **132** 微克每立方米

细颗粒物PM2.5年平均浓度为 **70** 微克每立方米

全年主要污染物消减量为：化学需氧量2642吨；氨氮349吨；二氧化硫 **783** 吨

专记

SPECIAL NOTES

·专记>>>

SPECIAL NOTES

丙申年黄帝故里拜祖大典

【大典概况】在省委、省政府的关心指导下，在河南省丙申年黄帝故里拜祖大典协调领导小组和组委会的直接领导下，新郑市委市政府深入贯彻落实十八大精神和《中原经济区发展规划》以及省委、郑州市委关于拜祖大典会议精神，紧紧围绕“同根同祖同源，和平和睦和谐”的主题，按照“隆重、节俭、有序”的原则和“稳中有升”的总要求，精心策划、严密组织，成功举办了丙申年黄帝故里拜祖大典，得到了各级领导的高度认可和社会各界的广泛赞誉。拜祖大典继续彰显盛世国典的吸引力、号召力、凝聚力，成为名副其实的全球华人瞩目的拜祖盛典，中华民族团聚中原的兴邦盛典，展示盛世中国辉煌气象的和谐盛典。

公元2016年4月9日，农历丙申年三月三日，由河南省人民政府、政协河南省委员会、国务院台湾事务办公室、中华全国归国华侨联合会、中华全国台湾同胞联谊会、中华炎黄文化研究会主办，郑州市人民政府、政协郑州市委员会、新郑市人民政府承办，主题为“同根同祖同源 和平和睦和谐”的丙申年黄帝故里拜祖大典在新郑市黄帝故里景区隆重举行，来自30多个国家和地区的8000名炎黄子孙参加典礼。上午8时50分，省领导谢伏瞻、陈润儿、叶冬松等到达黄帝文化展览室；上午9时国家领导人陈晓光、许嘉璐、张梅颖及随行人员到达黄帝文化展览室；9时18分，国家领导人和主办单位领导，由郑州市组委会领导张建国、央视导演刘振弟邀请，在礼仪引导下，前往鼎坛南侧站位；9时20分，由市长刘建武为第一排站位领导佩戴黄帝丝巾，市委副书记王效光、市人大常委会主任李书良为第二排站位领导佩戴黄帝丝巾，礼仪人员为第三排站位领导佩戴黄帝丝巾；佩戴黄帝丝巾后，礼仪引领国家领导人和主办单位领导等登鼎坛，穿过姓氏广场，经汉阙，步入拜祖主会场。河南省政协主席叶冬松致欢迎辞。主司仪、中华全国归国华侨联合会主席林军主持丙申年黄帝故里拜祖大典。9时50分，典礼开始。典礼共九项：第一项，盛世礼炮。全体肃立，鸣炮21响；第二项，敬献花篮。全国政协副主席、民盟中央常务副主席陈晓光，十届全国人大常委会副委员长、中华炎黄文化研究会会长许嘉璐，中共河南省委书记、省人大常委会主任谢伏瞻，河南省人民政府省长陈润儿，中共中央台湾工作办公室、国务院台湾事务办公室主任张志军，中华全国台湾同胞联谊会副会长杨毅周，郑州市人民政府市长马懿，新郑市人民政府市长刘建武，中共新郑市委副书记王效光等向黄帝像敬献花篮；第三项，净手上香。台湾地区原副领导人、两岸共同市场基金会荣誉董事长萧万长，台湾地区行政机构原负责人、中华文化总会会长刘兆玄，台湾地区立法机构原副负责人、台湾海峡两岸民意交流基金会董事长饶颖奇，全国政协委员、香港广东社团总会会长简松年，澳门世界华商联合会主席、澳门环盈集团董事局主席林健生，台湾友嘉集团总裁朱志洋，中华文化博览海外协进会会长、马来西亚原交通部长翁诗杰，美国海外炎黄子孙拜祖大典组委会理事长、美国加州河南促进会会长张丽莉，北美华人企业家联合会会长、加拿大金鑫集团董事局主席庄少卿等净手敬香；第四项，行施拜礼。全体人员向黄帝像行礼三鞠躬；第五项，恭读拜文。十届全国人大常委会副委员长、中华炎黄文化研究会会长许嘉璐向黄帝像鞠躬后，恭读拜祖文；第六项，高唱颂歌。由80位充满活力的儿童组成的童声合唱团在歌唱家的领唱下，和着庄严悦耳的音乐共同演唱《黄帝颂》，完美诠释经典；第七项，乐舞敬拜。60名演员在黄帝像前盛装献舞；第八项，祈福中华。来自海内外的27位优秀炎黄子孙代表在祈福树上高挂祈福牌，在拜祖文长卷上留印，礼拜人文始祖，祈福中华盛世；第九项，天地人和。来自郑州、台湾、香港、澳门的四名儿童放飞和平鸽，共祝祖国昌盛世界和平。10时35分典礼告成。大典访谈嘉宾为著名作家二月河。中央电视台连线直播，河南卫视、郑州电视台，百余家网络、电台等进行现场直播。

【大典亮点】丙申年黄帝故里拜祖大典承前启后，创新颇多，稳中有升，亮点纷呈，总结起来有以下十个：一是九项仪程一气呵成、完美流畅。在历届大典中九项仪程都或多或少的存在瑕疵，2016年大典九项仪程通顺流畅、一气呵成，没有任何瑕疵，当大典告成时，所有嘉宾和工作人员激动万分，全场爆发出热烈掌声。二是八大民主党派齐聚大典、万人瞩目。八大民主党派的中央副主席齐聚黄帝故里，并和其他18名优秀炎黄子孙共同参加拜祖大典“祈福中华”仪式，当播音员宣读八大民主党派中央副主席名单时，现场万人瞩目，在海内外引起强烈反响。三是“海峡两岸交流基地”授牌仪式增色大典。大典结束后，参加大典的国务院台办主任张志军来到故里祠，为黄帝故里授牌“海峡两岸交流基地”，这在全国是首例，经媒体报道后，为本已圆满成功的拜祖大典再添荣光。四是现场秩序规范有序。大典现场在新郑人武部政委、现场秩序控制总指挥苗瑞光的指挥下，1200名志愿者及时劝阻嘉宾，并围成“人墙”防止嘉宾走出方阵。退场更是按照郑州市组委会的退场方案，用“人墙”作为阻拦，确保嘉宾有序退场。在志愿者的辛勤努力下，大典现场秩序井然，退场文明有序。五是海外同拜扩大规模。2016年海外“同一时期、同一主题、同一黄帝像、同拜黄帝活动”扩大到四个地区。美国旧金山华人于“二月十九”举办同拜活动，香港同拜活动于大典前一天“三月初二”举行，大典当天台湾和澳门举行同拜活动。海外同拜活动在海内外华人中产生了巨大影响，既弥补海外华人不能到现场参加大典的遗憾，又极大地扩大大典的影响力，成为广大中华儿女魂牵梦绕的精神寄托和心灵家园。六是《拜祖大典十年人物访谈志》引起共鸣。在拜祖大典整体活动开始前，万名嘉宾已在场内静候盛事，此时大屏幕播放《拜祖大典十年人物访谈志》，由参加过多年大典的工作人员讲述“大典十年的幕后精彩”，解读拜祖渊源及意义，讲述拜祖幕后的精彩故事，在万名嘉宾中引起强烈共鸣，进一步激发对大典的渴望。七是黄帝文化国际论坛持续发力。作为拜祖大典的配套活动，黄帝文化国际论坛已经走过十年。在著名策划人朱海的精心策划下，论坛的影响力逐步扩大，和拜祖大典相得益彰。2016年大典，第十届论坛如期举行。河南省委原书记徐光春，著名军旅作家、少将、百家讲坛主讲王树增等知名大家进行演讲，论坛影响力进一步扩大。论坛期间，论坛永久性会址奠基仪式举行，今后的论坛将会有自己的永久性阵地，对大典的影响力也必将越来越大。八是访谈嘉宾成亮点。在仪式开始前的主持人、嘉宾访谈环节，邀请著名历史小说作家二月河作为嘉宾，与主持人一道，共叙中华文化之根，共赞中华人文始祖，成为2016年大典新的亮点。九是景区环境优美引发点赞。2016年的黄帝故里景区进行了高标准修整，对硬化外的区域进行了绿化美化，并且聘请专家对重点区域进行了造型设计。枣树、地面、故里祠、标志牌、竹园、卫生间、黄帝像、汉白玉栏杆等都进行了高标准修整。优美的环境使参加大典的嘉宾流连忘返，为大典本身增添许多美丽

吟唱《黄帝颂》

光芒。正如一位嘉宾在进场时所说，“一个县级市居然这么美”。十是优化进场退场组织，填补多年欠缺。历届大典领导都是下车即进场，结束后从原路退场，使大典组织很是紧张，多年以来都想进行优化，一直未能成行。2016年新增了黄帝文化展览室和东、西两条退场通道，让领导提前到达，在展览室稍事休息再进场。大典结束后，领导从东、西通道退场，避开了现场嘉宾，也让大典组织很是从容，填补了大典组织多年的欠缺。

【大典成果】一是增强了民族凝聚力，促进了祖国统一和中华民族的伟大复兴。寻根溯源，认祖归宗是中华民族的传统美德，也是民族亲和力、民族凝聚力的重要源泉。“同根同祖同源、和平和睦和谐”这一主题，体现了黄帝故里作为中华民族精神家园、炎黄子孙的祖根圣地的地域特征，主题深入人心，在海内外炎黄子孙中产生了共认和共鸣，使拜祖大典在反独促统，推进祖国和平统一中发挥了重要作用。保持和发展这一强劲势头，赋予拜祖大典更强的生命力和感召力，既是拜祖大典深入人心、影响日隆的核心力量所在，也是继续办好拜祖大典的方向所在。

二是新郑市经贸活动硕果累累。一招激活，全盘皆活，拜祖大典带动新郑市文化旅游产业的繁荣，给第三产业带来无限商机，激活了经济发展。通过文化搭台、经贸唱戏，新郑市不仅致力于打造全球华人的精神家园，也更加注重构筑海内外客商的投资佳地，十几亿、几十亿，甚至上百亿的项目都纷纷入驻新郑。2016年黄帝故里拜祖大典经贸洽谈活动期间，新郑市共签订投资项目35个，意向金额达739.8亿元。按照产业类型重复分类，商贸物流项目8个，意向金额121.3亿元；绿色建材项目6个，意向金额77亿元；文化旅游创意项目4个，意向金额329.2亿元；高科技服务项目2个，意向金额105亿元；装备制造及电子信息项目2个，意向金额18.5亿元；生物医药项目2个，意向金额9亿元；其他项目11个，意向金额79.8亿元。从签约的项目来看，总体呈现三个特点：一是意向项目投资规模大；二是项目产业结构不断优化；三是创新招商方式取得新成效。这些项目的成功签约，充分展示了新郑市通过节会招商取得的丰硕成果。

第十届黄帝文化国际论坛

【综述】由中华炎黄文化研究会、中国先秦史学会、中华黄帝故里建设促进会、郑州市人民政府、政协郑州市委员会主办，新郑市人民政府、河南省黄帝故里文化研究会承办的第十届黄帝文化国际论坛于2016年4月7日至4月8日在郑州大学西亚斯国际学院举行。本届论坛主题为“黄帝文化与全面小康社会”。中央电视台著名节目主持人、朗诵艺术家陈铎、刘芳菲主持了本届论坛。

出席论坛的领导和嘉宾有：河南省委原书记、中央马克思主义理论研究和建设工程咨询委员会主任徐光春；民革中央副主席、全国政协常委、民革天津市委主委、天津市政协副主席田惠光；国务院参事室新闻顾问、中央文史研究馆馆员、中华炎黄文化研究会特别顾问赵德润；民革天津市委副主委兼秘书长崔可贤；原河南省人大常委会党组书记、常务副主任李柏拴；河南省郑州市副市长刘东；中华黄帝故里建设促进会会长岳文海；中华炎黄文化研究会常务副会长兼秘书长张希清；中华炎黄文化研究会常务副会长、学术委员会常务副主任任大援；中华炎黄文化研究会常务副会长、武警部队政治部原副主任、少将张补旺；中华炎黄文化研究会顾问、内蒙古人大常委会原副主任陈瑞清；北京大学考古文博学院教授、博士生，夏商周断代工程首席科学家、专家组副组长，国家“中国文明探源工程”主持人李伯谦；中国古都学会名誉会长朱士光；中国明史学会会长商传；中国秦文化研究会会长、原总参政治部主任、少将贾雪阳；中国先秦史学会副会长兼秘书长宫长为；《光明日报》国学版主编梁枢；河南省委宣传部原常务副部长、河南省炎黄文化研究会会长常有功；河南省炎黄文化研究会常务副会长兼秘书长李秀奇；河南省孝文化促进会

2016年4月7日黄帝文化国际论坛主会场

会长、河南省慈善总会副会长、河南省民政厅原副厅长鲁献启；河南省黄帝故里文化研究会会长高林华。

按照“重在高规格、重在代表性、重在影响力”的原则，论坛组重点邀请在政治、经济、历史、文化、社会、军事等领域知名度高、影响力大的专家学者。演讲嘉宾有河南省委原书记、中央马克思主义理论研究和建设工程咨询委员会主任、中华炎黄文化研究会首席顾问徐光春；中国著名的军旅作家、少将，国家一级作家，百家讲坛主讲人王树增；中国社会科学院学部委员、考古研究所所长、博士生导师，国家学位委员会历史学科评议组第五届和第六届成员、德国考古研究院通讯院士、美洲考古学会终身外籍院士王巍；中国音乐学院院长，博士生导师，中国电影音乐学会会长，中国孔子文化传播促进会执行会长，北京市文联副主席王黎光；清华大学人文学院历史系（思想文化研究所）教授、博士生导师，国际儒学联合会理事，中国社会科学院古代文明研究中心客座研究员，百家讲坛系列节目《彭林说礼》主讲彭林；新华社特约摄影记者，2008年北京奥运会开闭幕式总摄影师，2009年首都国庆60周年联欢晚会总摄影师，2010年广州亚运会开闭幕式总摄影师，2011年建党90周年大型文艺晚会《我们的旗帜》总摄影师林毅；陕西师范大学历史文化学院教授、博士生导师、百家讲坛主讲于赓哲；中央党校党史教研部主任、教授、博士生导师谢春涛共8位在经济、社会、文化等领域具有巨大权威和影响力的专家学者登台做主题演讲。

【“画说炎黄”当代名家书画展】 4月6日，第十届黄帝文化国际论坛系列活动“画说炎黄”当代名家书画展，在郑州大学西亚斯国际学院开幕。市领导马国亮、王保军、彭德成、缑云峰、王海民出席开幕式。

本次活动由中华黄帝故里建设促进会，“画说炎黄”艺术委员会，河南省政府驻京办京豫文化艺术传播中心主办，河南省黄帝故里文化研究会，北京华夏神农画院，郑州新京房地产有限公司承办。

这次画展以取材于炎黄二帝历史和优秀炎黄儿女事迹并加以创作，展览共分为炎黄事迹篇、炎黄神话篇、炎黄儿女篇、炎黄和谐篇四个篇章。来自北京、河南、陕西、湖南等有炎黄遗迹省份的当代名家共有百余幅作品参展。

【黄帝文化国际论坛永久性会址奠基仪式开幕式】 4月7日上午，由中华炎黄文化研究会、中国先秦史学会、中华黄帝故里建设促进会、郑州市政府、郑州市政协主办，新郑市人民政府、河南省黄帝故里文化研究会承办的“黄帝文化国际论坛永久性会址”奠基仪式在新郑新区举行。

中华炎黄文化研究会常务副会长、武警部队政治部原副主任张补旺少将，中华黄帝故里建设促进会副会长兼秘书长、河南省黄帝故里文化研究会会长高林华，河南力上置业有限公司董事长刘涛先后致辞。新郑市副市长缑云峰主持了奠基仪式。

黄帝文化国际论坛永久性会址经专家论证和上级部门批准，预计占地8000余平方米，建筑面积约5000平方米。会址建筑形制将遵循传统中式建筑的设计原则，采用现代建筑手法，实现古为今用的建筑理念。整个建筑设计融入黄帝文化及民族精神，体现“慎终追远、民德归厚”之意。项目计划于2017年年底建成，服务于2018年黄帝文化国际论坛。

【中华根·民族魂书法展开幕式】 4月7日上午，由中华黄帝故里建设促进会、河南省黄帝故里文化研究会主办的“中华根·民族魂书法展”开幕式，在新郑新区力上置业展览大厅隆重开幕。新郑市委常委、宣传部长王保军主持开幕式。国务院参事室新闻顾问、中央文史研究馆馆员、中华炎黄文化研究会特别顾问赵德润和书法界领导先后致辞。

“中华根·民族魂书法展”展出孟云飞先生的书法代表作品，对弘扬黄帝文化、传承民族精神具有非常积极的意义。这次展出的书法作品140多幅，分为4类：“根在中原、德泽寰宇”，有黄帝、老子、庄子等内容；“郑韩文化，源远流长”，有《诗经·郑风》、白居易、欧阳修和有关新郑大枣的诗词歌赋；“乡愁无限、海峡梦圆”，有关思乡、渴望统一的诗句；“中华风骨，丝路花雨”，有范曾《炎黄赋》、屈金星《中华颂》等。最后孟先生为黄帝故里新郑捐赠了自己的作品。

【中华黄帝故里建设促进会一届二次全体会议】 4月7日，中华黄帝故里建设促进会一届二次全体会议在新郑市金鼎澳门国际饭店召开。会议还举行了中华根系列丛书《黄帝与中华文明》首发式及河南轩辕创业投资基金发起签约仪式。

中华黄帝故里建设促进会名誉会长、国务院参事室新闻顾问、中央文史馆馆员、中华炎黄文化研究会特别顾问赵德润，中华黄帝故里建设促进会会长岳文海，中华炎黄文化研究会常务副会长、学术委员会常务副主任任大援，以及新郑市领导王效光、马国亮、王保军，中华黄帝故里建设促进会副会长兼秘书长、河南省黄帝故里文化研究会会长高林华等出席会议。

其中新郑市委副书记王效光致欢迎辞，中华炎黄文化研究会常务副会长、学术委员会常务副主任任大援为中华炎黄圣地文化促进会（中华炎黄圣地联谊会）发起单位代表授牌。各位代表依次给予重要讲话，其中赵德润在讲话中指出，要坚信文化的力量，要顺应时代潮流，要尊重历史的选择，以昂扬的姿态，饱满的热情用心做好促进会各项工作，为经济社会发展提供强大的精神动力，为中华黄帝故里建设促进会的发展贡献力量。

【黄帝精神专家研讨会】 4月8日上午，“黄帝精神专家研讨会”在新郑市金鼎澳门国际饭店圆满举行。来自北京大学、中国社会科学院、中共中央党校等单位的30余位专家学者云集新郑，研讨博大精深的黄帝精神。

与会专家经过认真讨论，认为黄帝故里是中华人文始祖轩辕黄帝诞生的地方，五千多年孕育形成的黄帝文化，是中华优秀传统文化最重要的组成部分，并持续推进和发展，可谓历久弥新，成为当代中国特色社会主义文化的基因和根源。建成全面小康社会，既离不开马列主义、毛泽东思想、邓小平理论的指导，也离不开大力弘扬中华优秀传统文化，尤其是黄帝文化讲仁爱、重民本、守诚信、崇正义、尚和合、求大同的核心价值。建设好黄帝故里这一精神家园、民族圣地，对于团结凝聚中华民族，激发亿万炎黄子孙奋发有为，开拓进取都有着重要意义。中国先秦史学会副会长兼秘书长、中国社会科学院历史研究所研究员、博士生导师宫长为作了学术总结。

【中华炎黄圣地文化促进会（联谊会）】 4月8日晚，中华炎黄圣地文化促进会（中华炎黄圣地联谊会）座谈会在新郑市金鼎澳门国际饭店举办，新郑市领导马国亮、王军生、姜存国、李中俊、李建国、苏铁林等出席会议。

座谈会上，发起单位就成立中华炎黄圣地文化促进会（中华炎黄圣地联谊会）的建议、倡议书及2016年农历九月初九在浙江缙云县召开第一次会长级会议的相关事宜进行交流讨论。

（撰稿：陈君梅　审阅：岳建华）

2016中华枣乡风情游暨第十四届好想你红枣文化节

【概况】 2016年，中华枣乡风情游暨第14届好想你红枣文化节于9月3日顺利揭开帷幕，活动历时35天。本届风情游由郑州市旅游局、新郑市人民政府联合主办，新郑市旅游和文物局、薛店镇人民政府和好想你股份有限公司共同承办，其主题为“感恩、健康、快乐”。开幕式由中央电视台7套王牌栏目《乡约》主持人肖东坡主持。本届好想你红枣文化节形式新颖，内容丰富。让都市人对黄帝文化、红枣历史有更深刻地认识。

【红枣文化节】 以感恩、健康、快乐为主线，好想你工业园、红枣博览园、示范旅游园、好想你鸵鸟园四园合一，优势互补，满足不同游客的需求。为了增强会员体验，共向省内中心区与中原区专卖店发放会员门票将近4万张。公司借助央视七套、河南卫视、河南电视台新闻频道、河南电视台财经频道等媒体的微信自媒体等，均于开幕式当天首页头条进行活动推荐。大河网“眼遇”栏目发布的稿件《2016中华枣乡风情游开幕 好想你欢迎全国人民来打枣》，文章阅读量达到108673人次；运用河南当地最聚人气、粉丝活跃度最高的自媒体推送新媒体郑州论坛：活动精彩内容推介《精选——郑州惊现侏罗纪公园，逛完嗨完，还有好想你枣吃个够》，阅读量22477人次，点赞106人次；游玩攻略《周末好去处，带着女票去郑州侏罗纪恐龙公园探险喽》，阅读量24377人次，点赞258人次。

【红枣博览园】 豪华房车、家庭农场、有机蔬菜种植区、大锅台、农家院、莲花池、葡萄园、花海、儿童游乐场、小动物园、农家石磨、万佛殿、DIY菜园、枣树认领基地、好想你O2O移动专卖店、枣乡姑娘合影等项目，受到市民的喜爱，为红枣城农业项目的开发找到了发展模式。

【游客接待情况】 总接待人数为：91067人，与上年相比增幅214.36%；其中购票进园9448人，与上年相比降低7%；赠票进园8677人，与上年相比降低64%；红枣文化节期间日均接待游客2602人。

中华枣乡风情游

大事记

CHRONICLE OF EVENTS

·大事记 >>>

CHRONICLE OF EVENTS

1月

5日 郑州市中级人民法院党组书记、院长于东辉到新郑市，调研指导“三留守”、涉农案件等工作，市领导赵建武陪同。

12日 农业部农村社会事业发展中心副主任詹慧龙带领调研组先后到中德产业园、西亚斯国际学院中美创业孵化中心、UFO众创空间、华南城电子商务产业园、孟庄镇农民创业园、雏鹰农牧等地，调研创新创业工作，市领导刘建武、乔琳陪同。

13日 新郑市委党的群团工作会议召开。刘建武、王效光、李书良等副县级以上领导干部，各乡镇（街道、管委会），市直单位负责人参加会议。会上，市总工会、团委、妇联、科协等群团组织先后发言。市长刘建武要求，要加强党的领导，主动作为，不断开创全市群团工作新局面，为率先全面建成小康社会凝聚力量、作出贡献。

13日 在新郑市行政审批中心，中原工学院信息商务学院后勤保障处领到了新郑市第一张新式食品经营许可证，此举标志着新郑正式实现食品经营许可“两证合一”，取代使用多年的食品流通许可证和餐饮服务许可证。

15日 中共新郑市第四届委员会召开第九次全体（扩大）会议。这次会议的主要任务是：深入学习贯彻上三级会议精神，总结“十二五”时期新郑市取得的重大成就，深刻领会“十三五”时期经济社会发展的指导思想和基本原则，认真分析当前形势，安排部署2016年及今后一个时期工作。

15日 由新郑市委宣传部主办的“溱洧之约 郑风徐来”书法精品艺术展在郑州大学西亚斯国际学院开展。市领导苗瑞光、李志强、缑云峰出席展览开幕式。据了解，此次展览是侯和平、钟海涛应新郑友人的大力邀请举办的，以“溱洧之约 郑风徐来”为名，展览作品内容涉及《诗经·郑风》以及近代描写新郑的名篇诗词，共展出80篇小品书法精品。

15日 梨河镇七里堂社区乔迁仪式举行。该安置区，是该镇首个采取“政府主导、村级主体、企业参与、市场运作”模式建设的安置区。社区总建筑面积8.1万平方米，15栋7层电梯房，1栋社区综合服务中心，自2014年9月开工建设，于2016年1月8日验收完毕，得到了安置群众的一致好评。

19日 市委副书记王效光一行到城关乡，进企业、入商户，并到商户临时过渡安置点、农民创业园，调研镇区征迁工作。在随后召开的座谈会上，王效光要求，要统筹协调抓推进，对本次征迁丈量数据、征迁补偿协议进行实时公示，确保公开公正。

19日 市四届人大常委会召开第二十五次会议。市人大常委会主任李书良，副主任王军生、孙阔、彭德成、郭明熙、王金灿、左建新、杨流、王海亮出席，市委常委、常务副市长彭立列席会议。会议宣读了市政府人事任免提请案，经会议表决，决定任命周建超、李猛为市政府副市长。会议听取了市四届人大五次会议筹备工作情况汇报，决定于2016年1月25日至28日召开新郑市第四届人民代表大会第五次会议。

20—21日 省疾控中心慢病所所长周刚带领考核组一行，深入新郑市人民医院、新村镇卫生院、外国语小学、轩辕湖健康主题公园等地，对新郑市慢性病综合防控示范区建设工作进行考核，副市长缑云峰陪同。考核组通过观看专题片、现场走访、查阅台账等方式，详细了解新郑市创建工作开展情况。

21日　新郑市地税局共组织地方级税收3.91亿元，同比增长12.19%万元，增收4189万元，提前10天实现首月“开门红”。

22日　郑州市副市长杨福平带领各县（市、区）领导、相关部门专家等几十余人，冒雪观摩城关乡东郭寺村农田水利示范乡镇建设项目。市领导刘建武、王效光、乔琳等陪同。据了解，城关乡该项目总投资6209万元，覆盖城关乡所有14个行政村，共计2166.67公顷耕地。

22日　具茨山管委会柿树行村的277户群众和大槐树村185户群众领到新房钥匙。新社区按照“六通十一有两集中”的标准建设，通天然气、有线电视、宽带、自来水等，配套有标准化卫生室、小学、幼儿园、养老院等。郑州市扶贫办主任李文岭及新郑市领导孙阔、乔琳出席搬迁仪式。

24日　新郑市举行2016年首届创新创业论坛，刘建武、王效光、王俊杰、彭立、苗瑞光、秦彩霞、赵建武等四大班子领导出席论坛。论坛邀请西亚斯国际学院创始人陈肖纯、中原工学院大学科技园主任张一风、郑州工业应用技术学院副院长龚毅、中德医疗器械创新创业综合体负责人刘新庄、郑州锐普照建材总经理白亚楠进行演讲。

24—27日　市政协四届五次会议隆重召开。市政协领导陈莉、马国亮、李中俊、王海民、李建国、张全民、苏铁林在主席台前排就座。市领导王广国、刘建武、王效光、李书良等出席会议。

25—28日　市四届人大五次会议在市炎黄文化艺术中心隆重召开。市领导王广国、李书良、刘建武、王效光、陈莉、马国亮、王军生、孙阔、彭德成、郭明熙、王金灿、左建新、杨流、王海亮等出席会议。市长刘建武作《政府工作报告》。

27日　新郑市与中原银行股份有限公司举行战略合作签约仪式。市长刘建武与中原银行总行行长助理王留豹出席签约仪式，并共同为中原银行新郑支行揭牌。市委常委、常务副市长彭立代表新郑市与中原银行新郑支行签署战略合作协议。

29日　郑州市考核组对新郑市消防工作进行考核，副市长张富永陪同。考核组实地察看了新郑市消防大队郑许路中队、丹尼斯新郑店、薛店镇安监办、薛店镇世纪花园小区、薛店镇政府专职消防队等消防安全建设情况。通过听汇报、看现场、查资料，考核组对新郑市在消防安全方面工作成绩给予肯定。

31日　晚上，由新郑市委、新郑市政府主办，新郑市委宣传部、新郑市文广新局承办的“幸福新郑——2016年新郑市全民大联欢文艺总展演”在新郑市炎黄文化艺术中心隆重上演。王效光、李书良、马国亮等四大班子领导、老领导与全市社会各界群众欢聚一堂，恭贺新春佳节。

是月　新郑市总工会为全市职工送上“精神食粮”大礼包，将总价值43万余元的图书、报刊、光盘等资料送到全市89家基层工会手中，让广大职工在工作之余得以阅读、学习。

是月　经过精心施工建设，龙湖镇林锦店新型社区新房通过验收，交付使用。在安置房分房现场，分房办理流程指南、户型图展示、各类指示牌、导引牌等应有尽有。林锦店社区主要安置林锦店村500余户村民。该社区内文化广场、卫生室、便民超市、小学、幼儿园等公共服务设施一应俱全。

2月

2日　郑州市人大常委会主任白红战、郑州警备区副司令员韩世联、郑州市人大常委会秘书长王福松一行来到辛店镇辛店村、辛店镇第四敬老院、国投河南新能开发有限公司等地，走访慰问困难群众、敬老院老人和企业，为他们送上了慰问金、慰问品和新春的祝福。市领导刘建武、王效光、李书良、张富永陪同。

4日　国家卫计委在官网发布《全国爱卫会关于2015年国家卫生城市（区）和国家卫生县城（乡镇）复审结果的通报》，新郑被重新确认为国家卫生城市（区）。

15日　新华社河南分社社长罗辉一行到新郑市调研采访新型城镇化建设工作。市领导王广国、刘建武、王效光、汤晓义、乔琳、陈春环陪同。罗辉一行先后到具茨山社区、君源生态农业科技有限公司、中德医疗产业园、孟庄镇农民创业园、孟庄镇潮河新城社区鸡王片区、华南城电子商务产业园等处，详细了解新郑市新型城镇化建设情况。

16日　第15届台湾高校杰出青年赴大陆参访团一行50余人，专程来到黄帝故里景区参观拜祖。郑州市副市长刘东和新郑市领导李志强、缑云峰等陪同。

16日　新郑市召开新型城镇化暨生态建设动员大会。市领导刘建武、王效光、李书良、马国亮、王俊杰、彭立、刘德金、汤晓义、苗瑞光、秦彩霞、赵建武、乔琳等出席。会议传达贯彻郑州市城市精细化建设管理20项重点工作讲评推进会、生态建设与环境治理工作动员会会议精神，并对新郑市新型城镇化和生态建设工作再安排、再部署。

16日　新郑市召开市场管理委员会主任会议，市领导刘建武、苗瑞光、左建新、李猛、李建国等出席。据了解，新郑市共在册各类规模市场31家，其中农贸市场10个、综合市场9个、专业市场11个、夏季夜市1个。5家归市场发展中心管理，8家归办事处管理，18家归各乡镇管理。市长刘建武要求，要加大创新力度，规划先行，完善机制，加强监管，打造一支作风优良的干部队伍，推动市场建设管理工作再上新台阶。

17日 新郑市召开第五次企业服务联席办公会议，市领导刘建武、彭立、汤晓义、秦彩霞、李猛等参加。会议通报前四次企业服务联席办公会议确定事项进展情况，针对恒天特种电缆、正兴生态农业、遂成药业等企业在建设中存在问题和困难，进行研究并提出解决方案。前四次企业服务联席办公会议涉及企业、项目21家，研究议题58项。据统计23项已办结完成并建议销号，35项正在积极落实。

17日 新郑市首届白居易故里文化节暨白居易诞辰1244周年活动在“中国最美乡村”城关乡东郭寺村开幕。“诗王”白居易出身书香门第，他的祖父白锽任巩县县令时，喜爱新郑风土民情，举家迁徙到东郭宅（今城关乡东郭寺村）居住。大历七年（772年）正月二十，白居易出生于此。

18日 新郑市召开政务服务工作会议。据了解，2015年，新郑市行政服务中心按照“凡批必进、应进必进”原则，共进驻32个行政事业单位，设置窗口168个，优化确认登记行政审批事项138项，将“两集中、两到位”改革工作落到实处。2015年该中心共受理、办结各类证照139897件，比2014年同期增加67倍。

19日 市人大常委会副主任彭德成及相关单位负责人专门来到“孝亲敬老标兵”刘红敏、乔云霞家中，将中华孝文化传播“孝亲敬老标兵”匾牌送到他们手中，并对他们进行了表彰。据悉，新郑市民刘红敏、乔云霞日前被河南省孝文化促进会授予“孝亲敬老标兵”荣誉称号。

20日 市领导刘建武、王效光、王俊杰、彭立、刘德金、苗瑞光、秦彩霞、赵建武等带领各乡镇（街道、管委会）及相关单位负责人，对全市社区建设、生态廊道建设、村庄征迁等新型城镇化建设重点项目进行现场观摩。

21日 在“出彩郑州”系列文艺活动的庆元宵唢呐展演和华夏优秀传统民间文化（盘鼓）比赛中，来自新郑市八千乡楼刘艺术团、和庄镇盘鼓队、新华路街道办事处盘鼓队等三支队伍，以绝对优势勇夺此次比赛三个一等奖。

22日 西藏自治区藏青工业园管委会书记王维杰带领考察团到新郑市，实地考察工业项目建设情况。在新郑市领导刘建武、马国亮的陪同下，西藏客人先后到雪花啤酒公司、中德产业园、达利集团、华南城等地参观考察。

22日 郭店镇举行“最美郭店人”颁奖典礼。市领导彭德成、缑云峰、王海民等出席活动并为获奖人及家庭颁奖。活动现场，10位“最美郭店人”代表分别上台领奖，他们分别来自全镇各个行业，既有爱岗敬业的模范公仆，又有创业致富的青年才俊，还有孝悌传家的好媳妇……此外，活动还为评选出的24家“最美和睦家庭”、64位“最美公婆”“最美媳妇”颁奖。

23日 新郑市人力资源和社会保障局在北区中华路与少典路交叉口举办“新郑市2016年春季人才劳动力招聘会”活动。本次活动以“大众创业，万众创新”为主题。据不完全统计，参加的招聘企业有300家，提供就业岗位8600个。参加招聘会求职人员达3000多人，达成就业协议人数1173人。此外，现场设置培训咨询报名台，培训专业包括焊工、数控、美容美发、服装、计算机等，有100多人现场报名培训。

23—24日 省社科院院长张占仓带领调研组先后深入到具茨山社区、行政审批服务中心、达利食品、孟庄镇农民创业园、华南城电子商务产业园等地，调研新郑市县域经济社会发展情况，市领导刘建武、王效光、彭立陪同。

24日 郑州市人大常委会副主任赵武安来到郑州市十四届人大三次会议新郑代表团，与代表们一同审议政府工作报告。市领导刘建武、李书良、刘德金、郭明熙等参加审议。

是月 经河南省质监局组织的检验检测机构资质认定评审组检查评审，新郑市食品药品检验检测中心顺利通过药品检测资质认定复审，并取得了资质认定证书。

是月 由市安全生产委员会指导、市安全生产监督管理局主管、市安全生产协会主办的季刊《新郑安全》正式出版发行。该刊以构建“大安全”格局为己任，打造安全文化宣传新阵地，已发行6000册。

是月 新郑市第二水厂已全部建成，并已开始供给丹江水。项目的建成投入使用，极大满足新郑市城区、薛店、郭店、孟庄、龙湖镇等地群众的用水需求。

是月 新郑市举行以“我们的中国梦”为主题的群众文化集中展演活动，来自新郑市辖区的近50支表演队伍、近3000人参加了展演。

是月 孟庄镇潮河新城社区双唐片区唐寨村安居工程一期顺利交付。唐寨村安置一期已建成十栋8万平方米，共安置原唐寨村六个居民组244户居民1167人。唐寨村村民每人可以分到50平方米的住房和10%的集体商铺。

3月

1日 从新郑市卫计委召开的2016年卫生计生工作会议上获悉，2015年新郑市再次荣获“全国计划生育优质服务先进县市”称号。

3日 市纪委四届六次全会暨市委党务工作会议召开。市领导刘建武、王效光、李书良、马国亮、王俊杰、彭立、刘德金、汤晓义等出席。市委常委、纪委书记王俊杰代表市纪委常委会作工作报告。报告总结回顾了2015年全市党风廉政建设和反腐败工作，安排部署2016年工作任务。会议表决通过市纪委四届六次全会报告，并对2015年全市纪检监察工作先进集体和个人进行表彰。

4日　省住房和城乡建设厅副厅长张达一行到新郑市宏基王朝社区、正商红溪谷等地，调研棚户区改造货币化安置工作，市领导王效光、陈春环等陪同。据了解，市政府共出资40多亿元，团购商品房转安置房1万余套，安置各类征迁群众5400多户、1.8万多人，消化商品房库存125万平方米。

4日　由新郑市委宣传部主办，市妇女联合会、市文化广电新闻出版局承办的“与美丽同行”新郑市十大“最美家庭”颁奖典礼在新郑一中艺术中心举行。市领导王效光、秦彩霞、王金灿、缑云峰、王海民出席颁奖典礼并为“最美家庭”获奖人颁奖。

8日　郑州市副市长杨福平到新郑市调研郑州市重点工作观摩讲评会新郑段情况。市领导刘建武、王效光、乔琳、秦洪源、陈春环陪同。杨福平一行首先到西南绕城高速龙湖段察看生态廊道建设情况，随后到位于薛店镇的中德医疗产业园听取园区发展情况汇报。

10日　省委政研室副主任潘华斌带领省委联合调研组先后到河南达利食品有限公司、光明乳业有限公司和西亚斯中美创业孵化中心等地，就承接产业转移工作情况进行调研，市领导汤晓义、李猛陪同。

10日　郑州市政协主席、黄帝故里拜祖大典组委会常务副主任王璋来到黄帝故里景区，实地察看黄帝文化展览室、中华姓氏广场、拜祖广场、嘉宾退场通道等有关工程建设情况。郑州市政协副主席张建国和新郑市领导刘建武、马国亮、李志强、王金灿陪同。

10日　新郑市召开2015年总结表彰暨丙申年黄帝故里拜祖大典筹备工作动员会。市领导刘建武、李书良、马国亮、王俊杰、彭立、刘德金、汤晓义、苗瑞光、秦彩霞等出席。会议对2015年度绩效考核先进集体和先进个人、2015年度“坚持依靠群众推进工作落实”长效机制工作先进单位和先进个人等进行了表彰。

10日　河北省黄骅市委常委、副市长夏爱华一行，先后到新郑市文化路市场、轩辕湖湿地公园、新区人民医院、人民西路便利疏导点等地参观考察卫生城市创建工作。

15日　郑州市委副书记胡荃，郑州市政协主席王璋，郑州市副市长刘东、杨福平等带领各县（市、区）负责人一行百余人到西南绕城高速龙湖段调研生态廊道建设工作。

15日　郑州华南城被评为“全国2014—2015年度诚信示范市场”，这是新郑市首家获此荣誉的诚信示范市场。

17日　郑州市人大常委会主任白红战、秘书长王福松一行来到郑州华南城，调研项目进展情况。市领导刘建武、王效光、左建新陪同。

18日　省老区建设促进会会长胡悌云一行来到新郑市，先后到辛店镇北靳楼村、具茨山扶贫社区等地对新郑市的革命老区建设工作进行实地调研，市领导王效光、孙阔、乔琳等陪同。

22日　新郑市召开城市精细化建设管理观摩讲评会，对12项重点工作推进情况进行月度督查讲评。刘建武、王效光、李书良、马国亮、王俊杰、彭立、刘德金、汤晓义、苗瑞光、秦彩霞等四大班子领导参加会议。会前，与会人员对龙湖、郭店、孟庄、新村等乡镇（街道）的城市精细化建设管理12项重点工作进行了观摩。会上，市长刘建武要求，全市上下要统一思想，加强领导，勇于担当，狠抓落实，严格奖惩，确保城市精细化建设管理12项重点工作强力推进、有效落实。

23日　郑州市副市长黄卿一行先后到新郑市新孟路拓宽工程、郑煤集团赵家寨煤矿等地调研安全生产工作，市领导王效光、秦彩霞、李猛陪同。

25日　郑州市委常委、统战部部长王跃华一行先后到郑州光明乳业有限公司、遂成药业在建项目、润弘制药新建项目、好想你红枣城等地，调研新郑市工业经济运行情况。市领导刘建武、王效光、彭立、秦彩霞、李猛等陪同。2016年1月至2月，新郑市完成规模以上工业增加值42.8亿元，同比增长8.3%，增速位居五县（市）第一位，实现了良好开局。

29日　新郑市委农村工作暨扶贫开发工作会议召开，市领导刘建武、王效光、孙阔、乔琳、苏铁林、林俊伟等参加。会上，辛店、观音寺、龙湖、孟庄、郭店、具茨山等乡镇（管委会）递交目标责任书。市长刘建武要求，要把握重点、狠抓关键，扎实推进农业和扶贫开发工作。

30日　市政协召开四届二十一次常委会议。市政协领导马国亮、李中俊、王海民、李建国、张全民、苏铁林等出席，副市长李猛应邀列席会议。会议传达了全国政协十二届四次会议精神，审议通过了政协新郑市委员会2016年工作要点，听取了市政协就内部刊物《政协之窗》出版发行情况的说明等。

31日　郑州市领导马懿、王璋、李喜安、张建国等带领相关部门负责人到新郑市，对丙申年黄帝故里拜祖大典筹备工作进行督导检查。市领导刘建武、王效光、彭立、董建山、李志强等陪同。马懿一行先后到黄帝文化展览室、中华姓氏广场、故里祠、拜祖广场等地进行察看。郑州市政协主席、黄帝故里拜祖大典组委会常务副主任王璋对大典筹备冲刺阶段的工作进行部署。

是月　第一季度，新郑市地税局累计完成县级总收入10.46亿元，单季首次突破10亿元大关，同比增长29.61%，增收2.4亿元。该局3月完成县级总收入3.51亿元，同比增长81.81%，增收1.58亿元。

是月 畅馨园经济适用住房第三期第二批公开销售选房，89户申购家庭选到自己满意的住房。

是月 郑州源林华茂林业开发有限公司活用土地流转，强力发展培育濒危树种红豆杉。第二红豆杉种植基地已落地观音寺镇。在该镇大董村，13.33公顷土地上栽种的8万多株红豆杉郁郁葱葱、长势喜人。

是月 在河南省旅游局、河南电视台、央视发现之旅频道、中国旅游文化传播联盟共同举办的“老家河南”旅游系列电视片拍摄创作大赛上，新郑市推出的公益宣传片《老家乡愁》获三等奖。

4月

7日 中华黄帝故里建设促进会一届二次全体会议在新郑市召开。该促进会名誉会长、国务院参事室新闻顾问赵德润，会长岳文海，中华炎黄文化研究会常务副会长任大援，新郑市领导王效光、马国亮及该促进会副会长兼秘书长高林华等出席会议。高林华作《中华黄帝故里建设促进会工作报告》。会议还举行了中华炎黄圣地联谊会发起仪式、中华根脉系列丛书《黄帝与中华文明》首发式和河南轩辕创业投资基金发起签约仪式。

7日 好想你枣业股份有限公司与中国食品科学技术学会签订合作协议，双方约定通过开展各类合作，共同推动新郑市食品科学技术和产业发展。郑州市委副书记胡荃，新郑市领导王效光、李猛等参加签约仪式。

7—8日 第十届黄帝文化国际论坛在郑州大学西亚斯国际学院开坛。河南省委原书记徐光春，民革中央副主席田惠光，郑州市副市长刘东，新郑市领导刘建武、王效光等出席开幕式。本届论坛由央视策划人朱海担纲策划，央视主持人陈铎和刘芳菲担纲主持。河南省委原书记徐光春、著名军旅作家王树增、中国社会科学院学部委员王巍、中国音乐学院院长王黎光、清华大学人文学院教授彭林、新华社特约摄影记者林毅、陕西师范大学历史文化学院教授于赓哲、中共中央党校党史教研部主任谢春涛先后登台演讲，从不同领域、不同学科的角度阐述黄帝文化与全面小康社会的关系和意义。8日下午的闭幕式上，举行了轩辕奖颁奖仪式，李伯谦和徐光春被授予轩辕奖。此后，举行了考古学家马世之先生捐书仪式。另外，论坛期间，还举行了黄帝文化国际论坛永久性会址奠基仪式、中华根·民族魂书法展、黄帝精神专家研讨会等。

8日 新郑市召开中华炎黄圣地文化促进会座谈会。中华炎黄文化研究会常务副会长任大援，市领导马国亮、王军生、姜存国、李中俊、李建国、苏铁林等出席。

9日（农历三月初三） 丙申年黄帝故里拜祖大典在黄帝故里景区隆重举行。来自海内外的近万名来宾齐聚祖根圣地，礼拜人文始祖轩辕黄帝。大典由省人民政府、省政协、国务院台办、全国侨联、全国台联、中华炎黄文化研究会联合主办，郑州市人民政府、郑州市政协和新郑市人民政府承办，主题延续保持为“同根同祖同源、和平和睦和谐”。

9日 新郑市举行市情说明暨项目签约仪式。市领导刘建武、王效光、李书良、马国亮等和160余名客商代表出席签约仪式。

9日 “黄帝故里海峡两岸交流基地”授牌仪式在黄帝故里景区举行。中共中央台办主任张志军、河南省政协主席叶冬松、郑州市政协主席王璋、郑州市委统战部部长王跃华，新郑市领导刘建武、秦彩霞、李志强等出席授牌仪式。

11日 住建部住房保障司副司长刘霞带领调研组到新郑市，专题调研棚户区改造工作。调研组先后来到宏基王朝社区、剑桥郡安置房现场等地察看。

11日 从市统计局获悉，由河南省社会科学院及社会科学文献出版社共同出版的《河南经济蓝皮书（2016）》于近日发布。在河南省县域经济发展质量综合排名中，新郑市位居108个县（市）第1名，连续四年位居全省首位。

15日 新郑市召开2016年环境保护工作会议，市领导刘建武、郭明熙、李建国、陈春环等参加。会上，各乡镇（街道、管委会）和有关部门向市委、市政府递交了环保目标责任书。

15日 广东省河源市侨联到中德产业园参观调研。郑州市侨联主席吕剑，市委常委、统战部长秦彩霞陪同。据悉，园区一期15万平方米厂房已具备交付条件，二期建设独栋厂房10万平方米已全部封顶，前期已招商签约企业100余家。

20日 市领导刘建武、王效光、李书良、彭立、汤晓义、苗瑞光、赵建武等一行先后深入到新华路街道后屯社区、新区木梳李拆迁现场、和庄镇河赵社区、薛店镇毛庄拆迁现场、郭店镇汇通路建设现场等地，对各乡镇（街道、管委会）4月份城市精细化建设管理12项重点工作开展情况进行观摩讲评。

20日 黄帝故里景区锣鼓齐鸣，来自中国老年保健协会抗衰老工程的千余名老年人拜祖团，专程来到黄帝故里景区拜谒始祖轩辕黄帝，祈求幸福安康。

25日 郑州市委副书记胡荃、副市长杨福平一行来到龙湖镇调研征迁工作，市领导刘建武、王效光、左建新、乔琳等陪同。在龙湖镇王许村征迁现场，胡荃一行实地察看村庄整体征迁进度。

26日 新郑市隆重举行庆祝“五一”国际劳动节暨劳动竞赛动员大

会。市爱卫办等20个单位和周振涛等50名职工喜获新郑五一劳动奖状和奖章。市领导王效光、王金灿、姜存国、李中俊、刘彤标等出席会议，并为获奖人员颁奖。

26日 西藏察雅县县委副书记、县长其珠多吉率领考察团一行到新郑市参观考察，副市长缑云峰等陪同。其珠多吉一行先后到新郑一中、郑州大学西亚斯国际学院、雏鹰农牧有限公司等地进行参观。

26—27日 由郑州市农委项目指挥部、郑州市农开办等部门组成的验收组，对新郑市高标准农田示范区建设项目进行验收。验收组通过实地随机抽取查验项目、查阅工程档案及报账资料等方式对项目进行检查验收，并一致认定新郑市高标准农田示范区建设项目为合格工程，顺利通过检查验收。

27日 新郑市召开2016年建议提案办理工作会。2015年，新郑市共办理市人大代表建议和市政协委员提案325件。

28日 新郑市召开“两学一做”学习教育工作会议。市领导刘建武、王效光、马国亮、刘德金、汤晓义、苗瑞光、秦彩霞、赵建武等出席会议。“两学一做”指的是“学党章党规、学系列讲话，做合格党员”。

29日 省人大常委会执法检查组到新郑市检查《中华人民共和国食品安全法》贯彻执行情况，市领导王军生、姜存国等陪同。检查组先后到薛店镇食品药品监督管理所、雏鹰农牧有限公司生猪屠宰场、新郑一中学生食堂等地查看，详细了解食品药品监管部门运行情况、企业生产流程、学校食堂的经营方式和进货渠道。检查组对新郑市严格贯彻落实《食品安全法》情况表示满意，同时要求，相关单位（企业）要切实履行食品安全工作职责，结合食品消费特点，加强食品安全自查自纠，为老百姓营造安全的食品消费环境。

30日 新郑市召开乡镇党委换届工作会，市领导刘建武、王效光、刘德金出席会议。会上，与会人员观看了警示教育片《镜鉴——衡阳、南充违反换届纪律案件警示录》。

是月 市统计局发布一季度经济运行情况，全市经济平稳健康发展。全市地区生产总值完成128.77亿元，同比增长10.0%。

5月

4日 国土资源部咨询研究中心土地咨询部副主任张新宝一行到新郑市调研，了解新郑市完善农村集体土地财产权实现方式的推进情况，市长刘建武陪同。

4日 新郑市召开一季度工业经济运行分析会，市领导彭立、秦彩霞、李猛等出席。第一季度，全市规模以上工业增加值完成66.6亿元，同比增长8.8%，较2月底提高0.5个百分点，位居郑州五县市第一名。一季度新开工项目5个，固定资产投资5000万以上项目4个，新投产项目3个，新郑市共有4家企业挂牌上市。

6日 全省住房工作暨棚户区改造货币化安置工作现场会在新郑市举行。会前，副省长赵建才带领与会人员先后到剑桥郡、宏基王朝社区进行实地观摩。

会上，省住房和城乡建设厅负责人通报了全省一季度商品房市场形势及1月—4月份保障性安居工程建设进展情况，市长刘建武对新郑市棚户区改造货币化安置工作经验进行介绍。

6日 全省公安机关深化“一村（格）一警”工作现场会在新郑市召开，副省长、省公安厅厅长许甘露出席并讲话，市领导刘建武、王效光、赵建武、张富永等参加。

6日 新郑市“衣暖人心——废旧衣物回收再利用公益慈善项目”启动。当日，群众现场捐赠爱心衣物4000余件、善款38000元。新郑市还专门设立44个捐赠点，接收捐赠的旧衣物。

6日 “5.12”国际护士节“最美天使 健康同行”文艺晚会在炎黄广场举行。市领导孙阔、王金灿、缑云峰、王海民、苏铁林、刘彤标等与社会各界群众共同观看演出。晚会开始，举行了新入职护士授帽仪式，并为10名“最美护士”“优秀护士”代表颁奖。来自全市卫生计生系统的白衣天使用悠扬的歌声和优美的舞蹈庆祝自己的节日。

9日 新郑市组织收听收看全国推进简政放权放管结合优化服务改革电视电话会议。市领导刘建武、汤晓义、彭德成、缑云峰、乔琳、张富永、秦洪源、周建超、李猛、姜存国、林俊伟等参加。

10日 省环保厅污染防治处处长王全立一行到新郑市调研水环境污染防治工作，市领导苗瑞光陪同。王全立一行先后到新港产业集聚区污水处理厂项目建设工地、市第二污水处理厂等地调研。

11日 郑州市委常委、纪委书记郭锝昌一行到新郑市调研市场外迁承接地建设及市场规范管理工作。市领导刘建武、王效光、左建新、李猛等陪同。郭锝昌一行先后到郑州华南城、圣戈班绿色建材国际商贸城项目等地进行调研。

13日 2016年“河南红会送医”计划郑州市（新郑站）启动仪式在市中医院举行，副市长缑云峰出席。省红十字会专职副会长何传军为河南省中医药研究院红十字志愿服务队授旗，并为国家中医肿瘤重点专科临床协作单位、河南省中医药研究院肿瘤临床研究基地揭牌。

13日 新郑市举行“两学一做”电视知识大赛。

15日 全国妇联寻找“最美家庭”活动评选结果隆重揭晓，新郑市“致富不忘党恩，连续24年真情拥军”的刘永芳家庭，喜获全国“最美家庭”荣誉称号和第十届“全国五好文明家庭”荣誉称号。

16日 位于新郑市的正兴生态农业有限公司在中原股权交易中心正式挂牌，这是新郑市首个畜牧企业登陆中原股权交易中心展示板。

17日 在“5.18国际博物馆日”到来之际，由市委宣传部主办，市旅游和文物局、市文联承办的“常平安书画作品展”在新郑市博物馆开幕。市领导马国亮、乔琳、李中俊及河南省书画艺术名家等出席并表示祝贺。

19日 新郑市首届中小学生足球技能大赛在外国语小学举行，来自全市中小学的33支代表队500名运动员参加比赛。

23日 新郑市召开公共供水区域地下水压采暨自备井封停工作动员大会，市领导刘建武、苗瑞光、郭明熙、乔琳、张富永等出席。

24日 由河南省体育局、省教育厅主办的2016年“体彩杯”幼儿体操锦标赛在许昌市举行。新郑市实验幼儿园作为新郑唯一一支队伍参加，获得甲组规定操、自编操、团体优胜奖第一名三项大奖。

25日 省农业厅副厅长魏蒙关、郑州市农委主任周亚民一行深入到城关乡东郭寺村，对夏粮生产情况进行调研，市委副书记王效光陪同。

25日 在第三届中国县域电子商务峰会上，“2015年中国电子商务百佳县”榜单出炉。新郑市连续三年成为河南省唯一入选的县级城市。

26日 新郑农商银行荣获河南省“五一劳动奖状”荣誉称号，郑州市总工会副主席赵志新，新郑市总工会主席刘彤标共同为新郑农商银行授牌。

26日 来自美国硅谷的一行四十余人企业家参访团，专程来到黄帝故里景区参观，领略魅力独特的黄帝文化。

27日 新郑市举办2016新郑文化旅游发展论坛，本次论坛以“文化传承与全域旅游”为主题。市领导王效光、李志强、孙阔、缑云峰、乔琳、张全民等出席论坛。

31日 新郑市召开秸秆禁烧工作会议，市领导刘建武、王效光、乔琳出席。各乡镇（街道、管委会）分别汇报了各自禁烧工作开展情况及存在问题。

是月 截至5月底，新郑空气达标天数达73天，达标率为50.7%。2016年以来，新郑持续开展“蓝色飓风行动”环境执法大检查活动，其间共排查发现221处问题。根据排查情况，执法部门和人员严格督促整改，确保了成功关停、取缔一批违规单位，还加大了黄标车淘汰力度，淘汰49辆。

6 月

1日 郑州市副市长杨福平一行到新郑市实地察看“三夏”生产、秸秆禁烧和防汛工作，市领导刘建武、王效光、乔琳等陪同。在城关乡东郭寺村，杨福平深入田间地头，查看小麦的长势、土壤的墒情，了解“三夏”机收、机播及秸秆禁烧情况等。

2日 全国政协副主席马飚率调研组到新郑市，专题调研农作物秸秆综合利用工作。省政协主席叶冬松、郑州市政协主席王璋，新郑市领导王效光、乔琳、李中俊等陪同。调研组一行来到城关乡憨农种植专业合作社，实地了解新郑市农作物秸秆综合利用情况。

2日 河南省原省长何竹康到新郑市调研新型城镇化建设工作，市领导王效光、李中俊等陪同。何竹康一行先后到郑州华南城、孟庄镇潮河新城社区鸡王片区等地观摩。

2日 新郑市召开省级专家不动产登记业务知识培训会，河南省不动产登记局局长高岚应邀授课，新郑市国土资源局属各单位业务骨干及不动产登记中心全体人员，共110人参会。

3日 最高人民法院司改办副巡视员胡夏冰一行到新郑市人民法院龙湖中心法庭，调研指导基层法庭网格化管理、信息化、家事审判等工作，市人大副主任彭德成等陪同。

6日 新乡市委书记舒庆率党政考察团到新郑市考察新型城镇化建设工作，郑州市领导马懿、程志明和新郑市领导刘建武等陪同。考察团先后参观考察郑州华南城、孟庄镇潮河新城社区鸡王片区等地，详细听取情况介绍。

8日 省委组织部举报中心主任陈志伟，带领省委换届风气督查二组到新郑市开展换届风气督查工作，市领导刘建武、王效光等参加座谈。督导组对新郑市乡镇党委换届工作表示肯定。

8日 由省人大代表、政协委员组成的代表团一行到新郑市人民法院视察工作。省高院副院长刘晓云，郑州市法院院长于东辉，新郑市领导王效光、赵建武等陪同视察。

8日 从新郑市旅游和文物局传来消息，新郑市成功入选全国七个文化遗产知识宣传普及试点市。

12日 新郑市召开1—5月份经济运行分析会。市领导刘建武、王效光、秦彩霞、秦洪源、李猛、姜存国、王秀业等出席。1—5月，全市规模以上工业增加值完成103亿元；固定资产投资完成238.7亿元，同比增长20.8%；社会消费品零售总额完成95.1亿元，同比增长16.8%。

12日 新郑市总工会被评为“河南省级文明单位”，“省级文明单位”授牌仪式在市总工会举行。市委宣传部副部长、市文明办主任梁国定为市总工会授牌，市总工会主席刘彤标携同班子成员、干部职工参加授牌仪式。

16日 国家卫计委计生指导司副司长魏云鹏一行到新郑市开展计划生育行政执法专项督查，副市长缑云峰陪同。2015年以来，全市有1494起征收案件和65起处罚案件全部实现了网上审批办理。新郑市还开通了“12356阳光计生”便民维权服务热线，自热线开通以来，人工接听热线

107人次，解决问题107次，群众满意感不断提升。

17日　新郑市召开2016年上半年群众文化工作会议。会议通报了第二批市级非物质文化遗产代表性项目名录、郑州市首批公共文化服务示范乡镇（街道）和村（社区）及示范项目名单。会议要求，要加强百千万文化惠民工程的纵深发展，特别是要加强广场舞《溱洧踏歌》《欢迎回家》和锣鼓《黄帝盛世》的市级培训，要将文化创意产业发展提上日程，为全市文化大发展、大繁荣作出新的更大贡献。

21日　市政协副主席王海民带队到新建路街道、和庄镇等地，调研二孩生育证登记落实情况。新建路街道在2016年1月1日全面放开二孩政策后共受理办理二孩生育服务证142人，与去年同期相比多122人；和庄镇二孩生育登记163例，比去年增加60例。

23日　省政协副主席靳克文一行到新郑市调研都市农业发展情况，市领导刘建武、乔琳、李中俊等陪同。靳克文一行来到好想你红枣产业园，对红枣的生产、加工、包装等详细流程进行观摩，并对好想你公司都市农业发展情况进行了解。

23日　为庆祝中国共产党成立九十五周年，晚上，新郑市在炎黄文化中心举行“颂歌献给党·出彩新郑人”文艺汇演。市领导刘建武、王效光、马国亮、苗瑞光、秦彩霞、赵建武等在现场观看演出。整场演出共分为“序篇”“历史的选择”“人民的心声”“时代的楷模”“坚定的信念”“伟大的复兴”六个篇章。

24日　新郑市召开脱贫攻坚推进工作会。市领导刘建武、王效光、孙阔、乔琳、林俊伟等出席会议。

24日　安徽省砀山县农广校校长周波带领新型职业农民—生产经营型（果树专业）学员50余人，到好想你股份有限公司参观。

30日　新郑市在炎黄文化中心隆重召开庆祝中国共产党成立95周年大会。市领导刘建武、马志峰、王效光、李书良、马国亮等四大班子领导出席大会。

30日　新郑市召开农村土地承包经营权确权登记颁证工作动员会，对全市农村土地承包经营权确权登记颁证工作进行安排部署，市领导王效光、乔琳、林俊伟等出席。

是月　截至6月底，市地税局累计组织税收收入26.35亿元，其中地方级收入21.67亿元，同比增长16.61%，增收3.09亿元，超收1.42亿元，提前超额完成上半年组织收入任务。

是月　截至6月底，新郑市公路通车总里程已达2066千米，公路密度达到2.78千米/平方千米，位居全省前列。

是月　在党的95岁华诞到来之际，梨河镇结合“四亮”活动，统一制作了“共产党员家庭”门牌，在全镇各管区选取4个示范村150户开展以“牢记党的宗旨、树立先锋形象”为主题的“共产党员家庭”挂牌活动。该镇党委书记刘奎志到高班庄村参加了共产党员家庭授牌仪式。

是月　从郑州市农委传来喜讯，新郑市丰农林果专业合作社（辛店镇黄岗村三组）、圣丰大樱桃专业合作社（龙湖镇山西乔村）被认定为“省级农民合作社示范社”。其是按照“自愿申报、逐级审核、公平公开、择优认定”原则，由省农业厅等部门联合审核审定。

是月　经郑州市纪委考察验收、综合评定，梨河镇新蛮子营村被评为郑州市廉政文化“六进”活动示范点。该村结合村情实际，采用多种手段、多种形式开展反腐倡廉教育，传播廉政文化，培育廉洁理念，营造崇尚廉洁的良好风尚。

7月

2—13日　市委副书记马志峰到龙湖镇、新港产业集聚区、轩辕湖湿地公园、市行政审批服务中心、吴庄社区、好想你红枣综合产业园、IBM智慧芯城、中德医疗产业园、雪花啤酒生产车间、解放北路社区、雏鹰农牧、白象食品股份有限公司等地调研经济社会发展情况。

5日　郑州市人大常委会副主任王广灿带领人大评议组到新郑市调研对外开放工作，市领导王俊杰、秦洪源、杨流等陪同。王广灿一行先后到华润雪花啤酒（河南）有限公司、IBM智慧产业芯城进行调研。

5日　市人大常委会领导李书良、王军生、彭德成、郭明熙、王金灿、左建新、王海亮等带领市人大代表，先后到正商红溪谷、创业路桥西、辛店镇人和寨美丽乡村建设现场和辛店镇南李庄和谐佳苑社区等地，视察新型城镇化和美丽乡村建设工作。

7日　全国爱国卫生工作会议在四川省成都市召开，会议对2015年国家卫生城市复审通过的城市重新授牌。新郑市再次荣获“国家卫生城市”殊荣，被表彰并颁发牌匾，这是新郑市第四次荣膺“国家卫生城市”称号。

8—9日　中国共产党新郑市第五次代表大会在市炎黄文化艺术中心隆重举行。市领导刘建武、马志峰、王效光、李书良、马国亮、王俊杰、徐卫东、苗瑞光、黄卫东、秦彩霞、赵建武、王智明、秦洪源、李志强等出席，来自全市各条战线、各个方面的党员代表参加了会议。开幕式上，刘建武代表中国共产党新郑市第四届委员会向大会作了《勇于担当谱新篇 真抓实干铸辉煌 为建设现代田园临空经济强市而努力奋斗》的报告。

9日　中国共产党新郑市第五届委员会召开第一次全体会议，会议选举产生中共新郑市第五届委员会常务委员、市委书记、市委副书记。刘建武同志当选中共新郑市委书记。

9日　中共新郑市第五届纪律检查委员会召开第一次全体会议。会议选举产生第五届市纪委常委、书记、副书记。徐卫东当选为市纪委书记，杨献珍、李宗元当选为市纪委副书记。徐卫东指出，各位委员和广大纪检监察干部要进一步增强政治意识、大局意识、核心意识和看齐意识，坚持履职尽责，深化标本兼治、惩防并举，密切协作，勇于担当，不断提高工作推动力和执行力，努力开创新郑市反腐倡廉建设新局面。

12日　省供销社理事会副主任张政带领考察团到新郑市，就金鹭鸵鸟园搬迁和河南金鹭物流园项目进行考察选址，市领导刘建武、秦洪源、乔琳等陪同。考察团一行先后到孟庄镇首阳山、好想你红枣产业园等地考察。

12日　市四届人大常委会召开第二十九次会议。会议决定任命马志峰为新郑市人民政府副市长、代理市长，王智明为新郑市人民政府副市长。会议审议通过了关于新郑市2016年上半年国民经济和社会发展计划执行情况、财政预算执行情况、新型城镇化及美丽乡村建设情况的报告。

13日　市领导刘建武、王效光、秦洪源等一行到龙湖镇调研指导重点工作并召开专题座谈会。

14日　省纪委副书记齐新安一行到龙湖镇泰山村，调研指导廉政文化宣传教育工作。郑州市纪委领导周英和新郑市领导刘建武、徐卫东、秦洪源等陪同。

14日　中国经济社会理事会理事、全国政协委员、中国农业科学院原党组书记薛亮带领考察团一行在省政协的陪同下到好想你枣业有限公司，对“龙头企业在推进农村一二三产业融合发展中的成功经验和面临问题”进行调研。

14日　新郑市召开2016年人口计生工作暨创建全国计划生育优质服务先进市动员会。郑州市卫计委副主任段新国及新郑市领导刘建武、马志峰、苗瑞光、王智明、王金灿、缑云峰、王海民等出席。

14日　浙东南旅游联合体成员单位宁波市旅游局、温州市旅游局、绍兴市旅游局、台州市旅游局、舟山市旅游委员会等一行56人到新郑市考察学习旅游工作。

15日　郑州市“五单一网”制度改革推进会在新郑市召开，郑州市常务副市长孙金献，新郑市领导刘建武、王智明等参加。会前，与会人员先后到孟庄镇便民服务中心、孟庄镇潮河新城社区鸡王片区便民服务站、市行政审批服务中心现场观摩。

15日　郑州市副市长杨福平带领部分防指成员视察新郑市防汛工作，市委副书记王效光陪同。杨福平一行实地察看了老观寨水库及南水北调双洎河渡槽等重点防洪工程的备汛情况。杨福平指出，当前正值主汛期，各级各部门要按照“一个确保，三个不发生”目标要求，扎实做好防汛各项工作，确保安全度汛。

15—25日　市委常委、纪委书记徐卫东到孟庄镇、中心城区新区、郭店镇、薛店镇调研指导工作。

15日　河南佳源农业股份有限公司在中原股权交易中心正式挂牌，标志着新郑市又一家农字号企业在省内成功上市，副市长乔琳出席挂牌仪式。该公司作为新郑市中小企业发展的杰出代表，曾获得“中原农产品安全示范基地”“河南服务三农诚信示范单位”“河南省科技创新型企业”等荣誉称号。

15日　晚上，龙湖镇政府在龙湖广场举办第二届广场舞比赛，郑州新郑教育园区纪工委书记靳大勇和千余名观众现场观看。

18日　新郑市企业界在黄帝故里举行“诚信企业从故里起航”主题拜祖活动。全市59家知名企业大咖云集，旨在通过活动引领社会文明之风，重塑诚信环境，践行社会主义核心价值观。拜祖活动分为开门迎亲、鸣钟静心、祈福上香、告慰衷情、行施拜礼、立约盟誓、祈福授诚七项议程。

19日　由国务院侨办主办、省政府外侨办承办的2016年海外华裔青少年“中国寻根之旅”夏令营参访团一行300余人，来到黄帝故里景区，拜谒始祖轩辕黄帝。

20日　省政法委副书记、省综治办主任申黎明一行，先后来到孟庄镇和新建路街道综治中心及市法院等地，调研政法综治工作，市领导王效光、赵建武、张富永等陪同。

20日　新郑市在炎黄广场举行2016年义务兵家庭优待金发放仪式。市领导王效光、胡其宝、张富永等参加，并为义务兵家庭发放优待金。

20日　新郑市召开易燃易爆消防安全专项整治暨防火安全委员会第三次联席会议。新郑市自7月5日至8月5日，在全市范围内集中开展易燃易爆危险品场所消防安全专项整治活动。

21日　郑州市副市长刘东到新郑市调研扩充城镇义务教育资源五年计划推进情况，副市长缑云峰等陪同。刘东一行首先到宏远路中学建设项目现场进行察看。

21日　郑州市第三届群众文化艺术节开幕式暨庆祝建党95周年文艺汇演颁奖仪式在新郑市炎黄广场隆重举行。省委宣传部副巡视员赵钢，郑州市副市长刘东，新郑市领导刘建武、缑云峰等参加。

21日　郑州市政协主席王璋到新郑市调研弘扬黄帝文化工作。郑州市政协副主席张建国，新郑市领导刘建武、马志峰、马国亮、董建山、李志强、王海民等陪同。

21日　南阳市委政法委副书记李恒德率考察团30余人到新郑市参观考察基层平安建设工作，市委常委、政法委书记赵建武陪同。

22日　郑州市“两学一做”学习教育第一督导组组长李刚良一行，到新郑市督导“两学一做”学习教育开展情况，市委常委、组织部部长黄卫东陪同。

22日　新郑市召开新型城镇化建设

暨城市工作会议和生态环境治理暨大气污染防治工作推进会，市领导刘建武、马志峰、王效光、马国亮等出席。

23日　安徽省界首市市委书记徐会东率考察团到新郑市参观考察，市领导王效光、李志强、彭德成、姜存国、王海民陪同。

25日　国家新闻出版广电总局电影局副局长李国奇带队到新郑市进行巡检。

25日　新郑市艺术广场舞培训班开班，来自各相关市直单位和三个街道150多名艺术骨干和文化志愿者参加了首期培训。

28—29日　新郑市举行四届人大六次会议，市委书记刘建武出席会议并讲话。会议补选王俊杰为市第四届人民代表大会常务委员会主任，补选马志峰为市人民政府市长。

是月　工信部对全国将近3000个县（市）（不包括市辖区）进行综合评估，发布了县域经济100强。新郑市榜上有名，位列第58名。

是月　丹尼斯生活广场有限公司、万佳商业连锁有限公司、联华商贸有限公司三家大型超市建立起农产品自检室。

是月　南环路改造工程已基本完成，并具备通车条件。作为新郑市城市建设过程中的一条重要环线道路，南环路改造工程东起日月同辉像，西至腾飞像，道路全长1038米，总宽35米，其中快车道为双向六车道，宽23米，两侧各设6米宽人行道，工程总造价1820.97万元。

是月　从省水利厅获悉，河南省正尝试给农田水利设备设施“上保险”。省水利厅已选择新郑市、兰考县、西平县、济源市作为试点。

是月　新郑培育出单株结瓜数量最多的西瓜，被载入吉尼斯世界纪录。一株结出131个西瓜，最大瓜19公斤，最小瓜不低于5公斤，平均10公斤重的131个西瓜家族，场面甚是壮观，令观者赞叹不已。

8月

1日　新郑市首个“党员活动日”。上午8:30，市领导刘建武、马志峰、王效光、王俊杰、马国亮等上班的第一件事，就是来到各自所在的党支部，以普通党员身份，将自己7月份的党费足额上交给党支部。新郑市共有2万余名党员参加活动。

4日　公共采购网络电视台总编辑胡志敏一行到新郑市公共资源交易中心就平台模式、工作职能、改革运行等内容进行调研。市领导王智明、王军生等陪同。

5日　郑州市交通运输委员会党组书记、主任吴耀田一行到新郑市，调研指导新郑市境内干线公路建设工作。市领导刘建武、马志峰、陈春环参加会议。

5日　新郑市物价局组织召开全市城市供水价格改革听证会。拟决定新郑市居民生活用水保持不变的前提下实行阶梯水价。

7日　由新郑市教育体育局主办的“全民健身 幸福新郑”大型主题活动，在新郑市体育中心举行。伴随着激昂的国歌声，参赛的20支队伍整齐有序，精神抖擞地走入赛场，以最饱满的精神状态投入比赛，为广大市民呈现了一场充满激情与魅力的健身操盛宴。

8日　郑州市召开农村基层党建工作推进会。会前，郑州市委常委、组织部部长焦豫汝带领与会人员到龙湖镇泰山村观摩学习，市领导刘建武、马志峰陪同观摩。

9日　国家水利部水利水电规划设计总院处长丁跃元一行到新郑市，调研南水北调受水区域地下水压采工作情况。市领导苗瑞光、乔琳等陪同。

9日　郑州市委常委、统战部部长王跃华，副市长黄卿带领相关部门负责人到新郑市调研工业经济运行情况。市领导刘建武、马志峰、秦彩霞、李猛等陪同。

10日　孟庄镇第七届群众文化艺术节广场舞大赛在镇区枣福广场激情上演。省文化厅副厅长康洁，新郑市领导王金灿、缑云峰、王海民等现场观看表演并为获奖队伍颁奖。比赛现场，来自全镇23个行政村45支广场舞队伍经过初赛、复赛，18支队伍成功进入总决赛。数千名农民演员，伴随或悠扬或激越的《多嘎多耶》《最炫中国梦》《祝福祖国》等旋律翩然起舞，一展新社区、新居民、新生活风采。最后共评出一等奖三名，二等奖六名，三等奖九名，优秀奖若干名。

11日　新郑市召开机关作风纪律百日整顿动员会。市领导刘建武、马志峰、王效光、王俊杰、马国亮、徐卫东、苗瑞光、黄卫东、秦彩霞、赵建武、秦洪源、李志强等出席会议。

11日　新郑市召开全市产业发展暨半年经济工作会议。市领导刘建武、马志峰、王效光、王俊杰、马国亮、徐卫东、苗瑞光、黄卫东、秦彩霞、赵建武、王智明、秦洪源、李志强等出席会议。

11日　新郑市召开新型城镇化新三年行动计划任务制定工作推进会。市领导刘建武、马志峰、王效光、苗瑞光、乔琳、周建超、苏铁林、陈春环、林俊伟等出席会议。会议听取了新郑市新型城镇化建设新三年行动计划（讨论稿）的修改情况说明。

12日　省妇联主席部秀菊深入辛店镇黄岗村丰农种植养殖技术协会等地，调研“巾帼脱贫”工作。郑州市委常委、组织部部长焦豫汝及新郑市领导刘建武、马志峰、王效光、黄卫东、秦洪源陪同。据了解，丰农种植养殖技术协会作为郑州市“巾帼现代农业科技示范基地”，积极开展“丰农模式”精准扶贫，已结对帮扶贫困妇女159人。

12日　郑州市委常委、常务副市长孙金献到新郑市调研重点项目和重大产业项目建设情况，市领导刘建武、马志峰、王智明等陪同。孙金献一行先后来到华商汇、好想你红枣产业园、IBM智慧芯城等地察看，听取情况汇报。

12日 中国民主同盟新郑市总支部委员会召开换届会议。郑州市政协副主席、民盟郑州市委主委朱专兴，新郑市领导秦彩霞、苏铁林等出席。会议选举产生第二届民盟新郑市总支部委员会，冯煜当选为第二届民盟新郑市总支部主任委员。

15日 省委脱贫攻坚第二督导组在新郑市领导乔琳、林俊伟等陪同下，先后到具茨山社区易地扶贫搬迁项目现场、具茨山社区扶贫开发易地搬迁二期项目进行查看，实地督导新郑市脱贫攻坚工作。

16日 市四届人大常委会召开第二十二次主任会议。市人大常委会主任王俊杰，副主任王军生、孙阔、彭德成、郭明熙、王金灿、左建新、杨流、王海亮出席，副市长乔琳列席会议。会议听取审议了市政府关于新郑市现代农业示范区建设情况、市拆迁补偿安置信访问题情况、市政务服务工作情况的报告等。

18日 国家发改委城市和小城镇改革发展中心副主任乔润令一行来新郑市调研新型城镇化试点工作并召开座谈会。市领导刘建武、陈春环参加座谈会。

18日 省委农办调研组在常务副主任申延平的带领下，一行五人对新郑市的农村改革、新农村建设和现代农业工作进行调研。郑州市政协副主席、郑州市农委副主任李新友，郑州市农委副主任曹东坡，新郑市领导王效光、乔琳陪同。

18日 省人大常委会教科文卫委员会副主任委员白建国到新郑市专题调研全民阅读工作，市领导王金灿、缑云峰陪同。白建国一行先后到薛店镇常刘社区、梨河镇文化大院、市图书馆等地察看，详细了解全民阅读工作开展情况。

18日 由新郑市人民政府、新郑农商银行主办的“培育英才从故里启航”公益活动在黄帝故里隆重举行。各界爱心企业为新郑优秀贫困学子捐助爱心助学资金18.1万元。

18日 巩义市市长孙淑芳带领巩义市党政考察团一行，到新郑市考察市场培育建设工作，市领导王智明、苏铁林等陪同。

21日 台湾大学生来豫体验式实习团一行13人到新郑市参访。参访团一行参观了海峡两岸交流基地——黄帝故里、“好想你”枣业股份有限公司和郑王陵博物馆。

25日 在郑州市委统战部副部长王丽和新郑市领导秦彩霞、苏铁林的陪同下，省人大常委、民建省委专职副主委张晓林带领专题调研组，到好想你有限公司、河南瑞泰耐火材料科技有限公司，对企业减负工作进行调研。

26日 新郑市组织召开由市检察院、公安局、司法局等60多家综治委成员单位主要负责人参会的多元化解决纠纷机制加强法院执行工作第一次联席会议，郑州中院审判委员会专职委员崔海霞，新郑市委常委、政法委书记赵建武，市政协副主席张全民等出席会议，新郑市政府副市长张富永主持会议。新郑市政法委召开的协助执行工作联席会议在郑州地区是首家。

27日 新郑市召开第三次重大项目建设联审联批推进会。市领导马志峰、秦彩霞、王智明、李猛等出席。会议听取生活垃圾焚烧发电厂、华商汇大型现代综合性商贸物流中心、铁道警察学院校区等项目负责人关于项目进展中存在问题的汇报。

27日 由中共郑州市委宣传部、河南省文化馆、郑州市文化广电新闻出版局主办，郑州文化馆承办的“幸福河南·出彩郑州”河南省首届艺术广场舞展演郑州地区选拔赛暨郑州市艺术广场舞大赛举行，来自12个县（市）区的23支团队上千名选手齐聚郑州绿城广场“斗技”。

29日 工业和信息化部直属研究机构中国信息通信研究院在北京正式发布《2016年中国工业百强县（市）发展报告》。榜单显示，新郑市位列全国第56名，竞争力指数为50.1。

30日 新郑市组织收听收看全省推进农民工返乡创业电视电话会，市领导马志峰、姜存国等在新郑市分会场收听收看。会议为50名农民工授予“河南省农民工返乡创业之星”荣誉称号。

是月 经省史志办评选，在全省100多个县（市、区）提供的家训家规中，新郑市有5大姓氏共6篇家训家规录入《河南省家训家规》，并出版发行。

是月 郑州一建产业园一期基本竣工，办公楼、宿舍楼等都已完工，一期生产线的设备已进场，9月实现试生产。郑州一建产业园，是一家以生产地铁盾构管片为主的新型建材企业，落户辛店镇。产业园总投资20.1亿元，产品涵盖地铁盾构管片、预制箱梁、节能环保材料等。该项目2015年10月开工。

是月 新郑市总工会设立的第二批12家“工会职工服务点”揭牌，户外工作者有了温馨的家。

是月 位于新郑市新区黄水河公园的音乐喷泉开放，给整个公园增添了新的亮点，吸引了众多市民前来观赏。走进黄水河公园，排排绿植环水而立，湖水沙滩、别致景观让人们游玩其中流连忘返，新增的音乐喷泉让这座美丽的公园更多了几分灵动。

9 月

3日 由郑州市旅游局、新郑市人民政府联合主办的“2016中华枣乡风情游暨好想你红枣文化节”开幕。

5日 中央农业广播电视学校对外交流处处长李方红一行到新郑市调研家庭农场和田间学校建设管理工作。

省农广校校长李铁庄、郑州市农委副主任宋俊英和新郑市领导林俊伟陪同。

5日 市领导黄卫东、乔琳到雏鹰农牧集团实地调研。黄卫东一行先后参观了雏鹰集团几大产业板块，听取企业的发展情况和发展思路汇报。

6日 新郑市第三届群众文化节暨2016年“百千万”文化惠民工程戏迷擂台赛在炎黄广场举行，市领导缑云峰到场观看。

7日 省水利厅厅长李柳身到新郑市调研水利工作。郑州市副市长杨福平，新郑市领导刘建武、马志峰、乔琳等陪同调研。

7日 市领导马志峰、缑云峰等一行先后到市公立人民医院、和庄镇示范卫生院、市妇幼保健院等地进行调研。市公立人民医院位于梨河镇，占地6.27公顷，设计床位500张。市公立中医院拟选址在和庄镇示范卫生院，设计总建筑面积2.55万平方米，床位300张，在现有1.1万平方米的基础上，需扩建1.45万平方米。

7日 新郑市政府与郑州市中心医院合作托管市公立人民医院签约仪式在联席会议室举行。市领导马志峰、缑云峰出席签约仪式。

7日 新郑市人民法院举行“百日执行风暴”活动执行款发放仪式，副市长张富永参加。仪式上，共为10名申请执行人发放执行款145万余元。此次“百日执行风暴”活动，通过加强与检察院、公安、金融等单位联动、充实执行队伍力量，曝光“老赖”信息、公布失信被执行人名单，300多名“老赖”上了黑名单，拘留20多人，移送公安机关追究拒执罪15人，判刑1人，取得了显著成效。

8日 郑州市人大常委会主任白红战到新郑市专题调研华南城项目建设情况。郑州市人大常委会秘书长王福松及新郑市领导刘建武、马志峰、王俊杰、王智明等陪同。郑州华南城项目已完成投资100亿元，实际开工建设面积达400万平方米。据统计，已入驻商户12000余家。

8日 省工会组织部长培训班学员九十余人走进新郑市，现场观摩基层工会组织规范化建设情况。省总工会组织部部长郭永旗，郑州市总工会常务副主席赵顺舟，新郑市总工会主席刘彤标一同观摩。培训班学员先后实地观摩和庄镇工会、雏鹰农牧集团工会、孟庄镇潮河新城社区工会的办公室、图书阅览室、职工之家、工会之窗等基础设施建设情况。

9日 新郑市2016年教师节庆祝暨表彰大会在炎黄文化艺术中心举行。市领导刘建武、马志峰、马国亮、王智明、王金灿、缑云峰、王海民等出席。会议宣读了《关于表彰2015—2016学年教育工作先进集体和先进个人的决定》和《关于表彰2015—2016学年师德先进个人的决定》，并为先进集体和个人现场颁奖。

9日 河北省任丘市总工会党组书记王增申一行6人来到新郑市总工会考察交流工会工作，新郑市总工会主席刘彤标陪同。

12日 中国·新郑首届轩辕文创论坛暨第十九届峰火文创论坛在炎黄文化中心举行。市政协主席马国亮出席论坛并致辞。

16日（农历八月十六日）晚，黄帝故里景区灯光璀璨、月色皎洁、乐声悠扬，以“月是故里明”为主题的中秋拜祖音乐大典隆重上演。著名歌唱家张也、王丽达、张英席、秦勇、王莉、曹芙嘉、褚海辰等为现场观众献上了《月是故里明》《故乡的云》《月圆花好》《但愿人长久》等耳熟能详的经典乐曲。

18日 新郑市召开安置房建设专题会议，市领导马志峰、乔琳、陈春环、林俊伟等出席。自2012年以来，新郑市共拆迁36398户，1540.6万平方米，涉及137个行政村。截至8月份，全市已回购安置房5905套，回迁群众1720户；启动安置社区68个，开工建设安置房57871套，793.4万平方米，回迁群众15176户。

19日 新郑市政府和南阳市水利局区域水权交易协议签订仪式在省水利厅会议室举行，双方代表分别在协议上签字。

21日 郑州市委政法委常务副书记杨昆峰一行，到新郑市督查政法信访稳定和平安建设工作，市领导马志峰、赵建武、张富永等陪同。

21日 新郑市元信劳务派遣公司工会委员会举行揭牌仪式，标志着新郑市从源头上解决劳务派遣工入会问题迈出了实质性步伐。该公司是新郑市人力资源和社会保障局批准成立的第一家具有劳务派遣资质的专业性人力资源开发公司，现有3000余名劳务派遣工。

22日 新郑市召开工业经济科技创新暨招商引资动员大会。市领导刘建武、马志峰、马国亮、徐卫东、苗瑞光、黄卫东、秦彩霞、赵建武、王智明、秦洪源等出席。

22日 市四届人大常委会召开第三十二次会议。市人大常委会主任王俊杰，副主任王军生、孙阔、郭明熙、王金灿、左建新、王海亮出席，市委常委、常务副市长王智明列席。会议听取审议了市四届人大五次全体会议代表建议批评意见办理情况、2015年度市本级财政决算情况、2016年市级预算调整方案（草案）、《环境保护法》执法检查情况的报告等。

25日 中华炎黄文化研究会黄帝内经促进会成立仪式暨黄帝内经文化专家研讨会在北京举行。河南省委原书记、中华黄帝故里建设促进会名誉会长徐光春，中华炎黄文化研究会常务副会长兼秘书长张希清，新郑市领导马国亮、李志强、李中俊出席会议。与会的专家学者围绕黄帝与《黄帝内经》的成书渊源、《黄帝内经》的养生大智慧、搭建黄帝内经文化交流平台等方面进行研讨，各自发表真知灼见，为传承弘扬黄帝内经文化进一步凝聚共识。

25日 参加郑州市第十一次党代会的新郑市代表团成员认真审议讨论省委常委、郑州市委书记马懿所作的题为《抢抓机遇 担当使命 加快发展 为向国家中心城市迈进而努力奋斗》的报告。郑州市委副书记、代市长程志明，郑州市人大常委会副主任赵武安，新郑市领导刘建武、马志峰、王效光、徐卫东、黄卫东等参加讨论。

26日 民政部督查组一行七人在办公厅副主任李保俊带领下深入到市行政审批服务中心婚姻登记处、市中医院、市社会福利服务中心、辛店镇便民服务中心“一门受理 协同办理”社会救助服务窗口等地，督查民政相关工作。省民政厅副厅长孟超、郑州市民政局副局长刘鲁豫等陪同。通过听取汇报、查看资料、现场提问，督查组对新郑市医疗救助“一站式”结算等工作给予肯定。

27日 郑州市金水区委常委、区委办主任杨洁带领考察团到新郑市考察规划建设、科技创新、新兴产业聚集等方面情况。市委常委、常务副市长王智明陪同。

28日 由中国美术家协会少儿美术艺委会、新郑市人民政府、东海县人民政府共同主办的“2016全国少儿版画双年展”优秀作品全国巡展在新郑市新华路小学举行，展览为期十天。本次展览汇聚了200余件优秀作品。近年来，新郑市有2358件作品送往美国、日本、韩国等国家交流参展，荣获国际最高金奖2枚，金银铜奖258枚。

28日 由市委、市政府主办，市委宣传部、市文广新局、市文化馆承办的新郑市“百千万”文化惠民工程艺术广场舞大赛在炎黄广场隆重举行。来自全市各乡镇（街道、管委会）的15支队伍参加，第一轮比赛为规定曲目《溱洧踏歌》，第二轮比赛为自选曲目。

29日 新郑市在炎黄广场举行电动车防盗登记备案工作启动仪式。“车安网”系统具有定位查询、轨迹监控等功能。启动仪式上，副市长张富永表示，要以派出所为站点，以村组社区为单位，对电动车实现常态化管理，提高全市治安防控能力。

30日 新郑市在烈士陵园举行2016年烈士纪念日公祭活动。刘建武、马志峰、王俊杰、马国亮等四大班子领导和群众代表200多人参加。烈士陵园内松柏颔首，上午9时公祭仪式开始，唱国歌，向烈士默哀，少先队员唱响《我们是共产主义接班人》。随后，参加公祭仪式的所有人员相继走到烈士墓前，献上鲜花，追思革命先烈的丰功伟绩。

是月 新郑市《创新机制推进基层四项基础制度建设》案例，日前入选《河南省基层党建创新100例》。

是月 新郑启动秸秆全量化利用试点，以试点带动全市秸秆综合利用工作。

10月

2日 零点整，新郑市大气污染防治“零点行动”在雨夜中拉开序幕。本次行动由市大气办、环保局、执法局、交运局、公安局等主要领导带队，组成50人规模的专项执法队伍。市委常委、人武部政委苗瑞光一线指挥，冒雨督导。经过近四个小时巡查，共巡查施工工地30处，查扣渣土车1辆、超载超限车8辆。“零点行动”已成常态化。

9日 新郑市在黄帝故里景区隆重举行丙申年重阳节黄帝故里拜祖仪式，市领导刘建武、王俊杰、马国亮、黄卫东、王智明等出席，原四大班子老领导、离退休老教师、五老模范、敬老爱亲模范等参加活动。

9日 市四届人民代表大会常务委员会召开第三十三次会议。市人大常委会主任王俊杰，副主任王军生、孙阔、郭明熙、王金灿、左建新、杨流、王海亮出席会议。会议以无记名投票方式选举程志明、王俊杰、马志峰、黄卫东4名同志为郑州市第十四届人民代表大会代表。

9—14日 新郑市领导马志峰、王智明、乔琳等先后到和庄、薛店、孟庄、龙湖、郭店、新村、辛店等乡镇，实地调研土地卫片执法检查工作整改情况。

10日 郑州市基层公共文化服务体系建设推进会在新郑市召开，郑州市各县（市、区）政府、各开发区管委会分管领导和文化主管部门领导参加会议。郑州市副市长刘东及新郑市领导王金灿、缑云峰出席会议。

10日 新郑市在新村镇周垌村老红军周聚荣故居纪念馆举行开馆仪式，市政协主席马国亮参加。

11日 省卫生计生委家庭发展处处长郎清义带领省评估验收组，通过听取汇报、座谈交流、观看专题片、查阅资料、实地查看等方式，对新郑市创建全国计划生育优质服务先进单位工作进行评估验收。

11日 新郑市召开前三季度经济运行分析会。市领导刘建武、马志峰、王智明、秦洪源、周建超、李猛等出席会议。会上，市财政局汇报前三季度财政收入情况，市发改委汇报前三季度重点项目建设及固定资产投资完成情况，市工信委汇报前三季度工业经济运行情况，市委常委、常务副市长王智明通报全市前三季度经济运行情况。

12日 郑州市农机局局长、郑州市禁烧办主任秦土旺到新郑市调研三秋农机生产及秸秆禁烧和综合利用工作，市领导乔琳参加调研。

13日 省“全面改薄”专项督导检查组到新郑市，督导检查全面改善贫困地区义务教育薄弱学校基本条件工作推进情况，副市长缑云峰陪同。

13日 省食品药品监督管理局副局长章锦丽带队到遂成药业、润弘制药两家企业，对仿制药品一致性评价工作开展情况进行调研。郑州市食品药品监管局局长周铭、新郑市正县级干部姜存国陪同。

15日 省发改委服务业发展办公室副主任李恒一行，到新郑市调研商贸物流业发展情况，市委常委、常务副市长王智明陪同。李恒一行来到华南城招商中心，听取项目发展情况介绍。2016年1—8月，全市社会消费品零售总额完成152亿元，同比增长17.5%，外贸进出口累计完成5335万美元，同比增长6.2%。

15日 新郑市举行首场公务用车制度改革取消车辆拍卖会。此次拍卖会共涉及150辆公车，吸引了500多位竞拍者参加竞拍。

17日 新郑市政府召开全体（扩大）会议，市领导马志峰、王智明、秦洪源、缑云峰、乔琳、张富永、周建超、李猛等出席。会议总结前三季度工作，对第四季度工作进行安排部署，号召全市上下全力决战四季度。

18日 新郑市四大班子领导集中收看河南省纪念红军长征胜利80周年大会直播。大会重温了红军长征那段波澜壮阔、可歌可泣的光辉历史，缅怀为中华民族独立和解放英勇献身的红军先烈，弘扬伟大长征精神。

19日 郑州市委副秘书长张志泉到新郑市调研督导新港产业集聚区区镇管理套合工作。市委常委、市委办主任秦洪源陪同。张志泉一行先后到遂成药业、IBM智慧芯城、中德医疗产业园等地调研。

20日 新郑市召开综合治税工作会议。会议决定，为进一步加强税收征管，营造依法治税环境，保持财政收入稳定增长，新郑市特别成立综合治税工作领导小组。该小组主要负责研究制定综合治税工作办法，协调成员单位发挥职能作用，督促各成员单位履行协税护税职责和义务。

20日 在由郑州市委宣传部主办的“第三届群众文化艺术节”庆祝红军长征胜利80周年歌咏比赛上，新郑市郑韩故城考古遗址公园合唱团凭借声部多、难度大的《祝捷》和《报喜》两首歌曲，在来自郑州市17支参赛合唱团中脱颖而出，勇夺郑州市一等奖。

21日 新郑市政协主席马国亮，副主席李中俊、王海民、张全民、苏铁林等带领部分市政协委员，先后到和庄镇中学、薛店实验小学、弘远路中学、弘远路幼儿园等地，视察公办中小学幼儿园建设工作，副市长缑云峰陪同。

21日 华润雪花啤酒安徽区域第十一届员工运动会在西亚斯国际学院开幕。市委常委、市委办主任秦洪源出席开幕式。

21日 中德产业园举行首批企业集中入园暨“云出行”——新能源汽车智能网联项目启动，新郑市领导秦彩霞、李猛及100位优秀企业家参加活动。

23日 贵州鞭陀协会一行到黄帝故里景区参观拜祖。参加此次活动的23名贵州鞭陀协会的会员分别来自贵阳、六盘水、毕节、遵义等地，是我国花式陀螺的发源地，全球超过1吨重的陀螺都出自他们之手，享誉中外。

24日 新郑市成功入围“国家级农村职业教育和成人教育示范县”。新郑市获联合国教科文组织CLC项目实验学校1个，全国社区教育示范乡镇1个，全国终身学习品牌1个，全国农村成人教育县级工作站4个，全国农村优秀学习型组织9个，另外还有省级示范性乡镇成人学校3所。

25—27日 由郑州市种子协会主办的首届中原地展（中国·郑州）蔬菜良种科技博览会在新郑市国家农业现代示范园区举行。此次博览会参展品种达2000多个，参展企业及育种单位200多家，种植蔬菜大棚70个，露地展示区4公顷。

26日 郑州市第四督导组对新郑市脱贫攻坚第三季度督导工作情况进行反馈。郑州市扶贫办副主任马学艺，新郑市领导刘建武、乔琳、林俊伟等参加会议。

27日 国家土地督查济南局副专员姜绍斌一行到新郑市，对不动产统一登记工作开展情况、永久性基本农田划定进展情况、全天候遥感监测违法用地自查整改情况和土地“批供用补”自查上报情况实地督查。市领导马志峰、徐卫东、王智明、秦洪源等陪同。通过实地督查和听取汇报，姜绍斌对土地管理整改工作给予肯定。

29日 由市委宣传部、市文广新局主办，市文化馆承办的2016年百千万文化惠民工程“轩辕盛世锣鼓”在黄帝故里景区百家姓广场隆重举行。市领导王金灿、王海民到场观看并为获奖队伍颁奖。

29—30日 国家电影审查委员会委员窦春起、高尔纯等一行到黄帝故里景区、市博物馆、郑国车马坑景区、郑风苑、郑韩故城、新区等地参观考察，郑州市委宣传部副部长王丽艳等陪同。

是月 市妇联邀请获得郑州市“十大最美媳妇”、新郑市“十大”最美家庭的平红、李燕及身边优秀女党员、女性先进人物作为“党的女儿”，分别在观音寺镇、新村镇、辛店镇北靳楼村举行新郑市“最美家庭”先进事迹报告会、“巾帼心向党·党的女儿话初心”先进事迹报告会，共有近400多名听众参加。

是月 新郑市食品药品监督管理局开展餐饮服务食品安全监管技能大比武。来自各乡镇（街道、管委会）食品药品监督管理所的15个参赛队、30位参赛队员参加了技能大比武。

是月 由新郑籍作者刘宏民、刘如江所著，中州古籍出版社出版的《黄帝文化学》，正式在全国新华书店发行。《黄帝文化学》为16开本，20余万字，是一本黄帝文化研究理论著作。全国著名文化学者王立群为本书作序。

是月 和庄镇尹庄村群众基本都回迁至正商·红溪谷，群众实现了安居梦。该村680户、2400余人回迁，群众已经入住一半，其余住户正在装修中。

11月

1日 省公管办验收组刘少章一行到新郑市公共资源交易中心检查验收平台整合工作，市领导王智明、姜存国等陪同。验收组一行通过听取汇报、查阅资料，对新郑市公共资源交易平台场所建设、信息化建设等内容进行参观了解。

1日 2016年新郑市“市长杯”中小学足球校园联赛在新郑市直中学开幕。副市长缑云峰出席开幕式并宣布联赛开幕。

1—18日 市委副书记、市长马志峰先后深入到城关乡污水处理厂、二中新校区、明佳电子、圣戈班绿色建材园、中烟物流、加加味业、康富威科技有限公司立体车库生产项目、佳龙食品、威纳啤酒、联合聚邦、IBM智慧城、中德产业园、润弘制药、具茨山管委会、和庄镇、新区管委会、龙湖镇、新村镇农田水利现代示范乡镇建设项目、故里景区周边、双洎河拆迁清淤、双洎河拦河橡胶坝及导流工程、黄水河生态水系建设项目建设现场、轩辕湖湿地公园、暖泉河、莲河河道等地，察看工业企业、乡镇财税和统计、新型城镇化建设、冬修水利工程等工作。

2日 市领导徐卫东、秦洪源一行先后来到中储粮大豆油加工及仓储物流项目、光明乳业、遂成药业、达利食品、恒喜龙食品等企业，调研新港产业集聚区重点企业发展情况。15日，市领导徐卫东又先后到IBM智慧城、雪花啤酒、雏鹰农牧、白象食品和瑞泰耐火等企业，调研薛店镇作风纪律百日整顿中职能部门服务企业和优化经济发展环境成效。

3日 凌晨，新郑市组织相关单位共60余人开展联合执法“零点行动”，郑州市第三督导组组长王峥博、新郑市领导苗瑞光参加。此次夜查行动，共检查工地4个。

4日 新郑市召开企业信用信息归集共享工作推进会议，副市长李猛出席。李猛指出，各成员单位要高度重视，狠抓落实，确保工作如期完成，不断提升新郑市企业信用信息归集共享工作水平。

6日 新郑市在新区轩辕广场举行2016年风行杯“释放激情·畅跑未来”全民健身跑活动，市领导王海民参加。据了解，此次比赛由市委宣传部、市文明办、中心城区管委会等联合举办。来自全市各单位、乡镇和人民团体近2000人齐聚在这里参加比赛。

7日 新郑市城关乡召开镇区核心起步区规划汇报会，市领导马国亮、赵建武、李志强、李中俊、陈春环等参加。会上，上海悉地国际设计顾问有限公司立足于城关乡区位优势，对根亲文化小镇开发进行了概念性规划。

8日 郑州市副市长沈庆怀带领郑州市双拥工作检查考核组到新郑市检查考核“双拥”工作开展情况，市领导刘建武、马志峰、赵建武、胡其宝、彭德成、张富永等陪同。考核组一行分成2组，实地察看新华路街道、和庄镇、新华路小学、72590部队、市第一人民医院等。

9日 郑州市综治中心规范化建设推进会在新郑市召开。省综治办副主任郅晓峰,郑州市委常委、政法委书记黄保卫带领郑州各县（市）区主管综治工作的副书记、综治办主任120余人，先后到薛店、孟庄镇等镇区综治中心进行实地察看，详细了解综治中心机构设置、人员配备以及工作开展情况。

9日 市人大常委会主任王俊杰一行视察新郑市《食品安全法》贯彻执行情况。市委常委、常务副市长王智明陪同视察。视察组一行先后到莜面村食府、新郑一中餐厅、郑州东元食品有限公司、薛店镇食品药品监管所等地现场察看。

9日 新郑市举行“炎黄一卡通”公交卡首发仪式暨211、212路公营公交线路开通仪式。两条新开通的公交线路首次配备了公交IC卡系统，该系统可实现全国公交一卡通互联互通，新郑市居民持卡可在国内76个联网城市刷卡乘车，并享受当地优惠政策。

10日 河南省政府网站发布消息，中小城市经济发展委员会、中小城市发展战略研究院、中国中小城市科学发展指数研究课题组等机构近日联合发布“2016年度中国中小城市综合实力百强县市”榜单，河南4县市上榜。

10日 郑州市法院家事审判工作推进暨现场交流会在新郑市召开。郑州中院副院长王志明及新郑市领导赵建武出席会议。新郑市法院不断探索，不断改进，家事审判改革初见成效。2015年全院共审结各类家事案件1075件，调撤结案609件。2016年1月至10月，共审结各类家事案件678件，调撤案件415件。

10日 郑州市人大常委会副秘书长、办公厅主任李金鹏一行到和庄镇、新烟街道办事处等地，调研新郑市贯彻落实中央、省委、市委加强县乡人大工作和建设决策部署情况。市领导王俊杰、秦洪源、王军生、孙阔、郭明熙、王金灿、左建新、杨流、王海亮等陪同调研或参加座谈。

11日 新郑市举行黄帝故里景区改扩建修建性详细规划汇报会。市领导刘建武、马志峰、王俊杰、马国亮、秦洪源、董建山、李志强、缑云峰、乔琳等参加会议。会上,北京清华同衡规划设计研究院专家针对黄帝故里景区的实际情况作了详细汇报。

11日 新郑市召开丁酉年拜祖大典筹备工作座谈会。省政协办公厅副主任曹金强，新郑市领导李志强、王金灿、缑云峰、王海民出席会议。

14日 郑州市政协主席王璋带领调研组到新郑市，对郑州进境粮食指定口岸建设情况和“一带一路”项目推进情况进行调研。郑州市副市长黄卿、政协副主席李玉辉参加调研，新郑市领导马志峰、马国亮、李猛陪同。

15日　国家卫计委督导组对新郑市中央预算内投资项目—新郑市第一人民医院病房楼土建工程建设情况进行专项督查，副市长缑云峰陪同。

16日　省委政研室调研组到新郑市调研城市管理服务工作，副市长张富永陪同。近两年来，新郑市民政局、工商局等部门和部分企业为环卫工捐赠了价值约10万元的物资，中国光大国际有限公司专门设立了每年不低于50万元的环卫基金，全力支持城市管理服务事业。

16日　省南水北调丹江口库区移民安置第二验收组组长宫汉桥一行到新郑市，验收移民安置自验工作情况，副市长乔琳陪同。新郑市共6个移民村，调整新村建设用地40.64公顷，建房1165户，每户宅基地面积167平方米，房屋总建筑面积174040.99平方米，人均住房面积37.63平方米。建设移民村内小学4所，周边幼儿园1所，镇中心小学1所，休闲文化广场6座。

17日　凌晨，市领导马志峰带领相关部门近1000人组成的执法队，再次打响“千人零点行动”联合夜查攻坚战。郑州市县市督导三组参与行动指导和督察。

17日　湖北省政协主席张昌尔一行到黄帝故里景区参观考察。

18日　郑州市食品药品监管系统服务型行政执法建设现场观摩会在新郑市食品药品监督管理局召开，郑州各县（市、区）食药监局法制负责人参加会议。

18日　驻濮阳市省人大代表一行到新郑市调研投融资工作，市领导马志峰、王俊杰、秦洪源等陪同。

22日　新郑市第三届中医药岗位技能竞赛在新郑市中医院举行，来自21家医院选派的70名（34名中医医师、36名护士）选手参加了竞赛。本次竞赛共分中医医师知识竞赛和中医护理知识竞赛两个项目，每个项目分为理论考核和实际技能操作两个环节。经过角逐，共选出各项赛事一等奖1名、二等奖2名、三等奖5名，每个项目各8名选手进入郑州市参赛。

23日　新郑市“兴达家电”杯2016年播音主持大赛决赛在炎黄艺术中心多功能厅落下帷幕。大赛自2016年11月启动以来，共有来自社会各界的58人报名参加。经过预赛的激烈角逐，15名选手脱颖而出，站在了决赛的舞台上。最终，选手张飞帆获得本次播音主持大赛一等奖；刘畅、张逸枫获得二等奖。市领导缑云峰出席，并为获奖选手颁奖。

25日　新郑市收藏协会揭牌仪式暨首届全国古玩交流大会举行。这是新郑市首家在民政局登记注册的以收藏交流为目的的民间社会团体。

30日　中小城市经济发展委员会秘书长杨中川一行到龙湖镇河南工程学院、泰山村、中原工学院大学科技园等地调研。据了解，“十二五”期间，龙湖镇地区生产总值从54.67亿元增至82.3亿元，增长50.53%；财政收入从1.4亿元增至21.16亿元，是期初的15倍。

是月　位于新港产业集聚区的又一企业—河南联和聚邦产业园进入试生产阶段。该产业园2015年年底落户集聚区，总投资人民币30000万元，占地面积48000平方米，建筑面积59000平方米，一期主要生产食品包装，二期主要瞄准轻量化汽车部件。其中，食品包装产业服务于双汇、思念、三全等知名企业。产业园2016年8月如期完成一期基础建设工程，已进入试生产阶段，为当地经济发展提供新动力、注入新活力。

是月　21日20时至22日20时，新郑市出现大暴雪天气，据市气象局统计，24小时降雪量达到29.0毫米，雪深33.0厘米，此次降雪超历史日降雪最大量9.5毫米，刷新了新郑市1959年有降雪记录以来的日降雪历史峰值。

是月　河南省财政厅公示一批美丽乡村建设试点名单，一共321个村（镇），新郑市有4个镇入选，分别是观音寺镇、新村镇、辛店镇、薛店镇。

12月

1日　郑州市提升县级城市管理水平三年行动计划经验交流会在新郑市召开。郑州市城考办副主任尚学振、新郑市副市长张富永出席。近两年来，新郑市解决有关市政基础设施问题3216个、市容市貌问题5600个、园林绿化问题1712个、环境问题3300个。

3日　新郑市乡镇（街道）志编纂工作加压促进会召开，副市长缑云峰出席会议。会后，全国地方志编纂专家陈华教授为大家做了《志书编纂的基本知识及方法步骤》专题培训。

7日　河南省妇联副主席库凤霞、新疆哈密市妇联副主席周建琴一行到新郑市考察调研妇女工作。郑州市妇联副主席侯淑玲、新郑市领导秦彩霞等陪同考察。考察组先后深入黄帝故里景区游客接待中心全国巾帼文明岗、鹤福制衣厂等地，详细了解全国文明岗、妇女就业创业等工作开展情况。

8日　新郑市与河南省第一建筑工程集团有限责任公司建筑产业现代化园区项目投资（框架）协议签字仪式在辛店镇举行。根据协议规定，该公司将在辛店镇计划用五年时间分二到三期建设一座占地33.33公顷，总投资约十亿元，引进德国生产工艺和技术的绿色、环保工业化生产工厂。

8—14日　市长马志峰先后深入到实验中学、新华路小学南校区、溱水路中学选址地、职业中专、薛店镇实验小学、中华路双洎河桥、双龙寨双洎河拆迁现场及双洎河与黄水河交汇处、西关双洎河桥、城关乡南水北调干渠双洎河拦水坝、文化北路郑韩故城考古发掘工地、郑韩故城东北角城墙遗址公园、小李庄遗址公园、郑韩故城宫殿遗址、新郑博物馆、考院、人民路与中华路交叉口、中华路与新华路交叉口、新建路、迎宾街与繁荣街交叉口、中心城区新区学院路桥等地，对全市中小学教育工作、双洎河综合治理工程推进、文物保护工作、城区基础设施建设等情况进行调研。

9日　参加郑州市美丽乡村建设试点村项目现场观摩会的五县（市）、二七区观摩团，到新郑市辛店镇人和寨美丽乡村建设项目现场进行观摩，市领导林俊伟陪同。

10日　在浙江东阳花园村举办的第三届中国农村博物馆年会上，中国名村影响力课题组发布了“2016中国名村影响力排行榜（300佳）”，龙湖镇泰山村荣登榜单。

12日　郑州市委考核督导组对新郑市平安建设暨信访稳定工作进行考核。市领导马志峰、赵建武、彭德成、王海亮、周建超等参加座谈。2016年，新郑市共投入1100余万元保障该项工作顺利开展，全年无社会治安、信访稳定等重大不稳定事件。全年各级调解组织共调处矛盾纠纷5991件，调成率达98.3%。

13日　中国红十字会慢性非传染性疾病预防和控制项目总结会在郑州召开，新郑市红十字会获得红十字会与红新月会国际联合会北京多国项目协调办公室颁发的突出贡献奖，这是新郑市红十字会成立以来首次获得的国际奖项。

20日　郑州市县级政府教育工作专项督导检查组到新郑市督导检查，市长马志峰陪同。新郑市高考成绩连续25年保持郑州市县（市）领先位次，先后荣获全国推进义务教育均衡发展工作先进地区、河南省教育工作先进县等荣誉称号。

20日　郑州市政协主席王璋到新郑市，就黄帝故里周边拆迁、故里周边文化遗迹、《中华姓氏图谱》编撰等工作进行调研。郑州市政协副主席张建国、秘书长陈松林及新郑市领导马国亮、董建山、李志强等陪同调研。

20日　市四届人大常委会召开第三十五次会议。市人大常委会主任王俊杰，副主任王军生、孙阔、彭德成、郭明熙、王金灿、左建新、王海亮等出席会议。会议审议并批准了新郑市人大常委会关于市乡两级人民代表大会换届选举的决定、关于成立市乡选举委员会的决定、关于各乡镇人民代表大会代表名额的决定等。

20日　新郑市卫生和计划生育委员会与蓝卡（国际）健康集团举行了战略合作框架协议签约仪式。市卫计委相关负责人以及蓝卡（国际）健康集团总裁吴英、总经理白云、经理武志业等参加了签约仪式。

21日　郑州市总工会党组副书记陈观壤、副主席陈明洋等带领中牟县总工会、郑州航空港经济综合实验区总工会相关领导，对新郑市华南城工会、孟庄镇工会、孟庄镇潮河新城社区工会、河南瑞泰耐火材料科技有限公司工会、地税局工会、梨河镇工会、国投河南新能开发有限公司工会等七家基层工会规范化建设情况进行考核和观摩交流，市总工会主席刘彤标参加。

21日　新郑市召开创建国家食品安全示范城市动员会，市领导马志峰、王智明、王军生、李中俊等参加。

21日　新郑市乡人大换届选举工作会在炎黄文化艺术中心召开。市领导马志峰、王俊杰、徐卫东、黄卫东、郭明熙等参加会议。新郑市乡人大换届选举拟安排在2016年12月至2017年3月进行，此次换届选举将从全市产生1010名左右市乡两级人大代表。

22日　河南省文化厅副厅长李霞一行到新郑市检查公共文化示范区建设、文化市场监管和系统内安全生产工作。市领导马志峰、缑云峰、王海民等陪同检查。

22日　城关乡在居易新城社区举行“平安家庭”授牌仪式，对全乡选评的379户“平安家庭”进行授牌和表彰。授牌仪式上，城关乡班子成员为获得“平安家庭”荣誉称号的6户家庭代表颁发了“平安家庭”门牌。

24日　省农村人居环境改善检查组到新郑市检查2016年改善农村人居环境工作，副市长乔琳陪同。

27日　新郑郑银村镇银行举行揭牌仪式，市领导周建超、姜存国出席。

29日　新郑市召开丁酉年黄帝故里拜祖大典指挥部第一次工作会议，市领导马志峰、王效光、王俊杰、徐卫东、苗瑞光、秦彩霞、赵建武、王智明、秦洪源、李志强等出席。

29日　由新郑UFO众创空间首批推荐的郑州市伟之佳汽车销售有限公司、郑州市力上农业种植有限公司等7家优秀本土企业在中原股权交易中心举行集体挂牌仪式。副市长李猛出席，并对7家企业成功挂牌表示祝贺。此次成功挂牌，标志着新郑市企业步入新的更加规范的快速发展轨道。

30日　郭店镇举行迎新年广场舞大赛，15支代表队踊跃参赛，以舞会友。比赛现场，民间舞、拉丁舞、扇子舞、健美操等各具特色。观众欢呼声、喝彩声不绝于耳。经过激烈的角逐，最终评选出一等奖一名、二等奖三名、三等奖四名、优秀奖七名。

31日　中央环保督查组第七组到新郑市，督导检查重污染天气应急预案红色预警管控措施落实情况，市长马志峰陪同。督查组一行先后到华南城、福华钢铁、中心城区新区、中储粮等地，现场查看重污染红色预警期间各建筑工地停工、企业停产、限产及应对污染天气防范措施落实情况。

是月　由市委宣传部、市新闻中心主办的《新郑视界》App客户端项目开始试运营，这是市新闻中心新媒体打造的首个互联网App阅读产品。

是月　和庄镇工会工作委员会、孟庄镇潮河新城社区工会联合会、雏鹰农牧集团有限公司工会委员会三家基层工会组织，被河南省总工会命名为“工会规范化建设示范点”。

市情总貌

GENERAL INTRODUCTIONS OF XINZHENG

市情总貌
GENERAL INTRODUCTIONS OF XINZHENG

·市情总貌 >>>

GENERAL INTRODUCTIONS OF XINZHENG

位置面积

【区位】 新郑市位于河南省中部，地处北纬34° 16′ 至34° 39′ 、东经113° 30′ 至113° 54′ 之间。北靠省会郑州，东邻中牟县、尉氏县，南连长葛市、禹州市，西与新密市接壤。

【面积】 新郑市北距郑州市区38千米，东北距中牟县城45.6千米、开封市区120千米，东至尉氏县城42.6千米，南至长葛市区20.4千米、许昌市区40千米，西南至禹州市区36.5千米、平顶山市区84千米，西至新密市区34.5千米。南北长42千米，东西宽36千米，总面积873平方千米。

自然环境

【地质地貌】 新郑市在全国自然地理分布中处于二阶台地前沿，秦岭纬向构造东端，在河南省地质构造单元划分中，跨两个地质构造基本单元。西部属于嵩箕台隆，基岩裸露，构成西部山地、丘陵的地质基础；东部属于华北凹陷的通许凸起，第四系松散堆积物覆盖于基岩之上，构成东部平原的地质基础。与地质构造基础相对应，新郑市在河南的地貌格局中，处于豫西山地向豫东平原的过渡地带。地势西高东低，中部高，南北低。地貌类型有山地、丘陵、岗地和平原等。山地和丘陵集中分布在西南部和西部，系嵩山山脉的东部边缘，主要由陉山、具茨山、泰山、梅山、岣嶂山等山地丘陵组成。其中，除具茨山主峰风后顶海拔793米，相对高度540米，属于低山类型外，其他各山山顶海拔均在400米以下，相对高度不到200米，属于丘陵类型。岗地主要分布在山丘外围和中部地带，系早期山前洪积倾斜平原，经后期流水切割作用形成岗丘状地貌形态，较大的岗东部有马陵岗、万僧岗、寿阳岗，南部有黄岗，西部有双岭岗、武岗，北部有走马岗、裴李岗等，大部分为新生代第四纪黄土覆盖，局部地区水土流失严重。平原多集中

具茨山的春天

轩辕湖秋日

于京广铁路以东的黄河古阶地上，其中包括八千乡、龙王乡的大部分地区及和庄镇、薛店镇、孟庄镇的部分地区。京广铁路以西的双洎河、黄水河和溹水河两岸有带状冲积平原，面积很小。

【河流】 新郑市地处淮河流域。境内河流分别属于颍河和贾鲁河水系。境内有双洎河（古洧水）、黄水河（古溱水）、溹水河、梅河、莲河、暖泉河、高路河等14条河流，河道总长度223.82千米，除溹水河属颍河水系外，其余河流均属贾鲁河支流。属颍河水系的主要河流有溹水河、双洎河、黄水河（古溱水）、梅河、暖泉河和莲河。溹水河，发源于新郑市辛店镇的具茨山主峰风后岭白龙潭，流经观音寺镇入长葛市境。境内河段长24千米，流域面积102.5平方千米。此河因流域工业较少，污染不甚严重，尚可饮用。双洎河，清朝以前称洧水，发源于登封市阳城山，流经新密市境，在新郑境内河段35.5千米，流域面积239平方千米，为新郑境内最大河流。20世纪70年代尚可饮用，80年代后由于上游发展地方工业，大量提取地下水和工业污染等，已成季节河，且鱼虾无以生存。黄水河，本名溱水。黄水之名也是至清代启用，为境内第二大河流，发源于新密市曲梁乡牛庵村南，全长29.4千米，流域面积110.84平方千米。此河前期由于流域工业污染，至21世纪初已无法养生，但经新郑市十年来的不懈努力，水质现已全面恢复，依水形成郑风苑及轩辕湖湿地不同风格的水生态环境，已成为新郑市生态水系建设的亮点。梅河，发源于薛店镇大吴庄村西北约200米处，全长26.5千米，流域面积106.4平方千米。属贾鲁河系的河流有十七里河、十八里河和潮河等，皆季节河。

2016年，实施了双洎河清於综合治理工程、轩辕湖湿地公园提升工程、南水北调防洪沟、双洎河双龙拦蓄坝等河道生态综合工程，使全市水生态环境更加靓化、美化，人们群众生活环境得到进一步改善。

【气候】 新郑市处于华北平原、豫西山地向豫东平原过渡地带，属暖温带大陆性季风气候。气温适中，四季分明。2016年，新郑市天气气候特点是：全市年平均气温偏高，其中春季偏高、冬、夏、秋季正常。全市年降水量偏少，并降水时空分布不均，冬季偏少，春季显著偏少，夏季偏少，秋季正常。全市年日照时数正常，其中冬季、春季偏多，夏季、秋季偏少。年内相继出现了大风3日、大雾17日、暴雨1次、高温2日、暴雪1日等灾害性天气。年平均气温15.8度，比常年值偏高1.2度，属正常，年最高气温37.3度，出现在6月22日，年最低气温-10.0度，出现在2月1日。年总降水量为587.3毫米，比常年值偏少96.0毫米，属偏少。年内一日最大降水量为64.0毫米，出现在8月4日；最长连续降水日数6 天，过程降水量为73.7毫米，出现在9月25～28日；最长连续无降水日数为40天，日期出现在2016年2月23日至4月2日。年日照总时数为1924.3小时，比常年偏少65.8小时，属偏少。总的来说，全年气温偏高、降水、日照均偏少。

【土地资源】 2016年，经年度土地利用现状调查，新郑市土地总面积884.59平方千米：耕地48711.61公顷，园地1553.21公顷，林地5740.47公顷，草地442.95公顷，城镇村及工矿用地22417.30公顷，交通运输用地5493.77公顷，水域及水利设施用地2184.53公顷，其他土地1914.01公顷。其中：耕地中：水田187.80公顷，水浇地43582.92公顷，旱地4940.89公顷；园地中：果园1552.92公顷，其他园地0.29公顷；林地中：有林地4133.68公顷，灌木林地1356.19公顷，其他林地250.60公顷；草地中其他草地442.95公顷；城镇村及工矿用地中：城市1965.51公顷，建制镇7861.59公顷，村庄11799.28公顷，采矿用地302.66公顷，风景名胜及特殊用地488.26公顷；交通运输用地中：铁路用地299.23公顷，公路用地2875.90公顷，农村道路1343.25公顷，机场用地973.43公顷，管道运输用地1.96公顷；水域及水利设施用地中：河流水面1483.58公顷，水库水面360.90公顷，坑塘水面100.18公顷，沟渠197.74公顷，水工建筑用地42.13公顷；其他土地中：设施农用地896.65公顷，田坎934.60公顷，沙地18.41公顷，裸地64.35公顷。

（注：以上数据含港区）

【矿产资源】 新郑市矿产资源较为丰富，已发现各类矿种有9种，矿产地23处。区内固定矿产以沉积矿产为主，包括煤、粘土矿、石灰岩、红硅石、硅石等及部分沉积、变质矿产，铁矿、磷矿、白云岩矿、建筑石料等，还赋存着丰富的地热、矿泉水资源。新郑市资源格局以煤为主，煤区占全市总面积约41%，已探明储量13.46亿吨，占郑州市煤炭总量的20.5%。

新郑市现有煤矿2家,分别为：国投河南新能开发有限公司王行庄煤矿，年设计生产能力为120万吨/年；河南省新郑煤电有限责任公司赵家寨煤矿，年设计生产能力为300万吨/年。

【水资源】 新郑市多年平均地表水水资源0.5924亿立方米，地下水资源1.3832亿立方米，除去0.5023亿立方米重复水量，多年平均水资源总量为1.4733亿立方米，比1980年测算的1.96亿立方米减少29%；人均占有水资源量236立方米，比1980年的412立方米减少42.7%，是全国人均占有水资源量的1/10，是河南省人均占有水资源量的1/2；亩均水资源量240立方米，比1980年的亩均水资源量259立方米减少0.73%。现有在册水库24座，其中2座中型水库，22座小型水库，总库容7061.46万立方米，控制流域面积为400.73平方千米，塘坝118处，控制流域面积120平方千米，拦河闸6处，控制流域面积70平方千米。地表水资源量因双洎河、黄水河（古溱水）、莲河水质污染严重，降雨量偏少，水库水位下降等原因，基本无法直接利用；工业生产、农业灌溉和人畜生活用水基本依赖地下水资源。地下水资源可利用量为0.554亿立方米，开采模数为6.4万立方米/平方千米。因经济快速发展，水需用量急剧增加，造成地下水水位大幅度下降。

【生物资源】 新郑市位于北温带向亚热带，豫西山地向豫东平原过渡地带，气候多样，地貌多变，因而生物资源丰富，且具多样性。

植物：芳香植物主要有花椒、小茴香、芫荽、香椿、藿香、薄荷等；药用植物主要有半夏、远志、柴胡、桔梗、芦根、白茅根、白头翁、马蹄香、地丁、香附、何首乌、葛根、木头回、田三七、车前、忍冬、苇根、地骨皮、酸枣、荆子、野菊花、艾、白蒿、亮帽英、贩酱草、曲曲菜、荠荠芽、小虫卧单、伸筋草、马齿苋、老饭蛋、鱼腥草、复古草、浮萍草、野扁豆、瓦松、山葱、卧沿草、星星草、节节草、猪毛菜、猴头草、拐子草、马鞭草、天地豆、翻白草、活各草、芫花根草、黑白丑、丹参、沙参、防风、木瓜、瓜蒌、红花、地黄、牛膝、芍药、白芷、金银花、苍耳子、元参、枸杞、蒲公英、牵牛子等；其他野草植物主要有灰灰草、龙须草、茅草、莠子草、稗子草、苜蓿、茭草、蒺藜、行义草、涩格涝秧、吉祥草、书带草、抓地秧、面条菜、菟丝子、驴尾巴蒿、毛妞菜、老驴蒿、麦滥棵、狗秧、灯笼棵、浮萍、蓼草、水红花、杂草、山白草、黄白草、黑轮叶藻等。

动物：环节动物类主要有蚯蚓、蛭等；软体动物类主要蜗牛、田螺、河蚌等；节肢动物类主要有瓢虫、赤眼蜂、食蚜蝇、胡蜂、蜜蜂、小蚕蜂、草蛉、蚜小蜂、螳螂、食虫虻、食虫蝽象、泥蜂、步行虫、蝇子虎、萤火虫等；药物类动物主要有蝎子、蜈蚣、土元等。脊椎动物类：两栖类有青蛙、蟾蜍等；爬行类有鳖、壁虎、蛇、蜥蜴等。鸟类有野鸡、雀鹰、苍鹰、白肩雕、大鸨、小鸨、小鸦鹃、猫头鹰、灰林鸮、长耳鸮、啄木鸟、云雀、燕子鸥、鹦鹉、鹈鹕、花喜鹊、灰喜鹊、麻雀、老鹰、鹞鹰、斑鸠、大雁、夏鸟、山雀、黄莺、鹁鸪鸟、百舌、鸬鹚、乌鸦、水鸭等；哺乳类有狼、狐、狸猫、野兔、獾、蝙蝠、刺猬、老鼠、松鼠、黄鼠狼等，其中狼、狐、狸猫、獾已很少见。

旅游资源

【古文化资源】 **裴李岗文化** 裴李岗文化因首掘于新郑市的裴李岗村而得名。裴李岗先民已进入母系氏族社会，从事以原始农业、手工业、家畜饲养为主，以渔猎业为辅的社会生产活动。与全国同时期他地相比，裴李岗人最早进入农业社会。新郑裴李岗文化遗址有裴李岗遗址、沙窝李遗址、岗时遗址、唐户遗址、西土桥遗址、岭西遗址等。其典型生产工具是石斧、石铲、石镰、石磨盘，代表性炊具是乳钉纹鼎、盆鼎等。裴李岗文化填补了我国新石器早期的一段历史空白，具有很高的科学、历史和文化价值。中国古代文明是从这里起步的。

黄帝故里故都 据史书记载，5000年前的仰韶文化时期，先民们已进入文明时代。新郑有许多仰韶文化遗址，最典型的是唐户遗址，包含有裴李岗、仰韶、龙山、殷商、西周和东周6个时期的文化遗址，连续年代达6000多年，考古学界称之为中华古代历史发展博物馆，有考古学家称之为”有熊之墟”。其他遗址有大朱庄、南李庄、王垌、洪府、高坡岩、岳庄、古城、人和寨等。这一时期，中华人文始祖轩辕黄帝诞生于新郑的轩辕丘（在今新郑市区内），在此建都约100年；神农氏炎帝诞生于华阳（在今新郑市北华阳故城）。史书记

中天阁

载，新郑有20多处炎帝和黄帝的活动遗址与纪念性古迹，如炎帝诞生地华阳城、黄帝诞生地轩辕丘，其他有轩辕故里、姬水、少典祠、少典坟、轩辕庙、具茨山、黄帝拜华盖童子处、黄帝故都、黄帝饮马泉、风后顶、黄帝御花园、黄帝避暑宫、大鸿山、西太山、崆峒山、轩辕宫、黄帝问道处、黄帝访大隗处、黄帝屯兵洞、黄帝驯兽台等。

祝融氏之国 史书记载，4700年前，帝喾高辛氏先后封祝融氏重黎、吴回、陆终氏在有熊（新郑）为火正，建都约70年。故史书称新郑为“祝融氏之墟”。祝融氏时代，正处在我国龙山文化的中早期。新郑发掘龙山文化遗址8处，即人和寨、金钟寨、大司、于寨、唐户、高千庄、店张、崔府等。

郐国故都 史书记载，西周时，新郑为郐国，其都城在今新郑东北18千米苑陵故城（一说在新密市东北25千米古城寨，但仅有文献记载而无考古发现），建都时间280多年。

郑韩故都 春秋战国时期，郑国和韩国在新郑建都540年。至今郑韩故城岿然屹立，古迹比比皆是。郑国主要遗址或古迹有宫殿遗址、地下冷藏遗址、铸铜遗址、铸铁遗址、大型祭祀遗址、郑国国君墓葬区、车马坑、郑公大墓、郑武公墓、祭仲墓、子产墓、郑庄公望母台、授印台、梳妆台、积粟台等；韩国主要有20多座王室陵墓、宗庙遗址和大型制陶遗址等。

历史名人 新郑历史上建全国性国都和诸侯国都总计980多年。除炎黄二帝始祖外，有春秋初霸郑庄公、政治家子产、名辩家邓析、法家集大成者韩非、谋略家张良、世界文化名人白居易、建筑学集大成者李诫、理学家许衡、政治家高拱等十大名人彪炳史册。

名人墓葬 郑武公墓（杜庄）、郑公大墓（南街）、宰相祭仲墓（陉山）、宰相子产墓（陉山）；唐宰相裴度墓（龙湖镇东张寨村）；后周皇帝郭威墓（郭店镇高家村北）、后周皇帝柴荣墓（郭店镇陵上村）；宋代布衣诗人杨朴墓（郭店镇袁堡村东）、宋宰相王曾墓（薛店镇寺东王村北）、宋宰相吕夷简墓（郭店镇李坟村东）、宰相陈尧佐墓（郭店镇宰相陈村）、名将王德用墓（龙湖镇荆王村东）、尚书吴育墓（辛店镇赵老庄村）、宋宰相吕公著墓（郭店镇西武岗村）、一代文宗欧阳修墓（辛店镇欧阳寺北）、宋宰相郑居中墓（城关乡东郭寺南）、宋建筑学集大成者李诫墓（龙湖镇于寨村北）；明宰相高拱墓（市区阁老坟村东）。

至2016年，新郑有国家级文物保护单位12处：郑韩故城、裴李岗遗址、后周皇陵、唐户遗址、欧阳修墓、黄帝故里（轩辕庙）、李诫墓、华阳故城、苑陵故城、凤台寺塔、人和寨遗址、望京楼遗址，其中裴李岗遗址、郑韩故城2001年被评为“中国20世纪百项考古大发现之一”和“20世纪河南十项重大考古发现之一”；省级文物保护单位有10处：卧

郑韩故城

佛寺塔、高拱墓、金钟寨遗址、王垌遗址、古城遗址、于寨遗址、大司遗址、铁岭墓地、陈氏三宰相墓、具茨山岩画；郑州市级文物保护单位29处；新郑市级67处。馆藏文物5万多件，其中珍贵文物4200多件。古文化遗址（迹）遍布全市，古墓祠比比皆是，古塔岿然矗立，郑韩故城雄伟壮观。具茨山黄帝文化景区，被中国侨联公布为“全国爱国主义教育基地”，每年吸引大批海内外炎黄子孙前来寻根、朝圣、拜祖。

姓氏寻根 新郑是中华民族姓氏起源地之一。上自8000年前少典族时代，下迄春秋战国，起源于新郑或与新郑密切相关，或新郑人在外地得姓者，据不完全考证达280多个姓氏。神农氏炎帝为有熊（新郑）国君少典之子，后徙陕西姜水流域而得姓姜，彭祖为祝融氏陆终之子，因封于安徽彭城而得姓彭等。主要姓氏有：少、典、熊、能、姬、姜、轩辕、轩、左、张、高、杜、方、史、龙、雷、常、龚、巫、周、牧、荀、车、昌、俞、伍、于、咸、冷、桓、稽、任、孔、祝、苑、彭、郑、韩、何、冯、侯、段、游、尉、国、印、都、蔚、丰、兰、皮、然、司、詹、梓、师等。

【自然风光资源】 主要分布在新郑市西南具茨山一带，2003年被河南省人民政府公布为省级森林公园，2005年被国家林业局公布为国家级森林公园。此山主峰风后顶海拔793米，山顶之上，林密草茂，四周皆悬崖峭壁，向西望去层峦叠嶂，烟波浩渺，向东眺望，阡陌纵横，村落如萍。

【生态资源】 其中包括被林业部命名为“红枣之乡”的孟庄镇和薛店镇的1.2万公顷枣园，与和庄镇的万亩荷花园。每年夏季赏荷者蜂拥而至，秋季每年举行枣乡风情游。

历史沿革

【古时期建制变革】 8000年前裴李岗文化时期，新郑地区率先进入以原始农业为主的氏族社会，是中国古代文明最早的发源地。5000年前仰韶文化中晚期，新郑为有熊国，是黄帝族时代，是中国古代文明形成的核心地带。4700年前，龙山文化中期，新郑为祝融氏之国。夏商时期，新郑为夏都、商都京畿。西周，新郑为郐国；春秋为郑国，战国时代为韩国，郑韩故都为中原地区最主要的政治、军事、经济和文化中心，是中原地区最大的工商业都会。韩国时，设郑县，治所在韩都。秦统一六国，设新郑、苑陵二县，属颍川郡。汉承秦制，属河南郡。晋设荥阳郡，新郑入苑陵县。东魏，设广武郡，苑陵属广武郡。隋复新郑，后废苑陵，入新郑县，仍属荥阳郡。唐分新郑、清池二县，后清池县复归新郑。五代后设新郑县。

【新中国成立后】 中华人民共和国成立后，新郑县属郑州专区。1955年改属开封专区，1958年属郑州市，1961年属开封地区行政公署，1983年属郑州市。1994年5月16日，经国务院批准撤销新郑县，设立新郑市，属河南省，由郑州市代管。

行政区划

2016年，新郑有9镇1乡3街道。和庄镇辖19个行政村，48个自然村；薛店镇辖20个行政村，46个自然村；辛店镇辖49个行政村，267个自然村；龙湖镇辖28个行政村，117个自然村；孟庄镇辖23个行政村，36个自然村；新村镇辖24个行政村，108个自然村；观音寺镇辖21个行政村，80个自然村；梨河镇辖23个行政村，66个自然村；郭店镇辖29个行政村，88个自然村；城关乡辖14个行政村，65个自然村。新华路街道辖10个居民区；新建路街道辖6个居民区；新烟街道辖8个居民区。

2008年，风后岭行政村的苏家岭、赵家冈、黑龙庙西坡、黑龙庙、北赵家、张家冈、寨里、许家岭、朱家冈、南王家冈、寇家冈、史家冈、尖山、卧雁滩14个自然村迁往北靳楼行政村。

其中龙王乡的庙后安：庙后安、庙后唐；郭村韩：郭村王、小唐庄、小秦、郭村韩；古城师：城李、古城；蒲庄：蒲庄、古城寨；刘庄：刘庄；辛庄：辛庄、魏家、罗家、椿树张；岗王：岗王；宋庄：酒李、宋庄；田王：田王、小田王；炮李：炮李；柿园吴：柿园吴；柿吴：柿吴；王庄：王庄；平庄：平庄；苏村郑：苏村郑、韩庄、杨庄。

2008年，孟庄镇的寺东孙：寺东高、寺东孙、小寺东孙；谷庄：谷庄；陡沟：陡沟；山石王：山石王；胡岗：胡岗；后宋：后宋。薛店镇的牛村：牛村、任岗、小赵郭李、河刘；枣岗：南枣岗、北枣岗、西枣岗、斜庄；姜庄：姜庄、小姜庄；寺王：寺王、王沟、寺东；翟庄：翟庄；坡地刘：坡地刘、冯后马、花园；薛店南街：薛店南街；薛店北街：薛店北街、油坊庄；店张：店张、店韩、朱庄；岳村行政村东桥自然村归郑州新郑综合保税区（郑州航空港区）代管。

2009年，龙王乡的宋庄：酒李、宋庄；岗王：岗王；刘庄：刘庄；炮李：炮李；平庄：平庄；辛庄：辛庄、魏家、罗家、椿树张；苏村郑：苏村郑、韩庄、杨庄；柿园吴：柿园吴；柿吴：柿吴；王庄：王庄；田王：田王、小田王；庙后安：庙后安、庙后唐；郭村韩：郭村王、小唐庄、小秦、郭村韩；古城师：城李、古城；蒲庄：蒲庄、古城寨。孟庄镇的冢刘：冢刘归郑州新郑综合保税区（郑州航空港区）代管。

2013年，龙王乡的耿坡：耿坡、河东耿坡；龙王：龙王村；岗冯：岗冯；王道：王道、小铁庄；铁李：前铁李、后铁李、安老庄；霹雳店：霹雳店、大秦；庙前刘：郑楼、庙前刘；二甲张：郭家、二甲张；安新庄：安新庄；陈楼：陈楼；万家：万家、坡赵；小左：小左、寺后李、寺前刘；赵郭李：赵郭李、小赵郭李。八千乡的高夏：高夏、孙庄、雷庄；坟后吕：坟后吕、坟后左；枣陈：枣陈、张庄、罗家；苗庄：苗庄；刘店：刘店；东王马：东王马、河东马；王家庄：王家庄；湾左：湾左；河南王：河南王；八千：八千；吕槐：吕槐、范庄、陈庄、柴家庄、马富贵；丁庄：丁庄；双楼：双楼、董庄。和庄镇的坡刘：坡刘归郑州航空港经济综合实验区（郑州新郑综合保税区）管理委员会代管。

2014年，八千乡的君赵：君赵、魏庄；花园：花园；邢庄：邢庄、孟陈庄；路庄：路庄、岗孙；楼刘：楼刘、小潘庄；小合庄：小合庄、蛮陈；宋家庄：宋家庄；二郎店：二郎店；梅河：梅河、徐庄；大阎庄：大阎庄、赵楼；李久昌：李久昌；香炉朱：香炉朱、辛庄、小阎庄；小李庄：小李庄、大李、小苏庄、敬庄；沙张：沙张。和庄镇的陶庄：陶庄；杨家寨：杨家寨、中孙、牛庄、柴家；尹庄行政村大路韩自然村及钟观社区归郑州航空港经济综合实验区（郑州新郑综合保税区）管理委员会代管。

附：2016年新郑市各乡（镇）、街道及所辖行政村（自然村）、居委会名录

城关乡

胡庄：胡庄、小寨、暴庄、徐庄；王刘庄：王刘庄、王寨、王老庄、田庄；张庄：张庄、小杜庄、杜庄、丁家庄、头甲王、东小李庄；官刘庄：官刘庄、官庄、岳庄；小占庄：前小占庄、后小占庄、曹庄、柳家、马砦；高皮匠庄：高皮匠庄、王好庄；薛庄：苗庄、王安庄、薛庄；东郭寺：东郭寺、后门张、李楼、颜庄、孟天庙；敬楼：小张楼、吴王、吕庄、西敬楼、东敬楼；西贾庄：西贾庄、史庄、大毛庄、闵沟、刘庄、王庄、小赵庄、董吕庄；端庄：范庄、端庄、兰庄、苏庄、杨庄；大周庄：秦楼、大周庄、小周庄、靳垌；沟张：沟张、马楼、包庄、小李庄；乔庄：杨河、三里堂、乔庄、烈疆坡、侯家台、李垌、小冯庄。

辛店镇

辛店：辛店；前小庄：前小庄、新老沟、老沟、北岗；后小庄：后小庄、南许庄、南岗沟、北岗沟；许岗：许岗、靳家、北李家；军李：军李、小李庄、上申河、申庄；刘岗：刘岗、王道国、牛庄、老王庄；草场沟：南李家闸、王家闸、高家闸、南苗家闸、南许家闸、樊家闸；鲁楼：鲁楼、高庄、颜庄、北赵沟、南赵沟、谷庄、阎楼、阎庄；袁集：袁集；南李庄：南李庄、宁沟、滹沱沟、滹沱庄、北许庄、梁沟；人和村：人和寨、人和寨东沟；赵老庄村：赵老庄、新老庄；东土桥：东土桥；西李庄：西李庄、北李庄、胡垌；周湾：周湾；赵家寨：赵家寨、徐庄、周庄、香坊、北苗家、双岭岗、谷家；欧阳寺：欧阳寺（寺东沟、寺西庄、寺南庄、寺东庄）、贾庄、兴龙沟、新庄、龙池沟西、龙池沟东、丁庄；界牌：界牌、冢岗；铁炉：铁炉；西土桥：西土桥、铁匠庄、东大李园、西大李园、马安垌；贾嘴：贾嘴、北贾嘴、南贾嘴、彭家寨、槐树口；贾岗：贾岗、贾沟、井沟、上马蹄河、下马蹄河；北靳楼：北靳楼、北靳楼南庄、北靳楼西庄、东山水寨沟、西山水寨沟、北山水寨沟、南白土洞、北白土洞、杏园沟、娘娘庙新庄、侯楼；岳庄：岳庄、孙河、靳庄、蛤蟆洼、李庄、煤土沟（靳家闸、崔家闸、刘家闸）；刘湾：刘湾、大汉窑、下范河、上范河、前驴头郭、后驴头郭；齐河：张庄、齐河、小刘湾；化雨庄：化雨庄、新范河、小靳庄、东王楼、西王楼；后高庄：后高庄、前高庄、许窑、许窑东北地、樊家沟、许窑新村、老虎洞、南靳楼；靳沟：靳沟北寨、高时庄、傅李楼、刘张寨、赵陈庄、靳沟南寨、巍庄、靳家窝、张家；黄岗：黄岗、北王口、南王口、北崔家沟、东棒槌窑；史庄：史庄、史庄南沟；湛张：老郭寨沟、新郭寨沟、湛张；王庄：王庄、袁家岗、东杨树岗、西杨树岗、下涧坡河、郭家；裴商庙：裴商庙、下申河；仰望坡：小庄王、仰望坡；马沟：马沟、下丁沟、张沟、寇家闸 、老泉沟、下老龙窝、下老泉沟、白家沟、老龙窝。

观音寺镇

英李：英李、小郑庄、小朱庄、翟庄、乔户；南贾庄：白庙贾、南贾庄、苏张、陉山东门、唐家；岳口：酸枣林、岳口、南小李庄、凤凰寨；十里铺：十里铺、西小庄；南场：南庄、鲁姑店、杨庄、卫生寨；林庄：陈庄、林庄、尚庄、北门、乾门、贾大沟；夏庄：夏庄、盘古寨；大董：前张庄、后张庄、大董、时庄；溵水：溵水寨、北岗、北寨；石固堆：柳树坑、岳家、王家、郭家、张家、泉上沟、泉下沟；王行庄：柳庄、花牛李、王行庄、乔庄、小郭庄、林场；唐庄：唐庄、小李庄、万庄、寺后张、史堂、大朱庄、辛庄、锻磨张；唐户：唐户、唐家寨；阎庄：小刘庄、头甲王、阎庄；前河刘：前河刘、后河刘、小寨、下河；楼李：观音寺、楼李、黄岗；太清：五虎赵、太清；菜园王：小赵庄、牛庄、菜园王、棘针李；沟冯：桐树张、沟冯；田庄：郭河、焦河、田庄；姚张：姚张。

梨河镇

梨河：梨河、胡张；三里岗：部庄、蔡庄、冯庄、前端湾、部湾、三里岗；黄桥：黄桥；七里堂：毕小庄、大朱庄、七里堂；陈庄：乔楼、陈庄、东小朱庄、西小朱庄；绰刘：小董、绰刘、小吴庄、滹沱、后吕；官庄：官庄、赵大楼；高班庄：高班庄、李湾；河李：河李；高辛庄：高辛庄、邢湾、张家闵、小闵庄、牛寨、后牛堂；周庄：周庄；七里阎：七里阎、部楼、梅庄；吴庄：吴庄、吴窑、丁湾；刘楼：宋庄、刘楼、刘庄、小毛庄、柴楼；刘吉安楼：刘吉安楼、穆庄；双楼：双楼赵、三股槐；黄甫蔡：黄甫蔡、柴家楼、范庄、黄湾、牛堂；岗李：岗李、祝岗、葛寨；大高庄：大高庄；前吕：前吕；老观李：老观李、贾庄；学田：学田、南部庄、霍照店；三刘：三刘、唐寨、赵庄。

和庄镇

任庄：任庄；傅庄：傅庄；郑庄：郑庄、小沈庄；能庄：能庄、侯庄、小李庄、泥河张、小高庄；苟郑：苟郑、碾岗赵、部庄、蔡庄、肖庄、黄庄；崔庄：崔庄、小黄庄；河西高老庄：河西高老庄、周庄；河东高老庄：河东高老庄；尹庄：大孙、尹庄；河赵：河赵、河沿马庄、小陈庄；歹庄：辛集、歹庄、大连楼；老庄刘：老庄刘；小岗王：南吴、小岗王；香坊吴：香坊吴；穆庄：寺前刘、狮子邢、小穆庄、穆庄；杜楼：杨湾、杜楼、马家；陆庄：陆庄、小范庄；小连楼：小吴庄、小连楼；韩庄：木梳李、关庙郑、韩庄、河西郑。

薛店镇

贾庄：贾庄、吴家；常刘：常刘、老堂岗；花庄：花庄；岗周：岗周、前李；小吴庄：小吴庄、毛庄、侯庄；龙占洼：龙占洼；小马庄：郭庄、小马庄；岳村：岳村、西桥、东小李庄；岶嶂山：岶嶂山、山后、沟西、沟东、白家、河西暖泉、胡家庄、敬家；草庙马：草庙马、牛庄、庙后李；山后马：山后马、石羊刘；王张：小李庄、郭家、魏庄、王张；文正：文正、丁庄、西文正；西场李：西场李；草店：草店；薛集：薛集；格大张：格大张；庙东陈：庙东陈；大吴庄：大吴庄、肖庄；菜园马：菜园马、岗孙、后刘庄。

孟庄镇

孟庄：孟庄；小石庄：小石庄、河南张、河北张、娘娘庙；耿湖：耿湖、小耿湖；碾卢：碾卢、小碾卢；南常口：南常口；北常口：北常口；唐寨：唐寨、马东洼；唐河：唐河；鸡王：鸡王；城后马：城后马、小郭庄；洪府：洪府；酒孙：酒孙；栗园史：栗园史；石槽王：石槽王；麻线张：麻线张；三旺马：三旺马、辛庄；曹庄：毛寨、河东曹、曹庄、小高庄、小庄；冯辛庄：冯辛庄；萧庄：萧庄；寺后张：寺后张；寺西王：寺西王；口张：口张、余庄；小韩庄：小韩庄。

龙湖镇

小乔：小乔、前胡、三里岗、罗垌、孙庄、宝相寺；东徐：东徐、小赵；古城：古城、樱桃园、大赵、小芦、王家、刘家；郑老庄：郑老庄；泰山：山东坡、岗东头、岗西头、康垛、马武寨、长沟垴、山西坡、邱家嘴；梅山：梅山、王家垴、邱家垴、山后、高垌、彭庄；荆垌：荆垌、沙窝李南沟、连庄、后胡；王口：王口、双湖村、李巴什、于沟；林锦店：林锦店、高坡崖；李垌：李垌、李垌北寨；柏树刘：小司、马庄、柏树刘、张庄、塘坊、磨河南沿、磨河北沿、夏寨、太平沟、西戴寨；山后杜：山后杜、山东乔、大司；郭家庄：郭家庄、司家嘴、岗东；魏庄：魏庄、袁堡、陈垌、南戴寨、北戴寨；山西乔：山西乔、山西卢、沈庄；郑堡：郑堡、竹杆园；沙窝李：沙窝李、沙窝李东庄、沙窝李西沟；菜园沟：菜园沟；小乔沟：小乔沟、杨树底、寨上、吕家、小乔沟北沟、李家、李木嘴、翟家寨、杜家、西鸿沟、乔河庄、肖家沟、小乔沟段家、桐树嘴；西张寨：西张寨、西徐；于寨：于寨、石垴；东张寨：东张寨；王许：王许、梨园、邱家、赵家；张沟：张沟、沟西、张小庄、转沟垴；崔垌：崔垌、郑家、段家；侯庄：侯庄东沟、侯庄；刘口：楚家垴、王垌、王口东沟、孟庄、孟庄南沟、刘口、刘沟、刘口西岗、鹁鸽垌沟；荆王：荆王、牛魁寨、乔家垴、老虎寨、荆王北沟。

郭店镇

郭店南街：郭店南街；郭店北街：郭店北街；华阳寨：华阳寨、蒋家闵、李家闵；陵后：陵后、陵上；陵岗：陵岗；小洪沟：小洪沟、洪沟寨、洪沟嘴、夏寨、连环寨沟；东李庄：东李庄、王家、河西曹；小司：小司、司家、李沟、岗西、半坡乔、骆驼湾、崔府、刘知州；武岗：李坟、武岗、贾店；铜佛赵：岗王庄、铜佛赵；高孟：周庄、高家、孟家、卢家、任坡沟；冯寺：冯寺、周家；司洼：司洼、刘庄；前时：徐庄、阎家庄、前时、陈庄、聂庄、歧府；五里堡：双庙郭、后时、五里堡；岗时：岗时、小岗时、马庄、牛庄、宰相陈、前陈；三十里铺：三十里铺、冯庄、石家嘴；小杨庄：小杨庄、信府、梅府；河范：河范、大杨庄；鄢陵府：鄢陵府、河里王；八府：八府、楚庄、河西刘；北小李庄：北小李庄、小朱庄；张辛庄：张辛庄、朱庄、张祥；石羊寨：石羊寨、马庵、街东曹；大范庄：大范庄、大路河；郭庄：郭庄、戴庄；高寺：高寺、西贾庄；常家庄：东郭寨、北郭寨、常家庄、贾庄、小范庄；海寨：海寨、袁陈、小寨。

新村镇

新村：新村、北十里铺、核桃园、小庄、岭东；七里井：贾梁、泥河寨、侯垌、七里井；张垌：张垌、吴垌；北吴庄：北吴庄、铁岭、冯庄；梨园：梨园、吴陈、梨园北沟；二十里铺：二十里铺、王庄、周家湾、危家、小时庄、周垌、牛舌头嘴；马垌：马垌、孟家沟、杜庄、小冯庄；时垌：时垌、山南时；赵庄：赵庄、龙王庙坡、于庄；牌坊庄：牌坊庄、薛庄、李楼、河东暖泉；高千庄：香坊沟、高千庄、优庄、城后刘庄、蔡庄、吴李庄、马庄、弓刘庄、张家庄；孙庄：孙庄、北黄庄、苏岗、徐岗；王垌：王垌、金钟寨；王毕庄：西王毕庄、东王毕庄、朱家沟、走马岗、陈家、老观寨、赵家湾、曹家岗、科张；郝家岗：郝家岗、岗李、陈庄、冯家岗、王善垌、李家寨；焦沟：焦沟、刘庄、仲寨、杨楼、戴寨、东云湾；戴湾：戴湾、杨湾、邓湾、寺岗；鲍家：鲍家、张家、小黄庄、邓家、小鲁庄、李杜庄；云湾：西云湾、郭寨、靳家河、靳小寨；裴李岗：裴李岗、西河李、东小河口、西小河口；文士湾：文士湾、冯家岭、东炮李、沟嘴；前洼王：前洼王、后洼王、西炮李、小樊庄、岳庄；屯孙：屯孙西、屯孙东、孟家台；水泉：水泉、老黄庄、岗坡、新庄、王家。

新建路街道

北关街居民委员会、北街居民委员会、西街居民委员会、东街居民委员会、东关街居民委员会、南街居民委员会。

新华路街道

小高庄居民委员会、毛园居民委员会、张玉庄居民委员会、仓城居民委员会、张龙庄居民委员会、裴大户寨居民委员会、李唐庄居民委员会、阁老坟居民委员会、白庙范居民委员会、双龙寨居民委员会。

新烟街道

车站居民委员会、和庄居民委员会、道西居民委员会、烟厂东区居民委员会、金芒果花苑居民委员会、解放路居民委员会、渔夫子路居民委员会、道北居民委员会。

具茨山森林公园管委会

2010年10月27日，为整合景区内相关资源，加快具茨山国家级森林公园建设，打造知名生态旅游经济示范区，加快景区旅游经济的开发。做好具茨山国家森林公园生态保护和旅游开发工作，将原属新郑市辛店镇的14个行政村147个自然村正式移交给具茨山管委会。

史垌：史垌、冯家闸 、高家闸 、苏家闸 、黑里沟、西史垌、古嘴战沟、杨家岭、张家、郭家、雷家岭、赵家岭、王垌、岳家坪、大窝、王家庄、苏家闸 。

柿树行：苏垌、柿树行、大槐树闸、上寇家闸 、下寇家闸 、河东闸 、下郭家闸 、太白岭西闸、上屈家闸 、刘家闸 、花榆树嘴、王家闸 、北王家闸、河西闸 。

油坊沟：岳垌沟、老张沟、油坊沟、石子岗、岳家闸 、李家闸 、乔家闸、吴家闸、水泉坡。

青岗庙：张家闸、青岗庙、石闸、刘家庄、沟草园、西沟草园、阎家沟。

转沟垴：转沟垴、下转沟垴、寇家沟、上老泉沟。

山陈：王嘴、山陈、西棒槌窑。

驮窑：驮窑、朱岗、下屈家闸、染坊闸、杨家闸、赵家闸、苏家闸、史家闸。

白庙：郭家闸、张家沟、西王嘴、白庙、炮坊闸、关爷庙后、龙家坪、李宾闸、张家窝、崔东闸、李保闸、王林闸、李家沟、李家闸。

李庄：上涧坡河、李庄、丁沟、回龙沟、靳家闸、山神庙、北双嘴、太白岭。

千户寨：高家闸、寨后沟、土门后、土门、千户寨、苏家闸、高千户。

郭老庄：许家闸、水泉沟、郭老庄。

风后岭：苏家岭、赵家闸、黑龙庙西坡、黑龙庙、北赵家、张家闸、寨里、许家岭、朱家闸、南王家闸、寇家闸、史家闸、尖山、卧雁滩（该村委会下辖的自然村2007年搬迁到辛店镇北靳楼村，2011年村委会换庙选举时将该村列为北靳楼村委会第14村民组）。

大槐树：南崔家沟、周家沟、下大槐树、上大槐树、张家闸、陈家沟。

苗家沟：高家闸、许家坪、陈家窝、申家闸、张庙沟、苗家沟、胡家沟、天心院、苗家闸 、郭家沟、关家闸。

人　口

2016年年末新郑市总户数1.69万户，总人口63.58万人，其中女性人口32.34万人。全年人口出生率为12.47‰，死亡率为6.04‰，人口自然增长率为6.43‰（统计口径）。总人口中，城镇人口35.75万人，新型城镇化率为63%，（统计口径）。

民族宗教

【民族】新郑市共有30个少数民族，总人口约5800人，其中常住人口约4800余人，流动人口1000余人，少数民族中以回族人数为最多，4100余人。少数民族人口在500人以上的行政村有3个，即郭店镇华阳寨村、龙湖镇山西乔村、新建路办事处东关街居委会。其中郭店镇华阳寨为千人以上少数民族村。

【宗教】新郑市有佛教、道教、伊斯兰教、天主教和基督教等5种宗教，共有信教群众5.7万余人（其中佛教约2万人，道教约8000人，伊斯兰教约4100人，基督教2.5万余人，天主教约230人），宗教活动场所53处（基督教37处〈其中以堂带点12处〉，佛教7处，道教3处，天主教1处，伊斯兰教5处）；宗教团体4个，即基督教“两会”（基督教三自爱国运动会，基督教协会）、伊斯兰教协会和佛教协会。

组织机构及领导成员

中共新郑市委

书　记　刘建武
副书记　马志峰
　　　　王效光（正县级）
常　委　徐卫东
　　　　苗瑞光
　　　　王保军
　　　　黄卫东
　　　　秦彩霞
　　　　赵建武
　　　　王智明
　　　　秦洪源

市委工作机构

市委办
主　任　秦洪源
副主任　司中强

保密局
局　长　秦书军

机要局、密码管理局
局　长　刘文辉
副局长　张永祥
　　　　郭伟华
总工程师
　　　　刘鸿博

组织部
部　长　黄卫东
常务副部长
　　　　胡凯军
副部长　蒲文堆

市直工委
书　记　（空　缺）

机构编制办公室
主　任　荆新发
副主任　蔡卫东
　　　　陶宏伟

事业单位登记管理局
局　长　肖喜亮（正科级）
副局长　吴新霞（正科级）

机构编制信息中心
主　任　王玉倩（副科级）

党史研究室
主　任　李炎武
副主任　沈爱敏

宣传部
部　长　王保军
常务副部长
　　　　梁国定
副部长　王　艳

文明办
主　任　孙现民

新闻中心
主　任　李　明

统战部
部　长　秦彩霞
常务副部长
　　　　邢艳红
副部长　师俊杰

台胞台属联谊会
会　长　王艳红

归国华侨联合会
会　长　乔　芳

宗教局
局　长　沙俊君

政法委
书　记　赵建武
常务副书记
　　　　刘辉霞
副书记　刘立新
　　　　张新志

政治处
主　任　李　霞

综治办
主　任　陈政玮

610办
主　任　宋　铭（正科级）
副主任　王惠敏（正科级）

维稳办
主　任　刘　鹏（正科级）
副主任　秦成杰（正科级）

部门管理机构

老干部局
局　长　王　燕
副局长　陈军辉
　　　　岳建萍

关工委办公室
主　任　赵军友（副科级）

直属事业单位

党　校
党委书记、常务副校长
　　　　王向阳（副县级）
党委委员、副校长
　　　　刘红霞

档案局
局　长　韩东伟
副局长　王志英
　　　　张华峰

接待办
主　任　樊文超
副主任　李巧玲
　　　　章海波
　　　　范振涛

市委市政府督查考核办
主　任　田平安
副主任　刘宗伟
　　　　刘国超
　　　　周　睿

群众工作部
部　长　徐平福（副县级）
副部长　师翠萍
　　　　靳建彬
　　　　时明智

信访局
书记、党组成员
　　　　郑国安（主持工作）
党组成员、副局长
　　　　周根杰
　　　　孙旭杰
党组成员、纪检组长
　　　　靳洪涛

人民来访接待中心
主　任　景金华（正科级）
副主任　李光辉（正科级）
　　　　刘宏志（正科级）
　　　　吕战锋（正科级）

新郑市纪律检查委员会

书　记　徐卫东
副书记　杨献珍
　　　　李宗元
常　委　陈志安
　　　　邓　嵩
　　　　张太中
　　　　高维娜

监察局
局　长　杨献珍
副局长　高维娜
　　　　肖成书

市委巡察办
主　任　柳广义
副主任　王俊峰
　　　　李　勇

优化局
局长、党组副书记
　　　　郭林鹏
党组书记
　　　　刘保森
党组成员、副局长
　　　　张建华
　　　　陈　宝
党组成员、纪检组长
　　　　冯志刚

公共资源交易中心
主任、党组书记
　　　　黄军奇
党组成员、副主任
　　　　郑建和
　　　　孙天峰
党组成员、纪检组长
　　　　侯斌睿

新郑市人民代表大会常务委员会

主任、党组书记
　　　　王俊杰
副主任、党组副书记
　　　　王军生
副主任　孙　阔
副主任、党组成员
　　　　彭德成
　　　　郭明熙
　　　　王金灿
　　　　左建新
　　　　杨　流
　　　　王海亮
党组成员
　　　　刘彤标

人大机关

·办公室·
党组成员、主任
　　　　齐光辉
副主任　郑媛媛
　　　　孟永军

·法工委·
主　任　周宏伟
副主任　白晓丽

·财经委·
主　任　贺立军
副主任　孙　兴

·农工委·
主　任　谷宏发
副主任　曹永强

·教科文卫·
主　任　歹银花
副主任　刘志强

·代表工委·

主　任　朱秋国
副主任　李　丽

·人事任免科·

科　长　刘占有
副科长　赵志萍

·老干部科·

科　长　孔会成

·信访室·

主　任　董建红
副主任　侯少利

新郑市人民政府

市长、党组书记
　　马志峰
副市长、党组副书记
　　王智明（正县级）
副市长、党组成员
　　关民安
　　缑云峰
　　乔　琳
　　张富永
　　周建超
　　李　猛
正县级干部、党组成员
　　姜存国
党组成员
　　陈春环
　　王秀业
　　林俊伟

市政府工作部门

政府办公室

主任、党组书记
　　李俊鹏
党组成员、副主任
　　赵　磊
　　赵东辉
　　孟晓薇
　　徐晓静
副主任　张　鸣

法制办公室

主　任　李俊鹏

人民防空办公室

主　任　邢建立（正科级）
副主任　冯军民（正科级）

金融办

主　任　杜栓喜（正科级）
副主任　孟向辉（正科级）

社会管理办公室

主　任　高智军（正科级）
副主任　朱海东（正科级）
　　朱迎春（正科级）

电子政务办公室

主　任　秦建军（副科级）

应急办公室

主　任　左留根（副科级）

史志办

副主任、党组成员
　　李　磊（主持工作）
　　宁淑娜
　　乔永杰
党组成员、纪检组长
　　王建平

黄帝文化研究会秘书处

秘书长、党组书记
　　岳建华
党组成员、副秘书长
　　胡瑞芳
党组成员、纪检组长
　　陈建宏

机关事务管理局

局长、党组书记
　　丁利民
党组成员、副局长
　　王　霞
　　唐宏伟
　　李伟锋
党组成员、纪检组长
　　铁纪刚

住房和城乡规划建设局

局长、党组书记
　　尚　忠
党组副书记
　　姜彦龙
　　冯军强
　　张　勇
党组副书记、常务副局长
　　唐松军
党组副书记、副局长
　　吕献宝
党组成员、副局长
　　李发迎
　　胡中奇
副局长　范建会
党组成员、纪检组长
　　高鹏飞

规划发展服务中心

主　任　张　勇
副主任　贾建新
　　李延峰
　　冯成志

城市管理行政执法局

党组书记、局长
　　朱郁琦
党组成员、副局长
　　张凌云
　　王根选

环境保护局

局长、党组书记
　　陶永伟
党组副书记、常务副局长
　　柏　灵
党组成员、纪检组长
　　冯胜利
党组成员、副局长
　　王国杰

靳冬芹

旅游和文物局

局长、党组书记
赵舒琪
党组成员、副局长
李军义
靳宝琴
高巧玲
党组成员、纪检组长
樊战东

科技局

党组副书记、常务副局长
赵锋申
党组成员、副局长
刘伟红
党组成员、纪检组长
周维红

工业信息化委员会

党组成员、副主任
王书亮
王文周
王遂堂
陈彦军
党组成员、纪检组长
马向东

安全生产监督管理局

局长、党组书记
马冠亚
党组成员、副局长
刘建峰
韩　媛
高京涛
党组成员、纪检组长
王敏华

交通运输局

局长、党组书记
戴茂松
党组副书记、常务副局长
杨伟增
党组成员、副局长
张彩霞
杨广超
党组成员、纪检组长
王　英

公路管理局

局长、党总支书记
时全生
副局长　李志刚
范林涛
李晓勇

农业农村工作委员会

主任、党组书记、畜牧局局长
李俊岭
党组副书记
贾海民
张天伟
王学敏
党组成员、副主任
李　建
郭连伟
马淑亭
连海升
党组成员、纪检组长
郭松花

林业局

局长、党组书记
郑彩霞
党组成员、副局长
白留伟
刘淑香
靳伟杰
党组成员、纪检组长
郭菊芳

水务局

局长、党组书记
王国良
党组成员、副局长
肖廉洁
李国照
王银超
党组成员、纪检组长
冯超霞

南水北调工程建设管理领导小组办公室

党组副书记、常务副主任
时利军
党组成员、副主任
乔小伟
高红军

南水北调移民局

局长、党组书记
张宪军
党组成员、副局长
穆明池
睢跃鹏
党组成员、纪检组长
赵治国

财政局

局长、党组书记
貊海森
党组副书记、常务副局长
王建华
党组成员、纪检组长
谢　伟
党组成员、副局长
孙国军
张志伟

审计局

党组副书记
马林清
党组成员、副局长
张华伟
副局长　王灵超
党组成员、纪检组长
高花菊

供销社

主任、党组书记
李新保
党组副书记、常务副主任
张江波
党组成员、副主任

杨宪林
党组成员、纪检组长
田建坡

文化广电新闻出版局

局长、党组书记
刘学敏
党组副书记、常务副局长
左留保
党组成员、副局长
冯智根
邱冬梅
王洪勋
党组成员、纪检组长
郜福亭

教育体育局

局长、党组书记
刘奎志
党组副书记、常务副局长
张宏亮
副局长　冯　煜
党组成员、副局长
王俊丽
党组成员、纪检组长
郭海峰

卫计委

主任、党组书记
李长法
党组成员、副主任
毛保卫
宋雪梅
贾海涛
范春玲
党组成员、纪检组长
刘　锋

爱国卫生运动委员会办公室

主任、党组书记
赵建军
党组副书记、常务副主任
刘爱梅
党组成员、副主任
吴限涛

党组成员、纪检组长
党桂琴

发展和改革委员会

主任、党组书记
付建峰
党组副书记
鲁生伟
党组成员、副主任
张聚池
史润升
刘胜彬
党组成员、纪检组长
高军相
副主任　李天兴

建设投资管理中心

主　任　周建军
副主任　周秀娟
陈俊霞

商务局

局长、党组书记
王　燕
党组副书记、常务副局长
徐冀乐
副局长　边　莉
党组成员、副局长
卢俊杰
党组成员、纪检组长
柴海彬

行政服务中心

主任、党组书记
刘根松
党组副书记、常务副主任
赵俊峰
党组成员、副主任
李水英
党组成员、纪检组长
李　新

统计局

局长、党组书记
刘德智

党组成员、副局长
丁胜超
冯慧敏
时文魁
党组成员、纪检组长
辛留凤

人力资源和社会保障局

局长、党组书记
夏红燕
党组副书记
冯丽娜
党组成员、副局长
郑　绮
王　伟
党委委员、纪检组长
司治民

公安局

局长、党委书记、督察长
朱海新
党委副书记、政委
李清海
党委副书记、常务副局长
陈宏彬（正科级）
党委委员、副局长
范桂林（正科级）
路松岭（正科级）
毛志安（正科级）
孙耀甫（正科级）
丁国庆（正科级）
党委委员、副政委
李　立（正科级）
党委委员、副局长、政治处主任
高伟民（正科级）
党委委员
张红亮（兼）
郭铁民（兼）
张宏政（兼）

新郑市人民检察院

检察长、党组书记
李广建
党组副书记、副检察长
李剑波（正科级）

冯根才（正科级）
党组成员、副检察长
杜保周（正科级）
马旭光（正科级）
潘学武（正科级）
党组成员、政治处主任
杨广印（正科级）
党组成员
范宝山（兼）
赵国华（兼）
史宏民（正科级）

新郑市人民法院

院长、党组书记
王　栋
党组副书记、常务副院长
郭建军（正科级）
党组成员、副书记、副院长
孙书灵（正科级）
党组成员、纪检组长
李西平（正科级）
党组成员、副院长
刘伟民（正科级）
杨慧霞（正科级）
薛新伟（正科级）
党组成员
宋国委（正科级）
党组成员、政治处主任
师俊杰（正科级）
党组成员、执行局局长
史晗阳（正科级）

司法局

局长、党组书记
陈政玮
党组副书记、常务副局长
刘超勇
党组成员、副局长
靳遂根
副局长　王存智
党组成员、纪检组长
张树德
党组成员、政治处主任
邵根玲

民政局

局长、党组书记
李炎宏
党组副书记
高留平
党组成员、副局长
乔国奇
袁文增
党组成员、纪检组长
高新晓

食品药品监督管理局

局长、党组书记
王晓莉
党组成员、副局长
赵秋生
司彦杰
路巧红
李连忠
党组成员、纪检组长
王向阳

工商管理和质量技术监督局

局长、党组书记
宋雪峰
党组成员、副局长
朱浩旗
张怀斌
白战伟
马治军
党组成员、纪检组长
张丽娟

农业科学研究所

所长、党组书记
安新春
党组副书记、常务副所长
肖仁义
副所长　王　羽
党组成员、纪检组长
马银娥

枣树科学研究院

院长、党组书记
唐宗伟
常务副院长、党组副书记
张新建
党组成员、副院长
平　峰
党组成员、纪检组长
郑利伟

轻工实业总公司

总经理、党委书记
鲁鹏程
党委副书记、常务副总经理
杨宏伟
党委委员、纪检书记
司新红

物资公司

总经理、党委书记
石贵现
党委委员、副总经理
王水宾
副总经理
薛　红

商业贸易总公司

总经理、党委书记
安勇强
党委副书记、常务副总经理
李　鸣

城市经营管理中心

党组副书记、常务副主任
柴春轩
党组成员、副主任
王根创
吴　晨
党组成员、纪检组长
符婷婷

市场发展服务中心

党组副书记、常务副主任
刘延伟
党组成员、副主任
赵炜国
王平安
王宏超

党组成员、纪检组长
赵学杰

政协新郑市常务委员会

主席、党组书记
马国亮
党组副书记
秦彩霞
副主席、党组副书记
李中俊
副主席　王海民
副主席、党组成员
李建国
张全民
正县级干部
苏铁林

政协机关

党组成员、秘书长
秦汉伟

办公室

主　任　陈新红

老干部科

科　长　高　烨

教科文卫体委

主　任　张　瑜

提案委

主　任　白宵惠
副主任　宋志英

社法委

主　任　赵明旭

经济委

主　任　史新军
副主任　陈宏伟

农业委

主　任　刘新轩
副主任　贾建超

文史资料委

主　任　刘如江
副主任　李华杰

三胞委

主　任　秦成伟

群众团体

总工会

主席、党组书记
刘彤标
党组副书记、常务副主席
李淑兰
党组成员、副主席
靳新民
刘俊亭
党组成员、纪检组长
赵俊涛

共青团新郑市委员会

党组成员、副书记
杜　鹃

妇联会

主席、党组书记
郑慧阁
党组成员、副主席
彭玲霞

科学技术协会

主席、党组书记
张彦增
党组成员、副主席
刘凤凯

文化艺术界联合会

主席、党组书记
孙宏志
党组成员、副主席
李朝霞

残疾人联合会

理事长、党组书记
安义刚
党组副书记
刘松竹
党组副书记、副理事长
周保华
党组成员、纪检组长
马慧智

人民武装

新郑市人武部

部　长　胡其宝
政　委　苗瑞光
副部长、军事科长
李长松

河南陆军预备役高炮师一团

团长、党委副书记
薛来武
政治委员、党委书记
潘杰昌
参谋长　李永富
主任、纪委书记
牛宏波
后勤和装备处长
刘　永

民兵训练基地

主　任　王润青

武警新郑市中队

中队长　张　凯
政治指导员
闫　帅

武警新郑市消防大队

党总支书记、政治教导员
谷剑辉
大队长　刘　冬

民主党派、工商联

中国民主同盟新郑市支部委员会

名誉主委
苏铁林
主　委　冯　煜

副主委　陈　明
陈弘毅
袁　燕
委　员　赵青建
毛智毅
樊伯巍
赵丽红
张留民

工商界联合会

主席、党组书记
刘彩云
党组成员、常务副主席
靳彦涛
党组成员、纪检组长
李　静

垂直管理单位

国税局

局　长　宋增彪
副局长　范曙光
申宏杰
李广奎
许桂英
纪检组长
刘　伟
工会主席
左媛媛

地税局

局长、党组书记
王从彦
副局长　乔惠霞
史俊梅
吴书杰
纪检组长
王振伟

社会保险事业管理局

局长、党组副书记
赵　明
党组书记
张智民
副局长　杨改芳

党组成员、副局长
刘新敏
王宏涛
申　剑
党组成员、纪检组长
郭玉玲

国土资源局

党组书记、局长
赵淑梅
党组成员、副局长
蔡　刚
党组成员、纪检组长
毛智勇
党组成员
孙文超
刘春晖
寇　颖

盐业管理局（盐业公司）

局长（经理）
孙彩霞
书记、副局长
李林祥
工会主席
郭新安

供电公司

经　理　李德栓
党委书记
唐广义
副经理　常书军
刘晓峰
崔毅敏
总会计师
申　冰
纪委书记、工会主席
王建平

中国人民银行新郑市支行

党组书记、行长
刘新民
副行长　闫中坤
吕彦威
纪检组长

马伟平

中国工商银行新郑支行

行　长　崔卫军
副行长　李子成
仓　珂

中国农业银行新郑市支行

行　长　王小平
副行长　张智武
雷胜凯
孙　磊

中国银行新郑市支行

行　长　高　亚
副行长　张宏亮
张　珂

中国建设银行新郑市支行

行　长　李红超
副行长　陈　扬
张　妃
白丽莉
风险经理
歹新德

中国农业发展银行新郑市支行

行　长　王宏伟
副行长　陈　丽
张　鸣

邮政储蓄银行新郑市支行

副行长　张水云
行长助理
吴丙军

新郑农村商业银行

董事长、党委书记
马文明
行　长　贺东廷
监事长　李纯信
副行长　贾二军
袁战团
李宁宁
黄献礼

郑州银行

行　长　王　峰
副行长　赵林平
　　　　朱艳艳
　　　　樊　宁

中国人寿保险公司新郑支公司

经　理　赵　鑫
副经理　张　莉
经理助理
　　　　张　涛

火车站

站　长　刘　奎
党总支书记
　　　　孔建国
副站长　李新建
　　　　刘　江
　　　　晁光辉

邮政局

局　长　杨俊丽
副局长　赵　静

联合通信公司

总经理、党组书记
　　　　常永平
副总经理
　　　　杨　湛
　　　　李　莹

移动通信新郑营业部（移动公司）

经　理　周俊领
副经理　李成丽
　　　　江　南

气象局

局　长　闫伟杰
副局长　吕淑敏
副局长、纪检组长
　　　　赵艳梅

烟草专卖局

党组书记、局长（经理）
　　　　胡贵州
副局长　王宏亮
副经理　戴　冉
工会主席　吕冰果

新华书店

经　理　张书文
副经理　李　磊
　　　　郭建涛

乡（镇）街道办事处

新建路办

党工委常务副书记、综治委主任
　　　　赵敏祥
主任、党工委副书记、规管委主任
　　　　李　勇
党工委副书记
　　　　李宏伟
党工委委员、纪工委书记
　　　　薛建立
副主任　李三红
　　　　苏永民
党工委委员
　　　　潘刘邦
　　　　郑记州
党工委委员、人武部长
　　　　侯自玉

新华路办

党工委书记、综治委主任
　　　　仪　刚
主任、党工委副书记、规管委主任
　　　　冯举涛
党工委副书记
　　　　陈淑梅
　　　　许结实
党工委委员、纪工委书记
　　　　张冠伟
党工委委员、副主任
　　　　肖春龙
副主任　岳金凤
　　　　贾伟宏
　　　　刘炎锋
党工委委员、人武部长
　　　　赵跃强
党工委委员
　　　　王　青
　　　　姚小让
　　　　孙航威

新烟街办

党工委书记、综治委主任
　　　　敬伟民
党工委副书记、规管委主任
　　　　马慧萍
党工委副书记
　　　　郭伟酬
党工委委员、纪工委书记
　　　　杨建超
党工委委员、副主任
　　　　赵智军
副主任　刘盘根
　　　　李锦红
　　　　王　静
党工委委员
　　　　尹伟炜
　　　　高留伟
　　　　刘伟峰
党工委委员、人武部长
　　　　王德意

城关乡

党委书记、综治委主任
　　　　马东亮
乡长、党委副书记、规管委主任
　　　　王　鹏
党委副书记
　　　　李晓东
党委委员、纪检书记
　　　　高丽静
党委委员、副乡长
　　　　王建永
副乡长　韩　莹
　　　　张建超
党委委员
　　　　靳　涛
党委委员、人武部长
　　　　丁　聪

辛店镇

党委书记、综治委主任

李军辉

镇长、党委副书记、规管委主任

左莉敏

党委副书记

范宏彬

张　磊

党委委员、人大主席

李永春

党委委员、纪检组长

冯彦兴

党委委员、副镇长

肖俊峰

副镇长　许胜利

常国锋

司广玉

科技副镇长

丁慧强

党委委员

高海峰

郑　爽

党委委员、人武部长

高东亮

观音寺镇

党委书记、综治委主任

冯军辉

镇长、党委副书记、规管委主任

岳明旺

党委副书记

梁丽英

党委委员、纪检书记

郑二和

党委委员、副镇长

马　奎

副镇长　王朝辉

郭军义

党委委员

魏艳林

毛宏耀

党委委员、人武部长

刘艳娜

梨河镇

党委书记、综治委主任

陈同周

党委副书记

陈胜利

王乃迪

党委委员、纪检书记

李俊峰

党委委员、副镇长

刘小强

副镇长　张申峰

高毅翠

党委委员、人武部长

刘志敏

党委委员

宰会凤

和庄镇

党委常务副书记、综治委主任

唐永刚

镇长、党委副书记、规管委主任

马聪锋

党委副书记

赵春阳

党委委员、人大主席

李俊霞

党委委员、纪检书记

安孟典

党委委员、副镇长

乔永明

科技副镇长

李　萍

副镇长　张鹏伟

李淑红

党委委员

王利衡

党委委员、人武部长

刘聚山

城东新区管理委员会

党总支书记、主任

李铁成

副主任　路旭兴

刘素娟

王向军

八千乡

党委书记、综治委主任

曾海林

党委副书记

敬广伟

党委委员、纪检书记

郭广和

党委委员、副乡长

张宏立

副乡长　史军伟

赵建锋

党委委员

端木智博

党委委员、人武部长

高　帅

薛店镇

党委书记、综治委主任

安广涛

镇长、党委副书记、规管委主任

孙现峰

党委副书记

王志超

张海青

党委委员、纪检书记

李　立

党委委员、副镇长

王跃甫

副镇长　朱河山

左晓霞

党委委员

吴建人

党委委员、人武部长

朱光远

孟庄镇

党委书记、综治委主任

赵东伟

镇长、党委副书记、规管委主任

刘志刚

党委委员、纪检书记

张建国

党委委员、副镇长

朱利民

科技副镇长

田　原
副镇长　王　磊
岳颖磊
党委委员
刘建欣
赵进锋
党委委员、人武部长
唐军滢

龙湖镇

党委书记
王保军
党委常务副书记、综治委主任
马绍敏
党委副书记
赵志远
党委委员、人大主席
张春旺
党委委员、纪检书记
李午生
党委委员、副镇长
吕旭卿
副镇长　潘高峰
王秀平
冯俊岭
党委委员、人武部长
张金伟
党委委员
危红亮

郭店镇

党委书记、综治委主任
高红伟
镇长、党委副书记、规管委主任
马举增
党委副书记
王瑞杰
党委委员、纪检书记
陈勇刚
党委委员、副镇长
李文红
科技副镇长
夏春丽
副镇长　周广亮
吴　涛
刘永刚
党委委员
毛运喜
郭领伟
党委委员、人武部长
王焕利

新村镇

党委书记
周建超
党委常务副书记、综治委主任
周伟杰
党委委员、人大主席
毛新奇
党委委员、纪检书记
白宏新
党委委员、副镇长
肖睿敏
副镇长　赵　豪
左振宇
党委委员、人武部长
刘向民
党委委员
赵文甫

城北医药化工园管理委员会

党总支书记、主任
任国建
党总支副书记、副主任
李贵民
副主任　陈军峰

新区建设委员会

党委书记、主任
张富永

黄帝故里景区管理委员会

党工委书记
董建山
主　任　李志强
党工委委员、副主任
郭伟斌
李俊鹏（正科级）
党工委委员
赵敏祥
李　勇
靳英杰

市故里景区管委会

副主任　靳英杰

宣传接待科

科　长　路军军

办公室

主　任　赵锡铭

经营管理科

科　长　刘　涛

市具茨山国家级森林公园管理委员会

党委书记
薛志强
主任、党委副书记
赵金聚
党委副书记、副主任
丁　毅
党委委员、纪检组长
寇首道
党委委员、副主任
孙惠勇
王广伟

郑州新郑教育园区管委会

主　任　王效光
党工委副书记、副主任
王保军
党工委委员、副主任
张顺安
孙亚东
杨春峰
马书强
党工委委员、纪工委书记
靳大勇
党工委委员
赵东伟
高红伟

马绍敏
纪工委副书记
韩　洁

产业发展办公室

主　任　朱红梅
副主任　李　华
王东东

市政环保局

局　长　肖　军
副局长　刘彦召
赵　阳

规划建设局

局　长　常武杰
副局长　闫　涛

招商引资局

副局长　师继成
常洪涛
陶显峰

发展服务中心

主　任　许会明
副主任　沈振东
楚瑞华

新型城镇化建设指挥部

综合协调办公室

副主任　赵建中（副科级）

城中村改造办公室

常务副主任
李延峰
副主任　杨朝军（副科级）
郭　峰（副科级）

合村并城建设办公室

常务副主任
李春峰

新型农村社区建设办公室

副主任　张县伟（副科级）
杨伟杰（副科级）

新郑新区管委会

党工委委员、副主任
林俊伟
王秀业
党工委委员
马纯杰
仪　刚
周伟杰

产业发展办公室

主　任　杜伟忠

规划建设局

局　长　张建鸿

招商引资局

局　长　蔡现青

市政环保局

局　长　马伟强

发展服务中心

副主任　司天明

新港产业集聚区管委会

党工委委员、副主任
乔建伟
连合群
周书明
党工委委员
敬伟民
曾海林
唐永刚
马聪锋

产业办公室

副主任　朱黎娟

规划建设局

局　长　贺忠献
副局长　赵永涛

招商引资局

副局长　高　巍

市政环保局

副局长　马新杰

企业服务中心

副主任　李智瑾

煤炭循环经济产业园区管委会

党工委副书记、常务副主任
李军辉
党工委委员、副主任
马东亮
冯军辉
党工委委员
李永春
王　鹏
岳明旺
左莉敏

中原食品工业园区管委会

党工委副书记、常务副主任
安广涛
党工委委员、副主任
孙现峰
党工委委员
王志超

中共新郑市委

CPC XINZHENG MUNICIPAL COMMITTEE

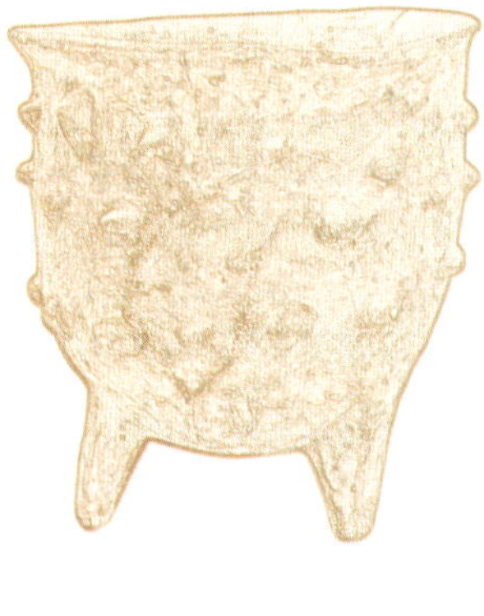

中共新郑市委
CPC XINZHENG MUNICIPAL COMMITTEE

·中共新郑市委 >>>

CPC XINZHENG MUNICIPAL COMMITTEE

综 述

【概况】 2016年，中共新郑市委全面贯彻中共十八大和十八届三中、四中、五中、六中全会精神，深入贯彻习近平总书记系列重要讲话精神和党中央治国理政新理念、新思想、新战略，按照“四个全面”战略布局，牢固树立和践行“创新、协调、绿色、开放、共享”五大发展理念，坚持抓好党建是最大政绩、推动发展是第一要务，谋思路、绘蓝图、促落实，团结带领全市人民务实重干、锐意进取，全市经济社会发展和党的建设取得新的进展。

【经济社会发展】 2016年，新郑市严格按照郑州市委稳中求进的要求，将稳增长、保态势作为经济工作的首要任务，突出重点、综合施策，不断推动各项工作取得新成效，保持了经济社会健康快速发展的良好态势。全年完成地区生产总值651.1亿元，增长9%；地方公共财政预算收入65.3亿元，增长17.7%，其中，税收44.1亿元，增长19.6%；固定资产投资566.2亿元，增长20.8%；全国中小城市综合实力百强县市排名晋升至43位，全国县域经济基本竞争力百强县市排名跃升至49位，全国财政收入百强县市排名晋升至43位。

坚持转型升级，构建现代产业体系。把调结构作为产业转型升级的主攻方向，聚焦提质增效，着力推动结构调整和产业转型升级，一、二、三次产业结构比例由2015年的3.1：57.6：39.3优化为3.2：52.1：44.7。一是以“两个转变”为路径，做强先进制造业。坚持实施优势产品品牌化、优势企业产业化、优势产业基地化“三优三化”战略，以新港产业集聚区、专业园区和农民特色创业园为支撑，持续推进干道经济向园区经济转变、产业“小而全”向主导产业突出转变，着力打造中部现代工业新城。全年新开工15个项目，申报新入规上工业企业38家，规上工业企业增加值完成290亿元，增长6.5%。二是以“互联网+”为导向，做大现代服务业。积极承接郑州市场外迁，加快推进大型现代物流企业建设，依托庞大的实体店资源，构建“实体+网络+物流”OTO全渠道经营模式和线上线下无缝对接平台，以电子商务带动现代服务业的整体提升。全年现代服务业完成增加值281亿元，增长12%。三是以示范区建设为载体，做优都市农业。持续加快都市型现代农业示范区、高标准粮田优种示范区和红枣综合产业园区等“三大示范区”建设，大力发展都市生态农业、创意农业、乡村旅游等，切实提升农业的社会效益、规模效益和经济效益。全年规模以上农业龙头企业实现销售收入188亿元，农业规模经营化率达58%。

坚持城乡统筹，推进新型城镇化建设。围绕国家新型城镇化综合试点建设，按照“以建为主、提升品质、扩大成效”的要求，扎实推进城乡一体发展。完善城乡基础设施。按照“北进东连、统筹西南”的思路，加快推进城乡路网、水网、电网等一体化建设，城市承载能力显著提升。新修道路近130千米；新建污水处理厂3座，规划建设生活垃圾焚烧发电厂和垃圾填埋场，基本实现垃圾污水集中无害处理。提升城市建设品质。以美好家园新型示范社区建设为抓手，采取企业代建、政府自建、货币化安置等多种模式，实现了群众妥善安置、土地整理高效、房产库存消化的多重效果。全年新建续建社区52个，回迁群众5000余户。扎实做好试点工作。围绕试点八项重点工作，按照“五化”标准，落实新型城镇化“1+10”配套政策，打通城乡之间教育、养老、医保等制度通道，加快推进农民市民化进程。新型城镇化率提升1.5个百分点，达到63.5%。

【改革与创新】 2016年，新郑市坚定不移全面深化改革，深入实施开放创新双驱动战略，着力培育体制机制新优势，拓展开放发展新空间。

深化体制改革，全面提升行政效能。聚焦标志性、关键性改革举措，稳步有序推进各项改革。围绕完善领导机制，在市五次党代会后，及时调整了市委常委分工和四大班子领导分包联系乡镇情况，召开市委务虚会，认真研究制定新型城镇化、工业经济发展、对外开放、科技创新等三年行动计划；在总结重大项目推进领导分包等一线工作法经验的基础上，进一步梳理全市重大项目，建立健全了四大班子领导干部分包项目机制，促进了项目建设的快速推进。围绕四项重点工作，由四大班子主要领导任组长，分管领导任副组长，成立了经济运行、城乡规划等八个工作领导小组，各领导小组坚持深入一线、深入基层，对重点工作、重点环节加强督查，切实解决实际问题，形成了“党委统一领导、政府分工负责、人大、政协通力合作”的工作格局，有力推进了各项工作的顺利开展。围绕健全督查考核机制，整合市委督查室、市政府督查室、市机关效能监察投诉中心、市绩效考核办公室等4个机构，在全市范围内公开选拔班子成员和工作人员，组建市委市政府督查考核办公室，凝聚工作合力，形成了纵向到底、横向到边的大督查工作格局，开创了督查考核工作新局面。自市督考办成立以来，催办转办领导批示、市长热线等500余件，督办人大、政协建议提案近300件，有力保障了市委市政府决策部署的贯彻落实。围绕改革服务机制，以简政放权、放管结合、优化服务为导向，建立了现代化综合性政务服务中心，将49个职能部门、138项行政审批事项和253项公共服务事项集中办理，实现了行政审批服务工作顺畅运行。全年共受理办结事项94.8万余件，即时办结率达100%，减少了审批环节、简化了办事程序、提升了行政效能。

坚持开放创新，持续增强发展活力。全面提升开放水平。加大招商引资力度，充分利用举办黄帝故里拜祖大典等重要节点开展招商活动，大力开展“五职”招商、以商招商、驻点招商，新签约项目28个、签约金额464亿元，引进域外境内资金115亿元，实际利用外资2亿美元。持续推动“双创”工作。出台了一系列优惠政策，设立5000万元的创新创业专项资金，大力推动产学研融合发展。新建一批创新创业综合体和众创空间，入驻各类创业团队320余家，高层次人才队伍不断壮大，科技创新综合能力持续提升。创新要素运作模式。灵活采用PPP等融资模式，引入社会资金参与公共基础设施建设，全年融资到位资金132.5亿元。强化土地集约利用，大力推进“腾笼换鸟、腾笼换凤”，腾出更大发展空间，全年盘活闲置和低效利用土地74.67公顷。

【统筹发展】 2016年，新郑市统筹经济建设和社会发展的关系，充分利用有利条件，发挥自身优势，加大对社会事业的投入，积极应对发展面临的诸多挑战，开创了各项社会事业发展的新局面。

坚持保护生态，打造宜居宜业环境。牢固树立绿色发展理念，以“增加绿量、提升品质”为主线，科学布局城镇内部及周边绿地，加大出入市口、主要景观道路等关键节点的绿化力度，建立了互相交错、联系紧密的绿地系统。新建提升生态廊道近180千米，森林覆盖率和城市建成区绿地率分别达29.6%、35.7%。按照“市区河道景观化、郊区河道生态化”的标准，开展“水清河美”“城市河流清洁”行动，高标准推进潮河、黄水河等8条水系综合治理工程，市域水环境质量明显提升。

坚持加大投入，着力保障改善民生。扎实做好“民生十件实事”，全年用于民生领域的财政支出达63亿元，增长30%。继续完善12年免费教育，新修、改扩建中小学、幼儿园14

龙泊圣地

所，市级公立医院主体已完工，城乡居民健康档案建档率达97%。深入实施“双免”工程，累计开展各类就业培训197期、2.5万人次；培育发展国家级农民合作示范社1家、省级2家，带动农民增收10%以上。

坚持打造品牌，促进文化新郑建设。成功举办丙申年黄帝故里拜祖大典、第十届黄帝文化国际论坛、“月是故里明”中秋拜祖音乐大典等活动，黄帝文化品牌影响力不断扩大。大力实施“百千万”文化惠民工程，深入开展第三届群众文化艺术节，积极举办广场舞、剪纸、书画等各类文化活动。全年共举行“百场演出送农民”、百姓大舞台广场文化活动等4000余场。举办“中华枣乡风情游”、第十一个“文化遗产日”等活动，加快旅游精品工程建设，大力培育特色旅游村，龙湖镇西泰山村被评为“中国乡村旅游模范村”。

坚持规范提升，完善网格化管理机制。按照“深化规范提升”的要求，严格落实固定下沉日、组团下沉机制和“三个三分之一”，出台痕迹化管理办法，推行痕迹化管理制度，整合30个职能部门2600余名下沉人员，组成“条主业、块用人”的基层综合管理队伍，共召开条块联席会116次，开展联合执法117次，联动解决重点疑难问题270起。对项目建设、信访稳定等工作进行“三色旗”评定，每月对各单位相关工作进行定量分析，有力推动了各项工作落实。

【基层法治促和谐】 2016年，新郑市坚持党的领导、人民当家做主和依法治理的有机统一，创新工作机制，狠抓措施落实，巩固发展民主团结、生动活泼、安定和谐的政治局面,凝聚各方智慧和力量。

支持市人大及其常委会依法履行职能。市人大及其常委会运用监督职能，积极推进市委中心工作。对城市精细化管理、开放创新等进行专题询问，对招商引资、项目建设、城市绿化等重点工作进行评议，听取和审议拆迁安置信访问题、工业经济发展、大气污染防治等工作报告；依法行使重大事项决策权和人事任免权，强化代表议案意见督办工作，全面加强乡镇人大工作和建设。全年市人大共听取和审议工作报告26项，组织集中视察、调研30余次，各项职能得到有效发挥。

坚持和完善中国共产党领导的多党合作和政治协商制度。定期就重大决策向民主党派、工商联和无党派人士通报情况、听取意见。市政协及其常委会主动服务全市工作大局，认真履行政治协商、民主监督和参政议政职能，深入重点项目进行督导，围绕智慧社区建设、城市精细化管理、生态水系建设等开展专项监督、调研视察，围绕精准扶贫、双创工作等专题议政、建言献策。全年共组织委员撰写提案195件，立案152件，全部办理完毕，进一步提升了履职实效，促进了各项工作开展。

巩固发展最广泛的爱国统一战线。加强与各民主党派、工商联和无党派人士的团结合作。落实“亲”“清”要求，积极构建新型政商关系，促进非公有制经济健康发展。扎实做好民族、宗教、对台等工作，切实维护民族团结、宗教和谐。积极推进群团改革发展，着力解决“机关化、行政化、贵族化、娱乐化”等突出问题。坚持党管武装原则，深入开展以爱国主义为核心的全民国防教育活动，军民融合式发展成效突出，蝉联七届省“双拥”模范城和九届郑州市“双拥”模范城。

加强和创新社会治理。压实各级领导班子、领导干部维护一方稳定、确保一方平安的政治责任，实现了不发生重特大安全生产事故、大规模群体性事件和恶性案件、持续负面舆论炒作的目标。深入推行依法逐级走访，严格落实领导接访制度，着力抓好信访积案化解、信访信息化建设等工作，维护了群众的合法权益。广泛开展“平安家庭”“平安学校”“平安企业”等各领域、各层面的平安细胞创建活动，连续被评为郑州市平安建设工作先进县（市）。全市人民调解组织调解各类矛盾纠纷1万余起，调解成功率达90%。深化以“法律六进”“七五”普法为载体的普法工作，依法打击各类违法犯罪活动，人民群众安全感不断提升，再次被评为全国法治县（市）区创建活动先进单位。

【从严治党】 认真贯彻落实上三级关于全面从严治党的安排部署，进一步坚定理想信念，树牢群众观点，转变工作作风，全面提升党建科学化水平。

加强理想信念教育。广泛开展群众性主题教育活动，在郑州日报、新郑新闻、新郑政府网等开辟专题栏目，深入开展中国特色社会主义、社会主义核心价值观、优秀传统文化等宣传教育，不断增强“四个自信”。精心组织庆祝中国共产党成立95周年、纪念红军长征胜利80周年等重大主题宣传，营造了“爱党、护党、拥党”的浓厚舆论氛围。以“轩辕大讲堂”“百姓宣讲直通车”等为载体，把党的创新理论送到企业、校园、社区等基层一线。严格落实上级关于意识形态工作责任制要求，坚持将引领意识形态工作与各项重点工作紧密结合，坚持定期分析研判意识形态领域形势，对重大舆情、重点情况、重要社情民意中的倾向性、苗头性问题，有针对地提出指导意见，及时做出安排。

加强基层党组织建设。建立完善市、乡、村三级公共便民服务平台，在15个乡镇（街道、管委会）、240个村（社区）全面推行在线管理平台工作，实现了便民服务平台全覆盖。按照“六步工作法”要求，挑选党务干部到软弱涣散村任第一书记，围绕存在问题建立台账，切实加强整改，全市25个软弱涣散基层党组织已全部完成整顿。实施党的组织和工作“双覆盖”工程，新建“两新”组织43个，全市应建已建率达100%。推行民主集中决策、网格代办服务制度和“四议两公开”“一征三议两公开”工作法，全年完成代办服务1.7万余件，运用两个工作法决议事项近3000个，提高了基层党支部领导班子议事决策的科学化、民主化水平。

加强干部队伍建设。把思想政治建设放在首位，大力实施“865”培训计划，共举办各类培训350余期、5万余人次，有力提升了干部队伍整体素质。坚持选派优秀干部到工作一线历练，先后抽调干部7批800余人次参与拜祖大典、脱贫攻坚、拆迁安置、大气污染防治等中心工作，有效提升了广大党员干部处理复杂矛盾和解决实际问题的能力。严格落实联席会议、谈心谈话、领导干部个人有关事项报告等制度，对违反会风会纪、中心工作落实不力的53名科级干部进行了约谈提醒，对6名科级干部进行了诫勉谈话。深化干部选拔任用制度改革，健全干部选拔任用程序和办法，实行“四凡四必”“一报告两评议”，开展自查自纠，认真倒查倒排，杜绝“带病提拔”现象发生，干部评议率达100%，进一步增强了干部监督管理的实效性。

加强换届监督检查。严格执行中央关于“九个严禁、九个一律”的纪律要求，科学谋划，强化领导，顺利完成了乡镇换届，选优配强了乡镇党委领导班子，为新郑今后发展提供了组织保障和政治保障。结合乡镇党委换届时间节点，成立了10个换届督导组全程督导，保证了换届工作有序开展。换届期间，共开展谈心谈话4批、663人次，发放各类换届纪律材料5.7万余份，未接到一起关于换届风气监督方面的举报，顺利通过了省委、郑州市委换届风气巡回督导组的检查验收。积极构建多元化、立体化监督体系，为市乡人大换届工作扎实推进做好充分准备。

2016年6月8日，新郑市召开全市廉政风险防控工作推进会

加强党风廉政建设。认真贯彻《廉洁自律准则》和《纪律处分条例》，严格执行领导干部个人有关事项报告、述责述廉、廉政谈话和离任审计等制度，推动监督执纪“四种形态”成为工作常态，形成了“不想腐、不敢腐、不能腐”的政治氛围。2016年，全市纪检监察机关共立案146件，党政纪处理146人，其中科级干部21人。市公共资源交易中心共办理各类业务621宗，成交金额144.7亿元，为政府增收节支53.4亿元，被评为全国公共资源交易十佳创新型机构。

（撰稿：刘宗霞　审阅：司中强）

重要会议

【市委党的群团工作会议】2016年1月3日，新郑市召开市委党的群团工作会议。刘建武、王效光、李书良等副县级以上领导干部，各乡镇（街道、管委会），市直单位负责人参加会议。会议学习贯彻中央、省委、郑州市委党的群团工作会议精神，并对做好当前和今后一个时期党的群团工作进行安排部署。市总工会、团委、妇联、科协等各群团组织先后发言。市委副书记、市长刘建武就贯彻中央、省委和郑州市委会议精神，做好新形势下党的群团工作提出要求：一要提高思想认识，切实增强做好新形势下党的群团工作的责任感和使命感。二要突出问题导向，不断提升党的群团工作水平和实效。三要加强党的领导，不断开创党的群团工作新局面。

【廉政教育专题党课暨党政领导干部廉政谈话会】2016年1月13日，新郑市召开2016年廉政教育专题党课暨党政领导干部廉政谈话会。刘建武、王效光、李书良、陈莉、王俊杰、彭立、刘德金、汤晓义、王保军、赵建武等副县级以上领导干部，各乡镇（街道、管委会），市直单位负责人参加会议。市委副书记、市长刘建武从履行全面从严治党主体责任为出发点，围绕当前党风廉政建设和反腐败斗争的形势作廉政教育党课。就加强节日期间的反腐倡廉建设工作强调，一要警钟长鸣，常抓不懈，时刻绷紧廉洁自律这根弦。二要加强自律，坚守底线，切实把好节日期间廉政关口。三要认真履职，落实责任，营造风清气正的政治生态。

【中共新郑市第四届委员会第九次全体（扩大）会议】2016年1月15日，中共新郑市第四届委员会第九次全体（扩大）会议召开。王广国、刘建武、王效光、王俊杰、彭立、刘德金、汤晓义、苗瑞光、王保军、秦彩霞、赵建武等出席会议并在主席台就座。市委书记王广国，市委副书记、市长刘建武分别作重要讲话。全会审议并原则同意《中共新郑市委常委会2015年度工作报告》《中共新郑市委2016年工作要点（讨论稿）》《新郑市国民经济和社会发展第十三个五年规划纲要（讨论稿）》。会议的主要任务是：深入学习贯彻中共十八大、十八届三中四中五中全会、中央经济工作会议、中央城市工作会议和省委九届十一次全会、省委经济工作会议及郑州市委十届十三次全会精神，总结“十二五”时期新郑市取得的重大成就，深刻领会“十三五”时期经济社会发展的指导思想和基本原则，认真分析当前形势，安排部署2016年及今后一个时期工作，动员全市上下瞄准新目标，树立新理念，推动新发展，努力开创临空经济强市建设新局面。全会强调，做好2016年工作，要重点抓好五个方面。一是全面提升新型城镇化工作水平，二是全面提升现代产业体系构建能力，三是全面提升开放创新层次，四是全面提升群众生活质量，五是全面提升城市发展软实力。

【第四届人民代表大会第五次会议】2016年1月26—28日，新郑市第四届人民代表大会第五次会议在市炎黄文化艺术中心举行。王广国、李书良、刘建武、王效光、陈莉、马国亮、王军生、孙阔、彭德成、郭明熙、王金灿、左建新、杨流、王海亮等主席团成员出席会议。本次会议应出席代表235人，实到代表216人，符合法定人数。市委副书记、市长刘建武作《政府工作报告》。报告共分三个部分：一是2015年工作回顾和“十二五”主要成就；二是“十三五”时期的指导思想、总体目标和战略举措；三是2016年政府工作的主要任务。2016年全市经济社会发展的主要预期目标是：地区生产总值增长9%，地方公共财政预算收入增长10%，主要工业增加值增长10%，全社会固定资产投资增长17%，社会消费品零售总额增长11%，农村和城镇居民人均可支配收入与经济增长同步，主要污染物化学需氧量、二氧化硫排放量削减率完成郑州市下达目标。努力办好10件为民实事。（1）集中财力实施教育提升工程，逐步解决入园难、大班额问题，新建4所、改扩建10所公办中小学校和幼儿园，提高公办幼儿园、小学、初中班主任生活补助标准至每人每月200元，高中班主任每人每月300元。（2）帮扶群众就业创业，新增城镇就业再就业6500人，转移农村劳动力1.65万人。（3）完善医疗服务体系，启动市级公立中医院建设和市妇幼保健院迁建工程，全面建成市级公立综合医院。（4）关心老年人生活，建设15个社区托老站，为符合条件的新郑籍60周岁以上听力障碍者免费发放助听器。（5）全面落实二孩政策，免费提供两孩生育保健服务，提升优生优育水平。（6）启动公共墓地建设，提供公益性免费骨灰盒，逐步降低群众殡葬负担。（7）完善城区交通设施，综合提升4条主干道，新建3座公共停车场，扩宽改造4个干道十字路口，在主要路口自行车道设置遮阳伞，实施玉前路机非分离改造。（8）完善基层文化活动场所，启动文化建设三年行动计划，建设10个乡镇（街道、管委会）综合文化站、110个村（社区）文化服务中心、6个村史馆。（9）开建双洎河生态景观带工程，为城区南部群众打造环境优美的休闲场所。（10）完善便民服务设施，启动仓城路、洧水路综合市场建设，完成市乡村（社区）三级便民服务中心建设。市人大常委会主任李书良向大会作市人大常委会工作报告。大会听取了议案审查委员会所做的议案、建议、批评和意见的报告；表决通过了政府、计划、财政、人大、“法检”两院六个工作报告决议及“十三五”规划纲要决议。

【新型城镇化暨生态建设动员大会】2016年2月16日，新郑市召开新型城镇化暨生态建设动员大会。市领导刘建武、王效光、李书良、马国亮、王俊杰、彭立、刘德金、汤晓义、苗瑞光、王保军、秦彩霞、赵建武等参加会议。会议传达郑州市生态建设和环境治理工作动员大会、城市精细化管理20项重点工作讲评推进会会议精神，并安排部署下一步各项工作。

【市纪委四届六次全会暨市委党务工作会议】2016年3月3日，市纪委四届六次全会暨市委党务工作会议召开。市领导王效光、李书良、马国亮、王俊杰、彭立、刘德金、汤晓义、王保军等参加会议，市委副书记王效光主持。市委常委、纪委书记王俊杰代表市纪委常委会做工作报告。报告总结回顾2015年全市党风廉政建设和反腐败工作，研究部署2016年工作任务。会议表决通过市纪委四届六次全会报告，并对2015年全市纪检监察工作先进集体和个人等进行表彰。市委副书记、市长刘建武要求,一要站位全局、强化认识，正确把握做好党务工作的新要求。二要惩防结合、构建机制，深入推动党风廉政和反腐败工作。三要围绕中心、服务大局，努力开创党务工作新局面。四要从严要求、履职尽责，打造过硬党务工作队伍，解放思想，开拓创新；加强领导，落实责任；提升素质，建好队伍；加强考核，督促落实。

【2015年总结表彰暨丙申年拜祖大典筹备工作动员会】2016年3月10日，新郑市召开2015年总结表彰暨丙申年黄帝故里拜祖大典筹备工作动员会。市领导刘建武、李书良、马国亮、王俊杰、彭立、刘德金、汤晓义、苗瑞光、王保军、秦彩霞等参加会议，市委常委、纪委书记王俊杰主持。市领导彭立、汤晓义、王保军分别宣读关于表彰2015年度绩效考核先进集体和先进个人、2015年度"坚持依靠群众推进工作落实"长效机制工作先进单位和先进个人，以及乙未年黄帝故里拜祖大典工作先进集体和先进个人的决定，并对获奖单位和个人进行颁奖。市委副书记、市长刘建武要求，一要肯定成绩、坚定信心，切实增强干事创业的责任感和使命感。二要突出重点、强力推进，着力实现"十三五"良好开局。三要精心谋划、拔高标准，确保丙申年拜祖大典圆满成功。四要强化保障、抓好落实，确保全年目标任务顺利完成。

【城市精细化建设管理重点工程观摩讲评会】2016年3月22日，新郑市召开城市精细化建设管理12项重点工作观摩讲评会。刘建武、王效光、李书良、马国亮、王俊杰、彭立、刘德金、汤晓义、苗瑞光、王保军、秦彩霞等副处级以上领导干部参加观摩或出席会议。会前，与会人员对龙湖、郭店、孟庄、新村等乡镇办的城市精细化建设管理12项重点工作进行了观摩，听取各负责人对管辖辖区工作开展情况介绍，了解主要经验做法和下步打算。辛店镇、郭店镇、孟庄镇、薛店镇和市环保局分别汇报下步工作打算。市领导关民安、乔琳、秦洪源分别就大棚户区拆迁改造、大气污染及扬尘治理，县以下新型城镇化建设、高速公路和干线公路两侧村庄拆迁改造、市域生态廊道建设，安置房建设等工作行了点评和部署。

【工业科技安全生产暨质量强市工作会议】2016年3月23日，新郑市召开工业科技安全生产暨质量强市工作会议，市领导刘建武、秦彩霞、左建新、李猛等参加。会议总结新郑市2015年工业科技安全生产暨质量强市工作情况，安排部署2016年工作。会议宣读2015年度工业、科技、安全生产、质量强市工作中先进集体和先进个人的表彰决定。各乡镇办、管委会递交安全生产目标责任书。市委副书记、市长刘建武强调，在安全生产工作中，要严把死守，强力整治，确保安全生产形势持续好转，要夯实基层基础，突出监管队伍建设，强化依法监管，按照全覆盖、零容忍、严执法、重实效的要求，进一步加大对重点行业、重点区域的专项整治力度，突出抓好道路交通安全、危险化学品、建筑安全和公共聚集场所安全，持续加强各级安全培训，完善监管机制，严防安全事故发生。

【政法信访稳定暨依法治理工作会议】2016年4月5日，新郑市召开政法信访稳定暨依法治理工作会议,市领导刘建武、王效光、赵建武、彭德成、张富永、张全民等参加,市委副书记王效光主持。会议传达上三级政法工作会议精神，对2015年先进集体及个人进行表彰；各乡镇、街道办、管委会递交平安建设目标责任书、信访稳定目标责任书；公安局、梨河镇、新华办、龙湖镇泰山村分别作典型发言。

【第十届黄帝文化国际论坛】2016年4月7日至8日，第十届黄帝文化国际论坛在新郑市西亚斯国际学院举行。第十届黄帝文化国际论坛由中华炎黄文化研究会、中国先秦史学会、中华黄帝故里建设促进会、郑州市人民政府、政协郑州市委员会主办，新郑市人民政府、河南省黄帝故里文化研究会承办，央视著名策划人朱海担纲策划，央视著名主持人陈铎和刘芳菲担纲主持。

【丙申年黄帝故里拜祖大典在黄帝故里举行】2016年4月9日，丙申年黄帝故里拜祖大典在黄帝故里景区隆重举行，民盟中央常务副主席陈晓光、十届全国人大常委会副委员长、中华炎黄文化研究会会长许嘉璐、台湾地区原副领导人、两岸共同市场基金会荣誉董事长萧万长、中华文化总会会长刘兆玄，台湾海峡两岸民意交流基金会董事长饶颖奇，民革、民盟、民建、民进、农工党、致公党、九三学社和全国工商联代表嘉宾，省、郑州市领导谢伏瞻、陈润儿、叶冬松、马懿、白红战、王璋，及新郑市领导刘建武、王效光等与海内外嘉宾一起参加拜祖大典仪式。政协河南省委员会主席叶冬松致辞，大典分为九项仪程。十届全国人大常委会副委员长、中华炎黄文化研究会会长许嘉璐恭读拜祖文。

【环境保护工作会议】2016年4月15日，新郑市召开环境保护工作会议，市领导刘建武、郭明熙、关民安、李建国、陈春环等参加会议。市委副书记、市长刘建武要求，结合2016年环保目标，标本兼治，综合治理，下定决心，务求实效，齐心协力做好环保工作；要突出重点，把握关键，紧紧围绕"水、大气环境质量目标和污染减排目标"三大目标，确保环境治理工程项目按时完成建设任务；要严格落实环境整治的各项措施，进一步强化管理，齐抓共管，严格督查。乡镇办、管委会和有关部门递交了环保目标责任书。

【城市精细化建设管理12项重点工作观摩讲评会】 2016年4月20日，新郑市召开城市精细化建设管理12项重点工作观摩讲评会。会前，市领导刘建武、王效光、李书良等带领各乡镇、街道办、管委会和相关局委负责人到部分社区、拆迁、建设现场实地观摩并听取汇报。会议分别就安置房建设，县以下新型城镇化建设及高速公路、干线公路两侧拆迁改造、市域生态廊道建设，招商引资工作，大棚户区拆迁改造、“三级三类”市民服务中心建设和大气污染防治等工作进行点评和部署。龙湖、新村、孟庄、城关乡分别作经验介绍；具茨山管委会、观音寺镇、梨河镇等作表态发言，分别围绕各自承担的工作，找差距、说想法、谈计划。

【“两学一做”学习教育工作会议】 2016年4月28日，新郑市召开“两学一做”学习教育工作会议。刘建武、王效光、马国亮、刘德金、汤晓义、苗瑞光、王保军、秦彩霞、赵建武等参加会议，市委副书记王效光主持会议。市委常委、组织部长刘德金传达中央、省委和郑州市委“两学一做”学习教育工作会议有关精神。“两学一做”指的是“学党章党规、学系列讲话，做合格党员”。

【全省住房工作暨棚改货币化安置工作现场会】 2016年5月6日，全省住房工作暨棚户区改造货币化安置现场会在新郑市举行。副省长赵建才出席会议并讲话。会前，副省长赵建才带领与会人员到新郑部分社区，详细了解新郑市棚户区改造货币化安置工作开展情况。省住房和城乡建设厅负责人通报了全省一季度商品房市场形势及1至4月份保障性安居工程建设进展情况，市委副书记、市长刘建武对新郑市棚户区改造货币化安置工作经验进行介绍。赵建才指出，各相关部门要紧盯保障房工程进程，积极创新工作思路，多措并举，促进农民落户进城；要加强调控，完善配套设施、提升物业管理水平，完善购租并举的住房制度,切实把棚户区改造这一重大民生工程建成民心工程，让群众得实惠，不断提升新型城镇化水平，为保障和改善民生、促进经济社会发展作出更大贡献。

【城市精细化建设管理12项重点工作观摩讲评会】 2016年5月24日，新郑市召开城市精细化建设管理12项重点工作观摩讲评会，市领导刘建武、王效光、李书良、刘德金、汤晓义、苗瑞光、郭明熙、乔琳、张富永、秦洪源、周建超等参加观摩或讲评会。会前，市领导刘建武、王效光带领各乡镇、街道办、管委会和相关局委负责人到中心城区新区常庄村、新烟办人民路与解放路十字景观带、孟庄镇肖庄村拆迁现场、龙湖镇崔垌村安置房建设现场、具茨山社区、梨河镇翠绿农业等地进行观摩，听取各负责人对管辖辖区工作开展情况介绍，了解主要工作做法和下一步工作计划，在各观摩点，刘建武要求参加观摩人员认真取经，因地制宜，加以学习，形成比学赶超的良好氛围。和庄镇、龙湖镇、新烟街道办分别围绕各自承担的工作，找差距、说想法、谈打算。市领导汤晓义、苗瑞光、乔琳、秦洪源分别就大棚户区拆迁改造；大气污染及扬尘治理；县以下新型城镇化建设、高速公路和干线公路两侧村庄拆迁改造、市域生态廊道建设；招商引资工作等工作进行点评和部署。

2016年5月6日，全省住房工作暨棚改货币化安置工作现场会

【脱贫攻坚推进工作会】 2016年6月24日，新郑市召开脱贫攻坚推进工作会，市领导刘建武、王效光、孙阔、乔琳、林俊伟等参加。会议传达贯彻省、郑州市关于脱贫攻坚会议精神，回顾总结新郑市脱贫攻坚工作开展情况，分析面临的形式和问题，并对下步扶贫工作作出安排部署。市委副书记、市长刘建武提出三项要求，一是认识再提升。充分认识脱贫攻坚是中央、省委、郑州市委在全面建成小康社会进入决胜阶段部署的第一民生工程，是各级党委、政府执政为民的关键环节，是让群众过上美好生活的迫切要求，确保不折不扣完成脱贫任务。二是措施再精准。精准识别，逐个排查；精准扶持，确保效果，因地制宜，因人而异，对异地扶贫搬迁要加强就业培训，扶持地区产业发展，解决好后续生计问题，确保搬得出、稳得住、可致富；精准退出，做到退有保障。三是责任再强化，加强领导，层层传导；部门联动，形成合力，严格督导，落实责任，全力推进

脱贫攻坚工作，确保2016年脱贫攻坚战的胜利。

【庆祝中国共产党成立95周年大会】2016年6月30日，新郑市在炎黄文化中心隆重召开庆祝中国共产党成立95周年大会，刘建武、马志峰、王效光、李书良、马国亮等市四大班子领导出席。市委副书记王效光宣读《新郑市获得郑州市先进基层党组织、优秀共产党员、优秀党务工作者名单》《中共新郑市委关于表彰先进基层党组织、优秀共产党员、优秀党务工作者和优秀村（社区）党组织书记的决定》，对中共新郑市龙湖镇委员会等100个先进基层党组织、周鹏等87名优秀共产党员、张慧芸等48名优秀党务工作者、乔宗旺等44名优秀村（社区）党组织书记进行表彰。先进基层党组织代表梨河镇党委书记刘奎志，优秀村（社区）党组织书记代表泰山村党总支部书记乔宗旺，优秀共产党员代表市豫剧文化演艺中心主任曹会敏在会上作典型发言。

【中国共产党新郑市第五次代表大会】2016年7月8—9日，中国共产党新郑市第五次代表大会在炎黄文化中心召开。大会执行主席刘建武、马志峰、王效光、李书良、马国亮、王俊杰、徐卫东、苗瑞光、王保军、黄卫东、秦彩霞、赵建武、王智明、秦洪源、李志强在大会主席台前排就座。大会开幕式由马志峰同志主持。本次大会应到代表357名，实到会代表343名，符合规定人数。本次会议的主题是：认真贯彻落实中共十八大、十八届三中四中五中全会和习近平总书记系列讲话精神以及中央、省委、郑州市委各项决策部署，全面回顾总结五年来新郑市取得的重大成就，客观分析当前形势，安排部署今后五年主要任务，动员全市上下瞄准新目标，抢抓新机遇，推动新发展，努力开创现代田园临空经济强市建设新局面。刘建武同志代表中国共产党新郑市第四届委员会向大会作《勇于担当谱新篇 真抓实干铸辉煌 为建设现代田园临空经济强市而努力奋斗》的报告。会议以举手表决的方式，通过了《中共新郑市第五次代表大会关于中共新郑市第四届委员会工作报告的决议》《中共新郑市第五次代表大会关于中共新郑市第四届纪律检查委员会工作报告的决议》《党代表提案审查工作报告》、第五届市纪委一次全会选举结果的报告等。刘建武、马志峰、王效光、徐卫东、苗瑞光、王保军、黄卫东、秦彩霞、赵建武、王智明、秦洪源当选为五届市委常委，刘建武当选为市委书记，马志峰、王效光当选为市委副书记。

【新郑市四届人大常委会召开第二十九次会议】2016年7月12日，新郑市四届人大常委会召开第二十九次会议,市人大常委会主任李书良，副主任王军生、孙阔、彭德成、郭明熙、王金灿、左建新、王海亮出席会议,市领导马志峰、王智明列席。会议决定接受刘建武同志辞去新郑市人民政府市长职务；表决通过了关于提请任免马志峰等4位同志职务的提请案；决定免去彭立、秦洪源同志新郑市人民政府副市长职务，决定任命马志峰为新郑市人民政府副市长、代理市长，王智明同志为新郑市人民政府副市长。会议听取审议并通过关于新郑市2016年上半年国民经济和社会发展计划执行情况、财政预算执行情况的报告及关于新郑市新型城镇化及美丽乡村建设情况的报告。

【四大班子老领导工作通报会】2016年7月21日，新郑市召开四大班子老领导工作通报会。市领导王效光、黄卫东、王智明等出席。市委常委、常务副市长王智明通报2016年新郑市上半年经济社会发展情况。与会老领导畅所欲言，各抒己见，并结合实际就相关问题提出了建设性的意见和建议。

【新型城镇化建设暨城市工作会议和生态环境治理暨大气污染防治工作推进会】2016年7月22日，新郑市召开新型城镇化建设暨城市工作会议和生态环境治理暨大气污染防治工作推进会，刘建武、马志峰、王效光、李书良、马国亮等副县级以上领导干部、各乡镇（街道、管委会）党政正职、市直单位主要负责同志以及市委市政府大气污染防治督查组各小组组长参加，市委副书记王效光主持会议。市委副书记、代市长马志峰传达了郑州市新型城镇化建设暨城市工作会议和生态环境治理暨大气污染防治工作推进会精神。副市长关民安对新郑市生态环境治理暨大气污染防治工作及新郑市迎接中央环保督察组相关工作进行安排部署。市委书记刘建武对新型城镇化建设工作和大气污染防治工作分别提出要求。

【市委务虚会议】2016年7月22日，市委书记刘建武主持召开市委务虚会议。马志峰、王效光、李书良、马国亮、徐卫东、苗瑞光、王保军、黄卫东、秦彩霞、王智明、秦洪源、李志强等副县级以上领导干部，各乡镇、街道、管委会党政正职及市直单位主要负责人参加。会议要求，认真贯彻落实新郑市五次党代会精神，分析当前经济社会发展现状，进一步理清思路，找准目标，强化措施，抓好落实，重点从“构建现代产业体系、提升开放水平、优化营商环境、破解发展瓶颈、推进新型城镇化建设”等方面进行交流研讨，积极为新郑市经济社会发展建言献策。市委副书记王效光，市人大常委会主任李书良，政协主席马国亮，市委副书记、代市长马志峰分别发言。

【大气污染防治攻坚促阵会】2016

年7月26日，新郑市召开大气污染防治攻坚促阵会，市领导马志峰、苗瑞光、王军生、关民安、缑云峰、乔琳、周建超、姜存国、李中俊、陈春环、林俊伟等和各乡镇（街道、管委会）党政正职及市直单位主要负责人参加。会议通报了前八批中央第五环保督导组交办问题及整改情况；宣读了《市委办公室、市政府办公室关于中央环保督导组交办问题查处情况的通报》。龙湖镇、郭店镇、环保局负责人依次就工作中存在的问题和下步工作谈想法，说打算。

【“两学一做”学习教育工作推进会】2016年7月27日，新郑市召开“两学一做”学习教育工作推进会，刘建武、马志峰、王效光、李书良、徐卫东、苗瑞光、王保军、黄卫东、秦彩霞、赵建武、王智明、李志强等参加。市委书记刘建武围绕《以四有标准 正心正形 争做新时期优秀党员领导干部》这一主题，从“心中有党，政治坚定，对党忠诚不动摇；心中有民，心系群众，为民服务不打折；心中有责，率先垂范，履职尽责不放松；心中有戒，做事规范，干净做事不含糊”等四个方面，为党员领导干部上了一堂生动的专题党题。会议决定在新郑市“两学一做”学习教育中，开展以“万名党员助环保”“千名干部助脱贫”为主要内容的党员干部“万千双助”专项行动。

【新郑市四届人大六次会议】2016年7月28日至29日，新郑市第四届人民代表大会第六次会议召开。7月28日，新郑市第四届人民代表大会第六次会议举行第一次全体会议，刘建武、李书良、马志峰、王效光、马国亮、王军生、孙阔、彭德成、郭明熙、王金灿、左建新、杨流、王海亮在主席台前排就座。大会执行主席、市人大常委会主任李书良主持会议。会议应到代表234名，实到208人，符合法定人数。市委书记刘建武代表大会主席团就市人大常委会主任、市人民政府市长候选人提名情况作说明。会议听取了大会主席团关于提名市人大常委会主任、市人民政府市长候选人情况的说明，表决通过了大会选举办法。7月29日，新郑市四届人大六次会议举行第二次全体会议。大会主席团成员在主席台就座。刘建武、李书良、马志峰、王效光、马国亮、王俊杰、王军生、孙阔、彭德成、郭明熙、王金灿、左建新、杨流、王海亮在主席台前排就座。会议由大会执行主席王效光主持。应到代表234人，实到代表213人，符合法定人数。会议通过无记名投票方式，选举王俊杰为新郑市第四届人民代表大会常务委员会主任，马志峰为新郑市人民政府市长。

2016年4月21日，新郑市委书记刘建武调研大气污染、水污染治理工作会议

【党政议军会】2016年8月1日，新郑市召开党政议军会，市委书记刘建武、市委副书记王效光等与新郑驻军部队领导欢聚一堂，共同庆祝中国人民解放军建军89周年。

【全市安全生产委员会全体（扩大）会议】2016年8月2日，新郑市召开全市安全生产委员会全体（扩大）会议，市领导马志峰、秦彩霞、王智明、关民安、缑云峰、乔琳、李猛、李建国等参加会议。市委副书记、市长马志峰就如何做好今后新郑市安全生产工作要求，要统一思想、清醒认识，切实增强责任感和使命感，认真查找安全生产工作中的薄弱环节和突出问题，加强安全防范，强化应急值守，紧盯重点环节、重点领域、重点时段，确保安全无事故。为经济社会持续快速健康发展营造良好安全环境。

【全市产业发展暨半年经济工作会议】2016年8月11日，新郑市召开全市产业发展暨半年经济工作会议。刘建武、马志峰、王效光、王俊杰、马国亮、徐卫东、苗瑞光、王保军、黄卫东、秦彩霞、赵建武、王智明、秦洪源、李志强等全市副县级以上领导干部出席，各乡镇、街道、管委会党政正职；市直各单位及各垂直单位主要负责人参加会议。市委副书记、市长马志峰通报2016年上半年经济工作情况，安排部署下半年工作。郑州新郑教育园区、中原食品工业园区、新港产业集聚区、辛店煤炭循环经济产业园区、新郑新区、商务局、发改委、工信委、扶贫办等单位分别结合各自工作任务作表态发言。

【首次重大项目建设联审联批推进会】2016年8月11日，新郑市召开首次重大项目建设联审联批推进会暨第七次企业服务联席办公会，市领导刘建武、马志峰、秦彩霞、王智明、李猛等参加。会议听取金星啤酒、裕港中德产业园、遂成药业股份有限公司、中原工学院大学科技园等7家企业负责人关于企业发展和推进中在证件办理、土地、道路和环评等方面所存在问题的汇报，各相关单位围绕进一步加快项目建设提出意见和建议。

【新型城镇化新三年行动计划任务制定工作推进会】2016年8月11日，新郑市召开新型城镇化新三年行动计划任务制定工作推进会，市领导刘建武、马志峰、王效光、苗瑞光、关民安、乔琳、周建超、苏铁林、陈春环、林俊伟等参加。会议听取新郑市新型城镇化建设新三年行动计划（讨论稿）的修改情况说明，各相关单位、乡镇、景区管委会分别结合各自工作，就相关问题进行讨论研究。市委书记刘建武指出，全市各相关单位深刻领会中央、省、郑州市关于新型城镇化工作的战略意图，以创建国家新型城镇化示范城市为目标，围绕地铁2号延长线站点建设、特色小镇、水域治理、海绵城市、安置房、农民创业园等未来三年新郑市新型城镇化工作重点，进一步分解任务，梳理清单，坚持规划引领，科学有序推进新型城镇化，持续提升城乡环境质量、人民群众生活质量和城市综合竞争力。

【四项重点工作观摩讲评会】2016年8月23日，新郑市召开四项重点工作观摩讲评会。市领导刘建武、马志峰、王效光、苗瑞光、王保军、黄卫东、秦彩霞、赵建武、王智明、秦洪源、关民安、缑云峰、乔琳、周建超、李猛、陈春环、王秀业、林俊伟等参加，市委副书记王效光主持会议。

【2016年教师节庆祝暨表彰大会】2016年9月9日，新郑市2016年教师节庆祝暨表彰大会在炎黄文化艺术中心举行。市领导刘建武、马志峰、马国亮、王保军、王智明、王金灿、缑云峰、王海民等出席。会议总结回顾上一学年教育事业领域取得的成绩，并对下一阶段教育工作进行安排部署。会议宣读了《关于表彰2015—2016学年教育工作先进集体和先进个人的决定》和《关于表彰2015—2016学年师德先进个人的决定》，并为先进集体和个人颁奖。

【望京新城项目建设推进会】2016年9月14日，新郑市召开望京新城项目建设推进会，市领导刘建武、马志峰、王保军、王智明等参加。市委书记刘建武要求，项目涉及单位及业主单位、新村镇要统一思想、提高认识，进一步增强责任感、紧迫感，把该项目作为重中之重，加大建设力度；规划部门要会同业主单位尽快依法依规调整总体规划和控制性详细规划，加快推进项目“七通一平”基础设施及功能配套建设；国土资源部门要扎实做好相关工作，最大程度降低投资成本和举债风险；龙湖教育园区要加强与河南国土开发建设有限公司的沟通，完善合作模式，实现共建共赢，共同发展。

【工业经济科技创新暨招商引资动员大会】2016年9月22日，新郑市召开工业经济科技创新暨招商引资动员大会。市领导刘建武、马志峰、马国亮、徐卫东、苗瑞光、王保军、黄卫东、秦彩霞、赵建武、王智明、秦洪源等副县级以上领导干部，各乡镇（街道）、管委会党政正职及分管工业经济、科技创新、招商引资工作副职，市直单位、各垂直单位行政正职，各行政村（社区）村（居）委会党组织书记、主任，281家规模以上工业企业负责人，20家创新型企业、创新创业综合体及驻新郑高校科技处负责人参加。会议回顾总结新郑市工业经济科技创新以及招商引资工作情况，准确把握面临的经济形势和发展环境，对全市工业经济、科技创新、招商引资等工作进行安排部署。和庄镇、住建局、中德医疗产业园、瑞孚医疗产业园等相关单位和企业代表作表态发言。会议宣读《新郑市人民政府关于鼓励和扶持创新创业的实施意见》《新郑市人民政府关于印发新郑市招商引资奖励办法的通知》《新郑市人民政府关于支持工业经济稳增长调结构促转型实施意见》等3个文件。

【市委中心组举行专题学习会议】2016年9月30日，市委中心组举行专题学习会议，刘建武、马志峰、王效光、王俊杰、马国亮等市四大班子领导、副县级以上领导干部，及各乡镇、街道、管委会党政正职，相关市直单位主要负责人等参加。市委副书记王效光传达学习郑州市第十一次党代会有关会议精神。

【八个重点工作领导小组工作调度会】2016年10月12日，新郑市召开八个重点工作领导小组工作调度会，市领导刘建武、马志峰、王俊杰、王保军、赵建武、王智明、秦洪源、李志强等副县级以上领导干部，各乡镇（街道、管委会）、相关市直单位及垂直单位主要负责人参加。市领导王保军、赵建武、王智明、秦洪源、关民安、李猛、林俊伟分别围绕各领导小组成立以来履职履责情况、工作推进情况、下步打算进行了汇报。市委书记刘建武针对各领导小组发言进行点评。

【黄帝故里景区改扩建修建性详细规划汇报会】2016年11月11日，新郑市举行黄帝故里景区改扩建修建性详细规划汇报会，市领导刘建武、马志峰、王俊杰、马国亮、秦洪源、董建山、李志强、缑云峰、乔琳等参加。北京清华同衡规划设计研究院专家针对黄帝故里景区的实际情况，就建筑风格、项目定位、规划设计等方面作汇报。

【黄帝农耕文化创意产业园发展规划专家评审暨研讨会】 2016年11月13日，黄帝农耕文化创意产业园发展规划专家评审暨研讨会在郑州举行，河南省委原书记、中央马克思主义理论研究和建设工程咨询委员会主任、中华炎黄文化研究会首席顾问、中华黄帝故里建设促进会名誉会长徐光春，国务院参事室新闻顾问、中央文史研究馆馆员、中华炎黄文化研究会特别顾问赵德润，中华黄帝故里建设促进会会长岳文海及新郑市领导马志峰、马国亮、李志强、关民安等参加。河南高发农业科技有限公司“黄帝农耕文化创意产业园”建设项目位于郭店镇，规划总面积约333.33公顷。北京大学文化产业研究院相关人员介绍了《黄帝农耕文化创意产业园发展规划》。来自中央财经大学、北京大学、北京工业大学、中国科学院等院校的知名专家学者对《黄帝农耕文化创意产业园发展规划》进行了认真、充分、深入、细致的评审研讨，从不同角度、不同层面对项目规划提出了许多富有建设性、指导性的意见和建议。

市委办公室工作

【概况】 2016年，市委办公室在市委的正确领导和大力支持下，紧紧围绕建设现代田园临空经济强市的总目标，强化参谋职能、搞好综合协调、做好后勤保障，团结务实、开拓创新，圆满完成了市委下达的各项目标任务。围绕中心，发挥参谋助手作用。围绕市委中心工作和上级总体部署，坚持站位全局、主动参与政务，精心管理事务、全力督查要务，持续提升服务，较好地履行了各项工作职责，取得了显著成效。在文稿起草方面，先后起草郑州市人代会、新郑市五次党代会、新郑市“两会”和市委全会等重要会议领导讲话文稿200多篇，撰写各类材料400多篇，共计300余万字，较好地贯彻了市委的决策思想。在政策研究方面，先后深入具茨山、城关乡、梨河镇等地深入调研，撰写《实施易地搬迁 加快综合开发 以精准扶贫推动脱贫致富奔小康》等专题调研报告6篇，《新郑政研》6期，被郑州市委评为调查研究工作先进单位。在信息上报方面，编发《新郑信息》74期、《领导参阅》36期，向省委、郑州市委办公厅上报信息700余条，郑州市委信息刊物采用64条，省委信息刊物采用21条。在公文处理方面，处理本级文件194份，办理明传电报280余份，传送机要件及上三级公文3800余份，借阅公文46次、58卷。被郑州市委办公厅评为《中共中央办公厅通讯》工作先进单位和《秘书工作》工作先进单位，被河南省委办公厅评为《中共中央办公厅通讯》工作先进单位、全省党内规范性文件备案工作先进单位。在督查考核方面，编发《督查通报》86期、《督查通知》9期、《专项工作简报》9期；共办理领导批示件14件、网民留言505条、郑州市长热线转办件2085件、新郑市长热线4815件、市长信箱564件，督办人大建议132件，督办政协提案152件，如期办结率均为100%。在会务综合方面，组织承办市委五次党代会、全市四项重点工作观摩等重大会议活动20余次，常规会议40余次，圆满完成了不同层次和规格的接待及会议活动组织工作，全市性工作会议明显减少。在公务接待方面，坚持实施提前制定接待方案、事先协调每个环节、事中全程跟进服务的机制，完成接待来宾246批、17599多人，接待人数同比增长1.5%，均实现零差错、无失误。在机要保密方面，切实加强对机要和保密工作的领导，不断加大人力物力投入，机要保密工作取得新成效，圆满完成了郑州市局下达的各项任务，保持了省和郑州市先进。在人事管理方面，扎实做好机关党建工作，圆满完成了上级党组织要求的各项党务工作，通过优中选优的方式推荐了3名发展对象，同时将4名素质较高的入党积极分子发展为预备党员。切实为老干部搞好服务，统筹推动各项工作落实。老干部、计划生育工作均获得新郑市先进单位。在网格化管理方面，基层四项基础制度与长效机制，运用两个工作法决议事项2976个，排查发现问题85765起，调处79496起，调处率92.7%，被郑州市评为“坚持依靠群众推进工作落实”长效机制工作先进县（市）区。在深化改革方面，按照上级全面深化改革要求部署，围绕经济体制、政治体制、文化体制等六个方面38条改革实施意见、229条改革事项，建立任务清单、逐项对照落实，深化改革工作实现稳步推进。

【综合工作】 2016年，紧紧围绕市委中心工作，按照科学化、规范化、制度化的管理要求，规范工作流程，加强工作统筹，扎实做好会务组织、接待服务、后勤保障、财务管理、车辆管理、通讯员管理等综合工作，不断创新工作方法，提高服务质量，圆满完成了各项工作任务。全年累计接转电话2.8万多次；接待来客来访420余人次，做到了文明礼貌、热情接待；收发报刊15300多份，处理信件1300多封，做到及时分发、做到无差错；坚决贯彻中央提出的精简会议精神，切实改进会风的总体要求，严格会议审批程序，坚持“认真、细致、严谨”的工作作风，围绕会前、会中、会后，分别制定了行之有效的会务组织工作标准，提高会议活动成效，确保会议活动实施顺畅、不出差错；严格按照中央八项规定规范公务接待工作，按照精心组织、周密安排、热情接待、周到服务的总体要求，制定详细、妥善的工作方案和预案，确保接待工作不出任何纰漏，全年承办重大接待活动约30次，完成了不同层次和规格的接待及会议活动组织工作。

【文秘工作】2016年，围绕全市经济社会发展大局，主动适应形势的变化和要求，通过加强学习打基础、创新措施搞服务、强化管理筑保障，求真务实、扎实工作，圆满完成了各项任务。围绕多出精品、搞好文字服务，着眼高、精、深、细，坚持深入调研、准确把握意图、严谨谋篇布局、透彻分析问题、精炼遣词造句，文字材料质量不断提高。先后起草各类重要讲话200余篇，撰写各类材料近400篇，共计300余万字。围绕争创一流、搞好会务服务，先后完成中国共产党新郑市第五次代表大会、市委五届一次二次全会等各种会议的服务工作，印发会议纪要4篇。围绕搞好沟通协调，组织好调研及接待等活动，参与国家发改委调研和国家土地督察济南局督查调研、黄帝故里拜祖大典等全市重大活动筹备工作，服务市委主要领导调研20余次。

【文电工作】2016年，文电科紧紧围绕市委中心工作，认真执行《中国共产党机关公文处理条例》《党政机关公文处理工作条例》在准确、及时、安全、保密的基础上，不断强化精品意识、完善规章制度、规范运转程序、严格质量标准，扎实做好了公文处理、明传电报办理、机要件及印鉴管理等工作。全年共处理本级文件194份，办理明传电报280余份，传送机要件及上三级公文3800余份，借阅公文46次、58卷。强化制度约束，保证公文质量；强化精品意识，严把发文各个关口，维护公文权威；强化素能提升，为公文处理规范化工作奠定坚实的基础；强化档案和印鉴管理，实行专人专管，保证安全使用。在上三级来文的处理上，坚持及时办理发送，及时传阅，及时收回，做到不传丢一份文件。

【信息调研工作】2016年，紧紧围绕市委中心工作及阶段性重点工作，以“及时、准确、全面、优质”为目标，创造性开展信息调研工作，提高质量，突出特色，信息业务及其他各项服务领导工作保持良好发展态势。持续强化业务学习。坚持办公室例会及周五科室学习讨论制度，认真学习上级和新郑市领导重要讲话及重要文件，提高理论水平，把握政策导向，提前谋划各个时期信息编报重点，确保信息工作针对性强，目标明确。持续提升信息质量。紧紧围绕领导决策需求和各个阶段工作重心，高质量编辑不同层次信息，对上抓好宏观性、全局性信息报送，对本级抓好动态性、预警性、前瞻性和随机性信息报送，对下抓好上级和本级重要精神的及时传达，区分层次、明确需求，增强信息流向目的性，提高党委信息使用价值。持续健全信息网络。强化基层信息队伍建设，严格推行信息采用分项登记制和通报制，对重点信息报送单位采取定期、分系统、有计划地召开各部门信息员例会、座谈会和信息讲评会，基层信息员业务素质和工作技能得到显著提高。2016年，信息调研科累计向省委、郑州市委办公厅上报信息700余条，其中省级刊物采用21条，《郑州信息》采用单条64条、专期5篇，《信息调研》采用6篇，编发本级刊物《领导参阅》36期，《新郑信息》74期，撰写调研报告3篇。

【督查工作】2016年，开拓进取、动真碰硬、真督实查，通过督查提升干部素质，转变工作作风，优化发展环境，在全市形成风清气正、干事创业的良好氛围。决策督查重“效”。全力抓好贯彻执行中央八项规定工作，扎实开展城市精细化建设管理12项重点工作，将市领导分包的140项重点项目分门别类建立台账，明确责任，细化任务，联合相关职能部门采取听取汇报、查验资料、实地查看等方式，持续督查，找出问题，一线协调解决，确保重大决策不棚架、重点项目不落空、重要工作不走样。专项查办提“质”。按照“批必查、查必清、清必办、办必果”原则，高标准做好上级领导批办、交办事项，确保事事有着落、件件有回音。为民解忧保“常”。以书记信箱信件、人民网网民留言板等为抓手，理顺工作机制，及时转办市民群众反映的问题，持续跟踪督查，实地调研，确保群众诉求得到落实、热难点问题得到解决。作风转变务“实”。厘清效能督查工作思路，完善制度，对各单位办事窗口、工作人员的工作效能、服务质量、工作纪律等情况进行明察暗访，对违纪人员进行责任追究。元至9月份，市委督查室积极参与市委重大决策及全市各项中心工作的督促检查，认真落实领导交办的各项工作，共编发《督查通报》27期、《督查通知》17期、《督查周报》24期、《专项工作简报》11期，办理郑州市委领导批示1件、新郑市委领导批示2件，办理《郑州市委工作部署》8期，办理网民留言27件，督促办理人大代表建议132件、政协委员提案152件。

【机要工作】2016年，认真履行密码通信“生命线、保障线、指挥线”职责，确保了中央、省、市指示、政令通畅。认真抓好以紧急重要电报为重点的各类电报办理工作，全年没有发生一起错办、误办、漏办事件；加大应急移动通信系统建设，不断提升随行服务能力，确保上级指示、政令在任何时间、任何地点、任何情况下畅通；认真做好党务内网管理工作，加强对全市党务内网终端单位进行检查指导，确保全市党务内网安全、畅通；严格密码管理，按照“四查”工作制要求，确保密码绝对安全。2016年度被评为全省机要密码工作先进单位，全省机要密码工作宣传报道先进单位，郑州市密码宣传报道工作先进单位。

【保密工作】按照科学化、制度化、规范化、长效化的“四化要求”，着力抓好宣传教育、制度完善、督促检查、科技创新、队伍建设、责任落实“六项重点”，圆满完成了保密工作各项任务，全市保密事业得到了长足发展。一是把宣传教育贯穿始终，营造了知法守法的浓厚氛围。深入贯彻落实“七五”保密法制宣传教育工作规划，充分发挥党校、学校宣传主阵地作用，广播、电视、网站、报刊等媒体导向作用，面向社会、面向社区，开展多种形式的保密专题宣传、培训和警示教育等活动，大力宣传保密法律法规，形成了“知法、守法”的良好氛围。积极向《河南保密工作》《郑州保密工作》等刊物投稿10余篇。二是把制度建设贯穿始终，建立了较为规范的管理体系。按照上级要求，结合新郑实际，出台印发了《新郑市保密工作制度》汇编，对密级文件管理、涉密计算机和涉密移动存储介质及涉密网络保密管理、非涉密计算机和非涉密储存介质保密管理、互联网发布信息保密管理、定密工作、涉密载体销毁工作等做出明确规定，并对全市各单位发放，实现规范化管理，保密管理工作更加规范化、制度化。三是把督促检查贯穿始终，监督管理严格规范，促进保密工作科学化、规范化、常态化。从法定假日到传统节日、从中考前会考到中考高考、从重要接待到大型会务活动再到丙申年黄帝故里拜祖大典活动，我们一直把督促检查贯穿于保密工作始终。把转发文件、短信提醒、单位自查、定期检查作为保住秘密的常规武器；把严格检查标准、强化检查效能作为落实工作的杀手锏；集中开展了非涉密网络检查，涉密网络核查，2016年保密工作普查，中招、高考期间专项检查，中央文件专项清理等专项检查活。四是把完成阶段性工作贯穿始终，切实提高综合能力。

【人事工作】以人事工作“制度化、科学化、规范化”为抓手，不断深化机制创新，先后建立健全人事进出审查、在职人员学习培训、目标考核评价等制度；严格办理程序，强化监督考核，有序的推进了人事制度上台阶、上水平；不断加强档案管理，对办公室干部职工的个人基本情况、工资、统筹、医保等各类信息实行数据库管理；规范档案内容，使各类人事信息做到归属清晰、内容完整、查阅迅速、便捷高效；配合人力资源部门做好2016年全市养老统筹体制改革工作。扎实做好机关党建工作，圆满完成了2016年上级党组织要求的各项党务工作，通过优中选优的方式推荐了3名发展对象，将4名素质较高的入党积极分子发展为了预备党员。切实对老干部搞好服务，各项工作取得显著成效。老干部、计划生育工作均获得新郑市先进单位。

【政研工作】2016年，市委政研室围绕建设现代田园临空经济强市的目标，突出参谋助手作用，围绕打造实力、宜居、活力、幸福、美丽、文化、平安“七个新郑”开展专题调研，为市委主要领导科学决策提供第一手材料，真正做到了参在节点、谋在关键；始终发挥上下级之间的沟通协调作用，全力配合省委政研室、郑州市委政研室等上级部门的重大调研活动，上情下达、下情上报渠道畅通；牢牢把握全面深化改革的总方向，围绕经济体制、政治体制、文化体制等六个方面38条改革实施意见、229条改革事项，建立任务清单、逐项对照落实，深化改革工作实现稳步推进。全年共起草领导讲话、政策文件、调研报告、情况汇报等材料100余篇，编发《新郑政研》6期，其中《郑州工作》刊发4篇，被郑州市委办公厅评为优秀调研报告1篇，出色地完成了市委领导交办的重大调研任务和重要文稿的起草工作，被郑州市委评为调查研究（深化改革）工作先进单位。

2016年9月1日，新郑市委书记刘建武到市委办公室调研

【长效机制工作】按照持续"深化规范提升"这一主题，扎实推进基层四项基础制度建设，持续提升以网格化管理为载体的"坚持依靠群众推进工作落实"长效机制运行水平。深化条块融合，在"条"上强化力量下沉，在"块"上强化协调联动，在融合上强化痕迹化管理，严格落实"组团下沉""固定下沉日"和教育培训制度，召开条块联席会116次，开展联合执法117次，培训124期6930余人次。夯实基层基础，以省级基层四项基础制度建设示范点和郑州市长效机制与基层四项基础制度嫁接融合示范点为契机，突出常态长效为关键，全市运用两个工作法决议事项2976个，有效调处矛盾纠纷9991起，受理代办服务事项6500余件，公开三资管理、低保等信息14395条，实现长效机制与基层四项基础制度有效融合。强化服务保障，依托网格开展违法建设排查整治、打击非法集资、大气污染防治等专项整治工作，发动党员、各类网格人员参与"千名干部助脱贫""万名党员助环保"等专项活动，开展"一村（格）一警"工作，加快推进"一刻钟便民服务圈"建设，共排查出各领域矛盾问题9.72万起，调处9万起，调处率92.5%。严格考核奖惩，成立市级、乡镇办、职能部门、群众自治力量四支督查队伍，做好日常督查、联合督查和"三支队伍"稽查，持续开展月考核评价、季双向评议和"三色旗"评定，评出红旗122面、黄旗42面、黑旗8面，推动了工作落实。

（撰稿：刘宗霞　审阅：司中强）

组织工作

【概况】　中共新郑市委组织部位于新郑市人民路186号，设立于1948年11月，是隶属于新郑市委的工作部门，主要负责全市基层党组织建设、党员干部队伍建设、人才队伍建设、党员电教管理以及大学生村干部管理等工作。2016年，市委组织部围绕中心、服务大局，务实重干，创新创优，扎实开展"两学一做"学习教育，统筹推进干部、组织、人才各项工作和部门自身建设，持续提升组织工作科学化水平，为全市经济社会发展提供了坚强的组织保障和人才支撑。

【"两学一做"学习教育】 2016年，围绕"基础在学"依托"大数据+""党支部+""互联网+"三种方式，开展了分类领学、就近参学、远程送学，确保党员参学全覆盖。同时，建立制度常学，开展"戴党徽亮身份"活动，要求全市党员佩戴党徽上岗，亮明身份，明确基本行为规范，增强宗旨意识、公仆意识。把每月1日确定为"党员活动日"，要求党员以党支部为基本单位，自觉、按时、足额向党组织交纳党费，参加学习培训，开展志愿服务，推动了学习制度化、常态化。围绕"关键在做"，强化问题导向，把学习教育与全市阶段性中心工作有机结合，深入开展万名党员助环保、千名干部助脱贫"万千双助专项行动"。建立党员志愿者服务队570支，依托网格化管理平台，全市下沉党员1.3万余名，当好"宣传员、信息员、劝导员、监督员"，发现、上报污染问题2600余个，劝导污染行为1000余次，助推了空气质量好转。同时，选派1200名科级干部和一般干部与560个贫困户结成帮扶对子，扎实开展"六送"和"四助"，帮办各类实事893件，圆满完成了市委提出的2016年年底提前脱贫任务。围绕"重点在改"，在全市范围内召开高质量专题民主生活会，市委班子共查摆出问题7大类89条，制定了整改方案，建立了整改台账，确保了专题民主生活会达到严肃党内生活、解决问题、锤炼党性的效果。同时，开展作风纪律百日整顿活动，采取集中抽查、暗访等方式，对土地卫片执法、扶贫攻坚等十个重点领域进行督查，倒逼广大党员干部严明纪律、履职尽责，激发了干部工作积极性、主动性，推动了干部作风明显转变。

【干部队伍建设】 认真组织年度考核。制订了科级领导班子及领导干部年度考核实施方案，对各单位领导班子及其成员进行年度考核，对领导班子进行民主评议，对科级干部进行民主测评，全面了解每个班子当前运行状况和存在问题，为乡镇党委换届和日常干部调配提供了依据。育强干部队伍。以习总书记系列重要讲话精神和十八届三中、四中、五中、六中全会精神为重点，大力实施"865"培训计划，市、乡两级共举办各类培训350余期，培训干部5万余人次，提升了干部队伍整体素质。先后选派干部7批836人次参与拜祖大典、脱贫攻坚、拆迁安置、大气污染防治等中心工作，提升了党员干部实践能力。从严监督管理。认真落实领导干部个人有关事项报告制度，对填报不规范的责令整改、限期补报，安装《领导干部个人有关事项信息管理系统》，为开展党政正职个人事项抽查奠定了基础。对任职满三年、未进行过经济责任审计的16名部门"一把手"进行了离任和任中经济责任审计。严格落实联席会议、谈心谈话制度，对29名因违规出国（境）责任干部、责任领导和5名未能如期完成领导交办事项的党政正职进行了约谈；对13名因推动中心工作不力的干部进行了诫勉谈话。

【基层组织建设】 完善基层党建制度机制。注重运用现代信息技术等开展基层党建工作，建立完善了市、乡、村三级公共便民服务平台，提升了服务群众工作水平。在15个乡镇（街道、管委会）、240个村（社区）全面推行在线管理平台工作，实现了便民服务平台全覆盖。在一级网格推行民主集中决策制度，建立议事平台、公布议事内容、完善议事程序、公开决策结果、接受干部群众监督。在二级网格推行网格代办服务制度和“四议两公开”“一征三议两公开”工作法，先后完成代办服务1.7万件，运用两个工作法决议事项2976个。整顿软弱涣散基层党组织。按照“六步工作法”（选派整建队伍，吃透村情，联合“会诊”定案，开展集中整顿，评估验收问责，建立持续机制）要求，建立了整改台账，做到了“四明确一落实”（明确整改内容、标准、时间、责任人，落实具体推进措施），累计帮办惠民实事1793件，解决矛盾问题264个。25个软弱涣散基层党组织已全部整顿完成。实施组织工作“双覆盖”工程。推行区域化党建，在3个街道和50个社区全面推行街道大工委和社区大党委制度，构建了区域化党建新格局。开展“三集中三强化”活动，通过集中排查、集中组建、集中培训，强化机制、组织、队伍建设，实施党的组织和工作“双覆盖”工程，新建“两新”组织43个，完成任务的123%，全市应建已建率达100%。夯实基层党建保障。投入1070万元新建、改扩建15个村级活动场所，投资600万元打造45个便民服务场所，实现了基层组织活动场所“清零”任务。同时，在落实每村3万元党建经费、2万元服务群众经费、2.4万元村级办公经费的基础上，市财政拨付3275万元，按照不低于当地农民人均纯收入2倍的标准，全面提升村级干部工作报酬。建立服务群众专项经费制度，每年为全市50个社区，拨付1126万元专项经费和工作经费等，确保社区服务群众功能充分发挥。

【党员队伍建设】积极落实党内关爱机制。采取层层分包、结对帮扶等措施，帮助困难党员学技术、找工作、做生意，寻找致富门路。在七一、春节等重要节点，通过发放慰问金、物品等方式，对全市困难党员、老党员进行走访慰问，及时把党的温暖送到基层。截止2016年年底，累计走访慰问生活困难党员群众1200余人，建国前老党员40人，慰问基层党组织500余个，发放慰问金25.54万元。深入推进远程教育教学工作。利用新媒体优势，创造性推出“互联网站、手机软件、微信公众号”三位一体远教工作模式。升级改版“新郑党建网”，率先加入“全国党建云平台”，强化教育功能，提升了服务实效。做好“新郑基层党建”微信公众号图文推送工作，采用党员群众喜闻乐见的形式，定期推发图文信息，宣讲政策理论，解读大政方针，累计推送信息214期，使党员干部群众感受到学习教育“不出门”，学习方式“不单调”、党务服务“不打烊”的新型党建服务模式。不断夯实远程教育基础。联合联通公司，对全市远教终端接收站点、计算机示范站点、红色网络教育家园以及“智慧党建”试点村（社区）进行全面检修和整顿，提升了远程教育阵地建设水平。采用统一安装、统一培训、统一验收方式，升级改造第三批远程教育计算机示范站点12个；对已建成的“红色网络教育家园”加强规范管理，督促其认真开展活动，开展学用转化，充分发挥教育服务党员群众的职能作用。

【人才队伍建设】壮大人才队伍。认真落实“智慧郑州·1125聚才计划”，结合新郑市开放创新驱动、产业转型升级，柔性引进了10名高层次领军人才、专家（团队），重点培育、实施了11个科研项目，引领推动“双创”工作，为转型发展提供智力支持。同时，坚持公开、平等、竞争、择优原则，以实际贡献和政治表现为依据，按照组织程序，公开选拔了42名各领域专业技术拔尖人才，推荐了8名郑州市第十三批专业技术拔尖人才，进一步优化了人才队伍的规模、结构和层次，形成了尊重知识、尊重创造的良好氛围。挖掘创新资源。新郑市有近20所公立高校和民办高校，有近30万名年富力强、知识层次高、创新思维活跃的青年学生，有4000多名正、副教授和200多名海归博士，以及聘有“两院”院士、享受国务院津贴、“千人计划”、中原学者等省级以上专业人才100余人，人才、智力资源丰富。对新郑辖区内高校人才资源、科研状况、智力优势等进行了深入调研，摸清了底数和一手资料。下一步将积极搭建平台，着力把高校的智力优势转化为新郑市经济社会发展的现实资源。发挥现有人才作用。组织12名种植、养殖方面的专家，开展科技支农活动，帮助广大农民群众解决农业生产中遇到的实际问题，发放农业知识小册子800多份，受益群众1300余人。

（撰稿：赵　静　审阅：王　伟）

宣传工作

【概况】中共新郑市委宣传部。位于市委大院办公楼四楼。2016年，全市宣传思想文化战线以学习宣传贯彻中共十八届三中、四中、五中、六中全会精神为主线，以围绕中心、服务大局为基本职责，不断创新体制机制和方式方法，不断增强工作科学性、主动性、前瞻性，充分发挥导向作用、凝聚作用、支撑作用，为加快推进现代田园临空经济强市建设提供了强大的精神动力、思想保证、舆论支持和文化条件。

【理论武装和党员教育】2016年，制定并印发了《新郑市2016年度干部理论学习意见》等文件，向全市科级以上领导干部发放了《习近平总书记系列重要讲话读本》，采取集中学习、个人自学、专题讲座、实地调研等多种方式，切实加强了市乡两级中心组理论学习。各级党委中心组围绕“两学一做”、换届选举纪律、郑州市第十一次党代会、省十次党代会和十八届六中全会精神等集体学习研讨850次，县处级领导下基层调研35次，全市党员领导干部撰写理论文章、调研报告、心得体会1100余篇。在全市深入广泛开展了中共十八届六中全会精神理论宣讲活动和“两学一做”教育宣讲活动，全市共宣讲180余场次，参加宣讲辅导报告会的听众达5万余人次。党员教育系列活动扎实开展，加强了对党员教育工作的督促、指导、检查和调研工作。认真贯彻落实《关于加强和改进基层党校工作的意见》，在督促、指导各乡镇（街道）、市直单位搞好自身党校建设的同时，抓好了基层党校向村、社区的延伸工作，新郑市孟庄镇党校等3所基层党校被命名为郑州市级先进基层党校，地税局党校被命名为省级先进基层党校。以庆祝中国共产党成立95周年和纪念中国工农红军长征胜利80周年为契机,深入学习贯彻中共十八届六中全会精神和习总书记系列重要讲话精神，圆满完成“两学一做”党章部分《高举马克思主义伟大旗帜》党课视频录制和发放工作。开展“党员·法治·发展”主题党课活动，全市领导干部共讲党课1005场，收集优秀党课教案108篇，其中《以“四有标准”正心正行　做统计系统合格党员》等2篇被评为郑州市优秀党课教案。开展了“党员·法治·发展”主题征文比赛，共收到征文100余篇，其中《借法治建设东风 唱党员发展最强音》《共产党员要树立法治理念 促科学发展》《运用法治思维 推进依法行政》等5篇分别获郑州市一二三等奖，新郑市被评为郑州市“党员·法治·发展”党员教育系列活动组织工作先进单位。按照《郑州市2016年“百姓宣讲直通车”进基层巡演活动实施方案》要求，精心组织市乡两级巡演宣讲团，进入村组、社区通过文艺的形式宣传党的理论创新成果，宣讲场次覆盖全市社区和乡镇行政村的80%，全市14个基层巡演活动固定点共开展各类宣讲巡演136场，受众达6万余人次。开辟新郑市“百姓宣讲直通车”电视栏目——《轩辕大讲堂》。《轩辕大讲堂》栏目由新郑市委宣传部主办、新郑市文广新局承办、市直各单位协办。《轩辕大讲堂》以培育和践行社会主义核心价值观为核心，以提高广大市民综合素质、提升新郑城市文化品位为宗旨，围绕“六讲”（讲文化、讲道德、讲法制、讲技能、讲创业、讲家教），以“身边人讲身边事，身边人讲自己事、身边事教身边人”为基本形式，通过市民讲、市民听、市民看，面向广大市民开展社会主义核心价值观、中华优秀传统文化、新郑历史文化、法律法规、居家实用技能等宣传教育活动，传播新郑历史文化，讲好新郑故事，在全市形成健康向上、邻里团结、良好和谐的社会风尚，促进新郑市经济社会协调发展。

【新闻外宣】强化舆论引导，为市委、市政府中心工作顺利推进提供有力的舆论支持。围绕拜祖大典、黄帝文化国际论坛、市委全会、新郑两会等重大节会活动，主动谋划，持续发力。先后在《中国日报》《中国政协报》《河南日报》《郑州日报》《郑州晚报》等媒体刊登拜祖大典和黄帝文化论坛专版50版，25万余字。大典期间，组织中央、省、郑州市媒体100余家，实现上下联动，全方位、多角度报道大典盛况及各项相关活动，形成了宣传高潮。据统计，2016年拜祖大典期间新闻点击累计超过4.02亿人次，拜祖大典成为新郑烫金的名片。围绕打造全国新型城镇化示范城市、黄帝故里历史文化名城等中心工作，创新手法，媒网共举。先后在《中国日报》《郑州日报》《郑州晚报》和中原网等主流媒体分别刊登了新郑市新型城镇化模式、现代田园临空经济强市建设和黄帝故里·宜居新城等系列创新专版（题）5期，累计字数12万余字，图片270余张。和河南电视台新农村频道“这里是河南”栏目合作，制作“新郑映像”5集，和中国教育电视台合作拍摄了《文化新郑》纪录片。围绕市委、市政府中心工作和亮点工作，在大气污染防治、打击非法集资、拆除违法建筑、农民创业园建设、黄帝故里系列文化活动等方面全面发力，精心组织。其中新华社先后报道新郑市新型城镇化建设经验，商品房作安置房等亮点工作，在全国引起反响。据统计，2016年在上三级主流媒体刊发稿件1800余篇。

【推动文化事业】扎实推进公共文化服务体系建设，不断丰富人民群众精神文化生活。以轩辕大讲堂、各类文化活动、公益广告等形式为载体，大力开展思想政治和形势政策宣传教育工作。先后成功举办了丙申年黄帝故里拜祖大典、第十届黄帝文化国际论坛、月是故里明中秋拜祖音乐大典、央视《完美婚礼》栏目走进故里、新郑市第三届群众文化节、2016年中华枣乡风情游等特色文化活动，出版了《炎黄文化与社会主义核心价值观》《岩画百年》等黄帝文化学术专著，史诗电影《轩辕大帝》在全国院线上映。新郑市自编自创的广场舞《溱洧踏歌》《欢迎回家》参加郑州市、河南省广场舞大赛均获一等奖。举办了新郑市庆祝长征胜利80周年歌咏比赛和新郑市庆祝建党95周年文艺汇演，在郑州市庆祝长征胜利80周年歌咏活动中，新郑市教体局和旅游文物局两支代表队均荣获一等奖。

2016年7月26日，百姓大舞台

“百姓大舞台”广场文化活动丰富多彩，全年演出42场。基层公共文化服务得到全面加强和提升，共建成社区（村）综合性文化服务中心100个，村史馆6个。建设了一批文化阵地。出台了《新郑市2016年基层综合性文化服务中心建设实施方案》，启动基层综合性文化服务中心建设三年行动计划。创作了一批文艺精品。黄帝故里新郑故事系列丛书之《郑风逸韵》《溱洧水长长》《黄帝传说》《具茨晴岚》《新郑枣树传说》已正式出版，还有《郑韩遗珍》《风兮归来》《郑韩历史故事》《郑风疏影》《南街》《乡村记忆》《白居易传》7本正在进行校对。培育了一批文化产业项目。2016年新郑市规模以上（年营业额1000万以上）传统文化产业共计44家。创意文化产业发展缓慢，规模以上企业相对较少，其中龙湖镇郑州市卧龙游乐设备制造公司、新村镇万开农业开发有限公司、新村镇郑州童乡生态农业有限公司、观音寺镇河南省沣都农业有限公司、孟庄镇好想你枣业股份有限公司等企业发展较好。

【互联网宣传管理】 全市网信工作坚持正能量是总要求、管得住是硬道理，主动适应互联网“新常态”，以推广“两微一网”（即“新郑发布”政务微博、“新郑宣传”政务微信公众平台、“黄帝故里·新郑宣传网”）为重点，着力抓好舆情监测引导、抓好网络宣传管理、抓好队伍机制建设，不断提升舆情监测科技化手段、网上舆论引导能力、属地监督管理水平，为新郑市经济社会发展营造了良好的网上舆论环境。

2016年市网信办共编发、报送《新郑舆情简报》44期、《网络舆情处置提示函》53期、《网上突发舆情研析专报》18期，编发舆情短信56条。牵头召开舆情处置联席会议3次。办理“心通桥”问政平台网民诉求、建议598件，回复受理率100%。其中，投诉类问题有432件，已办结425件，办结率98.37%；办结率居郑州县（市）区之首。全年统筹协调相关部门，妥善引导、处置、化解了薛店镇枣树被挖事件、新村拉维斯项目事件、申请公租房要求学历事件、陉山子产墓滥采事件等多起突发网上突发舆情，较好维护了地方形象。先后被评为“郑州市网络宣传管理工作先进集体”“心通桥”十佳县（市）区、“郑州市网络行政先进单位”等荣誉称号。

（撰稿：贾颖超　审阅：梁国定）

统战工作

【概况】 新郑市委统战部位于人民路市委大院办公楼一楼，是隶属于新郑市委的工作部门。统战部现有人员15人，其中部长1人，常务副部长1人，副部长1人，协理员2人，台联会长1人，侨联会长1人，正科级干部1人，工作人员7人。内设部办公室、党外干部科、经济联络科、台湾工作办公室4个科室和侨联、台联、海联3个事业机构。统战部的主要职责：组织贯彻执行中央、省委、市委关于统一战线的方针政策，负责联系全市各民主党派和无党派代表人士，反映他们的意见和建议；调查研究、协调检查有关民族、宗教工作重大方针、政策的落实情况，做好宗教界代表人士的培养工作和爱国宗教团体自身建设；负责开展以祖国统一及促进新郑市经济发展为重点的海外统战工作，做好台胞、台属及有关人士的联络工作；负责党外人士的政治安排，做好党外后备干部和新的社会阶层代表人士队伍的建设工作；负责开展经济领域的统战工作；调查研究党外知识分子情况；负责开展海内外统一战线的宣传工作；负责指导新郑市各乡镇、街道的统战工作；联系并指导市工商联、侨联、台联等有关人民团体的工作；承办市委交办的其他事项。

【统战队伍建设】 做到了“三个一”：每人一个学习计划，一篇学习体会，一次学习成果汇报，切实做到学习精神入心入脑；丰富活动载体，引导统战成员学习。组织全市党外代表人士、非公经济人士、民族宗教界代表人士、侨台海人士召开统战系统学习会议，专题就习总书记重要讲话和中央统战工作会议精神进行学习传达，达到增进交流、加强联谊、扩大影响的目的。在全市统战系统开展了一次学习成果集中展示，吸引了更多的统战对象主动了解、接触统战部门；以学习提素质，通过学习习近平总书记重要讲话精神、中央统战工作会议精神和《条例》激发统战系统人员干事创业的巨大热情，增强责任感和使命感，使人人立足岗位创先进、履职尽责争优秀，以统战干部的素质能力和形象，凝聚多方力量。结合实际抓落实，认真落实中央统战工作会议精神和习总书记的讲话精神，建立以市委书记任组长的市委统战工作领导小组，把统一战线工作作为对党委领导班子和领导干部考核的内容，纳入到全市年度综合考核工作。把海外留学人员、新媒体代表人士、非公经济人士年青一代“三类人群”作为市委统战部的一项重点工作来抓。已完善新郑市籍和常驻新郑的“三类人群”统计工作，全市留学人员、新媒体中的代表人士和非公有制经济人士年轻一代有245人，并进行登记造册，纳入常态管理。同时，认真按照习总书记的新要求、新标准，做好党外人士交友联谊工作，对全市党外人士代表进行针对性、“一对一”的访谈活动。

注重抓好“三个结合”：一是把听取意见与调研活动结合起来。采取发放征求意见表的形式，从自身建设、统战工作、基层工作三个方面征求统战对象和基层群众的意见和建议。二是把听取意见与召开座谈会结合起来。采取召开座谈会的形式，面对面的征求党外代表人士和基层群众对统战工作的意见和建议，从中分析检查统战工作中存在的问题，为新郑市统战工作再上新台阶奠定基础。三是把听取意见与实地走访座谈结合起来。采取实地走访的形式，深入基层，调查研究，为推进“两学一做”学习教育打好基础。

打牢基础，推动基层统战工作。把加强乡镇（街道）统战工作作为贯彻落实上级会议精神和《条例》《意见》的一个抓手。全市各乡镇（街道）按照“六有标准”（有人员编制、有经费、有办公场地、有档案、有活动开展、有措施推进）完善和开展统战工作，全市各乡镇（街道）党（工）委成立统战工作领导小组，配齐统战委员和统战专干。

做好信息、宣传、调研、网站工作，2016年完成《关于新郑市私营企业和外资企业的调研报告》《关于新郑市生态廊道沿途非公有制企业拆迁安置问题的调研报告》《关于正确处理一致性和多样性的方针研究》《关于新形势下基层民族宗教工作的调研报告》《关于新形势下与党外代表人士联谊交友的调研报告》等10篇调研成果，累计向省、市统战部门、台办、工商联报送宣传信息稿件316篇，被省统战信息采用26篇，被郑州市统战信息采用141篇，被根在中原网河南站采用200余篇，被豫台视窗采用对台信息63篇。

【参与筹办拜祖大典】积极参与丙申年黄帝故里拜祖大典的筹备工作，做好嘉宾邀请的协调工作。2016年拜祖大典共邀请到来自美国、英国、法国、德国、澳大利亚、日本、韩国、新加坡等10多个国家以及港澳台地区的1000多名嘉宾，近百个各类华人华侨商会、社团组织和姓氏宗亲会、同乡会。

2016年，先后接待了“桃园企英高中教育交流参访团”“两岸和平发展论坛中华百姓文化河南参访团”“台湾青年参访团”等到新郑市寻根拜祖，让更多的海内外华人华侨更深一步了解黄帝文化、熟悉黄帝故里新郑，为新郑的经济发展搭建了桥梁，推动文化与经贸的和谐发展、互动共赢。

【指导协调工商联工作】切实增强理想信念。2016年，把理想信念教育实践活动和“两学一做”专题教育进行了有机结合，广泛开展以“守法诚信”为重点的非公有制经济人士理想信念教育实践活动。通过非公有制经济人士理想信念教育实践活动，进一步引导非公人士增强“四信”，不断坚信理想信念，不断提升会员企业的凝聚力、向心力，引导会员企业在新郑市社会经济发展过程中发挥更大的作用。

着力提升服务水平。启动了非公企业“大走访、大调研、大服务”活动，对所属的具有行业代表性的30余家非公企业进行了深入走访，通过与非公企业家面对面沟通交流，及时了解、总结全市非公企业发展状况以及生产经营过程中存在的困难问题、意见建议，为非公企业更精准搭建利益诉求平台，进一步拓宽多种融资渠道。

凝聚非公企业力量，弘扬非公经济人士光彩精神。积极鼓励、引导新郑市非公经济人士履行社会责任，投身光彩事业，弘扬光彩精神。2016年以来，新郑市非公企业在“百企帮百村精准扶贫”、捐资助学等各项慈善活动中慷慨解囊，捐款捐物近300余万元，并为全市劳动力提供就业岗位5500余个，实际安排就业人数3600余人。

【民族宗教统战工作】依托网格化平台建立了市、乡（镇、街道）、村（社区）三级网格和乡（镇、街道）、村（社区）两级责任制。下发《关于将信息员民调员基层民警纳入民族宗教网格化管理体系建立不稳定因素综合排查调处机制的通知》，在全市各乡（镇、街道）、村（社区）在三级网格的基础上建立专职信息员、民调员、基层民警等“三大员”队伍，进一步夯实基层民族宗教工作基础。按照“条例”要求下发《关于建立市乡村三级民族宗教工作网络和乡村两级责任制的实施意见》。同时，市乡两级及乡村两级都签订《民族宗教事务管理目标责任书》，确保民族宗教工作扎实有效开展。

【凝聚力工程】献计出力，参政议政有成果。以“两会”为载体，大力支持人大代表、政协委员中的民主党派、无党派人士积极履行职权，2016新郑市“两会”期间共向人大、政协提交议案、提案69条，向党委、政府和有关部门提出意见建议38条。进一步加强了党委、政府决策科学化、民主化。

服务精准扶贫、精准脱贫。持续深入引导工商联会员企业开展“百企帮百村”精准扶贫活动，加大村企帮扶结对范围。组织党外专家学者服务团开展“三下乡”活动，捐助价值12万元的医疗设备和药品。

（撰稿：张　强　审阅：邢艳红）

对台事务

【概况】对台事务办公室在市委机关大院一楼。2016年，新郑市台办紧紧围绕市委中心工作，按照上级关于对台工作的部署，以学习党的最新对台方针政策为主线，以强化对台经贸交流合作为抓手，积极开展对台服务、接待交流、经济联络等各项工作，较好地履行了对台工作职责。

【对台方针政策宣传】2016年，以统战工作大局为重，积极挖掘采集反映统战对台全局的正面信息，上报信息40余条，调研文章2篇。积极开展涉台宣传教育活动，发放宣传册使广大群众及时了解党的对台方针政策、台湾局势、两岸关系和对台工作任务的要求。12月，全市各中学组织开展“涉台教育进校园宣传周”活动。各中学结合实际，通过举办台海形势报告会、主题班会、班组讨论会，知识竞赛，开辟涉台宣传墙报、板报、宣传专栏，组织收看“宝岛印象”“回家”涉台内容电教片等丰富多彩的形式，寓教于乐，增强了涉台教育的趣味性、可读性，激发了广大师生参与活动的热情，突出了教育的针对性和实效性。

【参与筹备拜祖大典】积极参与丙申年黄帝故里拜祖大典具体筹办和贵宾邀请工作，通过多种渠道联系、组织有影响力的台胞前来拜祖，台湾地区原副领导人、两岸共同市场基金会荣誉董事长萧万长、中华文化总会会长刘兆玄，台湾海峡两岸民意交流基金会董事长饶颖奇参加了黄帝故里拜祖大典。

2016年4月9日，黄帝故里拜祖大典当天，中共中央台办和国务院台办在黄帝故里举行了“海峡两岸交流基地”授牌仪式，中共中央台办主任张志军、河南省政协主席叶冬松、全国台联副会长杨毅周、河南省委统战部常务副部长王海鹰和郑州市政协主席王璋、统战部长王跃华等领导参加授牌仪式。

【对外联络和交流】新郑对台工作有着特殊渊源、特殊要求、特殊意义，加强两地合作交流、进一步做好对台工作，是新郑扩大开放、实现发展新跨越的迫切需要。2016年，新郑市共接待1100余名台胞、16多个团体前来拜祖。其中包括“桃园企英高中教育交流参访团”“两岸和平发展论坛中华百姓文化河南参访团”“台湾青年参访团”等，台办工作人员热忱、细致、贴心的服务，为台湾朋友留下深刻印象。

2016年，新郑市共4个团组、7人次赴台交流，交流项目层次高、范围广、实效性强，达到了宣传新郑、结交朋友、洽谈合作的目的。赴台团组以经贸交流为主，又有文化产业、农业科技、教育等交流项目。在组团过程中，突出每个团组特色，注重实效，取得了较好的交流效果。

【维护台胞和台资企业合法权益】加强与台胞台属的联系和沟通，通过春节团拜会、季度座谈会、台胞台属中秋联欢会、对台工作通报会等各种载体和渠道把台胞台属团结起来，凝聚力量，为新郑市经济社会发展服务。定期开展台企走访活动，实地考察了企业生产、经营状况，详细了解企业发展的设想及遇到的问题，并就促进科技研发、引进台湾文创理念、助推转型升级等事宜进行了调研，积极引导各台资企业用好用活各项政策，注意安全生产、节能减排，处理好劳资关系，详细了解部分重点企业在生产、经营、销售、融资等方面的情况和困难，六月份，对全市14个乡镇、街道办台资企业及困难台胞台属进行了全面走访调研，摸清了全市现有台资企业及台胞台属基本情况，掌握了第一手资料，建立了台资企业和贫困台属档案。

【服务经济社会发展】充分发挥拜祖圣地和台商投资区等优势，大力引进台资，鼓励增资扩股，把加快经济社会发展和新郑市对台工作紧密结合起来，努力促进经贸合作交流，为新郑市经济社会发展贡献力量。2016年，新郑市台办召开台企代表、台胞台属代表座谈会，集中学习了中共十八届三中、四中、五中、六中全会精神和中央、省、郑州市统战工作会议精神，《台湾同胞投资保护法》及其实施细则等，通过学习，增进了他们共同做好工作、促进经济社会又好又快发展的决心和共识。

（撰稿：张芳芳　审阅：邢艳红）

市直工委

【概况】新郑市直属机关工作委员会

位于人民路市委院内，下辖党组织79个，其中党委22个、党总支16个、党支部41个。围绕“服务中心、建设队伍”两大核心任务，坚持党要管党、从严治党，发扬党内民主，强化党内监督，以“两学一做”学习教育为抓手，不断加强市直机关党的建设，为加快推进现代田园临空经济强市建设提供坚强政治和组织保证。

【机关党组织建设】2016年，起草制定了《关于进一步规范市直机关党组织设置的通知》进一步规范市直机关党组织设置；围绕迎接建党95周年，号召全市市直机关党员干部、发展对象及入党积极分子，积极参与“学党章党规、争当学习之星”有奖竞答活动、“两学一做”电视知识大赛等活动，共1797人参与答题，40人被推选出“学习之星”，48人获得话费奖励，奖励按照每人奖励50元话费的标准拨付奖金2400元；围绕公共文明素养提升，研究制定了《市直机关工委公共文明素养提升三年行动文明服务活动方案》，明确开展“六类活动”，要求全市党政机关、窗口单位做到“四个规范”，并依托行政服务中心，对窗口单位开展“四查四纠”，通过内部自查和收集社会各界意见等方式，梳理问题，建立台账，为下一步集中整改打好基础，确保活动稳步有序开展。2016年，全市78家市直单位设立党员先锋岗234个，开展党员志愿服务活动1225人次。同时，按照市委文件要求，圆满完成市五次党代会的代表推选工作，共推选市直党代表94名；督促指导16个任期届满党组织进行了换届，新成立13个基层党组织、2个临时党支部，基层党组织的设置得到了优化，战斗力明显增强。

【机关党员队伍建设】认真执行党员领导干部“三会一课”制度，要求市直各机关党委班子讲党课，市直机关工委深入到机关对党务干部进行培训；坚持标准从严发展党员，组织举办了2016年新郑市直机关党员发展培训班，全年共新发展党员110名，审批新党员48名，预备党员转正32名，转接组织关系496件；认真做好“七一表彰”和党员慰问等工作，对一大批先进基层党组织，优秀共产党员和优秀党务干部进行表彰，共表彰先进基层党组织30个、优秀共产党员55名、优秀党务干部27名，发放贫困党员春节慰问金48000元；规范党费收缴，实行“党费日”制度，严格按照规定足额交纳党费，认真做好2015年度离退休干部43个党支部的党费返还工作，实收党费140378元，应返还党费70189元。

【机关党风廉政建设】组织市直机关党支部召开专题组织生活会，支部班子及其成员对照职能职责，进行党性分析，查摆在思想、组织、作风、纪律等方面存在的问题。面向党员和群众广泛征求意见，严肃认真开展批评和自我批评，针对突出问题和薄弱环节提出整改措施，组织全体党员对支部班子的工作、作风等进行评议，着力解决党员队伍在思想、组织、作风、纪律等方面存在的问题，使广大党员进一步增强政治意识、大局意识、核心意识、看齐意识，坚定理想信念、保持对党忠诚、树立清风正气、勇于担当作为，充分发挥先锋模范作用。

（撰稿：李　博　审阅：胡凯军）

精神文明建设

【概况】2016年，新郑市精神文明建设工作以培育和践行社会主义核心价值观为主线，以“文明河南、新郑先行”为统揽，围绕中心，服务大局，强化内涵，突出实效，大力加强公民道德建设，广泛开展群众性精神文明创建活动，强力实施公共文明素养提升工程，不断提高公民文明素质和社会文明程度，为新郑现代田园临空经济强市建设提供有力的道德支撑。

【培育和践行社会主义核心价值观】大力开展社会主义核心价值观宣传工作。综合运用媒体宣传和社会宣传，通过市广播电视台、《新郑新闻》《新郑手机报》《新郑播报》、政府网站以及各级党政机关、企事业单位的官方网站、微博、微信公众号、QQ工作群等媒体媒介和户外广告牌、板报、墙体、文化长廊、宣传栏、电子屏幕、路标牌、公交站牌等多种载体，持续开展“中国梦”“讲文明树新风”、文明河南建设公益广告宣传，全面叫响“24个字”，使核心价值观宣传入脑入心。截至年底，新郑市已累计刊播刊载大型喷绘广告6000多平方米，建筑围挡近1万平方米，灯杆道旗8522面，文化墙34条；新郑电视台每天播出公益广告及公共文明素养提升行动宣传广告累计达30分钟以上；《郑州日报·新郑新闻》《郑州晚报　·新郑播报》刊发公益广告40多期，新郑手机报刊载公益广告宣传130多期。

持续办好用好道德讲堂。以弘扬社会主义核心价值观为主题，用“身边人讲身边事，身边人教育身边人”的方式，突出抓人心、广覆盖、机制化三个着力点，办好“道德讲堂”总堂，推进“道德讲堂”进乡村、进社区、进学校、进企业。全年共举办道德讲堂总堂活动13场（次）。各级文明单位举办道德讲堂活动230场（次），受教育人员近3万余人次。先后举办了郑州市道德讲堂示范课巡讲、郑州市“道德模范故事汇”基层巡演专场演出活动。在新郑电视台开办《轩辕大讲堂》，围绕“六讲”（讲文化、讲道德、讲法制、讲技能、讲创业、讲家教），面向广大市民开展社会主义核心价值观、中华优秀传统文化、新郑历史文化、法律法规、居家实用技能等宣传教育活动，传播新郑文化，讲好新郑故事，在全市形成健康向上、邻里团结、良好和谐的社会风尚。自栏目开播以来累计录制120期。

广泛开展道德模范和身边好人推荐评选活动。充分发挥典型引领作用，持续开展月评文明市民、身边好人评选活动。共评出新郑好人50名，典型事迹在《郑州日报·新郑新闻》展示。重阳节表彰孝老爱亲模范、“五老”模范20名。组织开展“文明新郑——最美人物”系列评选活动，评选出了“最美村官”“最美教师”“最美环卫工”等18类基层最美人物187名。5月20日，新郑市推荐的刘永芳家庭被评为全国“最美家庭”和第十届全国五好文明家庭。全市各乡镇共评选表彰“十星级”文明户1160户。郭店镇开展“最美郭店人”表彰活动，评选表彰了10名“最美郭店人”、30位“最美媳妇”“最美公婆”“最美和睦家庭”。和庄镇开展道德模范表彰会，评选表彰了10名道德模范。

【公共文明素养提升行动】 为全面提高市民文明素质，增强市民城市意识，提升城市文明程度，大力营造健康向上的人文环境和安居乐业的生活环境，制定下发了《新郑市公共文明素养提升三年行动方案（2016——2018年）的通知》，对工作进行全面部署。开展“三礼五进”（礼仪、礼貌、礼节进机关、进学校、进企业、进社区、进家庭）活动100余次，举行礼仪培训45次，培训人数9600余人次。7月22日，举行公共文明基本常识“七进”活动启动仪式，向机关事业单位职工、学校师生、社区居民、企业职工、外来务工人员、商户等各界代表赠送《郑州市公共文明基本常识通俗读本》。全年累计发放《郑州市公共文明基本常识通俗读本》等各类宣传资料10万余册。组织开展《读本》进社区（农村）、进机关事业单位、进企业、进学校、进工地、进景区、进市场（商场）门店活动70多场次，受益人数近7万人。共举行各类科普宣传50多次，发放宣传册、宣传页100多万份。开展“法律明白人”培训6期，70余场次，培训“法律明白人”8700余人次，发放各类法律书籍1.2万余册，提供法律咨询720余人次。开展“送法进校园”法治宣传活动30余场次，普及在校师生1.51万余人次，赠送校园普法书籍6500余本。开展“六文明”（文明服务、文明执法、文明经营、文明旅游、文明交通、文明餐桌）活动1000余次，有效促进了市民文明行为养成。

【群众性精神文明创建活动】 以文明城市、文明单位、文明村镇创建工作为主线，以“五个一”“清洁家园行动”“十星级文明户”“美丽乡村”建设等活动为抓手，广泛开展结对帮扶、“三下乡”、网络文明传播、好邻居、好儿女、好公婆、好儿媳、好妯娌等创评活动，有效地提升了市民的文明素质，有力地推进了城乡文明一体化进程。新郑市荣获河南省文明城市提名城市荣誉称号，地税局创建成为省级文明单位标兵，市工商管理和质量技术监督局、市国家税务局、市水务局、市财政局、黄帝故里景区创建成为省级文明单位，郑州新郑教育园区管理委员会、市城市管理行政执法局、市卫生和计划生育委员会、市文化广电新闻出版局、市爱国卫生运动委员会办公室创建成为郑州市级文明单位。梨河镇、薛店镇创建成为省级文明镇，薛店镇观沟村、辛店镇北靳楼创建成为省级文明村。和庄镇、和庄镇付庄村通过复查验收，继续保持省级文明村镇荣誉称号。

持续开展“我们的节日”主题活动。在春节、元宵节，广泛开展了送温暖献爱心活动。清明，组织开展“网上祭英烈”活动，倡导祭祀新风，传承感恩纪念。端午，组织开展经典诵读和关爱老年人志愿服务活动等，弘扬中华优秀传统文化和传统美德。中秋节，组织各级文明单位志愿者开展“和道德模范一起过中秋”活动。

【大力推进志愿服务制度化】 通过不断完善志愿者招募注册、培训管理等制度，进一步拓展党员、文明单位、社区、行业志愿服务队伍，加强“文明使者”志愿服务站阵地建设，促进志愿服务活动常态化。利用重要时间节点，组织志愿者开展关爱农民工“情暖返乡路”“弘扬雷锋精神，共建文明家园”志愿者集中服务、“关爱环卫工送清凉”“与道德模范一起过中秋”和文明交通、医疗、法律维权、心理咨询、关爱留守儿童、关爱老年人系列志愿服务活动2000多次，累计参与志愿者5万多人，志愿服务时长达8万多小时，促进形成“我为人人、人人为我”的良好社会风尚。在志愿郑州网站共注册志愿者3.1万余人，为各县（市）之首。

【未成年人思想道德建设工作】 以立德树人为根本，深化未成年人道德养成教育。在全市中小学校深入开展“讲家风、习校训、写家书”“认星争优做美德少年”“中华经典诵读”等活动，在郑州市举办的“展校训晒家风”演讲比赛中，市黄水路小学的高兴同学获得小学组一等奖。开展“我的中国梦”主题教育实践活动。清明节期间组织未成年人开展“清明祭英烈”活动；“六一”期间组织开展“学习和争做美德少年”活动，评选表彰“美德少年”50名，6名同学荣获郑州市“绿城美德少年”荣誉称号；“七一”期间组织“童心向党”歌咏展示活动。深入开展优秀童谣创编传唱活动，共收集创编优秀童谣50

首，7首童谣荣获郑州市奖励。加快学校少年宫建设步伐。截至年底，共有乡村学校少年宫30所，其中，中央彩票公益金支持6所，省彩票公益金支持4所，郑州市彩票公益金支持4所。

（撰稿：陈艳玲　审阅：张延超）

新闻宣传

【概况】新郑市新闻中心位于人民路198号，隶属中共新郑市委宣传部，负责《郑州日报·新郑新闻》《河南手机报·新郑版》《新郑风》微信、《新郑视界》App和新闻中心网的发送工作与全市重大活动策划、宣传和报道。

【郑州日报·新郑新闻】全年发行《郑州日报·新郑新闻》50期，发稿84.7万字，图片410余幅。在市委全会、两会等重要会议的报道中，除做好常规性、程序性报道外，还推出了全会精神解读、“两会”特刊，开设了“代表委员专访”“大会传真”等栏目，并开辟专栏，刊发系列评论，为中心工作的顺利推进营造了浓厚的舆论氛围。在黄帝故里拜祖大典、黄帝文化国际论坛期间，通过对前期、中期、后期的连续报道以及对嘉宾的访谈、对黄帝文化的解读、对大典给新郑带来的影响等专题报道，进一步扩大了黄帝故里拜祖大典的影响力。

【河南手机报·新郑版】全年编发《河南手机报·新郑版》146期5800余条。《河南手机报·新郑版》覆盖范围由副科级以上领导干部扩大至股级以上领导干部、村两委班子，覆盖面和影响力更为广泛。围绕全市中心工作，《河南手机报·新郑版》增加“两学一做”“大气污染防治”“新郑好人榜”“乡土乡愁”“好书推荐”“生活看点”“方言词语”等多个版块，成功报道市委四届九次全体（扩大）会议、市四届人大五次会议、市政协四届五次会议、第十届黄帝文化国际论坛、丙申年拜祖大典、市第五次党代会、市第四届人民代表大会第六次会议等重大活动，并以专刊形式进行发送，受到读者一致好评。

【新媒体平台】《新郑风》微信共编发242期，近1000条；《新郑视界》App自2016年11月2日推送以来，推送新闻275条，订阅人数逐渐增多，新媒体传播速度快、范围广的效果逐渐呈现。积极推进新媒体融合，在《河南手机报·新郑版》基础上，打造微信公众号《新郑风》《新郑视界》App客户端，采用多种新媒体形式，关注新郑大事小情，提供社会热点咨询，贴近生活、贴近群众、贴近实际，为宣传新郑市又快又好发展增添新的力量。《新郑风》微信关注量从120人增加至2340人，《第五届新郑市委、市纪委（书记、副书记、常委、委员）当选名单》《各乡镇新一届党委班子产生》阅读量均达到10000人次。

《新郑视界》从11月2日推送，共推出“要闻”“委局”“乡镇”“社会”“关注”“图说”“专题”“人物”“走进新郑”等栏目，仅两个月时间，推送新闻275条，下载阅读人数逐渐增多，新媒体传播速度快、范围广的成效逐渐呈现。

【采编管理】围绕中心，搞好重大活动的摄影报道。紧紧围绕“两会”、黄帝故里拜祖大典、大气污染防治等重大活动和中心工作以及元旦、春节、劳动节等重要节日，提前拟定拍摄计划，确保新闻图片拍摄更加准确、全面；继续拓宽摄影渠道，加强与各部门、各行业新闻摄影联系，及时、准确收集重要活动图片，把优秀摄影作品充实到版面中去；弘扬真善美，拍摄读者爱看的影像故事，如推出了《一湾清水入夏来》等影像版。进一步把镜头对准基层，对准群众生产生活一线，拍摄鲜活、生动的图片故事，《暖泉河桥在蓝天下熠熠生辉》《科技创新 抢占行业高地》《大典现场》《大典的品牌效应吸引国外友人前来拜谒》等图片，从各个方面不同角度细致深入地报道了各项活动与工作开展情况。结合时节，组织摄影记者有选择性地深入全市乡村、企业、社区、群众生产生活一线，进行摄影采风创作。同时，将采风拍摄的照片整理、归档，充实到新闻中心图片库。

（撰稿：樊鹏飞　审阅：刘丽敏）

老干部工作

【概况】2016年，中共新郑市委老干部局现有工作人员52人，其中行政人员10人，事业全供人员42人。内设办公室、老干部大学办公室、安置保健科、综合服务科、信息调研科、编制人事科，下设一个副科级单位（关工委办公室）、一个二级机构（新郑市老干部活动中心）。2016年全市共有离退休干部4040人，其中离休干部153人、退休干部3887人；离退休干部党支部63个、党小组25个，离休党员93人、退休党员1945人。

【老干部政治待遇】全面落实老干部政治待遇。具体工作中，按规定保证老干部参加重要会议，阅读重要文件，重大决策听取老干部的意见和建议；集中组织全市老干部参观工农业生产，坚持和完善在职人员联系老干部制度，做到离休干部情况详细掌握。做好春节期间走访慰问老干部工作。元月份，对全市168名离休干部，进行入户走访慰问，并在慰问过程中，对有特殊困难的老干部本着特事特办的精神，解决他们的实际问题。为老同志征订《老人春秋》上册4349份、下册4281份，征订报纸360多份，征订《纵横》杂志400多份。

【老干部生活待遇】 紧紧围绕“让老干部满意、让领导放心”的总体要求，按照年初确定的工作目标，强化各项制度，认真落实离退休干部两项待遇，尽心竭力为老干部办实事、做好事、解难事，着力改善老干部晚年生活。针对离休干部普遍处于“高龄、高发病”期的实际，积极与财政局、医保办等相关部门对接，保障离休干部待遇落实机制正常运行。对离休干部来电来访过程中反映的医保费报销、护理费增加等问题，及时予以答复。对生病住院、生活困难的离休干部和异地安置的离休干部加大帮扶力度，及时走访慰问，帮助协调解决困难。特别是异地安置的离休干部李国华，在其生前生病住院期间，陈局长亲自带队到开封中医院探望，去世之后，又积极和当地老干部部门协调，使老人的骨灰顺利存放在当地烈士陵园，得到了离休干部家属的肯定和感激。扎实做好2016年四大班子老领导及全市离退休干部体检工作。为认真贯彻落实市委市政府有关离休干部每年一次、退休干部两年一次健康检查的工作要求，真正体现出市委市政府对四大班子老领导及全市离退休干部的关怀，9月份对39名四大班子老领导及全市4040名离退休干部进行体检。

【为老干部提供优质服务】 完善离退休干部三级联络员工作制度。每名工作人员分包6~9名离休干部，通过走访、座谈、电话等形式对离退休部特别是长期生病住院、“空巢”、独居的老干部给予看望慰问、心理关怀和精神慰藉，制作老干部信息卡，随时根据实际做出调整。切实做到“七个清”，即老干部家庭住址清、联系方式清、身体状况清、家庭生活情况清、个人爱好清、党组织情况清、个性化需求情况清，有针对性地做好亲情服务工作。通过各种形式做到亲情服务“五必访”，即每逢重大节日、特殊纪念日必访，将节日问候送到老干部家中；老干部患病住院必访，做到及时看望慰问，积极协调住院治疗中需要解决的困难和问题，使患病老同志得到及时有效的治疗；老干部家中发生重大事情必访，送去关怀和帮助，切实为老干部解决实际困难；老干部有思想情绪波动必访，及时疏导老干部在退下来以后常见的孤独感，失落感等心理问题，保持一个乐观向上健康的心态；生活不能自理老干部必访。对全市离休干部身体情况进行详细登记，对生活不能自理的老干部，开展定期走访，切实关心他们的生活情况。

【老干部正能量发挥】 市主动与法院进行沟通，组织语言表达能力强、热心公益事业的老干部成立“夕阳红”老干部志愿调解队，参加法院诉讼前的矛盾纠纷化解工作；将全国各地新郑籍有威望、有影响的人士召集在一起，依托黄帝故里建设促进会，共同为新郑谋发展，谋进步；组织老干部大学各文艺团体先后在市轩辕广场、炎黄广场、梨河镇高班庄村等开展“送文化进社区”文艺展演12场，通过唱红歌、送春联、戏剧表演、相声小品等，弘扬传播了时代精神和中国传统文化，为构建和谐社会营造了健康向上、崇德向善的氛围；同时，大力实施“助老上网”工程。依托老年大学开设了微机与手机微信课程，使老同志们与时俱进，搭上了时代“高铁”，纷纷开通了微博、微信、QQ，个别还开通了直播，他们通过子女为其购买的“孝心智能手机”讲述传播新郑故事，宣传身边好人好事；通过视频图片，记录社会美好；还围绕此起彼伏的社会热点，引导民众用辩证的思维分析舆论，为美丽中国、厚重河南点赞，为大美郑州、出彩新郑点赞，有效地净化了网络舆论环境，为弘扬社会正能量发挥了积极作用。为全方位、多角度展示新郑市老干部、老党员传递传播正能量的感人事迹和时代风采，影响和带动更多的老干部、老党员坚定不移地跟党走，共同释放正能量，在推进全面建成小康社会、全面深化改革、全面依法治国、全面从严治党中再做新贡献。2016年九九重阳节前夕，在全市离退休干部中开展了以健康、学习、关爱、调解、创作、帮困、传承、研发、才艺、奉献等“十星老干部”代表人物评选活动，并在九月九重阳节当天，丙申年重阳节黄帝故里拜祖仪式上对评选出的“十星老干部”代表人物进行表彰。

【关心下一代工作】 4月19—20日在新郑举办为期两天的学习班。为了更好贯彻落实学习内容，组织市关工委常务副主任、办公室工作人员、“五老”报告团成员、教体局部分中小学校主抓关工委工作的老师共20名，参加了本次培训。培训结束后，参会学员们对市关工委黄帝文化教育活动教育基地—黄帝故里、少儿版画活动基地—新华路小学、经典诵读活动基地—和庄镇政和路小学进行了参观学习，刘振中主任和参会学员对于各学校的特色教育给予了很高的评价。开展百场报告进校园活动。利用2016年是建党95周年、红军长征胜利80周年这个有利契机，经过紧张有序的准备，市关工委“五老”报告团宣讲活动从3月份拉开序幕一直持续到11月中旬。报告团成员的足迹遍布了新郑市各乡镇中小学和市直中小学校，巡讲内容包括“党史、国史教育”“法制宣讲教育”“传统美德教育”“交通安全教育”“郑韩文化历史教育”“理想信念教育”等几个方面内容，受教育师生达到三万人左右。关工委“五老”报告团荣获新郑市宣传部颁发的2016年度宣传思想文化工作“九个一”工程优秀成果奖。组织各中小学校积极参加“全国青少年素质教育系列活动”。2016年3—6月，我们组织各中小学校积极参加了中国关工委办公室、《下一代英才》《关心下一代报》举办的“全国青少年素质教育系列活动”，报送的作品有手抄报、书法作品、绘画作品等一百二十余幅。获得一等奖2名、二等奖16名、三等奖27名，新华路小学、外国语小学获得优秀组织奖。做好“留守儿童”的关爱工作。

【老年人活动中心】 活动中心在坚持日常开展常规活动的基础上，以“两展示两争当”为主题，结合重大节日，组织老年人开展了一系列文体娱乐活动，丰富了老年人的精神文化生活，营造了健康文明、积极向上、欢乐和谐的老年人活动新局面。调动了老年人的参与热情，更是扩大了社会老年人的参与面，极大地丰富了老年人的晚年生活。

【老干部大学】 新郑老干部大学始终以提高办学质量为宗旨，不断丰富授课内容。面向全社会老年人招生办学，不仅离退休干部可以报名学习，社会老年人也可以到这里接受好的教育和学习。2016年，新郑老干部大学在原有诗词赏析、书法、剪纸刻画、电脑、二胡、声乐、舞蹈、戏曲、模特培训等十余门公益性课程的基础上，增设了手机微信、老年交谊舞、模特训练班等新课程。吸引了近一千多名老年人加入学习，有效地丰富了全市老年人的精神生活。主动联合市委组织部电教中心，把老干部大学远程教育拓展延伸到农村老党员、老干部的生活中。

【弘扬传统文化】 2016年1月，传统文化促进会协同新郑市经典读书会、小龙人幼儿园、威远慈善总会，在小龙人幼儿园举办了为期六天的传统文化亲子培训班，教会家长怎样从小培养儿童的诵读习惯和良好的生活习惯。3月2号，新郑市传统文化促进会在“三八妇女节”前夕为新郑市住建局所有女干部举办女德培训，候松平老师做了《国学智慧与幸福人生》的报告，深受女干部的欢迎。3月4日至3月6日由中共市委组织部、中共市委宣传部、新郑市黄帝文化研究会等共同举办的“家天下国学公益论坛”在国际庄园举办。5月11日，新郑市传统文化促进会讲师、新郑市委党史办主任刘如江到新烟中学为近百名教师做“积极用心地工作是乐观的人生态度——我工作我快乐”学术报告，使老师们受益匪浅。5月12日上午国学经典进千校活动在政和路小学举行，有一千多名学生家长和老师受益。5月19日上午在新郑市委老干部局老年大学教室举行活动，由韩述钦做题为《中国传统文化中的心理养生智慧》的报告，有近百名老年大学学员参加，从传统文化经典中学到了养生智慧。5月21日传统文化促进会组织新郑市12名中小学校长、幼儿园园长到登封聆听金辉校长《教育的智慧》学术报告。6月中旬，传统文化亲子培训在梨河镇第二幼儿园开班，有800多名学生、家长及老师参加。

（撰稿：王丽娜　审阅：陈军辉）

党史工作

【概况】 中共新郑市委党史研究室现有工作人员10人，其中主任1人、副主任科员1人。设有综合科、资料征编科、编制人事科、资料管理科。

【史料征集】 2016年，充分挖掘网络资源，通过省、市党建及政府网、广电网、党报等多种有效渠道，广泛收集新郑市党委在推动经济社会发展中政治、经济、军事、教育等各个领

老年人活动中心

域所做的大事、要事和取得的成就，辑成《党史月报》，及时报送市委常委、人大主任、政协主席等参阅。6月底，广泛征集收录了新郑市各基层党组织在2015年所做的主要工作、取得的巨大成就，以及市委市政府对2015年党建、教育等方面工作的表彰决定和市四大班子常委会工作报告、新郑市统计公报等内容，编辑出版了《中共新郑党史大事年编》（2015）。向全市50年党龄老党员发送了一封信《追忆难忘峥嵘岁月 不忘初心贡献余热》1800多份，号召老党员将自身的不平凡经历、入党50多年来的感悟或者身边共产党员的英雄事迹、感人故事，以及生活感悟、良好的家规家训家风传承等撰写成文或者形成口述资料。面向社会征集等多种途径，补充征集编纂了1948年至1978年12月新郑社会主义革命和建设的党史资料，其中，文献资料16份3万字，回忆资料16份3.6万字，人物资料8份2.3万字，专题资料23份12万字，为《新郑党史资料第二集》的编辑出版奠定了基础。

【党史专题】持续抓好《新郑改革开放实录》专题编写工作。继续广泛收集新郑市改革开放各方面的资料，客观记录全市改革开放的重大事件和重大成就，科学总结规律、经验，共收集并上报材料5篇，照片80余幅。根据郑州市委党史研究室指导意见，继续深入新郑市重点红枣企业进行走访调研，对已上报的《小枣大业——新郑改革开放实录之红枣产业发展之路课题研究》课题进行完善补充。研究确定了《新郑的抗美援朝运动》《新郑支援三线建设》《党和国家领导人与新郑》三个专题，组织人员到档案室、老党员家中进行走访查阅相关资料，组织人员深入各乡镇、市直单位对专题撰写工作进行指导，对上报的材料进行实地考察核实。已完成了资料的征集核实汇总工作。

【宣传教育】以新郑市黄帝故里拜祖大典为主题，撰写了《第十届黄帝文化国际论坛圆满成功》《丙申年黄帝故里拜祖大典隆重举行》等文章4篇2.5万字，收集了拜祖大典现场照片20幅，报送郑州市委党史研究室，并在《郑州党史纵览》杂志发表。组织开展宣讲活动。继续以党的历史知识、新郑抗战故事、新郑抗日英雄事迹等为主要内容，深入市直各单位、村、社区等进行宣讲，用党的历史激励教育全市党员干部。组织开展纪念建党95周年系列活动。举办“两学一做”电视知识大赛，组成评审组在初赛、决赛中进行点评，并从中挑选出优秀选手参加郑州市“两学一做”电视知识比赛，获三等奖。组织开展学术座谈会征文活动。与市委党校联合开展了学术座谈会征文活动，组成评审委员会对征文进行评审。举办党史知识竞赛活动，组织全市党员干部开展了党章、党史知识竞赛活动，评选出100名优秀个人、优秀组织奖30个，并对获奖个人和单位给予表彰。举办党史知识图片展。从波澜壮阔的新郑历史中，收集党史资料56份6000字，精心制作系列展板20块，图文并茂反映了建党95年来新郑经济社会发展的主要成就，并在中共新郑市第五次代表大会会场展出。

【服务社会】认真完成精准扶贫工作。多次到贫困户家中进行走访慰问，了解家中情况，并根据家中现状，与其家人共同制定了脱贫计划，帮助其想办法，找路子。针对家中无劳动能力需长期照顾的人，帮助其寻找照顾方法方式，为家中有劳动能力的人找工作，让其通过自食其力实现脱贫。积极参与第十届黄帝文化国际论坛筹备组织工作。第十届黄帝文化国际论坛的筹备期间，主要负责论坛期间书画展、研讨会等6项子活动，全体干部职工全力以赴，以务实的工作作风、顽强的拼搏精神，为黄帝文化国际论坛的成功举办作出了应有的贡献，得到了市领导的肯定与赞扬。联合市委宣传部、市文广新局等单位成功举办了中国·新郑首届轩辕文创论坛暨第十九届峰火文创论坛。论坛由黄帝文化国际论坛组委会、北京峰火文化创意中心主办，政协新郑市委员会承办，河南力上置业有限公司、北京金色昀虹文化传媒有限公司、锦航文化科技集团协办，北京大学文化产业研究院具体指导。论坛聚焦“文化文明文脉 创意创业创新”，分“主题演讲”和“专题座谈”两个环节，旨在推进地区文化创意产业繁荣发展。举办全市党员代表座谈会。按照两学一做“不忘初心，继续前进”活动安排，邀请市四大班子老领导代表、50年以上党龄老党员代表、离退休老干部代表、优秀党员代表、优秀基层党组织代表等30位代表，围绕在推动全市经济社会发展中党员的作用、老党员如何在打造“七个新郑”战略中发挥好党员先锋作用等内容进行讨论，结合工作实际谈感受、话未来、提想法。市委常委、组织部长黄卫东参加了座谈会，并为50年以上党龄老党员代表颁发了“中原先锋‘七一’纪念章”。

（撰稿：杜国召　审阅：马河洲）

党校工作

【概况】中共新郑市委党校现有教职工编制30人，实有26人。其中研究生学历8人、本科学历16人。高级职称9人，中级职称3人。校领导班子成员3人，均为本科学历。设有办公室、培训科、后勤科、人事财务科4个科室。2016年，新郑市委党校坚持党校姓党、忠诚于党，认真学习贯彻中共十八大、十八届三中、四中、五中、六中全会和习近平总书记系列重要讲话精神，严格落实《中国共产党党校工作条例》和全国、省、郑州市三级党校工作会议精神，团结敬业，求实创新，内强素质，外树形象，勤政廉政，积极作为，圆满完成了各项工作任务，取得了突出的成绩。

【干部教育培训】充分发挥县级党校在基层党员干部教育培训工作中的主渠道、主阵地作用，围绕中心、服务大局，认真做好干部教育培训工作。2016年，共举办培训班12期，其中科级干部春秋主体班2期，培训人数165人，专题培训班10期，培训人数3860人。中共十八届六中全会后，市委党校充分发挥理论宣传优势，组成新郑市中共十八届六中全会宣讲团，选拔7名优秀中青年教师到全市各乡镇、管委会、办事处和市直单位，宣讲中共十八届六中全会精神，共宣讲70场，辅导人数近10000多人，对全市党员干部深入学习中共十八届六中全会精神起到了积极的推动作用。

【教学科研】在党校教学工作中，市委党校把党的理论教育和党性教育作为党校教学工作的首要任务，在主体班教学安排中，党的理论教育和党性教育课程在春秋两季主体班教学安排中不低于70%。

在科研工作中，市委党校坚持科研工作与教学工作相结合、与社会热点问题相结合、与市委中心工作相结合，认真开展市情调研和理论研究。组织开展新郑市委纪念建党95周年征文活动，并组织召开了新郑市委纪念建党95周年学术座谈会。2016年，市委党校共撰写理论文章和调研报告20篇，在地市级以上刊物发表10篇。完成省委党校课题结项2个；申报郑州市委党校科研课题4个，立项 4 个；申报2016年郑州市市情重点调研课题2项，立项1个，结项1个；申报2017年度郑州市市情重点调研课题3个并成功立项。

（撰稿：韦丽林　审阅：王向阳）

群众工作　信访工作

【概况】中共新郑市委群众工作部、市委市政府信访局在市委机关大院。在职干部职工35人，下设新郑市人民来访接待中心（正科级）、办公室、调研室、督查室、接访室、排查室、办信室、复查室、联席办。信访工作紧紧围绕工作中心，服务改革发展稳定大局，在进一步畅通规范信访渠道，推进领导干部接访下访常态化、制度化建设，全面推行信访制度改革，狠抓信访问题解决等方面取得了可喜的成绩。全年共接待处理群众信访事项2685起。信访局被评为新郑市2016年度绩效考核先进集体、平安建设红旗单位、平安建设先进集体、老干部工作先进单位、普法工作先进集体。

【群众来信来访】2016年，共接待处理群众来信672案886件，个人访1539起1995批3079人，集体访474起648批10867人。群众反映问题按问题性质划分：农民工工资占18%，群众生活占12%，城建拆迁占9%，涉法涉诉占7%，各类纠纷占6%，农村干部经济作风占5%，城市管理占5%，占地补偿占5%，村民待遇占4%，其他占13%。

【排查化解矛盾纠纷】认真落实网格矛盾日排查、信访信息日报告、“零报告”制度，坚持矛盾排查长效机制，在敏感时期、重大活动和重要节假日前预先组织开展集中排查。对排查发现的各类矛盾纠纷，分门别类建立台账，严格落实“四包一”责任制，并逐案进行“双重交办”，确保问题就地化解、就地稳控，有效预防群体性事件的发生。

【信访三级终结制度】在市级复查阶段，共接收复查申请111件，其中受理13件，退办7件，不予受理86件，正在审查5件。对每起进入复查复核程序的案件，认真审查，采取召开协调会、实地走访调研、现场督办等方式，有效推动了案件办理。通过实施信访三级终结，做到了案结事了、息诉罢访、群众满意。

【信访秩序】通过制定《新郑市信访稳定领域红、黄、黑“三色旗”考核评定办法》，对各单位信访工作实行“周督查”“月评比”“月通报”，进一步压实信访工作责任。加大对违法上访依法处置力度。对违法上访行为及时固定影像资料证据，协助公安机关做好打击处理工作。2016年，共对73名上访人员建立了证据台账，其中58人次违法上访得到依法处置。

【信访渠道】在坚持接访、下访等工作制度的基础上，继续推行“网上信访”模式，利用信访信息系统的各项功能，实行网上受理、办理群众来信、来访、来电，接受群众监督，增强了办理信访诉求的透明度和公正性，极大提高了工作效率。2016年共办理群众来信、电话访及网上信访投诉事项886件，群众诉求渠道更为畅通，公众反映诉求解决更加有效。

【信访法规宣传】除了在平时的接访工作中，加强《信访条例》等法律法规的宣传教育外，通过在全市集中开展信访法制宣传月活动、向全市集中宣传等方式，深入宣传《信访条例》、“一单式”走访知识等法律法规，共发放“知识问答”3000册、漫画宣传册2000册，宣传彩页15000份，制作各类宣传条幅标语等在市区及乡镇政府所在地主要街道沿线等地张贴、悬挂。

【信访保障活动】共参与组织实施各级“两会”、拜祖大典等重大政治活动信访保障46次，参加信访保障人员580人次。4月份做为驻京值班主班县市区，成立50余人的工作组代表郑州市在北京开展工作。由于安排周密、措施得力，成功劝返大批赴京上访人员，得到郑州市的充分肯定。

【信访工作会议】1月19日，新郑市委市政府召开全市信访工作稳定会议。会议听取了市信访局主要负责人的《关于认真做好近期信访稳定工作的通知》的报告，赵建武书记对此作了重要指示。

2月23日，在市联席会议室召开由市委常委、政法委书记赵建武主持的全市信访工作会议，市领导刘建武、赵建武、张富永及各乡镇办党工委书记、乡镇长（主任），具茨山管委会党委书记、主任，新区管委会常务副职，市直各单位领导及信访局班子成员参加，部署两会期间信访稳定工作。

3月25日，市委市政府为确保拜祖大典活动顺利有序开展，召开了拜祖大典期间信访稳定工作会议，群工部部长徐平福在会上作了2016年以来信访工作情况通报的报告，刘建武书记对此作了重要指示。

4月5日，新郑市召开政法信访稳定暨依法治理工作会议，传达贯彻上三级政法工作会议精神，动员全市上下进一步认清形势，提高认识，加压奋进，全力做好政法、信访稳定等各项工作，努力打造平安新郑、法治新郑，为现代田园临空经济强市建设保驾护航。

4月20日，为了切实做好赴京、到省积案化解工作，按照全国开展“两学一做”学习教育深入推进积案化解电视电话会议精神，经研究决定，从5月1日至7月1日，利用两个月时间集中开展赴京到省上访积案化解活动。

9月18日，召开全市信访稳定工作会议，由张富永副市长主持召开，赵建武书记及黄保卫书记分别讲话。

12月12日，郑州市考核督导组莅临新郑市考核2016年平安建设暨信访稳定工作。

（撰稿：孙　培　审阅：李光辉）

机构编制

【概况】新郑市机构编制委员会办公室位于人民路277号，是隶属于新郑市委的工作部门，负责全市行政管理体制改革和机构改革、机构编制管理。内设综合科、机构编制管理科、机构编制监督检查科。实有人员22人，领导1正2副。下属事业单位登记管理局（正科级）1正1副，机构编制信息中心（副科级）1正。

【政府职能转变和机构改革】政府职能转变和机构改革自查自评工作。按照《郑州市机构编制委员会办公室关于开展县（市）区政府职能转变和机构改革评估检查工作的通知》要求，对政府机构改革方案落实总体情况、政府机构设置情况、基层食品药品监管机构的组建情况、职责整合的情况、部门“三定”规定情况、严控机构编制工作情况进行了自查自评。通过自查自评，梳理了改革工作中存在的问题，总结了改革的成效和经验，为进一步深化行政体制改革奠定了基础。

乡镇食品药品监督管理体制改革情况自查整改工作。按照上级相关要求，5月对乡镇（街道办）食品药品监管机构建设情况、工作开展情况、办公场所和执法装备解决情况、食品安全委员会设立情况进行了自查，并对自查的问题制定了整改措施，明确了整改时限。

行政执法机构现状专项调查工作。对行政执法队伍的种类、机构设置、人员编制及经费形式、执法领域、执法内容等情况进行了统计，为全面了解执法队伍现状，进一步推进探索行政执法职能和机构整合、加强执法队伍建设奠定了基础。

【试点镇机构编制配置】按照郑编办〔2016〕33、34号文件批复，编办全面了解掌握试点镇经济社会发展情况，不断优化试点镇机构编制配置，服务领导决策，推动试点工作不断前进。对郑州新郑教育园区管委会和龙湖镇的管理体制以及机构编制管理情况进行实地调研，召开座谈会，深入了解实际运行情况，发现存在问题，并提出相关建议，形成内容翔实的调研报告，为加快龙湖镇行政管理体制改革提供体制机制保障。对龙湖镇和薛店镇的人口、经济发展、社会事务、行政管理体制、项目、资金等情况进行统计，逐步建立省、市、县、镇四级信息联动机制和沟通协调机制，建立健全试点镇基础台账。根据龙湖镇和薛店镇2016年度的重点改革任务，制定了3个重点工作专案和1个工作专题，并按照郑州编办的相关要求每季度上报工作进度。

【大督查体制】新的督查体制实行党委统一领导、党政齐抓共管，运行督查与检查、督办与问责、检查与考核、考核与用人相结合的督查机制。大督查机制采取“声、屏、网、报”四位一体的监督工具，按照全程监控、半月督查、按月通报、年底考核的节奏，行使参会阅文、直接汇报、通报曝光、绩效考核、直接查办、奖励惩处、干部任用建议等职权，为实现目标提供保障。按照“撤一建一”的原则，在整合市委办内设机构市委督促检查室（股级）、政府办内设机构督查科（股级）、市优化局内设机构机关效能监察投诉中心（副科级）、市委组织部下属事业单位新郑市绩效考核领导小组办公室（正科级）4个机构的基础上，经请示郑州市编办，获批组建新郑市委市政府督查考核办公室，设在中共新郑市委办公室，机构规格正科级。新郑市委市政府督查考核办公室设下属事业单位新郑市机关效能督查投诉中心，机构规格副科级。以上所需编制和人员均从原政府办、市委办、优化局、组织部下属事业单位绩效考核办调剂解决。

【分类推进事业单位机构改革】全市事业单位分类情况再统计工作。随着全市经济社会和公益事业的不断发展，部分事业单位机构编制情况有所调整，按照省、郑州市分类推进事业单位改革总体部署，在以往事业单位分类基础上，对全市现有所属事业单位分类基本情况进行了统计，并对承担行政职能事业单位机构编制情况进行了专项统计，为进一步深化事业单位改革、规范管理提供依据。

以公立医院机构编制专项统计促进公立医院综合改革工作。按照上级相关要求，开展了公立医院机构编制和人员情况专项统计工作，成立新郑市公立人民医院。

新郑市社保局上划工作。按照《郑州市机构编制委员会关于划转各县（市）及上街区社会保险经办机构到市社会保险局的通知》文件要求，核减社保局机构编制，调整上划人员。

城市管理执法领域统计调查工作。根据省、郑州市编办关于深入推进城市执法体制改革的部署要求，对全市城市管理执法机构、编制、人员等基本信息调查统计，及时督促各执法部门认真填报相关表格，同时，严格把关，认真审核汇总各执法部门所报表格，确保上报信息真实准确。

【机构编制管理】盘活机构编制存量工作。重新核准教师编制，适应基层教育需求。针对新城区和龙湖等经济发展活跃、教师编制失衡等问题，2016年3月，编办会同教体局对全市中小学机构设置和编制使用情况进行了专题调研，在编制限额内，重新进行了学校机构调整，对盘活的310名教师编制，按照实际所需进行了调整，既稳定了教师队伍，又促进了教育均衡发展。编制内部调剂，达到“多赢”效果。

控编减编工作。按照《郑州市机构编制委员会办公室关于开展2016年控编减编专项督查工作的通知》文件要求，制定《新郑市机构编制委员会办公室关于开展2016年控编减编专项督查工作的通知》（新编办〔2016〕9号），对全市各单位贯彻落实控编减编工作方案情况进行实地督查，查找并整改存在的机构编制问题，进一步完善、规范、提高机构编制管理水平，确保机构编制“两个不突破”，确保行政编制（含政法专项编制）控制在上级核定的总额内；工勤编制只减不增，人员只出不进；事业编制以郑州市编办下达的总量限额为基数，到2017年年底只减不增。按照省、郑州市编办相关要求，配合做好国务院第三次大督查工作中涉及控编减编的相关工作。以全市控编减编工作为框架和依托，会同相关部门开展相关机构编制管理工作。

机构编制监督检查工作。召开专题会议，安排部署机构编制核查工作。组织召开了全市编制人事科长会议，传达了《河南省机构编制委员会办公室关于2015年机构编制违规违纪问题查处情况的通报》《郑州市机构编制委员会办公室关于转发<关于严禁通过违规核增领导职数的方式消化超职数配备干部问题的函>的通知》。等文件精神，发放了关于加强机构编制管理的《告知书》，要求各单位签订机构编制《承诺书》，严格执行机构编制法律法规规定。会议还要求各单位按照部门“三定”方案、编委印发的机构编制文件和相关法律法规开展为期一周的自查，进一步规范机构设置。成立核查小组，实地检查各单位机构编制情况。组织精干力量成立核查小组，通过查阅资料、实地查看、采集图片等形式，对各单位机构编制工作进行核查。核查小组对照核查发现问题，当场向单位口头反馈整改意见。现场核查结束后，对集中核查发现的问题进行梳理归类，通过与各单位沟通协调，了解掌握具体情况，研究解决的办法和意见，制定具体的整改措施，督促各单位及时整改。以社保局机关事业单位养老保险数据采集工作为契机，对全市行政事业单位机构编制人员进行核查，进一步摸清底数，提高数据库准确性，达到编制、人事、社保、财政系统数据统一。

机构编制管理纳入审计工作。根据《党政主要领导干部和国有企业领导人员经济责任审计规定实施细则》，将机构设置、编制使用以及有关规定的执行情况纳入各级各部门主要领导干部经济责任审计内容。2015年已向市审计部门提供各级各部门领导任期内机构编制情况说明18人次，向相关行政事业单位提供机构编制查询数百次，进一步规范了机构编制管理，增强了机构编制的约束力。

【行政审批制度改革】围绕政务服务便民高效，探索行政审批四级联动、一窗式受理。完善镇区服务平台，实现四级联动。以孟庄镇、鸡王社区为试点，完善软件、提升硬件，加大人财物的投入，依托郑州市政务服务网实现便民服务四级联动。孟庄镇便民服务中心共进驻事项70项，其中审批事项19项、基本公共服务事项51项，可实现四级联动9项、三级联动43项、二级联动12项、即时办结6项。在孟庄镇，到龄的老人办理“老年优待证”不需要再到市政务服务中心，只需到社区或镇便民服务中心提交资料、上传信息，“老年优待证”就会有人送上门。推进“一窗式”受理，实现受审分离。按照“审管分离、受审分离”的工作思路，分层次、分区域推行“一窗式”政务服务模式。由市政务服务中心综合受理窗口统一受理，统一出证、送达，后台各职能部门分口审核、审批，变“多头受理”为“一口受理”。中心综合工商质监、食药监等26个部门225项事项，分商事登记、投资建设项目、综合审批三个区域推行“一窗式”，办结时限由原来7个工作日，又提前2—3个工作日。既缩短了时限又减少了公权滥用，办事群众既省时又省事。

【事业单位登记管理】完成事业单位法人年度报告公示工作。在新郑市登记局网站公示年度报告510个，公示率为100%；变更登记198个单位，新设立登记14个单位，注销6个单位。

2016年起事业单位正式启用统一的社会信用代码，实现了事业单位“多证合一、一证一码”。新郑市登记局对作出变更的198家事业单位发放了新版的法人证书。新的证书版面由18位的“统一社会信用代码”取代原来12位的“事业单位法人证书号”，新增了图片二维码功能可查看事业单位登记信息、年度报告和当前状态。

市直机关、编办管理下的群众团体进行统一社会信用代码的赋码工作。此项工作由新郑市编委办委托登记局承办。首先刻制了“新郑市机构编制委员会办公室统一社会信用代码赋码专用章”一枚，对市直机关、编办管理下的群众团体下发了相关的通知。截至年底，已为25个符合条件的单位成功赋码，并发放统一社会信用代码证书。

根据《事业单位法人公示信息抽查办法（试行）》文件要求，新郑市登记局组织随机抽取的9家事业单位进行实地核查，核查内容包括法人证书登载事项、年度报告具体内容。经核查未发现有违反《事业单位登记管理条例》及《实施细则》的情形。

【信息化建设】按照中编办、省编办、市编办文件的主要精神，编办将党政机关网站开办审核和事业单位网站开办工作与中文域名工作“合二为一”，有序推进域名注册和网站挂标工作，确保实现“两个全覆盖”。截至年底，编办已完成全市中文域名注册625个，域名注册单位覆盖率为100%；全市机关事业单位网站（含网络红页）已加挂标识600家（其中用于网络红页数量：485），基本实现全覆盖。

（撰稿：高　培　审阅：蔡卫东）

档案工作

【概况】新郑市档案局位于人民路市委院内，是全市档案工作的管理机构，行使档案行政管理职能。全局（馆）现有干部职工31人，下设办公室、业务指导科、人事科、政策法规科，一个二级机构档案馆。其主要职责是：贯彻执行党和政府关于档案工作的政策、法规，拟定全市档案工作发展规划和规章制度，并组织实施。对全市档案工作实行统筹规划和宏观管理，监督、指导、协调党政机关、群众团体、企业、事业单位的档案工作。组织开展全市档案政策理论与技术研究工作，推广档案科研成果；制定档案管理标准化、现代化实施方案。负责全市档案干部的业务培训工作，负责全市档案工作法律法规宣传及档案史料的编辑研究工作。开发档案信息资源，向社会提供档案服务，监督、指导档案馆业务工作。

新郑市档案馆是档案局下属二级机构，于1983年建成并投入使用，根据《河南省各级综合档案馆业务管理规范》按保管期限和种类分库房摆放。基本任务是：在维护党和国家历史真实面貌的前提下，负责接收、征集和统一管理属于新郑县旧政权的档案资料、革命历史档案资料以及中华人民共和国建立之后县（市）、乡（镇）以及党、政、群团、机关、企事业单位需要永久和长期保存的档案资料。维护其完整与安全、编辑出版档案史料，积极开展档案资料的利用工作，有效地为社会主义经济建设服务。

【档案业务指导工作】2016年，指导全市市直单位和乡镇、街道办事处编制本单位文件材料归档范围和文书档案保管期限表。根据郑州市档案局所分解的目标任务以及新郑市委、市政府有关中心工作的要求。年度归档整理活动中，全局共指导100余个立档单位整理文书档案9228件、专门档案23658卷、科技档案63卷、声像档案129张（盒、盘）、资料405卷（册）。通过开展集中归档整理活动，档案质量有了明显的提高，同时也提高了档案工作人员的业务水平和实际操作能力。

以服务民生为重点，以优化服务质量为目标，充分发挥服务职能作用，有力促进了全市经济和社会事业的又好又快发展。2016年3月9日被郑州市档案局评为全市档案工作目标管理先进单位及档案宣传工作先进单位。2016年3月10日被新郑市委、市政府评为“新郑市2015年度绩效考核先进集体”称号。

做好本辖区重大建设项目档案指导验收及档案接收工作。加强档案从业人员的服务管理能力。针对档案知识的不断更新，各单位档案从业人员频繁更换，档案管理系统操作不熟悉等情况，新郑市档案局为了进一步拓宽档案干部的视野，有效提高档案干部队伍的整体素质，2016年6月14日聘请省、郑州市档案局领导专家及郑州大专院校讲师教授在新郑市始祖山卧龙山庄大酒店举办了为期三天的档案业务培训班。针对来自全市机关、部门、乡镇、街道办事处及企业事业单位100多个立档单位的150多名专兼职档案员，围绕文书档案规范整理、档案与文化、当今国际形势、档案管理基础知识等内容进行了免费培训。

【档案的开发利用与保护】 认真做好档案资料的征集、接收工作，丰富馆藏内容。根据《新郑市档案馆档案收集实施细则》的规定，接收了新郑市移民局的文书、专业档案。其中文书永久档案1961件，文书30年档案916件，专业档案1160卷，目录13本；收集整理拜祖大典档案98件，资料2本。加强档案保护工作，最大限度地延长档案寿命。维护档案的完整与安全，是档案局馆的基本任务。工作人员经常对库房开窗、通风、保洁，每天都对库房温湿度进行记录，采取措施，尽可能达到标准，定期检修线路。在高温季节，对每个库房、每节柜子里的档案都放置防虫防霉药，这样有效地保护了档案的安全与完整。为了做好重点档案的抢救和保护工作，积极向上级报送了《国家重点档案抢救和保护补助费项目申请书》等材料。为了应对数字时代档案信息的安全，积极与管城区对接，做好异地备份工作，确保档案信息的真实性、完整性和可用性。积极开发利用档案资源，增强为经济社会发展服务的能力。围绕市里中心工作、热点、难点问题，利用报刊杂志的信息编写了报纸刊登新郑市稿件索引，为领导决策和社会各界提供全方位服务；加强爱国主义教育基地建设，不断充实完善“基地”内容，定期举办专题展览，并开展爱国主义教育活动、革命传统教育活动，收到了较好的社会效果；开放陈列室、档案馆走廊文化——老照片展，展示档案馆保存的由名人书写拜祖长卷、古书典籍和20世纪新郑的旧貌和当时发展情况的图像资料，参观人次达到520余人。

做好政府信息查阅中心的收集利用工作。不断补充完善政府信息查阅中心内容，提高政府信息查阅利用的时效性、准确性，更好地为社会各界和人民群众提供及时有效的服务。

积极做好提供利用工作，为三个文明建设服务。2016年，市档案馆共接待查档人员4486人次，提供档案资料12158卷（册）。为各级领导决策、公安机关侦破案件、纠正工龄、完善招工手续、婚姻证明、编史修志、解决经济、民事纠纷等方面提供了大量的一手资料。

认真做好馆藏档案开放工作。为充分发挥馆藏档案的作用，更好地服务于社会各界，根据《中华人民共和国档案法》及国家档案局制发的《各级国家档案馆开放档案办法》的有关规定，组织了一批政治素质强、业务水平高、工作实践经验丰富的档案专业人员认真地对档案馆应开放的档案进行了逐卷、逐件鉴定，使档案馆应开放的档案得以正常开放。

【档案法制与宣传工作】 加大档案执法检查力度，增强依法治档意识，确保档案的完整与安全。首先领导高度重视，精心安排部署。召开会议组织全局干部职工认真学习《档案法》《档案管理条例》，同时也认真制订了新郑市档案局执法检查的详细内容和细则，为执法检查工作打下了良好的基础；其次严格依法行政，认真组织开展执法检查。

通过执法检查，不仅宣传了档案工作的重要性，更进一步推动了被检查单位的档案工作，被检查单位纷纷表态将以此次检查为契机，按照检查组提出的要求积极整改，通过这次执法检查，进一步提高了全市档案工作法治水平。

扎实开展“国际档案日”宣传活动。为庆祝档案法颁布29周年，2016年9月1日晚，新郑市档案局利用百姓大舞台，在新郑市炎黄广场隆重举办新郑市“档案与民生”文艺晚会。来自全市的档案工作者和广大市民2000多人观看了这场晚会，通过举办这次文艺晚会，使广大市民家喻户晓，人人皆知，真正感受到档案就在我们身边，与我们息息相关，并且认识到档案工作不仅是为市委、市政府及各单位提供服务的，也是为广大人民群众提供服务的。尤其是随着生活水平的不断提高，社会方方面面已离不开档案，为促进各项事业科学发展、服务党和国家工作大局、落实惠民政策、解决矛盾纠纷、维护合法权益等方面发挥着积极作用。此次演出活动不仅把新郑近几年来在档案工作中取得的辉煌成绩及档案工作人员默默无闻的奉献进取精神和档案工作在新农村建设中发挥的重要性都表现得淋漓尽致，而且极大地锻炼了我局干部职工组织大型活动的筹备、策划、组织、协调、保障、宣传能力，促进了干部队伍的全面发展，传播了档案文化，活跃了档案工作者的业余爱好，加强了兄弟县市之间的交流与合作。

积极向上级档案报刊、网站上投稿。档案宣传工作取得了一定的成绩，截至2016年11月21日，共发表信息文章1222篇（条）。其中：在《中国档案》网站上发表信息4篇；在其他省市网站上发表信息3篇；在《河南省档案信息网》上发表信息1181篇（条）、《档案界》网站上发表信息文章12篇（条）；在郑州档案信息网上发表信息文章19篇；在新郑政府网上发表信息3篇，极大地宣传了新郑市档案工作的新做法、新经验、新成绩，扩大了对外影响，收到了很好的宣传效果。

积极做好《档案管理》杂志的征订工作。共征订《档案管理》杂志302份，通过征订《档案管理》杂志，提高了全市档案干部的业务水平。

成功举办“档案与民生”演讲比赛。7月15日，“档案与民生”演讲比赛决赛在新郑市总工会四楼会议室举办，现场来自各单位一百余名档案工作者聆听了通过预赛选拔而出的15名选手的精彩演讲。选手们紧密结合自己的实际工作和自身的经历感受，引经据典，抒发情感，从不同角度讲述兰台人的故事、档案与民生的故事，将演讲比赛一次次推向高潮。这次演讲比赛，既活跃了档案机关氛围，又锻炼了档案干部的演讲才能；既丰富了档案工作者的业余文化生活，又提高了档案工作者的综合素质和语言表达能力。

（撰稿：税豫川　审阅：韩东伟）

接待工作

【概况】 新郑市委市政府接待办公室在市委机关大院。现有干部职工12人，其中主任1人，副主任3人。下设综合科、接待科和对外宣传科。2016年，接待办紧紧围绕市委、市政府中心工作，加强学习锻炼，认真履行职责。特别是自中央八项规定出台后，厉行勤俭节约，面对新形势新任务，调整工作思路，提升接待水平，促进接待工作围绕中心服务大局，较好地完成了各项目标任务。2016年共接待来宾246批1.76万人次，接待人数同比增长1.5%，接待经费与去年基本持平，圆满地完成了2016年新郑市的接待工作任务。

【完善接待工作】 认真学习《党政机关厉行节约反对浪费条例》《党政机关国内公务接待管理规定》《河南省党政机关国内公务接待管理办法》《郑州市党政机关国内公务接待实施细则》。作为切入点，完善工作制度，规范接待流程，加强内部管理，提升人员素质，强化队伍建设，做到简化礼仪而不失热情周到，完成接待任务而不超规定标准，减少陪同人员而不失工作高效，轻车简从而不失服务质量。主要从三个方面严格规范接待工作。第一方面是“食”。来宾就餐以自助餐为主，不上高档菜肴、酒水，菜品突出新郑地方特色农家菜等。严格控制陪餐人数，10人以内陪餐人数不得超过3人，10人以上陪餐人数不得超过客人的三分之一。第二方面是“宿”，除了按规定安排房间外，来宾的房间内一律不摆放香烟、高档水果、鲜花等。第三方面是简化接待程序，执行接待任务做到不张贴悬挂标语横幅、不安排迎送、不铺设迎宾地毯、不摆放花草、不制作背景板、不赠送各类纪念品或土特产、不安排宴请、不组织高消费娱乐及健身活动，除工作需要外不安排到名胜古迹、风景区参观等。

【规章制度建设】 规范接待程序。结合新郑市实际，进一步建立健全接待工作规范，制定了《新郑市党政机关国内公务接待管理办法》，明确了接待范围、接待标准和操作流程，使工作能够坚持原则、有章可依，为做好接待工作奠定了坚实基础。理顺审批流程，严格控制浪费。加强同市委办、政府办接待任务审批制度，由市委办主任、政府办主任签审接待单，公开接待任务、车辆使用等信息，杜绝随意开单，厉行节约。在费用支出上，实行严格的财务制度和报账流程及接待清单，根据消费额度使用公务卡结算。

健全接待工作机制。明确接待范围、工作程序、接待标准等，并形成文件，使日常的接待工作逐步实现了程序化、规范化管理，使每一个从事接待工作的人员有章可循，有据可依，有序推动了工作的开展。

制定接待制度。制定了岗位职责、接待工作制度、学习制度、财经管理制度、文件管理制度、信息管理制度等十项管理制度，进一步转变了办公室的工作作风，在全办上下树立起了风正、气顺、劲足的良好状态，办公室面貌焕然一新。

【队伍建设】 为更好地提升接待水平和服务质量，要求工作人员加强对市情及新郑市经济社会发展情况深入学习，并组织本办人员观摩踩点新郑市重大工程项目及新型城镇化建设，让接待人员对新郑市最新发展情况有进一步了解和认识。结合《中共中央国务院印发党政机关厉行节约反对浪费条例》《接待与交际》《政务接待礼仪》，加大对公务接待礼仪知识的学习，不断提高接待人员的政治素质，业务素质、文化素质，努力建设一支政治过硬、思想解放、作风扎实、团结协调、纪律严明、工作有力的接待队伍，为加快接待工作转型升级提供坚实的保障。

（撰稿：左敏娜　审阅：李巧玲）

新郑市人民代表大会

XINZHENG MUNICIPAL PEOPLE'S CONGRESS

新郑市人民代表大会
XINZHENG MUNICIPAL PEOPLE'S CONGRESS

·新郑市人民代表大会 >>>

XINZHENG MUNICIPAL PEOPLE'S CONGRESS

综　述

【概况】 在市委的正确领导下，全面贯彻中共十八大、十八届三中、四中、五中、六中全会和省委、郑州市委、新郑市委人大工作会议精神，紧紧围绕"四个全面"战略布局，重点加强新型城镇化建设、产业发展、开放创新、生态环境建设等方面工作的监督，依法履行人大职责，积极推动人大工作与时俱进，较好地完成了全年各项目标任务，为加快现代田园临空经济强市建设做出了积极贡献。

【服务市委中心工作】 坚持把依法履职与推动市委重大决策落实更加紧密地结合起来，加强重大事项监督，依法做出决定决议，把市委的决策、部署转化为全市人民的共同意志和自觉行动，为新郑市经济社会发展提供强有力的决策保障。一月，围绕市委、市政府中心工作，组织召开了新郑市四届人大第五次会议；七月，组织加开了新郑市四届人大第六次会议，强化大局意识、服务意识、配合意识，推动市委各项决策部署，积极主动承担市委交办的各项阶段性中心任务，全力以赴落实好、推动好市委各项重点工作。

【人大监督工作】 认真贯彻实施《监督法》，高度关注经济运行，坚持突出监督重点，准确聚焦民生改善，持续深化依法治市，着力加强对宪法和法律实施情况的监督，强化权力运行的制约和监督，有效地防止了腐败，保证了廉洁执政风尚。全年市人大常委会会议和主任会议共听取和审议工作报告26项，组织集中视察、调研30次，印发《常委会审议意见》6期、《主任会议纪要》6期，《情况反映》10期。依法任免全市地方国家机关工作人员48人次，开展执法检查1次，并对市政府3个组成部门、1个垂直部门进行了工作评议。

关注经济运行。始终坚持把助推发展作为第一要务，凝心聚力，狠抓关键，有效促进了本市产业发展。围绕"十三五"时期规划的全面启动，重点监督好各项相关政策措施的制定和落实。对全市重点项目、招商引资、商贸物流等工作，进行了深入的调查研究，为规划的落实出谋划策，确保了"十三五"时期规划开好头，起好步。围绕经济稳中求进发展要求，听取审议了市政府关于2016年上半年国民经济和社会发展计划、财政预算执行情况的报告；2015年市本级财政决算和其他财政收支审计工作报告；审查和批准2015年市本级财政决算，有效督促市政府全力深化改革开放，加速转型升级，推进项目建设，努力实现全市经济社会发展目标。围绕全市税收征管情况，听取审议了市政府关于上半年地税、国税税收征管工作情况的报告，有效督促政府加强税收征管工作管理，确保了全市税收征管工作规范运行、应收尽收。

突出监督重点。始终坚持突出监督重点，着力强化对新型工业、现代农业、新型城镇化建设监督，大力增强人大监督实效。围绕做强新型工业，突出对项目建设、质量兴市和名牌带动等工作进行监督，开展了工业经济发展情况视察，常委会会议专门听取审议了全市工业经济发展情况报告，有效督促政府及相关部门破解问题瓶颈，大力推动工业企业优化升级。围绕做精现代农业，突出对都市型现代农业示范区及设施农业、精准扶贫和美丽乡村建设进行监督，开展了具茨山易地扶贫搬迁、农业示范园区及设施农业等视察调研，听取审议了现代农业示范园区建设、新型城镇化与美丽乡村建设情况报告，督促政府及相关部门以工业理念发展现代农业，助力农民增收致富。围绕建设国家新型城镇化示范城市目标，听取审议了市政府关于城市管理综合执法工作情况的报告，开展了新型城镇化建设专项视察，督促政府持续提升城市功能，努力构筑更高质量、更高水平的城镇化格局。

聚焦民生改善。始终坚持民生为本，持续推进民生改善，以办好民生实事和生态宜居新郑建设为抓手，着力加强和谐新郑建设。把维护人民群众利益作为人大工作的基本要求，把改善民生作为对人民负责的自觉追求，积极回应人民群众的重大关切，围绕人民群众关注的热点、难点问题，开展了防汛及生态水系建设建设情况、生态廊道绿化提升和全面落实“二孩”政策等工作视察调研，听取审议了市“五单一网”制度改革情况和基层医疗单位服务能力提升情况报告，围绕政府承诺为民办好“十件实事”，开展了“集中财力实施教育提升工程项目专项资金保障和使用情况”等工作视察调研，听取审议了市政府“为民办实事”落实情况和中小学幼儿园规划情况和公共文化示范区建设等工作情况报告，强化对社会保障体系建立健全的监督，着力促进民生普惠、公平均衡的公共服务体系建设。围绕食品安全，开展了《食品安全法》贯彻执行情况视察，督促政府及相关部门加大对食品安全的监管力度，严厉打击非法生产、销售不符合标准的食品，确保了广大人民群众生命健康不受侵害。围绕实施“蓝天碧水”工程，重点开展了全市生态环境治理工作视察，听取审议了大气污染防治工作情况报告，强力督促市政府大力开展环境综合整治，改善人居环境。

深化依法治市。坚持服务平安新郑建设，把执法检查与日常监督相结合，着力加强法律监督，持续深化依法治市。围绕全面深化依法治市，听取审议了市“六五”普法工作情况和“七五”普法规划报告，集中开展依法治市工作学习调研，开展了新郑市贯彻实施《中华人民共和国环境保护法》情况执法检查和“公检法”创新工作及监所工作情况视察，着力增强法律意识和法治观念，有效提升了依法治市水平。围绕法治新郑建设，开展了完善规范性文件备案审查工作情况专题调研，进一步完善了规范性文件备案审查机制，加强了对政府规范性文件的备案审查工作，促进了法律法规的正确实施，促进了政府依法行政，维护了法制的权威性和统一性。围绕促进公正司法，听取审议了市法院关于多元化解矛盾纠纷工作情况的报告。督促市法院提升矛盾纠纷解决水平，为本市经济社会发展提供有力的司法保障。围绕加强法律监督，听取审议了市人民检察院关于侦查监督工作情况的报告。监督市人民检察院充分发挥检察职能，认真做好侦查监督工作，维护社会公平正义、促进社会和谐稳定。坚持把涉法涉诉信访纳入法制轨道，加强信访信息综合分析，开展了信访事项网上受理工作调研，听取审议了拆迁安置信访问题情况报告，督促“一府两院”切实解决群众反映强烈的突出问题，努力化解社会矛盾，维护社会和谐稳定。

【人事任免与工作评议】始终坚持党管干部和人大依法任免干部的有机统一，依法行使任免权，加强对国家机关工作人员及“一府两院”的监督，促进国家工作人员恪尽职守，依法行政，公正司法。坚持拟任命人员综合法律素质考察考核、与组成人员见面、任职表态、颁发任命书和履职承诺制度，严格规范实施人大及其常委会选举和决定任命人员向宪法宣誓制度，切实提高选举任命干部的法律意识。全年共依法任免新郑市地方国家机关工作人员48人次，依法任命了60名人民陪审员。严格按照市人大常委会工作评议办法，不断完善评议内容，创新评议方式，重点对与人民群众生产生活关系最密切的职能部门开展工作评议，开展了对政府3个职能部门和1个垂直部门的工作评议。加强对评议意见整改工作的监督落实，提高评议效果。

【代表履职工作】坚持以创新思维开展代表工作，不断完善代表工作机制，激发代表工作活力，切实提高代表履职积极性。积极推动“双联系”制度的落实，常委会组成人员坚持每人联系人大代表不少于3名，人大代表联系原选区选民不少于3名，并建立联系档案，定期登记联系情况，进一步畅通了常委会与代表和群众的联系渠道，为常委会组成人员了解基层情况、提高议事决策水平发挥了积极作用。坚持邀请代表列席常委会会议，参加常委会组织的视察、执法检查等活动。坚持每次常委会会议、视察调查、专题调研、执法检查、工作评议等活动，都邀请3至7名代表全程参加。常委会还支持和组织人大代表有序参与到行风评议、项目招投标、经适房分配、法院庭审、检察院案件评查等工作，既发挥了代表的监督作用，又增强了“一府两院”工作的公信力。加强市乡人大代表、乡镇人大干部培训，增强培训效果，实现代表思想素质、履职意识和履职水平的提升。8月，市人大常委会在北京全国人大培训基地，对常委会组成人员、乡镇街道人大干部和人大机关干部进行了集中履职培训。认真做好市四届人大五次会议期间代表提出意见建议的交办、督办工作，通过改进代表建议办理机制，完善工作措施，强化重点督办等措施，大大提高了代表建议办理质量和效率。常委会会议听取审议了市四届人大五次会议代表建议办理情况报告，并会同市委市政府督考办对代表建议办理情况进行了“回头看”，以实实在在的办理成效取信于代表和人民群众。围绕县乡人大换届工作，深入调研分析换届选举工作面临的新形势，认真做好前期调研和筹备工作。11月，市人大常委会机关特邀知名专家对县乡人大换届选举工作进行了集中学习培训，有效提升了人大机关党员干部的思想素质和履职水平，完善了工作机制，严肃了工作纪律，落实了工作要求，确保了县乡两级人大换届选举工作的顺利进行。

【县乡人大工作】 根据中共新郑市委《关于进一步加强和改进人大工作的意见》文件要求，全面贯彻落实中央、省和郑州市关于加强县乡人大工作和建设情况，推动人大工作与时俱进、创新发展。

市人大常委会在贯彻中央18号文件和省委人大工作会议精神基础上，对郑州市关于加强县乡人大工作会议精神进行了全面研读，并结合《中共郑州市委关于加强和改进人大工作的意见》（郑发〔2014〕28号）文件要求，进一步充实了新郑市加强和改进人大工作新的内容，为新郑市全面落实省、郑州市人大工作会议精神注入新的动力。

2016年，市人大常委会和13个乡镇、街道人大，围绕中央、省委和郑州市委人大工作会议精神的贯彻落实，自觉坚持党的领导、人民当家做主、依法治国有机统一，紧紧围绕改革发展稳定大局，依法行使各项职权，在保障人民当家做主、促进宪法法律有效实施、推动党委决策部署落实、密切与人民群众联系等方面发挥了重要作用，为推动地方经济社会发展和基层民主法治建设做出了积极贡献。

【市四届人大常委会第五次人大工作研讨会】 7月，在全国人大北京培训基地举办了第五次人大工作研讨会，邀请有关专家学者围绕“人大干部如何依法履职尽责”这一主题进行集中授课，收到了良好效果。

（撰稿：孟永军 审阅：王军生）

人大会议

【新郑市第四届人民代表大会第五次会议】 1月25日至28日，新郑市第四届人民代表大会第五次会议在市炎黄文化艺术中心召开。市四届人大五次会议实有代表235人，实际出席会议的代表216人。列席会议人员188人，特邀人员131人。会议听取和审议了市人民政府市长刘建武所作的《政府工作报告》、市人大常委会主任李书良所作的《市人大常委会工作报告》、市人民法院院长王栋所作的《市人民法院工作报告》、市人民检察院检察长李广建所作的《市人民检察院工作报告》；市发改委、市财政局分别向大会书面报告了《新郑市国民经济和社会发展第十三个五年规划纲要（草案）》《新郑市2015年国民经济和社会发展计划执行情况与2016年计划(草案)的报告》《新郑市2015年财政预算执行情况和2016年财政预算(草案)的报告》。会议通过了关于《新郑市人民政府工作报告》《新郑市人大常委会工作报告》《新郑市人民法院工作报告》《新郑市人民检察院工作报告》《新郑市国民经济和社会发展第十三个五年规划纲要》、新郑市2015年国民经济和社会发展计划执行情况与2016年计划、新郑市2015年财政预算执行情况和2016年财政预算等七个决议。会议共收到代表建议、批评、意见133件，会议圆满完成了各项议程。

【新郑市第四届人民代表大会第六次会议】 7月28日至29日，新郑市第四届人民代表大会第六次会议在市炎黄文化艺术中心召开。市四届人大五次会议实有代表234人，实际出席会议的代表210人。报经市委同意，本次大会不再邀请非代表人员列席会议。会议补选王俊杰为新郑市第四届人民代表大会常务委员会主任、马志峰为新郑市人民政府市长。

【主任会议】 第二十次主任会议：4月28日，市四届人大常委会召开第二十次主任会议，市人大常委会主任李书良、副主任王军生、孙阔、彭德成、郭明熙、王金灿、杨流、王海亮出席会议，市人民政府副市长关民安、市法院院长王栋、市检察院检察长李广建、市环保局负责人以及常委会机关委科室主任、副主任列席会议。会议听取和审议了新郑市大气污染防治工作情况、市法院多元化解决矛盾纠纷工作情况和市检察院侦查监督工作情况的报告，听取了市人大常委会代表工委和法工委的有关调查报告。

第二十一次主任会议：6月28日，市四届人大常委会召开第二十一次主任会议，市人大常委会主任李书良、副主任王军生、孙阔、彭德成、郭明熙、王金灿、杨流、王海亮出席会议，市人民政府常务副市长彭立、市国税局、市地税局、市水务局负责人以及常委会机关委科室主任、副主任列席会议。会议听取和审议了新郑市上半年地税、国税税收征管工作、防汛及生态水系建设情况的报告，听取了市人大常委会财经工委和农工委的有关调查报告。

第二十二次主任会议：8月16日，市四届人大常委会召开第二十二次主任会议，市人大常委会主任王俊杰、副主任王军生、孙阔、彭德成、郭明熙、王金灿、左建新、杨流、王海亮出席会议，市人民政府副市长乔琳、市农委、市信访局、市政务服务中心负责人以及常委会机关委科室主任、副主任列席会议。会议听取和审议了新郑市现代农业示范园区建设情况、拆迁补偿安置信访问题情况和政务服务工作情况的报告，听取了市人大常委会农工委、信访室和老干部科的有关调查报告。

第二十三次主任会议：10月28日，市四届人大常委会召开第二十三次主任会议，市人大常委会主任王俊杰、副主任王军生、孙阔、彭德成、郭明熙、王金灿、左建新、杨流、王海亮出席会议，市人民政府副市长缑云峰、市卫计委、市城管执法局负责人以及常委会机关委科室主任、副主任列席会议。会议听取和审议了新郑市基层医疗单位服务能力提升情况和城市管理综合执法工作情况的报告，听取了市人大常委会教科文卫工委和代表工委的有关调查报告。

第二十四次主任会议：12月22日，市四届人大常委会召开第二十四次主任会议，市人大常委会主任王俊杰、副主任王军生、孙阔、彭德成、郭明熙、王金灿、左建新、杨流、王海亮出席会议，市人民政府副市长缑云峰、市住建局、市水务局负责人以及常委会机关委科室主任、副主任列席会议。会议听取和审议了新郑市听取和审议了新郑市公共文化示范区建设情况和双洎河综合治理情况的报告，听取了市人大常委会教科文卫工委和农工委的有关调查报告。

【常委会会议】人大常委会第二十五次会议：1月19日，市四届人大常委会召开第二十五次会议，市人大常委会主任李书良，副主任王军生、孙阔、彭德成、郭明熙、王金灿、左建新、杨流、王海亮及委员共25人出席会议，市政府常务副市长彭立、市人民法院院长王栋、市检察院检察长李广建列席会议，李书良主持会议。会议依法依程序任免了市政府4名副市长、7名市政府部门负责人和3名人大街道工委有关人员，会议听取了市四届人大五次会议筹备工作情况汇报；听取和审议了市四届人大常委会代表资格审查委员会关于市四届人民代表大会代表资格的审查报告；审议了“市人大常委会关于召开新郑市第四届人民代表大会第五次会议决定草案”；审议了“市四届人大五次会议议程草案”；审议了“市四届人大五次会议主席团和秘书长名单草案”；审议了“市四届人大五次会议计划、财政预算审查委员会名单草案”；审议了“市四届人大五次会议议案审查委员会名单草案”；审议了“市四届人大五次会议列席人员名单草案”；审议了“市四届人大五次会议特邀人员名单草案”；审议了“新郑市人民代表大会常务委员会工作报告草案”。

人大常委会第二十六次会议：2月19日，市四届人大常委会召开第二十六次会议，市人大常委会主任李书良，副主任王军生、孙阔、彭德成、郭明熙、王金灿、左建新、杨流、王海亮及委员共24人出席会议，李书良主持会议。会议依法依程序补选郭明熙为郑州市第十四届人民代表大会代表。

人大常委会第二十七次会议：3月23日，市四届人大常委会召开第二十七次会议，市人大常委会主任李书良，副主任王军生、孙阔、彭德成、郭明熙、王金灿、左建新、杨流及委员共23人出席会议，市政府副市长乔琳、市人民法院院长王栋、市检察院检察长李广建及3名特邀基层人大代表列席会议，李书良主持会议。会议审议通过了市人大常委会2016年工作要点，投票决定了2016年市政府接受工作评议的4个工作单位；会议还听取审议了市政府关于具茨山易地扶贫搬迁工作情况的报告。

人大常委会第二十八次会议：5月24日，市四届人大常委会召开第二十八次会议，市人大常委会主任李书良，副主任王军生、孙阔、彭德成、郭明熙、王金灿、左建新、杨流及委员共23人出席会议，市政府副市长秦洪源、市人民法院院长王栋、市检察院检察长李广建及3名特邀基层人大代表列席会议，李书良主持会议。会议依法依程序任免了“法检两院”部分国家工作人员，听取审议了市政府关于市中小学幼儿园规划建设情况、市工业经济发展情况和市“五单一网”制度改革工作情况的报告。

人大常委会第二十九次会议：7月12日，市四届人大常委会召开第二十九次会议，市人大常委会主任李书良，副主任王军生、孙阔、彭德成、郭明熙、王金灿、左建新、王海亮及委员共23人出席会议，市政府马志峰、王智明，市人民法院院长王栋、市检察院检察长李广建及3名特邀基层人大代表列席会议，李书良主持会议。会议依法依程序任命马志峰为新郑市人民政府副市长、代市长，王智明为新郑市人民政府副市长；决定免去彭立、秦洪源新郑市人民政府副市长职务。马志峰代市长和王智明副市长手按宪法、面向国徽作了郑重宣誓。会议还听取审议了新郑市政府关于新郑市2016年上半年国民经济和社会发展计划执行情况、2016年上半年财政预算执行情况、新型城镇化与美丽乡村建设情况的报告。

人大常委会第三十次会议：7月22日，市四届人大常委会召开第三十次会议，市人大常委会主任李书良，副主任王军生、孙阔、彭德成、郭明熙、左建新、王海亮及委员共23人出席会议，市法院院长王栋、市检察院检察长李广建列席会议，李书良主持会议。会议审议通过了关于召开新郑市第四届人民代表大会第六次会议的决定。

人大常委会第三十一次会议：7月28日，市四届人大常委会召开第三十一次会议，市人大常委会主任李书良，副主任王军生、孙阔、彭德成、郭明熙、王金灿、左建新、王海

2016年7月28日，市四届人大常委会第三十一次会议

亮及委员共25人出席会议，市人大常委会党组书记王俊杰、市政府副市长周建超，市人民法院院长王栋、市检察院检察长李广建列席会议，李书良主持会议。会议决定同意赵海峰辞去新郑市第四届人民代表大会代表职务。会议听取了市四届人大六次会议筹备工作情况汇报；审议通过了市四届人大常委会代表资格审查委员会关于市四届人民代表大会代表资格的审查报告；审议通过了“市四届人大六次会议议程草案”；审议通过了“市四届人大六次会议主席团和秘书长名单草案”。

人大常委会第三十二次会议：9月22日，市四届人大常委会召开第三十二次会议，市人大常委会主任王俊杰，副主任王军生、孙阔、郭明熙、王金灿、左建新、王海亮及委员共21人出席会议，市政府常务副市长王智明、市人民法院院长王栋、市检察院副检察长李建波及3名特邀基层人大代表列席会议，王俊杰主持会议。会议根据市法院的提请，依法、依程序任免了张建中、高伟、王丽英、石青峰、闫琳5名国家工作人员和60名人民陪审员。会议决定许可对市四届人大代表平宪明采取刑事强制措施。会议听取和审议了市政府关于市四届人大五次会议代表建议意见办理情况报告、新郑市2015年度财政决算报告、新郑市2016年本级财政预算调整报告、新郑市2015年度本级财政预算执行和其他财政收支审计工作情况报告；听取和审议了市人大常委会执法检查组对新郑市贯彻实施《中华人民共和国环境保护法》执法检查情况的报告；审查并批准了2015年度市本级财政决算和2016年度市本级财政预算调整方案。

人大常委会第三十三次会议：10月9日，市四届人大常委会召开第三十三次会议，市人大常委会主任王俊杰，副主任王军生、孙阔、彭德成、郭明熙、王金灿、左建新、杨流、王海亮及委员共21人出席会议，王军生主持会议。会议决定接受李书良同志辞去郑州市第十四届人民代表大会代表职务，以无记名投票方式选举程志明同志、王俊杰同志、马志峰同志、黄卫东同志为郑州市第十四届人民代表大会代表，并将选举结果上报郑州市人大常委会。

人大常委会第三十四次会议：11月24日，市四届人大常委会召开第三十四次会议，市人大常委会主任王俊杰，副主任王军生、彭德成、郭明熙、王金灿、左建新、王海亮及委员共23人出席会议，市政府副市长周建超、市人民法院院长王栋、市检察院检察长李广建及3名特邀基层人大代表列席会议，王俊杰主持会议。会议听取和审议了市政府2016年“为民办实事”落实情况报告、新郑市“六五”普法工作情况和“七五”普法规划情况报告，并表决通过了《新郑市人大常委会关于进一步开展法治宣传教育的决议》；会议还听取了市人社局、林业局、工信委和市烟草局工作情况的报告，并对4个职能部门的工作进行了满意度测评。

人大常委会第三十五次会议：12月20日，市四届人大常委会召开第三十五次会议，会议审议通过了《新郑市人大常委会关于市乡两级人民代表大会换届选举的决定》《新郑市人大常委会关于成立市乡选举委员会的决定》和《新郑市人大常委会关于各乡镇人民代表大会代表名额的决定》，会议决定接受吴天君辞去郑州市第十四届人民代表大会代表职务，并报郑州市人大常委会备案。

（撰稿：孟永军　审阅：王军生）

监督工作

【专项视察】3月25日，市人大常委会主任李书良，副主任王军生、孙阔、彭德成、郭明熙、王金灿、左建新杨流、王海亮带领人大各委科室负责人深入到具茨山易地扶贫搬迁在建社区视察具茨山易地扶贫搬迁工作。副市长乔琳、市政府党组成员林俊伟陪同视察。

4月19日，市人大常委会主任李书良，副主任王军生、孙阔、郭明熙、王金灿、左建新、杨流、王海亮带领部分人大代表、人大机关各委科室负责人到环保局视察生态环境治理

2016年5月10日，市人大代表视察工业经济发展情况

与“蓝天碧水”工程建设情况。

5月10日，市人大常委会李书良主任，副主任王军生、孙阔、彭德成、郭明熙、王金灿、左建新、杨流、王海亮带领部分人大代表、各委科室负责人，先后到光明乳业、恒喜龙食品有限公司、润弘制药工业园、航美国际智慧城、中德产业园等企业单位对新郑市工业经济发展情况进行了视察，并召开了座谈会。副市长李猛陪同视察。

6月15日，市人大常委会主任李书良及各位副主任带领部分人大代表、人大机关各委科室负责人深入到双拥路新密铁路立交桥、轩辕湖、望京楼水库、老观寨水库、南水北调新商倒虹吸工程、具茨山管委会驮窑村视察防汛工作。副市长乔琳陪同视察。

7月5日，市人大常委会主任李书良，副主任王军生、孙阔、彭德成、郭明熙、王金灿、杨流、王海亮带领部分人大代表、人大机关各委科室负责人深入到和庄镇正商红溪谷、新区管委会社区及辛店镇人和寨村、和谐佳苑社区、北靳楼桃园新村视察新型城镇化和美丽乡村建设工作。副市长关民安陪同视察。

8月9日，市人大常委会主任王俊杰带领副主任王军生、孙阔、彭德成、郭明熙、王金灿、左建新、杨流、王海亮、常委会工作部门负责人以及部分人大代表，对新郑市“公检法”创新工作及监所工作进行了视察，副市长张富永陪同视察。

9月13日，市人大常委会主任王俊杰及各位副主任带领常委会组成人员、部分人大代表和各位科室负责人，先后到对华南城、华商汇、圣戈班、乾龙物流、郑州石材工业园等5家在建、投产的商贸物流企业进行了视察，并召开了座谈会，副市长李猛陪同视察。

10月21日，市人大常委会主任王俊杰，副主任王军生、孙阔、郭明熙、王金灿、左建新、杨流、王海亮带领部分人大代表、人大机关各委科室负责人到各乡镇视察乡镇人大建设工作情况。

11月9日，市人大常委会主任王俊杰，副主任王军生、孙阔、郭明熙、王金灿、左建新、杨流、王海亮带领部分人大代表、人大机关各委科室负责人先后到新郑一中、牧蒙莜面村食府、东元食品有限公司、哈芙超市、薛店镇食品药品监管所对《食品安全法》贯彻落实情况进行了视察，并召开座谈会，听取新郑市食品药品监督管理局负责人关于贯彻落实《食品安全法》执行情况汇报。市委常委、副市长王智明陪同视察。

12月28日，市人大常委会组织部分省、郑州市及新郑市三级人大代表在市人大常委会主任王俊杰和副主任王军生、孙阔、彭德成、郭明熙、王金灿、左建新、杨流、王海亮带领下，先后到遂成药业、中德产业园、华南城污水处理厂、华商汇项目、新区·新尚商业综合体、公立综合医院和中华路南延项目等项目现场，对政府2016年工作建设情况，进行了实地察看，并认真听取相关负责人对项目工程建设的情况介绍。

【专题调研】3月17日，市人大常委会副主任孙阔带领农工委负责人对具茨山易地扶贫搬迁社区建设工作进行调研。

4月18日，市人大常委会副主任郭明熙带领代表工委成员到爱卫办对新郑市创建卫生城市长效机制落实情况进行调研。

4月28日，在副主任彭德成的带领下，就妇女儿童权益维护工作进行调研。

5月13日，市人大常委会调研组在杨流副主任的带领下，对新郑市“五单一网”制度改革工作情况进行了调研。

5月16日至22日，由市人大副主任彭德成带领市人大法工委和市司法局依法治市办一行11人，先后赴江苏省苏州、常州、扬州等地就依法治市工作进行了专项调研。

6月8日，市人大常委会副主任郭明熙带领代表工委成员到各乡镇对市级人大代表构成现状分析进项调研。

6月21日，市人大常委会副主任王军生、孙阔、杨流带领财经工委、代表工委、财政局的有关负责同志深入到市国税局和地税局，就新郑市上半年税收征管工作情况进行了调查。

7月13日，市人大常委会副主任杨流带领调研组对新郑市的政务服务工作情况进行了调研。

8月5日，市人大常委会副主任孙阔带领农工委同志深入到新郑市佳源农业种植有限公司、河南好想你木本良红枣博览园、新郑市君源生态农业科技有限公司，调研现代农业示范区建设情况。

8月16日，市人大常委会副主任王军生带领财经工委有关同志前往文广新局，就政府十件实事中“完善基层文化活动场所，启动文化建设三年行动计划”项目专项资金保障和使用情况进行专题调研。

9月9日，市人大常委会副主任孙阔带领农工委人员深入到西南绕城高速、机场高速、京港澳高速、大学路南延北段、鸿鹄路、莲花路，调研生态廊道绿化提升改造工作。

9月16日，市人大常委会副主任王海亮带领信访室工作人员组成调研组，对新郑市网上办理信访事项工作情况进行了调研。

9月22日，市人大常委会副主任孙阔带领农工委人员深入到郑韩故城国家遗址公园，专题调研郑韩故城国家遗址公园建设工作。

10月12日，市人大常委会副主任郭明熙带领代表工委成员到各乡镇对进一步加强县乡人大建设工作学习调研。

10月26日，由市人大副主任彭德成带领市人大法工委和市民政局一行7人，对新郑市新型城镇化建设中殡葬改革工作进行了专项调研，副市长张富永陪同调研。

11月22日，市人大常委会副主任王金灿带领教科文卫工委人员到卫计委对全面落实二孩政策、免费提供二孩生育保健服务情况进行调研。

12月5日，市人大常委会副主任杨流带领调研组对新郑市的招商引资工作情况进行了调研。

12月15日，市人大常委会主任王俊杰，副主任王军生、孙阔、郭明熙、王金灿、杨流、王海亮带领调研组深入到双洎河中华路桥、双洎河双龙寨拆迁现场、双洎河蓄水拦坝工程、双洎河南关大桥及新建路部分拆迁现场，调研双洎河综合治理工作。

【代表建议意见办理工作】 坚持把人大代表议案、建议办理工作作为推动依法行政、解决民生问题的重要抓手，认真做好市四届人大五次会议期间代表提出意见建议的交办、督办工作，通过改进代表建议办理机制，完善工作措施，强化重点督办等措施，提高了代表建议办理质量和效率。常委会会议听取审议了市四届人大五次会议代表建议办理情况报告，并会同市委市政府督考办对代表建议办理情况进行了“回头看”。市四届人大五次会议共收到人大代表建议、批评、意见133件，全部按期办理并答复代表。

【执法检查工作】 根据市人大常委会工作部署，2016年对新郑市贯彻实施《中华人民共和国环境保护法》（以下简称《环保法》）情况进行了执法检查。为确保执法检查工作顺利开展，市人大常委会成立了执法检查组，由法工委组织抽调兼职委员及相关委室同志，于2016年7—9月，对新郑市贯彻实施《环保法》情况进行了检查。7月13日，检查组下发了市人大常委会关于对市贯彻执行《环保法》情况进行执法检查的实施方案。8月3日，在人大机关会议室，召开了有市环保局班子成员及各业务科室负责人、相关职能部门及乡镇、人大代表、企业代表、群众代表等相关人员参加的座谈会。对检查出的问题及座谈了解的问题，检查组统一梳理、汇总、归类，本着客观公正的原则，撰写了翔实的执法检查报告。

市委、市政府高度重视环境保护工作，大力实施“蓝天碧水”工程，多次召开环保专项工作会议，制定制度措施，落实“党政同责、一岗双责”加大责任追究，全方位开展以水、空气和土壤为重点的环境整治攻坚战。

建议市政府要继续严格贯彻落实新《环保法》，突出重点，强化责任，讲策略，出重拳，全力打好环保治理工作持久战。要从宣传、认识、投入、监管、处罚、责任落实等方面入手，加大《环境保护法》在企业、单位和社区中的宣传力度，重点强化政府、职能部门和企业的环保意识，持续加大环保投入，建立完善的环保工作推进机制和问责机制，全面落实企业主体责任、政府和部门监管责任，加大环境执法力量，严厉打击环境违法行为，提高环境违法成本，全面排查和整改各类污染环境、破坏生态的隐患问题，进一步提高新郑市环境质量，为建设生态宜居新郑提供良好的环境保障。

【出席新郑市第四届人民代表大会第五次会议代表名单】（共235人）

新建路代表团：（13人，其中：女2人）

代表：王国强、白永安、刘洋、齐光辉、孙银方（回）、朱郁琦、杨俊芳（女）、杨流、苏建富、范建梅（女）、赵敏祥、秦洪源、高增禄

新华路代表团：（14人，其中：女4人）

代表：白春芳（女）、付淑玲（女）、刘辉霞（女）、张松林、李二峰（女）、李书良、李宗元、李洪波、陈百丰、赵会超、徐桂林、高书杰、常文杰、薛智强

新烟街代表团：（12人，其中：女3人）

代表：王军生、刘长安、刘志刚、吴华、李现恒、李彦伟、宋成刚、邵根立、庞培杰（女）、崔大玲（女）、康晓娟(女)、敬伟民

城关乡代表团：（12人，其中：女1人）

代表：马东亮（回）、王丙银、王彦明、王海亮、任学义、郑彩霞（女）、周建超、赵永建、赵福保、赵海峰、贾兴杰、敬书贵

辛店镇代表团：（23人，其中：女5人）

代表：王月霞（女）、王松峰、左建新、白买官、白秀梅（女）、刘学敏、刘根坡、刘遂兴、师俊杰、闫铁林、张永莉（女）张新志、李二贤、李文彬、李新成、陈莉（女，满族）、周忠民、赵天民、赵松森、赵海军、郭红岭、靳海英（女）、戴茂松

观音寺镇代表团：（14人，其中：女3人）

代表：万素贞（女）、王留彬、付双义、白福先、刘军杰、闫付民、李凤枝（女）、杨献珍、贺立军、唐根梅（女）、贾伟斌、贾建龙、曹来森、魏留国

梨河镇代表团：（13人，其中：女2人）

代表：王栋、王鹏、刘宏战、刘奎志、李景灿、陈同周、谷宏发、周罗明、柳建峰、高广社、高国治、高淑芳（女）、高瑞霞（女）

和庄镇代表团：（19人，其中：女3人）

代表：马文明、马纯杰、王俊杰、王春玲（女）、叶日才、田延辉、冯军辉、乔建伟、关海虎、师丽（女）、朱美荣（女）、刘剑昭、连合群、张仁民、陈海军、周书明、周遂成、赵建军、郭明熙

八千乡代表团：（9人，其中：女3人）

代表：刘彤标、刘德军、孙阔、李花（女）、赵宝森、贾桂芬（女）、郭玉凡（女）、曾海林、貊海森

薛店镇代表团：（14人，其中：女2人）

代表：马付林、彭立、孙海花（女）、安广涛、李广建、李基伟、肖军义、林长明、胡其宝、侯建芳、郭伟斌、常建伟、黄绍枫（女）、翟耀杰

孟庄镇代表团：（12人，其中：女3人）

代表：马文仓、王军红（女）、王宝莉（女）、石聚彬、刘少琴（女）、刘德金、刘建兴、孟双根、赵东伟、秦汉伟、唐永刚、鲍才林

龙湖镇代表团：（27人，其中：女6人）

代表：马书强、马国亮、马绍敏、马福增（回）、王广国、王书海、王保军、冯煜、冯西乾、白玉岭、刘桂琴（女）、朱荣梅（女）、许瑞超（女）、张艳（女）、张鬲君、李炎宏、李新亮、杨春峰、陈龙飞、侯玲梅（女）、胡凯军、胡智伟、赵留喜、郭新艳（女）、韩治理、靳大勇、路义

郭店镇代表团：（15人，其中：女4人）

代表：马聪峰、歹银花（女）、王武来、王效光、冯万松、冯喜琴（女）、卢国忠、司华勋、张玉华（女）、时智灵、李刚、杨晓菊（女）、周宏伟、高红伟、彭德成

新村镇代表团：（13人，其中：女3人）

代表：马振红、王敏（女）、王金灿、付建峰、叶大进、刘建武、张宏茂、周伟杰、荆新发、赵卫生、赵淑梅（女）、高林华（女）、敬国宝

航空港实验区代表团：（25人，其中：女5人）

代表：马国珍、马金安、平宪明、左超伟、左留江、卢刚、刘建亭、刘铁妞（女）、孙兰针（女）、孙建革（女）、杨献法、李军、李甲喜、吴顺祥、张全亮、张秀兰（女）、周树军、孟庆伟、胡西林、贾晓建、郭智杰、高志敏、高海周、路会娜（女）、魏木林

【出席新郑市第四届人民代表大会第六次会议代表名单】（共234人）

新建路代表团：（13人，其中：女2人）

代表：王国强、白永安、刘洋、齐光辉、孙银方（回）、朱郁琦、杨俊芳（女）、杨流、苏建富、范建梅（女）、赵敏祥、秦洪源、高增禄

新华路代表团：（14人，其中：女4人）

代表：白春芳（女）、付淑玲（女）、刘辉霞（女）、张松林、李二峰（女）、李书良、李宗元、李洪波、陈百丰、赵会超、徐桂林、高书杰、常文杰、薛智强

新烟街代表团：（10人，其中：女3人）

代表：王军生、刘长安、吴华、李现恒、李彦伟、邵根立、庞培杰（女）、崔大玲（女）、康晓娟（女）、敬伟民

城关乡代表团：（12人，其中：女1人）

代表：马东亮（回）、王鹏、王丙银、王彦明、王海亮、任学义、郑彩霞（女）、周建超、赵永建、赵福保、贾兴杰、敬书贵

辛店镇代表团：（23人，其中：女5人）

代表：王月霞（女）、王松峰、左建新、白买官、白秀梅（女）、刘学敏、刘根坡、刘遂兴、师俊杰、闫铁林、张永莉（女）张新志、李二贤、李文彬、李新成、陈莉（女，满族）、周忠民、赵天民、赵松森、赵海军、郭红岭、靳海英（女）、戴茂松

观音寺镇代表团：（15人，其中：女3人）

代表：万素贞（女）、王留彬、付双义、白福先、冯军辉、刘军杰、闫付民、李凤枝（女）、杨献珍、贺立军、唐根梅（女）、贾伟斌、贾建龙、曹来森、魏留国

梨河镇代表团：（13人，其中：

女2人）

代表：王栋、刘宏战、刘奎志、李景灿、陈同周、谷宏发、周罗明、柳建峰、徐卫东、高广社、高国治、高淑芳（女）、高瑞霞（女）

和庄镇代表团：（20人，其中：女3人）

代表：马文明、马纯杰、马聪峰、王俊杰、王春玲（女）、叶日才、田延辉、乔建伟、关海虎、师丽（女）、朱美荣（女）、刘剑昭、连合群、张仁民、陈海军、周书明、周遂成、赵建军、郭明熙、唐永刚

八千乡代表团：（9人，其中：女3人）

代表：刘彤标、刘德军、孙阔、李花（女）、赵宝森、贾桂芬（女）、郭玉凡（女）、曾海林、貊海森

薛店镇代表团：（14人，其中：女2人）

代表：马付林、王智明、孙海花（女）、安广涛、李广建、李基伟、肖军义、林长明、胡其宝、侯建芳、郭伟斌、常建伟、黄绍枫（女）、翟耀杰

孟庄镇代表团：（12人，其中：女3人）

代表：马文仓、王军红（女）、王宝莉（女）、石聚彬、刘少琴（女）、刘志刚、刘建兴、孟双根、赵东伟、秦汉伟、黄卫东、鲍才林

龙湖镇代表团：（27人，其中：女6人）

代表：马书强、马志峰、马国亮、马绍敏、马福增（回）、王书海、王保军、冯煜、冯西乾、白玉岭、刘桂琴（女）、朱荣梅（女）、许瑞超（女）、张艳（女）、张鬲君、李炎宏、李新亮、杨春峰、陈龙飞、侯玲梅（女）、胡凯军、胡智伟、赵留喜、郭新艳（女）、韩治理、靳大勇、路义

郭店镇代表团：（14人，其中：女4人）

代表：歹银花（女）、王武来、王效光、冯万松、冯喜琴（女）、卢国忠、司华勋、张玉华（女）、时智灵、李刚、杨晓菊（女）、周宏伟、高红伟、彭德成

新村镇代表团：（13人，其中：女3人）

代表：马振红、王敏（女）、王金灿、付建峰、叶大进、刘建武、张宏茂、周伟杰、荆新发、赵卫生、赵淑梅（女）、高林华（女）、敬国宝

航空港实验区代表团：（25人，其中：女5人）

代表：马国珍、马金安、平宪明、左超伟、左留江、卢刚、刘建亭、刘铁妞（女）、孙兰针（女）、孙建革（女）、杨献法、李军、李甲喜、吴顺祥、张全亮、张秀兰（女）、周树军、孟庆伟、胡西林、贾晓建、郭智杰、高志敏、高海周、路会娜（女）、魏木林

【新郑市第四届人民代表大会常务委员会组成人员名单】（共26人）

主　任　李书良

副主任　王军生　孙　阔　彭德成　郭明熙　王金灿　左建新　杨　流　王海亮

委　员（共17人）

刘彤标、秦汉伟、李彦伟、刘少琴（女）、石聚斌、周遂成、王松峰、侯建芳、郑彩霞（女）、冯煜、马文明、白春芳（女）、周宏伟、贺立军、歹银花（女）、谷宏发、张新志

（撰稿：孟永军　审阅：王军生）

新郑市人民政府

PEOPLE'S GOVERNMENT OF XINZHENG

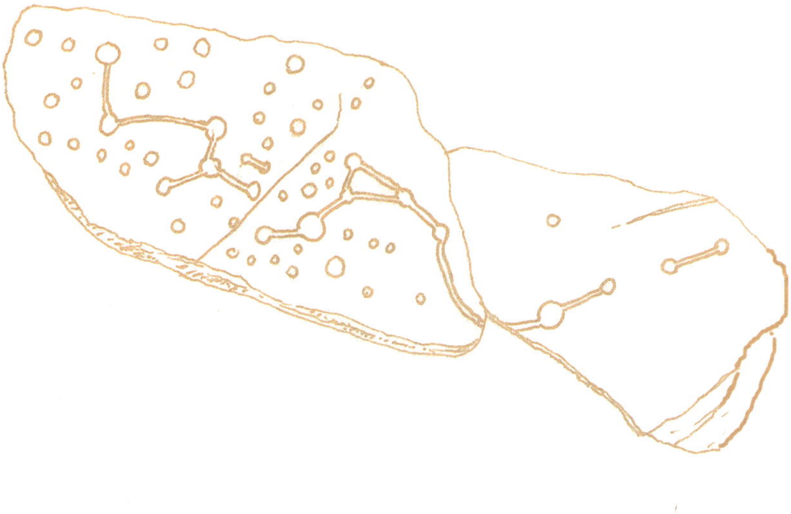

新郑市人民政府
PEOPLE'S GOVERNMENT OF XINZHENG

·新郑市人民政府 >>>

PEOPLE'S GOVERNMENT OF XINZHENG

综　述

【概况】 截至2016年年底，新郑市总面积873平方千米，其中耕地面积5万公顷；总人口63.6万人，其中城镇人口35.8万人；人口自然增长率为6.43‰。辖9个镇：辛店镇、观音寺镇、梨河镇、和庄镇、薛店镇、孟庄镇、龙湖镇、郭店镇、新村镇；2个乡：城关乡、八千乡；3个街道办事处：新华路街道办事处、新建路街道办事处、新烟街道办事处；2个管委会：具茨山管委会、新区管委会。

2016年，全年完成地区生产总值651.1亿元，增长9%。地方公共财政预算收入65.3亿元，增长17.7%；税收44.1亿元，增长19.6%；固定资产投资566.2亿元，增长20.8%；主要工业增加值284.4亿元，增长6.2%；社会消费品零售总额233.1亿元，增长17%；城镇和农村居民人均可支配收入分别达到2.84万元和1.84万元。县域经济发展质量评价连续3年位居全省首位，并被评为全国中小城市综合实力百强县（市）和县域经济基本竞争力百强县（市），排名分别攀升至第43位、49位。

【农业与农村经济】 新流转土地400公顷，新增恢复灌溉面积1466.67公顷，发展节水灌溉面积1066.67公顷，新建设施农业3333.33公顷、特色农业园16个。新增农业龙头企业15家、农民专业合作社35家，全市农业龙头企业达到68家，农民专业合作社达到470家，现代农业示范区入驻企业达到48家。好想你枣业成功并购“百草味”，雏鹰农牧高端火腿项目顺利投产，正兴生态农业在中原股权交易中心挂牌上市，农业龙头企业带动能力进一步增强。积极开展“三品一标”认证工作，新认证无公害农产品12个、绿色有机食品4个，品牌影响力不断扩大。2016年，完成第一产业增加值20.2亿元，增长5%。

【工业经济】 出台工业稳增长调结构促转型实施意见和工业经济发展三

2016年11月2日，新郑市人民政府市长马志峰在新港产业集聚区督导项目建设

河南桑乐太阳能有限公司生产车间

年行动计划等系列政策措施，开工建设联合聚邦、佳龙食品等项目15个，竣工投产中德国际医疗产业园、鸿丰建材等项目8个，润弘制药、遂成药业等一批重点项目快速推进。申报新入规上工业企业38家，全市规模以上工业企业达300家。食品加工、生物医药主导地位日益凸显，2016年分别完成增加值64.2亿元、12.5亿元。高新技术产业实现增加值66.2亿元，增长14.2%。积极化解煤炭行业过剩产能，依法关闭煤矿3家。

【第三产业】现代商贸物流业规模迅速扩大，华南城、华商汇营业面积分别突破180万平方米和40万平方米，1.7万户商户入驻经营。旅游业持续升温，郑韩故城城墙遗址公园、白居易故里文化园建成开放，车马坑景区和博物馆改造完成，连续18年成功举办“中华枣乡风情游”活动，累计接待游客2100万人次，实现旅游收入56亿元。金融服务业蓬勃发展，13家银行在新郑市设立分支机构，成为全省进驻银行最多县级市。银行存贷款规模分别达619亿元、458亿元，均位居全省县（市）首位，被评为省金融生态建设先进县（市）。2016年完成第三产业增加值295.6亿元，增长14.8%。

【城乡建设与管理】大力实施新型城镇化新三年行动计划，围绕基础设施建设和棚户区改造，投资28亿元，全面完成黄帝故里景区扩建、双洎河综合治理工程拆迁，累计完成各类拆迁446万平方米。新开建辛店镇和谐佳苑、龙湖镇崔垌等社区6个，建成安置房7800套76.5万平方米。回迁群众5239户2万人，2015年前拆迁群众安置房建设任务基本完成。积极探索市场化安置新渠道，财政出资14亿元，团购安置房3500套，节约安置过渡费6000万元。持续完善城乡基础设施，新建改造城乡电网319千米、城乡道路70条128千米，莲花路、迎宾街南延等49条道路建成通车；垃圾焚烧发电厂、第二垃圾无害化处理厂及华南城污水处理厂二期、城关污水处理厂快速推进，新港产业集聚区污水处理厂、第二水厂投入运营。全面加快新区建设，学院西路等8条道路和创业路景观大桥建成通车。财富广场主楼、新尚商业综合体等开工建设，弘远路中学主体完工，华祥喜度大厦、华夏国际商务中心等建成投用。少典游园、小李庄遗址公园等4个公园建成开放。不断提升城区功能，打通新烟街南延断头路，综合提升新建路、玉前路等4条主干道，扩宽改造人民路、中华路等干道十字路口4个，中华南路、城区南环路等3条道路和城区3个公共停车场建成投用。强力推进龙湖新城建设，龙湖湿地公园建设快速推进，紫荆山路南延基本完工，双湖大道人防及休闲广场投入使用，地铁二号线及5条镇区道路竣工通车。

【开放创新】深入推进简政放权、放管结合、优化服务改革，实现“一口受理”审批事项263项，梳理规范行政审批中介服务事项51项，取消繁文缛节和不必要证明71项。持续推进商事登记制度改革，积极推行企业“五证合一”登记和个体工商户“两证合一”改革，创业准入制度成本不断降低。大力开展重点产业大招商活动，新签约杭萧钢构、郑州一建等项目28个，到位资金170亿元。不断扩大外经外贸，实际利用外资、外贸出口分别达2亿美元和6500万美元。加快创新创业步伐，出台加快创新创业综合体建设、支持创新创业等一系列政策文件，设立5000万元创新创业专项资金。建成电子商务等11家创新创业综合体、众创空间，入驻企业团队200多家，孵化项目50多个，新申请专利1300件，新转化科技成果15项。创新公共资源交易服务，经营性用地全面实行网上交易，被评为全国公共资源交易十佳创新型机构。累计受理业务621宗，总成交金额144.7亿元，为政府增收节支53.4亿元。积极拓宽融资新渠道，成功发行15亿元全省县级市首支PPN定向债，累计完成融资132.5亿元，为黄帝故里景区扩建、双洎河综合治理等重点工程顺利实施提供了坚实资金保障。多措并举破解用地难题，争取用地指标458.5公顷，盘活闲置低效利用土地77.13公顷。全力推进土地卫片执法整治，拆除复耕违法图班323宗158.53公顷，顺利通过国土部复审检查。

【生态环境】重拳整治大气污染，深入开展“清洁城市”和“零点夜查”行动，所有工地按照“七个100%”标准整治达标，城市建成区机械化清扫率达90%，空气质量达到或优于国家二级标准天数达213天。大力实施碧水工程，以海绵城市建设为载体，高标准实施双洎河、黄水河等8条河流整治和景观改造，清理河道10.3千米，启动南水北调调蓄水库建设，关闭自备井157眼。大力推进生态绿化，新建提升西南绕城高速、莲花路等生态廊道13条2001万平方米，新增造林587.4公顷、城市绿地20万平方米，森林覆盖率和城市建成区绿地率分别达29.6%、35.7%。

【社会各项事业】投入民生资金63亿元，增长30%。优先发展教育事业，新修改建中小学、幼儿园14所，高考成绩连续25年保持郑州市领先位次。全力支持就业创业，新增城镇就业再就业7000人，发放小额担保贷款7280万元。健全完善保障体系，建成村级幸福站、社区托老站18个。城市和农村低保标准分别提高至550元、320元，发放低保金3805万元，为234户住房困难家庭发放住房补贴65万元，为80岁以上老人、普通高中一线教师、环卫工人发放高龄补贴、就餐补贴等1276万元。持续提升医疗服务能力，市级公立综合医院主体完工，为5.2万名65岁以上老人免费体检，顺利通过全国计划生育优质服务先进市评估验收，基本公共卫生服务工作得到中央电视台、中央人民广播电台等主流媒体宣传报道。大力实施脱贫攻坚，具茨山易地扶贫搬迁社区二期主体完工，1743名贫困人口达到脱贫标准。

【2016年十件实事完成情况】

一、集中财力实施教育提升工程，逐步解决入园难、大班额问题，新建4所、改扩建10所公办中小学校和幼儿园，提高公办幼儿园、小学、初中班主任生活补助标准至每人每月200元，高中班主任每人每月300元。

二、帮扶群众就业创业，新增城镇就业再就业6500人，转移农村劳动力1.65万人。

三、完善医疗服务体系，启动市级公立中医院建设和市妇幼保健院迁建工程，全面建成市级公立综合医院。

四、关心老年人生活，建设15个社区托老站，为符合条件的新郑籍60周岁以上听力障碍者免费发放助听器。

五、全面落实二孩政策，免费提供两孩生育保健服务，提升优生优育水平。

六、启动公共墓地建设，提供公益性免费骨灰盒，逐步降低群众殡葬负担。

七、完善城区交通设施，综合提升4条主干道，新建3座公共停车场，扩宽改造4个干道十字路口，在主要路口自行车道设置遮阳伞,实施玉前路机非分离改造。

八、完善基层文化活动场所，启动文化建设三年行动计划，建设10个乡镇（街道、管委会）综合文化站、110个村（社区）文化服务中心、6个村史馆。

九、开建双洎河生态景观带工程，为城区南部群众打造环境优美的休闲场所。

十、完善便民服务设施，启动仓城路、洧水路综合市场建设，完成市乡村三级便民服务中心建设。

（撰稿：王昱 审阅：李俊鹏）

重要会议

【政府常务会议】1月4日上午，市长刘建武在联席会议室主持召开市政府常务会议。会议对新郑市征地区片综合地价调整、大学路南延（西南绕城高速至省道S323段）及大学路南延二期（省道S227）、省道S323南移（国道G343）工程建设、村级“两委”干部报酬调整、辛店镇靳沟村安置社区规划建设、《加强物业管理工作意见》《完善住房保障制度通知》拟定及畅馨苑经济适用房项目三期剩余房源处置、华阳公司路灯设施管护、新区CBD商务办公项目地价优惠政策落实、郭店镇土地出让遗留、中心城区新村片区土地综合整治、黄帝文化展览室项目和黄帝故里景区东侧道路整修工程建设、给予杜跃伟、冯真强等8人行政开除处分等问题进行了研究，并提出了明确要求。

2月2日上午，市长刘建武在联席会议室主持召开市政府常务会议。会议对13宗土地挂牌出让、1宗土地性质变更、和庄镇尹庄棚户区改造项目融资、怡和白云阁社区容积率调整、郑州航美国际智慧城发展有限公司设立和郑州豫新制药股份有限公司税务登记注销、新郑市饮食服务公司（新郑大厦）职工安置、公务员医疗补助暂行办法拟定、雏鹰集团种养结合生态大棚养殖模式、市公立医院项目建设、国有土地网上交易和招拍挂代理服务费征收标准、河南瑞安盾门业有限公司地上建筑物处置、城市基础设施配套费征收管理办法拟定、孟庄镇拆迁安置遗留等问题进行了研究，并提出了明确要求。

3月9日上午，市长刘建武在联席会议室主持召开市政府常务会议。会议对2015年度绩效考核表彰、设立河南轩辕创业投资基金、旧城改造商业安置、第二生活垃圾无害化处理场建设方案变更、水资源费征收标准调整、郑新快速通道东侧拆迁群众安置、裕港国际医疗产业园预售许可证办理、雏鹰农牧集团饲料生产项目建设、2宗土地挂牌出让、1宗土地划拨等问题进行了研究，并提出了明确要求。

4月13日上午，市长刘建武在联席会议室主持召开市政府常务会议。会议对龙湖镇郑堡社区建设、后胡村棚户区改造、河南国土开发建设有限公司运行、薛店镇金隆市政工程项目、众合石材园建设、郑州鑫云热力有限公司借款、城乡集中供水、新建路街道第四期旧城改造拆迁补偿安置、中心城区新村片区拆迁改造补偿安置、驻省纪检监察宣教基地武警营房城市基础设施配套费、河南龙锦实业有限公司土地交易等问题进行了研究，并提出了明确要求。

5月4日下午，市长刘建武在联席会议室主持召开市政府常务会议。会议对11宗经营性用地、5宗工业用地挂牌出让、河南省第二人民医院土地遗留、新郑新区常庄社区拆迁安置、黄帝故里景区管委会工作人员社会保险滞纳金、龙湖镇第二自来水厂建设等问题进行了研究，并提出了明确要求。

5月20日下午，市长刘建武在政府常务会议室主持召开市政府常务会议。会议对6宗土地挂牌出让、新村镇部分村庄拆迁安置、市公立人民医院托管运营、郑州乾龙物流项目土地遗留、回购孟庄镇部分仓储用地、郑州威纳啤酒项目土地遗留、龙湖镇东部剩余村庄棚户区改造、仓城华城铂宫项目土地遗留、新郑新区第二社区及财富广场土地遗留等问题进行了研究，并提出了明确要求。

6月14日上午，市长刘建武在联席会议室主持召开市政府常务会议。会议对10宗经营性用地挂牌出让、新型社区项目土地出让金清算、孟庄镇中心社区土地遗留、新郑新区财富广场西配楼整体出租、成立新郑市市场发展投资有限公司、交通基础设施建设业主管理等问题进行了研究，并提出了明确要求。

8月2日下午，市长马志峰在联席会议室主持召开市政府常务会议。会议对嫘祖商业广场建筑规划设计招投标、第二期旧城改造拆迁群众第二社区安置房分房办证、新建路街道棚户区改造、数字化城市管理系统建设、全市超限站设施完善和林庄超限站扩建、成立公路巡警中队、新增劳务派遣人员及提高全市劳务派遣人员补助标准、望京新城土地开发整理项目补充协议签订、市泓泰城市建设投资有限公司受让农行债权、市统计局部分职能移交外单位、薛店镇雏鹰集团项目供地、鑫源贸易项目地上附属物补偿、郑州一中龙湖校区名称变更、区域性食品药品检验检测中心建设等问题进行了研究，并提出了明确要求。

8月24日下午，市长马志峰在联席会议室主持召开市政府常务会议。会议对1宗经营性用地、3宗仓储用地挂牌出让、城后刘社区建设、市公立人民医院与郑州市中心医院合作框架协议签订、全域旅游交通线路打造和市博物馆（新馆）筹建、遂成药业和恒喜龙食品项目土地供应、城后马社区开发建设企业主体变更等问题进行了研究，并提出了明确要求。

9月2日下午，市长马志峰在联席会议室主持召开市政府常务会议。会议对2016年教师节庆祝暨表彰大会筹备、华南城污水处理厂特许经营权质押贷款、河南豫南燃气有限公司管道燃气特许经营主体变更、《支持工业经济稳增长调结构促转型实施意见》和《工业经济发展三年行动计划（2016–2018年）》起草、新建路街道第五期旧城棚户区改造房屋征收与补偿安置、郑州机场后勤保障基地项目（民航—国际馨苑）建设等问题进行了研究，并提出了明确要求。

9月13日下午，市长马志峰在联席会议室主持召开市政府常务会议。会议对8宗经营性用地、2宗工业用地挂牌出让及3宗土地用途变更、新郑新区发展投资有限责任公司董事会成员调整、西关老工业园区旧城改造（大棚户区改造）拆迁补偿安置、新华路街道双龙寨棚户区拆迁改造、好想你枣业股份有限公司土地供应、《生态环境治理三年行动计划（2016–2018年）》起草、《对外开放招商引资三年行动计划（2016–2018年）》、《招商引资奖励政策》和《重点产业大招商活动实施方案》起草等问题进行了研究，并提出了明确要求。

9月30日，市长马志峰在联席会议室主持召开市政府常务会议。会议对深入推进新型城镇化建设新三年行动计划拟定、新区新尚城及新尚天地商业综合体项目建设、城关乡新型城镇化建设、和庄镇付庄、任庄新型社区拆迁安置实施方案拟定、华南城污水处理厂土地划拨、新郑市市长质量奖管理办法修订、南原种场土地、基本农田易地补划项目等问题进行了研究，并提出了明确要求。

10月28日下午，市长马志峰在市政府常务会议室主持召开市政府常务会议。会议对19宗土地挂牌出让问题进行了研究，并提出了明确要求。

11月4日，市长马志峰在联席会议室主持召开市政府常务会议。会议对提升城市管理水平三年行动计划拟定、双洎河沿岸拆迁群众安置、城关乡拆迁群众安置、新烟街道棚户区改造房屋征收与补偿安置、具茨山社区天然气安装、2016年科技计划项目申报、电子商务创新创业综合体委托运营、企业参与新型社区建设享受优惠政策、郭店镇海寨社区开发建设企业主体变更、给予杨建科等3人行政处分等问题进行了研究，并提出了明确要求。

11月10日下午，市长马志峰在联席会议室主持召开市政府常务会议。会议对新建路街道第六期旧城棚户区改造、轩辕幼儿园建设等问题进行了研究，并提出了明确要求。

12月2日下午，市长马志峰在联

席会议室主持召开市政府常务会议。会议对15宗土地挂牌出让、2宗土地用途变更、全市部分道路命名、孟庄镇城后马社区建设、调整城镇土地使用税征收范围和土地等级以及适用税额、购买新尚天地项目商业用房、新区发展投资有限公司参股好想你产业基金管理公司、店镇铜佛赵社区和洪沟社区开发建设企业主体变更、变更新郑二中新校区建设模式、观音寺镇陉山治理保护等问题进行了研究，并提出了明确要求。

（撰稿：王 昱 审阅：李俊鹏）

市政府办公室工作

【概况】 新郑市人民政府办公室内设综合科、秘书科、人事科、信息科、调研科、文电科、外侨科、依法行政监督指导科、行政诉讼科、法规科和电子政务办公室、应急办、金融办、人防所、社管办和新城办六个事业单位。市政府办公室按照“勤奋、创新、高效、缜密、清廉”的工作规范，为政府服务想大事献良策，为机关服务抓后勤强保障，为基层和群众服务重协调解难题，有效发挥了“坚强前哨、巩固后院”的职能作用，政务服务、机关建设、事务管理和自身建设等各项工作均取得较好成绩。

【综合工作】 按照“用心工作出精品，严格管理树形象，奋勇争先创一流”的工作要求，充分发挥办公室的中枢作用，分线分块分解任务，落实责任，进一步提高办会质量，确保了每次会议活动安排周密、安全、高效。全年共成功组织大中小型会议530余次、承接会务接待60余次。全年共接转电话20000余次，网上会议通知110余次，电话会议通知500余次，没有出现任何失误。

【文秘服务】 按照“用心办公出精品、严格管理树形象、奋勇争先创一流”的要求，发挥以文辅政的作用。全年共起草各类文稿420余篇，编发《政府常务会议纪要》17期、《会议纪要》8期。同时承办或参与政府常务会议、重大项目周例会等大小会议、活动均没有出现纰漏或失误，得到了领导的充分肯定。高质量、高标准地完成了领导交办的各项工作任务。

【公文处理】 坚持实事求是、精简高效的原则，质量和效率并重，严把公文的政治关、全局关、政策关、法规关、规格关、文字关和程序关，有效提高了公文的规范性、时效性及公文的质量和水平，维护了政府公文的权威和严肃性。认真做好各级来文接收、登记和传阅等工作，严格传办程序，做到不漏传、不错传、不失传，保证公文正常传办。全年共审核公文415份、下发本级明电71份，无一出现差错。处理上三级明传电报905件、机要件142份、文件436余份，均做到了合法、及时、准确、安全。按照国务院《政府信息公开条例》要求，完善、规范公开工作制度，广泛搜集整理和审查各级各类政府信息，认真履行印鉴使用和管理职责，完成档案立卷和归档工作。

【调查调研】 牢固树立“围绕中心搞调研，服务决策谋大事”的思想，以“服务领导、指导基层、反映动态”为宗旨，坚持“实情在一线掌握、问题在一线解决”的工作原则，在求新、求实、求快、求深上下功夫，围绕确定的调研课题，特别是涉及群众生产生活和社会持续稳定的事项，认真组织展开调查研究，会同相关职能部门到基层一线，了解情况，查找问题，研究对策。严格按照郑州市重点调研任务、新郑市领导交办事项以及市民反映的重点问题开展工作，及时组织相关部门进行调研，圆满完成了各项任务目标。联合市各职能部门及各乡镇办、管委会共完成高质量调研报告18篇，被选列为郑州市调研课题的2篇，进入领导决策的有5篇。

【信息采编】 突出重点信息的捕捉、编纂和报送，及时将全市招商引资、项目建设、产业发展、新型城镇化及信访稳定等重点工作的最新情况反馈给市委、市政府领导以及省、郑州市级信息机构，全年共编发本级政府工作快报63期，采用各单位报送信息460余条。上报省市信息1000多条，被省、郑州市《政府工作快报》《政务要闻》《信息专报》《共享信息》等刊物采用1500余条。上报专期材料46篇次，其中省市采用新郑经验专报和经验专期20篇次，为本级政府和上级部门提供了有效的决策参考。

【电子政务】 立足电子政务工作实际，积极履行职责，围绕中心服务大局，不断创新工作思路，重点做好全市电子政务和市政府门户网站群建设等工作，全力抓好新郑市内外宣传窗口工作，网站日均访问量达1.2万次，累计访问量超过400万次，日均发布信息300条。组织全市61个市直部门和15个乡镇、街道办、管委会登录郑州政务服务网，进行网上填报信息，目前累计主动公开政府信息3703条，按时处理答复政府信息公开依申请41件。市长信箱共办理688件，回复率达83%；部门信箱共办理616件，回复率达81%。共为群众办理各类事项1.5万人次，回访率达100%。“在线访谈”栏目共举办访谈6期，受访单位6个，共收到各类提问160余个。开设民意征集7期、在线调查17期，收集全市志愿摄影师上传图片300张，围绕重点工作组织各类采风活动6期。

【外事侨务】 严格因公出国（境）计划报批、因事定人、限量管理、信息公开等规定和制度，规范报批文本，没有发生一例违规违纪案件，进一步规范了因公出国管理。充分利用多种形式的外宣外联，提升对外宣传力度。利用元旦、春节向海外重要社团发送慰问信、贺卡，做好对外联谊工作。黄帝故里拜祖大典期间，邀请世界华人、华侨联合会率团参加拜祖仪式。巴基斯坦社会治理考察团一行16人来新郑市好想你枣业有限公司参观，第八届世界华侨华人社团联谊大会海外侨领看河南代表团一行66人到新郑市寻根拜祖。本着“走出去，引进来”的方式，加大同海外侨团联谊的力度，先后与世界华人华商总会、美国华人华商总会、加拿大同乡会建立定期联络制度，积极做好交友联络工作。

【应急管理】围绕应急预案制定和应急体制、机制、法制建设，认真抓好应急预案制定、应急演练开展、应急常识宣教三项工作，努力提高保障公共安全和处置突发事件的能力。在处理20余起各类紧急应急事件的基础上，继续实行应急信息上报（月报）制度，先后制订全市突发事件总体预案、31个专项应急预案。利用“防灾减灾日”等时间，对基层日常应急工作进行专项检查督导重点部门、重点行业等各类应急救援演练，应急救援处置能力得到提升。

【金融联络】本着“金融联络、协调服务”的宗旨，不断加强对各机构贯彻执行国家金融政策的指导，及时反馈金融发展方向及政策等方面信息。借助财政融资平台运作的融资项目，2016年，到位融资资金合计95.4亿元，完成全年融资任务50亿元的190.8%。依托全市处理非法集资工作领导小组，带领各乡镇、信访局、公检法等部门加快打击非法集资工作，切实有效维护全市正常的金融秩序和社会稳定。

【法制工作】按照分步实施、整体推进的原则，依法决策方面为政府研究的涉法议题提出建议236条，审核以政府和政府办公室名义制发规范性文件124件，审查合同89件，金额近1600亿元，参与政府及部门各类涉法事务性会议近70次。深入推进全市服务型行政执法建设工作《实施方案》，并结合行政执法证申办工作，培训新办理行政执法证人员456人。改进行政复议审理方式，综合运用书面审理、实地调查、召开听证会等各种方式，查明事实、分清是非。2016年，市政府法制办收到复议申请48件，较去年同期增长了48%，其中受理36件、不予受理4件，申请人主动撤回的8件，案件法定期限办结率100%。

【人防工作】始终坚持法无授权不可为、法定职责必须为的原则，耐心为企业提供政策指导，使原则和服务两者得到有机结合，树立人防办在社会公众中的良好形象。坚持每年开展一项，规范一项。2016年以来,人防办在郑州市办监督站的指导下，结合工程实际深入探索《人防工程施工与质量验收规范》及各项人防工程专项图集，努力做到监督程序齐全、工程质量过硬。落实人防法律、法规，完善人防工程维护管理工作。

【社会管理工作】按照持续“深化规范提升”这一主题，强化宣传培训，深化条块融合，夯实基层基础，服务中心大局，严格考核奖惩，实现长效机制与基层四项基础制度有效融合。共编发市级简报89期，印发网格化管理工作画册500余册。严格落实固定下沉日、组团下沉机制和“三个三分之一”要求，整合30个职能部门2608名下沉人员、派驻41支群众工作队328人，分包联系各级网格，形成了“围着基层转、围着群众转、围着问题转”的工作导向。召开条块联席会116次，开展联合执法117次，联动解决重点疑难问题270起，共排查出各领域矛盾问题85765起，调处79496起，调处率92.7%。持续开展月考核评价、季双向评议和“三色旗”评定，共评出红旗122面、黄旗42面、黑旗8面，严格“四定追责制”，共对43人次进行了责任追究。

【新型城镇化建设工作】按照“以建为主、扩大成效、提升品质”的要求，扎实推进新型城镇化新三年行动计划。2016年，全市共完成拆迁9303户446.09万平方米。新启动57个自然村拆迁，拆迁6979户，363.55万平方米，续拆18个自然村，完成拆迁2324户82.54万平方米。持续完善城乡基础设施，提升城区功能。新建改造城乡电网319千米、城乡道路70条128千米，建成投用3个公共停车场、开放4个新区公园，新修、改扩建中小学、幼儿园14所，市级公立医院主体已完工。坚持保护生态，打造宜居宜业环境。新建提升生态廊道近180千米，森林覆盖率和城市建成区绿地率分别达29.6%、35.7%。按照“市区河道景观化、郊区河道生态化”的标准，开展“水清河美”“城市河流清洁”行动，高标准推进潮河、黄水河等8条水系综合治理工程，市域水环境质量明显提升。

（撰稿：王昱　审阅：李俊鹏）

机关后勤事务

【概况】2016年，围绕市委市政府中心工作，以各项工作提质增效为总要求,着力在规范管理、高效服务、破解难题上使实劲、用真功，推动了机关事务工作创新发展。

【公车改革和公务用车管理】认真履行公务用车管理部门职能，紧紧围绕新郑市公车改革和公务黄标车淘汰工作做文章、抓落实。在2016年3月23日公车改革中公务车辆处置评估和拍卖项目招投标工作的基础上，于8月26日向全市各单位下发了《新郑市公务用车制度改革涉及车辆处置办法》。分别于10月15日和2017年1月7日牵头举办了2场公务用车取消车辆专场拍卖会，拍卖成交171辆，拍卖总成交价款约246万元，总溢价率达到101%。较好地完成了公务黄标车淘汰工作并不断落实市政府赋予的年度环保责任目标。坚持重大节日、重要活动、重污染天气条件下公车封存制度的落实。

【安全保卫】坚持以平安机关建设为抓手，注重技防、人防、物防综合运用，狠抓重点区域、重点对象、重点时段、重要部位安全防范。与市公安局进行密切合作，将机关大院监控系统纳入了市110监控中心，同时升级改造了监控设备，有效提升了机关大院的安防水平。落实消防安全目标责任制，加强对机关大院消防设备检修维护，突出抓好夏季消防防控，消防安全目标责任制得到了全面落实。妥善处理群众集访50余起。

【公共机构节能管理】按照上级部门的有关要求，巩固已有成果，积极探索节能管理新领域。健全完善节能考评体系，强化全市公共机构节能数据分析。落实《郑州市公共机构合同能源管理（暂行）办法》，在新郑一中分校、二中分校、一中新校区、老二中先后实施了校园直饮水项目，每年在确保用水安全的情况下，节约资金近20万元。积极探索节能管理新模式，开展新能源汽车推广工作，2016年新郑市公安局采购电动四座巡逻车18台，警用两轮电动车44台，以政府行为倡导绿色出行，减少环境污染。在2015年能耗资源消耗基础上，人均综合能耗同比下降2%，单位建筑面积能耗同比下降1.6%。

【会议服务】以落实会议服务首席负责制为抓手，做到会前准备充分、会中服务及时，会后整理到位。全年共保障会议1248次49920多人次，实现受理会议及其登记无差错、会议音响和视频效果无差错、会议服务无差错。

（撰稿：赵超逸 审阅：赵超逸）

人事工作

【概况】新郑市人力资源和社会保障局成立于2010年，根据《中共新郑市委、新郑市人民政府关于印发〈新郑市人民政府机构改革实施意见〉的通知》而设置，为市政府工作部门。内设办公室、就业促进科、行政审批科、公务员管理科、事业单位人事管理科、工资福利科、职称科、军转干部自主择业中心办公室、人才交流中心、社会保险科、社会保险基金监督科、人事劳动仲裁科、劳动保障服务中心、职业介绍中心、职业培训中心、监察科、劳动保障监察大队等科室，办公地点位于人民西路中段。2016年，坚持“民生为本、人才优先”的工作主线，顺应群众新期待，立足发展新局面，圆满完成各项目标任务，走在了省、市人社系统前列。先后荣获河南省“省级文明单位”、河南省“劳动保障监察目标管理考核先进单位”、郑州市“人力资源和社会保障工作先进单位”、郑州市“就业创业和社会保险工作先进集体”、新郑市“支持新型城镇化建设先进单位”、新郑市“质量工作先进单位”、新郑市“工业和信息化工作先进集体”、新郑市“科技进步先进集体”、新郑市“安全生产工作先进单位”、新郑市“对外宣传和网络宣传管理工作先进单位”、新郑市“提案办理先进单位”等一系列荣誉称号。

【就业创业】2016年，全市新增城镇就业再就业岗位7046个，完成农村劳动力转移就业1.66万人，完成了各项就业目标任务。通过不断加大资金投入、强化基础设施、充实基层队伍、完善工作制度、提升服务水平等一系列措施，全市人力资源社会保障公共服务平台建设取得了明显成效。目前全市公共服务平台场地面积达到6500平方米，实现了求职登记、职业指导、职业介绍、职业培训、创业培训、创业指导、保障监察和政策咨询等“一站式”服务，市、乡（镇）、村（社区）三级就业服务网络互联互通，基本建成了覆盖城乡、规范统一的人力资源社会保障公共服务体系。通过协调组织，深入挖潜，在市直机关、各乡镇（街道、管委会）及各相关局委中开发公益性岗位，由政府出资购置，对符合条件的111名下岗失业困难人员进行安置，为557名就业困难人员发放岗位补贴和社保补贴971万元。通过建立“一帮一”结对跟踪服务帮扶、落实目标责任等措施，全市共消除城镇“零就业家庭”12户，帮助15名城镇“零就业家庭”成员实现就业，达到了“零就业家庭”动态清零的目标。2016年，先后举办招聘会10场次，提供就业岗位8600个，现场达成就业意向2300余人；依托全民技能振兴工程，免费开展各类培训。采用菜单式、定单式培训形式，引导定点培训机构，到社区免费开展物业管理、维修电工、家政服务等特色技能培训，保证群众在培训结束后即能参加鉴定考核，不出家门就能拿到职业资格证书。全年共举办各类就业培训263期，共培训2.41万人，其中创业培训900人，实现了385人创业，带动2913人就业。积极发挥创业担保贷款的杠杆作用，改进服务，扩大创业贷款范围,重点加强对高校毕业生、妇女、退伍士兵、残疾人等特殊对象的创业扶持，丰富创业服务活动,加强创业宣传和典型塑造,培养创业意识，以创业带动就业，全年共发放创业担保贷款525笔7180万元，带动就业2610人。

【人事人才】对全市9400多名专业技术人员进行网络远程教育培训，并颁发河南省专业技术人员继续教育证书；成功组织了新郑市有史以来报考人数最多的一次事业单位招录考试，完成招聘工作人员66名，选聘25名；为教育系统招聘教师146名，为新郑市经济社会发展提供了有力的人才支撑；严格程序做好企业职工因病劳动能力鉴定工作，对符合完全丧失劳动能力条件的10人办理因病提前退休手续。2016年，全市共接收计划分配军队转业干部5名，已全部安置到位；为106名企业军转干部发放临时性生活困难救助金26.5万元；保质保量落实各级军转干部解困政策，全年没有发生一起军转干部赴省进京上访事件。先后举办了“新郑市人事干部能力提升培训班”“新郑市公务员管理业务培训班”，共计培训320名青年公务员。严格落实公务员职务与职级并行工作，已通过郑州审核，河南省批复567人。简化办事程序，提高办事效率，为高校毕业生提供便利、快捷的服务，全年办理高校毕业生报到405人次，接受报到政策咨询520人次。

【劳动关系】全年开展检查活动3次，检查用人单位550余家，认真做好投诉举报和信访等案件的处理工作，做到接案一起，受理一起，结案一起。全年共受理各类案件112件，涉及劳动者500多人，涉案金额1200万元。坚持认真细致，快捷高效，优质服务，实现受理、举证、调查勘验、做出结论等各个环节零差错。2016年，工伤申请认定共258件，结转上年案件32件，做出工伤认定149件，撤回工伤认定申请6件，中止3件，另100件正在处理中，法定结案率为100%。注重预判调研，通过走访，开展劳动法律知识讲座，从源头上减少劳资纠纷；构建案前调解、庭前调解、开庭调解、庭后调解“四位一体”的调解体系；注重维权维稳，施行农民工劳动人事争议仲裁“绿色通道”制度；加强与人民法院的及时沟通与研讨，实现仲裁与诉讼在程序和实体处理上的有机衔接。2016年，劳动人事争议仲裁院共受理案件321起，结案297起，其中裁决结案63起、调解234起、法定时限内结案率100%，被评为河南省“2014—2016年度优质服务窗口”。

（撰稿：王超 审阅：郑绮）

督查考核工作

【概况】2016年9月，经市委、市政府批准，整合市委督查室、市政府督查科、市机关效能监察投诉中心、市绩效办4个机构，组建新郑市委市政府督查考核办公室（以下简称市督考办），正科级规格，设在市委办公室。市督考办内设7个科室（综合科、督查一室、督查二室、督查三室、绩效考核科、市政府市长电话室和党委主体责任监督科），下设1个二级机构（市机关效能督查投诉中心），还成立了机关党支部、工会、团委和妇委会等党群团组织。

2016年，新郑市委市政府督查考核办公室健全完善督查考核机制，着力构建“大督查、大考核、大问责”格局，紧紧围绕市委、市政府决策部署，从严督查、从细考核、从重问责，狠抓中心任务、重点工作落实，强力提高全市目标任务完成水平，有效促进干部作风转变，确保新郑市实施“十三五”时期规划的良好开局。

【制度建设】市督考办紧抓新郑市督考体制改革契机，积极呼吁成立了新郑市督查考核工作委员会（市委书记、市长任主任，市四大班子相关领导任副主任，承担考评任务的职能部门为成员单位），建立了高位领导、快速反应、密切配合的督考机制；制定了“一意见两办法”（《中共新郑市委 新郑市人民政府关于进一步加强和改进督查考核工作的意见》《新郑市效能督查问责实施办法〈暂行〉》《新郑市评优评差奖惩实施办法〈暂行〉》）和相关督查考核工作制度，加强制度保障；充分发挥“四大职能”（督促检查、督查调研、效能督查、综合考评）和“八项职权”（阅文参会、随同领导调研、组织协调、直接汇报、通报问责、综合考评、奖惩建议、任免建议），建立了“1+7”督查模式（“1”就是“一个中心”，以市委市政府决策部署为中心；“7”就是“七项措施”，台账管理、逐级督办、限时办结、专题调研、联合督查、目标考评、督考问责），建立了督事、评绩、考人、查纪“四位一体”的激励约束链，实现了由“五指并立、各自为战”向“合拳出击、集团作战”的转变，产生了“1+1>2”的聚合效应。第一时间建立了“新郑市督查考核工作微信群”，及时发布督查通知、督查通报，方便全市各单位沟通交流、反馈信息。

【督查考核】督考办按照“1+4+2”督查模式，精打细算“六本账”，持续绷紧“落实链条”，为新郑市经济社会发展提供有力保障。“1+4+2”督查模式中，“1”是“一个中心”：以市委、市政府决策部署为中心；“4”是“四个着力点”：以重要工作、重点项目、民生民情、阶段性工作为督查着力点；“2”就是“党政督查”与“行业督查”相结合，以督考办和相关职能部门同为督查主体，开展联合督查。六本账，即：算好“效能帐”，决策督查重“实”。将市领导分包的140项重点项目和市政府8类重点工作（260项任务）建立台账，明确职责，细化任务，联合相关职能部门采取听取汇报、查验资料、实地查看等方式，持续督查，发现问题，一线协调解决，每周通报八个领导小组工作情况，当好市委、市政府决策部署落实的“助推器”，确保重大决策不棚架、重点项目不落空、重要工作不走样。算好“效率帐”，专项督办提“质”。按照“批必查、查必清、清必办、办必果”的原则，高标准做好上级领导批办、交办事项。2016年，共催办郑州市委书记批示件1件、新郑市委书记批示件2件、新郑市长批示件1件，督办人大代表建议132件、政协委员提案152件和为民“十件实事”，完成土地卫片执法、秋季秸秆禁烧、道路除雪等督查工作，高效推进大气污染防治、散煤治理、农村公路建设、农村环境治理等阶段性重点工作。以市长电话、市长信箱和人民网网民留言板等为抓手，理顺工作机制，及时转办市民群众反映的问题，持续跟踪督查，实地调研，确保群众诉求得到落实、热难点问题得到解决，实现民生问题解决的常态。2016年以来，共办理网民留言、郑州市市长电话、新郑市长电话7400余件，解决了城区冬季供暖等问题。加强督查社会经济指标、5个园区指标完成情况，专项督办综合治税和“四上”企业、固定资产入库等工作，做好与其他县市的横向比较，确保新郑市在省、郑州市考核中获得先进位次。算好“时效帐”，调度反馈求“快”。对重点工作督查做到“三个不过夜”：贯彻落实不过夜、责任分解不过夜、督查反馈不过夜；建立“新郑市督查考核工作群”，开通“新郑督查考核”微信公众号和网站，及时发布督查要闻、督查动态和有关政策法规，方便全市各单位沟通交流、反馈信息，增加督查考核工作的广度、深度，进一步提高了工作效率。算好“作风帐”，效能问责从“严”。

（撰稿：高阳 审阅：刘宗伟）

政协新郑市委员会

XINZHENG COMMITTEE OF THE CPPCC

政协新郑市委员会
XINZHENG COMMITTEE OF THE CPPCC

·政协新郑市委员会 >>>

XINZHENG COMMITTEE OF THE CPPCC

综　述

【概况】2016年，市政协围绕市委市政府中心工作，牢牢把握“创新、协调、绿色、开放、共享”发展理念，坚持“发出时代好声音、弘扬社会正能量、争当积极践行者”工作思路，认真履行政治协商、民主监督、参政议政职能，充分发挥协调关系、汇聚力量、建言献策、服务大局的重要作用，为助推新郑市改革发展、加快建设现代田园临空经济强市贡献智慧和力量。

【政治协商】围绕事关新郑发展全局的重大问题，深入调查研究，开展协商议政，为党政部门科学民主决策提供重要参考。围绕重点企业项目建设，为助推工业经济持续健康发展尽心出力。在督导新郑市的重点项目建设工作中，充分发挥作用，带领政协机关各委室、政协委员，深入光明乳业、雏鹰农牧、IBM智慧城、好想你枣业等重点项目企业进行调研督导。持续关注新型城镇化建设，为智慧城市建设，精细化管理献策。按照“创新、协调、绿色、开放、共享”的发展理念，以大力推进现代田园临空经济强市建设为目标，始终把市委、市政府各阶段的重点工作摆在议事日程上，广泛协商研讨，形成意见和建议。新型城镇化建设一直是政协持续关注的议题，在连续对新型社区建设、房屋确权、社区管理等方面建言献策后，2016年又围绕智慧社区建设、城市精细化管理、中小学幼儿园配套建设、居民回迁等开展了多项课题研究、调研视察和专题议政活动，围绕城乡居民的就业和享有同等质量的公共服务均等化、实现全域城镇化献策。

【民主监督】围绕阶段性重点工作，积极谋划，直接参与，带头实践，以开展活动为载体，引导委员主动投入到新郑市发展的主战场。助力卫生城市创建。为协助做好创建全国卫生城市复审工作，在年初的四届四次全委会上向全市政协委员发出倡议书，号召全市政协委员当好绿色发展的调研员和监督员。政协委员围绕新郑市工业、农业污染物治理、减排、城乡环境综合整治等重点工作以及人民群众普遍关心的环境问题，深入实际，了解情况，开展调研，提交了《关于加强对流动摊贩管理的建议》《关于促进新郑市垃圾分类工作的建议》《关于治理城区车辆乱停乱放的建议》等30多条意见建议，有力促进了新郑市创建全国卫生城市各项工作的有序推进。在活动中，各乡镇（办）政协工委组织委员进机关、进社区、进企业、进家庭，充分发挥建言献策、民主监督、宣传鼓动、模范带动作用。助力工业重点项目发展。按照市委安排，市政协领导班子直接参与新郑市工业重点项目的指挥工作，在推进全市工业重点项目发展中发挥了重要作用。多次组织政协委员深入企业进行督导，召开相关企业和单位座谈会，沟通了解企业在项目审批、银企对接、完善配套服务等方面存在的困难和问题，及时组织协调有关单位现场办公，有力推动了新开工项目建设，助推了全市经济持续健康发展。

【参政议政】反映民生民情，为促进社会和谐稳定出力。提案工作成效显著。2016年，共组织委员撰写提案195件，经审查立案152件，提案全部办理完毕，答复率100%，委员满意或基本满意率99%。委员提出的《规范新郑市城区交通秩序、解决道路拥堵问题的建议》《关于进一步加强新郑市城区农贸市场建设的建议》《关于破解新郑市城区“停车难”问题的建议》《关于加强中小学、幼儿园建设的建议》等意见建议得到很好的答复落实。为民办实事更加深入。坚持从群众实际利益出发，以群众的所需、所急、所盼为主线，选择与群众利益相关的热点、难点问题进行调研。委员们还通过提案或社情民意提交了“加大对古枣树保护力度、加强农村公路建设和养护、加快推进新郑市南部生态农业休闲观光园区发展、加快电子商务物流等现代产业发展、加快中小学幼儿园建设、城镇动迁居民回迁安置情况、大力推进基础设施和公共服务实现城乡一体化、解决农民变市民后续保障问题、关注弱势群体，健全社会救助”等意见建议，充分反映民生诉求，服务新郑发展大局。注重社会事业，为推动协调发展和生态文明建设出策。针对这一突出问题，6月中旬，市政协组织部分委员，深入到市交巡警大队车管中队、交通监控指挥中心、违章处理室等一线参观调研，提出“通过科学规划、合理布点，引导商业、教育、医疗等民生项目科学合理布局，要有计划地逐步打通“断头路”，解决一批“堵点”“慢点”“乱点”。加强停车场建设，着力解决停车难问题，改善新郑市的停车现状，创建良好的停车秩序。加强配套设施建设，改善道路交通环境，加强交通安全宣传，严格交通管理。加强队伍建设，提高执法能力水平”等意见建议。为进一步推进水生态文明建设、打造生态宜居新郑，7月上旬，市政协组织带领课题调研组，会同市环保、水务、住建等有关职能部门，采取实地察看、听取汇报、座谈交流等形式，围绕新郑市生态水系建设、治理情况进行了专题调研。参与精准扶贫、帮扶救助工作。动员广大政协委员和政协机关干部，以结对子等形式参与扶贫帮困活动，发挥自身优势，按照致贫原因，落实相关政策，做到精准施策。组织动员全市政协委员主动结合各自工作特点，帮助贫困农户增收致富，帮助困难群众排忧解难。据不完全统计，一年来帮扶群众1000多人，为困难群众捐款捐物150余万元，彰显了政协委员关心群众、服务社会、乐于奉献的精神面貌，树立了新时期政协组织和政协委员的良好形象。

2016年1月17日，新郑市政协委员调研中小学幼儿园建设情况

【和谐政协】扩大交流，加强合作，团结联谊工作进一步加强。2016年，市政协着眼于做好协调关系、凝聚人心、汇聚力量的工作，通过各种形式，大力宣传党和国家的方针、政策，宣传市委、市政府的重大决策部署，积极开展团结联谊工作。组织各民主党派、工商联和无党派人士通过参加政协全体会议、常委会议等重要会议及重要调研、视察，重点提案督办，重大议政等活动，积极参政议政。认真了解新郑市宗教工作开展情况，对宗教场所建设、教职人员待遇等提出意见建议，充分发挥宗教界人士和信教群众在促进新郑经济社会发展中的积极作用。加强与省、郑州市及周边县市政协的联系，邀请郑州市政协参加新郑市政协开展的活动，实现工作联动，增强履职合力。发挥文史功能。2016年，市政协编辑出版政协内部刊物《政协之窗》五期，收集整理了新郑市政协成立以来的相关资料、图片和社会舆论评述等。编辑出版《老城记忆》《心语》等书籍，充分发挥文史资料“存史、资政、团结、育人”的社会功能，《老城记忆》一书正在排版编辑中，《心语》一书已出版发行。

（撰稿：李华杰 审阅：李中俊）

重要会议

【政协全会】1月25日上午，政协新郑市第四届委员会第五次会议在炎黄文化艺术中心开幕。市政协领导陈莉、马国亮、李中俊、王海民、李建国、张全民、苏铁林等在主席台前排就座。市领导王广国、刘建武、王效光、李书良等参加会议，并在主席台前排就座。会议应出席委员254人，实到246人，符合规定人数。市政协党组书记、副主席马国亮主持大会并宣布大会开幕。市政协主席陈莉代表政协新郑市第四届委员会常务委员会作工作报告。

会议审议通过了《政协新郑市第四届委员会第五次会议选举办法》；审议通过了补选政协新郑市第四届委员会主席候选人名单；审议通过了总监票人、监票人、总计票人、计票人、保密员名单。根据选举办法，会议采用无记名等额选举方式，经过全体委员投票选举，补选马国亮为政协新郑市第四届委员会主席。会议审议通过了《政协新郑市第四届委员会第五次会议关于常务委员会工作报告的决议》；通过了《政协新郑市第四届委员会第五次会议关于四届四次会议以来提案工作情况报告的决议》；审议通过了《政协新郑市第四届委员会提案委员会关于四届五次会议提案审查情况的报告》；审议通过了《政协新郑市第四届委员会第五次会议政治决议》。

大会还表彰奖励了2015年度政协工作先进单位和先进个人。

在这次会上，市委书记王广国作重要讲话。他说，过去一年，市政协团结带领广大政协委员、各人民团体、工商联和各界人士，服务发展大局，汇聚各方力量，积极建言献策，为推动发展、改善民生、促进和谐做出了积极贡献。

2016年是实施“十三五”时期规划的开局之年，是全面建成小康社会和全面深化改革的关键之年。希望全体政协委员和各界人士，发挥自身优势，认真履职尽责，积极作为，主动作为，为加快推进临空经济强市建设凝心聚力。

就做好新一年的政协工作，王广国指出，一是统一思想行动，在加快临空经济强市建设上凝聚新合力。“十三五”时期既是新起点，也是新机遇，全市上下要紧紧围绕建设临空经济强市这一总目标，把思想行动统一到“四个全面”总导向上来、统一到“五大理念”总要求上来、统一到“六种关系”总原则上来，凝聚人心，形成合力，力争在全省率先全面建成小康社会、率先开启现代化建设新征程。二是突出发展要务，在推动经济社会发展上做出新贡献。目前，新郑市正处在转型升级、跨越赶超的黄金期，“弯道超车”的关键期，必须坚持发展第一要务，认识新常态、把握新机遇、推动新发展。政协组织和广大政协委员要充分发挥自身优势，围绕新型城镇化试点工作，在推进“人”的城镇化上多做贡献，围绕“三主三辅”，在深化产业转型升级上多做贡献，围绕开放创新双驱动，在搭建创新创业平台上多做贡献，围绕改善民生，在推进民生事业发展上多做贡献。三是强化自身建设，在提高履职能力水平上实现新提升。政协组织要与时俱进多创新，充分发挥协调关系、汇聚力量、建言献策、服务大局的作用，增强政协履职实效，政协委员要立足岗位多做奉献。用作为求地位，用贡献求支持，用创业求发展，努力成为扎实干事、团结共事、发扬民主、推动发展的模范。各级党组织要重视政协多加支持，为政协履行职能创造良好条件。在全社会形成重视、支持政协工作的良好氛围。

【主席会议】2016年，市政协共召开主席办公会议9次，主要内容有：研究确定四届五次政协全会时间，研究部署常委会、全会材料、会务筹备情况；调整主席分工方案，增补政协委员、党组副书记、主席等；主席、副主席工作分工等；安排部署文史资料工作的汇编征稿工作；通报市委党政联席会议精神，部署调研和视察活动；做好大气污染环保督导等市重点工作；安排重点提案办理会的召开；安排组织政协常委、各专委会召集人集中培训工作；抓好课题调研工作撰写调研报告；安排政协各界别委员活动；部署“十件实事”视察活动；学习传达中央、省、郑州市换届工作会议精神；走访慰问老干部、筹备慈善救助活动，着手准备全会材料。

【常委会议】2016年，市政协召开常委会议5次。

1月19日，政协新郑市委员会召开四届十九次常委会议。会议决定，政协新郑市第四届委员会第五次会议于1月24日举行，会期4天。市政协领导陈莉、马国亮、李中俊、王海民、李建国、张全民、苏铁林等出席会议。副市长张富永应邀参加会议。会议审议通过了政协新郑市四届委员会第五次会议议程（草案）、政协新郑市第四届委员会第五次会议日程（草案）、政协新郑市第四届委员会常务委员会工作报告、政协新郑市第四届委员会常务委员会关于市政协四届四次会议以来提案工作情况的报告、政协新郑市第四届委员会常务委员会关于推举常委会工作报告报告人的决定、政协新郑市第四届委员会常务委员会关于推举市政协四届四次会议以来提案工作报告报告人的决定、政协新郑市第四届委员会第五次会议有关人员名单。会议审议了市政府工作报告（草案）、2015年国民经济和社会发展计划执行情况与2016年计划的报告（草案）、市2015年财政预算执行情况和2016年财政预算的报告（草案）、市人民法院工作报告（草案）、市人民检察院工作报告（草案）。会议审议通过政协新郑市第四届委员会常务委员会关于召开政协新郑市第四届委员会第五次会议的决定。会议协商决定增补政协新郑市第四届委员会委员等事宜。政协委员分别就各项报告给予高度评价并提出意见和建议。副市长张富永就2015年市政府工作情况作了简要汇报。市政协主席陈莉表示，全体政协委员要主动适应经济社会发展新常态，继续围绕市委市政府中心工作、社会关注的民生和热点等问题，深入调查研究，认真履行职能，做到“政为民所议、言为民所建、策为民所献、力为民所出”为新郑各项事业的发展做出新的更大的贡献。

1月26日至27日，政协新郑市四届二十次常委会分两个阶段分别召开了会议。26日下午，召开四届二十次会议第一阶段会议，协商提出《政协新郑市第四届委员会第五次会议选举办法》（草案）；协商提出补选政协新郑市第四届委员会主席候选人建议名单；审议通过《政协新郑市第四届委员会第五次会议关于常务委员会工作报告的决议》（草案）；审议通过《政协新郑市第四届委员会第五次会议关于四届四次会议以来提案工作报告的决议》（草案）；审议通过《政协新郑市第四届委员会第五次会议政治决议》（草案）。会后，各位召集人组织各组委员，对候选人建议名单和大会《选举办法》进行讨论酝酿。27日上午，政协四届二十次常委会召开第二阶段会议。会议首先听取各组讨论情况汇报，委员们均同意四届二十次常委会议第一阶段协商提名的主席候选人建议名单及大会选举办法（草案），通过了《政协新郑市第四届委员会第五次会议选举办法》（草案），通过补选政协新郑市第四届委员会主席候选人名单（草案），审议通过总监票人、监票人、总计票人、计票人、保密员名单（草案），审议通过《政协新郑市第四届委员会提案委员会关于四届五次会议提案审查情况的报告》（草案）。

3月30日，政协新郑市四届二十一次常委会召开。市政协主席马国亮，副主席李中俊、王海民、李建国、张全民、苏铁林等出席会议，副市长李猛应邀列席会议。会议传达了全国政协十二届四次会议精神。会议审议通过了政协新郑市委员会2016年度工作要点（草案），会议还听取了市政协文史委主任陈新红就内部刊物《政协之窗》出版发行的说明。2016年市政协要牢牢把握“创新、协调、绿色、开放、共享”的发展理念，围绕临空经济强市建设，抢抓“一带一路”战略机遇，助推“大开发、大创新、大建设、大管理”，深入调研，协商议政，继续坚持“发出时代好声音、弘扬社会正能量、争当积极践行者”的工作思路，切实发挥协商民主重要渠道和专门机构作用，团结和带领广大政协委员，履职尽责、主动作为，为实现“两个率先”，建设现代田园临空经济强市贡献智慧和力量。

7月15日，政协新郑市四届二十二次常委会议召开。市政协主席马国亮，副主席李中俊、王海民、张全民等出席会议。市领导林俊伟应邀参加会议。会议传达了市五次党代会精神，市发改委通报新郑市2016年国民经济和社会发展计划上半年执行情况，市财政局通报新郑市2016年上半年财政预算执行情况，听取市政府关于新郑市精准扶贫工作情况的通报，听取市政府关于四届五次会议以来提案办理情况的通报。市领导林俊伟代表市政府做发言，表示将对提出的意见和建议认真进行归纳和办理，并采取有效措施，逐条加以落实，切实做到件件有着落，事事有回音，不断提升政府工作质量和水平。

9月29日，政协新郑市四届委员会第二十三次常委会召开。会议分析新郑市工业经济运行情况及存在问题，探讨新郑市工业经济发展思路，群策群力，助推新郑市工业经济健康发展。市政协主席马国亮，副主席李中俊、王海民、李建国、张全民、苏铁林出席会议。副市长李猛应邀列席会议。会前，马国亮一行先后到光明乳业、雏鹰农牧、IBM智慧芯城、好想你红枣城进行实地视察，了解企业的运行情况。会上，市工信委相关负责人汇报了全市工业经济运行情况，市政协经济委相关负责人作了关于新郑市工业经济运行情况的调研报告。统计数据表明，2016年年初，全市工业开局良好，整体运行平稳。截至8月，规模以上工业增加值累计完成175.84亿元，同比增长1%。元至8月，全市共谋划实施重点工业项目47个，其中签约项目4个、在建项目34个，新竣工投产项目9个，总投资462.2亿元。前8个月，全市工业项目累计完成投资52.2亿元。

【政协新郑市第四届委员会委员名单】（共254名）

陈莉（女、满）、马国亮、唐宏伟、陈同周、梁国定、朱双彦、安义刚、吕宪宝、白宵傯（女）、貊海森、周云峰、樊文超、张彦增、王忠贺、宋雪峰、鲁鹏程、韩东伟、柏灵（女）、张磊、白晓红（女）、史亚敏（女）、王学敏、王灵超、李炎武、刘建新、李清芳（女）、李淑兰（女）、彭玲霞（女）、李志强、刘彩云（女）、石华峰（女）、丁耀军、柳书乾、谷欣、赵永鹏、高慧芳（女）、张江循、白淑霞（女）、王国岭、林伟轩、杨永杰、李遂钦、胡书立、杨青波、王英（女）、刘洪、柳广现、王瑞霞（女）、荆自军、张留民、陈伯超、王丰安、王洋、袁贺敏、冯建军、李建国、史新军、董秀智、马中勤、吴亚磊、敬永安、李丰伟、冯群才、蒋宝民、张松海、白明超、郑建州、刘霞（女）、孙宇（回）、赵会超、高魁、叶跃辉、王建民、刘文中、冯伟强、刘存福、孙现法、时改芝（女）、郜建设、赵保有、窦仕伟（女）、耿发展、高文超、孔林、史建红、王海民、李富湛、张瑜（女）、柳广义、李长法、王聚福、陈世全、闫金金（女）、王燕（女）、赵舒琪（女）、李公仆、陈明、薛冬（女）、刘红艳（女）、卢有才、刘宏彬、吴淑芳（女）、李俊义、王丽红（女）、李新伟、张双领、闫建萍（女）、郭静（女）、安书法、陈国华（女）、李伟红（女）、赵宝敏、王广军、徐君（女）、蔡喜平（女）、任艳丹（女）、谢添、王艳（女）、马彦峰（回）、王淑萍（女）、俎晓玲（女）、李英岐、毛伟超、李文坡、孙萌萌（女、回）、高艳红（女）、苏学斌（回）、李建峰（回）、孙卫民（回）、沈国彬、李遂娣（女）、苏铁林、贾连卿、刘新轩、边莉（女）、范建会、崔敏（女）、幸建红（女）、杨素香（女）、郑国安、时林洲、陈英杰、苏广军、王宝、李心平（女）、陈建伟、张其亚、邢书行、张汉成、师建华、刘志远、刘建伟、王保玉、刘爱针（女）、石聚领、马军亮、孟贺彬、常申杰、唐军滢（女）、安双楼、李伟、李中俊、闫贵甫、朱郁琦、苏留欣、赵明旭、刘松岭、李雪梅（女）、李胜利、白战伟、于兆堂、王燕（女）、郭文凯、樊伯巍、杜保周、朱玉霞（女）、张春巧（女）、王东辉、刘红琴（女）、赵丽红（女）、王伟峰、高烨、张全民、马林清、陈新红（女）、高金亭、王保军、赵军坡、赵根红、刘松科、陈智红（女）、周永奇、许卫峰、范青（女）、秦志华、高宝贤、朱冬喜、邢新强、刘遂军、刘卫东、张素茵（女）、高水林、吕双喜、陶建富、张发展、王向军、王焕利（女）、李新、马银娥（女）、戴宇林、闫贵宝、郑申亮、沈国荣、沈新臣、冯伟强、陈彦召、包海建、刘根廷、周满仓、王三伟、王银发、王东里、靳广欣、朱春亭、司保军、司中信、王德顺、郑小东、谢邦友、夏海栓、郭进斌、郑可、庞继红（女）、周英杰、毛丽芳（女）、毛伟杰、任晓莉（女）、樊永贵、秦彩霞、左莉敏、王鹏、孙现民、敬广伟、王志超、冯举涛、徐冀乐、马慧萍、范宏彬、梁丽英、赵志远、许结实、李宏伟、郭明俊、刘伟峰

【政协新郑市第四届委员会常务委员会委员名单】（26名）

陈同周、樊文超、吕宪宝、梁国定、朱双彦、闫贵甫、朱郁琦、貊海森、刘彩云、沈国彬、马彦峰、王聚福、陈世全、石聚岭、王银发、王保玉、马中勤、董秀智、李伟红、李心平、白宵僡（女）、边莉（女）、刘建新、夏海栓、李淑兰、彭玲霞

【政协新郑市四届十九次常委会免去委员】（2名）

岳振凯、沈娜（女）

【政协新郑市四届十九次常委会增补委员】（16名）

秦彩霞、左莉敏、王鹏、孙现民、敬广伟、王志超、冯举涛、徐冀乐、马慧萍、范宏彬、梁丽英、赵志远、许结实、李宏伟、郭明俊、刘伟峰

（撰稿：李华杰　审阅：李中俊）

纪检 监察

DISCIPLINE INSPECTION AND SUPERVISION

·纪检 监察 >>>

DISCIPLINE INSPECTION AND SUPERVISION

综 述

【概况】 中共新郑市纪律检查委员会、新郑市监察局位于新郑市人民路186号，实行一套工作机构、两个机关名称纪检监察合署办公的体制，履行党的纪律检查和政府行政监察两种职能。内设办公室、监察综合室、源头办、纠风室、廉自室、执法监察室、调研教育室、纪检监察一室、纪检监察二室、信访室、案件审理室、案件管理室、基层党风室、公共资源交易监察室、党务政务公开室等15个科室。2016年全市纪检监察机关，贯彻落实上三级纪委全会工作部署，不断深化“三转”，认真实践监督执纪“四种形态”，围绕全市中心工作积极发挥职能作用，党风廉政建设和反腐败各项工作在求实创新中持续发展，取得了新的进展和成效。

【服务保障经济发展】 重点对大气污染防治、土地卫片执法、招生、招教、征兵等政策执行情况，开展专项执法监察26次，办理大气污染防治追责案件15件，党政纪处分19人，组织处理6人，确保了政令畅通。深入开展机关作风整顿活动和专项效能监察，开展明察暗访10次，下发《整改通知书》11份，责令6人写出书面检查，查处效能监察和企业发展环境案件4件，党纪处理6人，有效保障全市重点工作顺利推进。协助市委制定《新郑市效能督查问责实施办法（暂行）》，推动建立巡察、督查考评、纪检监察等一体化推进作风纪律效能建设的衔接配合机制。协助抓好市乡两级党委纪委换届风气监督工作，严把干部选拔任用“党风廉洁意见回复”关，保证了换届的顺利进行。

【全面落实两个责任】 按照全面从严治党主体责任深化年工作部署，协助市委制定了主体责任落实工作计划、责任目标和任务清单，建立完善了各项工作制度，突出强化领导干部“一岗双责”，推动责任压力向基层党组织传导。围绕落实监督责任，不断深

2016年6月9日，河南省纪委领导到新郑市调研廉政工作

化“三转”，由纪委监察局牵头和参与的议事协调机构从36个精简为12个。推进内设机构改革，设立监督执纪机构11个，占内设机构的73.3%；监督执纪人员40人，占人员编制的67.8%，纪检监察机关进一步聚焦主业主责。乡镇纪委换届后，派出三个督查组对基层纪委书记兼职分工进行监督检查，保证了基层纪委书记专职专责。不断深化“三函两报告”制度，对作风问题突出的9个单位下达了督导意见函，全年有18人因“两个责任”落实不力受到党政纪处分，其中科级干部11人，保障了“两个责任”的落实。

2017年1月13日，新郑市召开全市基层纪委2016年度工作考评会议暨廉政党课

【加强干部作风建设】进行明察暗访105次，下达监察建议书52份，查处违反工作纪律案件11起，党政纪处理15人，其中科级干部5人，各单位内部处理88人，作风纪律整顿取得了明显效果。落实中央八项规定精神，紧盯中秋、春节等重要节点，坚持常态化督导检查，狠刹公款吃喝、公车私用和铺张浪费等不正之风。全年开展中央八项规定专项监督检查64次，检查各类场所486处（次），查处违反中央八项规定问题33个，党政纪处理31人，组织处理1人。市廉政账户收到上交款项35.4万元。

【切实维护群众利益】在基层四项基础制度试点工作中，创新实行“四查四严三加强”监督检查机制，建立自下而上的举报投诉通道，开展自上而下的普遍检查、重点核查，不断探索完善监督检查制度体系和工作机制。继续深化基层党风政风“四查四严三加强”监督检查机制建设，全市所有乡镇办管委会和148个村（社区）完成了硬件建设，按照新的监督检查机制开展工作。认真开展侵害群众利益不正之风和腐败问题专项治理，查处案件25件，党政纪处理25人。开展懒政怠政为官不为问题专项整治，查处案件11件，党政纪处理15人。开展领导干部违规兼职取酬专项治理，发现兼职干部5人，其中科级干部2人。

【保持惩腐高压态势】成立市委巡察工作领导小组，组建巡察办公室和四个巡察组，保障巡察工作的正常开展。研究制定《市委巡察工作流程（暂行）》等制度，促进巡察工作规范化建设。市委巡察机构全年共开展四轮巡察，巡察单位17个，发现问题线索227件，其中移交市纪委87件，移交组织部门4件，移交被巡察单位136件。市纪委依据巡察问题线索立案19件，给予党政纪处分12人，其中科级干部4人，移送司法机关2人。全年受理信访举报489件，其中业务内举报155件，进一步畅通信访监督渠道。健全完善纪检监察办案协作区制度、案件线索相互移送制度、纪委常委分包科室联系制度和月例会督导约谈制度等办案保障机制。持续保持惩治腐败的高压态势，全市纪检监察机关处置线索286件，立案146件，党政纪处理146人，其中科级干部21人。落实办案工作责任制和案件主办人制度，严格办案程序，加强案件监督管理，保证了依纪依法安全文明办案。实行案件审理“五员工作法”和“五查五看”处分执行机制，制定“三会三议制度”规范案件审理程序，确保了案件办理质量和处理结果公平公正。

【源头治腐推进】认真开展“四会一课”廉政教育活动，组织全市党员开展对两准则两条例的深入学习。发挥网站、微博和微信宣传作用，累计发布微博信息7216条、微信信息110期。发表反腐倡廉宣传报道112篇、网络评论122篇。开展廉政文化公园、白居易家规家训馆建设。累计创建郑州市廉政文化“六进”示范点35个。围绕“五单一网”制度改革，新建成总面积达4万余平方米的行政审批服务中心，将38个部门、138个审批事项和253个便民服务事项全部纳入服务大厅，实现了大厅之外无窗口，全年受理和办结业务94.8万件，办结率100%，群众办事更加方便快捷。运用现代科技手段监督公共资源交易，健全完善招标人评标代表遴选使用办法等制度强化源头治腐。全年市公共资源交易中心办理各类业务621宗，成交金额144.7亿元，为政府节支2.1亿元，增收51.2亿元。

（撰稿：郭 浩 审阅：邢会方）

重要会议

【市纪委四届六次全会】3月3日，中共新郑市第四届纪律检查委员会第六次全体会议在市炎黄文化艺术中心二楼多功能厅召开。市纪委委员参加会议，市四大班子有关领导以及市委委员、市委候补委员，市委各部委常务副职，市人大、市政府、市政协办公室主任，各乡镇、办事处和市直各单位党政正职、纪委书记（纪检组长）参加了会议。市委常委、市纪委书记王俊杰同志代表市纪委常委会作了题为《实践四种形态 全面从严治党 扎实推进全市党风廉政建设和反腐败斗争》的工作报告，对2016年度反腐倡廉工作进行安排部署。

【市纪委五届一次全会】7月9日，在新郑市炎黄文化艺术中心召开的中国共产党新郑市第五次代表大会上，选举产生了新郑市第五届纪律检查委员会委员，共计21人，分别是（按姓氏笔画排序）：邓嵩、左留根、史宏民、史晗阳、冯志刚、冯彦兴、刘辉霞、杨献珍、李立、李午生、李宗元、李俊峰、李梅娟、张太中、陈志安、徐卫东、郭海峰、高维娜、高智军、谢伟、韩洁。同日，在市炎黄文化艺术中心召开中共新郑市第五届纪律检查委员会召开第一次全体会议。会议选举产生了第五届市纪委书记、副书记、常委。徐卫东当选为市纪委书记,杨献珍、李宗元当选为市纪委副书记，陈志安、邓嵩、张太中、高维娜当选为纪委常委。

（撰稿：李抗洪 审阅：陈志安）

民主党派 工商联

DEMOCRATIC PARTIES & ASSOCIATION OF INDUSTRY AND COMMERCE

·民主党派　工商联 >>>

DEMOCRATIC PARTIES & ASSOCIATION OF INDUSTRY AND COMMERCE

民主党派

【概况】 新郑市现在民革成员2人，有中国民主同盟会成员74人，农工民主党成员12人，九三学社成员2人，民主促进会成员1人，致公党4人。

【中国国民党革命委员会成员代表】
代建民

【中国民主同盟成员代表】
苏铁林　侯松平　冯　煜
陈　明　陈弘毅　袁　燕

【中国农工民主党成员代表】
孙　阔　李伟红　王广军
任新民

【九三学社成员】
李　云　张离军

【中国民主促进会成员】
吴志强

【中国致公党成员代表】
石华峰

（撰稿：许 颖　审阅：邢艳红）

民盟新郑市总支部委员会

【概况】 民盟新郑基层组织成立于1987年5月，经过民盟新郑县小组、民盟新郑市支部、民盟新郑市总支三个阶段，共发展盟员77人，病逝2人，调出2人，调入1人，现有盟员74人。其中女盟员31人、男盟员43人、研究生学历13人、双学士学历1人、本科学历34人、大专学历26人、副高级以上职称18人、中级职称56人。盟员中新郑市人大原副主任1位、人大常委1位、政协副主席1位、政协常委2位、郑州市人大代表1位、新郑市政协委员13位、统战部特邀四大员7位、人民陪审员6位、现职科级干部9位、高中校长1位。新郑市民盟组织的大发展是中国共产党领导的多党合作和政治协商制度巩固与发展的真实写照。民盟新郑市总支已成长为新郑市地方最大的参政党，在新郑市经济和社会发展中，发挥着越来越重要的作用。

【思想建设】 加强思想建设，与时俱进，创建学习型基层盟组织。倡导每个盟员加强学习、树立终身学习观念。开展多层次、多渠道、多种形式的思想教育活动，通过一月读一本书、一季度一次座谈会、一年一次走访活动以及举办培训班等方式，将思想教育工作融于丰富多彩的活动中去。服务大局学好理论。2016年7月11日7月15日，筹措7万元组织21名骨干盟员到井冈山进行红色教育。把握住重点，经常推荐读几本好书，以先贤哲人的道德力量去感化，用核心价值观去塑造，注重春雨效应，潜移默化，润物无声，持之以恒去坚持，力求达到坚定信念、统一思想、凝聚人心的效果。

【参政议政】 民盟新郑市总支认真履行参政党职能，积极围绕新郑市委市政府中心工作，充分发挥参政党参政议政的职能，针对群众关注的热点难点问题，在新郑“两会”上，盟员中的人大代表、政协委员以高度的社会责任感，为经济社会又好又快发展建言立论，献计献策。

2016年，盟员陈建伟关于加快信用平台扩容的建议；张其亚提交关于加大推广新型日光温室应用的建议；赵丽红提交关于推行实用法律教育和提高学生法制意识的建议；陈明提交关于为全市中小学生配备校服的建议；幸建红提交关于尽快在新区新建一所初级中学的建议；郭静提交关于简化医保病人大型检查审批环节问题的建议和关于慢性病病人管理的建议；杨素香提交关于尽快打通风苑路与学院路，缓解中华路交通建议和关于加强新型社区物业管理的建议；徐君提交关于新郑市中小学生在校期间的安全饮水的提案；樊伯巍提交关于着力打造智慧城市建设"互联网+新郑"的提案；冯伟强提交关于腾飞像转盘完善交通标识及设置信号灯的建议；边莉提交关于居民小区犬类管理亟待加强的提案。

【社会服务】3月31日，组织参与在新郑市薛店镇民盟烛光小学与民盟河南省委文化传媒总支联合举办送书画、送讲座、送健康进校园活动，资助图书物品价值近3万元。2016年中秋节前夕，组织部分盟员到观音寺镇敬老院慰问，送月饼，送健康，送戏曲，并和老人一起包饺子谈心聊天。2016年11月25日，民盟新郑市总支部开展为薛店镇民盟烛光小学送心理健康教育活动。副主委袁燕为学校送去《如何让学生自信飞扬》《如何让学生快乐学习》等体验式活动。为扎实推进民盟"农村教育烛光行动"，提升全省民盟烛光学校的教学质量，经与河南省教育厅沟通争取，民盟河南省委主办了"烛光杯"优质课大赛活动。民盟新郑市总支部积极配合，组织薛店镇民盟烛光小学教师积极参赛。2016年5月31日，在民盟河南省委主办的"烛光杯"优质课大赛活动中，高如星参加"河南省小学数学优质课教学评比观摩活动"，荣获一等奖。2016年10月20日，薛店镇民盟烛光小学李霞参加"河南省小学数学优质课教学评比观摩活动"，荣获一等奖。2016年11月12日参加"不藉天风自展旗·点赞人民艺术家唐玉润"书画展。名誉主委苏铁林、侯松平以及主委冯煜、副主委袁燕、委员樊伯巍和部分盟员出席了书画展开幕式，欣赏了唐玉润晚年的优秀作品。

【换届工作】8月12日，中国民主同盟新郑市总支部委员会（以下简称"民盟新郑市总支部"）顺利完成换届工作。民盟郑州市委主委朱专兴，中共新郑市委常委、统战部部长秦彩霞，新郑市政协正县级干部苏铁林，中共郑州市委统战部党派处主任科员石林，民盟郑州市委副主委李蝴蝶、张洛通，新郑市委统战部副部长邢艳红等领导参加了会议。

在充分酝酿和民主协商基础上，民盟新郑市总支部经过民主投票，产生了新一届总支部委员9人，分别是毛智毅、冯煜、张留民、陈明、陈弘毅、赵青建、赵丽红、袁燕、樊伯巍。随后，第二届民盟新郑市总支部召开了第一次委员会议，经过讨论，选举确定了冯煜为主委，陈明、陈弘毅、袁燕为副主委，毛智毅、张留民、赵青建、赵丽红、樊伯巍为委员的第二届民盟新郑市总支部委员会。会议还一致推举苏铁林为第二届民盟新郑市总支部名誉主委。民盟郑州市委副主委张洛通宣布了选举结果，民盟郑州市委主委朱专兴为当选人员颁发了任命书。

新当选的民盟新郑市总支部主委冯煜在换届大会上以《不忘初心不负重托》为主题进行了大会发言。他对这次当选深感无上荣光、无比幸福，深知责任重大，愿担重托，表示将尽心尽力、不辱使命。他愿继承传统、创新方式、在民盟这个大家庭里和大家共同努力、共同成长、共同提高，为早日实现实力、宜居、活力、幸福、美丽、文化、平安"七个新郑"，初步建成自然之美、社会公正、城乡和谐的现代田园临空经济强市做出更大的贡献。

中共新郑市委常委、统战部部长秦彩霞向民盟新郑市总支部成功换届表示祝贺。民盟郑州市委主委朱专兴高度评价了民盟新郑市总支部的工作，对总支部今后的工作提出了希望与建议，要求新一届的民盟新郑总支把发展壮大作为今后的首要任务，引领全体盟员讲政治、比贡献，讲团结、树形象，创优势、增实力、求提升，并以高度的统战精神一再强调党盟"长期共存、互相监督、肝胆相照、荣辱与共"的亲密关系，表示一定会大力支持民盟新郑市总支部

2016年8月12日，民盟新郑市总支部委员会举行换届会议

的工作。

【民盟新郑市总支部第二届委员会领导班子成员】

名誉主委 苏铁林
主　　委 冯　煜
副 主 委 陈　明（协助主委工作）
　　陈弘毅（分管组织工作）
　　袁　燕（分管宣传工作）
委　　员 赵青建
　　毛智毅（组织委员）
　　樊伯巍
　　赵丽红
　　张留民（宣传委员）

【民盟新郑市总支科教支部盟员名单】

支部主委 陈　明
副 主 委 袁　燕
组织委员 毛智毅
宣传委员 高春艳
盟　　员

陈　明　袁　燕　毛智毅　高春艳
苏铁林　冯　煜　陈建伟　周新华
陈谟林　郭国正　王韶强　陈艺民
张德旺　许文增　幸建红　杨素香
刘绪河　张青显　李松山　樊群涛
李宗区　黄桂梅　刘　凯　郭绍祎
徐　君　胡瑞霞　赵媛媛　杨水红
徐国平　白桂梅　吴运田　高韶华
贲　踊　高淼霞　刘春莉　刘淑玲
杨清波　燕新亮　高宪军

【民盟新郑市总支文卫支部盟员名单】

支部主委 陈弘毅
副 主 委 赵青建
组织委员 赵丽红
宣传委员 樊伯巍
盟　　员

陈弘毅　赵青建　赵丽红　樊伯巍
张　豪　侯松平　赵新甫　安书卷
杨雪峰　张留民　赵丙焕　李彦宏
刘东霞　郭　静　司清杰　乔林娜
闫建萍　边　莉　朱玉霞　陈彦东
刘占彪　兑幸福　刘松林　高军彪
王海洋　张　霞　赵银宝　兑颂雅
冯伟强　张其亚　张玉香　时慧莉
赵绘红　王　凯　张艳玲

（撰稿：徐国华　审阅：袁　燕）

市工商业联合会

【概况】新郑市工商业联合会机关位于市委大院。现有驻会干部职工3人，设主席、党组书记1人，常务副主席1人，纪检组长1名。兼职企业家名誉主席2人，名誉会长3人，兼职企业家副主席32名，副会长71人。2016年工商联团结带领会员企业，深入贯彻落实科学发展观，紧紧围绕市委市政府的中心工作，认真履行团结、服务、引导、教育的工作方针和参政议政、协调服务等职能，充分发挥桥梁纽带和助手作用，为推动新郑市非公经济实现又好又快发展、构建和谐新郑做出了应有的贡献。

【组织建设】通过走访、统计，建立了翔实的会员数据库，实施了《会员企业动态管理办法》，及时了解会员企业的发展情况，为会员企业排忧解难、提供服务打下了基础。工商联十分注重加强和完善基层组织建设，重视会员队伍建设，注重商会领导班子素质的提高。按照“成熟一个发展一个”的原则，重点发展经济实力强、思想觉悟高、热爱工商联工作、热心社会公益事业的非公经济人士入会。5月10日上午，在新郑市皇宫大酒店三楼会议室，新郑市工商联召开了第四届第五次执委会议。郑州市政协副主席、郑州市工商联主席薛景霞、郑州市工商联副主席李清四等郑州市工商联领导出席了执委会，新郑市委常委、新郑市委统战部部长秦彩霞出席了会议。参加会议的有新郑市工商联机关全体人员，新郑市工商联副主席、副会长、执委，新增副主席、副会长、执委，新闻媒体等。

【宣传教育】宣传工作是工商联履行“桥梁、纽带”的重要形式，是扩大工商联影响力、提升工商联形象的重要载体。采用活化载体的方式，通过媒体、网站、短信等多种形式和会员企业建立方便快捷的沟通桥梁。及时将相关政策及各种产业信息传达给各会员企业，并及时了解企业生产经营

2016年5月10日，新郑市工商联召开四届五次执委会议

情况。以党的群众路线教育实践活动为载体，学习党的方针、政策和省、市工商联工作会议精神。2016年，市工商联通过内部短信平台及省、市工商联（总商会）网站、内部简报等媒介，紧密结合市工商联的日常实际工作和市工商联会员企业的发展动向，把服务和宣传新郑市非公经济作为信息服务的核心内容，同时大力宣传党和政府的政策，报道工商联会务动态和会员企业风采，加强会员企业间交流，新郑市工商联的信息发布量在河南省工商联网站、郑州市工商联网站一直排名第一位。为了更好宣传展示新郑市非公经济发展成就，同时为全国工商联对新郑市工商联创建全国“五好”的验收工作做好充分准备，编制了《新郑市工商联全国“五好”县级工商联创建纪实》，以一种创新的宣传载体，丰富的内容，使其成为社会各界更多了解市工商联和会员企业的新渠道。

【参政议政】参政议政是工商联在新时期的一项重要工作职能，肩负着为各级党委、政府科学决策谏言献策的重任。在2016年的新郑市“两会”上，市工商联界别政协委员和人大代表针对新郑市经济社会发展中的热点、难点问题，通过调查研究，认真分析总结，提出了各自的意见和建议，形成了许多好的提案、议案，不论在数量还是质量上比过去都得到了进一步提高。通过调研，形成了“关于新郑市中小企业融资难调研报告”“关于新郑市生态廊道沿途企业拆迁安置问题调研报告”“关于新郑市中小企业新三板上市面临的困难和问题调研报告”等多篇高质量调研报告，向政府反映问题，提出意见与建议，助推新郑市非公企业健康、快速发展。

【服务会员】坚持以服务立会为宗旨，进一步拓宽服务领域，提高服务

2016年7月1日，工商联支部庆祝建党95周年

水平。畅通政府与民营企业之间的渠道。建立了工商联班子成员与企业联系制度，开展经常性的调研走访活动，了解企业在经营中遇到的困难、问题，并积极为企业和政府有关部门联系协调解决。2016年，市工商联多次组织非公企业家参加国学教育、金融知识讲座、企业科学管理培训等教育培训课程，逐步使市工商联会员企业家的培训工作纳入正规化、常态化和制度化。非公企业家通过不间断、高层次的学习培训，拓宽了企业发展的视野，逐渐树立起科学化的思维观念，建立起现代化管理模式，企业整体素质和自身创新能力不断提高，有力增强了新郑市非公企业的软实力和转型发展的信心。

【光彩事业】市工商联积极鼓励、引导新郑市非公经济人士履行社会责任，投身光彩事业，弘扬光彩精神。2016年以来，新郑市非公企业在“万企帮万村精准扶贫”、捐资助学等各项慈善活动中慷慨解囊，捐款捐物，并为全市劳动力提供就业岗位5000余个，实际安排就业人数3000余人。市工商联会员企业富而思进、回报社会的善举，赢得了社会的广泛认可和尊重，为推动民生改善、促进社会和谐进步做出了积极贡献。同时，市工商联积极与会员企业联络、沟通，与政府相关部门协调，为新农村建设凝心聚力、搭建平台，广泛调动会员企业参与新农村建设，充分整合非公经济的优势资源，组织引导全市广大非公企业积极参与新农村建设，为新郑市新农村建设美丽家园贡献力量。

【工商联组织】

主席、党组书记 刘彩云

名誉主席 周遂成 秦水泉

名誉会长 刘松荫 杨宏森 杨小金

常务副主席 靳彦涛

纪检组长 李 静

兼职副主席 32人（以姓氏笔画为序）

马文明 王武来 巴春玉 王松峰
王胜军 王宝玉 王银发 石聚领
许建勋 刘军杰 刘秋燕 刘 涛
李建岭 李红超 张玉华 宋长峰
时智灵 姚俊营 柳广现 赵永鹏
赵永健 侯建芳 郜建设 荆新琦
高国治 高书杰 高增禄 高水林
高广社 郭进斌 常文杰 靳建松

副会长 71人（以姓氏笔画为序）

丁耀军 王三伟 王丰安 王 洋

王保军 王西平 王　彪 王瑞玲
白淑霞 左华杰 左彩霞 代建设
付振远 冯伟强 冯建军 冯泽富
许卫峰 安书卷 刘长安 刘　正
刘德军 刘顺彬 刘新杰 刘二伟
任学义 李遂钦 李现恒 李锁定

李俊义 李明臣 李晓磊 李森民
时爱云 谷　欣 吴中民 吴金明
张汉成 张江循 张军锋 苏占省
杨青波 杨献法 杨永杰 杨　磊
吴在文 周忠民 赵天民 赵保社
林伟轩 柳书乾 柳均轩 柳建峰

赵宏乐 赵松森 赵会超 高英豪
高慧芳 高旭涛 姚建军 敬治民
徐　瑞 高培增 胡书立 秦志华
耿发展 贾俊伟 袁贺敏 常申杰
靳建生 翟耀杰 薛彦增

（撰稿：张 沼 审阅：李 静）

群团

PEOPLE'S ORGANIZATION

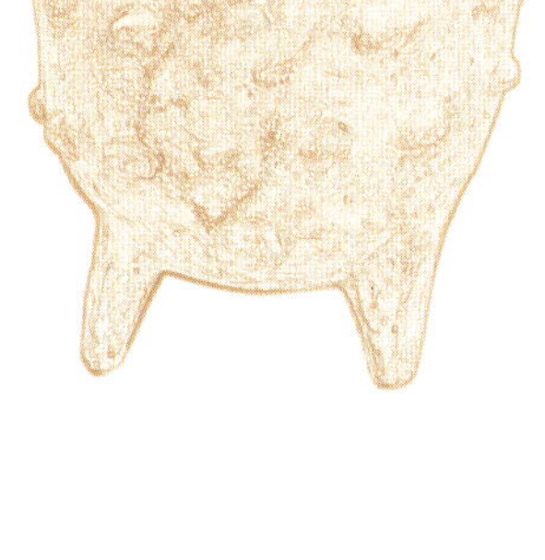

·群团 >>>

PEOPLE'S ORGANIZATION

工会工作

【概况】新郑市总工会位于市区洧水路东段475号，现有在职职工27人，其中主席1人、常务副主席1人、副主席2人、纪检组长1人。内设办公室、组宣民管部、生产保障部、帮扶中心、编制人事科5个机构。辖13个乡镇（街道）工会工作委员会、73个系统（委局）工会委员会，14个直属企业工会委员会。2016年，市总工会成功创建省级文明单位。

【宣传教育】上报各类宣传报道信息104条，被人民网、中工网、河南工人日报等上级媒体采用15条，郑州日报、郑州晚报等媒体采用30条，新郑政府网站采用40条，较好地宣传了广大职工先进事迹和各级工会工作经验。4月，组织全市60多家单位150余名干部职工，举办“岗位建新功，奉献十三五”时期演讲比赛。“五一”期间，在新郑市电视台、郑州日报新郑版、郑州晚报新郑播报、“新郑工会”微信公众号，开办“劳动者风采”专栏，集中宣传报道新郑市50名先进工作者典型事迹。开展“文化下基层”，出资63万元征订《工人日报》等报纸杂志和各类图书发放到各基层工会，拨付160万元不断完善基层工会篮球场、乒乓球场等职工之家建设。推动职工文体活动向多样化、常态化、普及化方向发展。1月，在具茨山举办千人参与的“全民健身·幸福新郑”登山活动；5月，联合市有关部门举办600多人参加的全民健身篮球运动会，参赛队伍58支，比赛场次180余场；8月，在新郑市轩辕湖湿地公园，为来自全市30多家单位的300余名单身职工举办“爱满故里·牵手七夕”单身职工相亲交友联谊会，帮助解决单身职工的婚恋问题。

围绕新郑市经济社会发展目标，广泛开展建功“十三五”时期主题竞赛和经济技术创新活动。在全市企业中开展创建“工人先锋号”活动，通过提合理化建议、岗位练兵、技术比武等形式，激发广大职工“学理论、精业务、钻技术、练绝活、成行家”的热情，激发职工群众辛勤劳动、诚实劳动、创造性劳动的热潮，为促进职工素质逐步提升、节能减排取得成效、安全生产稳定好转、经济稳步增长做出贡献。围绕新郑市安全生产目标，配合政府有关部门开展“安康杯”竞赛活动和“查隐患、堵漏洞、保安全”监督检查工作，形成“人人有责任、级级有目标、层层有考核、狠抓落实”的竞赛局面。全市有600多个企业，7万多名职工报名参加“安康杯”竞赛。与市安监局联合举办安全生产系列知识培训班，举行主题为强化安全发展理念，提升全面安全素质的“安全新郑杯”安全生产知识竞赛、“安全生产知识讲台”“安全隐患举报有奖”等活动。召开新郑市庆“五一”国际劳动节暨劳动竞赛动员大会，表彰“五一劳动奖状”20个、“五一劳动奖章”50名，推荐评选河南省“五一奖状”1个，推荐评选郑州市“五一劳动奖状”2个、“五一劳动奖章”5名。9月，市总投入30余万元，为全市290名各级劳模和先进工作者提供免费健康体检服务。

【维权维稳工作】下发《关于深入开展创建劳动关系和谐企业活动的通知》《关于进一步做好企业工资集体协商工作的通知》，把创建劳动关系和谐企业活动纳入地方经济社会发展

2016年4月10日，新郑市干部职工“岗位建新功 奉献十三五”演讲比赛

规划。3月底，市总工会下发《关于开展2016年新郑市企业工资集体协商工作的通知》，进一步完善职工工资分配共决机制、正常增长机制和支付保障机制。全市签订并备案工资集体协议71份，覆盖企业6286家，其中区域性工资集体协议26份、行业性工资集体协议7份。以职工为本，主动依法维权，强力推动大覆盖、大维护、社会化维权格局的形成。建立了工会与政府（行政）联席会议制度、劳动关系三方协商机制，在13个乡(镇)、街道办事处及部分直属企业设立维权服务工作站，形成“服务下沉一级、维权上升一级”的工作格局。9月，成立“新郑市总工会矛盾纠纷调处中心”，建立健全领导小组和调解制度，共接待来信来访72人次、16案次、法律咨询35人次。围绕市委市政府中心工作，针对在供给侧改革中韩春化工下岗职工制定转岗培训方案，组织职工依法推选代表，引导职工依法理性表达合理诉求，及时提供法律援助，维护了职工的合法权益，为社会稳定做出了应有的贡献。

【服务职工及帮扶工作】大力加强网上工会建设，将“互联网+”思维与传统工会业务工作相融合，以“一网一卡”为主线，打造职工网络服务体系，实现了网络化、普惠化服务。打造“新郑工会”微信服务公众号，让职工随时随地了解工会动态、享受工会的贴身服务、参与工会的文化活动，实现了工会服务在指尖上传递、在移动中完成。7月，“新郑工会”微信公众号上线以来推送图文信息200余条，微信公众号总阅读量达到6281人次，平台粉丝数量达到4500多人。以职工工作生活需求为导向，集成普惠服务职工项目，2016年，全市有361家基层工会组织的7.2万多名工会会员办理了工会会员卡，洽谈优惠商家总量达61家，采取线上线下结合的方式开展普惠服务活动25场，服务工会会员7000余人次。按照《郑州市工会困难职工解困脱困工作实施方案》及郑州市总工会《关于做好困难职工解困脱困建档立卡工作的通知》要求，对全市困难职工进行建档立卡工作，按照主要致困原因、困难类别进行分类，划定帮扶任务完成时限，根据实际情况制定了帮扶措施和帮扶行动计划。双节期间慰问338名在档困难职工，发放慰问品、慰问金共计52万元；慰问困难企业韩春化工667名职工，送去米、油价值共计25万元。为全市职工购买互助保险。开展“金秋助学”活动，资助76名考入大学的贫困家庭的职工子女，发放助学救助金26.8万元。开展“送清凉”活动，为重点工程工人、交巡警、环卫工等户外工作者3700余人送去了共计28.6万元的降温物资。发放小额贷款和“双创基金”，共计158万元，资助下岗失业人员就业以及小微企业创业创新，促进了200余人就业创业。在市区设立工会职工服务点25家，为户外工作的环卫工人及进城务工人员等提供饮水、休息、阅览、急救医药箱等服务。举办心理咨询师培训班，对通过心理咨询师考试的24人每人补贴了1000元，为基层工会打造了一支“带不走”的心理咨询师队伍。在炎黄广场举办主题为“心理健康，社会和谐”的世界精神卫生日活动，提供免费现场咨询60余人次，发放宣传资料500份。通过新郑市总工会微信公众号为全市职工提供24小时在线心理咨询服务，全年接受个案咨询33例、健康咨询131例、电话及网络咨询270余例，推送心理关爱信息30条。

【工会组织建设】确立了“党建与工建”“组建与规范”“提高与创新”相结合的工作思路，坚持建会、建制、建家同步推进，工会组织吸引力和凝聚力不断增强。制订了《新郑市总工会组建工会和发展会员五年规划》，把党工共建作为贯穿于组建工作的主线，进一步完善乡镇（街道）工会、社区（村）工会、企业工会“小三级”工会组织网络，全年新建基层工会180家，发展会员12466人(农民工8100人)。市总工会投入专项资金300万元用于示范点工会建设，通过开展达标创优、选树示范工会，引领带动全市基层工会真正“建起来、转起来、活起来”，有12家基层工会建成新郑市级工会工作示范点，6家被评为郑州市“达标创优”示范工会，和庄镇、雏鹰农牧集团、孟庄镇潮河新城社区3家工会被评为省级基层工会示范点。先后有河北省任丘市总工会、河南省工会组织部长培训班、荥阳市总工会到新郑市观摩基层工会规范化建设。

（撰稿：王伟伟　审阅：靳新民）

共青团和青年工作

【概况】2016年，团市委共有机关干部9人，其中书记1人、副书记1人、副科级干部1人、一般干部6人。内设办公室、青农部、青工部、学校部、宣传部、组织部、少工委。办公地点设在新郑市人民路186号市委办公楼5楼。

2016年，围绕履行根本职责，充分发挥基本职能，强化思想政治引领，坚持服务大局、服务社会、服务青年，努力提高团的建设科学化水平，为推动新郑经济社会发展做出了新贡献，开创新郑共青团工作的新局面。

【宣传工作】围绕市委市政府重大决策和重点工作以及共青团工作发展的总体目标，突出重点、加强策划、周密安排，做好青年工作的宣传报道工作。加强新闻工作协调和服务，建立与团组织和新闻单位定期沟通和通报信息的有效机制。根据团市委阶段性工作的重点，拟定新闻报道计划，做好新闻宣传工作。通过举办基层共青团宣传干部新闻工作培训、研讨，为基层团干部开展新闻工作提供帮助。

【服务大局】积极联系青年人集中的电子商务、物流等新兴领域，加强团组织建设，全力服务现代产业体系构建。在开展大学生返乡创业行动中，依托孟庄镇青年农民创业园开展创业帮扶工作，并在孟庄镇青年农民创业园建立青年涉农服务平台，把此平台作为新郑市脱贫攻坚青春建功行动示范项目。

【青少年成长】从青年切实需求出发，积极探索服务青少年成长新路径、新载体。联合新郑市司法局和新郑市预防青少年违法犯罪办公室，开展“为青春护航”法制报告会进校园系列活动，上半年共开展法制报告会3场。通过法制报告会，结合学校德育教育，把社会主义核心价值体系、爱国主义教育、理想信念教育贯穿到学校教育各个方面。激励青年创业就业。联合UFO众创众筹公司，面向全社会为那些有梦想、有思想的年轻人提供导师指导、资金支持和办公条件。积极争取农业、扶贫等有关部门支持。联合新郑市劳动局、新郑市规模靠前企业为青年提供就业岗位。积极开展“青年之声·温暖冬天”活动，共募集物资4万余元，使600余名贫困儿童有了御冬物资。以“绿色新郑 环保骑行”、服务新郑为主题，开展“3·9”保护母亲河日和“3·12”植树节植树种草、绿色承诺等活动，累计志愿服务1000余人次，植树3000余株。4月，团新郑市委、新郑市环保局、新郑市青年志愿者协会及新郑市环保志愿者协会共同举办了“绿色新郑 环保骑行”活动。开展“关爱青春少年·情满美丽新郑”活动，号召全市各级团组织，为贫困留守儿童捐赠图书200套，让孩子们有个书香四溢的成长环境。6月17日，开展“我和夏天有个约会”单身青年联谊会活动，吸引全市相关企事业单位、非公团组织等120余名未婚青年报名参加。8月9日，联合市工会、市妇联举办“爱满故里 牵手七夕”新郑单身职工相亲交友联谊会，累计参与活动人数300余人。通过这两次活动为全市单身青年搭建了交流沟通平台，倡导了正确的婚恋观，促进了社会的和谐和文明。

【基层组织建设】狠抓团的基层组织建设，大力推进基础团务创新，选取新建路、新华路街道团工委为区域化团建示范点，探索总结区域化团建工作先进经验。积极推进企业共青团建设，新建15个非公团组织，建立非公示范点5个。

（撰稿：宋文艳　审阅：唐战胜）

妇女工作

【概况】新郑市妇联现有机关干部6名，其中主席1人，副主席1人，享受副科级工资待遇1人，一般干部3人。内设办公室、发展部和权益部，下设新郑市人民政府妇女儿童工作委员会办公室。2016年，先后被新郑市委市政府授予新郑市2015年度绩效考核先进单位；被郑州市妇联授予2015年度妇联系统目标考核优秀单位；被郑州市人民政府妇女儿童工作委员会、郑州市人力资源和社会保障局授予郑州市妇女儿童工作先进集体；被郑州市精神文明建设指导委员会授予郑州市未成年人思想道德建设工作先进单位；被郑州市妇联授予郑州市“舞比快乐”广场舞大赛先进组织奖；被河南省妇女联合会授予“2015—2016年度全省妇女读书活动优秀组织奖”；被新郑市委授予平安建设先进单位等荣誉称号。

【思想引领】组织全市各级妇联通过举办专题学习会、座谈会等形式，学习和领会重要讲话和会议的精神实质和丰富内涵，牢记政治任务，把握工作生命线，把全市广大妇女群众最广泛最紧密地团结在党的周围，确保妇联工作正确方向。开展“巾帼心向党”系列活动。开展“巾帼心向党·党的女儿话初心”先进事迹报告会4场、“党的女儿·心中的歌”传唱活动15场、“党的女儿·随手拍”

征集作品40多幅、参与“网上宣读入党誓词”100多人次、开展习总书记“七一讲话”重要精神专题学习1场，带领70多名妇女干部进行党性教育1次，通过系列丰富多彩的群众性活动，引导教育广大妇女群众学党史、知党情、颂党恩，听党话、跟党走、做党的好女儿，为党的事业做出新贡献。

【巾帼建功行动】 实施“双学双比”活动，以女性素质教育流动课堂活动为载体，组织开展农业、家政服务等培训35期，培训妇女1万余人次。与市人社局等部门在市区及各乡镇举办招聘会8场次，发放宣传材料5500余份，达成意向性就业协议人数1200人，女性480人。全年共为妇女发放小额贴息贷款279笔，资金3050万元。培树“巾帼创业创新标兵”20名，新郑市“巧媳妇工程示范基地”2个。新郑市鹤福制衣厂和新郑市庄稼人花生种植专业合作社被命名为郑州市“巧媳妇工程示范基地”。开展“巾帼脱贫”行动，以“妇女之家”为平台，以10个“巧媳妇工程示范基地”为依托，开展农业、家政服务等技能培训15场次，培训妇女1600余人，带动贫困妇女互助脱贫。此外，选派2名科级干部到贫困村参与脱贫攻坚行动，针对各自结对帮扶贫困户制定了健康、就业扶贫等具体措施，并在年底帮助贫困户实现全部脱贫。12月7日，河南省妇联副主席库凤霞、哈密市妇联党组书记、副主席周建琴等一行11人，来新郑市实地考察全国“巾帼文明岗”新郑黄帝故里景区游客接待中心、“巧媳妇”工程示范基地新郑市鹤福制衣厂、好想你枣业股份有限公司，对新郑市妇女工作给予高度评价。全年评选出新郑市“巾帼文明示范岗”2个、“巾帼建功标兵”10名，共开展巾帼志愿活动累计40次，72小时。

【领导调研】 8月12日，省妇联主席郜秀菊来新郑市调研“巾帼脱贫”工作。郑州市领导焦豫汝及新郑市领导刘建武、马志峰、王效光等陪同调研。郜秀菊一行首先来到位于辛店镇黄岗村的丰农种植养殖技术协会进行实地察看，了解到作为郑州市“巾帼现代农业科技示范基地”的丰农种植养殖技术协会积极开展“丰农模式”精准扶贫，已结对帮扶贫困妇女159人，2016年精准扶贫27户，帮扶贫困妇女家庭每年增收4000~6000元。随后，又来到新郑市辛店镇黄岗村已经脱贫妇女丁海兰、赵好妞的家中，与她们亲切交谈，并询问她们生活情况及需求。通过实地调研，郜秀菊对新郑市通过抓宣传、强培训，发挥巾帼示范基地辐射作用，带动贫困妇女互助脱贫的典型做法给予充分肯定。

2016年3月4日，新郑市十大“最美家庭”颁奖典礼

【儿童工作】 “六一”节期间，表彰“十佳儿童”“优秀儿童”儿童工作先进个人160名，先进集体、家长学校示范点、儿童之家示范点20个。向郑州市推荐上报优秀儿童6名、十佳儿童2名、优秀家长3名、十佳家长1名。关注儿童成长，积极申请上级妇联在新郑市新建立10所儿童之家，为儿童之家配备了价值100万元的物品。开展儿童安全教育讲座3场，心理教育讲座1场，受益学生达3000余名、家长1000余名。

【先进典型表彰活动】 “三八”节前夕，表彰“三八”红旗手等各类先进个人、维护妇女儿童权益先进个人75名，“三八”红旗集体、优秀妇联组织等各类先进集体22个。

【妇女群众文化生活】 “三八”节期间，在具茨山举办了以“健身登山 绿色出行”为主题的庆“三八”登山比赛，近400多名机关女职工欢度节日。积极参与郑州市“家庭乐跑活动”和郑州市广场舞大赛，获得广场舞大赛三等奖。4月21日，市妇联联合市总工会、共青团新郑市委举办的“岗位建新功 奉献十三五”时期主题演讲比赛在新郑市总工会会议室举行。全市120名选手参加比赛，最后有25名选手进入决赛，市文广新局的钱黛玉荣获全市第一名。联合市总工会、团市委在轩辕湖湿地公园举办了“爱满故里·牵手七夕”新郑单身职工相亲交友联谊会，为300多位单身职工搭建了交友平台，18位单身女青年牵手成功。利用节日契机，联合市文广新局在新郑电视台开设了“巾帼风采”专题栏目，先后宣传报道10名创业创新标兵、维权先进个人的典型事迹。全年借助郑州晚报、新郑手机报、电视等对40户优秀家庭的事迹进行推广，以家庭的小和谐促进了社会的大和谐。

【巾帼家庭行动】积极传承家庭美德，举办新郑市十大“最美家庭”颁奖典礼。3月4日下午，由市妇联举办的十大“最美家庭”颁奖典礼在新郑市一中艺术中心举行。评选新郑市“最美”和睦家庭、绿色家庭、书香家庭200户和新郑市“最美”母亲、丈夫、媳妇3类家庭角色130人。11月，从全市评选出平安家庭2000户，并推选到市政法委平安办。向国家、省、郑州市推荐“最美家庭”53户，“最美母亲”“最美媳妇”“最美婆婆”“最美子女”20名。所推荐的刘永芳家庭获得全国“最美家庭”和第十届全国五好文明家庭荣誉称号；李顺风、王小凤、平红、马三河分别被评为郑州市“十大最美母亲”“十大最美婆婆”“十大最美媳妇”“十大最美子女”。注重家庭典型宣传，对挖掘和选树出的“最美家庭”以及家庭角色典型，借助报纸、电视、手机短信等媒体平台和报告会形式，对他们的事迹大力进行宣传推广。

【巾帼维权行动】以学雷锋日、“三八”妇女节等节日为契机,开展普法集中宣传活动4场，发放《中华人民共和国反家庭暴力法》《反家暴常识》《妇女维权手册》等宣传材料2000余份，参加咨询群众近40人次。抓好禁毒宣传，利用招聘会人员高度聚集、流动频繁的有利契机，将禁毒“流动课堂”开到了招聘会现场，发放宣传资料、禁毒防艾小册子等1000余份。发放全国妇联维权宣传品，在全市283个“妇女之家”发放法律知识包1万套、海报350张、维权信息卡3万张。加大全面两孩政策的宣传力度，正确引导社会舆论，营造支持政策落实的良好氛围。开展“法进万家”普法大讲堂，全年在全市村（社区）开展普法大讲堂4场，受益群众达500余人。向全市发放平安家庭倡议书600份，并组织全市家庭代表签订平安家庭创建承诺书6000份。2016年，共接待来信来访来电案件29件，做到了件件有回音，件件有落实。

【巾帼关爱行动】与市卫生部门配合做好妇女“两癌”筛查工作，完成宫颈癌筛查10087人，乳腺癌筛查10087人,人乳头瘤病毒（hpv）检查5000人，微小浸润癌1人，乳腺癌2人。开展贫困妇女创业就业帮扶2期，近100人受益。利用春节、六一节等走访慰问贫困妇女儿童共计120名，发放日常用品、学习用品及慰问金2万元。积极为贫困“两癌”女性免费发放义乳20套。

【妇女儿童两规划】充分发挥市妇儿工委办职能作用，做好新郑市《2011—2020年妇女儿童发展规划》监测评估工作。5月19日上午，郑州市妇儿工委办主任吴爱平一行3人莅临新郑市检查督导妇女儿童（2011-2020年）发展规划实施情况。督导组一行听取了市人社局等重点成员单位的工作汇报，查阅档案资料，实地查看市妇幼保健院、市法院少审庭、市直中学。督导组对新郑市妇女儿童教育、妇女儿童健康、妇女儿童维权方面取得的成绩给予充分肯定。新郑市妇女儿童发展量化目标实现了时间过半任务过半的既定目标。积极贯彻落实《郑州市“三级三类”市民服务中心规划建设指导意见》，协调推动新郑市妇女儿童中心成功列入新区市民公共文化服务建设项目，积极协调妇女儿童之家建设纳入居住区级市民服务中心建设内容。

【妇联组织建设】坚持以“党建带妇建”为原则，不断夯实基层妇联组织建设，全面提升基层组织建设水平。按照上级妇联吸纳各方面妇女力量共同做好基层妇女群众工作的精神要求，在全市15个乡（镇）、办事处、管委会进行妇联组织规范化换届工作，共配备乡镇妇联主席15名、副主席30名、兼职副主席150名，完成237个村妇代会改建村妇联工作。此外，在市直单位新建立妇委会2个。举办“厦门大学法学院·新郑市女干部领导能力构建与提升培训班”和新郑市妇联干部能力提升专题培训班，培训女干部和妇联干部120多人。积极组织56名女干部参加上级妇联组织的各类培训。积极做好市乡领导班子以及人大、政协换届选举中妇女参选参政工作对接，主动与市委组织部联系沟通，积极争取市委、市政府和有关部门对推进换届选举中妇女参选参政工作的重视和支持，另外通过召开乡镇妇联主席会议，切实增强妇联干部的责任感和紧迫感，以此做好协调配合和推荐协商工作。换届结束后，10个乡镇党委领导班子配备女干部14人，政府领导班子中配备女干部7人。

【信息调研工作】全年，撰写有价值的高质量调研文章5篇，为领导科学决策提供了依据；上报郑州市妇联信息48条。

（撰稿：张慧芸 审阅：郑慧阁）

军事

MILITARY

·军 事 >>>

MILITARY

中国人民解放军新郑市人民武装部

【概况】中国人民解放军新郑市人民武装部位于市区人民路中段276号。1950年10月，新郑县成立人民武装部；1986年县人民武装部由中国人民解放军划归地方建制，单位位于人民路路北；1996年3月新郑市人民武装部划归军队建制至今，隶属于河南省军区、郑州警备区，归郑州警备区党委和新郑市委、市政府双重领导。机关设部长1人，政治委员1人，副部长1人，下设军事科、政工科、后勤科。人民武装部下辖有民兵训练基地。2016年，按照警备区党委全体（扩大）会议年度工作部署要求，紧密联系民兵预备役和人武部建设形势，认真履行历史使命，坚持抓龙头谋打赢，抓班子带队伍，抓基层打基础，抓创新促发展，以军事斗争准备为龙头的各项工作成效明显，较好地完成全年的各项工作任务，党委机关和民兵基层建设继续呈现出稳步推进、协调发展的良好局面。

【军事工作】认真部署民兵整组工作。在对适龄青年、退伍军人、兵民组织进行充分调查摸底的基础上，按照上级任务分配、兵员编组及民兵组织担负任务的特点要求，在确保上级规定的民兵任务数不变的情况下，对民兵组织进行了科学整合，重新调整了民兵组织力量的整体布局，使民兵队伍建设更加符合地方实际，更能满足所担负的任务需求。军事战备工作。通过加强战备值班和通信、保密管理，完善各类预案，确保指挥通信畅通。及时掌握社会动态，提高了应对突发事件的能力。开展岗位练兵活动，组织全体干部职工、专武干部和任务分队完成了60个训练日的业务训练。民兵军事训练工作。突出抓好专武干部、民兵干部、应急兵员和专业技术分队、应急分队的训练。全年先后分3批对2700多名基干民兵进行了为期25天的军事训练。

【落实四部五员和两个规范】2016年年初参加警备区党委全体扩大会议后，为贯彻落实《四部五员建设标准》《人武部工作规范》和《河南省民兵预备役部队应急队伍建设规范》，及时召开党委会议，传达学习、专题分析人武部工作规范和民兵预备役部队应急队伍建设情况，研究成立了“四部五员和两个规范”建设领导小组，明确职责，区分任务，强化领导。在部长、政委的具体领导下，《人武部工作规范》由政工科具体分工负责；《河南省民兵预备役部队应急队伍建设规范》由军事科具体分工负责。落实《人武部工作规范》。市人武部先后深入到基层武装部进行了广泛的调查研究。首先在抓好自身和其他基层武装部的同进，狠抓了四部五员和两个规范化建设试点：在梨河镇武装部进行落实四部五员和基础设施建设规范；新建路办事处武装部各类库室的规范化建设与管理。在全市基层武装部全面推广。落实《河南省民兵预备役部队应急队伍建设规范》，根据警备区赋予的组织建设任务与要求，在编组的模式上，按照有利于组织领导、有利于提高质量、有利于执行任务的原则，主要依托市区新建路、新华路、新烟街办事处，新村镇武装部和市公路管理局等单位，采取人装结合的方式统一编建。完成了应急分队前期人员编组、政治审查、装备配备等筹建工作。

【征兵工作】针对以征集高学历青年

的要求，征兵办公室及时调整工作思路和工作方法，严格认真开展征兵工作。广泛开展宣传发动，使应征入伍青年牢固树立国防观念。兵役登记之际，全市各乡镇、驻新郑各大专学院校利用广播、电视、标语、横幅等手段对征兵工作大力宣传发动。征兵办公室专门成立工作组与调查研究，掌握了兵役登记工作第一手资料，以便有针对性地开展工作。在报名上不局限于在乡镇，也可直接通过“绿色通道”到市征兵办公室报名。严格把好体检、政审关，确保真正达到“双合格”。在体检方面，与体检医生签订责任书和军令状，使体检医生在工作中增强了责任感，体检采取全封闭式进行，净化了环境，提高了效率。在政审方面，从公安局协调抽调4名得力的业务骨干与人武部政工科共同成立政审组，同时与各乡镇武装部、街道及村委会和学校层层签订责任书和军令状，确保了政审工作质量。严格执行征兵政策规定，落实廉洁征兵各项制度。征兵工作开始后，便向全市进行了“五公开、五公布”，并会同纪检监察部成立纪检组，对征兵工作进行全程监督，防止和纠风征兵工作中的不正之风。

【铁路护路】 新郑市在1994年3月接受组织民兵参加铁路护路值勤工作的任务后，及时成立以政法委书记任组长的新郑市民兵铁路护路联防领导组，组建以市人武部军事科为连长的民兵铁路护路连。每年年初进行调整，对年龄偏大的部分队伍调整出队，吸收一部分思想觉悟高、年富力强的民兵入队。通过调整编制、确定人员、深化教育、严格管理、加强督查，新郑市民兵铁路护路分队认真履行职责，处置险情120余起，确保了京广铁路大动脉的畅通，连年被省护路办通报表扬。2016年被河南省护路办表彰为护路先进单位。

【双拥工作】 新郑市有着双拥共建的优良传统，市委市政府对武装工作非常重视，主要领导经常听取武装工作情况汇报，积极为驻军部队解决实际困难。“八一”节，四大班子领导到军营走访慰问，在军人转业、退伍安置、子女入学等方面都给予了特殊照顾。人武部积极协调驻军参与地方各项建设，使军地之间建立了深厚的友谊。“八一”期间，人武部与宣传部、民政局在市炎黄广场组织开展双拥共建文艺晚会，驻军部队官兵和地方群众一起共同联欢。春节前夕，协调市四大班子领导一起举行新春座谈会，共叙友情、共商双拥共建的大计。2016年6月，新郑市七次蝉联“河南省双拥模范城（县）”、2016年11月九次蝉联“郑州市双拥模范县”。

（撰稿：贾红伟 审阅：史基宏）

2016年9月11日，欢送入伍新兵

中国人民解放军河南陆军预备役高射炮兵师第一团

【概况】 中国人民解放军河南陆军预备役高射炮兵师第一团，1998年10月开始组建，隶属于河南省军区，归军地双重领导。团预任副团长、副政委分别由新郑、登封、新密市委市政府和航空港经济综合实验区的领导兼任。2016年，全团官兵紧紧围绕练兵备战这个中心、围绕改革强军这个大局，同心戮力、稳心尽责、积极进取，以实际行动拥护改革、支持改革，圆满完成年度各项工作任务，团队全面建设保持稳步发展的良好态势。

【思想政治建设】 狠抓党的创新理论武装，认真学习领会习主席系列重要讲话和十八届六中全会精神，不断强化政治意识、号令意识、核心意识、大局意识，始终做到政治上坚定合格、思想上纯洁可靠，确保改革任务落实和部队思想稳定。紧紧扭住改革强军兴军这个主题，着力夯实官兵投身改革，履行使命的思想根基。组织党课教育，开展党史、军史教育，着力打赢意识形态领域阵地战。重视抓好演训中的政治工作，在成建制训练和实弹战术演习期间开展的“六项”活动，积极发挥了政治工作作战效能。新闻报道成果明显，有155篇稿件被各级报刊、网络选用，较好地反映团队工作和全面建设情况，扩大团队的影响力。

【战备训练工作】 牢记预备役部队职能定位，按照聚焦中心任务、形成建设亮点的思路，坚持把全部心思向打仗聚焦，着眼应急应战扎实做好军事斗争准备。扎实开展预任预编工作，进一步编实了人员和装备，营（连）基础设施更加完善。首次组建常备连和人工影响天气分队，应急队伍建设进一步得到加强。高标准完成师在团召开的整组规范现场会，建设成果在全师推广。认真贯彻执行新的领导体制下战备值班要求，完成作战值班室升级改造。结合省军区赋予的战备方案修订试点任务，对团、营、连三级战备方案进行修订完善，增强战备方案的针对性、操作性和实用性。参加师防汛业务骨干集训和黄河防汛勘察，部队防汛救灾、维稳处突能力得到有效提升。圆满完成成建制训练和实弹战术演习任务，取得了对地面目标射击全部命中的优异战绩，被师表彰为“对空实弹射击优秀单位”和“对地实弹射击优胜单位”。积极推进实战化训练，严格落实夜训科目，狠抓基础科目训练，部队战斗力水平进一步提升，年终军事训练考核综合成绩在全师排名靠前。

【部队正规化建设】 坚持贯彻依法治军、从严治军要求，全面规范“四个秩序”，扎实开展“学法规、用法规、守法规”和创建“法治军营”活动，官兵条令意识、法规观念进一步强化。坚持干部带班、双值班、节假日首长带班和夜间安全巡查等举措，落实每周五安全检查和周一交班讲评制度，定人定责抓好问题整改。坚持人防、技防、制度防相结合，定期组织安全演练，加强营门执勤，投入2万元配齐防火、防爆、防恐设施器材，投入20万元对营区视频监控系统和用电设施进行维护升级，提高了营区安全防护等级。以迎接上级安全工作大检查和开展“百日安全活动”为契机，突出做好“人、车、枪、弹、密、网”等安全工作重点。组织对重要岗位和外聘人员进行政治考核，加强敏感时期和“两待六外”人员管

2016年9月5日，国防教育进校园

理，开展网络及涉密载体“清零”行动。严格车辆审批派遣，加强私家车管理，组织官兵到地方驾校进行复训。做好部队射击训练、外出演习和摩托化机动中的枪弹管理，确保武器装备安全。团被师表彰为“安全管理先进单位”。

【后装保障建设】 着眼战斗力提升，加大军事基础设施投入，投资45万余元建成了水上训练场和器械训练场。搞好医疗、卫生、防疫工作，做好预备役军官回营办公、军事训练中和授衔仪式的服装保障工作。扎实开展武器装备“三化”管理达标活动，投入4万余元完成基地消防器材更换和车（炮）库门的维修工作，投入10万余元用于装备封存及换季保养，完成所有车辆、火炮喷漆工作。加强工程建设中财务管理和审计，确保符合上级要求和程序规定。团被师表彰为“后勤保障先进单位”和“装备管理先进单位”。

【军民融合发展】 深刻理解把握习主席关于军民融合上升为国家战略的决策部署，紧紧扭住预备役部队在军民融合上的桥梁纽带作用和体制优势、机制优势、平台优势，持续推进军民融合深度发展。坚持党管武装制度，组织预任领导回营办公和参加部队训练，召开现场办公会和首长办公会，研究解决团队建设的矛盾问题。坚持抓好基层预建党组织建设，注重发挥支部战斗堡垒和党员骨干模范作用，“双争双创”活动开展经常，4个预编单位、38名预任官兵受到了通报表彰。坚持以作为赢地位，不断扩大团队影响，新郑市首次将“八一”党政议军会放在团队召开，研究推进经济建设和国防建设协调发展措施。持续做好登封市玉台村的扶贫帮建工作，联系预编单位开展“爱心助学”“医疗下乡”活动，帮助解决实际困难。积极发挥自身优势，完成河南省经贸学院6300多名学生军训任务，为驻地经济社会发展做出贡献。

（撰稿：韩国钊 审阅：陈永胜）

中国人民武装警察部队新郑市中队

【概况】 中国人民武装警察部队新郑市中队隶属于中国人民武装警察部队河南省总队郑州市支队，中队现任中队长张凯、政治指导员闫帅。主要担负新郑市看守所外围武装警戒任务，

维护新郑市社会稳定，保卫人民生命财产安全。在新郑公安局党委、郑州支队党委的正确领导下，中队圆满完成了以执勤和处置突发事件为中心的各项工作任务。

【思想工作】 围绕构建和谐警营，密切内部关系，在平时的工作中，结合中队官兵的思想，广泛开展小动员、小讨论、小辅导、小演讲、小测试活动，映照官兵时时处处受教育的浓厚氛围，深化了经常性教育效果。坚持每月进行思想分析、广泛开展谈心活动、定期思想排查、建立帮教责任制，有效运用“三互”“双四一”等载体，采取谈心鼓励、发动群众做工作、请家长协助做工作等方法，扎实做好官兵的思想工作，确保官兵思想稳定。根据支队的统一安排，紧贴中队实际，扎实开展战备教育、法纪教育、安全教育等；统筹开展大练兵活动，掀起夏季练兵热潮，扎实的开展执勤训练，提高官兵的军事技能；围绕创建“一流部队”目标，持续深入开展“维护核心 听从指挥”主题教育活动和“两学一做”教育常态化制度化活动，认真进行串讲辅导，澄清模糊认识。在授课前对班长骨干进行培训，充分发挥小教员作用。在教育中组织官兵观看《纪念红军长征胜利80周年》《建军伟业》《建党伟业》等红色影片；通过真实感人的故事和生动鲜活的画面，进一步帮助官兵树牢核心价值观。重视团队文化建设。积极创建团队文化，培育团队精神，构建和谐警营。以事业共同体为牵引，不断强化官兵的集体荣誉感，以利益共同体为动力，不断强化官兵干工作的事业心和责任感，以命运共同体为核心，不断强化官兵争先创优意识。在重点抓好官兵考学学习，强化战士文化知识的基础上，认真抓好“三个半小时”载体的发挥。坚持走出去、请进来，到共建单位参观见学，请地方老师为官兵辅导文化知识，激发官兵的读书求知热情。

【本职工作】 以提高战斗力为准绳，坚持任务牵引抓训练，不断加强执勤战备工作。坚持支部议中心，抓中心，紧紧顶住“饭碗”工程。年初为了高标准完成中心任务，支部提出围绕建设“一流部队”总目标，大力学习贯彻《中国人民武装警察法》，结合《武警法》开展执勤训练，提高依法执勤、文明执勤的能力。定期进行执勤形势分析研究，特别是对新形势下执勤工作的新特点、新问题的研究，社会治安形势紧张对本中队执勤工作的影响，准确掌握来自各方面信息和不安全因素，强化官兵的忧患意识和自警意识，提高防范能力，为执勤任务的圆满完成打下了良好基础。严格落实执勤制度。有效治理执勤隐患，提高应急小组处置能力。坚持抓好“四个经常”，执勤工作经常议，执勤教育经常搞，勤务科目经常练，执勤隐患经常抓。坚决落实应急小组夜间“和衣而睡”制度，加强应急小组训练和采取不定时的抽查应急小组反应能力以及出动速度，注重提高应急小组快速出动、有效处置能力。针对季节性气候特点搞好执勤保障。狠抓执勤制度的落实。中队作战勤务值班员严格落实“两不准”“四全”的要求，坚持亲自编班；落实执勤检查，做到“两个结合”。在查勤上中队坚持上岗楼实地查和利用监控查的有机结合，起到较好效果。平时队所双方执勤人员互相监督互相通报履行职责情况，形成共保安全的良好局面。密切联系联防，落实“三共”制度。年初按照“三共”活动的要求，中队积极与看守所联系，密切双方关系，制定和完善联席会议、联合演练、相互监督、执勤设施管理、情况通报、联检联评等制度，规范开展活动的时间、内容、程度、方法，做到“日有电话联系、月有狱情通报、季有分析讲评”。平时中队自觉接受看守所的领导，看守所也为中队建设出主意、想办法、帮助排忧解难。通过不懈努力，现中队的执勤设施已全部达到“外围封闭、照明配套、报警灵敏、联络畅通、监控有效”的要求。

【部队管理】 加强从严治警，加大管理力度，确保部队安全稳定。严格落实按纲抓建。以《共同条令》《基层正规化管理规定》、总队《正规化实施细则》为依据，认真抓好总队《纲要》培训成果转化，按照支队有关要求，不断提高官兵日常养成，充

新郑市义务兵优待金发放仪式

分借鉴成总部标兵中队建设管理的先进经验，进一步规范“四个样子”，通过严抓细小养成提高官兵的军人气质，解决当前中队养成上存在的问题，不断强化官兵令行禁止的作风，促进按章办事习惯的养成，为促进中队全面建设奠定坚实基础。以七中队正规化试点为标准，大力加强中队正规化建设，进一步提升中队精细化管理水平。狠抓条令条例和各项规章制度的落实。坚决依法从严治警，杜绝打骂体罚和侵占士兵利益现象发生，部队秩序得到进一步正规。认真研究学习正规化试点单位的特点优点，较好地解决了内务设置不统一、库室建设标准不高、各种登统计不规范等问题。严格枪弹管理，尤其是加强对执勤枪弹的管理，查勤必检查枪支弹药情况，网络查勤员必须判明情况，准确把握供弹时机。坚持抓好经常性管理工作。注重在精细化上下功夫，制作夜间查铺登记表、每日卫生检查登记表；对重点部位和重点人员进行定人、定位、定责任，做到安全工作大家挑，人人身上有指标。结合中队实际，指定有用电知识的同志为用电检查员、营具维修员，专门聘请地方电工定期为中队进行电路检修。坚持每月安全教育，筑牢官兵思想防线，树立安全发展理念，对安全隐患做到“五个及时”，即：及时发现找问题，及时通报找原因，及时检查找责任，及时处理找方法，及时解决找教训，提高官兵居安思危的忧患意识。以总部、总队、支队安全大检查为契机，对后院线路进行了重新规整组建，对所有的电器进行安全检查，对闲置插座进行了施封处理。

（撰稿：徐泽山 审阅：张凯 闫帅）

中国人民武装警察部队新郑市消防大队

【概况】 2016年，市公安消防大队以“部队建设创一流，火灾防控走前列”为目标，弘扬“有为者有位、实干者实惠、付出者收获、浮漂者出局”理念，创新举措，着眼长远，加强队伍管理，深化岗位练兵，深入推进隐患整治，着力强化基础建设，做大做强火灾防控，确保部队建设和消防工作创新推进，推动了“两个形势”持续平稳。全年共出警1440起，其中灭火作战971起，抢险救援469起。检查单位4330个，发现隐患7672处，督促整改7618处，责令“三停”69家，临时查封124家，行政拘留116人。压缩办结时限，提供优势服务，办理消防行政许可项目150件，群众满意率100%。

【亮点工作】 消防执勤中队建设飞速发展。采取企业代建、政企联建等形式，加快消防执勤队伍建设，华南城、辛店、侯庄3个执勤中队相继投勤，目前拥有6个执勤中队，是全省目前消防执勤中队最多的县（市）。消防指挥中心建设全面完成。坚持“整合资源、联勤联动”，全力推进消防指挥中心建设，10月正式投入运行。公共消防基础设施纵深推进。加快推进电动车充电棚建设，加速推进独立式烟感报警器安装，创新推进微型消防站建设，合力推进市政消火栓建设，消防基础不断稳固。消防安全环境不断得到改善。坚持借力发力，协调供电部门对龙湖镇“三合一”场所实施强制断电，强力推进隐患整改。

【队伍管理】 着眼实战需要，加强执勤战备，推进部队管控能力实现新提升。打破用人惯例。推行合同制班长竞争上岗，将勇于负责、敢于担当的队员充实到骨干队伍，焕发了队伍活力。微信动态管控。组织各中队值班干部，每天将早晨出操、查铺查哨等情况通过微信上报大队。强化工作督导。实行值班参谋轮班督导执勤中队制度，不间断对各中队政治教育、队伍管理、接警出动、人员管控等开展工作督导，及时纠正工作偏差，发现问题和不足，及时跟踪督促整改。通过强有力的管控，实现了全年安全管理“零事故”。

【执勤训练】 聚焦能打胜仗，坚持科学练兵，推进应急救援能力实现新提升。强化熟悉演练。开展实战、实装和重点单位“六熟悉”演练，完善数字化应急处置预案。强化指导帮扶。立足先期处置、快速反应，加强对乡镇政府专职消防队的督导帮扶和临机

2016年8月22日，消防官兵开展业务训练

点验，乡镇政府实战能力不断提升。强化调度指挥。将辖区企业队、乡镇政府专职队和微型消防站统一纳入消防大队指挥平台，每月进行拉动演练。强化合成演练。着眼重大危险源应急处置，联合安监、应急、卫生、环保等多个部门开展易燃易爆单位综合实战演练，合成作战能力得到提升。

【消防队伍建设】聚力基础建设，坚持建管并举，推进消防队伍实现新发展。推动精准化建设。采取政府出资、商业开发、企业代建等多种形式，华南城、侯庄、辛店3个执勤中队建成投勤。坚持“整合资源、联勤联动”，建成了消防指挥中心，与乡镇政府专职消防队、企业消防队和微型消防站实现了无缝隙联网和无障碍调度。强化规范化督导。严格按照《微型消防站建设标准》，督促重点单位和社区统一悬挂标牌，按照6人标准定岗定责。根据单位实际配置灭火器、水枪、水带以及个人防护装备等灭火救援器材，达到“有挂牌、有人员、有制度、有器材、有战斗力”的标准。开展系统化培训。制定详细的培训计划，细化任务分工，明确专人负责，分行业、分批次定期对微型消防站队员进行培训，强化扑救初起火灾技能训练，并组织消防队员进行统一过关考核，不合格的予以调整或转岗。实施联动化拉练。组织中队联合微型消防站开展演练，通过演练检验巩固应急作战能力，实地查看人员在位、器材设施配备等情况。通过指挥中心系统每周进行抽查，检验微型消防站应急处置能力。落实常态化帮扶。针对演练中发现的问题，现场提出建设性整改措施，并填写《微型消防站检查移交表》，移交辖区参谋跟踪督促整改。建立严密的工作督导机制，开展常态化指导帮扶，确保微型消防站战斗力切实提升，实效充分发挥。增强实战化调动。消防指挥中心第一时间指令起火单位迅速启动灭火应急处置预案，调派辖区中队，视情调派临近的微型消防站实施初起火灾处置，实现“灭早、灭小”和“三分钟到场处置”，并通过指挥中心视频传输系统，全程监控和指挥火灾处置。

【消防基础建设】着力现实需要，加大资金投入，推进消防安全基础实现新稳固。坚持顺势而为。按照市委市政府《城市精细化建设管理12项重点工作推进方案》工作部署，贯彻“立足实际，创新举措，细化责任，强力整治”的工作思路，加快推进电动车充电棚建设，全市97个无物业的住宅小区提前建成电动车充电桩。坚持精准建设。按照“经济适用、分类建设”原则，在消防安全管理薄弱区域安装独立式烟感报警装置420个。坚持靠前运作。按照“靠前谋划、分类指导、全面推进”原则，全市消防安全重点单位和社区新建微型消防站197个。坚持借力发力。协调供电部门对龙湖镇“三合一”场所实施强制断电，强力推进342个“三合一”场所隐患整改。坚持科学定位。按照“分段建设、逐步巩固”思路，协调解决龙湖镇公共消防基础设施建设经费73.8万元，完成了90个市政消火栓建设。

【后勤建设】结合合同制消防队伍日益壮大的客观实际，将合同制队员、消防文员的五险一金纳入年度财政预算，及时编制年度消防业务经费报告，提请人大进行批复，保障了部队建设和消防工作纵深推进。提请市政府安排新村路、郑许路、辛店和消防指挥中心建设经费326万元，促进了基层基础建设。提请市政府安排装备购置专项经费411万元，实现了消防装备提质升级。强化党委理财，大项经费支出实行党委集体研究，降低消耗性支出，保障重点工作。

【火灾防控】切实查找短板，坚持防控联动，推进火灾防控工作适应新常态。责任体系更加明晰。召开年度消防工作专题会议，细化消防工作任务，强化消防管控措施，联合社管部门落实火灾事故责任追究。落实防火安全委员会季度联席会议，研究解决消防工作瓶颈问题。对于重大消防事项，实行防委移交督办。督导帮扶更加有力。收集消防动态信息，每周编发《消防周动态》，为领导决策提供依据，为乡镇街道、职能部门指明方向。科学划定责任片区，实行防火参谋分包乡镇街道和派出所，加强工作督导和帮扶，推动网格化消防工作纵深推进。社会防控更加有效。重大节日、重要时段，联合职能部门加强消防安全管控。抓实多领域多行业的消防安全检查整治，先后组织开展电动自行车、仓储物流、液化石油气充装站（点）、大型城市综合体、高层公共建筑、商场市场、医疗卫生机构、民政福利机构、“黑加油站点”等行业的隐患排查，通过集中约谈、媒体曝光、挂牌督办等措施，强力督促整改到位，同比火灾四项指数稳中有降。消防宣传更具实效。依托大队短信平台，定期向群众发送消防安全提示信息。分批对微型消防站站长、保安队员、物业负责人和巡防队员进行消防业务培训，提升消防安全查纠能力。抓住重要节点和重点时段，深化消防宣传“七进”和流动消防宣传。加强与市电视台的横向联系，开展消防安全电视访谈，曝光重大火灾隐患。借助《安全新郑》刊物，每期刊发消防安全信息，传递消防正能量。

（撰稿：胡建平 袁鸿凯 审阅：刘冬）

人民防空

【概况】2016年，始终坚持以“长期准备，重点建设，平战结合”的人民防空建设方针，紧密围绕年初与郑州市人防办签订的目标责任书及本级政府人防工作目标，积极主动、扎实有效地开展各项工作，在规范审批业务的基础上，进一步拓展工程质监业务和竣工验收备案业务，使人防工程从审批、建设到竣工的各个环节得到全程跟踪管理，各项工作实现了时间与任务同步的要求。

【集中审批】认真贯彻落实第十轮行政审批制度改革和“五单一网”改革精神，于2015年10月进驻行政审批服务中心，逐步实现了“两集中”——审批职能向一个科室集中、审批业务向办事大厅集中；“两到位”——窗口授权到位、事项进驻到位。实现了所有审批事项网上受理、审核、办结的新模式，为企业和群众提供了更加便捷高效的服务。在审批过程中，始终坚持法无授权不可为、法定职责必须为的原则，耐心为企业提供政策指导。

【工程质量质检】在业务拓展方面，坚持每年开展一项，规范一项。2016年，在郑州市办监督站的指导下，结合工程实际深入探索《人防工程施工与质量验收规范》及各项人防工程专项图集，努力做到监督程序齐全、工程质量过硬。在日常监督过程中，着力抓好三个阶段：一是在开工前要求各单位报监后开工，通过参加各单位的技术交底，向各单位讲解人防工程施工要点和注意事项，明确各单位责任。二是在施工中，严格把关每一报检点，做到该检必检、质量第一，同时并按要求实事求是的做好各项资料和工程记录。三是在工程竣工后，按照竣工备案要求，做到一个项目一套资料一个档案。

【防汛备汛工作】为应对严峻防汛形势，积极购置防汛设备，组织防汛物资和防汛人员。在设备方面，配备发电机、便携式抽水泵、污水泵、电缆和对讲机等设备；在防汛物资组织上，针对不同区域、工程大小，协调各单位做好积极准备；在防汛队伍方面，我们积极与在建工程的建筑商协商联系，在有偿服务的情况下，预定我们的防汛队伍，确保需要时的抢险救灾活动。在此基础上，坚持防汛值班，及时关注天气变化，做到早知道、早准备，争取工作主动权。

【人防警报维护管理和防空防灾宣传教育】明确各警报器所在单位的管理责任，确定具体管理人员，做到每月一次检查，每季一次维护。为确保2016年9·18警报鸣放工作顺利完成，对全市防空警报器进行全面普查、检修，在9月18日警报试鸣日，警报鸣响率达到100%。在宣传教育方面，以相关人防法规为依据，以机关事业单位、学校和社区等为宣传主体，采取广播、电视、宣传橱窗、散发宣传资料和手册等形式，在全市大力宣传人防工作的重要性，努力扩大人防工作的影响面，提高全民防灾防空意识。

（撰稿：董 梁　审阅：王明珂）

法治

RULE OF LAW

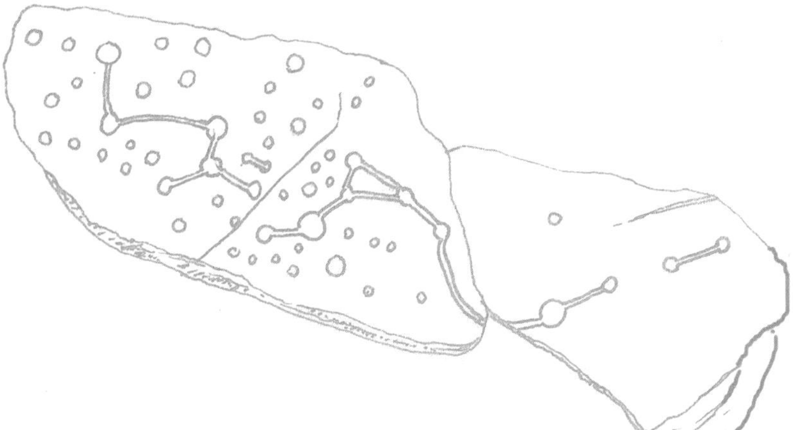

·法 治 >>>

RULE OF LAW

政法和社会综治

【概况】2016年，市委政法委紧紧围绕平安新郑建设这一主线，以科学整合资源为基础，以服务经济社会发展为根本，加强平安建设基层基础工作，破解影响社会稳定的突出问题，圆满完成各项目标任务。全年没有发生社会治安等重大不稳定事件，有效维护了社会大局和谐稳定。

【技防建设】大力加强城乡公共区域、重点部位和其他区域视频监控建设，着重从“建”“管”“护”三个环节全面提升技防建设水平。全市所有乡镇办及相关单位均已高标准建有技防监控平台，共建有视频监控平台356个，视频监控摄像头5638个。

【人防队伍建设】按照“一岗多职、一员多能”的思路，配齐配强政法干警、信访稳定、巡防巡消、人民调解等“十支队伍”，把“十支队伍”三分之二的力量下沉到全市各级网格，实现“排查全覆盖、管理无缝隙、服务全方位、整治无盲区”。市巡防大队在“郑州市首届巡防队员消防技能比武竞赛”中取得团体第三名。市公安局将班子成员和中层正职全部沉入基层，每人分包1个警务室，通过捆绑考核，提升“一村一警”警务室建设水平，省公安厅在新郑市召开全省公安机关“一村（格）一警”工作现场会，《人民公安报》头版头条刊登了新郑市的先进做法。

【违法犯罪打击】坚持“以打开路、以防为先、打防并举、打防结合”。全年共刑拘1089人，同比上升4.5 %；侦办涉黑团伙1个、判决13人，侦办判决恶势力179人；7起现行命案全部侦破。密切关注影响民生的违法犯罪行为。全年刑拘“盗抢骗”466人，同比上升29.8%；立案查处非法集资案件3起，刑拘19人，为群众挽回经济损失1亿余元，稳控非法集资客户3200余人。

【安全感调查】通过采取工作人员进村入户、在《郑州晚报》设置专栏和在移动、联通营业厅发放调查问卷等方式，对全市各乡镇办的群众安全感进行调查排名。通过调查，全市群众的整体安全感满意率为97%，执法满意度为98%。为切实提高人民群众对平安建设的知晓率，市综治办印发17万份《致全市人民的一封信》和6万份《致全市学生家长的一封信》。同时，各乡镇办结合自身实际，采取招募“平安志愿者”、实行15户联防、开展“百名干部进千家联万户”活动等方式，不断提高人民群众对平安建设工作的知晓率和满意度。

【平安组织建设】完善“一个指挥体系”，依托市综治办筹备建设新郑市综治中心，完善综治工作联席会议制度，由市综治办牵头，联合市110服务中心、市矛盾纠纷调解中心，构筑统一指挥、分级负责、联动运行、互为补充的指挥体系，统筹协调全市平安建设工作。规范“两级工作平台”，在镇级，严格按照“三室一厅”建设标准建设综治工作中心，目前全市所有的镇级综治工作中心、90%的村级综治工作中心已全部建设完成。11月9日，郑州市综治中心规范化建设推进会在新郑市召开。深化“平安细胞”创建工作，明确了各部门、各行业平安建设工作任务，制订创建细则，明确创建标准和时限，有效拓展平安建设的深度和广度。2016

2016年9月21日，郑州市政法委调研组到新郑市调研平安建设和信访稳定工作

年，已经建成平安乡镇15个，平安村（社区）226个，平安学校示范单位10所、平安学校先进单位20所，平安家庭2000户，平安医院10家，平安工地30家，形成平安建设人人参与、人人共享的良好局面。

【综治专项工作】5月和9月，集中两个月时间，组织教育、公安、工商等部门组成联合执法大队，对全市所有学校（幼儿园）周边治安环境进行综合整治，共查改隐患57处。组织公安、工商、交通等职能部门开展危爆物品寄递物流清理整顿专项行动，对全市快递和物流业进行全面排查整治，检查快递公司76户次，物流公司1534户次，未发现违法经营行为。开展铁路沿线路外安全隐患排查整治专项活动，砍伐危树7204棵，拆除彩钢瓦房98处，确保新郑市辖区内未发生因铁路设施被盗、被破坏而危及铁路行车安全的事件。

【平安宣传】3月，市综治办在全市范围内开展了为期一个月的平安建设宣传活动，活动月期间共设置特大型（100平方米以上）宣传牌7个，固定宣传牌90块，电子宣传栏300块，利用公交车、出租车700台，利用电视飞播滚动播放宣传标语1万余条次，发放宣传彩页20万份，制作宣传衫1万件，制作宣传袖标6000个。3月24日定为集中宣传日，活动日当天在炎黄广场设置展台49个，设置宣传展板213块，发放宣传彩页10万余份。服务群众3000余人次。充分利用新媒体宣传。全市政法各部门全部开通微信公众号、官方微博和官方网站，注册警民通95000人，拍摄平安建设类专题片6部，微电影20余部，其中市公安局聘请中央电视台拍摄微电影2部，市法院拍摄的微电影《让爱回家》被省政法委推送中央政法委参加全国微电影评选活动。

【普法教育】市法学会和市依法治市办紧密结合，以“法律六进”为抓手，以“互联网+法治宣传教育”为平台，深入开展宪法宣传教育、领导干部学法用法、百场法治报告会进校园、法律服务进基层、公共文明素养提升法治宣传教育等全市性的学法、守法、用法活动。全年共组织“法律服务进基层”“黄帝故里法治文化大讲堂”“12·4”国家宪法日等系列主题宣传活动60余场次，提供法律咨询280余人次，赠送法律书籍5000余册；培训“法律明白人”12期2.8万人次；开展“法律六进”宣传活动40余场次；建成基层法治文化大院11个；创建依法治校示范学校31个；编印七五普法系列书籍3万余册，更新全市241个普法宣传栏版面内容4期共计980余块。

【矛盾纠纷调处】围绕影响社会和谐稳定的源头性、根本性、基础性问题，落实责任主体，建立四级平台，认真解决群众反映的热点、难点问题，最大限度减少不和谐因素。在市级层面，以市矛盾纠纷调解中心为依托，围绕社会矛盾多发的区域、行业，由各职能部门牵头成立医患纠纷、劳动人事争议等13个专业性、行业性矛盾纠纷调解子中心，各中心发挥专业优势，认真开展各领域内的矛盾调处工作。在乡镇层面，严格规范各乡镇办矛盾调处中心建设，完善工作机制，配齐配强工作人员，负责辖区内矛盾纠纷排查调处工作的组织协调和检查指导。在行政村（社区）层面，规范村级矛盾调处室建设，推行“一村一警”和“一村一（律）师”，让包村民警和律师等法律工作者积极主动参与基层群众复杂、疑难、重大纠纷的调解，确保小事不出村，大事不出乡，矛盾纠纷早化解。在村民组（楼院）层面，强化与网格化管理机制的深度融合，按照“一格一人”原则，建立严格的网格责任制和高效的运行机制，确保基层群众遇到问题、感到不公时能够找到地方说理，有人帮助处理。全年全市各级调解组织共调处矛盾纠纷5991件，调成率达98.3%。

【维稳工作】强化组织领导，切实构筑维稳工作严密责任体系。建立维稳信息员、民调员、稳定工作专干等队伍，使他们真正成为基层维护社会稳定的骨干力量。与信访、司法、宣传等部门建立了经常性的联系沟通制度，形成了健全规范的维稳工作体系。强化工作举措，认真做好社会稳定风险评估工作。对涉及征地拆迁、农民负担等直接关系人民群众切身利益方面的重大工程项目建设、重大政策制定、重大改革措施出台，决策前全部纳入评估范围，坚决杜绝重大不稳定案事件发生。强化源头预防，认真做好信息收集研判和特殊利益群体稳控工作。建立维稳工作信息预警机制，定期研判、通报情况，增强工作主动性、超前性。在三级“两会”、拜祖大典、建军节、教师节等敏感时期，没有发生特殊利益群体聚集上访等不稳定事件。强化工作责任，妥善处置各类重大不稳定问题和突发性事件。按照“属地管理”“谁主管谁负责”原则，层层分解落实排查化解责任，妥善解决疑难问题。健全完善各类突发事件应急处置预案，落实领导现场劝返制度，及时快速处置各类突发事件的发生。

【防范和处理邪教】 警示宣传教育有声有色。编排反邪教科普戏曲《迷途一拯救》，获得国家全民科学素质文艺会演优秀节目二等奖。组建成立反邪教剧团，利用农村传统庙会、集市和城镇文化广场，到乡村、社区开展巡演活动。全年共组织演出12场，受众3.6万人。在湿地文化园建立“反邪教科普教育基地”，定期组织全市党员干部、在校师生、社区居民等前往参观学习，教育引导群众“崇尚科学、远离邪教”，形成全民动员、全民参与的反邪教工作良好局面。“无邪教创建”活动持续开展。坚持细化措施，扎实推进“百县千乡万村无邪教创建”活动，向上级推荐了省级“无邪教创建”示范乡镇和全国、省级“无邪教创建”示范村，参与全国和省级的评先创优活动。通过典型引路、示范带动，营造反邪教工作浓厚氛围。在每个村（社区）、学校、企业设立1名反邪教信息员，建立信息员奖励制度，充分调动工作积极性。教育转化及时、防控打击有力。对涉邪重点人员，落实“四包一”责任制，做好教育转化和稳控工作。坚持“主动出击、露头就打”，全年打击处理邪教案件3起4人，整治诬告滥诉5人。通过齐抓共管，全市实现“不发生邪教组织人员进京、到省滋事”等“六个不发生”目标任务。

【涉法涉诉工作】 案件办理情况。上级交办涉法涉诉信访案件20件，已全部办结息诉。市本级共接待涉法涉诉信访案件457件，经督办，释法明理后不立案返还198件，合并重复案件101件，导入司法程序47件，信访结案103件，息诉81件，正在办理8件，结案率92.8%。积极开展“涉法涉诉信访积案化解年活动”，共排查出信访积案17起，7月底前已全部结案息诉。司法救助工作开展情况。全年共实施救助21人，发放救助金54.8万元（其中郑州市财政补贴19万元），经救助息诉率100%。司法和社会体制改革工作情况。强力推进刑事案件速裁程序试点工作，建立政法部门联席制度，全年共适用速裁程序审理案件325件349人，平均审理期限为5.5天。积极探索实行律师代理涉法涉诉信访案件制度，全年共代理案件18起，全部导入司法程序。严格贯彻落实“三个规定”，强化司法人员责任担当，规范司法行为，没有发生领导干部和司法机关内部人员违反“三个规定”的情况。

（撰稿：陈慧霞　审阅：张新志）

法治政府建设

【概况】 2016年，新郑市人民政府深入贯彻落实中共中央、国务院《法治政府建设实施纲要（2015—2020年）》的精神，切实落实河南省委、省政府，郑州市委、市政府关于全面推进依法行政的决策和部署，深入推进依法行政，加快建设法治政府，全方位地推进政府法制工作。同时围绕中央全面深化改革、推进依法治国的战略决策，紧扣郑州都市区建设工作大局，大力推进依法行政，加快法治政府建设，各项工作取得新进展、新成效，为新郑市建设郑州都市区重要组团城市营造了良好的法治环境。

【依法行政工作】 2016年，市法制办提请市政府印发《新郑市2016年依法行政工作要点》和《新郑市2016年度领导干部学法计划》，对全年依法行政工作进行安排部署，进一步明确了依法行政报告制度、干部学法制度、依法行政考核制度等。建立了规范性文件管理制度、行政执法监督检查制度、行政执法责任追究制度等相关制度，为依法行政各项工作的顺利开展提供了制度保障。

【规范性文件管理】 对所有以市政府和市政府办公室名义出台的规范性文件全部进行法制审核。对于颁布实施的规范性文件，及时向郑州市政府进行了备案并在市政府网站上向社会公布。通过提高规范性文件制发的质量，为政府依法履行经济调节、市场监管、公共服务、社会管理、环境保护等职能提供了制度保障。2016年制发的规范性文件124件，市政府法制机构提出法制审核意见236条，规范性文件法制审核率100%、文件合法率100%、报备及时率100%。根据新郑市委、市政府主要领导领导要求，今后对市委出台文件也需要进行法制审核。

在做好市政府规范性文件法制审核的同时，还重点加强了对下级政府及政府部门抽象行政行为的监督力度。创新了下级政府及部门规范性文件管理模式，突出对部门规范性文件的实质性备案审查。对报备的文件，不再局限于形式审查，而是严格按照《河南省行政规范性文件管理办法》的要求，从文件是否超越权限，是否违反法律、法规、规章和政策规定，是否同其他规范性文件相矛盾，具体规定是否适当，是否违反制定程序等方面进行实质性审查。同时按季度开展规范性文件评查，及时发现文件制定中的问题，要求制发单位进行整改。2016年，市政府法制机构共审核全市各单位备案的规范性文件234份，提出法制审核意见87条。

【复议应诉】 严格依法受理复议案件，在案件审理中，坚持复议为民、以人为本的理念，严格办案程序，创新工作方法，行政复议工作稳步推进。2016年，市政府收到复议申请48件，较去年同期增长了48%，其中受理36件、不予受理4件，申请人主动撤回的8件，案件法定期限办结率100%。办结案件中，维持的有12起，以撤销、确认违法、责令履行等方式结案的有4起，纠错率75%。在受理和办理行政复议案件时，进一步改进行政复议审理方式，综合运用书面审理、实地调查、召开听证会等各种方式，查明事实，分清是非，有8起案件通过听证等方式进行了审理，效果良好。同时，注重加大复议调解力度，坚持把调解和解贯穿于办案全过程，从“案结事了、定纷止争”的目的出发，积极进行调解，努力促成和解，达到化解争议、维护稳定的目的，实现法律效果和社会效果的统一。

认真落实《新郑市关于进一步加强行政应诉工作的通知》，充分发挥市政府法制机构对全市行政诉讼案件的指导监督职责，通过加强法律学习，规范应诉流程，严格败诉责任追究等多项措施，使新郑市行政应诉工作进一步规范化、制度化。在参与行政诉讼过程中，市政府积极配合人民法院行政审判工作，及时向人民法院提交做出具体行政行为的依据、证据和其他相关材料。主动执行行政机关负责人出庭应诉制度，市政府领导多次出庭参加庭审。市政府法制机构勇于担当，主动承担办案责任，安排工作人员出庭应诉、全程参与。市法制办通过积极应诉、主动协调、及时汇报，确保重大行政案件最终都取得了对市政府有利的结果，有效地维护了市政府的合法权益，社会效果良好。2016年，市政府法制机构共办理市政府为被告的应诉案件38件，与去年同期相比上升了180%。

【法制监督】 严把行政执法人员准入关，从源头促进规范、文明执法。2016年，新郑市利用9天时间分3期对全市1460余名行政执法人员进行了专题法制培训。为确保培训效果，邀请郑州市政府法制办、郑州市中级人民法院等单位的专家领导进行了授课。同时要求各行政执法单位结合本部门专业法律知识学习，做到执法人员学法年初有计划、年中有检查、年末有考核，有效地推动了行政执法人员业务素质的提升。对于考试不合格的及未完成培训任务的行政执法人员，提请市政府注销了其持有的执法证件。

【法律事务】 进一步落实《新郑市行政机关合同管理办法》，对全市各部门行政合同的起草、订立、履行和监督管理等活动进行详细规范，要求合同的主办单位对相关内容进行详细说明，主办单位法制机构先行审核。通过细化工作流程，明确职责分工，有效地防范合同风险、减少合同纠纷，更好地维护了新郑市公共利益和国有资产安全。2016年，重点加强了合同签订后的管理工作。对于市政府签订的合同，在履行过程中出现的具体问题，及时要求市政府法制部门提供法制建议。2016年，市政府法制部门共审查管理政府合同（含文件）89件，提出法律意见172条，参加政府及部门各类涉法事务性会议近70次，审查合同金额近1846亿元，所出具的法律意见基本得到认同与采纳，确保了政府合同审查工作的顺利开展。

另外，新郑市作为全国新型城镇化建设试点县市，在推进新型城镇化过程中，市政府需出资为群众购买安置房。为确保财政资金安全、保护被安置群众的合法权益，要求市政府法制机构在深入调研、广泛征求意见的基础上制定了新型城镇化建设群众安置房购买合同范本，供相关单位参考使用。下一步，将在招商引资方面结合新郑市实际，在深入调查研究、广泛听取意见、邀请专家论证、主要领导审核的基础上，制定新郑市的《招商引资框架协议》《招商引资签约项目协议书》范本，进一步规范全市的招商引资工作。

【服务型执法建设】 为全面推进服务型执法建设，提高行政执法的质量和水平，市全面推进依法行政工作领导小组下发了《新郑市2016年服务型执法建设工作实施方案》和《新郑市2016年度“文明执法”主题实践活动考核办法》等文件，对全年服务型行政执法工作任务进行了分解，重点围绕组织研讨交流、落实行政指导、加强执法队伍建设、开展行政执法调研、培育示范点、督促检查、宣传等9项内容全面开展工作。通过持续提升执法理念，引导执法部门及其执法人员从管理型向服务型转变、从刚性化向刚柔并济转变。在去年新郑市城市管理行政执法局被确定为省级服务型执法示范点的基础上，2016年又将市工商质监局作为郑州市服务型执法示范点进行了上报，通过以点带面，全面推动服务型行政执法工作的开展。

（撰稿：花 磊 审阅：赵宏杰）

公 安

【概况】2016年，市公安局以防控和应对安全风险为着力点，以“五个严防发生”为抓手，全面落实郑州市局部署的“八项重点工作”“六大特色品牌”，围绕大局发挥职能，服务发展创新管理，立足长远夯实基础，抓住根本严管队伍，公安工作和队伍建设取得了显著成效，为新郑经济社会快速发展和人民群众安居乐业创造了和谐稳定的社会环境。

【政治稳定】牢固树立“底线思维”，强化“兜底意识”，始终把维护全市政治稳定、政权安全放在首要位置。强化信息收集渠道。以全市271个警务室（站）为根，以300名社区民警（辅警）为枝干，发展、布建信息员、情报员，建设了“根深须广”的情报信息网。同时，与民政、宗教、信访等部门建立情报信息处置联动机制，全方位、多层次收集内幕性、前瞻性、深层次情报信息，组织研判分析36次，向市政府提交专题报告16份。加强反邪教斗争。深入开展“滤网计划”专项行动，严密防范等邪教组织的渗透破坏活动，开展专项打击，全年打击处理6人，有效打击邪教组织的活动。妥善处置群体性事件。建立以110指挥中心调度，派出所、特警、交警的梯级响应机制，全天候开展武装巡逻防控，常态化重点部位值守、处突，确保第一时间发现、第一时间处置，坚决防止暴恐案事件发生，妥善处置各类群体性事件224起。

【公安侦查】坚持“以打开路、以防为先、打防并举、打防结合”和“破大案也要破小案，破小案也是为民办大事”的理念。2016年，刑拘1089人，同比上升4.5%；侦办判决涉黑团伙1个、判决13人，恶势力判决179人；7起现行命案全部侦破。做精做强刑侦专业力量。刑侦技术楼、DNA实验室相继投入使用，解决了刑事技术薄弱的短板；新招录的民警优先充实到刑侦大队，摔打历练，基本解决了刑侦力量偏弱的问题；改革原有中队分片包干的管片侦查方式，建立“大合成+分类打击”的侦查模式，即合成作战队将筛查出的有价值线索流转给专业队，一个专业队分管1至2类案件侦办，打击更加精准。强化合成作战机制建设。强化对情报、视频、刑事技术深度应用，完善案件信息收集、分析、研判机制，将大情报、视频监控、案件研判等权限统一分配给合成研判队，精确指导各办案单位案件侦办；实行所队捆绑考核，派出所发现的案件线索、抓获的现行嫌疑人及时移交刑侦大队，通过专业队伍扩大战果，实现所队侦查破案一体化、打击效能最大化。密切关注影响民生的违法犯罪行为。对“盗抢骗”等民生案件，坚持合成作战、落实“研判串并、现场勘查、视频侦查、打击现行”等破案机制，采取挂牌督办、重奖激励、落后约谈等措施，全年刑拘“盗抢骗”466人，同比上升29.8%，有效打压犯罪空间。对非法集资案件，采取政府主导、提前介入、专案侦查等措施，开展综合整治，最大限度减少损失、维护稳定。立案查处非法集资案件3起，刑拘19人，为群众挽回经济损失1亿余元，稳控非法集资客户3200余人。持续打击“黄赌毒”等社会丑恶行为，进一步固化“大收戒”专项行动的成果，每周通报“黄赌毒”投诉线索核查情况，坚持两个“零容忍”，确保露头就打、责任倒查。2016年，打击“黄赌毒”违法411人。

【社会防控】强化人防、物防、技防建设，着力提升动态化、信息化、智能化条件下驾驭社会治安局势的能力和水平。强化巡逻防控。健全“特警屯点、巡线，派出所控面”的巡逻机制，在5个武装特巡小组的基础上，又增派2组摩托车巡逻；每天在4个出入市卡口和市中心，武装待警，强化震慑；针对年终岁尾案件多、不稳定因素多的特点，组织机关、派出所、交巡警力量，启动“冬季巡逻防控”；依托“一村一警”，组建义务巡逻队，增强动态管控。引入电动车防盗新技术。为从源头上预防和减少电动车被盗案件的发生，在全市展开电动车防盗登记备案工作，安装防盗

2016年10月17日，新郑市公安局举行被盗两轮电动车发还仪式

系统6万余套。其中，被盗电动车38辆，追回24辆，追回率达63.2%，改变了以往电动车被盗难以及时发现、追回，追回找不到车主的困难局面。加强内部防范。在做好电动车防盗、视频监控建设的同时，按照“预防为主、突出重点、单位负责、政府监管”的原则，督促全市内部单位落实负责人治安保卫责任制，夯实单位安防主体责任。对安保措施不落实、消防设施不达标等内部单位处罚46家。抓好防范宣传。做好投资担保、传销、诈骗等可防性案件防范，通过新浪“网络直播”“反诈骗形象大使”选拔、“防电信诈骗、防交通安全事故、防火灾事故”安全体验，不仅提高了网民关注度，而且拓宽了安全宣传的路径，提高群众“小案”防范意识和能力。盗抢骗等可防性案件发案同比稳中有降，有效遏制了高发案势头。

【服务管理】坚持严字当头，采取源头管理和排查整治齐头并进，动态管控，把各类隐患消除在萌芽状态，全力确保公共安全。治安管理方面，以“双实”管理为重点，加强实有、流动、重点人口管理，做到“来有登记、去有注销、动态管控”。全年处理、解答户籍咨询5500余次，签发二代身份证5.2万余张，发放临时身份证7371张；处理第三批省内疑似重户口1772个。以“四实上传”为重点，开展旅馆、网吧和桑拿洗浴业清理整顿；以安全评估为重点，开展银行业金融机构安全大检查；以从业人员背景审查、收寄验视制度健全完善为重点，加强物流寄递业日常管理；以实名购买为重点，加强管制刀具、散装汽油等危险品销售渠道管理，夯实治安防范基础。检查各类场所、单位2836家，排查整改隐患639处，其中关停43家、限期整改176家、罚款308家、拘留7人，处罚违犯出租房屋和流动人口管理规定的承租人和房主3321名、用工单位1438家。

交通管理。深入开展道路交通安全三年综合整治、农村道路交通安全管理，积极推行由交警、派出所、农机、公路养护、安监等部门共同参与、齐抓共管的农村道路“合成交管”新模式。加大对危化品运输车辆、校车、客货运重点车辆的检查管理力度，严管严查交通违法。查处交通违法34.7万余起，其中纠正非机动车、行人交通违法8500人次，查扣非法营运三轮车317辆，查处渣土车、水泥罐车等612台次，行政拘留148人，刑事拘留交通违法人员152人。加大交通设施建设力度，增设（更换）了交通标牌50处、隔离带8.5千米，新增临时停车位3千个，维修更换护栏600余米。

消防管理。紧盯人员密集场所、公共娱乐场所、易燃易爆单位、过渡性拆迁安置点等消防重点，采取“全面排查、联合整治、分类督办”等措施，组织乡镇、街道和派出所开展了网格化隐患排查整治。全年检查单位836个，发现整改隐患239处，责令“三停”29家，临时查封37家，确保全市未发生重特大安全事故。

网络监管。开展网上巡查工作，及时发现上报新郑舆情152条，完成舆情导控任务48个、舆情引导信息4307条；强化网吧管理，落实网吧实名上网，强化视频监控检查；积极协助办案单位布控配侦，提升网络侦控能力。检查网吧472家（次），行政处罚15家，配合侦办案件72起，协助抓获各类违法嫌疑人59人，抓获网上逃犯16人。

监所管理。以监所等级化管理为主要任务，对在押人员进行安全风险评估，实行分级管理，将重大级风险的押员一律纳入24小时管控，重点谈话教育，确保其思想稳定、减少安全隐患。确保全年在押人员的绝对安全，实现连续17年安全无事故。

【公安特色】坚持“问题导向，因地制宜，试点提升”的理念，通过品牌带动，以点带面，形成公安工作新郑特色。打造“一村一警”品牌。以10个特色警务室（站）为“突破口”，总结提炼经验做法，固化措施方法，在全局警务室（站）中进行推广。56名局班子成员和中层正职，每人分包1个基础较弱的警务室（站），明确每周至少下社区（村）一天，捆绑考核，推进提升。5月9日，省公安厅在新郑召开全省公安机关“一村（格）一警”工作现场会，推广新郑“一村一警”工作经验、做法。现场会后，全省49批1341人（次），先后到本局参观学习。5月30日，《人民公安报》头版头条刊登了本局“一村一警”先进做法，报道后江苏、四川、安徽等外省市公安也慕名前来学习。

打造执法规范化品牌。按照“严格、公正、规范、理性、平和、文明”执法的总要求，紧盯执法薄弱环节，强力推进执法规范化建设。强化信访案件、不满意警情研判，执法监督委员会定期评查，对存在过错的责任单位负责人及民警予以约谈，规范处警民警执法行为；严格落实“四个一律”要求，所有案件办理必须进入执法办案中心，用机制倒逼规范执法办案；强推执法记录仪使用，要求民警在处警、执法各个环节必须佩带、使用执法记录仪，凡群众投诉事项中，被投诉民警未使用执法记录仪而导致事实无法查清的，一律认定民警存在过错，提升了执法公信力。全年，未发生因复议、诉讼被撤销案件。

打造警营文化建设品牌。增强“文化软实力”意识，积极倡导“快乐工作、快乐生活”理念，厚植“三室三区一院一窗一廊”文化氛围，打造警营文化建设硬环境，陶冶民警情操，提高民警文化素养。开展道德讲堂、读书学史、警营文化月、公安文苑等活动，丰富民警的业余生活，实现“文化强警、文化惠警、文化塑警”。重视从培养、宣传和关爱3个方面做好先进典型选树工作，全年树立先进典型15名，发挥先进典型导向和激励两个方面的作用，在队伍中营造了创先争优的良好氛围，增强了队伍凝聚力、战斗力。

【硬件建设】按照“高起点定位、高标准要求、高效率推进”的原则，用项目带动公安工作上档次、上台阶。刑侦技术楼、新村派出所建成投入使用，改善基层所队办公办案条件。按照“永远领先、实战实用”标准，投资1365万元，购置警用摩托车30辆，为全体民警配齐单警装备、执法记录仪，更换新警务通，为辅警更换二代警用平板电脑，民警个人执法执勤安全防护装备水平进一步提高。

（撰稿：程炎辉　审阅：王志勇）

检　察

【概况】新郑市人民检察院位于郑韩路西段，有干部职工142人，下设29个科室。2016年，以“担负双重责任，全面争当全省检察机关领头雁、排头兵”的工作目标为引领，坚持认真履职、主动作为、务实发展，各项工作取得新进展。

【刑事检察】2016年，依法惩治各类刑事犯罪。共批准逮捕刑事犯罪嫌疑人600人，提起公诉994人。严厉打击严重影响人民群众安全感的犯罪，依法批准逮捕、提起公诉故意杀人、涉黑涉恶、绑架等严重暴力犯罪和“两抢一盗”侵财犯罪192人。如，提前介入，快捕快诉张某等19人组织、领导、参加黑社会性质犯罪，确保一方平安。积极推行轻微刑事案件非羁押诉讼制度，对涉嫌犯罪但社会危害性较小和因邻里纠纷发生的轻伤害案件，依法决定不批捕、不起诉194人，节约司法资源，减少社会对抗。积极开展司法救助，为6名生活确有困难的刑事被害人发放救助资金5.9万元，修复社会关系，消除不稳定隐患。

【职务犯罪案件查处】持续加大查办职务犯罪力度。共立案侦查涉嫌职务犯罪17件36人，其中，贪污贿赂犯罪14件26人，渎职侵权犯罪3件10人；百万元以上案件2件；科级以上干部2人，彰显党委重拳反腐的决心。根据上级检察院指定管辖，依法办理郑州航空港综合试验区某办事处高某等6人贪污、受贿等一批影响较大的窝案、串案。根据群众举报，查处新郑市某镇劳动保障服务中心王某多次挪用公款1400余万元大案，查处负责华阳寨拆迁测量的工作人员刘某、郭某等6人滥用职权、受贿案，涉案金额达190余万元，有力震慑了犯罪。案件质量结构得到明显改善。围绕服务新型城镇化建设，开展查办发生在群众身边、损害群众利益、群众反映强烈的职务犯罪专项工作，查处征地拆迁领域案件11件26人，占办案总数的72%；保险领域4件6人，占办案总数的17%。加强侦查工作统一管理和指挥，在深挖余罪和扩大战果上下大功夫，全年办理的窝案串案8件25人，占全部办案数的69.4%。在“天网”追逃行动中，成功劝返潜逃犯罪嫌疑人1名，属郑州地区首例，得到上级院领导的肯定。积极参与全省检察机关开展的房地产税费征管领域贪污贿赂犯罪专项活动，共查办该领域职务犯罪25人，反贪局被河南省检察院评为全省反贪系统先进集体，有1名干警被评为专项活动先进个人。

【审判监督】加强刑事立案监督，对应当立案而没有立案的，监督立案11人，立案监督的胡某、郭某污染环境案被评为全省检察机关侦监系统精品案件。加强侦查活动监督，对应当逮捕而未提请逮捕的，追加逮捕12人。对应当移送起诉而未移送起诉的，追加起诉15人。加强刑事审判监督，对认为量刑畸轻畸重等确有错误的刑事判决、裁定提请抗诉4件。

【民事行政案件监督】对确有错误的生效民事行政裁判提请抗诉4件，其中提请郑州市检察院抗诉1件、河南省检察院抗诉3件。与市法院会签《关于加强民事行政诉讼检察监督工作实施意见》，开展行政执法专项监

2016年9月19日，公诉人出庭支持公诉

督活动，评查法院民事行政审判案件、执行案件225件，针对在审判程序和执行活动违法行为，向法院发出检察建议17份，均得到法院采纳。通过“两法”衔接平台，以非诉执行监督为重点，加大对行政执法机关行政违法行为的监督力度，并从中发现职务犯罪线索1件，有3名行政执法机关工作人员因涉嫌玩忽职守罪被立案查处。

【监所检察】强化刑罚执行和监管活动监督，为杜绝有权人、有钱人“花钱买刑”“违规减刑”“提前出狱”等问题，继续开展减刑、假释、暂予监外执行专项监督活动，依法监督纠正不当减刑18件，对不符合监外执行条件的罪犯，监督重新收监执行3人。开展捕后羁押必要性审查，对不需继续羁押的10人提出了变更强制措施的建议，维护被羁押人员的合法权益。纠正刑罚执行和监管活动中的违法情形83件次，立案查处职务犯罪案件4件4人。

【检务公开】依托检务接待中心，通过控告申诉、案件受理、行贿犯罪档案查询、民事行政案件受理、综合咨询5个快捷服务窗口，实现预约式办公和“一站式”服务，自觉将检察工作置于人民群众的监督之下。利用检察门户网站公开发布案件程序性信息1900余条，已生效法律文书500余份，重要案件信息80余条；建设新媒体平台，开通“两微一端”，发布官方微博3200余篇，关注人数89000余人，发送官方微信130余篇，订阅用户1100余人，努力让群众以看得见的方式感受司法公正。

【预防犯罪】牢固树立“预防职务犯罪出生产力”“挽救一名干部比惩治一名干部更重要”的理念，着力构建不敢腐、不能腐、不想腐的预防机制。注重发挥专项预防作用，在棚户区改造、经济适用房建设、环保执法检查等领域，开展专项预防调查4次，发出检察建议9份，帮助有关单位完善制度堵塞漏洞。注重发挥预防宣传作用，在全市212个行政村深入开展农村“两委”干部职务犯罪专项预防活动，有近千名基层干部接受教育。注重发挥警示教育作用，依托预防职务犯罪教育基地，与市纪委、组织部、党校联合开展警示教育活动，先后有35个单位3000余人到基地参观学习，得到广泛好评，预防职务犯罪教育基地被郑州市委组织部授予“郑州市党员干部现代远程教育工作学用示范基地”称号。注重发挥年度报告作用，向市委、市人大报送《关于涉农职务犯罪的年度报告》，为党委政府决策提供参考。

（撰稿：樊思博　审阅：杜保周）

2016年12月13日，小记者参观新郑市法院心音心理咨询室

法　院

【概况】2016年，市法院以信息化为引领，以规范化为基础，以专业化为支撑，树立“公正、高效、廉洁、文明”的良好法院形象，深入开展“两学一做”主题教育活动，不断改进工作作风，提升队伍素质，各项工作取得明显成效。全年共受理各类案件12628件（含旧存），审执结11367件，结案率为90.01%。先后获得人民满意的“十佳政法单位”、集体二等功等重要荣誉，并被最高院确定为全国100家家事审判机制改革试点法院之一。

【刑事审判】全年共受理各类刑事案件890件，审结835件，判处罪犯1098人。依法严厉打击严重暴力犯罪、黑社会性质犯罪、多发性犯罪、危害市场经济秩序犯罪，加强对贪污、受贿、渎职、挪用公款等犯罪案件的审理等。在办理案件过程中做到快审快判，提高办案效率，平均庭审时间15分钟，提高了诉讼效率。同时坚持宽严相济刑事案件处理政策，依法对初犯、偶犯、过失犯、未成年犯等罪行轻微人员适用非监禁刑；对知法犯法和刑事再犯人员加大惩处力度。

【民事审判】全年共审结民商事案件7223件，结案率91.11%。以被最高人民院确定为全国100家家事审判机制改革试点法院之一为契机，积极推进家事审判机制改革，共审结婚姻、赡养、继承等婚姻家庭案件809件，促进家庭和睦、社会和谐；依法审理买卖、租赁、保险、建设工程、物业服务等各类合同案件4295件，依法维护公平诚信的市场发展环境；依法适用小额速裁程序审结事实清楚、标的额不大的简单民事纠纷361件，平均审理天数20天，有效实现了案件繁简分流。同时坚持诉前调解、诉中调解、判前调解相结合，将调解贯穿于民商事审判始终，共有3380件案件调解或撤诉结案，调撤率46.79%。

【行政审判】全年共审结拆迁安置、市政管理、产权确认、工伤认定等各类行政案件73件，审查非诉行政执行案件41件,结案率92.98%，监督行政机关依法行使职权。通过召开研讨会、发布行政案件司法审查报告等形式，加强与行政机关沟通联络

【执行工作】全年共执结各类案件3203件，执结率86.64%。积极争取市委支持，由市委政法委出台《关于依托多元化纠纷解决机制加强人民法院执行工作的实施意见》，建立由各综治成员单位参加的执行联席会议机制。加大失信被执行人曝光力度，全年共发布失信被执行人6575人次，有136名“执行老赖”在被失信曝光后主动到法院履行债务。进一步完善网上司法拍卖的工作流程和工作机制，为竞买人提供周全服务,提高竞拍成功率。加强执行队伍建设和物质装备建设，为执行局配足执行人员，配强硬件设施；认真开展打击“拒执罪”活动，全年共打击拒执犯罪207人，其中公诉6人，自诉201人，移送公安机关198人；认真组织“百日执行风暴”活动，利用夜间、凌晨、节假日等时间不定期开展集中执行活动共计30余次，出动警力500余人次，顺利执结案件998件，有力地打击和震慑了“老赖”。

【信访工作】实行信访评估制度，坚持每周一召开信访分析会，将矛盾化解在萌芽状态。开展“社会矛盾大排查、大化解、清积案、促和谐”和“畅通渠道、解决问题、治理重访”活动，坚持每月15号的集中下访，深入基层、走进群众，从源头上减少和预防信访案件。实行院长集中接访解决机制，由院领导预约接访和归口接访。共接待处理群众来信来访280件（次），成功化解58起三年以上信访老案。

【多元调解】以被最高人民法院确定为全国50家“多元化纠纷解决机制改革示范法院”为契机，全方位加强多元调解工作：加强平台建设，在院机关设立独立建制的诉调对接中心，在6个基层法庭建立诉调对接工作站，建立特邀调解组织和特邀调解员名册，制定特邀调解组织和特邀调解员工作规则和特邀调解员职业道德准则。建立调解员信息库，详细登记调解员工作经历、专业特长等信息，方便当事人选择调解员。与市老干部局合作，选聘5名群众工作能力强、热心调解工作的退休老干部在院诉调对接中心设立“老干部调解室”。与河南省保险行业协会合作建立涉保案件联动调解机制，实现优势互补和资源共享。加强人才保障。通过集中培训、以会代训、个案指导、庭审观摩等多种方式对调解员进行培训，不断提升调解员队伍的整体素质。诉调对接中心共诉前委派调解案件1829件，调解成功1429件，调解成功率78%；诉中委托调解案件30件，调解成功28件，调解成功率93%；法院专职调解人员调解案件540件，成功459件，调解成功率85%；受理司法确认案件35件，确认有效30件，多元调解工作取得明显成效。

【家事审判改革】设立独立编制的家事审判庭，负责审理重大、疑难、复杂案件或有影响的案件，指导、协调6个基层法庭积极推行家事审判模式转换和审判方式改革，同时担负家事审判机制改革的调研和机制完善。在6个基层法庭设立家事审判专门合议庭，成立以法官命名的家事工作室，集中审理本辖区家事案件，同时参与所在辖区党委、政府的涉法信访的协调和维稳，建言献策。成立新郑市家事调解委员会，邀请民调员、妇联干部、心理咨询师、退休干部等社会热心人士担任家事调解员，采取“情绪疏导、视频教育、亲情规劝、

2016年5月26日，法院工作者调解案件

社会介入”等方法，形成“梳、劝、帮、教”的家事调解新模式，彻底化解矛盾纠纷。建立集心理测试、心理评估、心理调适和矫正辅导为一体的“门诊式”综合心理咨询中心，对家事纠纷案件当事人进行心理干预和辅导，引导婚姻双方以互相尊重、互相爱护、互相理解的方式，经营婚姻家庭。拍摄微电影《让爱回家》，以人民群众喜闻乐见的方式宣传家事审判和未成年人权益保护的新理念。全年共适用新的家事审判机制审结婚姻、赡养、继承等婚姻家庭案件809件，促进家庭和睦、社会和谐。

【审判权运行机制改革】 将审判权运行机制改革从法院推动上升为党委主导，市委印发《关于推进审判权运行机制改革的意见》，市法院根据市委文件精神出台了《新郑市人民法院办案激励办法（试行）》，对法官超出办案基数的案件给予相应的物质奖励。对审判资源进行适度微调，将后勤部门部分干警调整到办案业务部门，同时要求后勤部门法官在做好本职工作的基础上每月至少承办5起案件。院、庭长率先垂范，带头办案，全年院、庭长共带头办案6195件。适当下放裁判文书签发权，撤诉案件、调解案件和适用简易程序独任审判的案件由主审法官签发，其他文书由主管院长签发。实行该制度后，全院约有70%的案件不再需要由主管院长签发。

【法官员额制改革】 成立司法改革领导小组，确保改革有序稳步推进。按照考核为主、考试为辅、公开透明的原则对符合条件的54名报名法官进行测评考核，按1：1.1的比例产生候选员额法官51名并报省法官、检察官遴选委员会审定。2016年10月，新郑市法院被河南省高级人民法院确定为全省六家内设机构改革试点法院之一。

【队伍建设】 强化人事制度管理，积极落实干警职级待遇，为62名干警晋升工资级别，为180名干警晋升工资档次，为185名干警调整工资标准，完成69名法官职务套改工作和39名干警公务员职务职级并行工作。充实了办案力量，通过公务员、事业编制、劳务派遣合同、选任等形式招考，共招录4名政法干警、9名事业编工作人员，30名司法辅助人员，选任60名人民陪审员，缓解了案多人少矛盾。优化人力资源配置，通过竞争上岗选拔9名中层正副职，调整4名中层正职岗位人员，20多位干警被调换庭室，深挖了内部办案潜力。完善庭室设置，市编办批复了婚姻家事审判庭和环境资源保护审判庭，为家事审判和环境资源保护审判工作的顺利开展提供了组织机制保障。

【管理制度】 每周一召开由党组成员和各部门负责人参加的工作周例会，对上周审判质效指标完成和审务督查情况进行通报和讲评，协调解决有关问题，对本周重要工作事项做出安排部署，明确本周工作重点。实行绩效考核“四个一”制度，每周一检查，每月一通报，每季度一评估，半年一总结，确保各项管理制度落到实处。认真做好电子卷宗扫描工作，将纸质卷宗和电子卷宗同步归档作为领取办案补助的前提条件，加大对不合格卷宗的退回重订力度，全年共完成扫描8826件。每季度举行一次卷宗和裁判文书集中评查活动，由所有法官担任评委对所有已归档案件进行集中评查，对优秀卷宗和裁判文书制作人进行表彰和奖励，对评查出的问题根据严重程度扣除承办法官相应的办案补助，从而在全院营造争先创优的良好氛围。

【人大监督】 始终把法院工作自觉置于市委领导和人大、政协的监督之下，认真负责地向人大报告工作，及时汇报重大工作部署及其他重大情况。通过“随心呼”建立人大代表、政协委员短信联络平台，定期通报法院重要工作动态。开展无陪同视察，邀请人大代表、政协委员以明察暗访形式对法院工作进行监督。组织人大代表、政协委员旁听庭审、监督执行29次，为代表依法监督司法工作创造条件。对人大代表、政协委员提出的意见、建议和关注的案件，认真办理，及时报告办理结果。建立工作季度通报制度，把每一季度的法院亮点工作向四大班子领导和人大代表、政协委员进行通报，征求意见，接受监督。

（撰稿：左世友 审阅：师俊杰）

司法行政

【概况】 市司法局位于新郑市县衙街9号。设办公室、政治处、法制宣传教育科、基层工作科、社区矫正工作管理科、法律服务工作管理科。下设15个事业单位（1个法律援助中心、1个公证处和13个司法所）、5个律师事务所、3个司法鉴定所、各类调委会299个。现有干部职工148人，其中局长1人、副局长3人、纪检组长1人、政治部主任1人。2016年，新郑市被河南省评为“六五普法”法治创建先进县市。新郑市法律援助中心被河南省司法厅评为“省优秀法律援助中心”。

【法治宣传】 继续开展“法律明白人”培训工程，通过以点带面，带动其他群众学法、守法、用法。组织普法讲师团,深入各乡镇、市直各单位以及企业、中小学等开展法治讲座活动，广泛普及与人民群众最关心、最直接、最现实的利益问题相关的法律法规知识。充分利用新媒体开展法治宣传活动，开通了“法治新郑”微信公众号，平台设有人民调解、律师、法律援助、公证办理、普法案例、新法速递、普法视频、普法考试、法律查询等内容。通过公众号对全市行政机关、企事业单位1万多人进行了法律知识微信考试，并对19个先进单位、660多名考试成绩优异的个人进行了微信红包奖励。通过法律宣传和微信考试，目前，关注人数已经突破1万人。“法治新郑”微信公众号成为普及法律知识、传播法律文化、弘扬法治精神的新平台和群众身边触手可及的“法律顾问”。全年共培养“法律明白人”2.3万余人，开展各类普法活动230场次，发放各类法律宣传资料7万余份，取得了良好的社会效果。

【人民调解】 加强人民调解组织网络建设，实现矛盾纠纷排查调处全覆盖。在重大节日及黄帝故里拜祖大典期间开展了矛盾纠纷大排查大调解。以矛盾纠纷排查调处中心为依托，着力构建司法调解、行政调解、人民调解和行业调解等多位一体的多元化矛盾纠纷调处化解工作格局。

加强调解员素质建设，开设调委会主任和调解员培训班，着重学习《人民调解法》、调解业务基本常识、民事调解实务、调解方法技巧、人民调解操作规程、新式卷宗使用等内容。同时，以会代训，利用各乡镇民调例会机会，灵活采取多种方式开展教育培训。通过开展多种形式的教育培训，全市人民调解员化解社会矛盾、提供法律服务的能力显著提升。

不断探索完善“1+3+1”矛盾纠纷化解模式（1名法律明白人、3名人民调解员和1名法律顾问联合化解矛盾纠纷），把矛盾纠纷化解在基层，大事不出乡，小事不出村，矛盾不上交。2016年，全市各级人民调解组织共调解各类矛盾纠纷11244件，调成11079件，调成率98%，维护社会和谐稳定。

【法律服务】 深化专项法律服务活动，围绕服务经济发展方式的转变，组织律师、公证员、司法鉴定人等专业法律服务团队,继续深化“一村一师”活动，让律师或法律服务工作者在构建和谐社会进程中成为法律知识的“宣传员”、矛盾纠纷的“调解员”、维护法律的“公证员”等重要角色。参与“一村一师”的律师、基层法律服务工作者及公证、法律援助人员达80余人次，开展法治宣传116场次，咨询人数2100多人次，调解纠纷62起。

加强律师事务所内部管理和律师执业监管，加强律师职业道德与执业纪律教育，促进律师规范、诚信执业。引导律师办理法律援助案件，为全市政府部门、规模以上企业配备专业法律顾问，参与政府信访值班，参与化解和代理涉法涉诉信访案件，开展“律师进社区、进乡村”等活动。

推进公证工作，组织开展公证便民惠民主题实践活动，优化流程、缩短服务时限、提供服务便利，发挥公证工作的职能作用和优势。发放便民联系卡，建立公证办证绿色通道，对老年人、残疾人和危重病人实行电话预约和上门服务，实行困难群众公证费用减免制度等。严格落实公证办理程序规则，严格执行卷宗质量检查制度，开展卷宗自查。2016年，市公证处共办理各类公证1000余件。

开展法律援助工作，认真贯彻郑州市出台的扩大法律援助事项范围和调整法律援助经济困难标准的相关规定，全面落实法律援助民生工程任务，全面发挥窗口、工作站点、12348法律服务热线的作用，为社会公众提供优质高效的法律咨询服务。开展案件评查活动，健全法律援助质量监管机制，积极推进刑事法律援助全覆盖试点工作，为刑事审判阶段尚未委托辩护人的被告人提供法律援助。新郑市法律援助中心共办理法律援助案件747件，结案409件，为受援群众挽回经济损失或取得利益共计478万余元，群众满意率达到100%。

【特殊群体安置帮教】 全市共有安置帮教组织308个，有刑释人员948人，接受社区矫正对象516人。工作中落实基本信息沟通机制和衔接机制，服刑人员信息录入率、核实率、反馈率达到90%以上，刑满释放人员衔接率达到90%以上。落实重点帮教对象必接必送机制。协调各相关部门共同落实刑满释放人员各项安置救助政策，开展多种形式的教育帮扶工作。协调做好重点人群服务管理工作。

在社区矫正管理工作中，建设高标准的社区矫正中心已投入使用。加强和完善社区矫正队伍建设，全年报请审议并同意招募24名社区矫正社会工作者，24名社区矫正社会工作者全部通过培训进入角色，形成了以司法所工作人员为骨干，社会工作者为补充的社区矫正队伍。加强社区矫正制度建设，完善审前社会调查评估工作体系，着力完善监督管理机制、建立社区矫正服刑人员的考核评议机制，提高教育改造质量。严格管理，为每个司法所配备了身份证识别仪、高拍仪、电脑、行政执法记录仪、录音笔，充分利用信息化手段加强管理。加大日常监管教育工作力度，加强排查分析工作，做好“重大节日”“敏感时段”社区服刑人员的监管工作。坚持以人为本，努力做好适应性帮扶工作，使社区服刑人员顺利回归社会。

（撰稿：王军现 审阅：陈政玮）

城乡建设和环境保护

URBAN-RURAL CONSTRUCTION AND ENVIRONMENT PROTECTION

城乡建设和环境保护
URBAN-RURAL CONSTRUCTION AND ENVIRONMENT PROTECTION

·城乡建设和环境保护 >>>

URBAN-RURAL CONSTRUCTION AND ENVIRONMENT PROTECTION

住房和城乡建设

【概况】 新郑市住房和城乡规划建设局位于新华路中段218号。市住房和城乡规划建设局成立于2015年9月，由原新郑市住房和城乡建设局、原新郑市城乡规划和城市管理局合并而成，是新郑市城乡规划建设、住房保障和房地产业管理的行政主管部门。市住房和城乡规划建设局设局办公室、党建办、编制人事科、纪检监察室、财务计划科、督查科、法制信访科、勘察设计管理科、建筑业管理科、村镇建设管理科、市政工程建设科、路灯管理科（市政工程建设科增挂）、行政审批科13个科室；下属新郑市住房保障和房地产管理中心、新郑市房屋征收与补偿办公室、规划发展服务中心、园林绿化管理服务中心、新区分局、建筑节能与墙体材料革新办公室、城乡建设监察大队、装饰装修管理办公室、工程质量监督站、建设安全监督管理科、建设工程监理公司、市政工程公司、公用事业管理处、新郑市供热管理办公室（公用事业管理处增挂）、污水处理费征收中心、建设技术服务中心、城镇用水管理所17个二级机构。有干部职工1422人，取得职称人员891人，其中副高级工程师11人，工程师128人、助理工程师165人；取得技师职称50人，高级工403人、中级工134人。

2016年，新郑市住房和城乡规划建设局把握市委、市政府“创新、协调、绿色、开放、共享”的发展理念，主动适应新常态，围绕新郑市全面建成小康社会、开启现代化建设新征程、打造临空经济强市的目标要求，稳步推进重点工程建设，高度重视基础设施和民生服务，努力做好房地产和建筑行业各项监管工作，扩大园林绿化面积，住房和城乡规划建设工作再上新台阶。

【重点建设工程】 **华南城污水处理厂二期建设项目** 该工程建设7万吨/日污水处理规模，总投资18000万元，设备安装完成70%。

轩辕路改造和西延工程 该工程长1460.2米，宽31米，其中新建段长580米，改造段长880.2米，双向四车道，总投资2031万元。

龙岗路新建工程 该工程长2657.1米，宽36米，双向六车道。总投资4053万元。人行道两侧地砖正在铺设。预计2017年6月底完工。

卓商西侧、北侧道路建设工程 卓商西侧道路长980米，宽24米；卓商北侧道路长1977.5米，宽15米。总投资2911万元。西侧（龙湖段）正在协调，施工单位准备进场。北侧（郭店段）顶管作业已完成，施工井开挖17座。

黄金大道建设工程 长2278.4米，宽40米，双向四车道，总投资4276万元。快车道已通车，路北侧慢车道正在铺设灰土，雨污水支管管道完成85%。

辛店镇爱民路新建工程 工程长628.8米，宽20米。总投资437万元，已做好施工前准备。

中华北路和解放北路南水北调桥两侧积水点改造工程 中华北路桥南320米，桥北340米；解放北路桥南80米，桥北440米。总投资1249万元。解放路南水北调积水点西半幅机动车道灰土层施工。

中兴大道改造工程 该工程长1660米，宽32米，双向六车道。总投资2231万元。一标：北侧污水管道完成80%.南侧污水管道完成100米；二标：北侧污水管道完成90%，南侧污水管道完成80米。

新村镇暖泉湖社区、吴庄社区、永宁街和轩辕西路供水管网铺设工程 铺设DN600管道3150米、DN300管道570米、DN500管道730米。总投资805万元。轩辕西路、吴庄社区基本完工，暖泉湖社区敷设管道700米、永宁街准备开工。

城关乡供水管网工程 该工程铺设供水管道长9806米，安装消防栓64个，总投资2075万元。已铺设管道648米。

城关乡双洎河西侧、苇河、中华北路、双洎河南岸延伸截污干管工程 城关乡双洎河西侧管道长1377米；中华北路管道长2427.9米；苇河管道长1080米；双洎河南岸延伸管道长2125米。总投资2342万元。双洎河截污干管已完成，苇河中段清淤完成1/4。

华商汇汇通路排水工程 雨水管道长3280米，污水管道长3245.7米。总投资1390万元。

辛店镇具茨山路和姬水路建设工程 具茨山路长763.73米，宽25米；姬水路长650米，宽25米。总投资1583万元。

辛店镇光大环保门前道路工程 长374.7米，宽8米。总投资145万元。

黄金大道供水管道改造工程 铺设供水管道DN300管网530米，DN200管网530米，DN150管网600米。总投资92万元。

华瑞路（新村大道—郑韩路）改造工程 长3246米，郑韩路至裴李岗路段道路宽36米，双猫广场两侧道路宽25米，中兴大道至新村大道段道路宽27米。总投资3880万元。顶管作业已完成488米，砌筑检查井19座。

汇通路新建工程 长3338米，宽60米，双向八车道。总投资6115万元。正在开挖沟槽。

园林大道（货栈街—S102）建设工程 长2907米，宽36米，双向六车道。总投资4254万元。已开工开挖沟槽。

S323（大学南路东—G107大高庄转盘）截污干管工程 长8300米，管径1米。总投资2403万元。沟槽开挖完成1870米，铺设管道800米，顶管作业完成840米，开挖工作坑38个。

S323（南水北调桥—西关汽车站）和G107（万庄路—双洎河）污水管网工程 S323管网长1861米，G107管网长3129米。总投资1500万元。S323截污干管顶管作业全部完成，共计2410米，剩余2座检查井正在砌筑；G107截污干管管道安装2620米，砌筑检查井27个。

2016年6月5日，新华路街道志愿者清理背街小巷

薛店大吴庄、岳庄、解放路社区、花庄安置区的市政管网铺设工程、中德国际医疗产业园项目供水管道工程 铺设DN500管道36米，DN400管道2530米，DN300管道4150米。总投资737万元。解放路社区已完工；中德国际医疗产业园项目，铺设管道800米。花庄安置区铺设管道180米。

城关乡居易新区和农民创业园给水工程（名称变为S323供水管道工程） 铺设DN300管道4824米。总投资450万元。目前进展情况：铺设管道3075米。

S102供水管线迁移工程 S102管线迁移铺设DN200管网2260米、DN400管网240米，总投资265万元。已铺设管道335米。

汇通路市政供水工程 铺设汇通路DN400管道2600米。总投资318万元。具备施工条件部分已完工。

黑臭水体治理工程 黄水河、双洎河河道排污口封堵，总投资200万元，已完工。

华瑞路积水点外排工程 管道长609.2米，管径1.2米。总投资112.6万元。顶管作业完成264米。

地下管线普查系统建设项目 地下管线普查长度约130千米，并建立综合管理信息系统。总投资427万元。金城路、仓城路、神州路、渔夫子路、溱水路、玉前路正在普查，已普查完成78千米。预计2017年6月底完工。

双洎河治理工程 在满足水系防洪要求的前提下，进行河道治理，模拟自然风光，营造人工湿地，建设具有地方文化特色集生态保护、休闲度假功能为一体的绿化景观工程。总投资270000万元。倒虹吸、双洎河截污干管已通水。

薛店镇污水处理厂二期建设项目 建设3万吨/日污水处理规模。总投资15000万元。基坑开挖已完成，可研报告的请示已发送至发改委，等待批复；已进行环评编制。

新郑二中新校区建设项目 主要建设教学楼、行政办公楼、艺术中心、学生宿舍、操场、校园内的广场以及其他配套设施等。总投资21000万元。已开展专家评审会。

迎宾路改造工程（郑韩路—繁荣街—人民路）：全长1080米，总宽50米，双向六车道，总投资1282万元，目前该工程已完工。

薛店镇世纪大道升级改造工程 全长2500米，双向六车道，总投资1524万元。该工程已完工。

新郑市污泥处理厂建设项目 建设600吨/日污泥处理规模。总投资19000万元。该工程已在招标。

新郑市第二污水处理厂迁建项目 建设6万吨/日污水处理规模。总投资2.1亿元。土地选址已确定，可研已完成，并在办理环评手续。

裴李岗路改造工程 西起G107，东至郑新路，长1631米，宽24米，总投资2356万元。招标工作已完成，正在进行开工准备工作。

故里西路建设工程 起于郑韩路，止于南环路，长1638米，宽24米，总投资3092万元。招标工作已完成。

文化路（黄水路—车马坑）改造工程 全长1560米，双向四车道，总投资2726万元。招标工作已完成。

金城路（文化路—溱水路）改造工程 全长1980米，总投资2814万元。招标工作已完成。

S323（西关—辛店）太阳能路灯安装工程 长6410米，安装太阳能LED路灯162套。总投资379万元。招标工作已完成。

西关桥新建工程 长200米，双向八车道。总投资15000万元。已进行施工图设计。

南关桥新建工程 长150米，双向八车道。总投资1.2亿元。已进行施工图设计。

清风广场建设项目 规划用地面积9.2万平方米，广场东西长470米，南北长195米。总投资1300万元。

吉祥路与合欢路新建和改造工程：吉祥路（S321—双拥路—轻工路）新建和改造工程长2594米，宽40米，总投资2553万元；合欢路（黄金大道—轻工路）改造工程长1293米，设计道路总宽30米，总投资1395万元。招标公告和招标文件已发布。

【城市道路畅通工程】 投资约3.7亿元实施城市道路畅通工程，开工建设19项道路工程、总里程30.7千米，安装路灯1.2万盏，严把安全关、质量关，提升道路品质。三月三前故里东侧道路、迎宾街南延、故里文化展览室等项目如期完工。新烟街南延、南环路、众创路等8条新建及改造道路已建成通车，缓解城区交通压力，为市区居民出行提供便利。城市建设的试点工程：中华路、新建路等5条道路人行道及黄水路与新建路、中华路与新华路等4个道路交叉口改造工程现已成为人机分流、便民出行、美化环境为一体的惠民亮点项目。

【村镇建设】 2016年，完成对辛店镇、薛店镇、郭店镇、梨河镇、观音寺镇5个重点镇20项基础设施建设项目的申报。开展村镇建设法律法规宣传工作，发放宣传彩页6000份，与10个乡镇统一签订《村镇建设责任目标书》。完成新郑市城建年报季报的统计和11个乡镇（管委会）农村人居信息普查录入工作，对4户扶贫户进行建档立卡，完成60户困难家庭的信息采录和危房改造工作。完成对辛店镇、薛店镇、龙湖镇、梨河镇4个中心镇16个基础设施的申报。为深入贯彻上级党委、政府关于推进特色小镇建设的指示精神，申报中原创客小镇、红枣小镇、河南空港小镇为2017年郑州市特色小镇培育对象。

【供水管理】 落实“最严格的水资源管理制度”有关要求，逐步关停公共管网覆盖区域自备井24眼，保障市区饮水安全、供水安全和水源安全。不断加强供水安全生产与监管服务，制定供水安全实施方案，提高安全生产保障水平，每月开展一次安全生产大检查，确保供水安全生产形势持续稳定，严格加强出厂水、管网末梢水检测力度，保证水质符合国家饮用水卫生标准。不断扩大集中供水范围，目前已完成郭店黄金大道供水管道改造工程。新郑市第二水厂于2016年1月16日向市区供水，供水能力有效提高，2017年1~5月完成供水量894万立方米，日均供水量达到6万立方米，预计2016年8、9月供水高峰期，日最高供水量将突破8万立方米，新增用户2123户，户表改造1944户，管网漏损率控制在18%以内，水费回收率达到100%。供水范围覆盖整个城区，实现梨河、和庄、薛店、郭店等周边四个乡镇水厂联网供水，并完成龙湖教育园区和华南城专项供水。

【冬季供热】 为保证2016-2017年供热季城市集中供热正常运行，全年共完成管网建设4100米、老旧管网改造1600米，新建换热站1座，新增供热面积约6万平方米，并对3台蒸汽锅炉、31座供热交换站和全市供热管网进行维护保养，供热面积扩大到141万平方米。目前，2016-2017年供热季已圆满结束。

【污水处理】 完成城市城区范围内黑臭水体整治，加大污水处理厂及配套设施建设力度，投资4.8亿元开工建设3座污水处理厂及投资0.4亿元建设16千米配套管网，新港产业集聚区和城关乡污水处理厂基本完工，华南城污水处理厂二期工程正在紧张施工，中华路、双拥路涵洞排水等3项工程已完工，汇通路排水工程和S102截污干管工程主要工序已完成，征收污水处理费 641.2万元，建成投运的6座污水处理厂机械设备保持24小时正常运转，城镇污水处理率达到89%以上。

【园林绿化管理】主要完成嫘祖园、东广场、郑风苑一期景观升级改造工作，改造绿地5.68万平方米，共栽植乔灌木2428棵，栽植植物色带7027平方米，铺植草坪2460平方米，栽植各类花卉植物3634平方米。结合城市道路改造，对城区双拥路北段、富华街南段、中华路南段等13条道路进行绿化，共栽植行道树1395棵。加强城市绿化苗木的养护管理，共完成绿篱及草坪修剪9次，完成行道树修剪整形700多棵，对城区各类绿化植物有效喷施农药10多遍。强力推进大气污染防治工作，定时开启喷淋降尘系统，清理广场、游园、绿地内的落叶杂物4000多车，督促全市共治理40多条道路绿化带110千米，出动水车8000多台次对花木进行冲洗除尘浇灌。完成城区绿地缺株断线、黄土裸露部分植物补栽补植工作，共补栽乔木411棵，补栽各类灌木8.2万棵，补植草坪3893平方米，播撒草籽花籽1万多平方米，为广大市民创造优美、整洁、宜居的城市环境。

【人大建议、政协提案办理】2016年住房和城乡规划建设局共受理人大建议21件，政协提案34件，共计55件。承办的建议、提案已全部办理到位，并逐一向代表、委员进行书面答复，答复满意率达到100%。

【依法行政】完善行政执法责任制、执法评议考核制、违法责任追究制和内部执法监督制相关制度，推进执法工作制度化、程序化。落实行政处罚案件备案制度，细化行政处罚自由裁量权指导标准，通过设立举报、投诉电话等方式，全力保障住房和城乡规划建设局法制工作的稳步推进。认真开展依法治市宣传，实现全局依法治理和依法行政，紧紧围绕局党组中心工作和人民群众关注的社会热点、难点和焦点问题，利用法制宣传日、宣传周、宣传月，加大相关法律法规的宣传力度，组织微信法律知识考试，安排新申领执法证人员参加执法证培训及考试，已有95人取得执法证。

【综治维稳】认真排查和研究影响社会大局稳定的不安定因素，制定相应的对策和措施，切实做好信访稳定工作。全年共接待信访人员870余人次，受理各类信访案件79余件并按时办结。认真开展“平安细胞”创建社会治安综合治理工作，形成层层有人抓、事事有人管的综治工作网络，激发全局干部职工参与平安建设的热情，使综治稳定与平安创建工作落到实处。

【建筑业管理】完善劳务分包制度，健全劳务用工实名制管理台账，设立公示牌，严肃查处拖欠建筑工程款和克扣农民工工资行为，受理并督办48起上访事项，维护农民工合法权益。按照《关于对违法违规建设行为实行重点监管的意见》要求，坚决维护建筑市场秩序。为确保建筑市场良好发展，组织2次专项检查、2次综合执法大检查，并组织召开郑州市建筑市场监管及建筑劳务用工管理座谈会和施工现场专业技术人员知识竞赛等活动，确保新郑市建筑市场监管有落实、出效果。全年共办理施工合同备案99项，审批施工许可证99项，总建筑面积510.44万平方米，总造价62.03亿元。共办理建设工程竣工验收备案75项和竣工结算备案73项。完成131项建设项目的招投标工作，总建筑面积622.94万平方米，工程造价104.3亿元，进入有形建筑市场工程招投标应招标率达100%，应公开招标工程公开招标率达100%。统计各类涉企保证金收取退还情况50余份，涉及企业70余家。

【城建监察】严格履行城建监察法定职责，对工程建设违法行为加大执法力度，全年共监察建设工程73处，立案查处违法案件45个，下发停工通知150余份，办理市查违办交办通知7项和信访举报案件4件，处理网络舆情2项和投诉举报2项，有效遏制建筑领域的违法违规行为。

【工程质量监督】对全市在建项目进行工程质量行为大检查，认真推动标准化工地创建活动。全年共办理586项监督登记手续和162项监督竣工验收工程，出具监督报告118份，整改通知书826份。对全市17家商砼搅拌站预拌商品混凝土质量进行巡检，完善商品混凝土运输车辆的监督管理。

【建筑节能和墙材革新】新郑市所有新建建筑节能标准执行率已达到100%,市区新型墙体材料应用比例达到100%，节约标准煤1.42万吨。共征收墙改基金2142.35万元，基金征收率达94%，解缴率100%，征收散装水泥基金655.53万元。共办理建筑节能专项验收备案330项，备案面积约347.9万平方米，对307项居住建筑和23项公共建筑进行节能季报，完成36项建筑能耗和节能信息录入上报。成功举办建筑节能与墙体材料革新工作大型户外广场宣传活动，逐步提高新郑市居民的建筑节能意识，向施工项目发放《郑州市实行新型墙体材料产品流向信息登记的通知》百余份，确保应用新型墙材工作有落实。加大新型墙材使用力度，对全市的7家墙材确认企业进行20余次巡查，巩固“禁黏”“禁实”工作成果，目前所有中心乡镇均已通过河南省“禁实”示范乡镇验收。积极引导新型墙材企业办理确认手续，新郑市宏基建材有限公司、郭店镇、梨河镇累计获得上三级资金补贴30万元。

【装饰装修管理】对沿街门店和公共场所的无证上岗装修游击队加大检查力度，下发登记备案通知69份，监管公共建筑装饰面积达15000平方米，减少装饰装修市场差乱现象。

【工程建设监理】2016年，新承接监理业务16项，正在监理建设项目81项，已竣工项目合格率达到100%，确保建设施工项目合法合规。

【建设安全监督】全年共办理建设工程安全措施备案109项，总面积约676.4万平方米，总造价96.16亿元。已办理安全生产评价225个，总建筑面积约249.5万平方米，总造价33.4亿元。累计受监施工项目179个，下发隐患整改通知书762份和督办通知书154份，隐患整改反馈率达98%，重大危险源监控率达100%，累计检测备案机械设备493台。开展安全生产大检查4次和安全生产专项治理活动4次，确保建设管理系统的安全生产平稳有序。

【燃气行业管理】积极开展“燃气安全专项整治”等活动，查处违法经营3起，查扣钢瓶16个，下发检查通知书120份，并确保三月三拜祖大典及重阳节活动期间圣火台气通、安全、无故障。

【扬尘治理】对全市受监施工项目实行“一定两不定”巡查制度，启动问责机制，采用“以克论净”方式检查，确保有制度有落实，强力推进建设工地扬尘治理工作的开展。全年累计投入资金5480余万元，设置车辆冲洗设施101台，喷淋164套，出动洒水车辆59辆，安装摄像监控264个，设置施工围挡14.5万米，完成覆盖防尘网55.15万平方米，硬化路面24.4万平方米，平整26.1万平方米场地和清理30.5万立方米建筑垃圾。下发督导通知书762份，对49个房建工地进行行政处罚共计120万元，对32个项目施工方进行约谈和通报，对督导不及时、落实不力的属地部门建议财政扣款共计210万元，对3个单位进行约谈问责，为扬尘防治效果持续好转提供坚实的保障。

【行政审批】推行第一责任人制、首问负责制、限时办结制、过错责任追究制。对申报材料齐全、符合审批条件和要求的，当场办结。做到“三清四办”，通过简化、合并、集中、归类等形式，形成环节上最精简，时间上最快捷，形式上最便民的服务体系。共办理发放证件612件，接受咨询900多人次，办理建筑工程施工许可证99件，质量监督登记手续515件，办证准确率100%，按时办结率100%，投诉率为零。

【住房保障】全面推行经济适用住房、廉租住房与公共租赁住房“三房合一”并轨运行管理。解放北路社区26万平方米公租房项目已经基本建成，配套设施完善，能提供4011套房源用于住房保障。畅馨苑三期（C区）466套房安置房项目，建筑面积共计6.2万平方米，已全部完工。高效推进棚改工作。全年共争取上级奖补资金2亿元，棚户区改造项目开工16个，15344套（户），占目标任务100%，其中实物开工套数达到5369套，货币化安置基本建成9975套，全面完成上级下达的责任目标。

【房屋征收】征收工作本着程序完备、信息公开透明、科学合理补偿的原则，完成辛店镇靳沟村、城关乡曹庄村和薛庄村、和庄镇尹庄村以及薛店镇部分村庄房屋丈量普查，配合有关乡镇和交通部门对薛店镇S102段、黄金大道、大学路两侧以及和庄镇高速路拓宽等项目房屋进行丈量普查。完成新建路办事处、梨河镇、和庄镇、城关乡等4个乡镇双洎河沿河两侧房屋普查丈量，同时做好龙王供销社、新建路办事处旧城区房屋征收工作。受理各类产权登记业务5.7万宗，登记面积873.1万立方米，发放房屋所有权证2.2万余本和受理抵押登记业务2.3万宗，办理率达到100%。抵押登记面积353.61万平方米，抵押登记额149.84亿元。办理存量房交易网签3322户，总面积为36.1万平方米。

【房地产市场管理】2016年，全市商品房销售面积559.44万平方米，同比增长76.54%，其中商品住宅销售面积519.95万平方米，同比增长79.57%。全市商品房销售5.06万套，同比增长80.36%；其中，商品住宅销售套数为4.73万套，同比增长82.64%。全市商品住房销售均价6303元/平方米，同比增长10.83%。二手房交易面积38.27万平方米，同比增长72.93%，其中住宅交易面积38.12万平方米，同比增长73.67%。二手住宅交易均价4968元/平方米，同比增长32.55%。加强房地产市场调控，促进以人为核心的新型城镇化建设，确保房地产市场平稳健康发展。2016年年底，新郑市房地产开发企业共有158家，在建房地产开发项目60个，其中本年新开工项目9个，开工面积211.5万平方米。完成房地产开发投资62.3亿元，竣工面积260.2万平方米，审批预售面积415.8万平方米，共受理商品房预售资金监管备案94宗，监管面积415.8万平方米，监管资金总额达到162.3亿元。

【物业服务管理】增强物业服务能力。严格开展物业服务监管，做到新建小区物业电动车充电库（棚）建设率100%，新增物业管理面积65万平方米。全市共有143个物业管理小区，40800余户缴纳维修资金2.98亿余元，共划拨维修资金4.98万余元，受益人数592户。

【智慧城市建设】新郑市智慧城市建设总体规划（2015—2020）顺利通过专家评审和市规委会，出台《关于加快智慧城市建设的实施意见》，2016年计划建设云计算中心、基础数据库、公共信息服务平台等重要信息基础设施，努力实现数据资源的有效整合和互联互通。加快对孟庄镇鸡王社区进行智慧社区升级改造，已建成鸡王社区智慧社区体验馆。

【市政管理】严格按照市政设施管理养护总体目标要求，对市区44条道路及市政设施进行维护管理，对解放路道口铁轨道板及其附属设施进行改造，完成人民路京广铁路桥引道两侧防护装置工程。坚持日常巡查制度，做到早发现，早通报，早维护，共下达市政道路巡护整改通知书50份，保证市政公共设施完好率保持在95%以上。完成道路挖掘审批14项，严格执行道路挖掘手续审批制度，并对挖掘后的道路恢复情况进行核查，同时要求做好施工围挡，确保安全、文明施工，注重扬尘治理工作，防止大气污染。以“安全第一，常备不懈，以防为主，全力抢险”为方针，科学制订防汛方案、行动预案，做到组织机构、工作人员、值班制度、物资储备四落实。对排水设施进行清淤、检修，组织应急演练，完成对南水北调桥、解放路、中华路紧急抽水任务9次，确保城区安全度汛。

【年度工作荣誉榜】全国无障碍市县工作先进单位、参加棚改货币化安置经验做法研讨会、河南当代最美建筑（郑州大学西亚斯国际学院图书馆、黄帝故里建筑群）“郑州最美建筑评选活动”优秀组织奖、监理公司获得房屋建筑工程监理甲级、市政公用工程监理甲级、2015年度河南省装修装饰行业管理工作先进单位、郑州市公开（热线）电话系统群众诉求办理优秀平台、2015年度月季花杯银杯、多个工地获得“结构中州杯”“结构商鼎杯”及2016年下半年度“河南省安全文明工地”、2015年度郑州市发展散装水泥工作先进单位、2015年度郑州市建筑节能与墙材革新工作先进单位、2015年度郑州市村镇建设先进单位、2015年度市政设施管理养护先进单位、2015年度公用事业先进单位、2016年度公用事业管理先进单位、郑州市五一巾帼标兵岗、2015年度郑州市建筑业管理先进单位、郑州市建筑施工安全生产标准化示范项目、2015年度信访工作红旗单位、2015年度依法行政工作先进单位、2015年度平安建设先进单位、2015年度依法治理工作先进集体、2015年度全市纪检监察工作先进集体、2015年度党风政风监督检查工作先进集体、先进基层党组织、2015年度人大代表建议政协委员提案办理先进单位、2015年度安全生产工作红旗单位、新郑市2015年度支持和发展工业先进单位、新郑市2015年度质量工作先进集体、新郑市2015年度劳动就业工作先进集体。

【单位介绍】

新郑市住房保障和房地产管理中心

新郑市住房保障和房地产管理中心位于市区新华路西段北侧，先后经历房地产管理所、房地产管理局、住房保障和房地产管理中心3次变革，挂新郑市住房制度改革委员会办公室、新郑市城镇廉租住房工作领导小组办公室、新郑市经济适用住房工作领导小组办公室3个正科级单位牌子。2011年新成立市保障性住房管理中心、市房屋交易和登记中心两个副科级机构，内设办公室、人事科、财务室、党办、督查科、法制信访科、综合科、房地产开发管理科、产权监理办公室、交易管理办公室、房屋交易和登记龙湖办事大厅、租赁管理办公室、信息中心、档案室、抵押管理办公室、房地产评估管理办公室、物业管理办公室、公房管理办公室、房屋安全鉴定管理办公室19个科室（中心），下属房地产管理服务中心、房地产监察大队、物业维修资金管理中心3个二级机构。有干部职工388人，其中事业全供24人，行政开支3人，自收自支361人。有专业技术职称的43人，其中中级职称14人、初级职称29人。

新郑市园林绿化管理服务中心

新郑市园林绿化管理服务中心2010年5月在原新郑市园林局基础上更名成立，现隶属新郑市住房和城乡规划建设局。内设机构有办公室、人财科、规划技术科、绿化管理科、宣教科、法制督查科、郑风苑景区管理处、炎黄广场管理办公室和三个绿化队。现有干部职工177名。负责贯彻落实园林绿化管理法律、法规及规章；负责编制市区内绿化工作近期和长远规划并组织实施；根据授权，负责城市公共绿地、居住区绿地、风景林和干道绿化工程及办理砍伐、移植树木和拆除绿篱、花坛、花带、草坪的审批工作；负责园林绿化工程规划、设计建设及竣工验收工作；负责城市绿化日常管理、养护工作；负责全市园林绿化技术指导工作。

新郑市房屋征收与补偿办公室

新郑市房屋征收与补偿办公室为正科级单位，事业编制，隶属于市住房和城乡规划建设局，经费财政定补，现有职工23人，事业自筹8人。主要职责是组织实施新郑市范围内国有土地房屋征收与补偿工作；编制房屋征收计划，拟定补偿方案报市政府，组织论证补偿方案并公布征求意见；负责组织房屋征收区域内被征收房屋评估工作；组织房屋征收调查，奠定征收协议；负责房屋征收与补偿数据信息统计和档案资料管理工作。

新郑市工程质量监督站

新郑市工程质量监督站隶属于新郑市住房和城乡规划建设局，属自收自支的事业单位，实行企业化管理。内设办公室、财务科、综合科、监督一科、监督二科、监督三科、重点工程监督科。现有干部职工159人，其中高级工程师5人，工程师46人，助理工程师15人。其主要职责是受市建设行政主管部门的委托，贯彻执行国家、省、市建设工程质量管理方面的法律法规、方针政策、技术标准等，监督检查工程建设各方责任主体的质量行为和建设工程的实体质量;负责新郑市建设工程所用建筑材料、构配件、商品混凝土监督检查及工程质量投诉的受理与处理以及新郑市行政区域内优质精品工程的推荐等。新郑市工程质量监督站现配置微机10台、配置激光测距仪6部，硬盘摄像机1部，数码照相机1部，监督工作用车9辆以及其他相关的监督检测设备。监督站严格按照国家现行的法律法规开展工作，建站以来，先后获得国家鲁班奖一项，河南省中州杯工程及郑州市优质工程等奖项数十项。2015年，共办理监督登记手续475项，建筑面积607万平方米，竣工验收工程共209项，总面积375万平方米，竣工验收备案率达到100%。

建设工程监理公司

新郑市建设工程监理公司成立于1996年，主营工业与民用建筑及市政公用工程的监理和工程咨询服务，为河南省监理协会会员。监理企业资质为房屋建筑监理甲级资质，市政公用工程监理甲级资质。公司设经理1名，书记1名，副经理3名，下设办公室、财务科、综合科、督查科、档案资料室。目前，公司注册监理工程师30人，注册建设工程造价师4人,注册一级建造师5人，专业监理工程师34人，取得监理员资格证人员89人，见证取（送）样资格75人，安全员11人，资料员5人。为满足工程监理服务需要，公司先后购置经纬仪2台，水准仪2台，红外测距仪4台，激光测距仪2台，混凝土回弹仪2台，检测尺220把，计算机62台；在工程监理服务过程中，公司本着科学管理，公平管理，严管监理，热情服务的宗旨，建立和完善各项管理制度，实现程序化监理，规范化服务，完成业主委托的各项监理任务，截至目前公司已完成监理任务的单项工程1000多项，合格率100%。2017年度共承接监理业务17项，市政道路工程12项，受到业主一致好评。

公用事业管理处

新郑市公用事业管理处成立于1994年，正股级事业差补单位，内设办公室、市政设施管理办公室、燃气行业管理办公室、污水处理行业管理办公室，现有干部职工39人，市政抢修车2台。主要负责城市规划区内城市道路、排水、桥涵设施的管理与维修；担负城市防洪设施的管理与维修及城市防汛任务；负责城市燃气行业管理；办理城市道路挖掘审批手续。

市政工程公司

新郑市市政工程公司注册资金2010万元，市政公用施工总承包二级资质，拥有职工118人，其中工程技术、经济管理专业人员102人，具有高、中级专业技术职称人员27人，公司下属办公室、财务科、安全科、技术科、养护科、设备科。公司机械设备配套齐全，技术工种完善，管理技术规范，主营市政工程、排水工程，兼营房屋建筑工程，土石方工程，电力安装及照明工程、房屋维修、卫生保洁、装饰装修、城市绿化建设与维护。近年来，公司主要承建市区背街小巷改造工程、城区市政设施维护、庆安路北延工程、文化路北延工程、郑韩路改造工程、解放北路社区管网道路配套建设工程。

建设技术服务中心

新郑市建设技术服务中心成立于1989年4月，宗旨为城市工程建设提供建设技术服务；业务范围为建设技术服务、建筑设计、市政工程设计、造价咨询、工程测绘，目前拥有在岗职工13人。认真兼管勘察设计管理工作，强化建筑勘察设计市场监管，大力加强施工图审查备案管理，2016年完成备案工程项目142项，建筑面积196万平方米，备案率达95%；全面落实建筑节能标准，建筑节能设计执行率达100%。完成道路测量、道路改造工程、市政工程的测量和设计道路照明工程20余项，完成道路工程、市政工程的预算项目20余项，房屋建筑设计4项。目前拥有GPS仪器和设备，建立自己的CORS站，国内PKPM等设计软件，设计规范和设计图集。

新郑市建筑节能与墙体材料革新办公室

新郑市建筑节能与墙体革新办公室，成立于2010年9月，股级规格，事业全供编制，现有在职职工7人，隶属于新郑市住房和城乡规划建设局。主要职责是宣传贯彻和落实上三级有关墙体材料革新与建筑节能的政策、法规和规范性文件及国家发展散装水泥、预拌混凝土、预拌砂浆的政策和法规、规章工作；负责全市新型材料和建筑节能产品的备案，墙体材料的革新与建筑节能的宣传、统计、培训、信息交流、调查验收、总结推广经验等工作，指导全市墙体材料革新工作；组织新型墙体材料的确认和推广应用工作；对建筑节能违法行为提出处罚建议，会同财政部门制定新型墙体材料专项基金征收、使用和返还管理规定，按规定征收、管理、使用散装水泥专项资金并监督执行；负责散装水泥推广使用工作。

新郑市装饰装修管理办公室

新郑市装饰装修管理办公室成立于2007年12月，隶属于新郑市住房和城乡规划建设局，属自收自支的事业单位，股级规格。装饰装修管理办公室主要负责全市新建、改扩建工程竣工后装饰装修工程；对装饰装修工程的质量、市场行为和文明施工等方面进行监督管理；审查装饰施工企业资质；检查建筑装饰装修材料和设备是否符合国家有关标准及规定；指导装饰装修行业协会工作。现有干部职工15人，其中工程师1人。目前，办公室配置微机2台、办公用车1辆。装饰装修管理办公室严格按照国家现行法律、法规和规范规走开展工作，自成立以来，先后被评为2008年、2009年、2011年、2012年河南省装饰装修行业先进管理单位。

新郑市城乡建设监察大队

新郑市城市建设监察大队组建于2000年，现有执法人员23人，班子配备4人，下设2个中队，1个办公室。配有执法车辆3辆，摄像机1台，照相机2部，计算机2台，打印机1台。主要职责是按照住房和城乡建设方面的法律法规，负责全市住房和城乡建设工程方面的监察，重点查处依法应招投标未招投标的工程，施工图设计文件未经审查或者审查不合格擅自开工的工程，未按规定办理工程质量监督手续的工程，未办理施工许可证擅自开工建设的建设工程和工程监理方面的违法违规行为。

新郑市污水处理费征收中心

新郑市污水处理费征收中心隶属市住房和城乡规划建设局。事业全供单位，现有干部职工18人，其中工程师2名，助理工程师2名，技术员1名。主要负责市区污水处理费征收工作，贯彻相关法律法规、方针政策，增强广大市民和企业及时缴纳污水处理费意识，协同市水政监察大队一起入户征收，保证全市污水处理行业健康发展。

新郑市城镇用水管理所

新郑市城镇用水管理所成立于1976年，股级规格事业单位，企业化管理，现有在职职工186人，隶属于新郑市住房和城乡规划建设局。主要负责全市居民供水；全市供水工程的设计、施工、验收工作；城市供水设施的技术资料整理归档；负责城市水源地表水水质监控，定期监测地下水变化情况，做好城市水源、出厂水、末梢水水质检测，负责抄录水表、缴收水费、代收污水处理费、水资源费；负责违章用水稽查工作；负责欠费追缴、下达停水及恢复供水工作；负责供水管网及其配套设施（含水表、阀门井、结算水表和总表以内管道）的查漏、修漏工作。负责全市二次供水单位的监督、管理工作。2016年新郑市城镇用水管理所以安全供水为核心，以服务区域经济建设为工作目标，统筹城乡发展，供水事业呈现出蓬勃发展的良好局面。全年超额完成经济增加值、利润、上缴税金等任务指标。

（撰稿：李笑征 杨博雅 审阅：肖 军）

城乡规划和城市管理

【概况】 新郑市规划发展服务中心2015年9月在原新郑市城乡规划和城市管理局基础上更名成立，隶属新郑市住房和城乡规划建设局，正科级规格。内设规划设计勘测管理科、用地管理科、建设工程管理科、乡村规划管理科等14个科（室），有规划编制服务中心、城乡规划信息技术中心、城乡规划监察大队3个所属事业单位。主要负责城乡规划许可及管理工作。

2016年，规划发展服务中心以认真学习贯彻中共十八大精神为重点，以国家新型城镇化综合试点为契机，科学编制规划，优化城乡环境，扎实开展规划管理的各项工作，全力服务新郑市经济社会发展。

【规划编制】 报请上级政府同意，结合新郑发展实际，新郑市启动城乡总体规划的修编，已完成城乡总体规划的实施评估，并按程序进行修编工作。组织编制完成《双洎河水系景观规划》，为缓解交通拥堵问题，听取人大、政协、市民意见和建议，编制完成《老城区交通改善规划》。协助北京清华同衡规划设计研究院正在编制《黄帝故里修建性详细规划》。协助中国城市建设研究院有限公司正在编制《新郑市加油加气站专项规划》。紧紧围绕建设“一心两城两组团”现代新城，完成《新区控制性详细规划》的成果报批及《中心区城区新区CBD城市设计》编制评审工作；协助编制《薛店镇基础设施专项规划（2016—2030）》。协助编制城郊铁路沿线（龙湖段）城市设计、龙湖镇中小学布局、道路交通，给水、雨水、污水专项规划。

指导乡镇开展“五规合一”的规划编制，已完成梨河镇、龙湖镇、郭店镇总体规划的修改工作，新村镇吴庄社区、暖泉湖社区的五规合一规划方案完成修改，协助观音寺镇完成溟水寨特色村整治规划方案论证工作。

【规划管理】 严格按照总体规划和详细规划要求，落实建设项目。严格执行“一书三证”制度。全年共核发《建设项目选址意见书》3份，审查城区、各乡镇控制性详细规划，出具规划条件185份，核发《建设用地规划许可证》90份，总用地面积325.61公顷。核发《建设工程规划许可证》54份，总建筑面积504.76万平方米。继续加强对建设项目的监督和审核，依据相关法律法规审查建设工程的各项经济技术指标，共办理图纸审查80项，完成建设工程项目的放验线59项、规划竣工核实44项。对照规划设计条件核实建设项目容积率、日照分析等工程76个，审核建筑面积约1060万平方米。

强化城乡规划批前、批后信息公

示，公示率、现场查勘率达100%；完善落实规划委员会例会制度，由规委会研究决定新郑市重大项目方案审查、项目审批等事宜，2016年已经召开第二十次会议，坚持专家评审论证制度，规划编制及建设项目方案审查交由专家评审或论证，共组织控制性详细规划论证会9次，审查控制性详细规划21项，规划面积约965公顷，出具控规审查报告14项。组织修建性详细规划方案评审会16次，指导完成修建性详细规划编制、评审和报批工作，提升主动服务意识。全年共完成工程设计43项，建筑面积41万平方米，图纸合格率达到100%,完成市政测量25项，共30.15千米。

【规划监察】为进一步规范全市城乡规划建设执法监察工作，中心于2016年1月成立规划监察大队，主要履行中心城区、镇规划区内城乡规划管理方面法律、法规、规章规定的管理及行政执法工作。配合相关乡镇（办事处）拆除违章建筑134120平方米，责令改正面积2418.8平方米，罚款金额157974.5元。

（撰稿：唐　丽　审阅：刘新霞）

城市管理行政执法工作

【概况】2012年12月，新郑市在原规划城管监察大队、环境卫生管理局、环境卫生规费收费中心基础上组建新郑市城市管理执法局，隶属于原新郑市城乡规划和城市管理局。2013年5月22日、6月21日，城市管理相对集中行政处罚权全省试点工作分别获省政府和郑州市政府批复后，经新郑市委、市政府批准，2013年7月22日更名为新郑市城市管理行政执法局，为市政府直属事业单位，行使市容、市政、绿化、环保、规划、公安和工商7个方面共231项行政处罚权（2013年10月29日，市政府常务会议研究确定后正式行使），承担着环境卫生管理、环卫设施管理、环卫规费征收、占用城市道路经营审批管理、工程渣土运输管理和落实市委、市政府在城市管理方面的重大决策等工作。2015年10月，新郑市进行机构改革，将城区规划监察权移交至市住建规划局行使，行使市容、市政、绿化、环保、公安和工商6个方面共219项行政处罚权，其他职能不变。此外，还承担着市城乡管理综合考评委员会办公室（简称市城考办）和市违法建设专项治理活动领导小组办公室（简称市查违办）职能，负责指导、协调全市城乡管理和违法建设管控工作。

【城市管理】狠抓市容市貌整治，持续开展占道经营、乱停乱放、户外广告乱设置等城市乱象集中整治，坚持治早治小治零星，严治根治反复治。针对群众普遍关心的热点、难点问题，在城区开展整治活动。实现管理方式向长效化的转变。通过实行督查制度，强化对城市管理日常的指挥、协调、调度、监督，对当日发现的问题和群众投诉做到快速反应，及时办理。对存在的重点、难点问题建立台账，挂牌督办，定期检查，清理一个，巩固一个，销号一个，化解城市管理中的热点、难点问题，逐步实现城市管理工作长效化。实现管理方式向精细化的转变。实施“精细化”执法及管理模式，全面建立和落实“定人定岗定责”的网格化管理机制，全面提升城市管理水平。围绕迎“双节”、黄帝故里拜祖大典、省重点项目暨产业集聚区观摩和郑州市新型城镇化建设观摩等重大活动，坚持“主干道严禁、次干道严控、背街小巷规范”的原则，展开拉网式排查，对城市管理突出问题进行大力整治，做到任务到人、责任到人、奖惩到人，彻底消除管理盲区。实现管理理念向人性化的转变。以市长热线、城管热线为平台，积极为群众排忧解难，着力解决群众关心的问题，按照“刚性管理、柔性执法、以人为本”的要求，通过疏堵结合、以疏为主，对城区临时摊点进行规范化管理，有效推进人性化执法，在情、理、法中找到平衡点，既改善市容环境，又方便群众的生活需求。全年先后开展集中整治行动80余次，共整治乱停乱放机动车辆1.16万辆，罚款124万元。治理占道（突店）经营行为2.13万起，处罚360起，罚款19万元；查处违规运输渣土车辆190辆，罚款3.6万元，引导

市政园林工人精心养护道路两旁的花草

过境渣土车6270辆；拆除户外广告牌匾620块、LED灯箱广告680块，清理纸张软体广告3.75万张，清理门窗字2160处、布标条幅1150条，有效治理城区“脏、乱、差、堵”等现象，优化环境秩序，提高城市品位，打造良好的城市环境。被市委、市政府授予城乡环境卫生整治行动先进单位。

【环境卫生】 推行“以克论净”道路保洁机制，达到“双十”标准，加大机械化洗扫力度，购买大型洗扫车、冲洗车、吸尘车等环卫车辆，推行“一把扫帚扫到底。深入开展“清洁城市”行动，对城区主次干道、四个出入市口全部实行“双班制”全天候人工保洁，常态化开展“三大行动”，特别是“给城市洗澡”，做到路面干净、整洁、见本色。发挥34辆环卫特种车辆作用，加大机扫力度，增加洒水频次，每天机扫道路面积110余万平方米、洒水350吨。降低城区道路扬尘，提高道路保洁和空气质量。及时清掏、擦洗、维修果皮箱，确保果皮箱不满不溢、箱体整洁。按照“八无六净”标准管理城区38座公厕、21座垃圾中转站，每天进行检修；每月开展两次以上安全生产检查，确保设施设备正常运转。城区生活垃圾做到日产日清、密闭化运输，日转运生活垃圾约280吨，全部进行无害化处理，处理率达100%。同时严格落实环卫规费征收制度，对征收对象进行调查摸底；建立档案，逐门逐户宣传、征收，共征收环卫规费63万余元。

【大气污染管理】 加大大气污染防治工作力度。规范渣土车运输管理，全部实现“五统一”，在城区全面取缔露天烧烤，强化散煤治理，持续做好秸秆禁烧及烟花爆竹禁放，竭力遏制扬尘污染，实现保蓝天、促防治。

【获得荣誉】 2016年，共获得省、郑州市级荣誉10项，分别是：河南省住房和城乡建设系统“五星级执法监察队伍”（全省唯一一家县级城管部门）、城市精细化管理先进单位、轨道交通建设工作先进单位、环卫管理工作清扫保洁先进单位。黄帝故里拜祖大典筹备工作（2006-2015年）先进单位、郑州市政府立法基层联系点、郑州市城市管理行政执法先进单位、郑州市大气污染防治工作先进单位、郑州市五一劳动奖状、“五一”文明号。

（撰稿：李楠 汪君 审阅：朱郁琦）

城市开发经营

【概况】 新郑市城市经营管理中心是新郑市政府直属事业单位，受新郑市人民政府直接领导。主要职责：落实市委、市政府城市经营的重大决策和部署，运用市场机制，对城市空间和作为城市功能载体的自然资本、人力作用资本及相关的延伸资本等进行重组和运营，获取经营收益，将收益投入到城市建设，实现城市的自我滚动、自我积累、自我增值；通过市场化运作，引导城市开发，盘活城市有形资产，提升城市无形资产，发掘、利用城市的各种稀缺资源、战略资源，改善城市的硬、软环境，增强城市功能，提升城市整体竞争力；受市政府委托，以参股、控股的投资方式，对城市建设项目进行投资、建设、管理、经营，确保国有资产的保值、增值；向国有控股、参股企业派出或更换国有股董事、监事；管理国有股权，上交国有资产收益；会同相关职能部门落实水生态文明建设任务，负责对城市再生水利用的发展规划和经营管理工作。

【债务风险化解】 根据市政府常务会议精神，对涉及市城市开发经营总公司、市城镇用水管理所、市盐业公司、市韩春化工有限公司四家企业、单位在农行的2167万元债权进行受让。经与农行多次协商洽谈，最终以200万元价格受让，解除城市开发经营总公司土地抵押，盘活土地，同时化解其他几家单位、企业在农行的债务纠纷。

【国有资产公开招租】 依据《中华人民共和国企业国有资产法》以及国有资产管理相关规定，经新郑市国有资产管理局同意并批准，采取公开招标的方式，完成房屋评估及招租工作。

【债权收购】 根据市政府工作安排，由泓泰城投公司对已破产的新郑市热电股份有限公司所有债券进行协议收购，在严格保密的情况下，对热电公司小额债权收购率达到96%以上，剩余大额债权人主要涉及国有银行、政府所属公司或事业单位。

【中心资源运作】 2014年4月1日，市城市经营管理中心结合中心实际，联合政通投资控股有限公司、新区发展投资有限责任公司共同注册成立新郑市泓泰城市建设投资有限公司（以下简称为泓泰城投公司）。主要职责是履行政府投资主体职能，依法对城市基础设施、旧城改造、新型社区、安置房及国有土地的综合整治开发等经行管部门批准的新型城镇化建设项目进行投资，经营政府授权的再生水的综合利用等。

【城市资源运作】 新郑市人民政府授权批准新郑市城市经营管理中心作为新郑二中新校区建设项目的实施机构，同时由新郑市泓泰城市建设投资有限公司作为政府方出资人代表。新郑市泓泰城市建设投资有限公司与社会资本方组建项目公司。项目总用地面积9.89万平方米（约合9.89公顷），总建筑面积7.34万平方米（其中地上建筑面积6.96万平方米、地下建筑面积3768平方米），办学规模为72个班，在校生为4000人。项目总投资33亿元，其中政府方占总投资的25.00%、社会资本方占总投资的75.00%。

【市场融资】中心与上海浦发银行合作，依托泓泰公司融资1.2亿元，专项用于第二水厂建设，为新郑市人民早日饮用上丹江水提供全力支持。

（撰稿：马彦锋 审阅：吴 晨）

环境保护

【概况】新郑市环境保护局位于新郑市人民路中段63号，担负着保护和改善全市环境的职责。内设机构有办公室、编制人事科、行政审批科、法制信访科、污染防治科、自然生态保护科、危险废物和辐射环境管理科、污染物排放总量控制科等8个科室，下属有新郑市环境监察大队、新郑市环境监测站、新郑市机动车环保管理中心、新郑市环境保护技术服务站四个二级机构。在职干部职工共234人，具有环保类专业技术任职资格共74人，其中中级48人，初级26人。

2016年，按照市委、市政府的工作部署，新郑市环境保护局以改善环境质量为核心，以双洎河、城区等流域区域环境综合整治为重点，持续加大执法监管力度，不断加强环保队伍素质作风和能力建设，圆满完成各项目标任务。四项主要污染物实现减排目标，化学需氧量排放量控制在9258吨,氨氮排放总量控制在786.5吨，二氧化硫排放总量控制在7722吨，氮氧化物排放总量控制在3574吨。空气环境质量年度优良天数达213天，超出目标优良天数（190天）23天，达标率58.2%；十七里河出境断面水质达到规定目标值（全年目标是：达到V类水质）。城市集中式饮用水源地水质达标率100%。承办的2件人大建议、8件政协提案已办结。信访、依法治理、安全生产、支持和发展工业等工作被新郑市委市政府评为先进单位，重点项目服务工作、辐射环境管理、机动车环保管理等工作获得郑州市环保系统先进集体等荣誉称号。

【环境监察】实行监察工作周报、月报制度，建立工作台账，定期召开座谈会，研究解决工作中遇到的难题。严格执行排污费征收及使用相关规定，依照法律严格按法定程序全面足额征收排污费。对全市排污单位进行申报登记，申报率达到100%；档案一厂一档，完整率达到100%。做好应急预案，及时处置突发事件，保障环境安全。

加强日常监管，开展环保专项行动，从严打击环境违法行为。加强排污企业的现场监督管理，对重点污染源加大检查频次，监督其达标排放；针对流动性大、复产能力强的“土小”“五小”“十五小”及燃煤小锅炉进行反复排查，杜绝死灰复燃现象；对“小散乱差”企业进行综合整治，改善群众生活环境；对提标改造锅炉进行检查监测，督促其完成提标改造任务；对偷排、超排等环境违法行为从严查处，维护群众合法权益。先后开展“新郑市春季环保大检查”“水污染防治专项执法检查”“大气污染防治专项执法检查”“重点行业环境保护专项执法检查”“新郑市大气污染防治攻坚战专项整治工作”等环保专项行动，着力解决环境突出问题，改善全市环境质量。全年共出动执法人员9600余人次，出动执法车辆2400余车次，检查企业3400余家次，对20家企业下发限期整改通知书，52家违法企业进行行政处罚，有效解决群众关心的环境热点、难点问题。同时，中招、高考期间联合有关部门进行联合执法30余次，集中整治近20个考点周边环境，为考生营造良好的生活、学习和考试环境。

【环境监测】做好全市地表水、地下水、城区环境空气质量、饮用水源地、重点污染源、城市区域环境噪声和主要交通干线噪声、建设项目环保设施竣工验收等各类监测工作。每月月初完成双洎河（马鞍洞断面、黄甫寨断面）监测（全年12次）；单月完成对双洎河（马鞍洞、黄甫寨、京深公路桥）、黄水河（公园、双龙寨、茨山路桥）、莲河（莲河桥、陆庄桥）、十七里河、苇河、潮河等地表水水质状况监测与分析工作，并编写水环境质量简报6期（全年6次）；每月完成对辛店镇人和寨、莲河庙后李、莲河陆庄桥、黄水河双龙寨、小杨河等乡镇出境考核断面的监测分析工作（全年12次）；每月对全市地下水饮用水源地（望京楼水库）水质进行监测，共取样监测12次，测试项目均达到《地下水环境质量标准》三类水质，水质达标率100%；按时完成城区三个环境空气自动监测站环境空气质量监测工作，及时对监测数据审核后上报；每月完成对新源污水处理厂一厂、二厂、双湖污染污水处理厂、薛店镇污水处理厂、华南城污水处理厂、辛店镇污水处理厂在线比对监测（全年12次）；做好双洎河、黄水河等重点流域的应急监测；完成建设项目环保设施竣工验收监测及相关环保执法监测等工作；完成2015年度全市环境空气质量分析报告编写和《新郑市环境质量年报告书》编写工作。

【城市环境保护】持续实施蓝天工程，深化大气环境综合整治。按照《2016年新郑市蓝天工程行动计划方案》，进一步深化大气污染治理。强化燃煤污染控制，完成提标治理燃煤锅炉54台，新郑市禁燃区总面积

2016年10月19日，新郑市委书记刘建武调研大气污染、水污染治理工作

达5.37平方千米，占城区建成区面积的50.7%。深化工业大气污染防治，实施工业炉窑提标治理，新郑市东升炭素有限公司1台炉窑已安装脱硫除尘设施并通过验收；石墨化生产线实施停产治理。新郑市瑞泰耐火材料有限公司已改用天然气。3家砖瓦窑厂已完成治理任务。开展挥发性有机物集中整治活动，新郑伟瑞古特包装彩印公司完成治理任务。加强大气污染高架源监测监控，白象集团2台20蒸吨燃煤锅炉、中储粮2台25蒸吨锅炉纳入新郑市重点污染源在线监控并联网。协同相关部门加强机动车污染治理工作，加大对黄标车的查处和淘汰力度，淘汰黄标车3165辆(包含老旧车辆1401辆)，治理机动车环保超标车辆5437辆次；发放环保合格标志80816个，机动车环保合格办证率达98%以上。全面遏制扬尘污染。按照“7个100%”要求，协同交通运输、住建规划等相关部门重点抓好施工工地、交通运输、物料堆场、道路施工、餐饮油烟等重点行业、重点区域的扬尘污染治理。深入开展夜间执法检查，严格落实大气污染措施。做好重污染天气应急应对。根据新郑市重污染天气应急执行方案，落实重污染天气应急应对措施10次，其中：响应三级黄色预警5次，红色预警2次。在重污染天气管控期间，市各督导组严格督导，各驻厂监管人员按照“3个24小时”要求实施监管，保证各项措施落实到位。开展企业清洁生产审核工作。3家企业已完成清洁生产审核工作。加强排污企业监管，督促指导改进污染防治设施，确保治污设施正常运行，污染物稳定达标排放，巩固减排成果。

持续实施碧水工程，深化水环境综合整治。以改善双洎河等河流水质为重点，进一步深化水污染防治。按照《2016年新郑市碧水工程实施方案》，在加强企业排查执法监管的同时，协同相关部门加快推进污水处理厂等重点任务。加快污水处理厂及配套管网建设。2016年新建的新港产业集聚区污水处理厂总投资约1.3亿元，城关污水处理厂总投资约1.45亿元，两个污水处理厂已建成，一期工程分别日处理污水3万吨。辛店镇污水处理厂、薛店镇污水处理厂通过验收，新增污水处理能力4.5万吨。强力推进双洎河新郑段整治工程。双洎河治理规划设计编制已完成。清偿拆迁工作正在进行。双洎河综合治理工程清偿资金和部分工程建设资金27亿元已经融资到位。双洎河郑风苑桥–任庄坝段污水治理项目、双龙大坝项目已经开工建设。强化排污企业监督管理。加强对双洎河沿岸城镇污水处理厂、庆安化工公司、天津药业公司等重点涉水企业巡查和监管，监督其治污设施正常运行，污染物排放达标。加强双洎河断面水质预警应急处置。2016年10月、12月两次启动双洎河黄甫寨出境断面水质预警，及时采取应急措施。加密监测河流水质，污水处理厂每天增加污水处理量6000吨，双洎河分河段清淤工程暂停施工，实施生态调水200万吨。

【农村环境保护】推进生态市和镇村创建。定期调研各相关单位生态市创建工作指标完成情况，督促工作落实；按照下达的创建任务，城关乡胡庄村、辛店镇人和寨村已完成郑州市级生态村创建任务。继续做好农村环境连片综合整治工作。2015年度观音寺镇、梨河镇等农村环境综合整治项目已建成。2011—2012年度建成项目通过验收。开展农村环境综合规划及畜牧发展规划、畜禽养殖污染防治规划等编制工作，规划编制招标已结束。加强畜禽养殖业污染治理。督促雏鹰农牧集团5个养殖场开展规范化整治，养殖污染得到治理。

【新建项目环境管理】加强环境准入和新建项目环境监管。通过提前介入、科室联动、明确责任、对重点项目企业主动介入指导服务和认真筹备重大项目联审联批周例会涉及环保问题的答复等措施，由专人负责对接市重点项目办，及时汇报、沟通重大项目环评审批进展情况，做好项目建设全程服务。全年共审核审批项目86家，及时在郑州市政务服务网上公开。抓好违法违规建设项目清理整改工作。清改环保违法违规建设项目145个，已全部完成（其中：关闭项目14个，完善手续项目75个，49个项目搬迁，1个项目破产，6个项目停产）。加强新建项目现场监管，确保排污企业污染物达标排放。坚持日常检查与突击检查相结合的方式，严厉打击偷排、超排等违法排污企业。

科学核算主要污染物排放量，做好新建项目总量控制工作。严格实行主要污染物总量预算管理制度，积极拓展污染减排空间，在削减全市排污总量的基础上保持排污增量与污染减排的动态平衡，为经济发展腾出环境容量指标。鼓励企业采用先进设备、工艺、技术，从源头减少污染物排放。截至年底，新郑市重点企业排放污染物许可证共办理23家。

【危险废物集中处置和辐射环境管理】强化危废监管，确保及时安全处置。全市有5家一般工业固废企业、7家危险废物产生企业、3家危险废物处置经营企业产生固体废物全部得到合理利用和处置，综合利用处置率达100%。督促韩春化工公司将危险废物和闲置放射源及时送缴安全处置。持续对全市25家一级以上医疗机构医疗废物、12个乡镇369家村级医疗机构以及城区68家小型诊所加强医疗废物管理，使医疗废物得到全收集、全处置，全市医疗废物安全集中处置率达100%。加强7家38枚放射源和36家辐射装置使用单位环境安全监管，闲置放射源集中暂存率达100%，废旧放射源收贮率100%，辐射工作单位自行检测率100%，废旧金属回收熔炼企业自行检测率达100%。

【法制培训与环境信访】加强法制培训，提高执法能力。组织开展法律、法规教育培训、执法培训与考核工作。积极参加信访业务培训及执法证年度审核考试。规范执法行为，完善执法程序，加强执法监督，落实行政执法责任制和三级审核签字制度，行政行为符合法律法规规定，行政处罚文书规范。开展环境大接访活动，通过发放宣传资料、讲解典型案例等方式宣传环保法律法规，现场解答群众咨询。

推进环境信访工作，切实维护人民群众的环境权益。坚持依法治访、以人为本的原则，树立“为群众解忧，为企业服务”的思想，始终将群众关心的问题列为信访工作的重中之重。坚持重点案件例会制度，定期对重点案件、群众反映集中案件进行检查、监督，难度大、问题多的信访案件领导亲自过问、亲自主抓；坚持文明受理、及时出现场、限期结案、跟踪问效的机制，明确分工、密切配合，保证信访案件的及时查处，提高信访案件的查处效果。坚持信息反馈、意见征询制度，对已经查处的案件，及时将查处情况反馈举报人，并征求举报人对信访工作的意见和建议，受到群众的好评。坚持急事急办、特事特办的原则，充分发挥“12369”环保投诉热线作用，投诉受理24小时值班，妥善处理群众来信来访。全年共依法行政处罚环境违法企业53家，取缔18家“土小”企业，查处环保投诉案件22件。

【环保教育与宣传】积极开展环保宣传活动，6.5世界环境日开展“绿色新郑·环保骑行”和环保大接访活动。提升全民文明素养，共护新郑碧水蓝天。制作大型喷绘标语200条，制作宣传栏200幅，展出宣传版面100幅，发放环保知识宣传彩页2000份。及时更新官网、官微内容，迅速处理网络舆情，在局官网、官微上及时上传工作动态，发布公示公告。积极与市委、市政府的“心通桥”和环保微博“绿色郑州”互动，及时回应网民诉求，处理答复中原网心通桥投诉8起。持续深入开展绿色学校创建活动，做好绿色学校申报及复查工作。在全市中、小学开展环境教育，做到每学年环境教育12课时以上，普及率达到100%。加强环保新闻宣传，主动与新闻媒体联系，重点工作在《郑州日报》、市广播电视台开展系列专题报道。利用全国低碳日、地球日、法制宣传日等纪念日开展形式多样的宣传教育活动，倡导节能减排、绿色生活方式，营造人人参与环保、关注环保、支持环保，人人都是环境保护的“宣传员、信息员、劝导员和监督员”的良好社会氛围。

（撰稿：张莉虹 审阅：王永法）

商务 政务

COMMERCE & ADMINISTRATION

·商务 政务>>>

COMMERCE & ADMINISTRATION

招商引资

【概况】2016年1月，新郑市商务局搬迁至市区中华北路中原华信大厦，内设办公室、编制人事科、政策法规科、外资管理科、对外开放科、经济技术协作科、内外贸易科、特种商品管理科和商务稽查大队，现有干部职工54人。主要职责是贯彻落实国家、省、郑州市有关内外贸易、国际经济技术合作的发展战略、方针、政策，拟定新郑市内外贸易、国际经济合作的发展规划、全市对外开放的战略规划、全市吸引外来投资的发展战略及中长期规划；负责全市招商引资，搞好综合协调和服务；负责全市外商投资；负责对外经济合作；指导和监督对外承包工程、劳务合作、境外投资、设计咨询等业务工作；申报管理国(境)外经济组织驻新郑代表和办事机构，负责外经贸业务出国人员的申报工作；监测分析市场运行、商品供求和流通运行情况，组织实施重要消费品市场调控，管理重要生产资料流通；负责商业服务业的管理工作，组织整顿和规范市场经济秩序，负责成品油、润滑油的管理工作；负责拍卖、旧货流通、实物租赁、再生资源、报废汽车回收、旧机动车交易管理工作。

2016年，新郑市共签订投资项目28个，招商引资到位资金170亿元。其中，引进境内域外资金115亿元，实际利用外资1.98亿美元，外贸进出口额7863万美元，完成比例和增速在郑州市五县市中名列前茅。由于对外开放工作成效显著，为市政府赢得郑州市对外开放先进单位和河南省对外开放先进单位称号，商务局也获得新郑市绩效考核优秀单位称号。

【对外开放】2016年，新郑市坚持把对外开放作为促进经济发展的有效载体，实施“双融入、双承接”发展战略，经济社会发展呈现出良好态势。工作中，坚持突出“四个转变”，着力构建对外开放工作新格局。在围绕黄帝故里拜祖大典、河南投洽会等招商活动基础上，成立6个招商小组，按照“产业牵头领导+产业牵头部门+产业成员单位”的模式，由市主要领导亲自挂帅，分工负责重点产业招商工作，以长江经济带、珠三角、京津冀等区域为重点方向，开展常态化招商，通过自行组团、产业推介、高层互动、达成共识，先后登门拜访卓达集团、颐高集团、浙江传化集团、红星美凯龙等企业，通过对目标企业的深入研判，签约华夏幸福、杭萧钢构、郑州一建等12个项目，签约金额370.8亿元。围绕新郑特色主导产业和新兴产业，绘制产业链图谱，强化链式招商，不断延伸产业链条，努力做大增量、做优存量，加快实施优势产业集群培育工程。突出围绕高端装备制造、生物医药和食品加工、新能源绿色建材、电子信息、现代物流、生态文化旅游六大产业集群招商，通过产业链招商、专业化招商、精准化招商等方式，推动产业集聚发展。重点签约森赫电梯、乾德电子生产基地、天冰冷饮生产项目、协鑫智慧能源、易信数据、传化中原物流小镇、泉康现代化智慧金融物流产业园（外资）、国瑞机器人未来世界旅游文化产业园等项目。发挥企业作为市场经济的主体作用，变政府主导招商为市场主导招商，让社会中介发挥推动力量，共同形成“政府搭台、企业唱戏、社会中介参与”的招商引资各方联运新格局。以华夏幸福招商平台、中德产业园、IBM、华商汇、

2016年2月29日，郑州市考核组考核新郑市2015年“五职”招商责任制工作

圣戈班等产业园为载体，突出企业主体地位，引导本地企业积极引进传化物流港、奥特莱斯、聚思鸿等战略合作伙伴，带动其核心供应商、配套协作商和物流商布局新郑、投资新郑，进一步拉长优势产业和产业链，提高产业关联度。深入推进行政审批“两集中、两到位”和“五单一网”制度改革，在全省率先建立高标准综合性行政审批服务中心，进驻办公行政事业单位39家，所有与招商引资有关的业务实现“一站式办理”。积极拓宽融资渠道，加强银政企合作，全面推进企业信用担保体系建设，出台鼓励和扶持创新创业实施意见、招商引资奖励办法等政策、意见，设立3000万元的工业经济专项调节基金，切实解决招商企业融资难问题。严格落实重大项目周例会和企业联席服务会、土地资产委员会、规划委员会等例会制度，大力推行重点项目领导分包、首席服务官、并联审批、“三色旗”评定、重点工作台账等工作机制。围绕在建、签约、意向和拟引进等“四类”项目，进行全面排查梳理，建立问题清单，明确责任单位，采取“三位一体”和“四个一”工作推进机制，加大服务力度，及时解决项目推进中存在的困难和问题。截至年底，全市累计开工建设郑州一建、不锈钢物流、中烟物流、佳龙食品、中德产业园二期等20多个项目。

【外经外贸】鼓励外贸进出口企业运用好出口信保政策工具，协助郑州市商务局做好2015年外经贸发展专项资金申报工作。紧紧围绕郑州“国际商都”的战略定位，发挥跨境电子商务外贸发展新引擎、产业转型新动力、对外开放新窗口的重大作用，根据郑州市《跨境电子商务综合试验区建设工作行动计划（2016—2018年）》要求，重点打造“跨境电商特色产业培育示范园”，促进传统加工贸易企业向高科技高附加值产品转化升级。搭建平台，积极邀请万佳等中小商贸流通企业参加郑州市中小商贸流通企业服务年专家讲座活动会，为使企业更好开拓市场，先后组织雏鹰集团、好想你枣业、新郑市佳源农业种植有限公司等企业参加第九届中部投资洽谈会、广交会等贸易活动。2016年，新批光大环保能源、圣戈班绿色建材国际商贸园两个外资项目，为加快项目推进，认真落实联审联批、领导分包重点项目制度，保证光大环保能源项目已完成项目建设用地拆迁、地形测绘、土地放线等工作。圣戈班绿色建材国际商贸园项目土地范围已确定，一期20公顷土地组卷已报批，项目已奠基动工。

【市场体系】加强市场监测，完善储备体系，除做好夏冬两季农产品网上购销对接会平台管理和维护外，对全市6家重点流通企业和生活必需品、重要生产资料企业进行市场监测，将生活必需品、重点流通企业等行业纳入监测范围，指定专人负责监测。新郑市生活必需品实行日监测、周分析，月总结，并进行预警预测，随时掌握市场供求状况和商品价格，为做好稳定市场、保障供应、平抑物价提供及时有效的信息。加强培育，促进现代物流，依托华南城、华商汇、圣戈班绿色建材园、众合石材城、六盛钢材市场等一批大型物流项目，大力引进符合新郑市主导产业发展的高端智慧物流项目，如投资18亿元的河南统一供销物流配送园建设项目；投资30亿元的传化公路港华商汇物流园项目；投资30亿元的华商汇国际物流港项目；投资8亿元的鸿元电商物流产业园开发项目等，实现物流企业集聚化、智能化发展。多次与上级部门对接，联络物流专家与教授，会同新郑市相关部门局委，举行论证，积极促进全市商贸物流业发展规划的筹划工作。夯实基础，助力新郑市电商起航，郑州市三定方案出台后，新郑市组织人员，研讨新郑市电子商务、跨境电商、农村电商、社区电商等工作，谋划电子商务发展规划编制工作，开展全市电子商务企业认定工作及对新郑市电子产业园管理工作，多次组织企业参加《郑州市电子商务大讲堂》等各种培训活动，提高对电子商务、跨境电商等认知和理念，培养电子商务业务人才。新郑市已经认定几十家企业，其中郑州华南城有限公司荣获商务部第一批智慧物流配送示范单位称号，也是河南省电子商务示范基地，入驻电商企业2000余家；好

河南康泰塑业工人在施工中

想你枣业有限公司获河南省电子商务示范企业称号；雏鹰农牧集团增资微客得科技，深度触网，积极布局粮食贸易以及互联网两大战略业务。郑州华盛奥特莱斯、郑州华盛佳和商业投资有限公司、郑州广汇通达贸易有限公司顺利运营，开启新郑市跨境电商新纪元。

【行业秩序管理】 为加强新郑市成品油市场监管，维护市场秩序，促进成品油流通体制规范化发展，根据上级要求，及时开展部署，开展成品油经营换证工作，加强日常监管与专项整治相结合。积极开展成品油经营资格年检换证工作。组织执法人员深入市场，对每个油站采取上门走访、发放宣传资料、送达年检文件等方法将年检时间、内容和要求及时通知企业，指导企业按时上报年检材料，在资格审查过程中，对不符合年检要求的，不符合安全生产的加油站责令限期整改。对非法加油站（点）和群众反响强烈的加油站进行整改。商务局根据省商务厅、公安厅等七个厅局印发的《关于开展大气污染防治攻坚战成品油市场专项整治活动的通知》要求，从2016年7月20日起在全市范围内开展专项整治行动，通过精心组织，部门联合行动，取得阶段性成效。截至11月11日，市商务稽查大队累计出动执法车辆75台次、执法人员281人次，严格排查、复查全市范围内93家加油站(点)，下达责令整改通知书33份，查封违法违规加油站（点）1家，查扣非法油品运输车辆4台。按照要求，严格把关加油站（点）的审批、申报程序。

【单用途预付费卡备案管理】 根据《郑州市商务局关于做好单用途商业预付卡管理工作的通知》，为深入贯彻落实《单用途商业预付卡管理办法（试行）》，加快推进新郑市单用途商业预付卡管理工作，成立新郑市商务局单用途商业预付卡工作领导小组，统一组织领导新郑市单用途商业预付卡管理工作。对从事零售业、住宿和餐饮业、居民服务业的企业发行的预付卡进行备案，并落实实名登记、非现金购卡、限额发行等制度。新郑市已备案发卡企业12家。

【黄标车淘汰】 以科学发展观为指导，以推进节能减排、改善环境空气质量为出发点，坚持“政府带头、突出重点、分类推进、以限促淘”的原则，采取积极有效的措施，由市公安、环保、财政、商务等部门建立黄标车淘汰“一站式”服务窗口。负责牵头建立黄标车提前淘汰补贴联合服务窗口，审核《报废汽车回收证明》，公布报废汽车回收企业经营地点。截至2016年11月11日，共收到黄标车提前报废补贴申请1814份，受理淘汰黄标车1814台，已办理完结1771台，补贴资金1741.488万元。

【沐浴业情况调查】 通过开展企业座谈、查看工商局注册，登门走访等形式解沐浴行业发展情况，对新郑市开展沐浴业摸底调查经过排查，新郑市有市沐浴业10家，下步将加大《河南省沐浴业经营管理暂行办法》的宣传力度，提高沐浴企业和消费者对《暂行办法》的知晓度，为备案工作打下坚实基础。

（撰稿：颜海东 审阅：徐冀乐）

政务服务

【概况】 市政务服务中心办公室（原市行政服务中心办公室）于2002年1月18日成立，是市委、市政府深化行政审批制度改革、优化经济发展环境、服务企业和群众的对外窗口。政务服务中心办公室共有事业全供编制20人，在编14人，领导班子4人，内设办公室、业务管理科、督查科、网络信息科和政务改革管理办公室等5个科室。2015年10月10日，位于新区财富广场的新建政务服务大厅正式向市民开放。新大厅占地面积1.2公顷，总建筑面积4.09万平方米，大厅面积2.6万平方米。按照“凡批必进、应进必进”的原则，新建大厅共进驻行政事业单位41个、社会化服务单位8个，设置窗口168个，进驻窗口工作人员317人。按照“五单一网”保留

138项行政审批事项和253项基本公共服务事项全部进驻大厅,基本实现“两集中、两到位”。新郑市政务服务中心，以“全国一流·河南领先”政务服务的工作目标开展扎实工作，获得郑州市2016年度行政审批暨“五单一网”制度改革绩效考核工作第一名。

【行政审批】2016年，在“五单一网”制度改革联席会议领导小组和行政审批制度改革领导小组基础上，整合成立政务服务改革管理领导小组，切实为全市“五单一网”制度改革、政务服务改革管理工作提供有力的组织领导保障。积极创新工作方法，科学制定“1+1+5”工作机制，由常务副市长牵头抓总，政府办副主任一线负责，市法制办、编办、财政局、发改委、政务服务中心等5个牵头部门各负其责，全力推进政务服务机制建设和清单运行监管等各项工作，确保政务服务工作高效有序推进。制定《行政审批服务工作绩效考核办法》，将各行政审批和日常服务部门工作列入年度绩效目标考核，切实增强各单位改革工作责任感和使命感。同时，将市行政审批服务中心更名为市政务服务中心，各乡（镇、街道）办事大厅和村（社区）便民服务点更名为便民服务中心和便民服务站，使政务服务机构名称更加规范，工作更加标准。

【政务服务】严格按照“两集中、两到位”要求，坚持“凡批必进、应进必进”原则，市政务服务中心已进驻单位49家、工作人员317人，设置窗口168个，所有商事业务和便民事项实现一站式办理，确保大厅之外无窗口，彻底改变过去“办一件事进百家门”的状况。2016年，共受理办结事项94.84万件，即时办结率达到100%，平均每月办件量在7万件以上。同时，主动引入“互联网+政务服务”理念，2016年1月1日市启用“政务服务网”和“四级联动行政审批系统”，运用信息技术手段、将网上办事大厅与实体大厅进行无缝对接，建设成集行政审批、便民服务、政务公开、在线互动、效能监察等功能于一体的综合性公共服务平台。政务服务事项网上运行10.45万件。

【一口受理】2016年，按照“审管分离、受审分离”的工作思路，在大厅全面推行“一口受理”政务服务模式。由政务服务中心综合受理窗口统一受理，统一出证、送达，后台各职能部门分口审核、审批，变“多头受理”为“一口受理”，变审批部门、审批人员说算的任性、随意审批为由清单说了算的标准化。2016年3月1日,在工商质监、食药监等单位率先启动商事登记区“一口受理”，随后在投资建设项目区、综合审批区等分阶段、分步骤推行。经过近半年的运行，不断总结经验和教训，结合中心的实际，打破格局，11月14日，将全市涉及的29个单位和部门263项事项全部实行“一口受理”。有针对性地制定《“一口受理”综合受理服务程序》《综合受理服务窗口工作职责》等操作规范和规章制度，实施标准化、精细化管理；按照“服务优先、辅导靠前”的原则，设置咨询辅导区，提供“肩并肩”式的批前辅导服务，做到“一次性告知”，让群众少跑腿；设置自助服务区，放置事项办理明白卡、材料清单等便民资料，配备电脑、打印机等办公设施，满足不同层次的群众需求，方便群众自助服务。11月，全面推行大“一口受理”以来，共接受办事群众咨询辅导3662件，受理、办结各类审批事项1853件，平均每天办件60件以上，全部提前办结，比以往每百件平均办件时间缩短1.42天；通过问卷调查和服务满意评价系统，群众满意率达到100%，解决窗口业务量不均衡、权力寻租、看人办事等问题，使群众“省心又省钱”。

2016年7月15日，郑州市“五单一网”制度改革工作推进会

【四级联动政务服务】以孟庄镇鸡王社区为乡镇和社区级便民服务中心建设模板，示范带动政务服务工作重心下移、收件端口前置，进一步健全完善乡镇、社区基层便民服务体系，全面推动全市政务服务四级联动工作开展。整合服务事项，将工商质监、食品药品监督、民政、计生服务、劳

好想你公司红枣产品展示厅

动保障等机构职能整体纳入便民服务中心，由镇、社区服务中心通过政务服务实现四级联动、在线审批，使群众不出镇、社区就可办理各项社会事务。健全工作制度，制定镇便民服务工作《实施方案》《绩效考核办法》及便民服务中心首问负责、限时办结、预约服务等9项工作制度，确保镇、社区服务中心规范运行。加强运行指导。市政务服务中心指导镇、村服务中心按照“一窗式”综合受理，要求规范设立业务窗口，并定期对便民服务中心进行业务指导，协调市直相关部门及时解决业务办理中出现的问题，确保乡镇、社区便民服务中心运行正常。孟庄镇便民服务中心进驻事项共70项，可实现四级联动9项、三级联动43项、二级联动12项、即时办结6项。在孟庄镇，到龄的老人办理“老年优待证”不需要再到市政务服务中心，只需到社区或镇便民服务中心提交资料、上传信息，“老年优待证”就会有人送上门。11月25日上午，组织召开全市政务服务四级联动工作推进会，会上市委常委、常务副市长王智明对政务服务四级联动工作进行全面部署安排，明确各部门工作任务，全力推动四级联动工作开展。

【标准化管理】 实施标准化管理，提供更加优质服务。在大厅大力实施政务服务标准化建设，科学编制《政务服务工作培训手册》，对窗口办理从咨询服务、受理、审核、出证到送达都制定统一工作标准，精细到每一个环节。逐一审核所有审批事项和公共服务事项，统一项目名称、事项名称、设立依据、提交材料、办理流程、办结时限、收费标准及依据等，在中心网站上公布，方便群众随时咨询下载，努力实现“办事流程标准化、提供服务标准化、制度和管理方式标准化”。加强窗口工作监察考核奖惩，严格落实业务办理“日清周结月通报季公示”机制，开展“红旗窗口”“政务服务标兵”“党员示范岗”等评优评先。2016年，下发绩效考核通报11期，评选“大厅窗口创新工作机制先进单位”11个、“红旗窗口”88个；评选“政务服务标兵”124人次、“党员示范岗”33人次、“青年文明岗”33人次。8月，针对房屋交易和产权管理与不动产登记信息不共享、给群众办事造成不便等问题，发挥牵头协调作用，组织国土不动产和房管部门进行协商，建立部门信息数据共享互查联席会商机制，确保信息数据交换共享平台建成前群众房产业务的正常办理和运行。另外，在为群众提供周到、细致、热情的服务方面不断完善，为群众提供成本价打印、复印服务，降低群众办事成本；将建行、农商行等银行引入大厅，让群众不出大厅就可办理缴费、取款等银行业务，让群众少跑路，通过各项工作措施极大地提升政务服务质量和水平。

（撰稿：贯湘峰 审阅：刘根松）

园区建设

ZONE CONSTRUCTION

·园区建设 >>>

ZONE CONSTRUCTION

郑州新郑教育园区

【概况】 郑州新郑教育园区位于新郑市西北部，与河南省会郑州接壤，与航空港区毗邻，是新郑市新型城镇化“两城、两市镇”的重要组成部分和郑州都市区南部的重要组团新区之一。园区总体规划面积138平方千米，规划范围为西南绕城高速以南、郑尧高速以东、密港路以北、潮河以西，包含龙湖镇及孟庄镇、郭店镇一部分，其中核心区规划面积90平方千米。

【园区发展】 2016年，园区地区生产总值完成179.21亿元（龙湖镇完成105.1亿元，孟庄镇完成17.5亿元，郭店镇完成56.61亿元），地方财政收入完成23.78亿元（龙湖镇完成20.5亿元，孟庄镇完成1.97亿元，郭店镇完成1.31亿元）；固定资产投资完成228.55亿元（龙湖镇完成138.1亿元，孟庄镇完成31.2亿元，郭店镇完成59.25亿元），建成区面积达40平方千米，常住人口突破40万，其他各项经济社会指标均实现平稳增长。

【基础设施建设】 道路建设。地铁2号线南延、紫荆山路南延工程，已进入收尾阶段；郑老庄四条市政道路、国际城东路已建成；双湖大道西延一期、祥安路西延一期已开始施工，鸿鹄路南延正在进行设计，107国道连接线西延设计已完成。

市政管网。推进天然气、自来水、雨污水等各类管网综合提升工程，祥和路雨污水管道建设工程涵盖龙湖镇北部、孟庄镇西北部约30平方千米区域，目前该项目已进入招投标程序。

供水。华南城水源已顺利接入镇区，缺水问题初步缓解；已与南阳市就南水北调水资源交易年供水8000万立方米签订合作协议；南水北调取水工程设计项目招标已完成，正在进行规划设计；第二水厂建设工作选址已确定，正在进行规划设计和可研环评等相关手续的办理工作。

广场游园。湿地公园部分河段两岸驳岸施工和河道清理工作已基本完成，4个拦河坝主体结构已完工，祥云路两侧绿化工作完成80%，双湖大道人防及休闲广场工程正已投入使用，大学路廊道、西南绕城高速廊道绿化完成93.4万平方米。

教育及公共服务配套。新增小学3所，龙湖一中已启用新校区，2所幼儿园正做前期移交工作，投资2270余万元对王口、古城、镇直小学进行改扩建，王口小学已投入使用，启动九年一贯制学校建设，特勤消防站正在做前期准备工作。

【新型城镇化建设】 以“全域城镇化”为目标，加快拆迁建设及群众回迁进度。违法占地、违法建设整治方面，以土地卫片执法为契机，联合公安、土地、行政执法、工商、电业公司等部门，多次开展卫片执法专项整治行动，出动执法人员1.5万余人次、执法车辆500余台次，对情节严重的进行立案13起，影响恶劣的移交司法机关，逮捕10人，刑拘10人，严厉进行打击。同时，加大违法建设巡查力度和频次，下达各类违法占地、违法建设停工整改通知书600余份。全年累计制止、拆除各类违法建筑600余处，清理违法占地80公顷，拆除违法建筑77万余平方米。安置房建设方面，新开工崔垌、荆垌一二组、东代寨3个安置点及王许美丽乡村自主改造，建设安置房29.8万平方米，续建罗垌、夏寨、三里岗、郑堡、孙庄、小乔新嘉苑二期、东苑等7个安置社区，建设安置房54.52万平方米，沙窝李首套安置房已顺利交付，郑堡、东苑社区一期2个安置点首套房和郑老庄、林锦店2个安置点第二套房即将回迁，计划回购520套安置房对小乔村、郑尧高速廊道被征迁户进行安置。

【招商引资及项目建设】 围绕园区东、中、西不同功能定位，瞄准“文化创意、现代商贸、休闲旅游”三大产业，加大招商力度，全年共签约亿元以上项目13个，计划总投资约465亿元。其中，机器人未来世界文化产业园项目占地400公顷、总投资260亿元，传化物流港项目占地133.33公顷、总投资50亿元，海元物流项目占地66.67公顷、总投资30亿元。亿元以上项目建设投资完成154.8亿元，竣工亿元以上项目19个，新开工5亿元以上项目7个。其中，华南城项目总开工面积400万平方米，建成面积达260万平方米，投资额逾120亿元，100万平方米实现营业，开业商铺12000余家，就业人数达到2.7万人。

【园区管理】 新建垃圾收集池5座，园区主要路段、市场清扫保洁率和清运率达到100%，每天定时对建成区20余条道路进行湿法清扫、洒水降尘。成立大气办，对园区86处建筑工地建立台账，督促进行7个100%整改；购置雾炮车、扬尘车、清扫车各1辆，并对项目工地和拆迁村庄覆盖防尘网280余万平方米；受理上级交办案件362起，已办结358起，办结率98%；对龙湖镇36处散煤点进行取缔，关停整改混凝土搅拌站8个，取缔非法炼油厂8家，取缔违规露天碎石厂、石料厂30余家。开展龙湖城镇管理提升百日集中行动，组建一百余人的城市管理执法队伍（市行政执法局23人、村委78人），结合工作重点难点，按区域把执法队划分为6个中队，对分包区域内的“九乱”现象进行巡逻整治。通过宣传条幅、宣传页和下发执法文书等形式广泛宣传，营造“人民城市人民建，人民城市人民管”的宣传的氛围。截至2016年年底，悬挂宣传标语400余条，发放温馨提示单13600多份，下发责令整改通知书1900余份。组织160余人在滨湖路北段（祥和路—祥云路）、祥和路东段（郑新路—求实路）、阳光大道开展3次专项整治行动，共清除板房220处，清理占道建筑材料73处。

（撰稿：谭杰超 审阅：王东东）

新港产业集聚区

【概况】 2016年,新港产业集聚区围绕“一个载体、三个体系”的思路和“四集一转”的总体发展要求，完善基础及配套服务设施，理顺管理体制，明确发展目标，推进规划调整、招商引资、项目建设，产业集聚区建设成稳步快速发展态势，被评为2016年度河南省二星级产业集聚区、郑州市对外开放先进单位。区内企业全年主营业务收入600亿元，比上年增长10%；“四上”企业增加值实现81亿元，同比增长12.4%，固定资产投资120亿元，同比增长30%，完成税收6亿元；安排约2.6万人就业。

【科学调整规划】 高标准编制《新郑市新港产业集聚区总体发展规划（2016—2020年）》，并于2016年4月顺利通过省发改委批复，调整后规划面积27.61平方千米，主导产业为食品加工和生物医药。扩区后将北部区域内食品、医药产业有机整合，统一规划管理，进一步做大做强主导产业，提升产业集聚区的承载能力和产业带动能力，为新港产业集聚区的长远发展提供强有力保障。目前，后续的控规和环评正在稳步推进。

【招商引资】 围绕现代食品、生物医药主导产业，重点突出“四个转变”，即由求项目向求效益转变、食品项目向医药项目转变、承接沿海产业向航空港经济实验区配套产业转变、传统产业向高科技产业转变，实现产业转型升级。按照投资强度不低于300万元/亩，税收强度不低于30万元/亩/年，容积率不低于1.3的招商标准，正式签约项目有雪麦龙、中储粮油脂小包装、美盈森、上海美傲等4个，总投资10亿元。

【重点项目建设】 光明乳业、好想你、雪花啤酒、峰泰纳米等7个项目投产，总投资额38.2亿元；恒喜龙食品、遂成药业、润弘制药、雏鹰粮油园区、中德产业园等18个项目正在建设，总投资202亿元。有客食品、美盈森、新鸿物流、金星啤酒、百草味电商园区等18个项目拟开工，总投资95亿元。

【配套设施】 2016年，产业聚焦区基础设施完成投资6.7亿元，同比增长410%。其中冠超路、冠恒路一期已建成通车，龙岗路、华山路等7条道路正在建设，铁西路、永康路即将动工。准备开工建设两个110千伏变电站。西气东输新港支线迁建工程正在加快推进，华润燃气、发展燃气等燃气站也在加快建设。新建成日处理3万吨的污水处理厂一座，日处理5万吨的薛店镇污水处理厂二期扩建工程已在建设。

（撰稿：张伟锋 审阅：朱黎娟）

新 郑 新 区

【概况】 新郑新区是新郑市为适应经济社会发展，按照“产业为基，产区互动，协调发展”思路而开发建设的新城区，它南依郑韩故城墙与老城区相接，东与产业集聚区和郑州航空港经济综合实验区相连，西北边界均至南水北调总干渠，规划面积31.4平方千米。2016年，新区固定资产投资完成70亿元，完成目标任务50亿元的140%；财政收入完成2.8亿元，完成目标任务2.5亿元的112%；招商引资及融资到位资金66亿元，完成目标任务13亿元的461.54%。

【村庄拆迁及安置】2016年，新区陆续启动3个社区5个自然村992户3564人的棚户区拆迁改造工作，其中韩庄社区木梳李自然村棚户区拆迁改造共涉及294户1208人，已进入收尾阶段；韩庄社区河西郑自然村116户，430人，常庄社区常庄、牛庄自然村总计206户643人，已实现全部拆迁；李唐庄社区376户，1283人拆迁，目前已完成拆迁总量的60%，正在积极推进中。目前新区规划区范围内已基本实现全域拆迁。同时对郑新路升级改造设计的剩余拆迁任务进行分解，稳中求快，快速推进。在做好拆迁工作的同时，新区加快安置房建设步伐，实现群众回迁。在安置房建设方面，新区完成了第二安置区一期工程的建设，目前已经达到分房条件，正在进行人口公示；完成李唐庄安置社区（悦湖公馆）首套安置房的分配；城后刘安置社区已完成主体封顶，正在做外墙粉刷，预计2016年上半年达到分房条件。同时采取回购房屋的方式，回购的剑桥郡社区900套安置房，已完成韩庄社区756户安置房的分配。

【项目建设】以港中旅旅游度假综合体、新尚商业综合体和中央商务区建设为抓手，开工建设大型商业和总部经济项目11个，总建筑面积83万平方米，总投资75亿元。其中投资18亿元的港中旅旅游度假综合体项目综合商业及写字楼工程已完成主体施工，正在做二次结构；投资16亿元的新尚商业综合体项目东地块10万平方米综合商业及配套已完成主体施工。CBD区域内共规划9个总部商厦项目，商会大厦、华夏国际商务中心、建银大厦相继完工并完成部分企业和商户的入住；华祥喜度商厦已完成玻璃幕墙的安装，正在进行内部装饰，2016年上半年完工投入使用；正港国际大厦、中冶克拉公馆正在抓紧施工。同时加快社会投资项目的建设步伐，迷你港湾、华信金融大厦东塔完成主体封顶，轩辕湖一号、天鹅湖畔、一江弘城三期、凯悦雅居等地产项目正在有序推进。

【生态建设】健全完善各项控尘标准，深化实施各项整治措施，建立完善的环境监管台账，所有工地按照扬尘治理的标准进行整治，定期不定期对建筑工地进行督导审核，由市政环保局、规划建设局派出专人小组进行督导，对不达标工地进行停工整改等措施；对建筑工地人员进行定期培训，提高大气扬尘治理意识。拆迁工地做到拆迁前有围挡，拆迁过程中湿法作业，拆迁后全覆盖或及时清运；裸露土方惊醒全覆盖或绿化；全面取缔沙石、料场、煤场。治理道路扬尘，监督渣土车密闭运输和渣土定点堆放；城区主干道实行16小时滚动保洁，城管科所属清洁车辆进行不间断、循环机械化清扫作业，达到道路路面见本色、干净整洁质量标准，机械化清扫率达到95%以上。继续巩固露天烧烤治理成果，建成新区夜市疏导点，引导烧烤摊点集中经营、入室经营，并使用环保烧烤设备，减少油烟排放。严格按照秸秆禁烧指示，抓好区域内秸秆杂物禁烧工作，确保无焚烧秸秆垃圾事件。

【基础设施投入】新区加快推进基础设施建设，万福路北延、创业路西延、学院西路、CBD区域内4条规划道路以及中兴路黄水河桥、创业路暖泉河景观大桥等6条道路、2座桥梁竣工通车；姬水路、崇文路、湖滨路南延、少典路东延等4条道路，完成施工招标及路基清理，正在抓紧施工。完成了辖区建成道路标线、红绿灯的设置。弘远路中学五栋主楼已全面竣工，已完成校园内绿化设计，确保2016年秋季实现招生；财富广场东配楼完成主体封顶。

【融资保障】2016年，新郑新区发展投资有限责任公司共实现融资到位资金31.05亿元，其中：委托远东租赁有限公司融资1.67亿元，新发投PPN项目金额15亿元。通过华夏银行两次与河南省豫资城乡投资发展有限公司签订融资合同2亿元，共融资4亿元。与光大银行合作融资2.78亿元。与农商行合作融资1.8亿元。通过子公司新郑市恒泰城建有限公司与农商行合作融资1.8亿元。两次委托国投信托融资2亿元，共融资4亿元。

（撰稿：常伟 审阅：徐晓静）

农业

AGRICULTURE

农业
AGRICULTURE

·农 业 >>>

AGRICULTURE

农业工作

【概况】 2016年，新郑市深入实施“双融入、双承接”发展战略，强力推进“三大主体”工作，以都市型现代农业示范区建设为统揽，紧紧围绕构建都市生态农业体系、农业科技推广体系，全面推进农产品质量安全监管、农业投入品监管、新型城镇化建设、农村土地确权颁证、农业开发扶贫、农机管理等中心工作。农村环境持续优化，农村社会安定祥和。

2016年，新郑市粮食播种面积5.32万公顷，总产达27.85万吨，较上年减产500吨，平均亩产362.68千克，较上年增加12.2千克，增产3.47%。粮食单产与去年略增。夏粮单产362.72千克，较上年增产3.04千克；秋粮单产362.68千克，较上年增产8.79千克。

【生态农业发展】 三大示范园区建设效果显著，基本构筑了“一园一特色”、“一园一亮点”的现代都市农业发展新格局。北部都市型现代农业示范区已初步建成特色农业园区10个。南部高标准粮田优种示范区已建成特色优种示范园区18个，年产优质小麦良种4.8万吨、无公害瓜果蔬菜20多万吨、特色花卉苗木30多万株提升了农业综合生产效益。红枣综合产业园已建成特色农业园区6个，打造出了古枣树保护、生产示范、休闲体验、生态美化于一体的红枣产业生态园区。

【“菜篮子”生产基地】 2016年，新郑市完成蔬菜播种面积6866.67公顷，蔬菜总产量达32.5万吨，实现产值3.1亿元；全市完成瓜类（西瓜、甜瓜）播种总面积466.67公顷，总产达2.4万吨；新发展葡萄、樱桃面积80公顷，樱桃、葡萄总面积达1666.67公顷。其中，大粒樱桃面积达800公顷，平均亩产达1000公斤以上；新发展花卉、苗木40公顷；食用菌全年总产量2296吨，总产值达1758万元。

【农业科技推广】 5个区域中心站全面运转，共建立粮食高产创建万亩示范片4个，其中小麦、玉米各4个；千亩方15个，高产攻关田5个，全市万亩小麦、玉米高产创建示范片平均单产分别达到550公斤、600公斤以上。大力普及科学施肥知识，提高测土配方施肥技术运用面积，全年共采集墒情土壤样品300个，处理样品数据480条，发布新郑市农田墒情简报12期；全市2016年测土配方施肥面积达2.67万公顷。全市重大病虫害监测预警能力进一步加强，长期预报准确率90%以上，短期预报准确率95%以上。培育新型职业农民学员161人，郑州市认定农民田间学校11所，实训基地6个。

【农产品质量安全监管】 2016年，全市新认证无公害农产品12个、绿色食品4个，有机保持认证1家。全年共检测蔬菜样品3.2万个，合格率为100%。新建立农产品质量追溯点59个，涵盖超市、蔬菜及水果生产基地。

【农业投入品监管】 对新郑市2家种子生产企业、95家农资经营门店全年不定期进行监管，共查获涉嫌违法花生品种5个，计800公斤，涉嫌违法玉米品种5个，计500公斤。选定种子展示基地13.33公顷，组织15家相关经营企业和商户的87个玉米品种进行种子品种展示。

【农业机械化】 2016年共执行农机购置补贴2276.3万元，补贴拖拉机353台、自走式谷物联合收割机182台、自走式玉米联合收获机103台、其他农具404台，受益农户721户、农业生产经营组织14户。农作物秸秆机械化综合处置率达97.02%，主要农作物耕种收综合机械化水平达到81.68%。新增根茎收获机械101台（台套），新增作业面积1346.67公顷，新增农业实施机械115台，完成保护性耕作技术推广面积7733.33公顷。推广应用大中型拖拉机355台，玉米、小麦联合收割机351台，穴播机135台，秸秆还田机234台，根茎类收获机械145台，微耕机33台，旋耕机278台，免耕播种机36台，深松机34台，秸秆捡拾压捆机14台，设施农业机械115台（套），青饲料收获机8台等。完成深松作业面积4533.33公顷，作业补助面积2800公顷。

【农业产业化经营】 新郑市各级农业产业化龙头企业达到68家，其中郑州市级以上42家，省级以上9家，国家级3家。新培育新郑市级农业产业化龙头企业12家，申报2016年郑州市级农业产业化龙头企业5家。完成直接和间接农产品出口2.1万吨，出口产品涉及生猪、蔬菜、红枣制品等，完成出口创汇额2.3亿元，同比增长12%。

【综合开发】 2013年度高标准农田示范区建设项目顺利通过上级部门验收，全力推进2016年国家级土地治理项目工程实施，2016年已完成新打配套机井38眼，安装变压器7台，埋设高低压线路20千米，水泥硬化道路4千米。

【扶贫开发】 2016年，共发放帮扶资金50.83万元，资助贫困生41人，帮助贫困群众解决生产生活问题290件，落实宣传政策信息1604条，培训群众302人，介绍岗位并就业105个，就业贫困群众人均年增收1.5万元左右。投资10亿元高标准规划建设具茨山社区，将具茨山管委会12个行政村统一搬迁安置，2017年起陆续搬迁入住。开展“雨露计划”实用技术培训400余人；安排科技产业化项目3个，总投资90万元；金种子互助资金小额贷款项目已累计发放贷款1000万余元。

【新型农业经营体系】 2016年，新郑市乡村清查收集土地确权档案资料9.8万卷，收集农户信息和录入工作已基本完成，调查农户信息9.6万户，制作工作底图234个村。完成权属调查2.85万公顷，占应确权面积（3.15万公顷）的90.4%；完成指界测绘面积2.65万公顷，占应确权总任务84%；完成指界测绘农户8.5万户，占总农户的75.2%。新发展农民专业合作社35家，培育发展省级农民合作社示范社2家。新培育发展家庭农场16家，培育发展郑州市示范家庭农场6家，培育发展省示范家庭农场1家。新增农村土地流转433.33公顷，全市农村土地流转面积达9200公顷，占全市家庭承包耕地面积的30.1%；农村土地流转农户达3.16万户，签订耕地流转合同2.87万份,农业规模经营6.67公顷以上的农业经营主体达690多家。

特色种植助农致富

【新型城镇化建设】 2016年，完成辛店镇人和寨2015年美丽乡村项目投资2200万元，环村河道和背街小巷道路全面整治，污水处理项目建成调试，晚清古民居修复工程开始招投标；辛店镇人和寨2016年郑州市美丽乡村建设试点续建项目和观音寺镇溱水寨2016年美丽乡村试点项目已获批复，获得郑州市资金2100万元。新郑市农村垃圾处理及农业废弃物回收项目招标完毕，采购垃圾车2辆、移动式垃圾桶320个。全市安置房建设共启动社区68个，开工建设安置房5.79万套、793.4万平方米。通过社区安置共回迁农户15176户、59185人。

（撰稿：李全龙　审阅：贾连卿）

畜牧业

【概况】 新郑市畜牧局位于新郑市文化路南段，为市政府工作部门。内设办公室、人事劳动科、畜牧业管理科、防疫检疫管理科、医政药政管理科五个内设科室，下设畜牧技术服务中心（副科级单位）、动物卫生监督所、重大动物疫病预防控制中心、畜牧兽医综合执法大队、畜产品质量监督检验中心五个二级机构。主管全市畜牧业生产、规划、指导、动物疫病防治及新技术推广等工作。现有在编在职职工167人，其中：大专以上学历77人，党员 82人，高级职称7人，中级职称38人，初级职称22人。

【畜牧业发展】 2016年，全市畜禽养殖总量达1652.4万头（只），其中禽类饲养量1500万只，猪饲养量110万头，羊饲养量9.5万只，牛饲养量2.9万头，其他30万头（只）。肉、蛋、奶产量分别达到了4.8万吨、2.6万吨和1.3万吨。各类规模以上畜禽养殖场（区）248个，“瘦肉精”抽检率达100%，重大动物疫病防控密度保持在100%，免疫抗体合格率达到70%以上，新郑市2016年被国家定为生猪调出大县，奖励资金267万元，被河南省定为病死畜禽无害化处理5个试点县之一。扶持建立的新郑市病死畜禽无害化处理中心已正式投入运营。扎实推进规模养殖场标准化升级改造6个、国家级示范场1个，完成了5家规模养殖场废弃物综合利用和污染物治理任务。7月中旬，对中央督导组交办的新郑市养殖企业存在的污染问题，依托网格化利用网格人员对全市进行排查，由局长和副局长带队，成立1个统筹组和4个攻坚组，带领全局人员对全市1200余家养殖场（户）进行排查。全局共出动人员600多人次、车辆300多台次。并结合乡镇和相关部门，联合取缔了多家无法整改的养殖企业。按照《郑州市人民政府办公厅关于印发郑州市碧水工程行动计划（水污染防治工作方案）的通知》等文件精神及省、郑州市关于做好畜禽养殖禁养区、限养区划定调整工作的有关要求，结合新郑市实际情况，印发了《新郑市人民政府关于印发新郑市畜禽养殖禁养区和限养区划定调整工作方案的通知》，推动全市水污染防治工作的开展。

【畜牧技术推广培训】 截至2016年年底，全市有种公猪站10个、种公猪760头、能繁母猪近6万头，争取上级畜牧业生产扶持资金12万元，良种补贴资金110万元，基层畜牧技术推广项目资金20万元，为全市畜牧业快速发展提供了有力的资金和技术支撑。遴选了14名畜牧技术指导员和1个养殖示范基地、14个科技示范户。已完成了对示范户、技术指导员的培训，并以集中宣传、下乡检查、开展培训活动和接受咨询等方式宣传畜牧业养殖实用知识。共组织大型宣传咨询活动8场、发放宣传材料2000多份、制作宣传展板8块、接受群众咨询2000余人，培训农户1000余人。

【重大动物疫病防控】 继续贯彻预防为主的方针，抓好高致病性禽流感、口蹄疫、猪瘟、猪高致病性蓝耳病、羊小反刍兽疫等重大动物疫病的防控工作，同时做好布鲁氏菌病等人畜共患病的防控及流行病学调查、监测工作，保证了全市没有一起重大动物疫病的发生。对辛店、新村、龙湖、孟庄、郭店、薛店等乡镇进行了布病监测工作，全年共检测口蹄疫、猪瘟、小反刍兽疫等9887份，合格率均超过70%的国家标准。

【动物卫生监督与检疫】 2016年，全市产地检疫生猪50.9万头，禽1.23亿羽；市辖四个生猪定点屠宰厂屠宰检疫生猪26.1万头，抽检瘦肉精尿样1.53万份，出具检疫证明8.56万份；确保患病生猪不入宰，确保不合格产品不出厂，确保上市动物产品合格率、持证率100%，确保全市人民吃上放心肉、安全肉。新建的畜产品质量监督检验中心于2016年已完工，已投入使用。

【病死猪无害化处理】 根据地域和养殖资源分布情况，扶持建设东部以雏鹰农牧为主、西部以银发牧业为主建立两大病死猪无害化处理中心。十五个病死畜禽收集处理点，配备运输车13辆，年处理病死猪26万余头，基本实现了行政区域全覆盖、收集体系全覆盖、规模养殖场全覆盖。

【饲料兽药生产经营企业监管】 加强兽药饲料生产经营企业日常监管和抽检。制定兽药饲料检查方案，对全市13家兽药及18家饲料生产企业、30家兽药经营门店、5家动物诊疗机构进行不定期检查。对存在问题的兽药生产企业下发了整改通知书，对30个获证单位GSP执行情况进行了重点检查，检查兽药饲料生产经营企业及网点230个，对存在问题的兽药经营店下发了整改通知书。

【畜牧业综合执法】 2016年新郑市畜牧兽医综合执法大队狠抓队伍建设，严格执法，加强对兽药、饲料和饲料添加剂以及畜禽养殖业的执法监督检查。全年共检查兽药、饲料生产企业50家，兽药、饲料门店56家、畜禽养殖企业36家，出动执法车辆350台次，执法人员约1100人次，共处理案件11起，罚款金额共计10.5478万元。

（撰稿：燕 勇 审阅：李付军）

林 业

【概况】 新郑市林业局是负责全市造林绿化、林业资源管理、森林资源清查、陆地野生动植物资源管理、森林防火、森林病虫害防治检疫、林业产业技术服务、林业科研项目攻关和推广等工作。内设办公室、人事财务科、行政审批科、植树造林科、资源林政科、法制室、森林防火办公室7个行政科室，辖林业产业发展中心、森林公安局行政服务中心、森林病虫害防治检疫站、林政稽查中队、林业科学研究所5个事业单位和1个正科级直属单位——新郑市森林公安局。市退耕还林领导小组办公室（副科级）、市绿化委员会办公室、市生态廊道办公室在市林业局设立常驻机构。全局现有干部职工150人，行政24人，全供14人，差补112人。高级工程师6人，工程师19人，助理工程师13人。

【生态造林】2016年，全民完成新造林面积2654.07公顷。其中高标准完成鸿鹄路、莲花路、机场高速、京港澳高速、西南绕城高速、南水北调滨河公园等5条廊道建设任务，完成神州路、双湖大道等10条廊道的提升改造任务，新建和提升廊道面积2066.67公顷，总长度185千米，投资9.96亿元。山区及平原沙荒营造林工程116.71公顷，村镇绿化工程39.03公顷，林业原料林工程74.02公顷，特色经济林工程41.51公顷，苗木花卉工程144.59公顷，完成省市下达的森林抚育面积340.78公顷，低质低效林72.53公顷。圆满完成全民义务植树工作。2016年全市参加义务植树人数29万人，尽责率达到了95%，完成义务植树110万株。

林业育苗工作健康发展。全市共育苗357.7公顷，其中新育196.2公顷，留床161.5公顷。新育主要树种有栾树、樱花、香花槐、核桃、红叶石楠等；留床主要树种有法桐、女贞、石楠、桂花、银杏等。进一步丰富了新郑苗木市场。

【退耕还林】完成了国家林业局组织的退耕还林工程2016年度县级自查，自查范围包括历年退耕地造林的面积保存情况和林木生长质量情况，经过外业调查和内业统计，全市共1736.73公顷（不含港区部分），涉及10个乡镇、管委会，121个行政村，498个造林小班。全年发放公益林经济补偿资金59万元，使公益林区纳入经济补偿范围的林农都得到了国家补助资金，同时为林农办理了森林保险，增加了灾害抵御能力。

【林权改革】按照省林业厅、郑州市林业局要求，林改工作扎实推进。全市共完成林下种植面积3200公顷，完成产值7000万元；林下养殖数量2万只，产值150万元，林业景观利用产值250万元。

【林政执法】落实采伐限额管理。严格执行省林业厅下达森林采伐限额指标，采伐限额控制在指标以下，凭证采伐率达到98%以上；木材凭证运输证合格率达97%。确保年度造林面积比采伐面积大，使林业生态建设进入良性循环的状态。

强化林业资源执法力度。2016年，开展了“春季严打”“国门利剑”“净网行动”“非法占用林地严打”等多项专项行动。全年共出动警力2723人次、车辆912台次，立刑事案件2起，破案2起，送检察院起诉2起，起诉3人。立林业行政案件18起，破18起，行政处罚18人，上缴财政罚款1.72万元。立治安行政案件2起，破2起，处理违法行为人2人。

2016年12月3日，新郑市长马志峰调研全市生态廊道建设情况

【野生动物保护工作】严格执行《中华人民共和国野生动物保护法》和《河南省实施<中华人民共和国野生动物保护法>办法》，围绕野生动物资源的排查、救助、扶持等几个方面开展工作，全年排查各类违法经营点12家，查处违法案件7件，保护燕子等野生动物栖息地5处，救助候鸟等野生动物36只（其中国家二级保护动物9只、省重点保护动物12只、“三有”保护动物15只）。

【林地调查】根据《河南省林业厅关于开展全省林地变更调查工作的通知》要求，为做好林地变更调查工作，结合新郑市实际，林业局在春季造林工作任务繁重、人员紧缺的情况下，抽调各科室业务骨干，又聘请洛阳林校林业专业的学生协助开展此项工作。调查工作共分为6个外业调查组和1个内业录入组，由外业调查组逐小班、逐地块进行调查，填写因子表后交由内业组录入电脑，避免了内业区划不清和影像与实地不符的问题，能够清晰地反映出林地的变化情况。

【病虫害防治】紧紧围绕森防“四率”“一降三提高”全面建设森林健康的总体目标，狠抓林业有害生物特别是美国白蛾危险性病虫害及杨树病虫害等新郑市主测对象的预测预报工作。以产地检疫为突破口，认真做好检疫御灾工作，切实把好源头检疫关，把检疫性和危险性林业有害生物消灭在萌芽状态。截至2016年年底，共开展产地检疫面积183.33公顷，苗木504.04万株，按照规定抽检苗木25.2万株，产地检疫率100%。林业有害生物防治工作呈现出良好发展势头，为新郑市林业产业的又好又快发展提供了强有力保障。先后开展了林业有害生物监测预报、杨树及枣树病虫害防治、森林植物检疫等工作，全年森林病虫害成灾率0.92‰,无公害防治率达到91.61%。监测覆盖率达到了91.07%,测报准确率达到了97.6%，种苗产地检疫率达到100%。

【森林防火】 2016年，市委市政府调整了市护林防火指挥部组成单位，市财政拨款50万元作为2016年的防火专项经费，建立了1座基地站，配备了3辆运兵车、1部车载台、30台风力灭火机、30部对讲机、600把二号工具，投资2000万元对原先修整的防火通道进行了全面硬化。从宣传引导入手，印制了1万本防火知识手册、1万本防火条例及5000册宣传彩页发放到具茨山国家级森林公园管委会群众及重点单位手中。与市电视台、气象局联合，在电视台黄金时段连续播放防火宣传口号和森林火险等级预报，达到了较好的效果，在林区形成了“防火知识人人皆知”的局面。全市还配齐了总数为60人的防火专业队伍，为每名防火队员配备了防火服，购买了保险，组织大家每天24小时轮流值班巡逻，发现火患及时扑救，组织具茨山森林公园管委会与下属行政村、厂、公墓、寺庙签订防火责任目标书，把防火责任进一步落实到山头、地块、树木和寺院，在进入森林公园和寺庙的每个路口安排专人24小时严防死守，禁止火种上山，严禁野外用火，全市全年没有发生一起大的森林火灾事故。

【为民办事】 截至2016年年底无缓批、漏批、错批情况发生，无违反廉政纪律情况发生，无一起投诉和不满意测评事件发生。全年窗口办理林木采伐许可证297、木材运输证10件、木材经营加工许可证4件、植物检疫证19件、林木种子经营许可证4件、林木种子生产许可证4件、野生动物驯养繁殖许可证1件、野生动物经营许可证1件。

（撰稿：张少兰　审阅：刘淑香）

水　利

【概况】 新郑市水务局位于新建北路618号，内设办公室、编制人事科、财审科、农水水保规划科、建设管理科、规划计划科、水政水资源科、行政审批科、农村安全饮水建设管理科等九个科室，下属河道事务管理局、后胡水库管理局、老观寨水库管理局、望京楼水库管理所、青岗庙水库管理所、五虎赵水库管理所、杨庄水库管理所、唐寨水库管理所等8个水管单位，以及水利技术服务中心、水政监察大队、供水节水技术中心、水利派出所、水利抗旱服务队、渔种场、物探队、钻井队、总工办、质监站、10个基层水利服务站等单位。2016年度全系统共有干部职工373人，其中：行政23人，事业全供47人，事业差补190人，自收自支113人，拥有高级职称3人，中级职称51人，初级职称56人。

2016年，共争取上三级资金7149.1万元，占目标任务6000万元的119%；新打配机井160眼，占目标任务146眼的110%；改善灌溉面积1466.67公顷，占目标任务1466.67公顷的100%；总投资500万以上在建项目入库率100%；圆满完成市委、市政府下达的综合目标和临时工作。

【水政水资源管理】 全年共办理水行政许可业务49件，其中新办取水许可业务2件，延续取水许可42件、水资源论证2件，河道管理范围内工程建设方案审核2件、配合河南省水利厅参加生产建设项目水土保持方案审批和水土保持设施验收1件。全年开展执法巡查180多次及时制止违法行为22起，其中立案4起，行政处罚案件2起（河南工程学院违法取水案、中石化中原石油工程有限公司钻井三公司违法取水案）、行政指导案件2起（新郑市洧水路黄鹤楼洗浴中心违法建设取水工程案、郑州润泉钻井工程有限公司违法建设取水工程案）。严格落实“最严格水资源管理制度”及“用水总量控制和定额管理相结合制度”，紧紧围绕“内强素质，外树形象”总目标，严把征收程序，按月对自备井单位进行抄表收费。全年实际征收水资源费939.45 万元。

【防汛抗旱工作】 从3月开始，对全市水库、河道、涵闸等重点领域、重要环节进行了5次系统性汛前排查，对排查出的25处隐患问题进行了限期整改，并结合实际对防汛方案等进一步修订完善，签订了水库安全度汛责任卡，明确了各水库防汛责任人、管理责任人、技术负责人。强化物资储备和抢险队伍建设，投资6万元，对市防汛物资仓库进行了修缮，储备铁锨1800把、铁镐300把、编织袋4.5万个、橡皮艇8艘；组建市、乡、村三级防汛队伍1.2万人、专业防汛队伍260人。同时，通过专家讲座、应急演练、设置宣传栏等形式，对全市水利系统工作人员和广大市民群众进行汛前业务培训和宣传教育，切实提高全民抢险、避险能力。

【山洪灾害防御】 4月18日，郑州市

防办主任侯国顺到新郑市辛店镇金芒果小学开展防汛减灾知识进校园活动。5月12日，全国防灾减灾日向广大市民发放山洪灾害防御小知识手册、明白卡等，普及防汛减灾知识，提高公民防灾避险自救能力。在辛店、观音寺、具茨山管委会、龙湖镇等山洪灾害重点防御乡镇、村组设立山洪灾害知识宣传栏，发放明白卡、购置发放应急检修设备3套，预警广播安装36台，手摇报警器19个，图像监控站18座，视频监控站1座等山洪灾害设备。完善乡级山洪灾害防治办公室门牌、防汛值班制度、乡（镇）防汛预警信息处理办法等制度。7月24日上午，省白沙水库管理局局长田京飞带领督察组对新郑市防汛工作进行督导检查。8月初，市防汛抗旱指挥部组织在具茨山景区青岗庙水库举行了山区山洪灾害防御演练。

【农田水利建设】 做好农田水利基本建设的规划、组织、实施、技术服务和监督检查工作，确保了春、冬修工作的蓬勃开展，根据市局安排，全面做好冬修汇总资料的整理、上报等工作，获郑州市农田水利建设“中州杯”。完成观音寺镇现代化示范乡镇项目县级自验、工程报审和审计协调等，完成城关乡现代化示范乡镇项目完成8个标段的验收。新村镇现代化示范乡镇项目5月13日开标，7月10日开工，工程已完工。投资1200万元的河塘整治项目3月30日完成县级自验，4月7日通过郑州市财政局、郑州市水务局联合验收,变更部分已完工并通过郑州市验收。

2015年度续建项目。投资623万元的8项小农水项目（投资150万元的辛店镇许岗、后小庄、南李庄、东土桥、欧阳寺、界牌节水灌溉工程、投资138万元的高班庄小型农田水利工程民办公助项目、投资120万元的观音寺镇潩水村小水源工程、投资40万元的雨水集蓄及人畜饮水项目、投资125万元的水利设施维修养护、投资50万元的应急水源工程），已进行完工验收并报审。

2016年度新建项目。投资535万元的10项小农水项目（投资150万元的辛店镇黄岗、贾嘴、辛店、后小庄、辛店草庙马节水灌溉工程、投资20万元翠谷农业财政专项资金项目、投资150万元的水利设施维修养护、投资120万元的贾庄小水源项目、两批投资95万元的应急水源工程后高庄、界牌，田庄、铜佛赵），目前已按郑州市批复完成了应急水源的招投标工作。投资130万元的王庄小型农田水利工程民办公助项目取消实施。

【河道生态水系建设】 河道及水生态整治。2016年水务局承担的总投资4.88亿元的8个水生态文明建设项目。投资1300万元的双洎河南关段清淤治理工程已基本完工。投资4300万元的黄水河郑风苑下游河道治污工程、投资9800万元的双龙坝建设工程、投资1415万元的南水北调防洪沟治理工程等3个续建项目正在抓紧施工。其中黄水河郑风苑下游河道治污工程上半段水体平均能见度已达110厘米，成效显著。下半段因污水管网溢流无法提升。投资3998万元的双洎河胡垌至贾梁段河道治理工程完成招投标，目前，一标已经开工。

水环境治理。以“水清河美”行动为载体，持续深入开展水环境治理，配合城区各乡镇办和环保局、住建局、爱卫办等单位，对河道控制区的38个排污口进行封堵，对58处垃圾积存点进行清理，对临河养殖和河道网箱养殖进行清理，对6千米城区河段枯死杂草进行打捞清理，水环境治理水平明显改观。

贯彻落实河长制。2016年，拟了《新郑市关于建设河道管理“河长制”的工作意见》，完成并下发全市“河长制”实施方案，组建市、乡两级河长制办公室，出台市、乡两级河长制相关制度，建立市河长制“3+1”工作体系，加快推进河长制公示牌竖立。完成媒体公示，启动河库水环境普查工作。

【农村居民用水安全】 2016年，安全饮水科配合设计部门完成了《新郑市农村饮水安全巩固提升工程“十三五”规划》的编制工作，规划已通过市政府的批复。2016年，安全饮水科共利用维修基金对观音寺镇太清村农村饮水安全工程的压力罐和水泵的更换，对龙湖镇刘口村农村饮水

2016年12月20日，农民在温室大棚里查看蔬菜长势

安全工程水泵的更换，对辛店镇人和寨美丽乡村项目管网改造等三个项目，共使用维修基金157350元，继续加强对各乡镇已建安全饮水工程设施维护、管理的技术指导工作，委托市防疫站检测中心，全年完成农村饮水水质检测1300份。

【水土保持】 水土保持项目建设。2016年，实施项目6项，涉及投资265万元，其中完成实施目3个（安子窝小流域工程、黄岗小流域水土保持治理工程、青岗庙小流域水土保持综合治理工程），完成投资95万元，治理水土流失面积6.5平方千米，工程已完工并通过评审；在建项目3个，涉及资金170万元，白龙池小流域水土保持治理工程正在实施，具茨山小流域水土保持治理郑州市已批复，正在招标，新郑市水土保持规划工作已完成招标，同时正在与郑州市规划同步进行。

水土保持监督、方案编制。2016年，共对新在建开发建设项目巡查40次，监督检查项目19个，参与督促开发建设项目编报水土保持方案报告4个，参与郑州赵家寨西翼风井水土保持方案报告书、国道310郑州市西南端改建工程水土保持方案的评审等；督促新密至邢口铁路扩能改建工程、郑州华辕煤业有限公司李粮店工程等工程上缴水土保持补偿费；配合郑州市水务局对大学路南延（西南绕城高速至省道323段）新建工程和郑州南四环至郑州南站城郊铁路工程水土保持工作进行监督检查等。

【水利体制改革】 完成2016年农田水利设施产权制度改革和创新运行管护机制试点实施方案编制，并于2016年4月15日通过上级部门批复。积极实施农田水利设施产权制度改革工作，完成560本梨河镇农田水利设施产权和使用权证书打印和发放；完成观音寺镇、城关乡、新村镇完成农田水利设施普查定位和登记摸底工作；完成和庄镇、薛店镇、孟庄镇、龙湖镇、郭店镇、辛店镇已全面启动农田水利设施产权制度改革和创新运行管护机制工作。创新运行管护机制工作，先后在梨河镇、观音寺镇、新村镇、城关乡试点乡镇实施先建后补项目工作，下发先建后补项目立项指南通知文件70余份，梨河镇有5家农业龙头企业申报该项目，正在进行资料审查修改。积极探索农田水利设施参加保险工作。2016年9月9日上午，在梨河镇召开新郑市水管体制改革和农田水利设施保险交流会。积极探索农田水利设施运行管护机制考核办法，根据年度实施方案要求，起草了制定农田水利设施运行管护机制考核办法。

（撰稿：岳建伟 审阅：李国照）

南水北调移民工作

【概况】 2016年，市南水北调移民局按照中央“四个全面”战略布局要求和省、郑州市、新郑市工作部署，坚持以移民村产业发展为重点，加强项目规划指导和管理，突出移民就业主题，加强培训针对性、实效性，努力提高移民收入，认真开展移民安置自验各项工作。

【移民后扶项目建设】 按照“规划引领产业、项目带动产业、招商做强产业、培训助推产业、管理服务产业”的总基调，全面落实移民村五年产业发展规划，按照“成熟一个，申报实施一个；成熟一批，组织实施一批”的要求，严格落实工程项目法人制、招投标制和监理制，坚持完工项目抓验收、在建项目促进度，抢抓时间节点，突出抓好“两村一园”（梨河镇新蛮子营村、薛店镇观沟村和郭店镇移民产业园）建设，巩固黄甫蔡老水库移民村，辐射带动郭店镇三十里铺村、冯寺村生产发展。截至年底，完工项目7个，完成投资733万元，新修水泥道路3600米，新打机井1眼，建设猕猴桃采摘区2公顷，蔬菜拱棚54座，日光温室大棚5座；实施项目14个，总投资2185.9万元；申报项目10个，申报资金1481.86万元，涉及智能连栋温室、蔬菜日光大棚、污水处理、物联网+、休闲木屋、游客接待中心等产业发展项目和乡村旅游配套项目等。

【移民安置验收】 按照省市要求，成立新郑市移民安置验收工作领导小组，下发实施方案，并召开成员单位负责人会议，明确时间节点和具体工作要求；完成档案资料的收集、整理、归档和扫描，并积极与市档案馆对接，做好档案移交保存工作；完成《移民安置实施统计表》和《自验工作表格数据》修订工作，根据修订数据编制《新郑市实施与管理工作报告》及《自验工作报告》；积极处理遗留问题，完成郭店镇山根村移民安置资金计划调整申报和薛店镇观沟村财产户宅基地置换及房屋建设等。顺利通过郑州市和省级移民安置验收。

【移民就业技能】 为大力提升新郑市丹江口库区移民劳动力技能水平和就业创业能力，实现稳定就业、有效增加收入的目标，印发了《关于在全市丹江口库区移民村开展移民劳动力技能培训的通知》和《移民村劳动力参加技能培训意向登记表》，充分征求移民群众意愿，有针对性地开展培训活动。全年共培训移民干部和群众5期310人次，其中在梨河镇黄甫蔡村、新蛮子营村和薛店镇观沟村开展3期大棚蔬菜和葡萄种植技能培训，培训人员210人次；9月经市委组织部批准，牵头组织各级移民干部共计50人到苏州大学开展了为期一周的移民干部素能培训。通过局网站和到移民村公布张贴用工信息3期，引导移民就近就地就业，增加移民务工性收入。

（撰稿：李舢 审阅：赵治国）

气象服务

【概况】新郑市气象局下设国家气象观测站，区站号57086，观测场海拔高度为116.6米，占地面积2公顷，位于新郑市区茨山路西段，现有职工19人（编内7人，聘任12人），其中本科学历11人，硕士研究生2人，大专2人，党员5人，工程师4人，助理工程师3人。

内设管理机构2个：综合管理科（办公室）、防灾减灾科（业务科），级别为股级。下设直属事业单位3个：气象台（气象站）、气象服务中心、防雷中心。气象台（气象站）级别为副科级，气象服务中心、防雷中心级别为股级。并合理确定了岗位设置和岗位职责，完成了气象台事业法人年审工作。2016年成立新郑市气象局工会。完成了政府购买服务人影作业人员和防灾减灾气象服务人员的聘用和培训工作，县级气象机构综合改革工作稳步推进。本年基本业务有：测报、预报、农气服务、人工影响天气、气象执法等；开展的服务项目有：防雷服务、手机短信气象服务、天气预报栏目电视广告专业气象服务，其中防雷工作按照上级要求，及时推进防雷体制服务改革，新郑市气象局与新郑市政府积极落实豫政［2016］82号文件精神，与新郑市城乡规划和城市管理局进行交接，草拟出《新郑市气象局、新郑市住房和城乡建设规划局关于建设工程防雷许可工作交接的通知》文，并与新郑市住房和城乡建设规划局进行协商，理清了县级防雷许可、监管、检测技术服务等方面的责任和工作范围。气象测报、天气预报工作每天至少2人值班，按照国家规定的时效进行气象观测和天气预报制作，并及时将观测资料和预报意见通过微机上传省气象中心。

【气象基本业务】2016年气象局狠抓气象业务质量，业务质量名列郑州市气象系统前列，地面测报12个月报表全部合格，测报、农气错情率均为0.0‰，未出现伪造、涂改等重大差错。主要资料传输及时率100‰，自动站资料传输及时率99.90‰。自筹资金近6万元购置了6套无锡产的新型单雨量站设备，对现有的单雨量站全部进行了升级改造；新建设了称重式雨量传感器和降水天气现象仪。

【拜祖大典气象服务】拜祖大典召开前，气象局提前一个月每天向市委、市政府及黄帝故里拜祖大典办发送“丙申年拜祖大典专题气象服务”材料和手机气象短信。被新郑市委市政府评为“丙申年黄帝故里拜祖大典工作先进集体”。

【人工增雨气象服务】针对春旱和初夏旱，充分利用始祖山两套碘化银地面燃烧炉和4台增雨火箭等设备进行作业。全年共进行作业8次，作业准备2次，共点燃碘化银烟弹171根，及时缓解了当时旱情。在大气污染防治工作中，积极配合各部门工作，为缓解空气污染，抓住小雨天气大好时机，在观音寺十里铺、始祖山进行人工增雨消霾作业，使重度霾立即减轻为中度，消霾效果显著。

【汛期气象服务】汛期气象服务是全年气象服务的重点，为确保全市安全度汛，气象局按照提前准备、精心组织、认真落实的工作思路，积极为领导和社会提供预报和雨情服务。按照“防汛抗旱两手抓”的要求，气象局积极主动地为新郑市委市政府提供了转折性、重要性天气预报服务和雨情全程服务，汛期发布《重要天气预报》5期、《雨情报告》20期。在电视台发布暴雨预警，通过信息发布平台向新郑市委市政府、防汛指挥部门主要领导120余人发布气象信息。雨情短信服务，让领导及时掌握了降水态势，为领导决策提供科学、及时、有决策价值的气象信息。在做好决策服务同时，气象局利用电视、预警信息大喇叭、预警信息电子显示屏、电话、手机、微博、微信、新郑市网格化管理平台等手段面向社会公众发布气象预报、预警信号等气象信息。重视重大气象灾害及气象应急服务工作，注意提高气象社会化管理职能。4月5日，组织了一次应急演练，模拟了自动站故障、市电停电、数据异常、网络故障等多种突发情况下的应急处置演练。通过演练，所有业务工作人员均掌握了应急处置方法和技能，通过此次演练气象应急服务工作得到了加强。积极开展乡村专项气象服务，每天通过新郑电视台发布天气预报。继续为电力、煤电业、仓储业进行专业气象服务，这种防灾减灾专项气象服务为企业的安全生产工作提供了保障。严格按照中国气象局16号令、河南省气象局下发的《河南省气象灾害预警信号发布与传播实施细则》、市局下发的气象灾害预警信号细则开展预警信息发布工作。汛前认真组织学习文件，整个汛期共发布预警信号34期。其中《高温橙色预警信号》6期、《雷电黄色预警信号》15期、《暴雨蓝色预警信号》5期、《大风蓝色预警信号》3期、《暴雨黄色预警信号》5期。在做好预警信号发布工作的同时，也高度重视预警信号的解除和备案工作，汛期共解除各类气象灾害预警信号34期，同时通过灾情直报及时上传国家、省、市气象局备案。汛期期间加强国家突发公共事件预警信息发布平台学习，及时应用平台发布与解除气象灾害预警信号34期。

【专业气象服务】开展了电力、煤电业、仓储业专业气象服务，与新郑市供电公司、河南省新郑煤电有限责任公司、中央储备粮河南公司新郑直属库续签了气象专业服务协议，通过手机短信平台、电话、传真、邮箱等方式向三个企业开展了雷电、大风、暴雨等专业气象服务。

【防灾减灾多部门联合气象服务】重视气象应急服务工作，加强了多部门合作的气象防灾减灾应急服务工作，与水务局签订2016年防汛抗旱工作服务保证书，与国土部门签订地质灾害防治服务协议书，与林业局签订了林业灾害气象服务合作协议书，与联通公司新郑梨河营业厅签订气象信息发布合作协议，与民政局（新郑市人民政府生产救灾办公室）签订了气象灾害联合调查协议。

【秸秆禁烧管理】麦收麦种期间，气象局积极利用卫星遥感资料为全市秸秆禁烧工作开展了秸秆禁烧监测以及污染预测预报服务，安排专人每天及时调取郑州市局下传的卫星遥感资料，及时编写秸秆禁烧监测及污染预报服务材料，每天及时送到市政府及环保局有关领导手中，为领导掌握全市的秸秆禁烧情况提供了直接的监测依据。气象局作为秸秆禁烧督查组一员，严格按照新郑市政府要求，认真完成新村镇、郭店镇、中心城区秋季的秸秆禁烧督查任务。

【“三农”气象服务】高度重视现代农业气象服务工作，主动将气象服务融入地方发展，在春耕、夏收夏种、秸秆禁烧、各农时，提供了及时有效的农业专题气象服务，并且创新服务方式，通过手机短信、LED气象信息显示屏、手机大喇叭、互联网等途径提供及时、主动、准确、快捷的气象服务。每天通过新郑电视台发布天气预报，共制作发布《农业气象周报》53期、《农业气象月报》12期、《春耕春播专题气象服务》3期、《夏收夏种专题气象服务》3期、《新郑市秸秆焚烧服务材料》23期、《土壤墒情公报》366期。小麦春季干旱期间，多次深入田间地头对冬小麦干旱气象灾害进行调查，并及时指导农民采取科学补救措施。

【年度工作荣誉榜】被河南省气象局评为“2015—2016年度全省优秀县（市）局”，局长闫伟杰同志被评为“全省优秀县（市）气象局长”。在郑州气象系统2016年度综合目标考评中，新郑市气象局获得“特别优秀达标单位第一名”，同时被评为郑州市气象系统“2016年度气象科普工作先进集体”，新郑市气象局工会被郑州市气象工会委员会评为“2016年度先进基层工会”，六名同志分别获得2016年度郑州市气象系统“人工影响天气工作先进个人”“气象依法行政先进个人”“精神文明建设工作先进个人”“重大气象服务先进个人”“气象基本业务工作先进个人”“安全生产工作先进个人”称号。三名同志被郑州市工会工作委员会分别评为2016年度“优秀工会工作者”“工会活动积极分子”“优秀工会之友”。

（撰稿：苗亚琼　审阅：闫伟杰）

工业

INDUSTRY

·工 业 >>>

INDUSTRY

主导产业

【概况】2016年，新郑市规模以上工业企业275家，年销售收入超10亿元企业27家，入地方财政税金超百万元企业60家，完成增加值284.4亿元，实现销售收入1276.9亿元。

【现代食品制造业】现代食品制造业是新郑市近年来重点发展产业之一，全市拥有1个省级重点产业集聚区、4家食品行业上市(挂牌)公司、5件中国驰名商标、一大批国内外知名企业和品牌。新郑市形成了以食品制造、农副产品加工、饮料制造、调味品制造、烟草加工为支撑，以植物油、保健食品、制淀粉为补充的食品工业体系。达利食品、光明乳业、加加味业、雪花啤酒等一大批国内知名企业先后在新郑建立生产基地，新郑市现代食品制造业影响力和知名度日益提升。2016年，规模以上食品企业51家，完成增加值64.2亿元，占全市规模以上工业的22.6%。

【生物医药化工产业】生物医药化工产业是新郑市传统产业和现代高新技术产业相结合迅速发展的产业。全市拥有规模以上生物医药化工企业34家，拥有以遂成药业、润泓制药、韩都药业、灵佑制药为代表的规模以上医药制造企业10家，并以此为依托形成了年产70亿支国内最大的医用水针剂生产基地，占国内市场份额1/3以上。2016年，规模以上医药化工企业完成增加值68亿元，同比增长19.4%，占全市规模以上工业的23.9%；入地方财政收入超百万元医药企业5家。

【高端制造业】2016年，新郑市拥有河南瑞泰等20家高新技术企业，工业产值110亿元，拥有中德产业园、鸿丰建材、遂成医药产业园、瑞孚国际医疗科技园项目等一大批投资亿元以上的在建项目。

【传统制造业】以机制水泥瓦为代表的建材产业居新郑市六大传统产业之首。2016年，新郑市56家规模以上建材企业完成增加值64.4亿元，占规模以上工业的22.6%。但其产业群体庞大、企业规模偏小、技术含量低、能耗大，被其列入传统行业提升改造行列。

（撰稿：杨帅军　审阅：马向东）

工业信息化管理

【概况】2015年11月，根据《中共新郑市委 新郑市人民政府关于调整市政府工作部门机构设置的通知》（新发〔2015〕6号）文件要求，原新郑市科技和工业信息化委员会划分为新郑市科学技术局和新郑市工业和信息化委员会，为市政府工作部门。工信委现有干部职工63人,设办公室、编制人事科、工业经济运行科、投资管理科、产业指导科、企业服务科、能源综合利用科和信息化推进科8个科室，下辖中小企业服务中心、工业节能服务中心、企业家服务中心3个事业单位。

【主要目标完成情况】2016年，全市规上工业增加值完成284.4亿元，12月份当月增速10.3%，累计增长6.2%，超过郑州市下达目标0.2%。非公有制经济增加值完成452.9亿元，同比增长10%，完成了上级下达的工作目标。

【工业项目发展】2016年，全市共签约、在建、投产各类工业项目36个，计划投资107.6亿元。36个重点工业项目中，投资10亿元以上项目12个，占33%；主导产业项目14个，占39%。截至年底，8个项目竣工投产。积极挖掘规上企业。工信委联合统计部门紧盯重点乡镇、区域和产业，经过3个多月的摸排指导，截至年底，申报新入规上工业企业达38家。培育上市挂牌企业。通过建立后备企业库、宣讲政策、搭建平台、培训指导等措施，截至年底，共21家企业成功挂牌；主动承接外迁项目。积极与金星啤酒、信心药业等项目对接。

【工业政策】按照市委五次党代会和人大四届五次会议确立的建设“中部现代工业新城”目标，反复调研论证。印发了《新郑市工业经济发展三年行动计划（2016—2018年）》，构建“一区（新港产业集聚区）+三基地（绿色建材、装备制造、电子信息基地）+乡镇特色产业园”发展格局，着力打造现代食品、生物医药、电子信息和装备制造3大产业集群。2016年9月市政府印发了《关于支持工业经济稳增长调结构促转型实施意见》，从夯实工业发展载体、加强重点企业培育、加大项目扶持力度、鼓励企业集约发展、鼓励企业节能降耗、鼓励企业“两化融合”、支持服务平台建设、加快企业转型升级、鼓励企业上市融资、强化财政资金引导等十个方面分30条举措对工业企业发展进行奖励扶持，并专门设立5000万元的工业经济发展专项资金。

【工业服务】2016年，新郑市成立工业稳增长保态势领导小组，对重点企业和项目实行市领导分包责任制，先后开展11次工业发展观摩调研，召开6次经济形势分析会。市工信委制定了《工业经济稳增长工作专案》，全体干部分包乡镇、企业及工业项目，与相关乡镇、部门一起，对困难企业建立台账、制定专案、因企施策、精准扶持，历时3个月，开展27次摸底调研、10次专项督查。为华驰薄板申请了延期1年的1000万担保贷款；协调光明乳业在2个月内办理了生产许可证；指导10家企业申报上级13个项目，争取上级奖补资金4449.44万元。37家规上工业企业复工复产，在建工业项目复工复建。工业增速从6月止跌回升，8至11月份，当月工业增速攀升到郑州市五县市前两位，12月份当月增速10.3%，累计增长6.2%，超过郑州市下达目标0.2%。

联合12个职能部门以“三请三进”（请行业专家、金融机构、电商券商，促政策、资金、技术进企业）为抓手，开展“政策落实进百企”活动。编发省、郑州市及新郑市惠企政策汇编（指南）等6种书籍（手册）共1.8万本，印发9类宣传指导折页共27万份，制作发放352个首席服务员公示牌和联系服务卡，组织28场（次）共841家企业参加的政策宣讲、企业培训活动；指导中德产业园建立企业服务中心，将行政服务进驻企业园区，2016年，中德产业园顺利签约148家企业，并于10月21日首批集中入驻48家；邀请12家金融机构到恒天电缆，搭建银企合作平台；工信委所属正兴公司为河南昌鼎、河南康裕等6家房地产企业办理5.44亿元的短贷资金业务，有力支持了新型社区建设。以“三创三比”（乡镇创先、部门创优、企业创新，比投入、比服务、比效益）和“三查三促”（纵查问题促整改、横查差距促发展、自查落实促提升）为抓手，建立和落实项目分包责任制、首席服务员制度、联系企业制度等，健全工业考评机制和企业服务联席办公会议机制。2016年，组织9次工业考评和4次企业服务联席办公会，为32家企业解决82个问题，企业服务办结率达到82%；对评出的6个工业后进乡镇办，督促加强整改。

【节能减排和安全管理】抓好节能降耗。以安全生产月、节能宣传周等为契机，倡导创新协调、绿色开放、共享发展理念，积极推动节能技改，积极化解过剩产能，1—11月，规模以上工业企业增加值能耗下降24.94%。抓好环境治理。按照市大气污染防治领导小组部署，工信委在做好对辛店镇、具茨山管委会环境督导工作的同时，按照市大气污染防治预警要求，主动作为，对工业企业、特别是重点行业（企业），实施人员住企、常态监管、从严督查，对恒发水泥等4家

新郑市庆安集团储料库

河南鸽瑞复合材料股份有限公司生产车间

企业下达关停通知书，对白象等6家企业下达应急减排通知书，建立白天巡查、晚间夜查工作机制，对重点工业企业开展126次督查，有效预防工业企业生产排污问题。抓好安全生产。认真贯彻安全生产“党政同责、一岗双责”制度，严格落实“三管三必须”要求，实施领导班子及分管科室监管系统内企业安全生产工作，督促指导各乡镇、街道管委会做好辖区内企业安全生产工作。全年共开展了72次安全检查，对新村镇开展安全生产督导61次。监管企业安全生产“零事故”。抓好扶贫攻坚。按照全市工作部署，抓好扶贫攻坚工作，对分包具茨山山陈村及73户贫困户（占全市贫困户的13%），派驻4名常驻队员和14名兼职队员，排查摸底，宣传政策，制定计划，因户施策，投入资金（物资）近4万元，73户贫困户已全部脱贫。抓好信访稳定。承担着历年改制破产企业2000多名下岗职工医保、统筹代收工作，代管300多名企业下岗党员关系和其他不稳定因素。

【“两化融合”与信息化工作】在推进新型工业化进程中，本委坚持把信息化要素融入企业生产管理及研发设计环节之中，促进企业构建现代管理体系，加快企业转型升级。进一步完善信息化工作推进机制。我们立足长远，统筹全局，出台了《新郑市人民政府关于加快推进信息化工作的意见》，规范了信息化工作推进的机制体制，明确信息化工作的目标任务。积极争取“两化融合”政策资金。积极组织企业申报2016年度河南省信息化发展专项资金项目。大力培育“两化融合”示范试点企业。目前，新郑市的白象食品、天津药业、好想你3家企业已被评为郑州市级两化融合示范试点企业。

【年度工作荣誉榜】获得“郑州市新型工业化建设先进单位”“郑州市服务园区企业建设先进单位”“新郑市新型工业化工作先进单位”“新郑市科技进步工作先进单位”等荣誉称号。

（撰稿：杨帅军 审阅：马向东）

轻工业发展和管理

【概况】新郑市轻工业总公司是1996年2月由新郑市轻工业局整体改制而成的事业单位，是新郑市所属企业（原集体所有制企业）的主管部门，公司位于新郑市新华路中段183号。主要职能是为轻工系统的企业提供政策指导、协调、服务。总公司现有工作人员7人，下设一室四科（办公室、信访稳定科、安全生产监督管理科、财务审计科、人事劳动科）。

总公司下属企业6家：河南庆安化工高科技股份有限公司、新郑市建安工程有限公司、新郑市讯达电缆材料有限公司、新郑市日出泡沫建材有限公司、新郑市工业物资有限公司、新郑市美术制镜股份有限公司。6家企业占地面积共计25.33公顷，建筑面积10万余平方米，固定资产3亿余元，共有职工900余人，其中各类专业技术人员231人（经济师15人，工程师90人，政工师6人）。

【服务企业】切实解决企业在发展进程中遇到的各类问题。党委班子成员实行分包企业制度，深入企业，对企业进行指导、督促、协调、服务，帮助企业解决实际困难和问题。

【安全生产】认真落实上级有关安全生产的指示精神，突出抓好和落实安全生产大检查（化学危险品、劳动防护用品）及安全生产例会制度。积极参加市政府组织的安全生产月活动，开展安全生产专项治理。建立安全生产“四本”台账，坚持每月深入企业开展安全生产检查活动，对排查出的安全隐患下发整改通知书，要求企业限期整改，并跟踪督查。从机构设置、人员配备、制度健全、建立台账、隐患排查到整改落实，严格、认真、到位，杜绝了重大事故的发生。全年开展安全生产大检查出动车辆24台次，安全检查人员72人次。查出一般性安全隐患90处，整改90处，整改率100%。

【信访工作】处理好每一个信访案件。积极协调有关单位和人员处理企业遗留问题，深入细致做好职工思想稳定工作，有效地防止了集体上访和非正常上访，保障了社会大局稳定。新达公司由于管理不善、资金缺乏等因素，已停产数年，职工长期放假，基本生活无保障。为确保职工利益不受损失，轻工公司主要领导多次到上海外方总部，商谈企业出路，为最大限度保障职工权益，双方初步同意用企业土地换职工社会保障。2016年，总公司全年处理信访案件3起，上级交办案件1起全部按期办结，结案率100%。

【职工生计】由于轻工系统停产企业多，企业改制后遗留问题多，企业和职工面临的发展问题、生计问题日益突出。多年来轻工业总公司一直把解决职工生计问题、发展出路问题作为工作重点。全年共慰问困难职工24人（户），助学2人（户），最大限度地解决了企业贫困职工、下岗失业职工的实际困难。

【社会保障】认真做好离退休干部入医保及养老保险政策宣传工作，推动政策在系统企业内落实，做到政策不棚架。耐心细致向有意办理的职工解释办理流程及所需要相关材料，并全程周到服务，达到离退休干部满意。2016年共办理离退休职工新入医保16人。

（撰稿：郑留玉　审阅：杨宏伟）

电力供应

【概况】新郑市供电公司属国家中二型企业。担负着新郑市60多万人口的供电任务。截至2016年年底，公司现有主业在岗职工532人。所属变电站16座，主变 33台，变电总容量取得历史性突破，达到1068.1兆伏安，110千伏线路24条249.59千米，35千伏线路17条135.24千米，配电变压器6575台，容量2808.12兆伏安。

【经济技术指标完成情况】2016年，公司完成供电量26.25亿千瓦时；完成售电量24.8亿千瓦时，完成考核指标的100%；综合线损率5.52%，完成考核指标的100%；全网最大负荷53.7万千瓦，新郑电网最大负荷52.42万千瓦，日最高供电量1026.6万千瓦时；全市高低压客户总数24.59万户；实现销售收入13.14亿元；上缴农网还贷资金5393.43万元；全员劳动生产率43.34万元/人·年；电费回收率100%，综合电压合格率99.78%，综合供电可靠率RS-1为99.8875%。其中城镇99.93%，农村为99.83%。

【安全生产】认真落实上级安全生产工作部署，扎实开展“三查三强化”安全专项行动，保障了电网安全稳定运行。狠抓本质安全和风险管控，完成110千伏莲河等10座变电站的技改大修及变电站3000余台设备预试和隐患消缺工作，消除设备缺陷和隐患180余起，严重和危急缺陷消除率100%，综合消缺率93%以上。加强线路消缺和通道清障，及时发现并处理杆塔倾斜、雷击导线等重大隐患6起，输电线路故障跳闸率同比下降37.5%。持续开展反违章纠察，安全风险管控能力不断提升。组织开展消防安全演练，在电力系统率先建成并投入使用微型消防站，实现了消防安全专业化管理。加强应急管理建设，细化完善各类突发事件应急预案，圆满完成拜祖大典、迎峰度夏等重大活动和节日的保电任务。截至2016年12月31日，实现连续安全生产9952天。

【电网建设】公司11座变电站建设规划纳入新郑市城乡发展总体规划，并将上级公司110千伏以上电网规划成果纳入新郑市2016年至2030年中长期发展规划。完成2.1亿元农配网工程项目储备，并均已通过省公司核准，随时可以纳入工程建设序列。电网建设全面提速。配合上级公司，先后完成220千伏武周至明港输电工程、220千伏梨河输变电工程和±800千伏过境直流输电工程属地协调工作。按照里程碑计划，完成110千伏泰山变电站、车站变电站新、扩建工程，开工建设河西、吴庄2座110千伏变电站工程，积极开展5座110千伏新建变电站项目前期工作，新郑电网整体布局得到优化。全面完成5110万元的新增农网223项单项工程和48眼机井通电建

国家电网办公楼

设任务。积极服务重点工程项目建设。配合郑州城郊铁路1期工程，完成110千伏裴度变电站接入110千伏林锦店和双湖变电站工作。配合政府工程，圆满完成新郑北区、遂成药业新厂区、文化路北延等40余项10千伏电力线路新建、改造及迁建工程。

【营销管理和服务】 落实“一证受理”服务措施，新增各类报装用户3.92万户、容量60.77万千伏安。顺利完成营财对接工作。开展智能表推广及采集建设，全年完成各批次14万余只智能表安装改造任务，基本实现了全覆盖。规范分布式电源并网服务，受理并网11户、容量3.1兆瓦。深化应用“互联网+营销服务”，积极推广电e宝、支付宝等互联网功能，城区营业大厅实现人工现金缴费离柜率100%。开展星级供电所创建工作，成功创建四星级乡镇供电所1个、三星级7个、二星级4个。

深化优质服务，完善“大营销”体系建设，组建供电服务指挥中心和电采中心，提升工作效率和服务水平。创新“首席服务官”制度，通过周联系、月回访、季走访的形式，与客户建立“一对一”的服务。深入治理服务投诉，通过开展供电服务竞赛，公司供电服务质量明显改善，不属实投诉申诉通过率达到100%，平均抢修处理时长比上年度大幅缩短。

【依法治企】 按照上级公司统一部署，按计划节点完成“子改分”工作任务，全省第一家完成分公司工商注册。依法合规稳妥推进集体企业改制，完成集体企业改制重组，并与祥和集团建立资本纽带关系。深入开展群众创新活动，1项QC课题分别荣获省、郑州市质量管理小组活动成果一等奖，2项课题荣获郑州市成果二等奖，公司被评为“郑州市质量管理小组活动优秀企业”。

【经营质效】 全面开展“农网发展上台阶、农电管理上水平”3年行动计划。强化综合计划与预算管理，建立协同审核机制，预算项目执行力度和项目储备质量显著提高。开展“两金”专项清理，建立往来款项台账管理制度，降低资金风险。稳步推进全员绩效管理，完成岗位等级序列规范和绩效合约签订。编制完成“大营销”“大检修”体系提升方案，加快与市公司的业务融合。扎实开展营配数据贯通，完成公线、专线数据梳理和采集建模，有效提升营销信息准确率。开展同期线损系统建设，规范基础台账管理，深化基础数据治理。推进地县一体化建设，在6县公司率先完成智能电网调度控制系统变电站监控信息接入，并积极开展变电站集中监控业务移交工作。公司仓储信息化应用工作在全省县级供电企业名列前茅，并成功组织全省物资仓储现场会。同业对标成绩稳中向好，通过优化考核办法，加强部门协同和过程控制，公司物力管理和运行管理两大专业板块排名6县公司首位，仓储资源管理指数、规划项目执行准确率、同期线损高台区治理率等26项单项指标位居郑州市6县公司第一名。

（撰稿：王亚苹 审阅：赵高峰）

交通 通信

TRANSPORTATION & COMMUNICATION

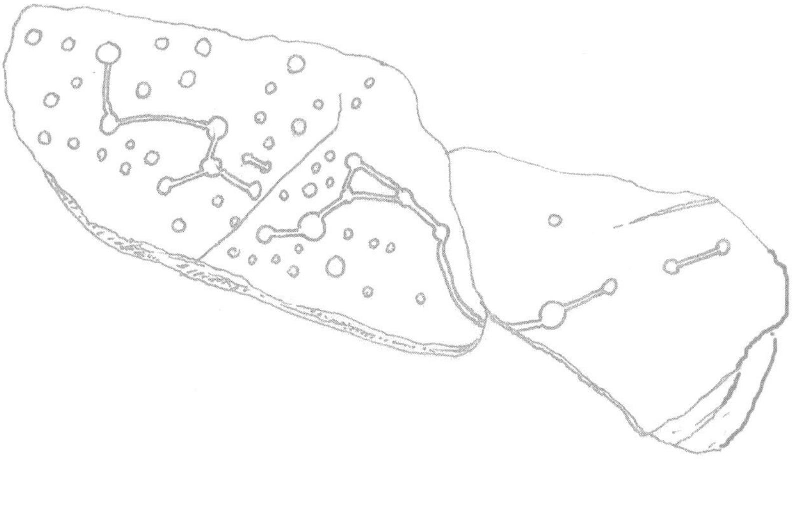

·交通 通信

TRANSPORTATION & COMMUNICATION

公路交通运输

【概况】 新郑市交通运输局位于繁荣街108号。内设办公室、编制人事科、工程管理科、财务审计科、路政运政科、安全监察管理科、行政审批科、质量监督科8个科室，下辖公路管理局、交通建设投资管理中心、交通战备办公室、新郑市交通运输局执法所、农村公路管理所、公路运输管理局、新郑市汽车综合性能检测站、新郑市地方海事处、郑州新郑汽车站、新郑市运输公司、新郑市祥通客运公交公司、郑州怡和运输公司12个二级机构。系统现有职工1309人，其中行政人员24人、事业人员794人、企业人员491人。2016年，交通运输局围绕全市“三大主体”中心工作和交通运输发展第一要务，统一思想、提高认识、奋力拼搏，确保发展与谋划并重、计划与落实同步、时间与任务双赢，抢机遇、重实干，抓重点，各项工作有序推进，较好地完成年度各项工作任务。

【城区道路建设】 市交通运输局围绕市委、市政府“双融入、双承接”发展战略，积极推进“三化”协调发展，按照“北进东连、统筹西南”的建设思路，全年完成道路建设投资5,58亿元，新修、改建道路98.14千米，进一步完善“九纵十横”城乡路网体系。截至2016年底，全市公路通车总里程已达2866千米，公路密度达到3.86千米/平方千米，位居全省前列。

【农村公路建设】 按照郑州市“十件实事”要求，为实现农村公路标准化建设目标，认真组织，科学安排。2016年，共争取上级农村公路建设项目44个69.34千米，计划总投资 0.8亿元，2016年底，完成投资0.29亿元，完成 47.54千米农村公路的建设任务。

【道路运输管理】 加强内部管理，提高运政执法队伍素质，切实履行道路运输管理职责，扎实开展道路运输市场整治，维护道路运输秩序，保障道路运输安全。全年共开展客、货运企业检查208家次，开展维修企业检查126家次；整改运输企业185家次，整改维修企业89家次；许可运输企业15家，许可维修企业8家，新增货运车辆707台，年度审验货运车辆2597台；有效地促进新郑市道路运输市场安全生产工作稳定、有序开展。

【机动车辆综合性能检测】 完成市内重大活动及节假日期间车辆技术检测工作，全年共检测客、货运车辆15577台次，货车检测上线率达到96.8%，客车检测上线率达到100%,没有发生一起因检测质量问题而发生的安全生产事故。完成全市所有在册车辆的技术管理工作，实现营运车辆建档率、二级维护与技术等级评定备案率、营运车辆技术等级评定上线检测率均为100%，二级维护上线检测率96.5%的工作目标。

【路政管理】 以维护公路路产路权为重点，以确保公路安全畅通为着力点，齐抓共管，加大巡路巡查力度。路巡路查共制止利用公路打场晒粮360余处，制止公路范围内违章建筑2处，清除违章堆积物31立方，清除违章占路广告牌100块。全年共检查车辆1172192台次，查处超限超载及非法改装车辆1436台次，转卸载货物36976.72吨，有效打击超限超载运输行为。

【安全生产工作】在做好日常安全生产监管工作的基础上，围绕“平安交通”“打非治违”“道路运输平安年”“春运”“拜祖大典”“五一”“汛期”“十一”等重要专项活动及时段，多次召开系统安全专题工作会议，强化对系统安全生产工作的安排部署，同时对重点区域和重点部位加大安全隐患排查治理力度。2016年，组织对全系统开展安全生产隐患排查93次，共排查出各类安全隐患200余处，对安全隐患实行领导包案、分级督办和动态监控，并建立隐患治理台账，完善安全生产隐患排查工作机制，确保治理责任、措施、资金、进度和预案“五落实”，有效抑制交通运输行业生产安全事故的发生。

【宣传报道】加强宣传报道工作，在国家级刊物上发表宣传报道3篇、省级2篇、郑州市级63篇；编发河南手机报新郑版126篇、《交通工作简报》62期、郑州日报新郑版《交通之窗》23期、郑州市交通运输委网站信息56篇、新郑人民政府网站信息130篇。

【信访稳定工作】坚持召开信访工作会议，坚持定期矛盾排查，成立信访稳定应急分队，及时应付各类突发事件。2016年，市交通运输局共受理群众来信来访（含市信访局转、交办，其他部门转办和局直接受理）64件；接待来访64批次156余人次。信访件按时报结率为97%。对相关信访案件实现事事有回复，件件有着落。在信访件的处理过程中做到耐心接待，认真处理，使大部分案件既维护交通利益与权威，又达到群众满意。

【社会治安综合治理】不断加大普法教育力度，坚持定期矛盾排查制度，严格落实门卫制度，值班制度，领导带班制度，加大夜间巡逻力度，做好重点要害部位的防火、防盗，提高自我防范能力，确保安全无事故。

（撰稿：王少武 审阅：杨伟增）

铁路运输

【概况】新郑车站位于新郑市境内京广线722km+245m、新（郑）（新）密线与京广线接轨处，隶属郑州车务段，为二等货运中间站。车站下设运转、货运、后勤3个车间（班组）。现有干部职工157人，其中管理干部5人。火车站现有东货场和西货场2个货场、固定调车机一台，主要担负着新密线列车的中转、解编和本站货场、整车货物的发到运输、专用线装卸车取送车任务。

2016年，车站日均办理接发列车220列，调车作业约80钩，月均装车约3200辆，卸车约800辆。完成运输收入2.6亿元，超计划1948.7万，装43592车，超计划4430车，发送货物279.6万吨，实现安全生产10141天。

【安全管理】坚持把过程控制放在重要位置，加强过程控制，创新安全管理手段。利用日常检查、监控平台、添乘检查、现场盯控等手段和方式，实现接发列车、调车作业、天窗维修、集中修施工的过程控制。恪守“人机结合，以人为本，互相监督”的原则。不管是在设备正常情况下或在设备故障的非正常情况下，均要求值班人员认真按照规定接发列车程序作业，不简化，不错漏程序，做到按标执行。以人员变化、设备变化、天气变化等6项内容作为“变点”的卡控重点，有效卡控安全隐患。明确接发列车、调车作业、防溜、消防等安全关键点和安全卡控措施，值班干部、管理人员加强车辆复检，有效卡控安全风险关键点，实现对“危险源、隐患源、伤害源”的源头控制。对春运、防洪防汛、防暑降温、“集中修”施工、除雪打冰等阶段性重点工作，及时制定具有针对性、时效性的安全措施及应急预案，加强站区协调，加强业务学习、实作演练，提高防范和处置各类突发事件的能力。在2016年郑州车务段举办的接发列车比武中，新郑车站夺得团体第一名，个人第一名的好成绩。

【专题活动开展】全年先后开展“反思安全问题、排查风险隐患”“强化基础管控风险百日行动”“安全生产大检查”、人身安全专项整治、劳动安全专项整治等专题活动。针对发现问题，分别建立专项问题库，指定专人管理，每周汇总，每月梳理，明确整改人员，限定整改期限。对典型问题、惯性两违等重点剖析，对涉及安全的每一方面、每一环节进行再检查、再补强，确保各种问题得以解决，确保各项活动开展向更深层次扎实推进。

【“集中修”施工】树立“施工无小事”的安全意识，值班干部熟知施工内容、作业关键、卡控要点等内容，认真落实施工盯控制度，对各项施工进行全过程盯控，严格卡控施工安全关键，实现高效盯岗。集中修工作，在每日施工前组织主体施工单位、相关施工配合单位召开施工协调会，绘制施工示意图，明确各单位施工时间、地点及影响范围，分清施工主体和配合单位施工责任。严把调度命令收、抄、转、分路不良区段作业及施工结束后首列放行关键环节；指导车站值班员落实好非正常情况下接发列车卡控措施和作业标准，按非正常情况下接发列车控制表逐项监督作业，确保施工任务顺利完成。

【汛期行车安全保障】为确保汛期

行车安全，认真贯彻落实防洪工作要求，对防洪重点、关键环节以及各项防洪规章制度落实情况、相关防洪文件加强学习、掌握和揭示，以确保暑期运输安全和汛期安全为重点，加强雨中、雨后对设备、线路等的检查，重点检查防护网、货场等，组织工务、电务等相关部门进行联合设备检查。紧盯非正常接发列车、调车作业和施工安全关键，把好限速登记关，命令传递、限速列车盯控等防洪安全关键。加强对设备的盯控，加强职工雨天行车及非正常情况下接发列车作业办法的培训、学习，提高故障处理应急处置能力。

【调图实施】 详细制订每次调图的安全措施，从组织安排、内容变化、卡控措施、人员培训、盯控要求几个方面，明标立责，定人定时详细布置；采用集中培训和业余培训相结合的方式，对调图资料进行培训和考试，使职工熟练掌握调图后的列车运行情况，清楚调图过渡期的安全关键点。调图过渡期间，每天两次分析盯控过程中发现的问题，并根据每次新图特点和盯控过程中发现的问题，认真分析，及时完善制订卡控措施。调图期间，车站干部全天候地在信号楼盯控，对客车密集段、技术停点客车、交接班时间等关键作业，实行值班干部和运转专管人员双盯控制度，确保调图过渡期间安全。

【冬季运输安全】 加强冬季安全知识培训和教育，并纳入班前规章提问和季度业务考试内容，并以雾天行车、设备故障等为重点组织演练，对知识、技能的薄弱环节进行重点强化。狠抓简化作业程序和惯性两违，严查“班前休息、交接班制度落实情况，进一步强化忧患意识、危机意识、责任意识，做好安全互控、自控、他控的落实。对各岗位取暖设施、电线路、消防器材等全面细致地自查，日常加大对货场、仓库、信号楼、进款室等重点岗位的巡视检查力度。制订“除雪预案”和“防寒过冬安全措施”，对除雪备品工具认真统计、造表，及时补充到位，充分做好冬季除雪准备。组织召开站区除雪打冰协调会，对站区各单位除雪包保分工及职责、除雪工具和备品准备情况等事项进行分工和协调，并组织除雪实战演练。演练主要围绕预案启动、人员召集、备品发放、现场作业、联系办法、安全防护、后勤保障、预案取消等内容，使除雪人员对除雪技巧、工具运用、安全防护等业务知识熟练掌握，切实提高突发情况下除雪应急处理能力。

（撰稿：毛文娟 张文慧 审阅：刘 奎）

邮政通信

【概况】 中国邮政集团公司河南省新郑市分公司位于新郑市区中华路南段341号，分公司内设2部1室，下辖6个专业公司、3个生产班组，14个支局、9个自办所、1个代办所。邮政营业网点24处，邮政储蓄联网网点11处。信箱信筒24个，ATM自动柜员机30台，自办汽车邮路3条，邮路总长531千米，投递段道61条，其中农村投递线路40条，农村投递里程2900千米。在岗职工109人，聘用工39人，大专以上学历129人，高中（含中专、中技）学历15人，初、中级职称20人。

2016年，分公司全体干部职工认真贯彻落实市委、市政府和省、市分公司的各项工作部署，充分发挥邮政资源优势，积极融入地方经济社会发展，坚持以发展为中心，积极实施“一体两翼”战略，深入推进转型发展和经营创新，在发展规模、质量和效益上都取得一定的成绩。全年累计实现收入7431万元，同比增长15%。邮政服务综合满意度95.8分。邮政分公司被新郑市总工会授予新郑市五一劳动奖状称号；八千支局荣获郑州市建设交通邮电工会“先进班组”；八千支局被郑州市邮政工会评为“转型职工小家”；收投班宋永霞在全国提升邮政投递服务质量劳动竞赛中被集团公司、集团工会评为五星投递员。

【农村电商】 积极推进“邮掌柜”系统应用，探索农村电商金融一体化发展模式，实现线上线下同步发展，得到省市分公司的充分认可。累计建设“邮掌柜”加盟网点210家，网点有效率100%。通过开展五十强“邮掌柜”评选活动，平台线上交易规模达到1800多万元，系统进销存金额达到9000万元，均居全区第一位。

【网运能力】 深入推进网运转型升级，网运支撑能力不断增强。提前安排自提点建设，10月开始强化自提点建设，“双11”期间当日妥投率达到99.8%，较去年同期提高20个百分点。积极稳妥推进邮速“三合一”改革，以龙湖为试点，探索推进乡域邮速双方内部生产和揽投资源整合，实行大班组交叉作业，减少生产作业环节，内部处理时间压缩至1个小时。加强寄递类业务能力建设，持续加大投递车辆和设备投入，新增投递汽车2辆、电动三轮车45台，为投递班配备揽收快递包裹工具包20个，有力支撑寄递类业务发展。

（撰稿：李丽娜 审阅：白宗华）

联通通信

【概况】 中国联合网络通信有限公司新郑市分公司（以下简称“新郑联通”）位于新郑市人民路118号，现有在职职工203人，其中正式员工132人，委派用工71人。在岗职工大专以上学历122人，高中（含中专）学历81人，党员58人。公司设有综合部、营销服务部、宽带网格中心、营业中心、渠道服务中心、集团客户服务中心、校园营销服务中心、商企客户中心、建设维护中心两部七中心，下辖4个生产班组以及13个城乡支局。市区设置自有营业网点2个，乡镇以支局为中心共分布自有营业网点12个、合作营业厅34个、专营店78个、代理点29个，共同组建新郑联通公司完善的通信服务网络。

2016年，新郑联通积极配合政府相关部门，协调省市公司，为知名媒体提供拜祖活动现场的音、视频及互联网的传送服务，为黄帝故里拜祖大典提供通信保障。公司20余人参与黄帝故里拜祖大典通信保障工作。为做好此次拜祖大典及黄帝文化国际论坛通信保障服务，整修入市管道人井23处，布放光缆24芯长3千米，架设2M电路8条、百兆互联网IP电路5条、郑州广播电台裸光纤2条，现场安装开通固定电话20部，开通2G、3G应急通信，确保拜祖大典现场联通手机用户的网络畅通，连续12年被市委市政府授予“黄帝故里拜祖大典先进集体”（二等奖）“省级文明单位”“省公司先进单位”等省级荣誉称号。

【网络建设维护】网络建设及光改。新建深覆盖4G基站112个、广覆盖4G基站123个；新建石武高铁基站26个；新建室分 207栋楼；拆迁重建基站21个；与铁塔公司交接基站电费381个；布放4芯光缆596.8皮长千米。实现PON设备全部退网下电，完成新郑市区及龙湖等8个乡镇PON用户光改建设及现网用户的迁转工作，其中新建FTTH端口4.56万个，累计迁转待光改用户5536户，累极光改投资240余万元；完成市区盛世龙城、华南城二期等新建驻地网主干接入项目53处，驻地网建设投资539万元；全年累计完成前端扩容需求301处，端口10504线，累计全年扩容投资210万元。

设备维护及资源管理。新增BAS一台，扩建龙湖、人民路BAS共计12条万兆中继；对所有OLT设备进行升级改造，共计千兆改万兆40余条；拆除EPON238台，退缆合计3000线对千米，开通本地100G波分传输设备，处理各种障碍1235次，新装光纤IP135条，2M电路110条；完成龙湖信息商务学院PON+LAN设备改造，完成龙湖升达大学网络升级改造，完成新郑人民路、中华路老局及各支局机房ODF改造，完成郑州安排“集约化”工作；新增91个ATN950B入环，IPARN成环率达到90.22%，完成12个支局、3个BBU集中放置机房标准化整改工作；优化解决多个重要场所的网络弱覆盖问题，提升用户的感知，降低投诉率；12所高校60个网元室外一体化基站上收、黄帝故里拜祖大典支撑；按时完成网优中心对移网网络的扩载减容工作；完成中华路、人民路一干机房电源更新割接；4个支局发电机更新、12个支局电源柜改造、10个支局UPS加装；完成IOM系统工单2.21万张的处理与数据制作并对1716个标准地址进行修改，完成196个FTTH小区数据制作并进行日常障碍处理及工单下发2.56万个。

线路维护。处置各类固、移网障碍、抢修共计2182起。大型线路迁改3起，新建大客户下线157条，新建移网宏站、室分、基站等光缆283条。

【惠民工程】2016年，新郑联通全区域实现IPTV网络电视全覆盖。目前新郑IPTV用户规模到达4万户，宽带用户渗透率达到40%。IPTV 网络电视，即交互式网络电视。它是集互联网、多媒体、通讯等多种技术于一体，使用“互联网机顶盒+普通电视机或计算机作为用户终端”，为用户提供节目直 播、视频点播、手机互动、3D游戏、教育娱乐等多种交互式服务的网络电视。

【“数字城管”建设】“百城建设提质工程”是河南省各级党委、政府积极推进的一项重要工作，“数字城管平台”建设是其中的重要内容。《中共河南省委河南省人民政府关于推进百城建设提质工程的意见》中，明确提出“推进智慧城市建设，积极实施互联网+行动计划，加快市政公用设施智慧化改造升级”。并在《中共河南省委河南省人民政府关于加强城市规划建设管理工作的意见》”中明确要求“到2017年，所有市县都要整合形成数字化城市管理平台”。为积极“打造数字城管项目，建设和谐宜居新郑”新郑联通公司领导高度重视，公司总经理亲自参与，在资源配置上，向项目倾斜保证项目需要，准确定位，全力以赴做好服务、支撑工作。建设新郑市数字化城市管理系统是加快城市化进程的重要举措，也是创新城市管理工作模式，提升城市管理水平的迫切需要。为成功打造数字城管项目，建立数字化城市管理平台，促进城市管理体系高效运行，新郑联通公司整合城市基础数据资源、网络资源、视频资源等现有城市信息资源，推动信息共享和应用，改善城市管理信息滞留现状，提高城市管理水平和城市运行效率，增强城市对突发的各种事件应急处置的能力。新郑市的数字化城市管理系统项目，在市委、市政府的高度重视下，在新郑联通公司顺利建成实施。新郑市城市管理中心设立在新郑联通公司院内，建设面积达1000平方米。此项目的顺利建成实施为建设“和谐新郑”“宜居新郑”奠定坚实的基础，为“百城建设提质工程”做出积极贡献。

（撰稿：李玉兰 审阅：常永平）

移动通信

【概况】中国移动通信集团河南有限公司郑州市新郑分公司，于1999年10月18日成立，隶属中国移动通信集团河南有限公司郑州分公司管理，属国有内资上市企业。2016年，新郑移动共有员工137人，配经理1人、副经理3人。机构设置有三个部室（综合支撑室、市场营销室、集团客户室）、三个中心（渠道管理中心、客户服务中心、校园营销中心），下设10个乡镇营业部（龙湖、新村、和庄、辛店、郭店、薛店、孟庄、梨河、观音寺、城关乡），500余个移动代办点。

2016年，新郑移动分公司应对外部经济环境趋紧、业内市场竞争加剧的复杂形势，贯彻落实市公司"一二三四九"工作部署。2016年，新郑移动客户达61.62万户，现网运行基站1470座，纳地方税收2349.45万元，实现新郑境内无缝隙覆盖。先后被授予"全国总工会模范职工小家""集团公司先进基层党支部""省级文明单位""省五一劳动奖状""省级青年文明号""省公司先进部门工会""省公司基层党组织建设达标单位""省十强营业部""省模范职工小小家"等省级以上9项荣誉；还被授予"郑州公司安全生产先进单位""郑州公司先进部门工会""班组建设先进集体""新郑市先进基层党组织""消费者信得过单位"等荣誉。

【业务管理】强化用户实名登记关键环节管理，对新入网用户严格执行新入网现场拍照留存用户照片要求，未实现的暂停售卡，严禁为拓展新增业务指标违反实名制要求。针对新郑节点下开户的物联网卡品进行全量梳理，按照三证两授权一协议的规定进行实名登记，对新增业务严格按照要求办理，对于不属实的集团单位进行整改或者予以关停。防范打击通信信息诈骗，持续净化网络空间，配合公安部门做好伪基站的定位和打击。

【行风建设】进一步强化前后台分离的"前台登记、后台查验、集中监控"的事后监控和过程管控，有效防范违规行为。建立健全服务营销协同机制，强化服务前置管理，实施营销、产品等事前事中和事后的全方位服务评测。持续强化社会渠道违规治理和质量提升，严禁社会渠道实施二级代理发展业务。进一步清理资费套餐，简化资费结构。更新、规范优惠举措，积极开展取消长途漫游费及降低国际长途资费的相关宣传。将"五条禁令"要求全面向公司各级员工、社会渠道、第三方支撑人员进行宣贯，强化人员责任意识。

【工程建设】2016年，新建基站136座，现网运行基站总数达到1470座。完成宏站LTE三期增补33座、LTE四期39座、室分LTE四期64座。新增管道线路11.675千米，架空线路2.2千米，布放光缆1603千米，新增集团专线743条。

【网络维护】以客户感知为标准，以提高通信质量和覆盖效果为重点，持续开展网络优化活动，努力打造城镇精品网络和乡村精品网络，强化在重点区域、重要地段和人口密集区的网络领先优势，确保客户随时随地通信畅通。2016年完成基站应急扩容38站次，新增载频261块，天线优化调整129站次，基站累计应急发电4636多小时，处理设备告警及其他各种故障3152次，先后为甲午年黄帝故里拜祖大典、黄帝文化国际论坛等大型活动的成功举办及新郑市跨越式发展提供强有力通信保障。

（撰稿：宋智谋 审阅：周俊领）

商业贸易

COMMERCIAL TRADE

·商业贸易 >>>

COMMERCIAL TRADE

商贸服务

【概况】新郑市商业贸易总公司位于中华南路326号，主要职责是为商贸系统的企业和职工提供管理和服务，总公司现有干部职工6人，公司内设一室二科：综合办公室，人事、财审科，信访稳定、安全生产监督管理科。下属企业有新郑市郑韩饭店、新郑市食品公司。2016年，新郑市商业贸易总公司认真贯彻落实市委经济工作会议精神以及市委整体工作部署，紧紧围绕责任目标，狠抓工作落实，圆满完成了各项工作任务。

【信访稳定和安全生产】信访稳定和安全生产是商贸总公司的重要工作。年初，公司与二级机构签订了目标责任书。2016年，面对严峻的信访形势和安全生产稳定工作，商贸总公司进一步贯彻落实了国务院《关于特大安全事故行政责任追究的规定》《中华人民共和国安全生产法》和《信访工作条例》，强化领导责任,落实工作任务,提高了干部、职工的信访稳定和安全生产工作意识,确保了大局稳定。认真贯彻市防汛工作会议精神，认真开展自查，保质保量做好防汛物资的储备工作。储备便携式工作灯5000只、灯泡2000只、电缆线6000米、铁锤100把，并与各单位签订防汛责任书。继续实行领导干部分包企业责任制和信访接待日制度。商贸总公司副科级以上领导干部坚持定期深入基层，帮助企业理清工作思路，及时调查职工反映的热点、难点问题，切实解决疑难问题。对系统不稳定因素进行了认真细致的排查，对不稳定隐患及时进行消除，确保了全系统不发生不稳定事件。针对商贸系统历史包袱沉重、下岗职工多等问题，积极为下岗职工创造良好的就业环境。认真做好企业军转干部和离退休人员思想稳定工作，严格按照政策，积极为他们搞好服务，解决他们生活中的实际问题。建立了安全生产和信访稳定隐患定期上报制度。总公司对交办的案件积极主动，深入调查，了解情况，帮助解决。严格安全生产工作制度，定期不定期进行安全工作大检查。全年，全系统未发生过一起安全生产和越级上访事件，为全系统各项工作的顺利开展创造了良好的发展环境。

（撰稿：刘 东 审阅：刘爱萍）

供销合作

【概况】新郑市供销合作社联合社（以下简称新郑市供销社)是市政府直属正科级事业单位。主要职能：宣传和贯彻落实党和政府有关农村经济发展的方针、政策；参与研究和制定全市农村商品流通政策和规定，制定全市供销合作社的发展战略和发展规划；指导全市供销合作社的改革与发展；建立和完善农业社会化服务的体系，强化为农服务功能。新郑供销社成立于1950年，在计划经济时代逐渐发展壮大，在调配农村物资供应中发挥了巨大作用。在市场经济条件下，供销社积极转换机制，狠抓体制创新和网络建设，积极服务社会主义新农村建设，发挥着农村合作经济组织的指导、协调、监督、服务功能。新郑市供销社市社机关现有在职人员27人，设有五科一室，分别是业务科、组织人事科、财务审计科、股金管理科、安全生产科、办公室。下设二级机构23个，其中基层供销社11个，直属公司12个。全系统完成商品销售总额约54亿元，其中电子商务销售额6000多万元，连锁经营销售额8亿元，化肥销售11万吨，土地流转600公顷，完成了目标任务。

【新网工程建设】 为健全农村市场体系，发展适应现代农业要求的流通产业，国务院决定实施“新农村现代流通服务网络工程”（简称“新网工程”）。“新网工程”旨在大力发展农业生产资料现代经营服务网络、农副产品市场购销网络、日用消费品现代经营网络和再生资源回收利用网络。新郑市自2009年开始实施新网工程建设。全系统按照国家和省、市政府要求，结合新郑市供销社的实际情况，狠抓项目建设、龙头企业培育和乡镇级超市、村级综合服务社建设工作，以现代流通方式改造传统的经营体制，使供销合作社的网络得到升级和完善，也使供销社在统筹城乡经济协调发展的进程中焕发出生机与活力。

推动“互联网+农产品营销”，促进农产品销售。积极培育“互联网+农产品营销”经营主体。引导农产品批发市场、农民专业合作社、家庭农场等经营主体，依托优势特色产业发展农产品电子商务，打造一批农产品网上销售品牌店。组织农产品电子商务产销对接。引导好邻居公司、君丰蔬菜、赵霞剪纸等8家企业及农民专业合作社与郑州供销“农三品”网站进行网购市场对接，拓展农产品电子商务销售渠道。立足郑州市供销网络销售平台，制定“互联网+农产品营销”行动计划，全力推进上级社“一村一品一店”的建设规划，实现“农产品进城”和“工业品下乡”双向流通。

2016年，共建设村级综合服务社683个，专业合作社58个，联合社3个。围绕新郑市农业产业特色，推进农民经纪人队伍建设。组建农民经纪人协会，组织5名农民经纪人参加省级高级农民经纪人培训，组织市级培训120人次。同时直接参股扶办农民专业合作社和联合社。在观音寺镇玉米种植面积较大的地区领办农民专业合作社，为农户免费提供给合作社、农户，突显合作社+农户共同发展的模式，通过合作社平台，用种肥同播等方式，谋求服务新路径。

充分发挥再生资源管理办公室和再生资源协会组织协调、监督职能，加大对新郑市再生资源回收利用行业的管理，定期不定期对各类收购网点、流动收购人员进行检查，杜绝经营中违法情况的发生。为新郑市再生资源行业的健康稳定发展和建设友好型、环境节约型社会做出了积极贡献。

2016年7月18日，河南省供销社领导到新郑市考察投资事宜

【服务“三农”】 做好传统业务工作。供销社担负着农村商品流通主渠道重任。好邻居日用品配送中心多方组织货源2000多品种商品，合理优化直营店、镇级超市和村级综合服务社网点配置，加大调拨力度，保障市场供应，稳定物价，稳定民心。配合相关部门整顿和规范烟花爆竹市场，保障群众节庆和红白喜事需要，安全消费。积极推进再生资源分拣中心和社区回收站亭建设，建成社区站亭28个。积极寻找新的发展方向，开展农产品购销，帮助农民增收致富。在新型城镇化建设上，抓住机遇、大胆实践，利用新村镇区改造，适时把棉麻公司2.67公顷土地和新村供销社糅合在一起，建设一个综合农贸市场，解决农民买难卖难问题。全年组织各类农副产品销售9000多万元，经过加工包装的龙湖大樱桃、梨河君丰种植蔬菜、黄埔蔡蔬菜等绿色、无公害产品。大力发展村级综合服务社，创办各种类型的专业合作社和行业协会，积极为农业、农村、农民提供综合性、系列化的经济技术服务，推动农村经济发展。共领办专业合作社58个，入户农户2730户，带动2422农户，助农增产增收9000多万元。新郑市农村合作经济组织联合会、新郑市龙湖林果种植技术协会、专业合作社联合社的作用正在日益凸显。

（撰稿：陈景阳 审阅：李新保）

物资贸易

【概况】 新郑市物资总公司位于黄水路东段，机关行政在编干部职工13人，内设党政办公室、安全稳定科。下属企业有物资租赁公司、燃料公

新郑市孟庄镇鸡王社区农民自主创业开超市

司、特种油品公司等10余家企业，在册职工436人。2016年，物资总公司团结带领全体干部职工解放思想，开拓进取，扎实工作，各项工作取得了新的成绩。

【信访稳定和安全生产】 面对严峻的信访形势和繁重的维护稳定任务，进一步深化对信访工作重要性的认识，把信访工作列入党政议事日程，作为一项重要的内容抓紧抓好，针对本系统停破产企业多、失业下岗职工多、流动性大、难以管理的特点，制定出台了物资总公司《关于建立信访稳定工作新机制新体制的意见》，对全系统的信访工作进行排查摸底，登记造册。对信访群众反映的问题进行分类，明确工作重点，保持了安定团结的大好局面。

2016年，总公司切实加强安全生产工作，经常开展安全生产大检查，重点检查各公司安全生产规章制度的完善和落实情况、职工安全教育和特种人员的持证上岗情况，集中排查并及时消除安全隐患，有效预防各类安全事故的发生。全年没有发生安全生产责任事故。

【就业和再就业】 就业再就业是解决失业下岗职工困难的关键性措施。2016年，总公司积极配合人劳局、工会等部门，对下岗失业职工开展技能培训，共培训下岗职工20名，实现再就业15人。救助困难下岗失业职工21人。

（撰稿：黄现生 审阅：王水宾）

粮食购销与加工

【概况】 新郑市粮食局位于新建路612号，主管全市粮食流通、军粮供应和粮油储备工作。领导班子成员2人，局机关现有干部职工33人，工资由财政全额供应。下属7个国有粮食购销企业(12个购销库点)，共有干部职工298人，仓房206座，容量22万吨。其中5个是自收自支的事业单位，分别为：河南新郑国家粮食储备库、新郑0123河南省粮食储备库、新郑0125河南省粮食储备库、新郑0151河南省粮食储备库、新郑0152河南省粮食储备库；企业性质2家，分别为：新郑市郑韩粮油购销有限责任公司、新郑市郑源粮食储备库。

【粮食流通】 抓好粮食收购工作，促进企业增收。严格粮食收购管理。坚持立足主渠道，积极服务“三农”，做好粮食收购政策宣传、落实工作，提高种粮农民积极性；认真组织夏粮、秋粮两季产购调查，组织社会多元主体开展好粮食收购工作，确保入库粮食数量真实、质量良好。2016年，共收购粮食108.68万吨，其中全市共收购托市粮1.08万吨，市场粮107.61万吨。现存有地方储备粮1.46万吨。

强化行业管理，维护粮食流通秩序。认真学习贯彻国务院颁布的《粮食流通管理条例》和《河南省粮食流通管理实施细则》，深入开展粮食法制宣传教育，切实增强全行业厉行法治意识；加强依法治粮，积极推进粮食监督检查信息化建设，建立全市粮食执法全过程记录制度，完成行政许可业务指南、服务手册等编写工作；全面落实新的粮食流通统计制度，进一步扩大统计范围，推动数据网络直报，做到统计数据真实、完整、准确；加强监督检查，重点开展粮食收购市场、政策性粮食购销活动、储备粮管理以及清仓查库等方面的监督检查，严厉查处损害农民和国家利益的违法违规行为；按照《粮食流通管理条例》等法律法规的规定，继续做好粮食收购资格审核工作，2016年，共审核通过42家，有力地维护了全市的粮食流通秩序。

【行业发展】 规范仓储管理，确保储粮安全。严格执行粮油仓储管理规范，坚持粮情检查制度常抓不懈、“一符三专四落实”制度常抓不懈、环境卫生管理制度常抓不懈，确保全市储备粮油规范化管理保持全省领先水平；严格落实粮食安全要求，全面履行工作职责，实行安全储粮一把手负责制，落实储粮管理责任制，全市储备粮食“四无”率达到98%以上；结合实际，调整、充实、完善“粮安工程”建设方案，全力抓好以“建设

郑州加加酱业生产车间

粮油仓储设施、打通粮食物流通道、完善应急供应体系、保障粮油质量安全、强化粮情监测预警、促进粮食节约减损”等为主体的“粮安工程”建设。

深化粮企改革，促进粮食行业发展。树立“立足粮食求生存，跳出粮食求发展”的经营理念，抢抓机遇，科学运作，保障企业取得较好的经济效益和社会效益。围绕推进供给侧改革，引导企业优化产品结构，扩大粮油精深加工，拓宽价值链，开发营养化、专用化、多元化等符合市场需求的粮食产品。鼓励粮食购销企业与粮食加工企业、粮食经纪人、种粮大户、农业合作组织等建立稳定的合作关系，优化资源配置，实现优势互补。整合军粮供应中心、放心粮油店等粮食供应网点资源，延伸经营触角，搞活粮油经营。

加大基础设施建设力度，确保粮食收购。以0123粮库西库区和八千粮所龙王库区拆迁为契机，重新调整现有粮食仓储物流定位及格局，研究制定了新粮库建设规划，积极做好粮库建设前期各项准备工作；检修维护现有仓库、机械设施。2016年，共自筹资金维修仓容约5万吨，维修机械设备128台（套），为粮食收购工作提供了有力保障。

（撰稿：高 昭 审阅:李天兴）

食盐专营与管理

【概况】 新郑市盐业管理局（盐业公司）位于新建路536号，为一个机构两块牌子，负责新郑市盐业市场监管和各类盐产品（食盐、精制工业盐、工业原盐、洗化盐等）供应，内设办公室、督查室、财务科、营销部、盐政科、法制室、后勤科等7个科室。

2016年，实现盐产品总销售3.53万吨，其中食盐销售3.25万吨；实现小包食盐销售3694吨，完成了上级部门下达的年度食盐专营任务。被新郑市委、市政府评为“2016年度绩效考核先进单位”。

【食盐专营】 坚持盐政与销售信息互通制度。每周六召开业务工作通报例会，及时掌握市场变化，以便采取有针对性的应对措施，更好地管控市场；坚持回访制度。根据职责分工，每位客户经理都对辖区各类用盐客户的数量、规模、用量做到了烂熟于心，并定期回访，同时扩大服务范围，实施微量送销，努力为客户解决用盐方面的问题，营造良好客户关系，保证现有客户资源不流失，巩固、完善营销网络；充实营销队伍，将原有11人的营销队伍扩充到24人，深入到全市各乡镇、村组的各类食品加工、饮食加工单位、小饭店、小商店等市场末端，开展送政策、送食盐、送服务的亲情营销。

【盐业市场监管】 定期对全市盐业市场开展拉网式排查，以宣传引导为主，规范各类用盐行为。对食盐零售商户，重点清查售卖假冒食盐、不合格食盐的行为；对食品和饲料生产企业、工业用盐企业，重点检查是否按规定用途使用盐产品，是否有大包食盐、工业盐流入食盐市场的行为；对饮食加工单位、集体食堂、小饭店等，重点检查是否存在用不合格食盐、工业盐进行饮食加工的行为。同时对工业用盐冒充食盐进行饮食加工等涉嫌犯罪的行为予以重处，移交公安机关追究刑事责任。2016年，共查处盐业违法案件43起，收缴违法盐产品1582千克，群众食盐安全得到了保障，全市未发生食盐安全事件。

【食盐市场秩序】 2016年4月22日，国务院印发《盐业体制改革方案》，方案规定自2017年1月1日起实施盐业体制改革。《盐业体制改革方案》出台后，抽调业务骨干进驻市食药监局，配合各食品药品监督管理所对食盐市场进行全面检查，遏制了不合格食盐、非碘盐冲击食盐市场的势头，食盐市场秩序稳定。

【食盐零售许可审批】 结合“五单一网”建设，持续完善服务体系。2015年10月，根据新郑市行政审批制度改革的总体部署和要求，在新郑市行政审批服务中心设立办证窗口1个，选派专职人员进驻市行政审批服务大厅，按要求设置行政审批首席代表，成立行政审批科，首席代表和行政审批科科长同时进驻服务大厅。

（撰稿：刘会玲 审阅：李林祥）

烟草专卖与管理

【概况】新郑市烟草专卖局（分公司）位于人民路490号，现有在职在岗干部职工160人，设办公室、财审科、人事政工科、整规办、法规办、安保科、经济运行科、监察教育培训科、专卖管理中心、营销中心、物业办、党建办、第一市场队（部）、第二市场队（部）、第三市场队（部）15个科（室），下设5个市场监管稽查队、1个内部监管稽查队、3个打私打假稽查队。

2016年，销售收入9.26亿元，同比增长21.2%；上缴地方税费1506.51万元。荣获“2016年度新郑市经济社会发展突出贡献优秀企业”称号。

【卷烟经营】以市场化取向改革目标，提高营销水平，合理投放货源，全年共销售卷烟3.14万箱，同比增长18.49%，.卷烟销量实现了历史性突破。实施精准营销，着力培育品牌，销售结构进一步提升，单箱销售收入达到2.95万元。发挥网络功能，网上订货率90%。丰富“新烟客”网站，为企业客户的相互沟通搭建了平台。

【专卖管理】加大市场监管力度，转变市场监管方式，认真落实烟草、公安、工商、交通联合打假机制，强力净化卷烟市场。在做好日常监管的同时，重点对真品卷烟的非法流通进行整治，以“堵源头、打三非、端窝点、破网络”为主要任务，相继开展了“百日会战”“双节”“节后”“春季”市场的一系列整治活动。2016年，共查获各类涉烟案件766起，同比增长225.95%；查处违法卷烟5.19万条，同比增长118.07%；涉案案值601.37万元，同比增长111.06%；万元以上案件59起，同比增长293.33%；向公安机关移交大案要案7起，刑拘8人，逮捕1人。受理行政许可申请新办773份，延续196份。以“3.15”国际消费者权益日和“12.4”法制宣传日为契机，深入开展烟草专卖法规宣传活动，发放宣传手册或材料1万余册（份），接受消费者咨询近千人次。

（撰稿：王书勤 审阅：齐向华）

金融

BANKING

·金融 >>>

BANKING

中国人民银行新郑市支行

【概况】中国人民银行新郑市支行现位于新郑市中华路南段408号，于1986年人、工两行分设，现内设三科一室(金融服务管理科、货币信贷调统科、金融稳定科、办公室（纪检监察室）)。在编人员31人，其中行级领导4人，中层干部12人，中级专业技术职称25人，初级专业技术职称4人。

2016年，人行新郑市支行全面贯彻中央经济工作会议和上级行工作会议精神，牢牢把握“面向基层、面向社会、面向金融机构、面向地方政府、面向人民群众”的履职理念，以营造“公正、公平、公开、透明”的制度运行环境和“团结友爱、轻松活泼、风清气正、积极向上”的工作氛围为目标，适应经济发展新常态，“稳中求进，开拓创新，正向激励，严格问责”，重点推进公共金融服务大厅及公共金融服务品牌建设，不断提升金融服务和管理水平。依法行政，科学贯彻稳健货币政策，牢守底线思维，积极防范区域性系统性金融风险，圆满完成了上级行党委安排部署的各项工作任务，为新郑经济社会持续健康发展提供了有力的金融支持。

【公共金融服务大厅】积极行动，率先建成公共金融服务大厅。县支行建立公共金融服务大厅是郑州中心支行党委推动服务下沉以及强化、优化县支行窗口服务的创新之举，因此，新郑市支行把建立公共金融服务大厅作为2016年各项工作的重中之重，集中力量建好公共金融服务大厅。积极汇报请示，及时向郑州中心支行党委及行领导汇报公共金融服务大厅筹建情况，并加强与郑州中心支行相关业务部门的沟通，请求在公共金融服务大厅建设上多指导多支持。组织办公室、国库、账户、征信等部门人员围绕服务大厅规划、窗口项目设置、硬件配置等进行了研究，形成公共金融服务大厅改造方案及预算方案，报经郑州中心支行同意后，遵循公开、公平、公正和诚实信用的原则，按规范程序确定了施工单位。建设过程中，支行坚持服务公众、惠民便民的公共金融服务理念，8月提前建成公共金融服务大厅并投入试运行。规范服务项目和服务设施，提升服务质量。根据支行实际，将账户管理业务、人民币管理业务、国库业务、征信业务等与单位、企业和群众密切相关的中央银行金融服务事项，包括对金融机构、税务部门等特定服务对象，及对企业、群众等非特定服务对象所提供的公共金融服务事项，都迁入公共金融服务大厅办理。在服务大厅显著位置设置公告栏，公告各项金融服务项目的办理条件、工作要求、服务流程和收费标准。设置开放式资料架，放置相关宣传资料和办理业务所需空白表单。合理布放个人信用报告自助查询设备，合理设置工作区和等候区，做到人工查询与自助查询互为补充，提高效率。选派政治素质高、业务能力强、符合岗位要求的干部职工进驻服务大厅开展金融服务。规范办理环节、办理时限，精简材料，实现程序最简、路径最短、时间最少、效率最高、服务最优，有效解决了“最后一公里”服务问题，得到地方政府、金融机构、财税部门和社会各界群众的好评。

【支持新郑实体经济发展指导意见】支行进一步加强与地方政府、金融机构的沟通协调和紧密协作，紧扣地方发展的重点、难点和短板问题，找准各项金融政策、金融工具落地生根的切入点，出台了《人行新郑市支行关于金融支持地方经济发展的意见》（新银发〔2016〕23号），引导协同金融机构一起努力，推动破解发展难题。

【金融服务】以“六比”活动为抓手，加大金融服务实体经济力度。强化窗口指导，督促引导辖区银行业金融机构认真贯彻落实《人行新郑市支行关于金融支持地方经济发展的意见》和《2016年新郑市货币信贷政策指引》，加大金融服务实体经济力度，保持货币信贷合理适度增长。促进信贷政策与产业政策深度融合，增进银企互信，构建符合经济结构调整和产业政策发展方向的新型银企战略合作关系。全年组织召开金融机构行长联席会暨金融形势分析会4次，通报辖区经济金融运行情况、各家金融机构经营情况、信贷支持重点，推动辖区金融机构对140余家企业进行财务辅导。优化再贷款便利使用，进一步强化农商行、村镇银行在货币政策传导中的渠道作用，推动货币政策红利更多地直接传导到实体经济，降低社会融资成本。深化金融机构“六比”（比存款、比贷款、比效益、比安全、比税收、比融资）考核，细化考核办法，进一步激发金融机构支持地方经济社会民生发展积极性，鼓励金融机构加大对“三农”经济、中小微企业、战略性新兴产业、低碳经济、环保产业等的信贷投放。前11个月，新郑市法人金融机构信贷投放新增14.59亿元，占全年合意规划的86%。截至11月底，新郑市银行业金融机构各项存款余额为616亿元、较年初增加123亿元、增长24.9%，各项贷款余额为441亿元、较年初增加94亿元、增长27.1%，存贷款余额继续位居郑州辖区县市第一名。

【金融安全】做好金融安全稳定工作，打造金融运行安全区。做好日常风险监测和评估，按要求开展物价变动监测、房地产价格监测、工业企业反映敏感度监测、农民工外出务工监测、大学生村官创业监测、农业产业化龙头企业信贷支持监测等12项基础性监测，及时向上级行反馈有关信息。加强对重点领域风险排查，高度关注地方法人金融机构异常经营情况。按季度收集、考核农村商业银行相关业务数据，对其流动性、贷款投放力度、节奏和投向等进行监测考核，监测分析其各项业务指标变动情况，同时做好对农村商业银行的专项票据兑付后续监测考核工作，分类落实好相关激励约束措施。对稳健货币政策执行情况进行监测，监测信贷投放节奏，及时提示信贷风险。利用金融机构行长联席会暨金融形势分析会等形式进行信贷政策指导、风险提示，引导辖区银行业金融机构特别是地方法人金融机构控制好贷款投放节奏，保持充足流动性。做好郑州中心支行货币信贷部门交办的对郑州辖区8家农村信用联社和6家村镇银行贷款执行情况的监测、统计、数据上报工作。加强利率监测与管理，落实好利率调整和改革政策，按月开展利率执行情况监测，向上级行报送利率执行情况报告，维护利率市场秩序。加强存款准备金管理与监测。要求辖区金融机构认真落实重大事项报告制度。扎实做好存款保险制度实施相关工作，按上级行部署，稳步推进投保机构风险评级工作和风险差别费率实施工作，开展现场核查、风险警示。依据职责，配合地方政府做好打击和处置非法集资相关工作，协调推动地方政府加强对小额贷款公司、融资性担保公司等机构的监管，防止非金融机构突发事件向银行业金融机构蔓延。

【普惠金融】推动下岗失业人员小额担保贷款业务，支持下岗失业人员自主创业。截至11月底，全市下岗失业人员小额担保贷款余额7263万元，累计支持527名下岗失业人员自主创业。推动金融支持“三农”工作，截至11月底，新郑市涉农贷款余额301亿元，占各项贷款的68.3%。

【金融消费权益保护】全面贯彻落实中共十八届四中全会精神，按照上级行部署扎实开展“法治央行建设提升年”活动，围绕解决基层央行依法行政和依法履职中知法懂法这一“关键前提”，组织干部职工深入学习《中共中央关于全面推进依法治国若干重大问题的决定》、习近平总书记系列重要讲话和基层央行员工依法履职应知应会的法律知识，持续提升法治央行水平。认真落实《关于河南省人民银行系统全面推进法治央行建设的实施意见》，加强对法治央行建设的组织领导。根据人员变动实际，及时调整支行依法行政领导小组、“六五”普法领导小组、行政处罚委员会组成人员，定期召开相关工作会议，听取工作汇报，研究部署本行法治工作，推动提高本行依法行政和依法履职工作水平。做好随机抽查工作，按照《河南省人民银行系统随机抽查工作规程》，建立了辖区市场主体名录库和支行执法检查人员名录库，并按要求上报上级行备案。加强执法证管理，规范执法检查，加强执法行为监督。按照《中国人民银行执法证管理办法》要求，做好执法证申领、补办、更换、注销等具体工作，按要求对申领执法证人员进行依法行政培训，进行资格考核。整合执法检查力量，提升检查效能，规范检查程序，落实廉政卡制度，全程发挥纪检监察、内审等部门的监督作用。继续做好金融知识普及、金融消费权益保护工作。为进一步提升金融消费者的风险意识和权责意识，根据郑州中心支行《关于在2016年“3·15”期间开展“金融消费者权益日”活动的通知》要求，支行组织全辖金融机构开展了“金融消费者权益日”宣传教育活动。按照《河南省人民银行系统行政执法信息公示工作规程》和中支要求，及时、准确、全面报送行政执法信息，做好执法信息公示工作。

【业务调查与分析】 支行认真落实调查研究工作考核奖惩机制，鼓励引导干部职工强化政策研究，加强特色研究。年初，支行对2015年度获奖调研文章及课题进行通报表彰奖励，并将2016年度调研任务分解到各科室，定期对完成情况进行通报，激励引导干部职工积极开展调查研究，及时、准确捕捉经济金融运行中的苗头性和代表性问题，强化政策研究和特色研究，围绕金融支持“三农”、小微企业贷款、政府融资平台、房地产发展、煤炭行业发展、食品行业发展、高新技术产业发展、稳健货币政策实施效果、贷款回收与信贷管理、农产品价格、互联网金融、农民工转型、土地当量等领域深入开展调查研究，撰写上报高质量的调研报告。全年，开展专题调研50多次，上报各类信息200多篇，被上级行《央行青年》《河南金融情况》《河南金融分析与调研》等刊物、网站采用100余篇。

【金融统计】 落实金融统计业务四级管理制度、相互提醒制度和统计数据保密制度，严格执行金融机构报表人员备案登记、金融机构数据采集人员备案登记、政府部门及人员数据采集报告、行内数据流转登记、统计资料及时归档管理、货币信贷调统科人员对外公布数据审批6项制度。对11家银行、4家小额贷款公司开展了1次金融统计执法检查，多次对新郑市金融机构开展统计业务培训。认真完成中支交办的郑州辖区法人金融机构合意贷款测算、统计、分析工作。

【支付体系建设】 加强惠农支付服务业务的推广和风险管理，及时收集汇总辖区支付结算业务数据，准确上报各类支付报表。落实农村地区支付环境建设补助政策，及时统计上报辖区符合条件的ATM机、助农取款点POS机具数量。落实好账户支付结算新规，防范电信网络新型违法犯罪。全年对新郑市6家银行业金融机构同业结算账户专项检查1次。提高账户服务效率,截至11月底，共开立、变更、撤销各类账户18216户。

【反洗钱工作】 以《反洗钱法》颁布实施十周年宣传活动为契机，加强对反洗钱法规、政策和技能培训，全年组织参加反洗钱业务培训2次。加强反洗钱监管力度，围绕提升大额和可疑交易报告质量开展监督检查、风险评估和数据质量评价。加强对金融机构反洗钱合规性和有效性的考核评级。依法配合有关部门做好反洗钱调查、案件协查工作，认真开展洗钱类型分析和涉恐资金监测。组织金融机构开展反洗钱知识宣传活动，全年开展宣传活动2次，新郑辖区参与金融机构网点160余个次，接受培训、咨询和讲解2000余人次，发放反洗钱宣传材料近2万份。

【人民币流通管理】 巩固提高流通中人民币整洁度，及时查处推诿、拒绝兑换残损人民币行为。督促银行业金融机构落实对外付出现金全额清分计划，实现各渠道冠字号码查询功能。加大反假货币工作力度，加强人民币日常监管，组织金融机构开展了为期三个月的反假货币知识宣传活动，制作反假人民币宣传版面78块，发放宣传折页11600余份、海报130份，设立咨询台81个，接待反假咨询1760余人次。

【国库管理】 牢守国库资金安全和国库系统运行安全底线。做好国库资金核算工作，确保资金安全。国库事后监督系统顺利上线运行。截至11月底，共办理预算收入18万余笔、金额110多亿元，预算支出3700多笔、金额140多亿元，退税业务827笔，金额0.7亿元，无任何差错。

【征信管理】 坚持规范与发展并重，提升征信管理精细化水平。做好信用查询服务工作，安装并启用个人信用报告自助查询系统，实行自助查询与人工查询相结合。截至11月底，提供企业信用查询412次，个人信用查询21506人次，为企业发放机构信用代码证27户。做好征信宣传工作，组织新郑市12家金融机构开展“6.14信用记录关爱日”集中宣传活动2次，共发放宣传资料1200余份，接受咨询7500余人次。对中国银行新郑市支行征信业务进行了现场检查。

【内部管理】 完善落实内控机制，全面加强内部管理以总行巡视组到本支行延伸巡视为契机，按照“五个从严”（从严治党、从严治行、从严治处、从严管人、从严管事）原则，切实抓好内控机制和各项制度建设。落实安全责任，加强监督考核，夯实基础。认真落实社会治安综合治理暨安全保卫工作目标责任制。年初逐级签订《社会治安综合治理暨安全保卫工作目标责任书》，明确安全工作目标和责任人，狠抓责任制落实。以“大安全观”为统领，认真开展安全生产和社会治安综合治理，定期组织开展安全、消防、法律法规、科技及保密知识教育。定期对车辆、用电线路、消防器材等重点目标和要害部位进行安全检查，发现问题、及时整改。深入开展三无安全行建设，落实好行政值班、政务值班和安全保卫值班制度，进一步明确值班责任和值班纪律，确保安全生产。开展科技及保密知识教育，落实安全检查制度，每月对业务用机、办公用机、业务网、办公网等进行安全检查，发现问题、及时整改，确保安全。

（撰稿：曹伟华 审阅：马伟平）

中国工商银行股份有限公司新郑支行

【概况】中国工商银行股份有限公司新郑支行是中国工商银行设在新郑市的分支机构，隶属工商银行河南省分行营业部。位于新郑市中华路与新华路交叉口东北角238号，现有在职职工87人，领导班子成员2人，省分行营业部派驻监察员1人。内设机构有综合管理部、市场营销部、个人金融业务部。下设支行营业大厅和五个二级支行：北关支行；炎黄广场支行；人民路支行；车站支行；双湖大道支行。截至12月31日，储蓄存款余额261,762万元。较年初增长36,375万元，完成年度任务目标110.2%。

【资产业务】截至12月31日，对公存款余额20.69亿元，同业排名第二。各项贷款余额29.65亿元，较年初增长9.42亿元，完成年度任务目标105%，其中：个人贷款25.54亿元，同业排名第一。

【定向客户营销】以“商友卡”为抓手，通过商友客户“一个平台、一张介质、一组产品”专属服务体系，努力将辖区内200余家目标市场资源以及网点周边零散商户资源一抓到底、抓深抓透；以“福农卡”为抓手，加大对外出打工和进城务工等流动型客户群体、种植大户、养殖大户、物流运输大户、动迁户、新型农民工等县域客户群体展开全面营销。

【存贷业务】2016年年末，机构存款余额16.11亿元，较年初新增2.35亿元，营业部郊县行排名第一，完成年度目标任务的130%。2016年年末，个人贷款余额25.54亿元，较年初增长10.94亿元，余额与增额排名均为同业第一。个人贷款不良贷款率0.08%。

【私人银行客户拓户】2016年年末私人银行客户达到8户，较年初增加5户。

【互联网金融业务】12月末，依托融e行、融e联、融e购三大平台深入推行场景营销，创新线上营销手段，积极探索场景应用在用户推广过程中新点子、新路子，强化三融品牌形象，充分发挥三融获客、留客、粘客的作用，积极抢占电子银行用户市场。

【网点靓化工程】明确专人对本行品牌标识、环境卫生、辅助设施等外部环境及营业网点内外卫生、定制化管理、硬件设施、宣传设施、便民设施等内部环境进行检查和督导，落实第一责任人，发现问题及时整修，全面提升服务形象。

【抓好客户提升工作】个金方面：加强客户维护，增加中高端客户数量，提高中高端客户的贡献度。提高客户经理对高端客户的管户率，提高客户经理的服务效率和管户能力。把优质客户推介表纳入正常化管理，要求大堂经理、柜员用好优质客户推介表，使其充分发挥作用，切实把优质客户推介给理财经理进行维护。以客户的需要为出发点，以满足客户的需要为突破点，引导客户持有本行更多的理财产品，提高理财产品客户覆盖率。对公方面，加大重点产品存款、理财、国债、基金产品、贵金属、互联网金融产品、三方存管保证金的营销，提升日均5万元、50万元重点目标客户及存量潜力客户对本行综合贡献度。进一步加强有贷户的管理。针对目前中小企业有贷户在本行存贷比偏低的现状，提高贷款户在本行的销售收入归行率及其他产品覆盖率，增加对公存款,带动支行其他业务快速发展。持续开展“一切从账户开始”专项营销活动，全员行动，以账户为源头，加大争揽力度，全力巩固对公存款基础，提升对公业务竞争力。特别是以本行双湖大道支行为阵地，以龙湖、郭店、孟庄辖区内的客户为营销重点，围绕华南城、华商会、城中村改造等项目,提升本行对公业务在新郑辖区的市场竞争力。

【各项存款】加强理财经理PBMS、MOVA等系统的学习培训，提高对中高端客户资产结构的把控调整能力，

中国工商银行组织开展普惠金融及打击非法集资、金融安全知识宣传活动

提升管户能力水平。全力“盯紧客户”,对客户实行动态管理，深入分析客户资金流向，详细掌握客户资金规律，及时向客户推介产品，增加客户的贡献度。加强公私联动，进社区、学校、市场，宣传互联网金融业务产品，大力争抢目标客户，促进客户资金的沉淀累积，确保储蓄存款稳定持续增长。提高思想认识，充分认识代发工资业务是个金之源的重要作用，继续实行“谁营销，谁受益”的激励措施。好存量客对公存款。制定存款计价考核标准，分解落实有贷户、无贷户、国际业务、产业集聚区和他行优质客户等（与本行无业务往来）的图谱，明确责任人和主管领导，做好客户营销基础性工作。依托贷款投放和保证金承兑等营销增加存款近亿元。对现有50万以上的存款客户全部由市场部、主管行长和行长分类走访和维护，利用结算套餐、法人理财组合、投行、租赁等产品强化对客户的产品渗透辐射，增强客户依赖度和贡献度。拓展机构新客户，通过多层次走访和费用投入，逐步加大对房管局、土地局和经济发展靠前的郭店镇、薛店镇等渗透力度，扩大新的稳定的机构客户资源。加大对龙湖宜居教育城财政分局、新兴经济重镇财政存款进行争揽营销，做好市财政局、工会、公积金等重点机构客户的维护服务工作，保证机构存款稳定增长。

【中间业务】 从推行中间业务的预算管理，将目标任务层层分配，定期通报中间业务完成情况，各项产品营销任务下达同时下达中间业务收入任务，加强日常考核通报和督导。以资产业务拉动中间业务收入，紧盯新郑市的重点项目和中小企业扩户目标，通过业务产品的创新用新，拓展新兴业务，拓宽中间业务增收渠道。加强对理财产品的培训和宣传，确保营销人员掌握产品的卖点和客户的需求，发挥营销网点的阵地作用，以客户的需要为出发点，以满足客户的需要为突破点，以产品的优点取得客户，吸引更多的客户购买本行产品。通过对新增客户发送信息、LED显示屏、发放宣传折页等形式，激发客户的兴趣爱好的同时，加大营销力度，增加销量，提高中间业务收入。截至12月31日，实现利润1.27亿元，实现中间业务收入2.712万元。

【资产业务】 抓大不放小，在做好雏鹰等大客户流资贷款的同时，积极拓展小企业客户，促进全面发展。河南庆安化工高科技股份有限公司流资贷款5670万元，雏鹰农牧集团股份有限公司流资贷款2亿元，郑州大学西亚斯国际学院流资贷款3000万元，小企业新增46户，雏鹰农牧集团股份有限公司养猪合作社新增46户贷款金额5.98亿元。小企业存量客户续贷11户1.08亿元，郑州市华兴玻钢泡沫有限公司网贷通200万元，郑州市天河面业有限公司网贷通350万元，郑州德亿斯顿服饰有限公司网贷通1000万元，郑州绿士达商品混凝土有限公司流资800万元，郑州市正一包装有限公司网贷通600万元，郑州宏欣暖通有限公司保理1000万元，郑州翎羽新材料有限公司保理1000万元，新郑市郑韩粮油购销有限责任公司保理1000万元。做好项目储备，突破业务发展。雏鹰农牧并购基金项目，金额4.5亿元。

【网点综合竞争力】 加快渠道建设步伐。紧抓辖内市场经济发展导向，结合网点实际情况，发动全行员工参与网点选址搬迁工作，提升网点综合竞争力，扩大网点辐射范围，提升网点服务能力，为争揽优质客户奠定扎实基础。加强员工业务技能培训，提升服务质量。加大对薄弱网点、薄弱人员、薄弱业务的督导培训。各网点按照帮扶计划对员工进行教育培训，提高支行和网点的业务技能水平。加大对新系统、新规业务、新制度的培训，尤其是智能化银行的投产使用进行培训督导，提高网点服务能力，提升服务效率，争创满意基层站所。坚持“以客户为中心”的服务理念，邀请第三方服务公司对员工开展专项服务培训，全面提升一线员工的服务水平和服务技能，切实帮助客户解决实际困难。

【内控案防水平】 严格履职管理。引导领导干部认真履行内控案防责任，扎实开展案件和风险事件防控工作，规范员工行为，提高业务运营质量。同时，加大对员工是否参与非法集资进行了解排查，全面掌握员工发展动向，提高员工思想认识，从根本上夯实案件防范工作长效机制建设的基础，确保依法合规经营。

（撰稿：赵智宽　审阅：崔卫军）

中国农业银行股份有限公司新郑支行

【概况】 中国农业银行股份有限公司新郑市支行位于人民路西段290号，在职员工121人，领导班子成员5人，支行机关内设综合管理部、财会运营部、风险管理部、客户部、个贷部等5个部门，下设支行营业室、双湖大道分理处、新建路分理处、车站分理处、薛店分理处、龙湖分理处、郭店分理处、辛店分理处等8个营业网点。2016年，农行新郑市支行认真贯彻落实省分行“从严治行、规范管理，稳健经营、有效发展”工作总基调和省分行营业部全年工作会议精神，扎实开展“两学一做”学习教育活动和各项业务竞赛，以从严治行、从严治党、加快发展为主线，持续转变观念，解放思想，创新经营机制，加快经营转型，从严防控风险，强化执行能力，聚集发展正能量，各项工作稳步进行。面对国内经济下行、互联网金融扩张等内外部经营压力，全行上下冷静应对挑战，全力化解困难，坚持抢客户拓市场，严管理控风险，健全机制增活力，以资产业务为突破口，以负债、中间业务和服务“三农”为重点，深入推进业务经营转型，切实提升风险管控水平，实现各项业务快速、健康发展。

截至2016年年底，农行新郑市支行各项存款余额35.48亿元，全年新增4.6亿元，其中对公存款余额8.64亿元，较年初下降6516万元；储蓄存款余额26.85亿元，全年新增3.94亿元；同业存款余额1516万元。各项贷款余额16.95亿元，较年初新增6.81亿元，其中公司类贷款3.2亿元；个人贷款余额13.75亿元。全年中间业务收入1404万元，净利润3808万元。

【存款业务】 针对本行存款增量不稳定，特别是较同业净增水平低的情况下，新一届班子从理清思路、准确定位、提高认识入手，将存款工作确立为全行加快有效发展的“生命工程”。教育引导员工进一步增强忧患意识、竞争意识和责任意识，牢固树立“总量就是实力，份额就是地位，增存就是增效，增量就是竞争力”的存款新理念，不断强化“客户立行”“存款兴行”和“释放全员创造力，拼抢市场份额，以数字论英雄”的经营思想。提出了“存量流量并重、日均时点齐抓、对公储蓄兼顾、大小客户统揽”的要求，把存款工作抓到每一天、落实到各网点，要求存量维护和基础账户开立两手抓、两手硬。利用营业部对公账户扩户提质业务竞赛活动，夯实对公存款基础，存款质量和结构得到优化。

【资产业务】 为尽快弥补本行优质资产项目投放少、营销储备少的不利局面，支行新一届班子成立后，结合新郑市的经济状况，主动和当地政府职能部门、主要领导对接，围绕新郑特色产业、重点客户和项目进行摸排调查，全力营销一批大客户和大项目，助力新郑市新型城镇化建设，优化本行信贷资产结构，提升信贷资产质量。支行制定了“紧盯地方经济走向、及早介入绩优项目、多种产品综合渗透、加强银企优势互补”的综合营销策略。

【渠道建设】 狠抓网点、ATM等渠道建设，积极改善客户用卡环境，增设自助银行，优化网点服务。2016年本行新建网点1个，增设金融便利店2个，都已立项。在大部分村庄开通了惠农通服务点，并对业务大，地理位置优越的服务点进行了重点建设，建成了精品服务点20个，确保了用卡环境方便快捷，提高了开卡、用卡、刷卡率，同时大力推销掌银、POS、电话银行等网络终端，以代发工资、理财、贵金属、第三方存管、结构性存款绑定客户，积极服务资产类客户，保持了中间业务客户群体稳定。新建网点及新增ATM开业后，更加方便客户办理业务，大大提升农行的社会形象，有力推动全行业务快速发展。

【内控管理】 新郑市支行积极构建合规建设长效机制，完善制度，强化管理，确保了安全运营，有效抵御了经营风险。强化信贷风险管理。严格信贷授权、准入流程、贷后管理、到期管理，始终把资产风险控制作为重点，要求避免盲目扩张规模，宁缺毋滥，培养审慎的信贷职业素养，确保信贷业务稳健、快速有效发展。加强内控及运营管理。制定了支行条线和内部工作百分考核办法，直接联系绩效工资。每月召开运营管理例会、操作风险联席会议，及时通报、警示、处罚不规范操作行为。不断提高管理水平。支行班子坚持民主决策，每周召开行务例会、行长办公会、业务督导会，每月召开操作风险联席会、业务分析会。会上不怕揭丑亮短，把问题剖析透彻，把措施定全面，把形势分析透，不断总结经验教训，提高全行管理水平。支行班子成员认真学习《银行业金融机构从业人员职业操守指引》和《员工行为守则》，在依法合规前提下开展各项业务，实现了业务办理的规范化和业务经营的长远健康发展。加强干部员工行为管理，高度关注员工思想行为，定期排查注重实际表现，使风险防范和案件防控做到了防患于未然，杜绝了案件的发生，为各项工作的开展构筑了安全保障。

（撰稿：刘少贤 审阅：雷胜凯）

中国银行股份有限公司新郑支行

【概况】 中国银行股份有限公司新郑支行位于新郑市新华路与中华路交叉口东南角。下辖新郑支行营业部、新郑人民路支行、新郑龙湖支行3个营业网点。2016年中国银行股份有限公司新郑支行紧紧围绕上级行“市场领先、系统卓越”战略思想,牢固树立提升存量，巩固份额，增加利润的经营指导思想，以客户、存款、非利息收入为抓手，突出核心指标的进取性、产品客户等基础性指标的扎实性、内控管理机风险防范全面深入落实的执行性。截至2016年年底本行各项存款余额57.31亿元，较上年增长6.14亿元。各项贷款余额36.29亿元，较上年新增4.47亿元。实现净收入1.79亿元，上缴税金4527万元，全年实现净利润1.33亿元。

【业务发展】 突出代发薪和拆迁补偿营销带动，通过“走出去”与“厅堂营销”相结合的方式，及时获知拆迁补偿信息，有目标、有重点的对城区改造、城镇化建设等拆迁补偿款进行重点营销。积极走访行政事业单位及团体，推介适合需求产品，通过产品组合带动代发业务发展。继续举行“中国银行金融知识进万家”活动，深入社区、小区、高校、活动广场，多形式向广大居民、教师、学生普及金融知识，同时，全面推介营销中行业务产品，增强客户认同感，促进储蓄存款发展。

根据国家产业政策及上级行授信政策，积极发展和筛选优质中小型企业授信客户，给予资金支持，提高合作深度，扩大产品广度，实现银企合作双赢。大力拓展重点客户及其上下游企业。挖掘存量客户潜力，争取市场份额最大化，加大授信对存款的带动作用。通过对优质客户授信及存款并重，提升存量客户在本行的存款比重。

利用推行爱家分期的时机，积极营销相关行政事业单位，采取上门讲授产品特点，现场填单办卡，快审快批，提高信用卡发卡量，同时营销本行代发薪以及借记卡、短信通知、网银手机银行等相关配套产品。做好高等院校各院系的宣传工作，帮助学校老师、学生下载中银易商，使用出国金融、养老宝、e闪付等快捷服务，并带动手机银行、网上银行、短信通知、三方存管等产品的快速增长。

对客户群进行细分，对现有客户和目标客户进行细分，根据分工不同各有侧重，及时了解企业情况，为企业提供服务。主要了解企业的生产经营情况和上、下游客户情况，积极寻找新的合作机遇，形成高层营销、联动营销、全员营销和批量营销的多层次营销体系。极大地提高了各层级客户的维护频度和力度，起到了稳定存款基础的作用。

【服务管理】 持续推进网点智能化建设和流程优化改造，不断提高客户的体验感知度，提高服务效率，减少等候时间，同时加强员工进行服务规范化培训，结合本行实际情况，导入标准化服务销售流程。提升厅堂服务与营销能力，实现营销信息定向推送，优化岗位协作流程，使每位员工都成为服务客户、营销产品的枢纽。大堂和柜员有效结合，以“打造最佳客户体验”为依托，创建全国“百佳”网点。以提高客户的数量和质量作为开展“客户服务年”活动的落脚点，通过完善客户服务工作长效机制，提升客户服务的效率和效果。不断巩固和拓展能为本行带来存款、收入及其他延伸效益的客户，提高客户贡献度，夯实本行长远发展基础。

【内控管理】 合规教育和管理常态化，开展“三个一“活动，坚持做到业务发展不放弃合规经营。经常加强对柜员的合规教育，强化合规意识。严格依照规章制度办事，依照操作规程办理。要求业务经理认真履行职责、做好监督、把控第一道防线、做好员工业务及制度培训，避免风险、案件发生。坚持每周业务知识及制度学习，为业务发展提供保障。坚持每月对各网点进行业务和双十禁自查检查，及时发现隐患并进行纠正处理。坚持每月对重点岗位员工进行谈心，按照支行要求对全行员工进行行为排查，保证业务良性健康发展。

（撰稿：史广鑫 审阅：桑峰）

中国建设银行股份有限公司新郑支行

【概况】 2016年,中国建设银行新郑支行按照郑州绿城支行党委“适应新形势、展现新作为、凝聚新动能、实现新跨越”的工作要求，抢抓机遇，创新思路，转型发展，坚持抓好党建促发展，坚持业务发展不忘风险防范。通过全行员工的共同努力和奋勇拼搏，各项工作取得了一定成绩。先后荣获2016年省分行“旺季营销综合竞赛十佳县支行”2016年“十佳贡献最大县支行”“先进基层党支部”等荣誉。

【人员及机构设置】 2016年，新郑支行在职职工66人，其中女职工34人，男员工32人。其中党员37人、在岗党员28人、退休党员9人。在岗党员占全部在职员工的42%，主要划分为三个党小组，分布在部、室、网点各个岗位。新郑支行下辖4个网点，为营业部、人民路支行、郑新路支行、龙湖支行，离行式自助银行10处，共计ATM机15台。内设办公室、综合部、个人部、个贷分中心。

【业务指标完成情况】 截至2016年年底，一般性存款时点余额35.22亿元，较年初新增1.27亿元，日均余额38.92亿元，较年初新增4.5亿元。各项贷款余额56.79亿元，较年初新增10.18亿元。完成利润总额21105万元。坚持业务发展不忘风险防范，实现全年安全无事故。

【获得荣誉】 获2016年省分行“旺季营销综合竞赛十佳县支行”、2016年“十佳贡献最大县支行”、省分行全行“聚力青春 燃情旺季”网点旺季营销PK赛“总亚军”“先进基层党支部”，获得绿城支行2016年“最美绿城人”演讲比赛“优秀组织奖”、新郑支行团支部荣获省分行级“优秀团组织”等荣誉称号。

【工作措施】 以智慧柜员机铺设为契机，加快网点物理渠道转型。积极优化网点劳动岗位组合，释放人员活力，做好常态化营销工作，提高生产效率。竞聘网点副职，组建综合营销团队，班子带头凝心聚力。加强队伍建设，提高网点管理能力和客户服务水平，增强外部营销能力，不断拓展业务发展空间，形成上下联动、全面营销的局面，促进新郑支行业务发展。采取多种形式开展业务产品宣传，助推业务发展。组织产品宣讲团深入客户开展产品宣讲，展示和提高本行社会服务形象，扩大业务产品宣传覆盖面，助推产品营销和业务发展。

加强机构业务营销力度，抓源头，抓系统，抓关键点，助力全行业务发展新局面。抢抓机遇，狠抓项目，成立团队，开拓市场，继续保持对公业务持续健康发展。抢抓政府购买服务、城镇化建设贷款的业务机遇，充分发挥建行的开拓能力和创新能力，树立建行社会形象和威信。建立综合营销团队，并制定储备方案。落实“经营模式从条线、产品为主向团队营销、综合服务转变”，成立综合营销团队，加强外出营销队伍建设。

个人业务坚持常态化营销，创新优化管理方法，业绩持续健康快速增长。加强过程控制，做好常态化营销。提高员工素质、提升专业化服务能力。加强批量营销，拓展客户来源。抓宣传，推产品，树形象，引客户。积极开展建行业务产品宣传，有效拓宽客户服务范围，提升社会形象，促进业务发展。加强服务考核，提高服务质量，提高客户美誉度。

【安全运营】业务发展不忘风险防范，始终坚持抓业务发展与抓风险防范同等重要，同时兼顾。组织召开案防、安防工作例会，加强案防、安防教育。开展“学案例、守禁令、控风险、促发展”员工合规从业主题教育活动，加强员工行为排查，坚持安保巡查，召开外包事务联席会，加强安保工作，组织员工开展进行了消防及防抢劫演练，开展“平安金融机构”创建工作。

（撰稿：李云飞 审阅：万新德）

中国农业发展银行新郑支行

【概况】2016年，面对复杂严峻的金融形势、粮棉市场的新变化，农发行新郑市支行深入贯彻落实科学发展观，顺势而为，克难攻坚，着力发展以粮棉油收储、加工、流通为重点的全产业链信贷业务，打造支持粮棉油全产业链发展主导银行品牌；着力发展以支持新农村建设和水利建设为重点的农业农村基础设施建设中长期信贷业务，打造支持新农村建设主导银行品牌。加快发展方式转变，认真推进合规文化建设，以信贷支农、风险管控、双基管理、从严管党四个方面为重点，统筹兼顾，整体联动，各项工作取得了新的成效，实现了整体实力的新提升。

【支企工作】面对国家宏观调控政策带来的新形势，不断拓宽支农领域，加大信贷支农力度，全力支持地方农业和农村经济发展。全年累计发放各类贷款13亿元，各项贷款余额27.83亿元。尤其是聚焦主业，在政策性职能发挥方面，做出新的贡献。依据粮食主产区优势，做好粮食收储信贷业务文章，确保夏粮收购资金供应与管理不出问题，全年收储入库原粮42909万斤，投放收购贷款46527万元，创历史新高。

【双基建设】固本强基，全面加强基础管理。以“贷后管理年”活动为契机，先后组织开展信贷客户风险分类排查、“两加强两遏制”回头看和“强基固本百日行动”，推动各项规章制度和管理要求的落实，以各类专项排查为契机，治理违规违纪问题，为业务发展提供稳固的基础。求真务实查清底数实情，实现信贷客户风险见底、分类管控、准确施策。动真碰硬推动问题整改。落实整改责任，严格操作，堵塞漏洞。多措并举加强员工行为管理。以人为本抓好业务培训。明确年度教育培训计划，大力开展“身边教师制”活动。

（撰稿：孟佩娜 审阅：张鸣）

河南新郑农村商业银行股份有限公司

【概况】坚持“强基固本、拓展创新”工作总基调和“调结构、控风险、拓市场、促营收”十二字方针，

中原华信金融大厦

充分发扬克难攻坚、强学力行的拼搏精神，大力促进各项业务稳健持续发展，保质保量、不折不扣、全面超额完成了省联社下达的年度各项任务目标。

【业务发展】 2016年，全行大力组织资金，强化信贷投放，服务地区经济发展，各项业务质量和效益得到双提升，双突破。存款增长迅猛。截至2016年年末，本行各项存款余额达248.38亿元，较年初上升47.82亿元，增幅23.84%，占省联社年度计划36.88亿元的129.66%。存款市场份额为40.24%，新增存款市场份额为38.5%，均居辖内金融机构首位。存款的快速增长，是全体支行的拼搏努力，是全体员工的心血汗水。全年有15家支行超额累计完成存款任务，其中营业部、薛店支行贡献突出，存款分别较年初上升10.2亿元、8.8亿元，分别完成累计目标计划的298%和384%。贷款投放加大。截至2016年年末，各项贷款余额112.56亿元，较年初增长17.92亿元，完成年度贷款投放计划17.6亿元的101.82%，增幅18.93%。贷款市场份额为24.67%。2016年，创新推出"公信贷、装修贷、职贷通、农贷通、商贷通、消贷通、微贷通"等7款新型信贷产品，涵盖农林牧渔业、批发零售业、住宿餐饮业等各行各业，有效满足农民、公务员、个体工商户、小微企业等各类客户的金融需求。全年共投放涉农贷款105.2亿元，占实体贷款余额93.5%。小微企业贷款97.5亿元，占实体贷款余额86.6%。全年开展精准扶贫、产业扶贫、项目扶贫、专项扶贫、爱心扶贫等工程，扶持农村薄弱产业，助力贫困农户脱贫致富，促进社会和谐稳定。2016年已完成对辖内560户贫困户1743人贫困人口的建档立卡工作，已向95户贫困户发放316万元的"金种子"扶贫小额贷款。

【存贷业务】 截至2016年年末，本行资本充足率为13.96%，核心资本充足率为12.84%，贷款损失准备充足率为307%，拨备覆盖率为423%，不良贷款率为1.47%，成本收入比为24.24%，持续保持二级良好银行标准。同时，截至2016年年末，本行不良贷款余额1.66亿元，不良占比1.47%，较年初下降0.5个百分点，资产质量持续优化。2016年，本行把严控不良贷款、提升信贷资产质量作为信贷重点工作来抓，采取措施，消化存量，严控新增，创新清收，全年共处置不良贷款2091万元，较年初下降0.5个百分点。

【科技支撑】 2016年，科技对业务的支撑作用大为增强，互联网金融战略有新进展。2016年，在省联社强大的综合业务系统支撑下，本行推出大额存单负债产品，首期2000万元发行当天即抢购一空，成效明显。推出"周周赢""享档档"等智能存款、靠档计息类存款产品，为本行调整负债结构做出尝试。同时，2016年，电子银行业务取得佳绩：截至2016年年末，金燕卡存量突破100万张，达到108万张，金燕卡存款余额65亿元，实现银行卡收入1000万元。累计布放自助设备245台、POS机2800台，网上银行和手机银行客户12.4万户，电子银行交易替代率达到79%，各项指标在全省农信系统均名列前茅。尤其是微信、支付宝、财付通等支付平台的打通，微信积分商城的试运行，微信收单业务的拓展，极大丰富了金燕卡的功能和应用，完善了电子服务渠道，成为组织资金重要的增长点。

【社会声誉】 2016年，本行被河南省总工会授予"五一劳动奖状"；被省联社评为2015年度全省农信社标杆行社、2015年度支持小微企业最佳金融机构、"2013-2016年度全省农信系统十佳标兵单位"、2016年度综合考核先进单位、资金清算工作先进单位等；被郑州市人民政府授予"郑州市市长质量奖"；被郑州市企业联合会、郑州市企业家协会、郑州市总工会及郑州市工商业联合会评为2016年度郑州市最佳雇主企业；港区支行被中国银行业协会评为"中国银行业文明规范服务千佳示范单位"，八千支行被省联社评为"2016年度文明规范优质服务百佳网点"。

（撰稿：许宁 审阅：许新红）

中国邮政储蓄银行股份有限公司新郑支行

【概况】 中国邮政储蓄银行股份有限公司新郑市支行成立于2007年12月29日。现有员工62人，内设综合管理部、"三农"金融部、公司业务部3个部室，下辖玉前路、辛店镇、新华路、豫康新城4个二级支行。2016年中国邮政储蓄银行新郑市支行认真贯彻落实党和国家的支农惠农政策，充分依托遍布城乡的网络优势，坚持服务"三农"、服务中小企业、服务社区的定位，强化科学管理，打造优秀团队，树立品牌形象，推动了各项业务持续、健康、快速发展。自觉承担起"普之城乡，惠之于民"的社会责任，助力地方经济发展。

截至2016年年底，本行储蓄存款余额达到7.85亿元，年累计净增1.99亿元；公司存款余额6.87亿元，全年新增对公存款1.6亿元。2016年，累计发放贷款13.26亿元，其中发放涉农贷款2.72亿元，整体贷款结余17.25亿元，整体贷款净增达到9.48亿元，结余及净增规模跃居本行全省县支行第二位、第三位，贷款逾期率0.18%。截至2016年年底，公司负债业务结余6.87亿元，年度新增1.61亿元，较上年同期增长30.6%。累计公司贷款授信16亿元，投放公司贷款2.6亿元，贷款结余2.6亿元。小企业结余0.82亿元，年度新增1532万元。办理票据贴现业务4.5亿元。

【服务“三农”】支持地方经济发展。始终将服务“三农”作为践行普惠金融的根本，走出了一条极具特色的“三农”金融服务道路。2016年，持续做好一行一品，支持新郑大枣行业发展。本行服务大枣市场已经有6年的时间，为了更好地服务大枣客户，本行每年都会深入调查市场，根据客户的需求及市场变化申请要素调整，累计调整贷款要素6次，使贷款产品始终与市场紧密结合。截至2016年年底，本行累计发放大枣贷款2.6亿元。

【政银合作】秉持服务地方发展、支持民生投入的理念，对政府信用类项目高度重视，积极对接政府融资项目。为支持新郑市城区规划的发展，针对“新郑市新建路街道办事处旧城棚户区改造”项目专门制定方案，整个项目经市行、省行及总行三级审批，历时不到一个月的时间成功授信15亿元的公司贷款。截至2016年年底，“新建路街道办事处旧城棚户区改造项目”已放款2亿元，有力保障了黄帝故里拆迁工作的顺利实施。为支持新郑市新型城镇化建设的发展，针对“新郑市南部区域沿河两岸新型城镇化建设”项目特别制定投行融资及项目融资方案，不足一个月的时间成功审批全国首笔县域8.2亿元投行业务。

【风险管控】持续开展合规管理工作，培育合规文化。2016年，组织全行职工学习合规操作严控风险的相关知识，加强对员工的理论教育，极大提高了员工的合规意识和风险意识。加强信贷检查和逾期清收，对于逾期贷款，行领导亲自督导，逐笔分析逾期原因，制定针对性强的逾期催收方案，加强催收力度，确保本行的信贷资产质量。2016年，共清收贷款43.51万元。加强风险排查，消除风险隐患，加强员工的日常排查，每季度开展一次员工行为排查，通过员工互查、员工谈话、家庭走访等多种形式加强排查，有效规避了风险，促进了本行的各项业务的健康持续发展。

（撰稿：郑新蕾 审阅：张水云）

郑州银行股份有限公司新郑支行

【概况】郑州银行新郑支行于2009年07月22日成立，内设两部一室（营业部、市场部、办公室）。下设二级支行二个（龙湖镇支行、解放路支行），另有新华路支行正在筹建中。现有员工51人。截至2016年年末，各项贷款余额33.24亿元，各项存款余额54.36亿元，2016年不良资产保持为零。在调整区域结构的基础上，以风险控制为前提，以提高资产业务综合回报率为核心，着力优化客户结构，加大地方经济扶持力度。重点进入城市基础设施项目企业贷款，逐步提高基础设施类贷款占比和优良客户占比，增加信贷投放总量。积极提升对重点建设项目、战略性新兴产业、现代服务业、中小企业、“三农”和民生工程的金融服务。特别是针对雏鹰农牧的应收账款贷款，作为全国首家示范支行，在全省乃至全国都得到了好评。截至2016年年底各项存款总额达543.6亿元，列居全市第二。

【内控管理】新郑支行重视内控管理工作，年初就确定了“以内控达标为主线，全面加强支行合规操作”的工作目标，以提高风险防范意识、狠抓内部控制、规范操作规程为出发点，抓好业务规章制度的执行与落实。以网点内控合规达标为主线，提高全员合规操作意识。在对网点的检查中坚持精查细究、有效监督的主导思想，全面提高员工合规意识，并将内控工作落到实处。2016年，支行未发现违规、违纪案件。

【安保工作】新郑支行安全保卫管理工作常抓不懈。2016年，认真做好案件防控的宣传工作，制定措施，制作宣传板，定期召开会议，加强监督指导。认真开展打击银行卡犯罪专项活动，定期在支行进行了“防抢劫”防恐、防爆、防诈骗等预案演练，取得了良好的效果，受到上级部门的表扬。2016年11月前开展了消防安全大检查，增加消防设施，梳理各项规章制度，加强应急预案的演练以及防火知识的宣传。

【优质服务】新郑支行高度重视文明优质服务工作，2016年支行相继制定、修订完善了《郑州银行客户投诉处理和管理实施细则》《郑州银行员工服务标准》《郑州银行员工业务基本技能训练和考核办法（修订）》等项制度。在服务工作管理中，强化各网点支行“一把手”在服务工作中的责任。从晨会、礼仪培训、服务检查、非现场检查、考核等方面，使柜员服务标准化，环境、标识统一化，客户满意率保持在99%以上。技能考核按照计划每季度考核一次，做到奖罚分明，促使提高技能水平。年度服务无投诉。

（撰稿：马红丽 审阅：马红丽）

中国人寿保险股份有限公司新郑支公司

【概况】中国人寿保险股份有限公司新郑支公司，是新郑最大的一家专业寿险公司，具有经营历史长、专业人才多、机构网络全、市场占有率高、运作经验丰富、偿付能力强、服务质量好等优势。公司下设11个乡站、2个营销部，现有员工28人，代理人700人左右。公司设有综合部、个险销售部、团险销售部、银行保险部、客户服务中心。主要经营有人寿保险、健康保险、意外险等100多个险种，保障全面，内容丰富，可以满足人们的健康、教育、理财、婚嫁、计生、旅游等多方面健康保险保障服务。2016年，新郑公司秉承“以客户为中心、以基层为中心、以价值为核心”的经营理念，积极承担行业和社会责任，努力成为“行业领先、客户青睐、最具价值”的公司。立足新郑保险市场，扩大区域经营范围，深入广大的城区街道和农村家庭，围绕不同客户的保险需求，提供各具特色的保险服务。为广大的客户提供了强有力的健康保障，为地方的经济发展和社会稳定起到了积极作用。

【业务发展】全年，共为3万人提供了寿险赔付服务，实现保费收入1.36亿元，赔付支出（包括死亡给付、医疗给付、满期给付、年金给付、赔款支出）共计8892.23万元。职工医疗保费910万元，新农合筹集资金2.55亿元，整个保险业务出现稳步提高的态势，在新郑寿险激烈的市场竞争中占据主导地位。

【保险覆盖面】2016年，本公司为全市幼儿园、中小学、大中专院校学生提供了学生平安保险，年均承保学生达3.2万人次，保费达220万元，累计赔付款达53.76万元。学生保险交费少，保障高，案发率高，公司秉承“远离贫困，从一份保障开始”的企业责任心和使命感，每年积极主动地开展学平险业务，为更多的未成年人提供意外、疾病医疗等保障。2016年在市政府的政策支持下，给全市9.86万人提供了小额保险，收保费296万元，累计赔款达115万元。此外还开办了建筑工人人身意外险、机动车驾乘人员险、旅游险、小额贷款保险以及计划生育系列保险等，为整个行业从业人员提供了贴身的保障。

【履行行业职责】作为国有民族寿险企业，公司主动承担社会责任，认真履行行业职责，积极贯彻落实“目标”中统筹发展城乡商业养老保险和健康保险，完善多层次社会保障体系的要求。在坚持保本微创的前提下，尽管经济效益不明显，但考虑到服务改革的巨大社会效益，积极介入政策性服务。承办了职工补充医疗保险。全市每年参保人员8万多人，年享受医疗保障296人，累计年赔款支出596万元。承办了新农合补充医疗保险，全市每年参保人员44.21万人，年享受医疗保障65.96万人次，累计年赔款支出2.35亿元。市政府脱贫攻坚工作，承保了2016年建档立卡贫困人员保险，贫困人员医疗费用由中国人寿实现全部承担。

【农村业务发展】为了不断拓宽农村寿险市场的覆盖面，在全市范围内积极开展保险普查工作，了解全市人民的生活保障覆盖率，收集保险服务存在的问题，提高公司服务质量。同时公司又积极响应政府号召，提出“村村有专员、户户有保障的、打造保险15分钟服务圈”口号，展开了大规模的区域拓展服务活动。在各乡镇政府的大力支持下，正积极培训各村推荐的社区服务专员，并且要求持证上岗，同时加强全体营销员服务理念深入学习，树立品牌形象强化服务品质，维护保险市场的可持续发展。截至目前，农村保险业务收入6800万元，同比增长5%，占总保费50%以上。农村业务的大发展，把中国人寿的社会责任落实到了实处。

【风险防范】为提高依法合规经营水平，有效改善公司风险状况，守住不发生区域性、系统性风险的底线，结合新郑支公司实际，成立了打击非法集资工作及风险管控领导小组，做到公司员工上下齐上阵、共担责，全覆盖、抓重点、横到边、纵到底、不留死角、不留隐患。按省市公司要求落到实处，不走过场、不留死角，通过风险防范活动，使公司每位员工和每位销售人员在风险防范与销售合规方面都有不同程度的提升，切实形成全员主动防范非法集资风险的良好氛围。

（撰稿：岳红霞 审阅：张 莉）

财政 税务

FINANCE & TAX AFFAIRS

·财政 税务 >>>

FINANCE & TAX AFFAIRS

财政工作

【概况】新郑市财政局是市政府主管全市财政收支预算，贯彻国家财税政策、监督财会制度执行、参与对国民经济进行宏观调控的经济职能部门，内设10个科室，下属10个二级机构、8个乡镇（办事处）财政所、6个财政分局。全系统共有干部职工494人，其中，中共党员272人，研究生学历2人，本科学历233人，大专学历176人，中专83人。局党委成员8人。

【财政收入】2016年，全市地方财政收入完成116.82亿元，占预算的103.65%，同比增长9.35%，其中：公共财政预算收入完成65.31亿元，占调整预算的106.7%，与去年同期同比增长17.72%。税收收入完成44.12亿元，占调整预算的104.46%，与去年同期同比增长19.55%。政府性基金收入完成51.51亿元，占调整预算的100.02%，与去年同期同比增长0.30%。

面对新常态下经济下行、国家结构性减税、营改增减收等多重压力，全市财政部门密切关注经济走势，始终把组织收入放在首位，坚持强化目标管理，强化税源征管，强化部门协调，及时分解落实收入任务，把握进度，形成合力，科学调度，确保收入应收尽收。严格落实征管责任。加强收入形势分析。定期召开收入部门协调会，切实研究解决存在的困难和问题，确保组织收入压力不松、力度不减、节奏不变，促进了全年财政收入任务的顺利完成。建立综合治税机制。做到涉税信息共享、资源共用、征管互助。积极开展税收分析和纳税评估，强化税源分类管理，构建全方位、多层次、信息化的现代税收征管体系，实现税收征管的全程动态监控。积极开展税收清欠工作。以“营改增”改革为契机，以票补税、以税清票，大力推进重点项目税收清欠工作，2016年4月，入库税收5.02亿元。注重非税收入的信息化、精细化征管。严格落实以票管收、源头控收，保障了非税收入依法及时、足额征收。积极开展国有资产经营工作，提高国有资产使用效益，确保国有资产保值增值。积极培植税源，拓宽收入渠道，盘活闲置存量土地，提高土地利用效益。

【财政支出】2016年，全市全年累计支出140.35亿元，为预算的99.78%，同比增长17.15%。其中，公共财政预算支出完成83.84亿元，为预算的99.63%，同比增长19.22%。进一步加大对“三农”、教育、社会保障、医疗卫生、文化等民生领域的投入力度。2016年，全市民生领域的财政支出达62.98亿元，同比增长27.57%，占全市一般公共预算支出比例达到75.12%，有力保障了各项民生工程的资金需求和民生政策的落实。加快新型城镇化建设和城市功能提升。财政安排资金5.5 亿元，支持生态廊道、城乡路网、水网、电网、通信网、污水管网、灯光照明等一体化建设，完善城乡基础设施，提升城市功能。安排资金1.2亿元，支持垃圾焚烧发电厂、第二垃圾无害化处理场建设，推动数字化城市管理，扩宽改造5条主干道十字路口，缓解交通压力，配备居民小区充电棚充电桩，服务群众生活。加大惠农投入力度。持续加大“三农”投入力度，推进了农业现代化建设。全年拨付“三农”资金6.5亿元，同比增长5%。全年组织发放农机具购置补贴、农业支持保护补贴、退耕还林补贴8135万元，改善农业生产生活条件；累计投入农业综合开发资金922万元，促进农业增效、农民增收；累计拨付资金1.13亿元，落实扶贫开发政策，全力支持“精准扶贫”。优先发展教育事业。安排教育支出8.28亿元，加大一般预算对教育事业的投入使用，落实多渠道筹集财政性教育经费的各项政策措施，推动重点教育项目的顺利实施，提高教育经费的投入效益。继续实施运行保障、条件改善、扩容改造和义务教育合格学校建设等重点工程，改善城乡基础教育办学条件。促进医疗卫生事业发展。安排医疗卫生和计划生育支出2.5亿元，增长4%，进一步完善基层医疗卫生机构基本药物制度，支持推进公立医院改革，改善基层医疗卫生设施条件，推动实施重大公共卫生项目建设，支持重大疾病防治和救助。提高新农合、城镇居民医保以及基本公共卫生服务人均补助标准，将基本公共卫生服务人均经费标准提高到45元，新农合政府补助标准从2015年的408元提高到456元，城镇居民医疗保险由2015年的人均385元提高到425元。完善社会保障体系。全年拨付社会保障和就业支出3.08亿元,积极推进城乡居民社会养老，认真落实就业再就业财政补贴政策。城市和农村低保标准分别由520元、290元提高到550元、320元，全年共发放城市低保金1296.4万元、农村低保金2508.2万元，保证了全市2167名城市低保对象和9062名农村低保对象生活得到了保障。认真落实企业军转干部政策，2016年共拨付补助资金159.09万元，用于企业军转干部生活困难补助，保证了企业军转干部的基本生活，维护了社会稳定。加大文体事业投入。2016年全年共投入文化体育传媒发展资金6969.8万元，开展了“同唱和谐曲，共走创业路”“百场演出下基层”等文艺巡演活动，在全市行政村、企事业单位演出戏曲（剧）300场；积极开展“公益电影送基层”活动，全年全市共放映电影600余场；组织开展基层文化骨干培训和文艺赛事，全年组织全市基层文艺骨干广场舞培训班6期，戏曲培训、大鼓等各类培训40多期，培训各类文艺骨干4000多人；以“以奖代补”的方式确定建设10个乡镇（街道、管委会)综合性文化服务中心（综合文化站）、10个社区文化服务中心、100个村级文化服务中心和6个村史馆建设，均已建成并通过验收。及时发放职工工资奖励。拨付资金4.2亿元，落实机关事业单位基本工资调整、目标考核奖、应休未休年假工资、绩效考核奖励、离退休健康休养费、村干部工资提标等调资补贴政策。

【财政监督】抓好新《预算法》的贯彻落实，切实规范财政管理，强化财政监督检查，努力构建覆盖财政运行全过程的财政监管机制，确保财政资金使用的安全高效。继续规范国库管理，以国库集中支付为重点，继续深化国库集中支付改革；继续规范财政收支行为，优化财政国库支付业务流程，健全预算执行动态监控体系，提高资金运行效率和使用效益。同时，全面编制权责发生制政府综合财务报告，探索全面、完整反映政府财务状况和运营情况的办法。实行预算绩效管理。继续完善预算绩效管理指标体系，不断规范专项资金立项管理，逐步建立“立项科学、管理规范、注重绩效”的专项资金管理机制，加强预算执行过程的绩效监控，推进绩效评价结果在预算编制和管理中的科学应用，将绩效管理贯穿于预算工作的全过程。创新财政投评机制。创新投资评审机制，强化财政投资评审，加强重大民生项目、预算内基建资金、政府性基金及政府债券资金安排的基本建设和其他重点专项资金等项目的评审，建立投资概算、施工概算、项目决算全过程评审和监管机制。2016年，新郑市政府评审中心完成工程评审和征迁补偿款审核项目共计485个，送审金额49.92亿元，审定金额39.15亿元，累计为市财政节约资金10.77亿元，平均审减率21.57%。强化“三公”经费控制。加强公务用车、公务接待、公费出国（境）等支出的管理，严格控制一般性支出，确保“三公”经费只减不增。切实加强资产管理。继续规范行政事业单位资产出租、出借、报废行为，加强对国有资产转让、评估、事业单位改革过程中国有资产处置的管理，完善新郑市行政事业单位国有资产动态监控系统，维护资产的安全和完整，防止国有资产流失。严格政府采购行为。加强政府采购预算管理，规范政府采购预算的编制、审核和执行，加大政府采购信息公开力度；加强对代理机构执行政府采购法律法规及相关政策情况的专项检查，促进代理机构规范采购代理行为。2016年，全市实现政府采购预算为15.86亿元，政府采购实际采购金额13.46亿元，节约资金2.4亿元，节约率15.11%。强化财政监督检查。建立健全覆盖财政运行全过程的财政监督检查机制，加大对重大财政政策执行情况、专项资金支出分配和使用环节的监督检查力度，确保财政资金使用的安全高效。

【财政改革】按照中央和省、市全面深化改革的决策部署，将整体推进与重点突破、财税改革与其他改革有机结合起来，扎实推进各项改革。完善政府预算体系。按照精细化管理要求，从细化部门预算入手，继续完善基本支出定员定额体系，健全预算支出标准体系。在全市范围内开展全口径预算编制工作，编制国有资本经营预算和社会保险基金预算，建立统筹使用的综合预算机制。同时，加大政府性基金预算与一般公共预算的统筹力度。落实中央税制改革。按照上级统一部署和要求，市财税部门主动发挥职能作用，积极开展政策宣传和业务培训，深入调查研究，加强与重点企业沟通协调，结合实际，认真做好“营改增”改革工作，积极推进改革进程，确保改革平稳、有序进行。积极组织力量开展新一轮财税体制改革对新郑市的影响、地方政府债务、地方收入体系、新常态下推进税源建设等方面的研究工作。加强政府性债务管理。改进财政支持方式。加快推广PPP模式，严格按照规范流程开展PPP项目建设，落实PPP项目财政扶持政策，吸引社会资本参与市政公用和基础设施建设。清理盘活存量资金。健全结余结转资金定期清理机制，加大结转资金统筹力度，清理一般公共预算资金和财政专户资金，积极盘活用好财政存量资金。深入推进预决算公开。各级财政部门在预决算批准后的30日内向社会公开政府预决算信息。市级部门单位预决算报告和“三公”经费使用情况实现网上公开，预算支出公开全部细化到项级科目。

【融资创新】围绕全市中心工作，多措并举，积极深化投融资体制机制改革，充分发挥财政资金的乘数效应和杠杆作用，加大资金筹措力度，保证全市重点项目建设的资金需求。2016年，综合运用发行企业债券、股权和债券投资、争取国家政策性银行支持、银行贷款等多种融资方式，加强政银企合作，拓宽筹资渠道，深化金融支持合作，借力金融支持加快经济发展，全年已到位资金132.54亿元，其中，新区发展公司融资29.54亿元，政通公司融资30.8亿元，兴农公司融资18亿元，非税中心融资11.7亿元，通泽公司13.6亿元，政浩公司融资8.3亿元，政欣公司融资7亿元，政泰公司4.8亿元，新港建投6亿元，恒泰城建有限公司融资1.8亿元，龙腾公司1亿元。通过融资，有效缓解了新型城镇化建设资金压力，提高了财政保障能力，重点支持了双洎河综合治理、西关工业区改造等基础设施建设项目，支持了黄帝故里棚改、解放路社区棚改、具茨山扶贫搬迁等10多个政府投资的新型城镇化建设项目；创新保障房建设举措，筹集资金14亿元，通过政府回购形式货币化安置拆迁群众，当年回购凤台苑、畅馨园、东方国际、剑桥郡等新型社区安置房59.28万平方米，安置群众4560户。拨付土地出让资金40亿元，用于20个新建续建新型社区的拆迁、安置、建设。

（撰稿：张 沛　审稿：孙国军）

公共资源交易

【概况】新郑市公共资源交易中心（以下简称交易中心）是经新郑市委、市政府批准设立的机构，为全额拨款事业单位，成立于2009年10月，是新郑市进行建设工程招投标、国有土地（矿产）公开出让、国有产权交易和政府采购等交易活动集中统一的有形市场，是公共资源交易公开、公平、公正和诚实信用服务的“阳光平台”。

中心内设综合、网络信息、建设工程、政府采购、土地及产权交易5个科室，主要分为业务受理大厅、办公区、开标区、独立评标区，以及电子评标室、监控室、专家抽取室、专家休息室等，配备有先进的电脑、投影仪等电子设备和电子屏蔽、现场监控等系统，建立了全封闭的评标区，实现了对开、评标全过程的电子监控，基本满足日常开评标需要。

【工作成效】2016年，中心共受理业务621宗，总成交金额144.68亿元，为政府节支2.11亿元，为政府增加财政收入51.24亿元，其中，政府采购类共办理业务384宗，总成交金额9.42亿元，为政府节支2.05亿元；建设工程类共办理项目139宗，总成交金额84.02亿元，为政府节支555.51万元；土地及产权交易类共办理项目98宗，总成交金额51.24亿元（土地类），为政府增收51.24亿元（溢价1.39亿元）。2016年，交易中心获得“省级文明单位”“郑州市先进基层党组织”“十大创新型机构”等荣誉，在优化办公环境、简化办事流程、规范交易制度、交易手段等方面都进行了提高和完善，并初步通过了省公共资源交易平台验收工作，圆满完成了各项目标任务。

【代理机构管理】2016年，中心陆续采取一系列措施加强代理工作的规范性。严格项目进场手续审查。对备案资料不齐全、以分支机构承接工程招标代理业务等不良行为进行严查、严控、严管，严格审批入场交易备案手续，对不符合程序、资料不齐全的项目坚决不予进场备案。加大项目进场交易规范管理。对开、评标现场代理机构人员与项目信息表填写人员不一致者不得进入开、评标室。按照制度规范约束代理机构行为。出台《新郑市招标代理机构进场交易日常考核管理办法》，对代理机构加大培训力度，提高其服务质量、业务能力及自律意识，对违规操作的代理机构严肃处理。

【评标专家评标行为管理】将评标专家接送环节改成“支付交通费、专家自到”的做法，明确了专家评标费用。在评标过程中，评标委员会起着重要的作用，决定着评标结果是否公平、公正，但是在实际工作中，由于个别评标专家职业素养与道德素质较低，出现了以废标为条件要挟招标人或者招标代理索取高额评标费的情况。针对此现象，中心制定了《评标专家行为规范》并在专家等候室进行滚动播放，另外向参加评标的专家发放《致评标专家的公开信》。

【评标过程现场直播】以开评标监

控室为平台搭载全方位、全天候声像同步监控系统，使职能部门不进入评标现场就可实现全部项目同步监督、重点项目抽查监督、所有项目随机监督等多种监督方式。以开标等候区大屏幕为媒介，同步播放开评标现场实况，拓展社会监督渠道，使投标人、社会群众实时了解开评标现场情况，强化社会监督。以职能部门监督与社会监督相结合，转变单一的入场监督方式，做到监督部门、评标专家、招标单位、投标单位四分离，努力打造“公开、公平、公正、阳光、透明”的公共资源交易平台，确保了整个招投标活动在“统一开放、竞争有序”的良好环境中开展。

【电子化招投标】 自电子化招投标系统运行以来，各项工作都在稳步推进。截至2016年年底，政府采购类项目、建设工程公开招标类项目，全部实行网上报名、网上支付标书费、网上支付保证金、网上下载标书等环节，企业入库会员的数量也日益增多，已达到3400多家，招投标工作取得了突破性进展。

【全流程网上土地挂牌】 自2016年3月1日起，全市范围内的商业、住宅、仓储物流等经营性用地全部采用网上挂牌方式进行。这标志着新郑市的土地出让工作，真正全面实现了从面对面的传统举牌竞价模式到全流程网上交易模式的转变。使得竞买人无论身在何方，打开电脑通过互联网就可以完成网上申购、网上转账、自由报价、限时竞价、成交结果确认等一系列交易手续，对建立公开、公平、公正、阳光的市场环境、降低交易成本、加强内部监督、强化社会监督、推进廉政建设起到了积极作用。

【交易平台达标验收】 根据《河南省人民政府整合建立全省统一公共资源交易平台体系实施方案》工作要求，2016年年底前要在全省范围内形成规则统一、公平透明、服务高效、监督规范的公共资源交易平台体系，11月底前全省完成验收工作，并首批通过省公管办的验收。

（撰稿：李丙战 审阅：郑建和）

国家税务

【概况】 市国税局现有干部职工164人，其中：在职干部职工119人、离退休（离岗）干部45人，在职干部职工大专以上文化程度118人，其中研究生学历6人、注册税务师6人、律师2人、中级经济师18人、工程师1人。在职党员81人、离退休（离岗）党员28人。局班子成员7人，机关科室53人，稽查局12人和基层分局47人。全局共有办公室、人事教育科、监察室、财务管理科、机关党办、征管科技科、政策法规科、所得税科、税政科、收入核算科、纳税评估科、纳税服务科等12个行政机构及稽查局（直属机构）。下设轩辕税务分局、城区税务分局、薛店税务分局、龙湖税务分局、辛店税务分局等5个派出机构。

【经济税源】 市国税局共管辖纳税人22834户，其中一般纳税人2028户、小规模企业4360户、个体工商户14650户。有国家级税源21户，年纳税200万元以上重点税源151户。支柱行业是房地产和建筑、酒饮料和精茶制造、货币金融服务、煤炭开发和洗选、医药制造业。

【税收收入】 2016年，全体国税干部职工提振精神，务实重干，摸清税源变化趋势，强化组织收入措施，全年累计完成税收总量32.81亿元，同比增长74.42%，增收14亿元，其中，地方级入库税款12亿元，同期增长165.33%，增收7.48亿元。绷紧收入弦，将税收任务科学分解到征收单位，落实到个人，形成了全局齐抓共管促收入的局面；加强重点税源管理，开展精准分析，寻找收入增长点，形成了重点带动挖潜堵漏抓收入的合力；以查促收，强化风险管理，实现稽查税款1872万元，评估税款2949万元，核查税款8175万元。启动房地产行业税收风险防控工作，与市直多部门进行综合治税，以管促收，通过辅导和纠偏查补了1.73亿税款，提升了重点税源的管理质效。

【全面营改增】 自2016年5月1日起，在全国范围内全面推开营改增试点。税源无缝隙交接。做好国地税税源信息交接，一次性完成4547户营改增税源的“打包”调查。开展好对内全局性业务培训和对外分行业培训双向结合。做好发票领用开具。联合信息技术服务部门实行“一站式”服务，五一期间辅导68户试点纳税人开具增值税普通发票640份。申报缴税平稳顺畅。在首个申报期对231户营改增一般纳税人实行“全覆盖”申报培训，保证了营改增一般纳税人如期完成申报。税负分析科学测算。按月开展样本企业税负变动分析调查，“一对一”逐户辅导宣传，引导企业适应增值税抵扣链条，规范会计核算，用足政策有效降低企业实际税负。增值税预算级次变化。全面营改增后，中央分享增值税的50%和地方按税收缴纳地分享增值税的50%。

【纳税服务】 开展综合素质培训。通过每周例会和岗位轮岗，开展纳税服务规范学习，提升服务质效；持续开展纳税人学堂16次，参会纳税人2530人次；2016年，在38家进驻行政服务中心的单位中，连续12个月获得红旗窗口，6个月获得绩效考核第一名。推广多元化办税。集中组织网厅培训20场，覆盖税户3000人次；积极推广多元办税方式，累计通过自助机办理发票领购36214户次，自助办理率达68.39%。丰富“E+笑效”内涵。积极组织办税服务大走访，实地走访小微企业、个体、营改增和其他纳税人2732户次；持续推行同城通办、首问负责制，拓展绿色通道，完善“E+笑效”服务内涵；在2016年郑州市国家税务局纳税人信函问卷满意度调查中，以满意度89.66分在郑州市各县（区）局排名第一。深化国地税合作。推行双人对桌窗口合作模式，共设导税台、叫号机，实现了联合开展服务,联合评定纳税信用等级1468户,联合培训辅导纳税人400余人次,地税代征国税税款769.7万元，将国地税合作推向了新高度。

【年度工作荣誉榜】2016年，新郑市国税局蝉联“省级文明单位”，荣获全省国税系统“先进基层党组织”、郑州市国税系统“2016年度绩效管理优秀单位”称号，荣获新郑市“绩效考核优秀单位”“财政收入先进单位”“统计工作先进集体”“2015-2016年度档案管理先进集体”等称号。

（撰稿：马彪帅 审阅：李广奎）

地方税务

【概况】新郑市地方税务局于1994年9月正式挂牌成立，现有职工94人。目前局机关下设5个职能科室，下辖稽查局、风险管理税务分局、纳税服务税务分局、契税和耕地占用税所、发票管理所以及七个税源管理税务分局。主要征收的税种有：企业所得税、个人所得税、城建税、印花税、土地使用税、房产税、土地增值税、车船税、契税、耕地占用税、资源税。在全面实施“营改增”的2016年共组织各项收入42.33亿元，收入总量继续领跑全省县级局。

新郑市地方税务局按照“坚持以三个服务为引领，奋力建设六个地税，加快推进税收现代化”的总体工作思路，抓收入、抓服务、抓廉政，各项工作均取得了较好的成绩。先后获得全国工人先锋号、河南省税务系统先进集体、河南省省级文明单位标兵、河南省卫生先进单位、河南省学习型组织先进班组、河南省基层满意站所、河南省职工书屋、河南省六好基层工会、河南省青年文明号、郑州市五一劳动奖状、郑州市五一文明岗、郑州市巾帼文明奖、郑州廉政文化进家庭示范点等上百项国家级、省部级、地厅级、县处级荣誉，用责任和担当谱写了税收与经济发展的新篇章。

【税收收入】2016年，是“营改增”因素全面影响的一年。2016年，共组织各项收入42.3亿元，同比下降6.23%，减收2.8亿元，组织税收收入40.5亿元，同比下降6.38%，减收2.7亿元。完成县级税收收入32.08亿元，占县级分配任务30.6亿元的104.86%，比计划快4.86个百分点，超收1.4亿元，同比下降12.92%，减收4.7亿元(扣除营业税后同比增收2.28亿元，增长11.59%）；县级总收入33.29亿元，占县级分配任务31.8亿元的104.69%，比计划快4.69个百分点，超收1.49亿元，同比下降12.14%，减收4.6亿元（扣除营业税后同比增收2.4亿元，增长11.71%）。

【征管服务】深入开展“税务人走进纳税人”大走访活动。结合第26个税收宣传月活动，由班子成员带队深入辖区民营企业开展互动交流活动、共话税收，帮助企业解决实际问题；联合国税、财政等部门，举办房地产企业集体大走访活动，就企业容易出现的涉税风险进行重点提醒，对企业关心的拆迁补偿安置方面的契税优惠、成本扣除等热点问题进行现场解读，“大走访”活动共征集意见及建议18条，解决问题23件，取得了良好的效果。加强对市局风险推送应对管理。主动适应风险管理工作新要求、新任务，进一步提高人工分析率、识别命中率、贡献率、应对率。按标准建立约谈室，针对重要风险点和异常指标，深入基层强化督导，确保风险点的落实和消除。2016年推送风险应对户数3137户，完成2900户，共入库税款987.31万元，滞纳金167.53万元，合计1154.84万元，组织收入贡献率为0.3%。其中：高风险53户，入库税款7.63万元，滞纳金1.96万元；中风险2781户，入库税款969.82万元，滞纳金163.08万元；低风险66户，入库税款9.86万元，滞纳金2.49万元。

（撰稿：沈菲菲 审阅：吴书杰）

经济管理与监督

ECONOMIC ADMINISTRATION AND SUPERVISION

经济管理与监督
ECONOMIC ADMINISTRATION AND SUPERVISION

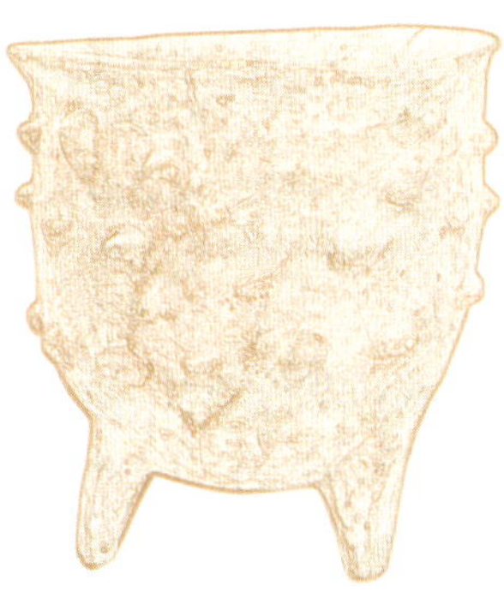

·经济管理与监督>>>

ECONOMIC ADMINISTRATION AND SUPERVISION

发展和改革

【概况】2016年，按照“抓改革创新、强投资开放、促结构转型、求民生改善”的总要求，深入实施“双融入、双承接”发展战略，始终坚持以项目建设为抓手，以服务项目为己任、以项目促发展，以项目促转型，为全市经济社会持续健康发展做出应有的贡献。

【规划编制和调查研究】在深入调查研究，广泛征求各方面意见和建议的基础上，完成《新郑市国民经济和社会发展第十三个五年规划纲要》《新郑市2015年国民经济和社会发展情况与2016年国民经济和社会发展计划》的编制工作，并在市四届人大五次会议上顺利通过。在经济运行过程中，完善监测、预测和分析机制，认真做好经济运行分析。加强经济运行监控和预警预测，当好领导参谋。认真收集经济社会发展中各项翔实数据，积极做好经济运行情况的调查研究。完成《新郑市2015年经济社会发展回顾及2016年展望》《新郑市2016年第一季度经济形势分析》《新郑市2016年上半年经济形势分析》《关于新郑市2016年国民经济和社会发展计划上半年执行情况的报告》《新郑市2016年第三季度经济形势分析》等调研报告。

【重大项目建设】全年列入省重点建设项目17个，总投资852.3亿元，年度投资目标173.7亿元，新开工项目8个，续建项目9个。全年完成投资124.8亿元，占年度计划的71.8%。列入郑州市重点建设项目16个（含4个省郑州市两级重点），总投资694.3亿元，年度投资目标133亿元，新开工项目7个，续建项目7个，竣工项目2个。全年完成投资122.5亿元，占年度计划的92.1%。全年共安排新郑市级重点建设项目140个，总投资1724亿元，年度投资目标405.9亿元，全年完成投资237.8亿元，占年度计划的59%。

紧盯国家产业政策、资金投放导向，依托新郑市区位交通、历史文化、产业等优势，加强项目谋划力度，及时充实项目储备。围绕结构调整、自主创新、服务业、基础设施、社会事业等方面，主动谋划项目，加大向省、市争取力度，切实加强争取项目资金工作。2016年，新郑市共争取到上三级资金14.1亿元。加强对上三级项目资金，特别是中央投资项目的管理，确保项目的质量和效益。

破解瓶颈制约，优化项目发展环境。认真落实重大项目推进、国土资产管理、规划委员会例会制度，提高项目规划审批、手续办理、土地供应效率，加快项目建设速度。探索拓宽新型融资渠道，采取土地预约、城市债券、信托等融资模式，强化项目资金保障。积极做好润弘制药、正力聚合物、正龙食品、华驰薄板等拟上市企业培育工作。

【新型城镇化推进】制定《新郑市关于深入推进以人为核心的新型城镇化的若干意见》和《关于加快推进农村产权制度改革的通知》《关于实行城乡保障性待遇统一标准的通知》《关于推进新型城镇化完善住房保障制度的通知》等10个配套文件（简称“1+10”政策体系），努力实现户籍管理一元化、房屋产权同质化、就业创业同等化、公共服务均等化、社会保障一体化“五化”目标。2016年8月，国家发改委城市和小城镇改革发展中心调研新郑国家新型城镇化综合试点工作，对新郑市在新型城镇化试点工作中取得的成绩给予充分肯定。

【农业农村发展】积极争取农业发展项目。上报《新郑市中央预算内农村饮水安全巩固提升工程2016年投资建设计划方案的请示》，总投资687万元。拟对和庄镇小岗王村、观音寺镇林庄村等5个乡镇8个行政村8处农村饮水安全工程进行巩固提升改造。2016年，共批复新型社区项目27个，总投资835.76亿元。上报《新郑市2016年易地扶贫搬迁工程实施方案的请示》，对2016年建档立卡贫困人口177户455人进行安置。项目总投资2730万元，申请省级资金2320.5万元（专项贷款455万元，专项债券1592.5万元，专项基金227.5万元，财政资金45.5万元），郑州市财政资金45.5万元，新郑市匹配资金45.5万元。

【特色商业区建设】新郑市特色商业区完成固定资产投资41.1亿元，税收收入5.2亿元，实现主营业务收入51.6亿元，就业人数达到4.2万多人，实际利用市外资金42.1亿元，建成区面积达2.3平方千米。建立华南城电子商务产业园和华南城网商创业园，组建电商服务联盟，支持创业创新，助推小微网商发展，着力打造创客空间、创业平台。200余家小微网商和16支大学生电商项目创业团队先期入驻。认真研究国家投资方向，紧密对接国家宏观调控政策，抓好重点建设项目储备，精心筛选、包装、储备一批科技含量高、带动能力强、成长性强的重大产业项目列入项目储备库。

【新区产业集聚区建设】围绕配套服务航空港经济综合实验区，坚持“区港联动、区区联动”“双融入、双承接”，多次高标准修改新港产业集聚区规划。规划扩区后的新港产业集聚区呈“一区两园、南北组团”格局，规划总面积27.61平方千米。围绕新郑市主导产业框架，突出发展食品加工、生物医药、电子信息等现代产业，促进同类项目集聚，打造全省一流产业集聚区。坚持“四集一转”、产城互动、产城融合，推进集聚区（园区）基础设施与所在乡镇联通共建，联网共享，完善路、水、电、标准化厂房等基础设施。围绕组团新区六大类74小项台账和产业集聚区工作和专业园区八大类145小项台账工作，结合组团新区、产业集聚区和专业园区工作实际，严把台账统计工作，及时收集汇总审核上报，积极做好组团新区、产业集聚区和专业园区争星创优等考核工作。

【节能减排】严格落实节能目标责任制。扎实开展2016年度节能目标考核，确保完成全市全年节能减排目标任务。加强能源消费源头控制，严把新上项目节能评估和审查关。固定资产项目未经过节能评估或未通过节能评估，不得审批、核准或备案。项目建成后，未达到节能标准的工程不予竣工验收，并不得投入使用。组织开展丰富多彩的系列宣传活动，加大节能宣传力度，形成全社会节能减排低碳的良好氛围。

【油气长输管道安全管理】组织开展“油气长输管线专项排查治理活动”、“安全生产百日攻坚行动”“安全生产大检查活动”“安全生产宣传月”等油气长输管线安全隐患排查整治活动，并制定下发《新郑市油气长输管线安全生产整治百日行动实施方案》《新郑市油气长输管线安全生产大检查工作方案》等活动方案。加大安全隐患大排查的力度，建立排查整改台账，明确责任单位、整改措施及整改时限，严格落实整改，及时消除安全隐患。全年共协调处理油气长输管线安全隐患问题7处，其中已完成整改6处并已办理销案手续。

【公务用车制度改革】为贯彻落实《中共中央办公厅国务院办公厅印发〈关于全面推进公务用车制度改革的指导意见的〉通知》精神，积极与市车改领导小组办公室配合，制定《新郑市公务用车制度改革方案》。

【社会信用体系建设】做好组织机构调整，调整信用体系建设领导小组，完成人员、固定资产、业务等移交工作。做好行政许可和行政处罚信息“双公示”工作。研究制定《新郑市行政许可和行政处罚等信用信息公示工作实施方案》。按照要求做好信用信息录入、公开、公示工作，已录入2700余条信用信息。建立完善全市诚信企业数据库。根据全市四上企业诚信经营情况进行的信用等级评价结果，建立并完善新郑市诚信企业信用信息数据库，并编辑印发《新郑市2015年度诚信企业数据库》，为社会各界信用需求提供服务。推进信用制度建设。研究制定《新郑市公共文明素养提升社会信用体系建设三年行动方案》《新郑市2016年公共文明素养提升社会信用体系建设工作方案》等，为全市公共文明素养提升工作提供制度依据。

【行政审批制度改革】根据政府行为“法无授权不可为”、企业投资“法无禁止皆可为”的原则，继续深化行政审批改革。推进简政放权，严格落实国家、省、市关于投资体制改革的有关政策，规范项目审批、核准和备案流程，简化审批手续，缩短办理时限，提高工作效能。积极推进项目管理清单制度，根据《关于印发郑州市全面推行五单一网制度改革工作实施方案的通知》要求，在中原食品工业园率先开展企业投资项目管理负面清单制度试点。强化项目服务，实施“服务内容、办事程序、审批依据、申报材料、承诺期限”五公开，注重宣传，热情服务。全年共受理办结项目360件，总投资1161.76亿元。其中5000万元以上企业投资项目111件，涉及工业、农业、教育、能源、房地产等行业。发改委窗口多次收到企业送来的锦旗和表扬，每月行政审批中心月通报排名始终位于前列，并多次获得红旗窗口、服务标兵、党员示范岗等荣誉称号。

【物价管理】 强化价格监测与预警工作。健全科学的市场价格监测制度，配备专业人员，坚持“每周两监测、一周一分析”的价格监测制度，重点对粮油、肉禽蛋奶、蔬菜等58种民生必需品价格跟踪监测。密切关注民生价格走势，为政府提供科学的决策依据。充分发挥清费治乱减负职能，开展行政事业性收费及经营服务性收费清理整顿工作管理工作。对103家收费单位2015年的收费及执行情况进行统计上报，统计上报金额1.57亿元。对收费调整项目及时公示，全市共设置收费公示栏800多个，公示面积达3000平方米以上，收费公示普及率达100%。收费公示合格率达98%以上。强化价格监督检查，进一步规范价费行为。先后开展农资价格、医疗服务收费及药品价格、教育收费等多个行业的专项检查。认真做好价格举报处理工作，2016年，共受理群众来电来访110起，其中咨询85起，处理举报案件25起。开展成本调查监审，全年共开展5项定调价成本监审，对故里西侧停车场成本，对两个中小学教育成本和住宿成本，对畅馨苑经济适用房和城镇供水管理所供水定价成本进行监审，核减成本约1627余万元。依法合规开展价格认证工作。全年共办结公安涉案委托84件，涉案金额363万元。保证各类案件能够及时审理、准确定性，保护自然人、法人和其他组织的合法权益，保障纪检监察、司法、行政执法工作的顺利进行，促进社会秩序的安定和谐。

（撰稿：林晓光　审阅：史润升）

投资环境优化

【概况】 新郑市优化经济发展环境局位于新华路中段183号，新郑市优化经济发展环境局（以下简称市优化局）成立于2003年11月，隶属中共新郑市纪委，正科级规格，现有人员19名（其中局领导班子成员5名、干部职工14名），内设机关效能监察投诉中心（2016年10月划入督查考核办公室）、办公室、综合执法科、企业服务科、电子监察科、编制人事科6个内设机构；主要职责是：负责承办市优化经济发展环境领导小组日常事务；负责行政效能监察；负责行政效能电子监察工作的组织协调、监督管理；重点查处“四乱”“四难”等影响经济发展环境的案(事)件。市优化局立足职能，突出创新，通过抓作风、促效能、严惩处、优环境，进而在全市上下形成真抓实干、令行禁止的良好局面，为全市经济社会健康发展出实招、动真格、求实效、护好航。

2016年，市优化局按照市委、市政府和市纪委工作整体部署，结合“两学一做”专题教育活动，不断创新服务企业举措，大力推进作风建设，着力提升行政效能，工作取得新的进展和成效。在郑州市纪检监察工作2016年度考评会议上，市优化局电子监察工作被郑州市纪委评定为郑州市县（市）第一，在新郑市2016年度绩效考核中，获得“新郑市年度绩效考核先进单位”称号；2016年4月8日，荣获“2015年度郑州市级文明单位”称号。

【专项监察】 围绕“三大主体工作”，把投资额度大、社会关注度高、经济发展影响大的重点建设项目纳入专项监察范围，制定专项监察方案，围绕项目审批、工程进度、资金使用等重要环节，全过程协调服务、监督检查、跟踪问效，对督查中发现存在涉及征地拆迁、安置补偿、配套工程等若干问题责令相关单位限期整改，促进项目建设廉洁高效地如期完成。把承担集聚区建设和服务任务的政府职能部门与单位作为监察重点，从加强功能集合构建、强化规划引领、完善基础建设、构建服务平台等方面，严格实施产业集聚区建设效能监察，并建立“跟踪、通报、观摩、奖惩”制度，强力推进产业聚集区建设科学化、规范化进程。

【电子监察】 为强化电子监察系统在新郑市政务服务中心应用效果，采取“明察+暗访”“单位自查”“上门督导”“查阅档案”等方式对行政审批系统应用情况进行督促检查，对发现存在问题的单位，由市监察局、优化局、市政务服务中心联合进行约谈，限时整改。2016年，共约谈驻服务中心窗口单位10个，印发《督办通知书》7份，共对1名首席代表、3名审批科长进行诫勉谈话，对3名违纪窗口工作人员给予行政处分，要求8名工作人员做出深刻检查，发现的问题已全部整改到位。同时，联合市政务服务中心督查科、综合科，每月编发一期《督查通报》，对违反纪律情况进行公示，重点报送市主管领导和入驻单位相关部门，督促相关责任单位及时整改，提升服务水平和效率。行政效能电子监察系统的高效运行，有力促进大厅各窗口工作人员工作作风的转变和服务质量的提升，办事效率明显提高。

【服务企业】 深入企业走访调研成立服务企业专项工作组，重点企业由专人负责分包联系，定期到企业和重点建设项目进行实地走访、摸底，与企业负责人进行面对面、心贴心的交流，了解企业生产、经营和项目建设状况，帮助协调、解决发展环境方面的困难和问题。为便于联系，统一制作《服务联系卡》逐个送至企业负责人手中，服务联系卡内容包括：优化局地址、主要工作职责、“经济110”举报投诉电话等，使企业负责人在遇到困难时能第一时间得到及时受理。2016年，先后开展调研走访48次，期间共收集整理各类意见、建议110条，对发现的问题进行分析归类，督促相关单位拿出整改意见，建立问题台账，限期整改，逐一销号。开展“背靠背”评议、“面对面”座谈。按照市政府领导要求，定期组织企业、商户、人大代表、政协委员以及各乡镇企业办主任等，对全市各行政审批部门和行政服务部门履职履责、工作作风和服务情况进行综合评议，并将评议结果汇总报送市领导，对评议问题较多的单位督促限期整改。2016年，召开三次企业负责人座谈会，听取企业在生产经营中反映的问题，并认真梳理，协调有关部门上门服务，认真解决。综合治理重点建设项目建设环境和企业周边治安环境。按照“打击犯罪、优化环境、保障民安、促进发展”的原则，以服务企业、为企业排忧解难为目的，建立和完善重点在建项目推动、企业周边安全体系和长效机制，通过综合治理，净化企业周边生产经营环境。

【宣传发动】 紧紧围绕服务经济发展这个中心，以全市各单位在机关效能建设和优化经济发展环境中的好做法、好经验为主题，积极编发信息稿件，及时向上级纪检监察部门和各级新闻媒体报送。2016年，先后被《中国纪检监察报》《河南日报》《河南省纪检监察信息》等报刊采用信息稿件10余篇。

【案件查办】 依托“经济110”24小时热线电话，重点受理企业、商户和群众举报，并拓宽投诉受理渠道，严格落实“受理快、查办快、结案快、反馈快”案件查处机制。全年共调查处理优化经济发展环境和行政效能监察方面的案（事）件27件，党政纪处理2人。

（撰稿：张志勇　审阅：陈　宝）

工商行政管理与质量技术监督

【概况】 新郑市工商管理和质量技术监督局现有在职人员250人，其中公务员176人、事业人员74人。内设办公室、编制人事科、行政审批科、计划财务科、法制科、企业信用信息监督管理科、监督管理科、产（商）品质量监督管理科、质量管理科、标准化科、计量科、特种设备安全监察科等12个内设机构，“3·15”投诉中心、经济检查大队、稽查大队等3个直属机构；11个工商质监所，新郑市消费者协会办公室、新郑市个体私营经济协会办公室、检验测试中心等3个事业单位。

【体制改革】 深度推进队伍融合，夯实服务发展的组织保障。2016年3月9日，新郑市工商质监局举行揭牌仪式，随后分2次向市食药局划转执法人员28名，班子成员进行重新分工，安排部署成品油、特种设备、大气污染防治、企业信息公示和信用信息归集共享、商标实施战略、质量强市等业务工作，将精神文明创建、培训教育、党风廉政、平安建设、卫生城市创建等工作与其他业务工作同步安排，统筹推进，为做好各项工作夯实组织保障。

深度推进登记制度改革，服务地方经济发展。落实《国务院关于取消和调整一批行政审批项目等事项的决定》，累计取消232项前置审批手续，保留34项前置审批手续。2016年10月1日起，公司、农民专业合作社实现“五证合一”，12月1日起，个体工商户实现“两证合一”。在服务大中型企业、招商项目、产业聚集园区过程中，尽职尽责，靠前服务，实行“一条龙”“保姆式”的组团服务模式，通过一次告知、上门服务、集中办理等形式，进一步优化全市的营商环境和新郑招商引资的软实力、吸引力和影响力。积极服务大学生就业创业，在一系列改革政策“红利”的激励和吸引下，全市创业创新积极性空前高涨。2016年，全市新增各类市场主体1.16万户，同比2015年增长51.6%；注册资本105亿余元，同比2015年增长11.86%。权限下放，激发市场活力。3月15日，在华南城设立注册登记办事处，“试水”将公司、农民合作社的注册登记权限下放至基层工商质监所，随后，再次将公司、农民合作社注册登记权限下放至薛店工商质监所。自注册登记权限下放以来，龙湖和薛店两所共办理公司、农民合作社营业执照518份。规范流程，服务质量提升。清理行政审批过程中的繁文缛节及不必要的证明，提供上门服务、预约服务和延时服务，落实首席代表和“独任登记制”工作机制，将16种企业的经营范围审批内容进行标准化规范。驻审批大厅窗口作为全市第一批“一窗式受理”试点单位，荣获全市“大厅窗口创新工作机制先进单位”等多项荣誉称号，获得锦旗8面。立足职能，服务企业民生。2016年，共办理股权质押32起，办理动产抵押20起（价值1.3亿元），累计帮助企业融资25亿余元，有效解决企业融资的“瓶颈”难题。依托12315消费纠纷和12365质量投诉热线，成立人民群众矛盾纠纷排查调处办公室，全年共受理消费投诉301起（市局转办5起），举报45起，咨询400起，调解成功298起，为消费者挽回经济损失30余万元，收到感谢信5封。

【突出大案办理】充分发挥市场监管的主力军作用，加大对成品油、化肥、房地产和医疗广告、商标侵权、汽车行业等领域重大违法行为的查处力度，抽检成品油100个样次，抽检化肥27个样次，联合企业查处商标侵权违法行为，有效净化市场环境，维护消费者的合法权益。

【质量监管】以质量强市、市长质量奖评选为载体，全市23家企业的67种产品获得强制认证，9家企业参与2016年河南省A等质量诚信工业企业评选，30家作为创建知名品牌企业进行重点培育，确定2家超市、1家汽车4S店作为新郑市首批质量信息采集示范点。

【安全监管】开展烟花爆竹、危险化学品、电梯、锅炉等专项整治，重点针对大型超市、小区在用的电梯、锅炉进行排查检定，开展电梯应急救援演练，为地方经济发展和群众消费安全保驾护航，全年无重大安全事故发生。

【计量监管】以民生计量为重点，强化计量保障和服务能力建设，针对公用企业、医院、集贸市场、物流寄递等行业计量器具进行专项整治。民用四表、出租车计价器、加油（气）机和计量标准器具受检率100%；集贸市场、寄递物流、眼镜制配等行业在用计量器具受检率达100%；医疗计量器具受检率达98%；已建计量标准到期复查考核率100%。指导和帮助2家定量包装生产企业建立计量保证体系并通过C标志评定，10家企业获得河南省商业服务业诚信计量示范单位，全市500与人参与“计量达人”微信挑战赛。

【改进标准监管】对全市获得生产许可证的获证企业进行摸底排查，建立“新郑市生产许可证”微信群。2016年，共受理生产许可证年审企业28家，新办证企业3家。

【商（标）广（告）监管】开展打击“假、冒、仿”和商标侵权等违法行为，开展房地产、医疗器械、互联网金融服务等专项整治，重点针对药品和医疗器械广告开展专项执法检查，严厉打击欺骗消费者尤其是针对老年人的保健品和医疗器械广告，维护老年人的合法权益；结合打击和处置非法集资风险排查工作，积极开展金融广告专项治理工作，严厉打击以“西部开发”、股权众筹、P2P等名义进行变相的非法集资活动，在市场主体设立登记过程中，签订不参与非法集资承诺书，增强市场主体抵制非法集资的自觉性。

新郑市工商行政管理和质量技术监督局举行3·15宣传活动

【社会信用体系建设】2016年，全市的企业、个体工商户、农民专业合作社年报率分别达91.57%、98.90%、94.36%，将未及时年报的485户企业、43户农民专业合社列入经营异常名录，242户个体工商户被标记为经营异常状态。稳步推进企业信用信息归集共享工作，10月，召开37个部门参加的企业信用信息共享归集工作联席会议，与各单位签订《战略框架合作协议》，明确信息归集共享的内容、交换目录、交换路径和时间；强化事中事后监管工作，将行政处罚信息录入企业信息公示系统并公开，列入企业警示信用记录。积极开展企业信息抽查，对省工商局确定的683户市场主体的年报信息进行抽查；开展“僵尸”企业清理工作，联合税务等部门，对长期未经营的“僵尸”企业开展清理，摸清市场主体数量和分布情况，清理市场总体容量，为政府科学决策提供准确数据；积极开展文明经营活动。大力倡导社会主义核心价值观文明经营理念，在全市设立10个文明经营诚信示范点，华南城获全国诚信示范市场荣誉称号。

【大气污染防治】开展成品油、散煤、工地移动用机械设备等专项治理工作，对全市加油站、散煤销售点等进行排查整治，摸清底数。多次召开全市散煤治理工作会议，细化散煤治理方案，对62家散煤销售点进行清理、整顿，积极推进“气代煤”“电代煤”工作。

【年度工作荣誉榜】获2016年度郑州市工商系统综合工作先进单位、2016年度郑州市质监局综合业务工作先进单位、2016年度郑州市实施商标战略工作先进单位、新郑市2016年度安全生产先进集体、新郑市2016年度服务和发展工业先进单位、2016年度新郑市大气污染防治工作先进单位、2016年度绩效考核先进单位、消费者权益保护先进单位、特种设备安全监管工作先进单位等20余项荣誉。

（撰稿：陈 静 审阅：宋雪峰）

市场发展服务

【概况】新郑市场发展服务中心位于新郑市人民路268号。市场发展服务中心是市政府负责开发市场、建设市场，从事市场服务、经营和管理的正科级事业单位，是新郑市市场开发建设的主管部门。市场发展中心领导班子成员5人，内设办公室、人事科、财务科、外迁办、市管办、安监科、开发经营科、物管科、综合科、工会等10个科室,下设15个市场管理所（处）。主要职责是：参与市场体系建设规划，对新建市场可行性报告进行论证；负责全市市场开发、建设和经营的宏观管理、督促指导、协调服务工作；搞好市场物业的经营和设施维修、改造及资产管理；开发市场资源，搞好市场交易，促进市场繁荣；开展多种经营，为市场经营者提供经营条件和信息、储运、生活等方面的有偿服务；搞好环境卫生和消防安全，规范市场管理；负责受理、审核市场的建设申请，协调、指导、监督市场的建设工作。

【市场建设】提升城市品位，改善市民购物环境，2016年规划建设仓城路、洧水路两个农贸市场。作为市场建设责任单位，根据工作目标任务，制定具体落实方案，明确专门领导、具体责任人，精心部署、狠抓落实。同时，安排好市场指挥部的日常值班工作，接待来访群众，确保市场建设按照各项节点如期推进。经过本中心和新华路街道办事处的共同努力，仓城路农贸市场就土地问题已与五宅庄居委会接洽,经协商已达成共识，现已就土地问题基本达成协议。洧水路农贸市场建设，进出口目前已全部封闭，市场内6道大棚已全部拆除，其他地面附属物已登记清楚，相关设施租赁补偿问题，将聘请律师介入，根据租赁协议内容，并依据有关政策、法规予以解决。

【市场外迁】作为市场外迁承接工作和农贸市场建设工作的牵头单位，按照市委、市政府关于市场外迁工作要求，摸清底子，结合实际情况，制定了详细的市场外迁工作推进方案。为确保外迁工作高效率运作、高质量服务、高标准对接，成立领导小组，加强对市场外迁工作的统筹协调和督导落实，全力加快华南城、华商汇等项目建设。完善工作机制，将市场外迁承接地华南城、华商汇、圣戈班绿色建材城项目建设列入市政府重点工作台账，建立健全企业服务联席会议和首席服务官制度，对项目建设中存在的行政审批、政策扶持等方面问题，列入台账管理，逐项进行解决，促进项目顺利推进。

【市场环境卫生】按照“改善市场环境、优化市场布局、完善配套服务、提升管理水平”的工作思路，狠抓市场环境卫生综合整治工作，创新市场管理，服务广大商户，促进了全市市场繁荣发展。巩固卫生城市创建成果，充分发挥市场管理委员会办公室职能，推进城乡市场规范、有序、健康发展。以深入基层做好市场管理及服务为抓手，以“改善环境，服务商户”的基本理念和“全面检查、重点整治”的要求，做好市场环境卫生综合整治工作。在市场环境卫生综合整治中，实行中心领导班子成员及机关科室分包市场环境卫生制度，市场环境卫生评优、评差制度，对辖区市场环境卫生工作进行日检查、周评比、月通报。通过综合整治，市场环境得到明显改善，为市民提供了一个舒适的购物环境。

【市场管理与服务】加强全市市场的建设规范化和日常管理工作，切实落实全市市场布局规划，加快推进承接郑州市中心城区市场外迁和市场集聚建设，促进全市新建、改扩建市场和现有市场规范、有序、健康发展。市场发展中心作为市场管理委员会办事机关具体承担管委会办公室的工作。按照“属地管理”和“谁主管谁负责”的原则，立足市场监管职能，为进一步巩固国家卫生城市创建成果，落实好新郑市在迎接复审工作中市场建设、管理的职责任务，着力规范市场秩序，切实保障市场安全。向各乡镇（办事处）、管委会、市直相关单位下发了《新郑市各类市场清查和整治工作实施方案》，并对全市所有的市场进行实地核查和确定，在澄清全市各类市场及经营商户底数的基础上，认真清查市场业主及场内经营户主体资格，达到各市场经营主体资格合法，假冒伪劣商品杜绝，业主自律意识增强，场容场貌整洁，划行归市合理，经营户持证亮照、诚信守法,达到市场规范管理标准的基本要求。通过排查，全市共有各类市场31个，其中农贸市场10个、综合市场9个、专业市场11个、夜市1个。

【支助市场创建活动】为更好地在全市深入开展文明经营活动，助推公共文明素养提升工程，以培育和践行社会主义核心价值观为主线，以提高市场主体道德素质和社会文明程度为目标，制定下发了《2016年新郑市市场发展中心文明经营活动实施方案》。从实际出发，制定具体可行易于操作的活动措施和考评细则。采取统一发放“文明经营”礼仪知识宣传单和致全市企业商户公开信、集中悬挂宣传横幅和文明用语标语牌、依托各类媒体，宣传栏等形式向广大商户宣传文明经营理念。通过广泛开展“文明经营”创建评比活动加强对市场主体“文明经营”督促指导，并适时开展集中整治行动，曝光“违规、失信”商家。大力培育企业、商家诚实劳动、合法经营、诚信兴商，不断提升市场主体公共文明素养，扎实推进新郑市场的管理和建设。

为进一步推进“平安新郑”工作，促进全市市场安全达标、规范运行、繁荣发展，深入推进全市“平安市场”创建活动。制定了《新郑市创建“平安市场”活动实施方案》及平安市场创建承诺书、平安宣传页等并下发到各个乡镇、街道办事处、管委会各类市场。立足市场管理职能，按照“乡镇为主、属地管理”的原则，切实履行市场监管职责，落实创建工作任务，充分调动市场主办单位的主动性、积极性，不断完善各项安全管理措施，着力规范市场秩序，切实保障市场安全，努力维护社会稳定。进一步提升服务质量，做到文明热情服务、遵纪守法经营、市场监管到位、矛盾化解及时，为居民提供正规有序、和谐文明的消费环境。

【市场安全】 为了给每一位消费者提供一个安全和谐的消费环境和营造一个安全有序的经营环境，确实加强门店自身的安全及消防管理工作，注重效益，确保安全。年初，同二级机构签订《安全生产工作目标管理责任书》，同商户签订《安全及消防工作承诺书》140份。开展集贸市场专项整治活动，认真落实辖区市场安全生产主体责任以及行业主管部门监管责任，以网格化管理为载体，深入开展安全生产大检查“回头看”及隐患排查治理活动，严厉打击各类非法违法违规生产经营建设行为。为进一步强化“红线”意识，弘扬安全文化，普及安全知识，提升安全素养，6月开展的“安全生产月”期间，在辖区市场悬挂横幅、设立咨询台及发放安全消防知识宣传资料，组织开展一系列内容新颖、形式多样、社会广泛参与的安全生产宣传教育活动，为全市安全生产形势持续稳定发展提供精神动力、舆论支持和思想保障。同时，积极开展不同时段的安全生产专项整治，安全生产大排查、大整改始终贯穿于市场管理工作中，特别是在双节、“两会”、黄帝故里拜祖大典、“五一”“十一”黄金周期间加大检查和整改工作力度。

（撰稿：高新楼 审阅：赵志远）

国土资源管理

【概况】 新郑市国土资源局位于新郑市黄水路186号，是主管全市土地资源、矿产资源等自然资源规划、管理、保护与合理利用的市政府工作部门。内设办公室、编制人事科、纪检监察室、地政地籍科、规划用地科、耕地保护科、法制监察科、矿管科、行政审批科、不动产登记科10个科室；下设国土资源执法大队、国土资源局直属分局、龙湖分局、辛店分局、和庄分局、新村分局、薛店分局、土地整理中心、土地开发公司、土地储备中心、中心城区新区国土资源分局、不动产登记中心、不动产登记服务中心12个二级机构。现有干部职工527人，领导干部25人，干部284人（含聘干），工人218人，本科学历104人，大中专学历257人，初级职称33人，中级职称12人。

2016年，新郑市国土资源局强化国土资源共同管理、宏观调控与市场配置、节约集约、执法监管，有效破解资源保护与保障难题，全面完成各项工作任务。被郑州市人民政府表彰为“存量闲置建设用地集中清理处置专项行动工作先进单位”、被郑州市国土资源局表彰为“2015年完成责任目标达标单位”。

【土地资源】 经年度土地利用现状调查,新郑市土地总面积8.85万平方千米:耕地4.87万公顷,园地1553.21公

新郑市召开土地执法检查工作会议

顷,林地5740.47公顷,草地442.95公顷,城镇村及工矿用地2.24万公顷,交通运输用地5493.77公顷,水域及水利设施用地2184.53公顷,其他土地1914.01公顷。其中：耕地中：水田187.80公顷，水浇地4.36万公顷，旱地4940.89公顷；园地中：果园1552.92公顷，其他园地0.29公顷；林地中：有林地4133.68公顷，灌木林地1356.19公顷，其他林地250.60公顷；草地中其他草地442.95公顷；城镇村及工矿用地中：城市1965.51公顷，建制镇7861.59公顷，村庄1.18万公顷，采矿用地302.66公顷，风景名胜及特殊用地488.26公顷；交通运输用地中：铁路用地299.23公顷，公路用地2875.90公顷，农村道路1343.25公顷，机场用地973.43公顷，管道运输用地1.96公顷；水域及水利设施用地中：河流水面1483.58公顷，水库水面360.90公顷，坑塘水面100.18公顷，沟渠197.74公顷，水工建筑用地42.13公顷；其他土地中：设施农用地896.65公顷，田坎934.60公顷，沙地18.41公顷，裸地64.35公顷。（注：以上数据含港区）

【矿产资源】 新郑市矿产资源较为丰富，发现有各类矿种有9种，矿产地23处。区内固定矿产以沉积矿产为主，包括煤、黏土矿、石灰岩、红硅石、硅石等及部分沉积、变质矿产，铁矿、磷矿、白云岩矿、建筑石料等，还赋存着丰富的地热、矿泉水资源。新郑市资源格局以煤为主，煤区占全市总面积约41%，已探明储量1.35亿吨，占郑州市煤炭总量的20.5%。新郑市现有煤矿2家,分别为：国投河南新能开发有限公司王行庄煤矿，年设计生产能力为120万吨/年；河南省新郑煤电有限责任公司赵家寨煤矿，年设计生产能力为300万吨/年。

【耕地保护】 全年落实补充耕地指标174.14公顷，易地补划基本农田2666.67公顷。层层签订关于《新郑市2016年度耕地保护目标责任书》，确保全市耕地保有量不低于3.89万公顷，基本农田保护面积不低于2.95万公顷，均不低于目标任务量。

【建设用地管理】 积极做好部分乡镇土地利用总体规划局部调整，为新型社区建设提供用地支持。加大土地报批力度，2016年共组卷上报13个建设用地批次，面积285.61公顷，已批回3个批次，面积75.45公顷。经省政府批准建设用地18个批次，面积458.5公顷，及时保障华南城、遂成药业、雪花啤酒、瑞孚、好想你、卓商农机等一大批重点项目用地需求。推进增减挂钩管理工作，争取易地挂钩节余指标83.07公顷。部分增减挂钩拆旧区复垦项目已通过验收，新增耕地面积109.07公顷。

【节约集约利用土地】 在用地指标极度紧缺的环境下，加强盘活挖潜，全年盘活闲置及低效利用土地77.13公顷。加大土地收储和供应力度，全年收购储备土地230.52公顷，供应国有土地470.87公顷，增加政府收益51亿元。

【国土资源执法监察】 2016年，拆除复耕2015年卫片图斑284宗，面积132公顷，追究情节严重的违法用地嫌疑人刑事责任15起。拆除复耕2016年第一次全天候遥感监测图斑39宗，面积26.57公顷。

【地政地籍管理】 不动产登记中心成立前，共发放各类土地证115本（其中国有个人63本、国有单位52本）。2011年年底，新郑市农村集体土地确权登记发证工作开始，持续推进农村集体土地确权登记发证工作，截至2016年年底，共完成全市宅基地使用权地籍调查123900宗，并对1800宗地籍调查结果进行公示。外业调查已完成90个行政村，5个行政村正在调查中，农村集体建设用地调查237宗，面积197.776公顷。

【不动产登记管理】 按照上级国土部门统一要求，不动产统一登记工作已全面启动。健全规章制度，规范工作程序，开展权籍调查，加强数据整合，确保不动产统一登记工作平稳过渡。截至2016年年底，已颁发不动产权证书2116本，不动产登记证明1万份。

【矿政管理】 建立完善市、乡、村三级监测网络，全市8处地质灾害隐患点，逐个落实群测群防员和防灾责任人，发放“地质灾害防灾工作明白卡”和“地质灾害防灾避险明白卡”，切实提高受威胁群众及相关工作人员的临灾避险及应急处置能力。

（撰稿：李龙 审阅：毛智勇）

安全生产监督管理

【概况】 新郑市安全生产监督管理局位于人民路西段202号，市委市政府东侧。2002年4月成立，现有干部职工112人，其中党组书记、局长1名，副局长3名，纪检组长1名，工会主席1名，监察执法大队长1名。内设办公室、综合管理科、长效机制办公室、安全监督管理一科、安全监督管理二科、安全监督管理三科、政策法规科、创建办、安全生产指挥中心、职业健康监管科、煤炭监管科等科室。下设监察执法大队（含4个中队）、安全技术教育培训中心、煤炭管理中心和龙湖煤管站、辛店煤管站等二级机构。乡（镇）安全生产管理机构15个，专职安全生产管理人员65人，市直安全生产管理机构70个，专（兼）职安全管理人员146人，全市246个行政村（社区）相继成立安全生产领导小组，并分别配备了安全生产管理人员，具体负责本辖区、本部门（行业）安全生产工作。

2016年，新郑市安监局强化“安全新郑”创建，全面落实“安全第一、预防为主、综合治理”方针，深入开展安全生产隐患排查、打非治违、专项整治等活动，实施安全生产宣教培训工程，持续推进安全生产长效机制建设，有效预防和控制各类事故的发生，较好地完成了上级下达的安全生产各项目标任务，保持全市安全生产形势持续稳定。安全生产月活动荣获省级先进单位；安全创建荣获郑州市级先进单位；安全生产培训工作在郑州市六县区名列前茅。

【安全生产责任制】 坚持安全生产“党政同责、一岗双责、齐抓共管、失职追责”、明察暗访、督查通报、隐患排查、挂牌督办、“一票否决”、责任追究、目标考核及奖惩、警示约谈等制度，推进“五级五覆盖、五落实五到位”安全生产责任体系建设。市四大班子领导分包乡镇办、管委会、市直单位和煤矿、重点危化及烟花爆竹仓储企业，乡（镇)科级干部分包辖区重点企业，实现全员下沉到基层网格，构建市、乡（镇）、行政村、企业四级“横到边、纵到底、全覆盖”的安全生产综合监管网络。市政府成立15个综合督导组，不间断地对各乡（镇）安全生产工作情况进行督导检查、跟踪问效。出台《关于进一步加强安全生产工作的实施意见》，对安全生产工作责任体系、体制机制、资金投入、人员待遇等方面做出明确规定，设置安全生产年度专项资金600万元，主要用于隐患治理、宣教培训、抢险救援、标准化创建奖励等。加快推动企业安全生产诚信体系建设。以煤矿、危化、烟花爆竹、城镇燃气、交通运输、建筑施工、特种设备、金属冶炼、人口用工密集场所等行业领域为重点，建立健全安全生产不良信用记录、“黑名单”、诚信评价管理以及执法信息公示等制度，强化激励约束，促进企业严格落实安全生产主体责任，依法依规、诚实守信加强安全生产管理工作。实行安全生产目标考核及奖励机制，市安委办分别和各乡镇、部门签订《2016年安全生产目标管理责任书》，并纳入政绩、业绩考核。提请市政府拿出50万元专项资金，对2015年度102个安全生产工作先进单位和63名先进个人予以表彰奖励，调动全市上下做好安全生产工作的积极性和主动性。严格安全生产领域执纪问责，坚持“有责必问、执法必严、及时通报”原则，把问责追责贯穿安全生产工作始终。

【安全生产综合监管】强化重要时段隐患排查。分别组织在“双节”“两会”“拜祖大典”“五一”、郑州国际会议、汛期、十一、省十次党代会、国务院安委会巡查、十八届六中全会、岁末年初等重要时段及敏感时期开展安全生产大检查，建立健全安全生产“五本台账”（隐患整改、隐患未整改、重大隐患监管、取缔关停、重大危险源监控）。2016年，组织各乡镇办、管委会、行业主管部门开展“拉网式”隐患排查，共计检查各类企业7684家次，消除各类隐患21200余条。突出重点行业专项整治。按照“三管三必须”原则，印发《新郑市安全生产领域专项治理行动方案》（新安委〔2016〕18号），压实各分管副市长及相关行业部门监管责任。针对煤矿、危险化学品、烟花爆竹、油气管线、道路交通运输、消防、建筑施工、冶金工贸等行业领域开展专项整治23次，共计排查生产经营单位1829家次，消除各类隐患4142条。采取联合执法、明察暗访、回头看等方式，深入开展打非治违专项行动，共计查处各类违规违章行为315起，取缔非法违法生产经营单位84家，行政拘留6人，有效震慑全市安全生产领域非法违法行为。坚持寓服务于监管，拿出专项资金，聘请行业专家，对辖区煤矿、危化、工贸等重点行业企业进行全方位会诊服务，有效解决一些深层次问题。2016年以来，按照“会诊准备、病症自诊、专家把脉、结论评审、政府约谈”五个步骤，组织开展煤矿、危化等重点行业领域季度“专家会诊”。

【安全保障型城市创建】 稳步推进标准化达标建设工作。通过提供组织保障、明确工作责任、强化宣传教育、督导检查推动、严格兑现奖惩等方式，督促企业全面落实安全生产主体责任，逐步建立企业自我约束、自我完善、持续改进的安全生产长效机制，提高企业本质安全水平。全市共有153家企业完成标准化达标建设，77家工贸企业正在开展自评。广泛开展职业卫生监督管理工作。印发职业病法律法规、防治知识宣传彩页3万份，组织619名企业主要负责人、职业卫生管理人员参加职业卫生教育培训。扎实开展冶金、建材、木质家具制造、水泥生产、石材加工、耐火材料生产、陶瓷制造等行业领域职业病危害专项检查，严格落实职业健康监护工作，督促4385名接触职业危害的劳动者按照规定进行职业健康检查，全市100家生产经营单位完成了职业病危害申报备案，超额完成年初郑州市下达的目标任务。新郑市职业病防治工作得到国家总局职健司的充分肯定。强力推进煤矿关闭退出工作，在全省率先完成煤矿关闭退出及审核验收任务。认真做好安全生产应急救援演练。不断加强应急队伍和装备建设，投入近200万元定制的全省首台大型专业应急救援指挥车投入使用，新购置无人机、正压式空气呼吸器、防爆式轴流风机、化学洗消剂等应急救援装备126台套。坚持“以练代训”开展应急演练，12月7日，组织全市11家单位、人员200余人、演练车辆30余台，开展危险化学品泄漏、燃烧、爆炸事故应急救援实战演练。年内共组织各乡镇办、管委会和各行业部门举办各类事故应急演练活动1220余次，接受应急培训13万余人次。强化安全保障型城市创建。投资350万元，建成孟庄镇潮河新城社区和薛店镇常刘社区安全文化大院。通过培育安全文化，强化示范引领，安全保障型城市创建工作取得新进展。全年全市共有14个乡镇被确定为安全和谐型乡镇创建示范单位，占总数的93%；236个村（社区）被确定为安全和谐型村（社区），完成总数的84%；136所学校（幼儿园）被确定为安全和谐型学校（幼儿园），占总数的83%；192家企业被确定为安全发展型企业创建示范单位，完成总数的82%。严把企业安全生产许可审核关口，进一步规范安全生产行政许可项目的工作流程，简化办事手续，提高行政效能，全年共审核办理行政许可事项183件，规定时效内办结率达100%。

【安全生产宣传教育培训】 关键节点抓宣教。连续7年把春节后第一个月这一重要时段作为“安全生产复工培训月”，督促全市生产经营单位开展内部复工复产培训。“安全生产月”期间，新郑市深入开展系列宣讲、千人培训、对话谈心、集中宣传咨询日、“志愿者”服务、应急演练、知识竞赛、演讲比赛、“平安宝贝”绘画展、“平安新郑行”等活动，出动干部职工1700余人次，设置咨询台120余个，展出版面900余块，悬挂宣传条幅3700余条，发放宣传资料6万余份，接受群众现场咨询达6800余人次，受益群众8万余人。据统计，2016年以来，新郑市共计发放安全知识宣传页10万余份、扑克3万余副，《安全生产法》《职业病防治法》《安全生产应知应会知识汇编》等知识读本7万余册，全市受教育面达85%以上。配合郑州电视台《安全第一线》栏目，高标准制作《责任如山——新郑市安全生产工作纪实》专题片，并于11月19日在郑州五套首播；在中国安全生产网、河南安全、河南安全生产网、郑州日报等上三级媒体发表新闻稿件64篇（其中国家级19篇，省级32篇、郑州市级13篇）；创办河南省第一份县级期刊《新郑安全》，开设“新郑安全”“新郑安监”微信公众账号，不断提高公众的关注度。集中利用新郑市安全生产短信平台优势，向广大市民发送安全生产政策法规、寓言故事、事故案例等安全知识小短信18万余条，潜移默化地传播安全文化；利用商场、公园、广场等公共场所的液晶显示屏、电子公告牌滚动播放安全知识。组建“红线意识宣讲队”，开展送安全知识“七进”（进企业、进学校、进机关、进社区、进农村、进家庭、进公共场所）活动。开展“零距离”上门培训18次；针对不同行业领域危害因素存在差异的问题，邀请行业专家根据企业实际情况，合理安排培训内容，开展有针对性的安全培训。2016年，全市举办各类培训班149期，其中，组织“三岗人员”培训班25期，培训人员3675人次，完成全年目标培训任务的183.8%；开展危险化学品、烟花爆竹、职业健康、工贸行业、交通运输、消防、农民工及临时从业人员、校园安全等专项培训103期，培训人员20万余人次。8月，对全市安监干部进行政治理论、法律法规、业务技能等方面知识培训。

（撰稿：翁卫钦 审阅：崔军民）

食品药品监督管理

【概况】 新郑市食品药品监督管理局位于新郑市沿河路中段，现有在职干部职工175人，内设10个科室，下设食品药品稽查大队1个直属机构，新郑市食品药品检验检测中心、新郑市食品药品培训中心、新郑市食品稽查队3个二级机构，14个乡镇（街道）派出机构，规格均为副科级。落实监管人员95名，实行食药监局与乡镇（街道）双重管理的体制，承担全市13000余家食品、药品、保健食品、化妆品和医疗器械生产经营单位监督管理工作。

【食品经营许可制度改革】 2016年，是新郑落实食品经营许可制度改革、实施食品流通和餐饮服务许可“两证合一”的第一年。以抓好许可审查和换证工作为重点，健全许可审查实施细则和相关配套文件,简化食品经营许可审批流程，授权14个乡镇食品药品监管所对食品经营许可进行资料受理、现场初核。全年发放《食品经营许可证》1667张。

【食品安全监管】 坚持集中整治与长效机制建设相结合、企业自律与行政监管相结合，对35家企业50种产品的生产许可证申报工作进行初审、现场核查。开展对糕点、膨化、蜜饯、调味品、面粉等监督抽查。对全市食品加工小作坊调查摸底、建档立册、全面整治。与农业部门建立合作会商和食用农产品产地准出、市场准入无缝衔接机制，制定出台《新郑市推进食用农产品农贸市场落实<食用农产品市场销售质量安全监督管理办法>实施方案》，加强食用农产品质量监管。深入开展“百城万店讲诚信”“诚信经营食品安全示范店”活动，向食品经营单位普及诚信经营理念，形成“出勤必宣传、宣传必有效”之势。对全市餐饮服务单位实行“一户一建档，一户一量化”管理模式，持续开展餐饮服务食品安全监督量化分级管理，评定率保持100%，其中A级8家，B级1016家，C级434家,待评定280家。继续推进“明厨亮灶”工作，积极推进餐饮服务环节油烟净化装置安装工作，全市共有1500余家餐饮单位完成油烟净化装置安装工作。

【药械化安全】持续加强药品、医疗器械、化妆品各环节安全监管，确保了新郑市人民群众用药用械用化安全。其中，药品生产环节着重检查基本药物、小容量注射剂、中药等品种，严把重点环节和重点检查内容，确保药品生产安全、可靠；药品经营环节重点检查购进渠道、分类管理、特殊管理药品购销管理、处方药销售、执业药师履职情况及不合格药品召回等，确保药品流通市场秩序；药品使用环节重点检查药品购进、储存及特殊药品的管理等。医疗器械各环节以无菌和植入类、贴敷类、注射用透明质酸钠等品种为重点，把日常监管与专项整治相结合，推行诚信管理、分类分级监管。以购销渠道是否合法、标签标识是否符合规定、台账管理是否规范、产品质量是否符合要求为重点加强化妆品经营企业监管。

【专项整治】开展“餐桌治理——主食行动”、农村食品“扫雷”行动、食品生产经营风险隐患大排查、“年夜饭”食品安全专项检查、节日及中高考期间、丙申年黄帝故里拜祖大典期间等食品安全领域专项检查；开展中药提取和提取物监督检查、中成药品种专项检查、开展药品委托生产和中药提取物备案监督检查、药品流通领域集中整治、疫苗专项检查、特殊药品专项检查、药品流通领域挂靠经营走票等违法违规行为专项整治、贴敷类医疗器械专项检查、注射用透明质酸钠监督检查、医疗器械经营企业冷链管理监督检查、医疗器械流通领域违法经营行为集中整治、化妆品生产经营企业专项检查、化妆品美容美发经营使用环节安全整治等。

【社会共治格局构建】坚持食品安全全市“一盘棋”的总体思路，切实履行食品安全综合监管职能，出台《2016年食品安全工作要点》，将任务落实到具体牵头和责任单位。制定2016年食品安全工作考核细则，进一步加强各乡镇、各成员单位年度目标责任制考核，实行“一票否决”。

强化综合治理落实监管部门监督责任。以食安委组织体系为基础，以食安办为依托，严格监管，加强案件办理、行刑衔接，查处、督办一批社会影响大、公众反映强烈的典型案例。加大食品药品抽检力度，食品检验工作共接受企业委托检验179个批次，药品检验工作共收检83批次，不合格1批次。完成基本药物全覆盖抽验102批次，专项监督抽验16批次，基层常用药品抽验16批次，药品流通使用环节基本药物抽样19批次，化妆品流通环节抽样6批次。加强信息公开，全新改版新郑市食品药品监督管理局网站，及时公开抽检报告、部门决算预算、一般程序案件及简易案件，每月公示行政审批办结事项信息。开通“新郑食品药品监管”公众号，科学设置专题专栏，介绍食品药品有关政策，及时公布食品药品质量安全相关信息。

依托新郑市食品药品培训中心，开展食品安全员（师）培训，落实企业主体责任。共举办食品安全培训40期，培训餐饮从业人员2039人、流通环节从业人员1411人，食品生产从业人员600人。运用食品药品安全投诉举报中心，发挥12331投诉举报平台主渠道作用，建立分工明确、上下联动、横向协作、运转高效的投诉举报和案件查处工作机制。重视职业打假人投诉举报，聘请专业法律顾问，参与“掌舵”决策，将法律服务纳入食品药品监管之中。全年共收到当地投诉举报324起，外地投诉举报61起（省、市局），上级交办投诉件78起，业务咨询569起，已全部及时登记、及时转办、督办，回复463起。

【基础设施建设】2016年1月，经河南省质监局组织的检验检测机构资质认定评审组检查评审，市食品药品检验检测中心顺利通过药品检测资质认定复审，取得资质认定证书。

【年度工作荣誉榜】2016年，成功通过省级文明单位复审，连续9年获“郑州市食品药品监督管理局目标绩效考核优秀单位”；连续6年获新郑市绩效考核先进单位。2016年度郑州市食品药品监管系统岗位练兵稽查大比武活动上，获2016年度郑州市食品药品监管系统岗位练兵稽查大比武食品稽查团体奖第一名，药品稽查团体奖第三名，食品药品稽查案卷制作平均成绩获得第一名，理论考试平均成绩获得第三名。

（撰稿：李小变 审阅：张新勇）

食品安全管理

【概况】新郑市食品安全委员会办公室位于新郑市沿河路中段，负责分析全市食品安全形势，研究部署、统筹指导食品安全工作，提出食品安全监管的重大政策措施，督促落实食品安全监管。

【应急管理体系建设】建立健全食品安全经费保障机制，落实食品买样费和检验费，把食品安全工作经费列入市政府年度财政预算，落实食品安全监管所需的设备配置、联合执法和监督抽检经费。建立健全食品安全舆情监测工作制度、食品安全突发事件处置机制，专人负责舆情监测、报告、处置程序等工作，促进食品安全事故应急管理工作的规范化、制度化和法制化建设。

【初级农产品检测】对市区文化南路农贸市场实行日检测制度，并在万佳超市、联华超市、丹尼斯超市和永宁市场建立自检室。截至2016年年底，5家自检室已正常开展工作，每天检测蔬菜样品150余个，市场和基地蔬菜农残抽检合格率分别为99.99%、100%；强化农产品种植环节食品安全第一责任人意识，对基地经营、管理者加强农药使用管理和技术指导，严格落实安全间隔期、生产记录等制度，确保农药使用情况在规定范围内；建立健全隐患排查工作机制和制度，着力推进“三品一标”和农业标准化工作。2016年，围绕现代农业示范园区发展的需要，认定无公害农产品生产基地133.33公顷以上。

【养殖和屠宰整治】依托网格化管理体系，把畜产品质量安全信息通过网格体系及时传达到畜牧部门，及时消除各种隐患；继续深入开展专项整治，共完成生猪“瘦肉精”检测1.92万批（次），完成肉牛、肉羊“瘦肉精”检测85份。组织开展“注水肉”集中治理行动、生猪屠宰监管“扫雷行动”食品安全专项整治行动；通过扶持，雏鹰农牧集团有限公司已在新郑市薛店镇建立年处理3600吨的病死畜禽无害化处理中心，扶持银发牧业有限公司在城关乡建立年处理能力500吨的病死畜禽无害化处理中心，服务全市规模场21个，散养户221户；建立三级动物疫情和免疫效果检测网点169个，对产地、屠宰检疫生猪均采用三种瘦肉精尿样快速检测试纸按3%抽检比例进行尿样抽检，结果均为阴性。

【生产经营把关】严把生产许可关，对35家企业50种产品的生产许可证申报工作进行了初审、现场核查，并顺利取证，注销小作坊备案3家；认真组织开展监督抽查，组织乡镇站所重点对糕点、膨化、蜜饯、水果干制品、调味品、面粉、挂面、速冻食品等产品开展监督抽查工作，共抽查600余批（次）的产品；配合省市检测机构开展了监督抽查工作，涉及企业近190家、产品25大类，共抽查400余批（次）的产品；开展产品不合格企业后处理工作，共接收省、市局转办不合格案件12起，立案10起，申请复检4起，责令改正5起，已结案6起。

【食品市场整治】加强食品市场专项整治工作，强化食品经营单位内部管理，食品经营企业100%建立食品进货查验记录制度，100%建立信用档案；将专项整治与日常监管相结合，积极查处食品违法案件，净化食品市场经营秩序，共摸排辖区内流通环节食品经营主体1.21万余户（次），开展各类食品安全专项整治活动16次，立案查处流通环节食品案件35件，结案30件。

【餐饮服务检查】采取“指导与处罚并举，指导为主，处罚为辅”的人性化执法模式，对餐饮经营单位、学校食堂等单位进行全面的指导检查，餐饮服务经营单位监管覆盖率达100%；深入开展“元旦、春节”期间餐饮服务食品安全专项整治、春秋学校食堂专项检查等专项检查，共检查指导餐饮单位3327户（次），责令改正308户（次）；继续实施餐饮服务食品安全监督量化分级管理，继续推进“明厨亮灶”工作。全市餐饮单位量化分级工作全面完成，其中A级8家，B级1016家，C级434家,待评定280家，全市共44家餐饮单位开展“明厨亮灶”活动。

【宣传教育】以“尚德守法 共治共享食品安全”为主题在炎黄广场举行2016年食品安全宣传周启动仪式，开展食品安全进社区、进学校、进企业、进超市、进餐馆、进农村”活动；组织市农委、畜牧、食品药品监管、盐业、粮食等部门成立4个食品安全宣传分队，深入居民区、学校、乡镇、生产企业。2016年全市共开展各类宣传活动20余次，发放宣传册、折页1万余份，编发、刊播食品药品安全信息、新闻近100条。

（撰稿：张 苹 审阅：张新勇）

审 计 工 作

【概况】新郑市审计局是市政府的经济监督部门，依法独立检查被审计单位的会计凭证、会计账簿、财务会计报告以及其他与财政收支、财务收支有关的资料和资产，监督财政收支、财务收支真实、合法和效益的行为。1984年成立，履行《中华人民共和国审计法》赋予的职责，发挥维护新郑市经济秩序，保护国有资产完整和有效使用的积极作用。审计局现有干部职工110人，其中，局班子成员4人，纪检组长1人，副科级干部2人，经济责任审计中心主任1人，高级职称1人，中级职称25人，初级职称16人，大专以上学历的105人，中共党员70人，民盟盟员2人。局内设办公室、编制人事科、法制科、财政金融审计科、行政事业审计科、农业与资源环保审计科、社会保障审计科、基本建设审计监督科、经济责任审计中心、政府投资项目审计中心、郑州新郑教育园区审计室、新郑新区审计室。

2016年，全年共完成审计项目182个，（其中：完成政府投资审计项目144个），查出违规资金1.36亿元，管理不规范资金44.01亿元，发现非金额计量问题257个。提出审计意见和建议206条（含投资中心12个决算审计）。通过审计，为国家增收节支2.42亿元，其中已上缴财政296.97万元。

【财政审计】在对2015年度本级预算执行和其他财政收支情况审计中，围绕市委市政府确定的重点任务，立足于全口径预算管理和预算执行审计全覆盖，依法全面履行审计监督职责，以加强财政管理、完善预算编制、规范资金分配行为、提高财政资金使用效益为重点，着力促进党委政府决策部署的贯彻落实。全年共对财政、地税和水务局、农委、交通运输局、环保局等6个市直部门的2015年度财政预算执行情况、城关乡财政决算和信访局、中心城区新区管委会、黄帝故里文化研究会、新港产业园区管委会等13个部门的财务收支情况进行审计。通过审计，查出违纪违规资金4059.54万元，管理不规范资金89553.03万元，发现非金额计量问题105个，提出审计意见和建议77条。

【政府投资项目审计】强化政府投资项目的审计监督，提高政府投资建设效益。加大工程建设项目预算、竣工结（决）算审计力度，强化重点投资项目的跟踪审计，实行政府投资项目审计监督全覆盖。2016年共完成政府投资项目审计144个（其中：决算审计项目12个），报审金额17.9145亿元，审定金额15.5210亿元，审减金额2.39046亿元。通过审计，提出审计建议85条，督促上缴税收8.55万元。

【民生资金审计和专项审计调查】按照审计署和省审计厅统一安排，组织开展了对新郑市2014年10月至2015年12月产业集聚区财税政策落实情况、新郑市级截至2015年年底财政存量资金情况、2015年度地方政府债券资金管理使用情况、2014至2016年度农村公路三年行动计划乡村通畅专项调查、2014至2016年城镇基础设施建设政策措施落实情况、保障性安居工程、薄改项目等稳增长促改革调结构惠民生防风险政策措施落实情况进行跟踪审计。对2013至2015年度出租车运营及管理情况进行专项审计调查。对新郑市中小学2015年度生均经费管理及使用情况进行专项审计调查。共查出违规金额5823.84万元，管理不规范金额23.25亿元，发现非金额计量问题15个，提出审计意见和建议20条。

【经济责任审计】全年对规划管理局、住房和城乡建设局、公共资源交易中心、科技和工业信息化委员会、市妇联等13个单位领导干部进行经济责任审计（任中4个、任期9个），共查出领导干部负直接责任的违规金额50万元，查出领导干部负主管责任的违规金额2669.34万元，负领导责任的违规金额40.32万元；负直接责任的管理不规范金额30万元，负主管责任的管理不规范金额77910.58万元，负领导责任的管理不规范金额16805.28万元，其中清理往来款89.95万元。发现非金额计量问题73个。提出审计意见和建议60条。

【审计服务】参与审计署组织的中国建筑责任股份有限公司董事长经济责任审计工作、河北省党政主要领导同志自然资源资产离任审计；参与省审计厅全国医保审计；参与郑州市审计局组织的关于对登封市原市长乔耸同志任职期间经济责任履行情况及自然资源资产情况的审计。完成市政府安排的S102拓宽改造附属物清查工作、新孟公路拓宽改造附属物清查工作、黄帝故里南侧拆迁丈量工作；中华路新村G107连接线等廊道绿化因道路扩建、埋设管道等原因引起的拆除清查工作、解放路、吴庄等5个社区工程进度审核工作。紧贴全市经济社会发展的重点和热点，以“围绕中心、服务大局”为宗旨，积极开展审计信息宣传工作，努力做到“审计工作做到哪里、信息宣传跟在哪里”，不断提升审计信息宣传工作的综合效应。共撰写信息138篇。其中：郑州市采用112篇次（郑州市审计局网站采用48篇、《郑州市审计工作信息》采用64篇），省级采用45篇次（河南省审计厅网站采用21篇，省厅内网24篇），中国审计网采用99篇，中华人民共和国审计署官方网站采用9篇，《中国审计》杂志采用3篇、中国审计报采用1篇，新郑市级采用105篇。印发《新郑审计》6期。

（撰稿：高 玉　审阅：杨晓艳）

统 计 工 作

【概况】新郑市统计局是主管新郑市统计和国民经济核算工作、反映国民经济和社会发展状况的政府职能部门。现有干部职工62人，全部为大专以上文化程度。内设办公室、人事财务科、综合核算科、政策法规科、能源科、工业科、城乡调查科、三产科、投资科、人口科技科、计算中心、普查中心、信用中心等13个科室。主要职责是组织领导和协调全市统计工作，制订统计建设规划和统计调查，组织实施重大的国情国力调查；组织、协调各乡（镇）、街道办事处、管委会、各部门的统计和国民经济核算工作，监督检查统计法律、法规的实施；收集、整理、提供全市性的基本统计资料，对国民经济、社会发展和科技进步进行统计分析、预测和监督，建立日趋完善的宏观经济预警监测系统，为党政领导宏观决策提供优质服务。

2016年，新郑市统计局以打造服务型统计为主题，狠抓干部队伍建设、基层基础建设和统计法制建设，服务市委市政府战略目标和全市社会经济建设，不断推进统计事业健康有序发展，各项工作成效显著。先后获得全国统计宣传工作先进单位、河南省主要畜禽监测调查工作先进单位、郑州市政府经济社会发展先进单位、综合工作先进单位、郑州市委先进基层党组织、郑州市统计系统政务信息工作先进集体、规模以下工业抽样调查工作先进集体、规模以下服务业抽样调查先进集体二等奖、规模以下服务业抽样调查先进集体一等奖、小微建筑业调查先进集体、工业统计业务知识竞赛三等奖、优秀组织奖、新郑市绩效考核先进单位、依法行政工作先进集体等荣誉称号，局办公室、城乡调查、工业、信用等22个专项工作全部被郑州市统计局评为优秀。

【宏观经济运行监测】2016年，综合统计工作坚持以“加强对全市国民经济和社会发展运行情况的统计监测、预警、分析”为重任，全面发挥统计在国民经济运行过程中的信息、咨询、监督职能，及时、准确、科学、客观地反映全市宏观经济运行的整体状况。以《统计内参》的形式，及时为市委、市政府提供相关统计服务。以月度《新郑经济动态》年度《统计公报》《新郑统计概要》等形式，全面、客观地将月度、季度、年度统计数据及经济社会发展状况向社会发布，为各级领导进行科学决策提供丰富、翔实的统计资料，为全市经济社会发展提供高效、精准、优质的统计服务。

【出版《新郑统计年鉴》】新郑市统计局编辑、印刷、出版、发行《新郑统计年鉴〈2015〉》，供各级领导和社会各界参阅使用。由专文、统计资料和附录三部分组成。统计资料包括：综合、农业、工业、固定资产投资、国内外贸易、交通运输、邮电、劳动工资、物价、财政、金融、教育、卫生以及农村和城市住户调查等各个专业及有关部门统计资料。附录包括《新郑市统计局2015年工作要事》以及部分优秀统计分析等。

【出版《新郑经济动态》】《新郑经济动态》每月一期，以权威、高效、精准的统计数据为依据，及时向社会发布全市主要经济指标和各乡镇、街道、管委会及郑州市其他县市主要经济指标的完成情况，全面、及时地反映全市经济社会发展状况。

【编纂《统计分析报告》】2016年，市统计局共编纂《统计分析报告》33期，其中包括综合分析、农村调查、城镇调查、工业调查、服务业调查、投资分析、投资动态、简讯等。

【统计法制建设】新郑市加大统计执法检查和统计普法宣传力度，充分发挥统计法制在改善统计工作环境、维护统计工作秩序、保障统计数据质量等方面的重要作用，使全市统计法制建设再上新台阶。2016年，新郑市统计局被确定为郑州市服务型行政执法示范点。全年共抽查全市35家单位进行统计执法检查。其中，对4家单位进行约谈，对7家单位做出行政处罚。从根本上保证统计数据的真实、准确，深层提高基层源头数据质量。在法制宣传中获得首届法律法规微信考试优秀单位。

【第三产业统计调查】2016年，市统计局组织实施全市贸易业、交通运输业、邮政电信业、金融保险业、服务业等第三产业报表的收集、整理工作，提供全市第三产业统计数据，并对有关统计数据质量进行检查和评估；组织指导全市第三产业统计基础工作；对全市第三产业重点项目开展跟踪监测和调查，并进行统计分析。第三产业全年实现增加值295.6亿元，比上年增长14.8%，占GDP的比重达到45.4%。

【城乡社会经济调查】2016年，新郑市统计局组织实施第三次全国农业普查工作、农村社会经济调查和县（市）社会经济基本情况统计调查、城乡住户统计调查、农业经济价值量调查、农牧产品产量和农村基本情况调查、农业生产条件统计调查、物价及农资生产资料调查和消费支出情况调查等。根据调查结果，2016年，全市第一产业实现增加值20.4亿元，增长5%；粮食总产量26.8万吨，下降0.1%；肉类总产量4.96亿吨，同比下降6.4%；禽蛋总产量4.29万吨，同比下降7.9%。农村居民人均可支配收入1.84万元，比上年增长7.7%。城镇居民人均可支配收入为2.84万元，比上年增长6.5%。

【人口与社会科技统计调查】2016年，市统计局组织实施全市人口与城镇化抽样调查、劳动工资统计、企业研发统计、企业创新调查、重点单位R&D投入调查、劳动力调查、民生福利监测、妇女儿童监测、文化产业报表的收集、整理工作，并对有关统计数据质量进行检查和评估，开展统计分析。据统计：2016年新郑市城镇化率56.23%，比上年增长2.92%；规模以上工业企业R&D经费内部支出6.03亿元，比上年增长17.1%；在岗职工工资总额5602093千元，比上年增长6.06%。

【固定资产投资统计调查】2016年，市统计局推进投资统计改革，开展固定资产投资统计和建设领域统计调查工作，完成投资统计改革试点和现行制度双轨运行任务。据统计，2016年全社会固定资产投资完成582.1亿元，比上年增长19.1%。其中：固定资产投资项目完成392.6亿元，增长2.58%；房地产开发投资完成173.6亿元，增长92%；农村住户投资完成15.9亿元，增长4.6%。

【统计信息工程】2016年，市统计信息工程已建成上联国家统计局、省、市，下联乡镇、街道办事处、管委会的计算机网络。实现内部公文流转网络化处理；建立统计系统内部电子邮件系统，乡镇、街道办事处、管委会现已通过网络平台上报统计数据；建立视频会议系统，提高工作效率、办事效率。软件方面：选定WIN7操作系统平台；服务器端安装企业版WIN2008；Microsoft SQL Server 2000为数据库管理系统，并选用V2 Conference、WPS2013、Sarp、Foxpro、Foxmail等软件为办公及统计报表处理软件。

【普查管理工作】 2016年，市统计局根据上级部署，主要做好全市第三次全国农业普查的前期准备工作，协调相关部门成立领导小组，组建“三农”普查领导小组办公室，认真做好普查四落实，为农业普查各项重点工作的推进打好基础。组织有关人员，定期管理维护全市基本单位名录库，努力把名录库建成各项统计专业调查的抽样框、专业框。

（撰稿：韩东旭 审阅：刘德智）

科学技术

SCIENCE AND TECHNOLOGY

科学技术
SCIENCE AND TECHNOLOGY

·科学技术 >>>

SCIENCE AND TECHNOLOGY

科技管理

【概况】 新郑市科学技术局内设办公室、编制人事科、行政审批科、综合计划科、高新技术发展科、农村和社会发展科、科技成果管理科、院校合作科八个科室，下属2个事业单位，分别是：新郑市知识产权局、新郑市防震减灾管理办公室。

【责任目标完成情况】 截至2016年12月，全市高新技术产业增加值为66.2亿元，增速为14.2%。新增郑州市级以上工程技术中心、研发中心2家，公共服务平台1家，转化科技成果15项。专利申请达到1300件。实现技术市场交易额7.6亿元，同比增长13%。

【创新创业】 坚持重点突破，全力建设“双创”载体。推进创新创业，根据新郑实际情况，重点推进了电子商务、新材料、产业互联网和医疗器械四个创新创业综合体的建设。政府主导建设的电商综合体，已挂牌运营，10万平方米电商大厦已建成，阿里巴巴、中国电信线上平台已入驻，阿里研究院、腾讯大豫网、找钢网、斗鱼直播、京东等20多家知名企业、平台已签约。新材料综合体已挂牌并运营，规划总面积10万平方米，已建成4万平方米，被认定为“河南省大学科技园”“河南省科技企业孵化器”，国家超硬材料磨具工程实验室、河南省新能源汽车一体化空调技术工程实验室等7家科研创新平台，以及中瑞制冷、启航精密等34家科技型企业已进驻。产业互联网综合体总面积10万平方米，已建成面积2万平方米，已入驻IBM和聚思鸿（Concentrix）2家世界500强企业，东华软件、仕元光电、艾迪尔设计等知名企业已签约，中科创客学院、AC加速器、北软孵化器、Firefly孵化器、赛伯乐投后管理基地等5家知名孵化器也已落地。医疗器械综合体已建成20万平方米，已招商企业148家，其中爱心堂、昌原电子、桩天下新能源、影锐医疗器械等70余家高科技企业已入驻，河南省科技创新促进会、河南财经频道管理咨询公司等5家服务团队也已进驻并为企业提供专业服务。成功举办了中德企业家交流会。锐普众创咖啡、UFO、西亚斯国际创新创业中心等6个众创空间已建成运营，总面积超过2万平方米，其中3家被认定为郑州市众创空间，孵化项目120多个。锐普众创咖啡孵化项目“管交网”累计销售额已突破20亿元。

完善政策机制，着力强化“双创”保障。出台《关于进一步加快创新创业综合体建设的实施意见》《关于鼓励和扶持创新创业的实施意见》，对创新创业综合体、众创空间等创新创业载体及入驻企业等在土地、资金、房租补贴等方面进行大力支持。设立5000万元的创新创业专项资金，对各类机构在众创空间建设、创业载体建设、创业活动、众创空间共享政府平台资源等方面予以支持。落实“智汇郑州·1125聚才计划”有关政策，对来新郑市创新创业的领军团队、领军人才进行奖励，对有关产业化项目进行资金扶持。筹建新郑市创新创业服务中心，组织推动全市创新创业工作顺利开展。

强化人才育引，着力集聚“双创”动力。围绕企业创新能力提升、科技成果转化等，举办了5次企业家创新能力提升培训班，受训人数达到500余人。积极推动“百名院士专家新郑行”活动深入开展，中国农大、军事医学科学院等6家高校科研机构与新郑市签署战略合作协议，30多名专家与新郑市企业签订合作项目，建成院士工作站4家。鼓励新郑市高校科研人才和企业进行产学研深入对接，已有60多名专家与新郑市企业进行了对接洽谈。按照“智汇郑州·1125聚才计划”的有关政策，大力招才引智，申报郑州市创新领军团队4个、创新领军人才5名。

着力营造氛围，激发“双创”活力。充分发挥境内高校集聚的优势，与中原工学院、河南机电学院等12所高校签订了创新创业合作框架协议，联合举办创新创业竞赛、创新创业论坛等活动50余场，选拔优秀创业项目60余个、优秀创业人才100余人。承办了郑州第二届国际创新创业大会的中韩项目对接专场和跨境电商专场，为参会各方提供了沟通交流的平台。

【科技项目】 加强科技资金投入。围绕“三主三辅”产业，先后投入3000多万元在现代食品制造、生物医药等领域实施了60多项科技计划项目，对70项科技小星火计划项目进行了奖励，并筛选59项科技含量高、项目效益好、财政贡献大的科技项目积极向上三级推荐，累计争取上三级资金1000多万元。全市规模以上工业企业的研发投入达到了1亿元，其中7家企业被评为2016年科技小巨人企业，得到郑州市经费278万元。

【科学技术普及】 在城关乡周庄小学建设了新郑市首个科技体验中心，配备了各类科学器材，激发了广大师生学科学、爱科学的热情。在“4·26世界知识产权日”活动中，邀请国家知识产权局专利局审查业务管理部审查计划管理处林翀老师为全市50家科技型企业的技术总监、高校科研处负责人进行了知识产权专题培训，并提供专利申请、专利维权等咨询服务。

【科技招商】 围绕发展临空经济，积极招引IBM等全球知名科技创新型企业。IBM联合创新中心、聚思鸿、东华软件和英特华等科技服务型企业已经在新郑落地。IBM国际智慧城作为科技服务业孵化创新基地，将以这些重大项目为依托，推动产业链条上下游的龙头企业快速落地，逐步形成科技服务业集群，带动全市产业转型升级。进一步推动科技园区建设，借鉴外地经验，探索设立政企联合的园区开发公司。设立2亿元的产业发展基金，推动产业关联度大、成长性好的项目向园区集中，壮大产业集群规模，发挥产业集群优势。

【知识产权工作】 在加大科技投入的同时，注重优势培育，打造知识产权强市。2016年，累计发放专利补助资金80.3万元，成功申报郑州市专利技术产业化项目1项，获得奖励资金15万元；培育专利申请超50件企业4家、超30件企业2家，累计争取郑州市专利资助资金67.01万元。好想你公司和瑞泰公司的科技成果分别获得了郑州市科技进步特等奖和一等奖，河南灵佑药业股份有限公司被评为河南省第九批创新型试点企业。

【防震减灾工作】 为提高地震监测水平，建立了新郑市地震台，并在每个乡镇都设立了地震宏观观测点，在龙湖、郭店等重点乡镇设立地震预警和速报系统，促进了地震监测能力的提升。将建设工程抗震设防要求纳入全市建设工程联审联批程序，确保全市重大建设工程必须进行地震安全性评价，也为一般工业与民用建（构）筑物的抗震设防提供了科学依据和标准。利用各种宣传平台，结合科技活动周、防震减灾日等重大纪念日开展防震减灾知识宣传教育，使广大群众增强了震前防御意识，提高了震时应急能力。

（撰稿：李雯雯　审阅：赵锋申）

科普工作

【概况】 新郑市科学技术协会是市委领导下的人民团体，其主要职责是充分发挥党和政府联系科技人员的桥梁和纽带作用，团结带领广大科技工作者在市委、市政府的正确领导下积极投身经济建设，认真组织开展科学技术普及工作，引导建立农村专业技术协会，为促进经济社会发展提供科技支撑。科协机关设办公室、普及部、学会部、反邪教协会秘书处等部室。现有干部职工22人，均具有高中以上文化程度。

【全民科学素质】 新郑市科协依据上三级全民科学素质工作会议主要精神要求，召开了新郑市科学素质工作推进会，明确各成员单位责任分工，实行绩效考核制度，完善实施《纲要》工作机制，助推全民科学素质工作扎实推进。4月初，牵头召开了新郑市公共素养提升工作动员会议，安排部署了新郑科学素养工作的活动要求。为促进新郑市全民科学素质工作的深入开展、提高全民科学素质工作的能力，由市素质办（市科协）牵头于4月23日—29日带领全市各单位、乡镇、街道办事处主管副职近60余人赴浙江大学进行公共素养方面专题培训，内容涉及国家的公共安全、宏观经济分析、互联网+、心理调适等方面，为开展工作提供了更新的视角和思路。

【科学技术普及】 积极开展科学技术普及是科协的重要职能。2016年，由新郑市科学技术协会、新郑市教体局主办的“全国科普日”活动启动仪式在市一中拉开帷幕，活动启动仪式当天，开展一系列的科普活动。9月18日，新郑市科协、老科协、中医院分会联合在新郑市民政局福利中心

2016年10月22日，在炎黄广场举办“关注弱势群体、关注老人健康”义诊活动

光荣院开展“关注弱势群体、关注老人健康”科普日系列活动。此次义诊活动受到老人们的交口称赞。坚持开展“科普知识进校园”活动。9月22日，新郑市科协和新郑市教体局联合开展“科普进校园”系列活动。“全国科普日”活动期间共巡展乡村14余所学校，受益师生达6000余人。10月10日，新郑市科协、新郑市心理咨询师协会在炎黄广场举行了以“心理健康，社会和谐”为主题的宣传活动，吸引了广大市民驻足观看和积极参与。本次活动增强了广大市民对心理健康知识的了解，对提升群众心理健康水平、形成注重精神卫生的良好社会风气起到了积极的推动作用，也为和谐新郑、文明新郑建设注入了新的活力。

【农村专业技术协会】 2016年，省、市科协将实施“百千万创新驱动助力工程”作为重点工作，以“百家学会服务百个产业集聚区”和“万名科技专家助千企”为抓手，深入实施创新驱动助力工程。为了下一步“创新驱动助力工程”能更好地开展，通过调研，摸清了新郑市产业集聚区情况和中小微企业的科技需求情况，上报了河南航天液压气动技术有限公司等10个公司的10多项技术难题和新郑市新港产业集聚区有关食品、医药企业独立研发困难的问题。2016年3月至6月新郑市辛店镇双丰种植技术协会共举办10场有关树茄种植技术、春季麦田管理技术、辣椒种植技术、树茄病虫害防治技术、大豆超高产种植技术等培训；6月10日，新郑市具茨山林果种植技术协会在协会培训室对全体员工进行葡萄种植培训；6月12日，新郑市润丰农林协会也举行了主干型桃技术培训会；6月17号下午，新郑市辛店镇湛张村小麦良种繁育技术推广协会在协会培训教室对会员进行了红薯高产栽培技术培训。

【反邪教协会】 全市9个镇、2个乡、3个街道办事处、1个区、1个管委会全部成立了反邪教协会工作领导小组，共建立16个乡镇（街道）级反邪教协会、297个村（社区）级反邪教协会，覆盖率达90%以上，形成了由基层党组织、党员和群众为主体的市、乡、村三级防控网络体系。2016年，新郑市反邪教协会带领反邪教宣传队辗转薛店镇、和庄镇付庄村、梨河镇吴庄村等地开展反邪教警示教育活动暨“反邪教科普戏剧社区巡演”活动10场。共发放宣传资料3500余份，展出展板60余块次，受益群众达30000余人。本次展播活动选取的反邪教优秀文艺宣传作品为反宣币公益广告、动画《和谐》、微电影《拯救》，从6月8日起分别在新郑市电视台一套（XZTV-1）和二套（XZTV-2）播出。10月在新郑市湿地公园内建设以“弘扬社会主义核心价值观 崇尚科学 反对邪教”为主题的“新郑市反邪教科普教育基地”。

【科技下乡和科普工作】 积极开展“送科技下乡”活动。全年科技下乡活动共计开展8次，累计组织农业、畜牧、医疗专家36人次，展出各类版面180余块，免费发放各类科普知识图书、彩页2万余份，受益群众达4万余人。市科协编印一套《健康长寿靠自己》科普读物书籍，每套图书共8本，涉及医学常识、中医养生、合理膳食等8方面科普常识，累计编印达4万余册。树立科普电子大屏。2016年年初，新郑市科协多方筹措经费，积极联系相关单位和企业，在市区内人员密集的公共场所安装了数台LED液晶电子显示屏。

（撰稿：牛美玲　审阅：张彦增）

农业科研

【概况】 新郑市农业科学研究所位于新村镇温州城双猫广场西南，为市政府直属的正科级事业单位，是全省30个重点县（市）农业科研单位之一。下设办公室、编制人事科、农业科研管理科、农业技术推广科、食用菌研究开发服务中心。主要职能是：承担国家及河南省农业科学院、郑州市农业科学研究所下达的新品种、新技术及成果试验示范推广等研究课题；针对新郑市“三农”经济发展中存在的关键技术问题、难题进行研究探索；及时引进最新审定的小麦、玉米、大豆花生等农作物新品种及相关新技术、新成果进行试验、示范，筛选出适宜新郑市土壤、气候等条件的新品种、新技术及种植模式，在全市推广应用。全所现有干部职工25人，所长1人，常务副所长1人，副所长1人，纪检组长1人，二线正科协理员1人，副科级协理员1人，管理岗位1人，其中具有副高级职称3人，中级技术职称6人，初级技术职称2人，工人7人。2016年，被新郑市委市政府授予"市科技进步工作先进单位"称号，被评为"河南省农科系统先进单位"。

【农业科学研究】 围绕农业科技创新，组织科研人员联合攻关，重点开展了小麦、花生新品种选育，取得了显著成效。在小麦新品种选育上，科研人员克难攻坚，实行全方位的内引外联，精心培育出一批具有高产优质性能的新品系，永优8838、大平原8号分别与河南省永优种业和河南秋乐种业公司合作，参加了2016—2017年度河南省小麦新品种比较试验。另新做组合36个，引进种质资源30个，进入参试新品系6个，筛选出稳定优良新品系6个，这些组合与对照相比，具有高产、优质、多抗等突出优点，有望明年参试。花生育种方面：科研人员自主培育的花生新品系"轩辕花3号"，已连续两年通过了全省花生新品种区域试验；组织实施了麦套花生品比试验、新品系鉴定试验、夏播花生品比试验、不同种衣剂对地下害虫防治效果等试验，为科研创新提供了翔实可靠的试验数据。改善现有科研条件，多方筹措资金10万元，对试验田道路进行了修整硬化并完善相关灌溉配套设施，采用先进灌溉措施和技术，节约劳务投入，减少资源浪费。

【农业技术推广】 在立足本职，搞好农业科研的基础上，面向"三农"，服务大局，多种形式地开展了科技下乡服务活动。先后在梨河、观音寺、郭店、城关、和庄等乡镇举办小麦、玉米、花生、无公害蔬菜栽培等专项技术培训班6场，培训科技骨干3000人。同时聘请省市专家，在农业生产关键时节，深入田间指导农业生产，提升了科技服务水平。累计举办科技下乡20次，印发《小麦无公害栽培技术》《花生无公害栽培技术》《玉米无公害栽培技术》等资料2万多份，累计参训人员5万多人。

【长效机制】 对分包郭店镇常家庄村、辛店镇岳庄、具茨山山陈等村实行专人负责、单位依托，开展了围绕"六个重点领域"、化解矛盾、安全隐患工作进行拉网式排查、防止大气污染、下大力气重视整治环境、困难户帮扶、农业科技培训等活动。举办了3期由科技示范户参加的培训班，受训人员500人。对困难户实行一对一帮扶，精准扶贫，成效显著。为困难户发放慰问金3000元，无偿为他们供应优质高产小麦种子5000公斤，优质玉米良种1000公斤，花生良种5000公斤，化肥5吨，喷雾器100台。节日期间，及时慰问困难户和困难老党员，为他们送去爱心和关怀，受到了分包群众的一致好评。

（撰稿：贺明娟　审阅：肖仁义）

枣树科研

【概况】 新郑市红枣科学研究院位于新郑市北城区裴李岗西路，是市政府直属的集科研、推广、服务于一体的科研事业单位，是全国唯一县级在编的专业从事红枣科研的事业单位，是河南省唯一一家中国园艺学会干果分会会员单位。下设办公室、编制人事科、科研开发中心、推广中心、枣加工实验室和试验场。现有干部职工30人，其中院长1人、副院长1人、纪检组长1人、副科级协理员1人、高级工程师3人、中级技术职称9人。主要职能是：开展枣树科学技术研究、枣树栽培新技术研究与推广、枣树新品种引进选育与开发、枣树植保技术研究与推广、枣树专业技术培训、学术交流、为红枣产品精深加工产业提供技术支撑及新郑红枣品牌的保护与利用。

【科研攻关】 致力于把抓好科研项目攻关作为全院重点工作和中心工作，着力提高技术创新能力，服务于全市经济快速发展。与新疆大学、羌都枣业等10余家单位联合成立新疆红枣产业技术创新战略联盟，以"引领

游客采摘品尝鲜枣

产业发展，推动技术创新”为宗旨，提升红枣产业自主创新活力和创新水平。2016年，主要承担以下三个科研项目：一是承担新郑科技攻关项目——“新郑不同熟期鲜食枣新品种选育”。该项目选育的“新郑红8号”已通过国审，该品种口感酥脆、多汁、酸甜适口，非常适宜鲜食，该项目于2016年10月顺利结题。二是承担新郑科技攻关项目“灰枣品系优良品种‘新郑红3号’选育”。2015年、2016年对新郑红3号在枣科院示范园进行嫁接，并在新疆若羌进行区域性示范推广。该项目2016年9月初已通过河南省林木品种审定委员会专家现场鉴定，相关资料正在整理上报，2016年年底通过审定。三是承担新郑科技攻关项目——“红枣酒的研究与开发”。项目以红枣为原料，经过破碎、果汁调整、发酵、陈酿、杀菌等工艺制作而成的红枣酒。该项目是2016年新郑市科技计划攻关项目。

【协会管理】红枣管理协会作为连接与红枣种植户、红枣加工企业的纽带，也是枣树技术管理工作的重要技术支撑。本院充分发挥协会技术资源优势，积极开展对外交流，并狠抓协会日常管理，着力提升服务质量和水平。积极开展科技服务。2016年，红枣管理协会继续外派5名技术骨干服务于新疆若羌、且末、温宿、阿拉尔、库车、和田等红枣种植产区，重点是搞好枣树栽培植保技术管理、枣农专业理论培训等工作，为加强两地经济发展和新郑枣农增收致富发挥了重要作用。全年，共培训新疆枣农达1.2万人次，举办各类技术培训班（讲座）13场次，发放宣传页5000余份。充分发挥红枣管理协会职能作用，加大对红枣地理标志（即：新郑大枣、新郑小枣、新郑灰枣、新郑鸡心枣证明商标，“新郑红枣”原产地标记）的维护，加强与枣产品加工企业联系，签订新郑红枣证明商标使用合同，并严格按照国家有关食品监督管理标准对枣加工企业枣园、车间、经营场所等进行定期和不定期监督、检查和抽检，不定期为企业证明商标管理员提供培训。和河南晨港贸易有限公司签订使用合同。积极开展对外交流。2016年7月25日，韩国军威郡农业研究所考察交流团一行19人，来本院考察交流红枣栽培技术。

（撰稿：范永涛　审阅：白宏新）

教育

EDUCATION

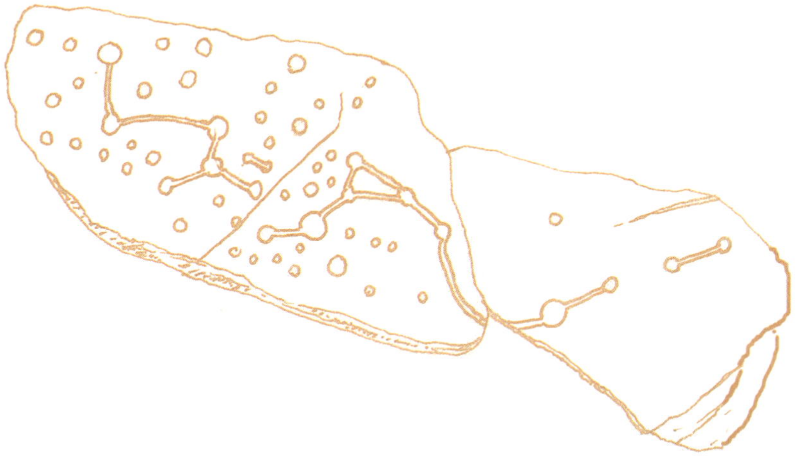

·教 育>>>

EDUCATION

基础教育

【概述】 新郑市教育体育局位于学院路新郑一中东侧，是主管全市教育体育工作的市政府组成部门。内设党建办、监察室、办公室、人事科、基础教育科、职业教育与成人教育科、体育卫生艺术教育科、安全科、基建科、行政审批科10个职能科室。局直属单位41个：基础教育教研室、成职教教研室、教育科学研究室、第一高级中学、第一高级中学分校、第二高级中学、第二高级中学分校、第三高级中学、实验中学、苑陵中学、市直中学、实验小学、新华路小学、黄水路小学、外国语小学、市直小学、郑韩路小学、第二实验小学、实验幼儿园、市直幼儿园、人民路幼儿园、弘远路幼儿园、特殊教育学校、教师进修学校、新郑市中等专业学校、郑州市新郑电子工业学校、学生资助中心、体育中心、教具厂、预防青少年违法犯罪教育培训中心、办事处及各乡镇中心学校。

2016年，全市共有各级各类学校280所，其中：中等职业学校6所；普通高（完）中7所；普通初（九年一贯制）中27所；小学100所；特殊教育1所；幼儿园139所。

在校学生18万人。其中：中等职业学校2.97万人；普通高（完）中1.5万人；普通初（九年一贯制）中2.4万人；小学7.7万人；幼儿园3.45万人；特殊教育学校135人。

教职工共有1.2万人，专任教师9174人。其中：中等职业学校1220人，专任教师773人；普通高（完）中1383人，专任教师1224人；普通初（九年一贯制）中1953人，专任教师1693人；小学3586人，专任教师3445人；幼儿园教职工3802人，专任教师2008人；特殊教育学校33人，专任教师31人。

2016年，新郑市的教育体育工作获省市荣誉近30项，高考成绩连续第25年位居郑州市县（市）第一名，本科一批上线969人，上线率24.76%，有4人被清华大学、北京大学录取。

【中小学与幼儿园建设】 2015—2016年“全面改薄”和“扩充城镇义务教育资源”任务完成情况。2015年“全面改薄”项目为和庄镇中学综合楼、薛店镇常刘小学综合楼、新华路小学南校区综合楼、薛店镇大吴庄小学、薛店镇三社区小学、市直小学、梨河镇七里堂小学教学楼、郭店镇郭店小学和城关乡周庄小学。进度：和庄镇中学综合楼、薛店镇常刘小学综合楼、薛店镇大吴庄小学、郭店镇郭店小学和城关乡周庄小学已竣工并投入使用；薛店镇三社区小学正在主体施工；梨河镇七里堂小学春节后开标。2016年“全面薄改”为重建龙湖镇古城小学、龙湖镇山后杜小学和迁建轩辕小学。龙湖镇古城小学已完成招投标，正在进行开工前各项准备，春季后迅速组织实施，确保早日投入使用；轩辕小学由新建路办事处组织实施；龙湖镇山后杜小学在办理立项手续。

第二期学前教育三年行动计划2016年任务完成情况。2016年建设计划：新建幼儿园10所，预计投资8700万元，分别为和庄镇第二幼儿园（12班规模）、郭店镇第三幼儿园（18班规模）、新村镇第二幼儿园（12班规模）、鸿福路幼儿园（18班规模）、郭店镇第四幼儿园（3班规模）、郭店镇第五幼儿园（12班规模）、城关乡第四幼儿园（6班规模）、龙湖镇第二幼儿园（18班规模）、龙湖镇第三幼儿园（18班规模）、龙湖镇第四幼儿园（18班规模），共新增134个教学班，增加学位4020个。进度：和庄镇第二幼儿园和中心城区新区鸿福路幼儿园主体已完成，新村镇第二幼儿园正在办理立项手续，其余项目均由社区开发单位配套建设，随社区建设进度同步实施。

2016年，新郑市“十件实事”任务完成情况。新郑市“为民十件实事”涉及教育的项目为新建4所、改扩建10所中小学和幼儿园。新建4所中小学和幼儿园分别为新郑二中、龙湖镇山后杜小学、龙湖镇古城小学、新村镇暖泉湖社区幼儿园。改扩建10所中小学和幼儿园分别为扩建新郑中专、新华路南校区、新村镇一初中和龙湖镇一初中，加固改造新华路小学和苑陵中学校舍，改造梨河镇中学、薛店镇一初中、郭店镇鄢陵府小学和新村镇二初中运动场。总计建筑面积12万平方米，预计总投资2.3亿元。提高公办幼儿园、小学和初中班主任生活补助标准至每人每月200元，高中段班主任每人每月300元。新建4所学校进度分别为：新郑二中迁建项目已将住建局定为业主；龙湖镇山后杜小学已调整为龙湖镇外国语小学，已交付使用；新村镇暖泉湖社区幼儿园调整为薛店镇大吴庄社区幼儿园，项目主体已完成，龙湖镇古城小学在基础施工。改扩建10所学校进度分别为：新华路小学和苑陵中学校舍加固已完工；新村一初中宿舍楼正在主体施工；龙湖镇一初中、新华路小学南校区、4所学校运动场（梨河镇中学、薛店镇一初中、郭店镇鄢陵府小学和新村镇二初中运动场）在进行招投标；新郑中专市领导批示要求暂缓实施。

【师资队伍】 持续补充师资力量。由人社局、教体局、监察局组成的招教小组，2016年度公开招聘教师147名，其中，3月到河南大学、河南师范大学公开招聘高中教师39名；8月在全市公开招聘初中、小学教师108名，为新郑市教育事业的健康发展注入了新的活力，缓解了教育人才资源紧张的状况。

加强师德师风建设。全市各学校紧紧围绕“修师德、正师风、强师能、铸师魂”主题，以打造“一支队伍”、促进“两个优化”、解决“三大问题”、实现“四个提升”为主要任务，在宣传动员、学习讨论、对照查摆、整改提高、总结深化等五个阶段扎实开展了一系列主题教育实践活动。

2016年7月8日，郑州市领导调研新郑市扩充城镇义务教育资源五年计划工作情况

提升教师队伍素质。采取“请进来、走出去”的方式，积极开展培训、讲座、竞赛、考察等活动，切实提高学校领导班子以及广大教师教学水平、业务素质。2016年，共组织教师6000多人次参加国培计划、省培计划、班班通等培训，组织校长100多人次参加校长培训活动，组织287人次参加新郑市2016年小学班主任培训，组织30人次参加新郑市2016年小学新任教师培训，组织830名教师参加中小学教师专业知识测试，先后邀请全国和省市知名教育专家做教育报告10余场次，受益教师1000多人次。

【普通高中教育】 持续推进新课程改革。各高中按照多元化特色发展的思路，在开齐开足必修课的基础上，大力推进选课制度，创造条件开设选修课，科学规划校本课程，通过富有特色的课程体系建设、教育教学活动开展等，为学生的能力提升和可持续发展提供基础，推动学校内涵发展，从而形成各自的办学特色。继续在课程管理、课堂教学改革、校本教研、通用技术和综合实践活动的开设、综合素质评价、校本课程开设等方面加强研究。改进教育教学管理。积极落实精细务实的管理理念，加强新课程教学和新课改高考备考研究，细化教育教学管理。研究备考复习方案，实现备考工作的精细化和个性化管理。规范办学行为，把推进新课改与备考相结合，不断丰富课程内涵，提升学生综合素质。积极推进课堂教学改革，继续实施“减负增效”，探索实践高效课堂教学模式。积极创建特色学校。为不断提升学校的办学水平，基础教育科积极引领各普通高中实施精细化管理，突出以人为本，贯彻民主管理、制度管理，大力创建和谐校园，积极创建特色学校，学校的管理水平持续提升，新郑一中的精细管理、新郑一中分校的激情教育等学校的办学特色日趋明显。规范办学减负增效。通过广泛开展学生社团活动，培养学生的兴趣爱好和个性特长，提高学生的综合素质，切实推进素质教育。2016年高考，全市应届生一本上线919人，连续25年位居郑州郊县（市）第一，有4位考生被清华北大录取。

【义务教育】认真组织2016年中招理化生实验操作考试工作。2016年，新郑市中招理化生实验操作考试共安排18个考点、286场、6635名考生参加考试（全市共有6047名考生），其中北大附中河南分校考点单独组织考试，共25个考场、588名考生。全市21所公办初中共参加考试5583人，其中优秀4755人，优秀率为85.17%。

初中段第13届校际交流活动。推进全市初中段课堂教学形态构建和德育课程的实施，2016年5月6日，新郑市第13届初中教育教学校际交流暨德育建设研讨活动在市直中学成功举行。

小学段第16届校际交流活动。2016年10月28日，由新郑市外国语小学承办的新郑市小学段第十六届校际交流活动成功举行。本届交流活动共有270余人参加，围绕市教体局提出的“遵循教育规律，促进内涵发展”的工作思路，紧扣“基于学校文化 构建适合学生成长的教学形态和学校课程”的交流主题，安排了四个环节：展览档案资料；课堂教学形态建构引领培训；优质课观摩；集中汇报交流。新郑市外国语小学围绕“让每个学生都阳光，让每个生命都精彩”的自主办学理念，创设“七彩阳光课程体系”，打造“ESA—高效 阳光 自主”的课堂形态，营造阳光环境，实施阳光管理，培养阳光教师，培育阳光学生，多层次、多纬度地向与会人员诠释了学校的办学理念、育人模式、课程体系建构成效以及教育实践成果，达到了区域内教育的均衡发展、相互交流、相互借鉴、相互学习、共同提升的预期效果。

2016年5月6日，新郑市义务教育阶段课堂教学形态观摩研讨会

“控辍保学”工作。进一步完善落实“控辍保学”措施。第一，大力宣传，形成全社会共同关心控辍保学的良好氛围，紧紧抓住开学初学生辍学的关键期，特别是利用春节长假集中精力做好控辍保学的宣传动员和责任落实工作。第二，实行校长、教师分包责任制，层层签订《义务教育责任书》，把控辍保学的任务落实到人。第三，完善学籍管理制度，及时掌握学生的流动去向，早发现、早杜绝。第四，明确对象，对症下药，加大对贫困生的资助力度，千方百计把贫困学生留在学校。第五，加大控辍保学工作的考评力度，把制止中学生辍学作为考核任免学校、中心校领导的重要指标。

高度重视特殊群体。高度关注进城务工人员随迁子女就学和“留守、流动儿童”管理问题。将进城务工人员随迁子女接受义务教育工作纳入“普九”范畴和重要工作内容，努力满足进城务工人员随迁子女接受义务教育的需求。城区中小学在严格控制班额、确保教学质量的前提下，充分挖掘潜力，尽可能多地接收进城务工就业农民工子女就学，并保证享受平等教育权利，保证进城务工人员随迁子女在新郑义务教育阶段普享“同城待遇、同班就读、同步发展”的入学政策。2016年，全市初中七年级共计招生9013人（公办初中8649人，民办初中364人），小学一年级共计招生14489人（公办小学13689人，民办小学800人）。全市26948名（初中6308人、小学20640人）务工人员子女全部在父母工作地公办学校免费入学，保障了教育公平。要求各学校加强对长期远离父母，得不到父母关爱的“留守学生”的管理。除了搞好宣传，促使家庭、社会履行好责任外，学校要承担更多的责任：一是学校要建立“家校联系卡”制度和此类学生的专一档案，为每个“留守学生”建立联系卡和专门档案，保障与其父母及监护人联系的经常性，将他们每天、每周的活动都纳入教师的视线；二是将这部分学生分包到教师、学生，开展“一对一”结对帮扶工作，定期谈心，加强包括学习、生活、行为等各方面的辅导；三是关心生活，真心关爱他们，教师经常过问其衣食住行方面的情况，及时为其排忧解难；四是设立了31个“留守儿童之家”，2016年，全市168名留守儿童全部在校幸福地学习生活。

初中段学科之星培养和评选活

动。学科之星培养是初高中学生在全面发展基础上促进特长培育发展的重要机制。各初中把学科之星的培养和评选活动作为初中学校提高教学质量的有力抓手，制定方案，强力推进。各个学科针对不同星级的学生，分别开展有针对性的教育和训练，使学生的优势学科更优，不足的短板学科得以有效提升，从而促进学生各学科的进步与提高。

扎实开展学校创新改革。各学校着力做好四方面的工作：一是探索开展创客教育。培养以发现问题能力、解决问题能力、设计能力、制造能力为支撑的创造素养、技术素养为目标，以与各学科课程的融合为基本思路，突出“做中学”的特点，把“基于创造的学习”作为学生主要学习方式之一，通过组建指导教师队伍、构建创客课程、创建创客空间，推进学校创客教育。二是探索开展基础教育国际化实践。把拓展性国际视野作为基础教育国际化发展目标，通过开展国际理解教育，开发对外交流课程，引进国外优秀课程，推广模拟联合国项目，促进中外优质教育资源深度融合。鼓励西亚斯学院附属小学做好国际化试点学校，实施国际化的教育质量评价，聘用外籍教师，接受外籍人员子女入学，加强国际化信息平台建设等，探索学校层面的教育国际化。三是加快推进信息技术与教育教学融合创新发展。加快推进“网络学习空间人人通”，普及信息化教学常态应用；探索推进线上线下结合的课程共享与应用，推动教育信息管理系统的整合与应用。四是积极实施学生自主管理。各学校大胆尝试，将学校的日常管理、功能室管理等交给学生，建立全校和分年级的学生自主管理的团队，在辅导教师的带领下，对学生的路队、秩序、卫生等进行督查，管理和使用小学六室、初中九室（化学实验室和危险化学品除外），整理和保持功能室的卫生，分年级、分时间开放功能室，依托学生管理员让功能室全面开放、充分使用，让有兴趣和爱好的学生利用功能室拓展兴趣和爱好，同时将功能室作为创客空间，为创客教育的开展提供空间和技术支持。

继续加强“1+X”优质教育发展共同体模式探索。各共同体按照《新郑市教育体育局关于进一步加强义务教育阶段“1+X”优质教育发展共同体建设的指导意见》（新教体〔2015〕32号）文件要求，从“学校发展规划方案的制定”“美丽校园建设规划”和“校本课程规划与实施”三个方面，进行思考、梳理、交流、研讨，通过建立联席会议、构建各类研习群体、建立内部考核评价与表彰制度、履行督促检查职责等机制，在每个学年内，达到结对一个、带动一个、提升一个的目标。

扎实推进各学段衔接教育。全市各中小学校、幼儿园根据《新郑市教育体育局关于做好各学段衔接教育工作的通知》（新教体明电〔2016〕68号）要求，每学期初制定衔接教育方案，春季学期要对幼儿园大班、小学六年级和初中九年级开展衔接教育，秋季学期要对幼儿园小班、小学一年级、初中七年级和高中一年级开展衔接教育。各中小学、幼儿园把衔接教育纳入学校课程建设体系和考核内容，承担有试点任务的中小学校探索研究制订操作性较强的衔接教育内容和评价标准。

【学前教育】 组织民办幼儿园年审。按照2016年幼儿园年审工作的整体安排，教体局3月10日召开了2016年全市幼儿园年审工作会议，4月20日至5月10日，教体局成立了由基础教育科幼教负责人、体卫艺科和安全科抽调的相关人员组成的年审验收组，对全市106所申报幼儿园进行了实地查验。通过年审工作的开展，民办幼儿园的各项管理工作得到了逐步规范。

组织学前教育宣传月活动。为进一步做好幼小衔接工作，引导和帮助家长树立正确的儿童观和教育观，2016年5月20日至6月20日开展了以“幼小协同 科学衔接”为主题的学前教育宣传月活动。宣传月期间，各中心学校集中开展了一次针对辖区内所有幼儿园“小学化”倾向的监督检查及专项整治活动，帮助家长们树立了科学的育儿观念，营造了良好的社会氛围。

规范办园及安全月督查活动。继续坚持幼儿园规范办园及安全管理月督查机制及台账核销制度、中心校成员分包幼儿园制度、幼儿园安全工作日巡查制度和园长日巡查制度等。优化幼儿园常规管理，强化《新郑市幼儿园一日活动常规》落实，进一步促进了民办幼儿园的办园规范，提高了保教水平和质量。

提高教师专业素养。开展保育员技能比武活动。4月15日上午，新郑市幼儿园保育员技能比武大赛在人民路幼儿园成功举行。挑选了16名优秀选手参加了5月7日举办的郑州市幼儿园保育员技能比武大赛，并取得郑州市一等奖2名、二等奖11名、三等奖3名的好成绩。组织全市幼儿教师案例分析和自制区角（区域）玩教具两项比赛。为落实幼儿园“以游戏为基本活动”的要求，提高幼儿教师科学保教水平，6月14日上午，在人民路幼儿园开展全市幼儿教师案例分析和自制区角（区域）玩教具两项比赛。开展教师绘本阅读培训。为提高幼儿专任教师的专业素养，更新教育理念，提高教师绘本阅读教学水平和能力，全市于5月6日、5月7日邀请全国优秀教师、著名幼儿语言教育专家应彩云老师、上海市本溪路幼儿园林琳老师、洛阳师范学院学前教育学院杜燕红教授在新郑一中艺术中心为全市1000余名幼儿骨干教师和100余名小学一年级教师进行绘本阅读专题培训。开展保育员资格培训。10月份，全市投入12.8

万元，为全市在职的392名无幼儿保育员国家职业资格等级证书的保育员进行保育员资格免费培训。

幼儿园园际交流活动。为充分发挥优秀示范园的辐射带动作用，搭建园际间的学习交流，实现优势互补、资源共享，有效推进绘本阅读教学，于5月24日在梨河镇第一幼儿园举行了幼儿园园际交流。全市公办和民办幼儿园园长、业务园长、保教主任、部分专任教师共350人参加了交流活动。

公办园帮扶民办园活动。充分发挥公办园的榜样引领、示范带动作用，推动全市城乡学前教育均衡发展，选取了22所公办幼儿园和22所民办幼儿园开展了公办与民办结对帮扶活动，帮助被帮扶园进一步理清了办园思路，完善了各种档案制度，逐步提升了办园水平和质量。

编制学前教育第三个三年行动计划。编制并下发了《新郑市教育体育局、新郑市发展和改革委员会、新郑市财政局关于印发新郑市第三期学前教育三年行动计划（2017—2019年）的通知》（新教体〔2016〕29号），坚持“政府主导、社会参与、规范优质”的原则，按照社区建设与幼儿园建设同步匹配、公办幼儿园引领示范的思路，多种形式优化学前教育资源，多种渠道加大学前教育投入，多种途径加强幼儿园教师队伍建设，全市逐步形成以公办幼儿园为主体，公、民办幼儿园共同发展的格局。

【特殊教育】 积极实施《新郑市特殊教育提升计划（2014—2016年）》，坚持以学生为本，遵循特殊教育规律，稳步推进全纳教育，积极实践素质教育和特殊学校新课程理念，探索“医教结合”办学模式，关注特殊学生“教育、康复、保健”的全面发展加强个别化康复训练，不断提升特殊学校的办学水平，使每一个残疾孩子都能接受合适的教育。建立以特殊教育学校为骨干、以普通学校随班就读、以送教上门等为补充的特殊教育发展格局。采用轻度残疾儿童入正常学校随班就读，中度残疾儿童在特殊教育学校就读，中、重度残疾儿童“送教上门”的教育学习形式，加强个别化康复训练。全市特殊教育现有在籍学生124名，其中在校生83人、送教上门41名。积极开展特殊教育学校标准化建设。2016年，全市加大投入，积极落实特殊教育提升计划，开展特殊教育学校标准化建设和专业教室建设。2016年，全市投入96万元，硬化校园2000多平方米，绘制文化墙900多平方米，建设塑胶活动场地和学生家政专业功能教室。

【职业教育】 坚持“以立德树人为根本，以服务发展为宗旨，以促进就业为导向”的办学方向，以实训基地建设为重点，以“双师型”教师队伍素质提升为保障，以技能竞赛和素质能力大赛为抓手，以提升质量为核心，深化产教融合、校企合作，进一步巩固与企业、行业、社区合作办学成果，提高非学历技能培训比例，促进学校内涵发展，进一步增强服务能力和水平。

各职业学校围绕中原经济区、郑州都市区和航空港综合试验区建设，与当地规模以上企业大力开展深层次的校企合作，积极开展工学结合和顶岗实习，为学生实习和高质量就业提供良好的平台。新郑中专艺术幼教部与市内40多家幼儿园在专业共建、课程教学、实习就业等方面形成了良好的互动局面。数控、电子商务、现代农业等专业与郑州优尼冲压、奇瑞汽车、郑州海尔、百度联盟等企业扎实开展“订单培养”，积极开展学科共建，开发完成4门精品课程。郑州电子工业学校与富士康、“好想你”、河南龙翔电器等企业探索专业共建、资源共享、课程共担、人才共育的一体化办学模式，积极与河南运达造纸设备有限公司合作，探索“送教入企”办学模式。郑州城轨中专陆续邀请郑州地铁、广州地铁、兰旗航空等20多家用人单位到校举行专场招聘会，让毕业生详细了解招聘单位的情况，提高了毕业生的就业成功率，受到学生和家长的一致好评。5月14日，成立新郑现代农艺职教集团，标志着新郑职业教育由规模发展向提高质量、增强办学实力的转变。

新郑中专利用中等职业教育基础能力建设项目资金650万元，购置了汽车、影视动漫、数控等专业的教学实习设备。利用中央财政专项资金和省、市级配套资金共2000余万元用于校园文化建设、信息化建设、特色项目学校建设，学校的面貌和内涵建设得到了进一步提升。郑州电子工业学校投入35万元，新建了一个多媒体网络机房，进一步改善教学条件。长城中专安排60多万元资金，利用暑期新建一个1300平方米的实训中心、购置汽修设备，为学生提供更好的实习环境。郑州城轨中专结合河南省“特色项目学校”建设，进一步加大投入，新建了宿舍楼、城轨专业实训基地等重点项目，办学条件得到明显改善。7月，郑州城轨中专顺利通过河南省职业院校第二批“特色项目学校”终期验收。9月，新郑市中等专业学校顺利通过河南省职业院校第三批“特色项目学校”中期检查。11月，新郑市成功入围第三批国家级农村职业教育和成人教育示范县。

各学校积极组织上级活动，教育教学成果硕果累累。参加对口升学考试105人，其中本科上线12人、专科上线93人。在省市的优质课评比活动中，1人获得省级优质课一等奖，2人获得省级二等奖，6人获得省级三等奖。在省、市“创新杯”教师信息化教学说课比赛中获奖7人。郑州市级优质课评选，8人获得一等奖，7人获得二等奖，5人获得三等奖。在教学成果评选活动中，共收到教师教研论文112篇，其中一等奖54篇，二等奖46篇，15名教师荣获优秀辅导奖。围绕职业教育课题调研活动，全市课题共立项12项，共4名教师批准郑州市级立项。郑州市优秀教学论文一等奖6名、二等奖5名、三等奖4名。省级优秀教学论文一等奖1名、二等奖3名、三等奖2名。省级优秀教学课件一等奖1名、三等奖2名，省级教学成果11名教师获奖。在郑州市第22届中等职业教育技能大赛中，获团体一等奖1项、二等奖8项、三等奖23项，获单项奖69人次。在第十二届全国中职学校“文明风采”竞赛决赛中，2名学生获奖。在河南省第10届中等职业学校“文明风采”竞赛中，8名学生获奖。少林武术中专在国内大型武术比赛中获奖60余项次。在郑州市第12届中等职业学校教师基本功竞赛中21名教师获奖。

2016学年，全市参加郑州市职业、成人教研室组织的培训共有110人次，9名教师参加了省骨干教师培训。

【成人教育】 坚持“服务经济社会发展、服务居民生产生活”的宗旨，坚持“开放办学、资源共享”的理念，进一步整合和开发利用社会教育资源，不断提高服务质量，重点突出内涵建设，推动全民终身学习，确保全省领先地位。注重教师培训，提升服务能力，结合乡土文化，开发精品课程，推进项目实验，促进科学发展，培育学习品牌，服务社区建设，培育学习共同体，激发学习自觉性，建设数字化平台，构建学习型城市。全市11所乡镇成人学校和社区学院面向城乡居民共开展培训活动327期（天次），参训居民28184人次，其中城关乡与市科协、和庄镇与人民医院探索的行业间联合培训模式被广泛推广。面向初中毕业生开展职业教育技能培训1100课时（节），培训青少年63420人次。在市社区学院举办了“2016年新郑市全民终身活动周”开幕式，推动全民阅读、全民学习。组织了5期成人学校教师集中培训活动，安排骨干教师参加教育部组织的第四期全国涉农职业院校干部培训班、联合国教科文组织CLC项目研讨会、中国成人教育协会社区教育年会及省、市成人教育专题会14批67人次，拓宽了视野，提升了队伍素质，办学质量和教科研水平明显提升。省成人教育教研室、鹤壁市教育局、汝州市教体局、新密市教体局、上街区教体局等成人教育考察团先后到新郑市参观交流。2月，教育部职成司批准观音寺镇为“全国社区教育示范性乡镇”。经中国成人教育协会审核批准，城关乡成人学校再次入选联合国教科文组织CLC项目实验学校，城关乡和薛店镇获得全国农村优秀学习型乡镇，龙湖镇西太山村、新烟办和庄社区、孟庄镇潮河社区、新村镇通达汽贸获得了全国农村优秀学习型社区（村居），新村镇通达汽贸获得了全国优秀学习型乡镇企业。2月，省教育厅批准和庄镇成人学校为2015年度省级示范性乡镇成人学校。7月，郑州市教育局批准在新郑市社区学院设立“郑州市社区教育陈红彦现代农业技能工作室”、在城关乡成人学校设立“郑州市社区教育实验基地”，期限为三年。9月26—28日，河南省级示范性乡镇成人学校校长培训暨全省成人教育工作会在新郑举行。10月，郑州市教育局授予辛店镇王庄村“示范性成人学校”称号。成人教育教学教研工作全年获得表彰奖励105人（项次），其中省级单项奖18人（项次）、郑州市级单项奖54人（项次）、新郑市单项奖33人（项次）。11月，在河南省全民终身学习活动周开幕式上，《全民悦读 品味新郑》获得省级最受百姓欢迎的终身教育活动品牌项目。12月，薛店镇成人学校积极创建2016年度省级示范性乡镇成人学校。2016年，新郑市全民终身学习活动周期间，评选出了城关乡“发展老年教育，促进社会和谐”等11个品牌为“最受百姓欢迎的社区教育品牌项目”、孟庄镇潮河新城等20个基地（点）为“最受百姓喜爱的社区教育基地（点）”、蔡雨彤等50个“学习型家庭”和曹书琴等90名“百姓学习之星”（含最有学习力的企业家或行业骨干、最爱学习的家长、最有学习力的教师、活到老学到老的老年人）。成人教育优质课评选活动中5人获得郑州市级一等奖。

【民办教育】 认真贯彻落实《中华人民共和国民办教育促进法》及相关法律法规，坚持“依法管理，搞好服务，强化督导，促进发展”工作思路，强化对民办教育机构的常规督察，及时排查消除各类隐患，促进民办教育健康发展。全年批准设立新郑华信教育培训中心、新郑红舞鞋艺术培训中心、新郑七彩美术培训中心、新郑爱乐艺术培训中心、凹凸个性教育新郑培训中心、新郑清大教育培训中心、新郑正尚教育培训中心、新郑乐舞星途德艺培训中心、新郑瑞鹏教育培训中心等9所民办教育机构，全市民办教育机构达到了63所。4月，郑州城轨交通中等专业学校、郑州长城科技中等专业学校、新郑市华信剑桥小学、新郑市富基明亮外语学校等4校被郑州市教育局评选为“郑州市民办学校校园文化建设先进单位”。8月，郑州城轨交通中等专业学校和新郑市华信剑桥小学被郑州市教育局评为“郑州市民办教育十佳单位”。10月，新郑市教育体育局被河南省教育厅评为“河南省民办教育服务与管理先进单位”。

【艺术教育】 2016年，各学校在普及艺术教育的基础上，深化学校艺术教育改革，大面积提高了课外艺术教育活动的水平。各学校通过各种各样的艺术活动，不断激发学生的艺术兴趣，培养学生的艺术特长。同时积极

2016年9月25日，乡镇成人学校校长培训班开班仪式

开展课外艺术教育活动，充分利用学生的课余时间和校外教育阵地，根据学校实情组建了舞蹈队、合唱队、版画制作室等各种特色艺术团队。

为促进音乐教师专业成长，增强学科底蕴，提高教学技能水平，教体局于2016年5月19日组织了新郑市中小学音乐教师基本功比赛。共评出局直组一等奖6名、二等奖7名，乡镇组一等奖6名、二等奖6名。为促进全市中小学体育与美育的发展，提升体育与美育工作者的教师的素养，提高教师对学校体育工作的认识和教学管理水平，2016年6月29日—7月8日参加由郑州市教育局组织的中小学体育教师和美育教师工作者到浙江师范大学进行专业技能培训；2016年10月参加四川音乐学院音乐老师技能培训。为推进学校美育改革的发展，促进学生全面发展，加强和改进学校美育工程建设，各个学校制定出美育工作的实施方案，并申报了郑州市美育示范市和美育示范学校2两所（新华路小学和郭店镇第一中学），最终新华路小学被评为美育示范学校，郭店镇第一中学被评为美育实验学校。

为推动少儿版画教育，传承中华文明艺术瑰宝，9月28日，2016“全国少儿版画双年展”优秀作品全国巡展新郑站暨新郑市少儿版画新作展在新郑市新华路小学拉开帷幕。江苏省美术家协会少儿美术艺委员会副主任牛桂生，河南省美术家协会版画艺术委员会常务副主任张松正，新郑市副市长缑云峰，新郑市教体局局长唐宏伟、副局长冯煜、副局长王俊丽等领导出席了此活动。参加活动的还有全市中小学校、幼儿园美术教师及学生版画爱好者300余人。本次活动由中国美术家协会少儿美术艺委会、新郑市人民政府、东海县人民政府共同主办，展览为期十天。本次展览汇聚了第四届“东海·全国少儿版画双年展”优秀作品及新郑市教师、学生优秀版画作品200余件，作品形式多样，题材丰富，技法全面。

7月，组织教师110人，参加新郑市委宣传部举行的“突破封锁线，怒吼吧黄河”合唱比赛，取得了新郑市第一名的成绩。10月，组织教师110人，参加郑州市宣传部举行的“突破封锁线，怒吼吧黄河”合唱比赛，取得了郑州市第一名的好成绩。9月，组织全市师生350多人，成功举办“红色情，烛光颂”教师节大型文艺演出。9月，参加郑州市“出彩郑州阳光校园”美育活动比赛。2月，参加了新郑市春节团拜会。4月，组织参与新郑市三月三拜祖大典、“9·9重阳节”拜祖活动等。

【教育科研】修订完善了新郑市教科研工作考评细则和考评办法，使全市的教育科研工作更加科学有序。全体科室人员实行岗位责任制，按幼儿园、小学、中学、高中（普通高中和职业高中）、民办学校等进行了分工，岗位职责分明，确保了教科研工作管理科学，规范高效。

各级各类课题、重点课题和专项课题研究的引领和指导工作。各单位每月上报一次课题研究小结，教科室每月深入到各级各类学校进行一次课题研究的调研、督促、指导，及时发现问题，解决问题。

课题研究实验优质课评选工作。本着为学校、为师生服务的原则，在各单位选拔推荐的基础上，教科室组织相关人员于2016年4月至5月走进学校，通过观课、评课、资料查阅、评估指导，共评出课题研究实验优质课一等奖45项、二等奖63项。

各级各类课题研究过程管理。把好课题立项关与课题研究过程关。定期开展课题研究的督促、指导。实行重点课题研究协调员制度，每人负责协调2—3项郑州市重点课题，每月调研一次。把好课题评审关。严格标准，按照程序做到科学、严谨、公正、公平。积极宣传推广优秀教科研成果。2016年向《郑州教育科研》推荐的优秀成果有15项。

科研成果。2016年度，组织管理新郑市级重点课题33项、一般课题975项、专项课题128项，郑州市级重点课题20项、一般课题122项，郑州市专项课题3项，河南省级课题8项。共有605项获新郑市科研成果奖，128项获郑州市科研成果奖，8项获河南省科研成果奖。

2016年度，新郑市教科室被郑州市教育局评为“郑州市教育科研先进单位”。

【课堂教学改革】 深入推进课前教学研究活动，从基于课标教学，课程纲要编写，教学设计（导学案或教案），作业设计、教学资源的挖掘与整合、教育目标的教学评价6个方面，深入开展课前教学研究活动。高度重视学科教研中心组作为优秀教学研究共同体的作用，充分发挥其辐射和带动作用。创新教研新模式，进一步完善教研新机制，借助课前研究平台，订单教研，网络教研等形式建构符合本校特色的课堂教学形态。

深化课堂教学改革，新课程理念下，各校依据本校的教学理念和育人目标，积极建构丰富多彩的课堂教学形态。教研室积极推进该项工作的深入开展，举行学校件汇报交流，优秀学校教学形态观摩及展示交流活动，极大地促进了各校教学形态的提升和完善。现有一批学校的教学形态日益成熟，如第二实验小学的“伙伴课堂”，市直小学的“悦享课堂”、实验小学的“和乐课堂”、市直中学的“真本课堂”、郭店一中的“乐动课堂”、新村一中的“问题导学”课堂、观音寺一中的“行知课堂”、三中的“自主合作课堂”。这些课堂教学形态已初见成效，彰显学校特色，推动全市课堂文化的发展。第二实验小学的“伙伴课堂”被评为郑州市道德课堂有效形态。

全面推进课堂观察活动。进一步规范和强化课堂观察实施的方法、路径。各单位结合本校教师和教学实际情况选好观察纬度，定好观察点，完善自己的观察量表，让老师们通过课堂观察活动学会听课，学会评课，促使老师上课能力提升。正是我们创新教研模式，深入课堂教学改革，完善评价机制，使新郑市教育教学质量逐年攀升，2017年一本上线人数首破千人，连续26年位居郑州市第一名。

【教育督导】 2015年，教育工作的目标考核工作。2016年1月，新郑市人民政府教育督导室采取听取单位年度目标完成情况汇报、查看相关资料、实地察看、与教职工座谈和学生问卷调查等形式，完成责任目标考核工作。

新郑市幼儿园上等级申报、过程督导和验收工作。2016年1月13—14日，新郑市所有上等级幼儿园全部参加了教职工和家长网上问卷调查工作。2016年4月6—28日，督导室组织人员对申报上等级的19所幼儿园进行过程督导，评估组通过看、听、评等形式，对各幼儿园在等级评估中取得的成绩及存在的主要问题，进行了反馈，并提出了明确的整改要求。2016年6月，新郑市华信小剑桥幼儿园申报的郑州市示范幼儿园迎接了郑州市等级园评估工作。2016年10月，新郑市梨河镇第二幼儿园和龙湖镇启蒙幼儿园迎接了郑州市对新郑市上等级幼儿园的抽验评估，两项幼儿园评估工作均得到了评估组的充分肯定和高度评价。

新郑市特色学校建设评估验收工作。2016年5月，新郑市人民政府教育督导室对申报新郑市特色学校的22所学校进行了评估验收，最终郑韩路小学、和庄镇老庄刘小学、梨河镇七里堂小学荣获新郑市特色学校荣誉称号。

局直学校三年发展规划和章程建设的评估验收工作。2016年，督导室组织专家评委对新郑市局属各学校三年发展规划和章程建设进行评估，以积极推进教学改革、提高教学质量为中心，本着“查找问题，推动工作”的原则，对各学校发展规划进行了逐项评审，对部分学校存在的问题，要求限时整改，从而增强了学校教育科学管理意识，促进了各项工作的规范化，提高了办学效益。2016年12月，郑州市督导评估组对新郑一中和实验中学三年级发展规划和章程建设工作进行评估，对新郑市督导评估工作给予了充分肯定。

【德育工作】 主题教育活动。3月，按照新郑市文明办要求，进行了郑州市美德少年和认星争优活动优秀学校评选工作，6名学生获得郑州市美德少年，3所学校被评为认星争优学校。4月，与新郑文明办、妇联、团市委等联合下发了《关于在全市未成年人中组织开展“弘扬核心价值观、践行文明行为规范”活动的通知》，各学校积极行动，采取不同形式在全市未成年人中组织开展了“弘扬核心价值观、践行文明行为规范”主题实践活动。5月，以迎接“六一”儿童节为契机，教体局和新郑市妇联联合下发了《关于庆祝2016年“六一”国际儿童节的通知》《关于评选表彰新郑市“十佳儿童”“优秀儿童”的通知》和《关于评选表彰新郑市儿童工作先进集体和先进个人的通知》。各单位通过组织开展座谈演讲、读书征文、主题队日、向国旗敬礼、童心向党歌咏活动等，面向儿童深入开展党的历史、党的知识学习教育，增强爱党、爱国、爱社会主义的情感，用党的光辉历程和奋斗精神激励了广大儿童，对表现突出的儿童少年及优秀儿童教育工作者进行了表彰。6月，组织开展了2016年暑假读一本好书活动，9月，以中国共产党建党95周年和红军长征胜利80周年为契机，组织开展了开学第一课主题教育活动，各学校围绕“先辈的旗帜”这一主题，开展了丰富多彩的主题实践活动，活动的开展，激发了学生的爱国热情和学习热情，取得了较好的效果。11月，为进一步加强青少年法制教育，组织开展了“法制在我心中”主题征文活动，全市共58名学生受到了表彰。

班主任队伍建设。积极选拔推荐优秀班主任参加郑州市十佳班主任评选活动。在评选活动中，全市有两名教师在综合考核中，位居郑州市第5名和第7名，荣获了“郑州市十佳班主任”荣誉称号。有两名教师获“郑州市十佳班主任”提名奖（郑州市共计26人），新华网河南频道、网易新闻、郑州日报等多家媒体相继对此进行了报道，充分肯定了新郑市在班主任队伍建设方面的突出成效。进一完善班主任成长考核机制，下发了《新郑市教育体育局关于对新郑市名班主任进行复核的通知》，激发了广大班主任的干事创业热情。2016年5月份，开展了2016年度名班主任评选工作，共评选出名班主任40名。2016年10月至11月，在全市中小学校组织开展了第五届班主任风采大赛活动。在各单位选拔推荐的基础上，全市共有74人参加了市级决赛，经过激烈角逐，全市共产生一等奖16人、二等奖26人、三等奖32人。活动的开展彰显了新郑市班主任队伍的素质，提升了全市班主任的专业素养。

校园环境文化建设。3—4月，全市普通中小学校开展了为期1个月的“学校文化建设和常规管理规范月”活动。全市各乡镇、办事处中心学校和局直中小学高度重视，成立了学校领导小组，制定了实施方案，召开了专题会议，统筹规划，科学论证，做到了任务到校、责任到人，将校园文化建设资金纳入学校预算，投入了大量的人力物力，并建立了工作台账，校园环境呈现出新面貌，德育课程建设取得了新进展，书香校园建设取得了新成效，常规管理取得了新突破，学校文化品位得到了新提升。教体局组织人员分5组于4月对各乡镇、办事处中小学从常规管理、德育课程建设、书香校园、学生自主管理等方面进行了检查通报。

优秀先进的评选推荐。按照郑州市教育局的要求进行了先进集体、先进个人、优秀班主任、优秀班级和优秀学习小组评选、上报工作，新郑一中等15个单位被命名为郑州市德育创新先进集体，30名教师被评为郑州市德育创新先进个人，17名班主任被评为郑州市优秀班主任，40个班级被评为郑州市文明班集体。4月，全市各学校进行了郑州市级“三好”“优干”的评选工作，共评出郑州市“三好学生”“优秀干部”587名。

校长演讲比赛。2016年4月7—8日，在新华路小学多功能厅举行了新郑市第五届“我的理念和我的专业发展”普通中小学校长演讲比赛举行。在活动过程中，各学校校长结合学校实际，紧扣演讲主题，阐述了自己的办学理念在学校日常管理和教育教学行为中的渗透和落实情况，交流了在学校管理工作中的思考与困惑，分享了自己在专业成长方面成功的经验和做法。

辅导员风采展示。为充分展示全市少先队辅导员奋发向上的职业风采，9月19日至20日，新郑市辅导员风采大赛在新华路小学多功能厅成功举行，共选拔推荐了4名选手参加了郑州市级决赛并取得了优异成绩。

【心理健康教育与普法教育】 推进法治和心理健康教育课程教学。认真贯彻落实上级主管部门关于学校法制和心理健康教育工作教材、课时、师资、经费“四落实”的要求，以学校现有师资为基础，以省定统一教材为依托，积极推进学校法制和心理健康教育课程教学，在全市各学校基本实现以班级为单位平均每月一节法制和心理健康教育课的要求，全年共计开展20000余课时。

丰富教育活动载体。利用中心服务网站、QQ、微信等新媒体信息技术，积极开展常规研讨活动，新郑教育信息网服务中心网页、服务中心网站上传工作信息、知识普及信息、图片、视频等年均达2000余条（项），中心法制和心理健康教育辅导员通过QQ建立的工作群发展热心群友共达300余人，基本实现了全市每校一人加入工作群的目标。在全市开展校园普法系列短剧展播和校园心理剧展评，进一步丰富了教育活动媒介。中心网站信息年均点击下载量一万余人次。

师资队伍专业发展。一方面加强与市公检法司等政法部门的工作联系，通过“一校一法官”“法治微电影进校园”“聘任检察干警担任法治副校长”等形式，建立教育部门与政法部门的校园普法合作平台，有150余名法官、检察干警和公安民警走进校园，以法制报告、讲座、竞赛等形式，开展校园法治教育和普法宣传活动，每年举办专项法治报告、讲座120余场（次）。积极引导各学校利用自身条件同当地政法部门建立稳固的、长期的合作关系。利用每周三晚上在服务中心举办的心理沙龙，吸引有专业资质和教育热情的社会人员参与学校心理辅导工作研讨。有针对性地开展“公民素养提升暨送法进校园”和升华心灵空间活动，探索校园法治教育和心理健康教育工作“私人定制”模式。通过电话、QQ、面询等方式，接待个体来访咨询共计3000余人次，有效消除影响师生身心健康和校园和谐稳定的各种隐患。

服务工作。积极抓住3.5志愿者服务日、3.15消费者权益保护日、4.15国家安全日、5.25心理健康日、6.26国际禁毒日、9.10教师节、12.4国家宪法日等专题节日之际，利用中心网站开展专题宣传活动。向全市中小学生及家长发放放纸质公开信1000余份，中心网站下载点击共约2000余次，实现普法宣传工作的家、校结合。邀请“五老”等老同志、组织广大干部教师和其他社会志愿者深入学校，举办专题报告、辅导孩子学业、带领孩子们游戏及开展亲情交流等，受益孩子达3000人以上。

校园法制和心理健康文化建设。2016年评选出新烟中学、新郑二中、外国语小学、郭店镇初级中学等22所依法治校示范校，新郑一中、黄水路小学顺利通过郑州市心理健康教育示范校验收。新烟中学代表全市中小学校迎接了市人大“六五”普法工作成果调研，得到各界代表的高度评价。

依托教育基地，积极拓展社会

服务。利用在市直中学建立的预防青少年违法犯罪教育培训基地和在新郑市学院路建设的新郑市青少年及大学生服务中心，对青少年开展综合性警示教育，接待青少年团体和个体教育培训共计10000余人次，接待个体参观、咨询800余人次，产生了良好的社会效益。

学校少年宫活动。加强“建宫”行动，争取多方支持，增强运转实力。2016年先后有多所学校少年宫获得各种奖补扶持。新村镇新村小学、新村二初中、城关乡初级中学、观音寺镇南场小学等单位分别获得中央、河南省、郑州市等各级彩票公益金专项扶持，每校获得设备扶持资金15—17万元及每年运转经费5万元。和庄镇政和路小学、郭店镇初级中学、辛店镇赵家寨小学、观音寺镇初级中学等乡村学校少年宫专项设备顺利到位并投入正常使用。城关乡东郭寺小学、薛店镇一初中分别获得郑州市文明办每校10000元的专项奖励资金。加强师资队伍建设，狠抓常规活动落实。各学校一方面利用在编教师进行专业或邻近学科培训，另一方面聘请当地热爱教育工作、具有一定教育思想和教育技能的知名民间艺人和“五老人员”参与学校少年宫的教育辅导工作，全市少年宫共聘任民间艺人等约400余人。少年宫特色发展方向基本确定。基本实现了一宫一特色的目标，如新华路小学的版画、龙湖镇实验小学的美工、辛店镇辛店小学的书法、和庄镇政和路小学的经典阅读、郭店镇一初中的乒乓球、梨河镇七里堂小学的器乐等。四是积极服务留守儿童。在少年宫设立了心灵驿站（心理咨询工作室）、亲情之家（安装网络电脑和程控电话），随时疏导解决孩子们心理问题，通过网络及电话，使孩子们能够定期与家长联系沟通，及时弥补缺失的亲情。

【安全工作】明确安全责任，严格落实责任。教体局分别与二级机构签订了2016年安全工作目标管理责任书、校车安全管理责任书和消防安全责任书，进一步强化了一把手负责制、责任追究制和“一票否决制”；同时将安全工作与学校评估考核紧密挂钩，增强了全体员工的“一岗双责”意识。教体局安全管理科作为教体系统安全工作的协调指导部门，每月28日定时召开安全工作例会，已形成一种制度。

拓宽教育形式，不断加强安全教育。上好安全教育课。各学校按照《中小学公共安全教育指导纲要》的要求，间周上好一节安全教育课。从系统数据看，新郑市教师授课和学习训练情况均位居郑州市前列。积极开展主题教育日活动。2016年3月28日是第21个全国中小学生安全教育日，主题是“增强安全意识，提升安全素养”；2016年5月12日是我国第8个“防灾减灾日”，主题是“减少灾害风险，建设安全城市”；2016年6月16日是全国第15个“安全生产月”咨询日活动，主题是“强化安全发展观念、提升全民安全素质”；2016年11月是“119消防宣传月”，活动主题是“消除火灾隐患 共建平安社区”；2016年12月2日为我国第5个“全国交通安全日”，主题是“社会协同治理、安全文明出行”。8月份组织开展了“农村留守儿童关爱保护月”活动。积极开展“安全生产月”宣传教育活动。市直中学等单位专门举行了“安全生产月”活动启动仪式，实验小学等学校在宣传橱窗张贴消防逃生72字口诀，小学生课间游戏儿歌等，龙湖镇小乔小学将安全文化作为校园文化的组成部分，在校园显著位置张贴，教育学生注意日常交通安全、消防安全等，人民路幼儿园、孟庄镇二初中、新村镇一初中等学校积极邀请派出所、消防队、南水北调工程管理部的专家到学校开展消防知识、交通安全知识、防溺水知识讲座，提升师生的安全意识。组织开展了全市“平安宝贝”少儿绘画活动，共评选出优秀少儿绘画作品一等奖10件、二等奖15件、三等奖25件。积极开展各类安全知识比赛活动。组织参加了第六届“郑州市中小学安全知识竞赛”活动，参与人数达到42000多人；组织小学在校学生、教师、家长利用假期参加“全国首届小学生水上交通安全暨防溺水知识网络竞赛”活动，组织教体系统1000名师生参加“安全河南”杯安全知识竞赛，参加“安全新郑杯”安全知识竞赛，教体局代表队荣获全市第二名，参加新郑市“关注安全，守护生命”演讲比赛，教体局的王琦老师荣获全市第一名。组织开展“校园安全微电影创作大赛”，人民路幼儿园的微电影在2016年郑州市校园安全微电影创作大赛中荣获二等奖。组织开展应急疏散演练。据统计，全市各学校幼儿园共开展各类应急疏散演练1800余次，参与学生达到16万多人。突出重点开展防溺水教育。为了切实提高师生和家长的防溺水防范意识，学校采取了多种形式，做好防溺水安全宣传教育工作。签订好《致家长的一封信》家长责任告知书，开展好防溺水安全教育。各学校利用郑州市安全教育信息平台防溺水安全教育专题活动课程资源，开展防溺水教育授课工作，同时督促家长与学生一起学习防溺水知识。开展经常性安全提醒。配合南水北调管理部门开展“护水小天使”活动。通过发放宣传页，到干渠参观等形式，让学生了解南水北调干渠的基本情况，组织学生宣传防溺水知识和水源保护知识。及时发布防溺水事件警示。及时通报网上发布的一些溺水死亡事件，提醒各学校幼儿园进一步提升认识，做好宣传教育工作。7月21日，郑州市教育局、住建局、水务局、妇联等单位领导联合对新郑市防溺水工作情况进行了视察指导。集中开展安全管理培训。5月，组织全市263所中小学幼儿园的526名安全管理员和信息员参加了郑州市学校安全教育平台培训，推进全市各学校各班级利用安全教育信息平台课程资源开展安全教育。2016年8月，投入资金56000元，举办2016年校园安全专题培训会，全市200名中小学校长、幼儿园园长，及安全管理专职人员参加培训。

加大安全投入，积极消除各类隐患。投入资金5万余元解决新村镇成人学校和新村镇水泉小学解决校舍漏雨等安全隐患。投入资金97760元对全市188所学校幼儿园安装一键式紧急报警装置，实现与110联网，每年约需资金35万元。投入资金56万多元建成162个微型消防站，配备了消防服、消防靴、消防帽、消防绳、消防锤、消防桶、消防锹、应急灯、对讲机、防毒面具、消防水袋、干粉灭火器等消防器材。

加强部门协调，经常开展校车督查。全市共有89所学校、幼儿园使用校车接送学生，共有170辆校车，全部为符合国务院《校车安全管理条例》规定的专用校车。在日常管理工作中，教体局经常联合市交巡警大队开展校车的警示标志、逃生锤、灭火器、急救箱等静态状况检查和行驶途中安全带使用、按照线路行驶、超速超员等动态状况检查。特别是“9·22”河南商丘睢县校车事故后，为切实吸取事故教训，强化校车管理，教体局与市公安局交巡警大队联合，对新郑辖区的校车进行了联合检查，共涉及89所幼儿园、170辆校车。并召开校车联合检查情况通报会，对检查情况进行通报，对校车司机和有校车的幼儿园园长进行专题培训。

强化安全管理，抓好安全工作落实。认真落实“三防”措施。在人防方面，市政府根据学校的规模大小，为全市所有公办学校统一配备保安446名，由保安公司统一管理，集中培训，持证上岗。保安人员能够严格落实上课期间大门落锁制度和来客登记制度，同时加强对校内及学校周边环境的安全巡逻。在物防方面，全市各学校均配备有安全叉、齐眉棍、橡胶棒、钢盔、防刺背心、盾牌、抓捕器、辣椒喷雾剂、对讲机、强光手电等十类安保器械。在技防方面，全市所有学校均配有校园视频监控设备，包括球形机和枪形机，实现了对学校重点部位的24小时全面监控，确保了学校财产的安全。经常开展开展消防安全隐患排查整治工作。学校每年积极与消防大队联系，邀请消防大队官兵到学校进行消防安全专题讲座，灭火器和消防栓的使用演示、疏散演练指导、消防体验车参观等活动。在9—10月学校幼儿园消防安全专项治理活动期间，教体局联合消防大队、辖区派出所对全市89所学校进行了兵团化检查，共出现各类隐患229处。同时，各乡镇辖区派出所、乡镇中心学校联合，到辖区学校幼儿园开展安全教育指导和专项检查。开展了教体系统安全大检查工作。为实现隐患排查治理制度化、规范化、经常化，教体局共组织大型安全检查六次，共涉及学校幼儿园448所（次），查出各类安全隐患820多条。加强危险化学品管理。按照《新郑市教体系统集中开展危险化学品安全专项整治实施方案》要求，开展危险化学品安全专项整治工作。据统计，全市共涉及学校133所，其中公办学校121所（小学95所，初中21所，高中5所），民办学校12所。市教研室组织全市各学校按照专项治理活动要求，对所有涉及危化品进行了详细统计，建立了档案。各单位落实危险化学品“四无一保”(无被盗、无事故、无丢失、无违章、保安全)和“五双”(双人保管、双人领取、双人使用、双把锁、双本账)管理制度，确保实验室安全责任层层落实到位。高度重视校园欺凌防控工作。2016年，国务院督导办专门下发了《关于开展校园欺凌专项治理的通知》，在秋季开学检查时，安全科把此项内容作为安全检查的一项重要内容。各学校不断完善校园欺凌的预防和处理制度、措施和应急处置预案，切实加强值班巡查和苗头学生排查，及时召开家长会通报有关情况，共同关注孩子成长。各学校积极邀请公安、司法等部门人员或法制副校长积极开展法治教育。2016年度，分别获“新郑市2016年安全生产工作先进单位”“新郑市2016年安全创建工作先进单位”“新郑市2016年消防工作先进单位”“2016年郑州市中小学幼儿园安全教育优质课和优秀校园安全微电影评选最佳组织奖”“2016年郑州市第六届中小学安全知识竞赛优秀组织奖”等荣誉称号。

【卫生防疫工作】2016年9月，在新郑市市直中学召开了全市所有中小学校幼儿园卫生防疫工作会，分别对食堂卫生要求、学校肺结核、秋季传染病基本常识及预防进行培训并做出了明确要求，确保各项食品卫生安全及传染病防治等工作落实到位。

为掌握学生身体状况，防止手足口、肺结核等传染性疾病的传播，各学校严格执行学生晨检报告制度，做到早发现、早报告、早隔离、早治疗，并把晨检情况每天录入到郑州市晨检系统，教体局每周对学校晨检情况进行通报，为在校师生身体健康做好保障。加强学校卫生防疫工作管理，保障学校卫生安全、督查各学校卫生防疫情况。

积极开展预防地方病、流行病、艾滋病等常见病健康教育，提高广大师生的防病意识和防病技能，提高广大师生的健康水平和生活质量，督促各学校进行健康教育，并及时整理健康教育档案资料。

加强学校食堂、小卖部工作管理，保障学校食品卫生安全。2016年教体局组织人员，不间断地对全市所有公民办学校的食堂、小卖部管理工作进行集中、抽查等多种形式的检查。

为做好全市中小学校学生营养配餐工作，教体局经常到学生营养配餐试点学校进行调研，组织参加2016年8月郑州市学生营养配餐工作培训，10月到郑州中学及新密的学校参观学习其食堂管理经验。

【财务工作】 规范经费核算。2016年，核算中心专门设计了支票和委托书打印模板，所有的支票和委托书均由计算机打印，所需的账号、金额大小写均由计算机自动生成。对开出的支票和业务委托书进行至少四次核对，确保金额、单位名称、账号等准确无误。据不完全统计，教育经费核算中心截至2016年年底共开具财政授权支付业务10308笔，现金支票1967张、电汇业务1972笔，共支出金额38906.85万元。平均每个报账工作日90余笔。每季度开展了财务人员日常的学习研讨活动。4月14日和4月19日，分别举行了乡镇和城区的会计基础工作展评。教体局教育经费核算中心每月安排2天到乡镇教育经费核算中心调研、指导工作。

切实提高经费使用效益。2016年全市中小学生均公用经费累计购置其他资本性支出项目占公用经费支出的14%，共计2539.54万元。教育费附加投入3070余万元，为部分学校配备了先进的教学设施设备。投入260万元为全市中小学新增班级增配班班通教学设备90套，解决了班级信息化教学设备的需求；投入840万元为迁建的和庄中学，新建的龙湖镇外国语小学、龙湖镇红河谷外国语小学购置空调、电脑、班班通设备、图书、仪器等必需的教学设施设备，保证了新建迁建学校教学工作的正常开展；投入300万元为第二实验小学增配部分设备、为电子工业学校增配计算机教室、为一中分校接入天然气、为全市中小学安装一键报警设备并购买相关服务；投入450万元为畅馨园幼儿园等三所新建幼儿园购置了触控一体机、电脑、空调、桌凳、玩具、钢琴等相关教学、生活设施设备，保证了新建幼儿园教学工作的正常开展；投入450万元为新建的崇文中学购置了触控一体机、电脑、空调、桌凳、仪器、图书等相关教学设施设备，保证了崇文中学教学工作的正常开展；投入170万元为基础教育教研室及部分初中购置了网络阅卷系统，实现了全市中小学试卷批改的网络化、信息化，节约了工作成本，提高了工作效率。

规范固定资产管理。2016年5月开始，教体系统按时完成资产清查的主体工作，并经多个会计师事务所的资产清查审计。经清查，教体系统资产账面总额8.19亿元。

认真落实政府采购制度。2016年全市各学校共实施非基建类公开招标项目33项，共4491.51万元。

资金保障更加到位。积极争取上级资金。2016年教体局共争取各项补助资金1.69亿元。足额拨付各项财政资金。市财政在按照上级规定及时足额拨付各项经费的基础上，全年共投入公用经费6243.95万元，其中：投入5818.75万元，按每生每年幼儿园150元、小学70元、初中80元、职高2100元、高中2300元标准拨付公用经费；投入985.68万元为全市所有公办学校配备了保安；投入333.25万元，按照每人每月90元的标准，为农村中小学教师发放生活补助；投入436.23万元，按照高中职高每人每月300元，初中、小学、幼儿园每人每月200元的标准发放班主任津贴；投入114.48万元，为高中一线教师发放生活补助；投入1350.40万元，为师资薄弱的学校，配备代课教师。继续补助薄弱学校。对不足100人的小学和教学点按100人拨付公用经费。

【行政审批】 围绕服务群众工作，强化学习意识、服务意识、责任意识。坚持做好日清周结，做好政务服务窗口审批事项的受理、咨询、审批工作。2016年接待咨询办学（培训班）100余人次，受理业务11件，办结业务11件。其中新审批机构9家、机构变更1家、机构换证1家。

【资助工作】 2016年新郑市学生资助管理中心共为全市优秀学生、家庭经济困难学生和优秀教师发放奖、补资金29736人次，发放资金2611.405万元。其中：发放学前教育资助金1407人次，发放资金70.35万元；发放中央奖补资助资助2603人次，发放资金130.15万元；发放义务教育农村家庭经济困难寄宿生生活费补助8796人次，发放资金525.65万元；发放普通高中国家助学金5413人次，发放资金542.15万元；发放低保低收入家庭人员考取高校一次性救助59人，发放救助金46.4万元；发放普通高校家庭经济困难新生入学资助132人，发放资金9.4万元；郑州慈善总会为新郑市22名家庭经济困难学生发放“金秋圆梦”资助金11万元；新郑市慈善总会资助全市77名家庭经济困难学生，发放资助金26.7万元；故里景区“培育英才 从故里起航”奖励、资助全市优秀师生及家庭经济困难学生36人，发放资金18.1万元；新郑市爱心企业家代卫峰资助新郑一中学生30人，发放资金5万元；香港锦艺集团资助全市高三家庭经济困难学生100人，发放资助资金30万元；新郑市仁爱助学协会资助全市家庭经济困难学生755人次，发放资助金81万元；发放中职国家助学金、国家免学费1万余人（次），发放资金912.755万元；2016年办理生源地信用助学贷款244笔，发放贷款202.75万元。

（撰稿：时巧玲　审阅：冯　煜）

高等教育

【综述】新郑市区域内有中原工学院、河南工程学院、郑州大学西亚斯国际学院、郑州升达经贸管理学院、郑州工业应用技术学院、河南检察职业学院、河南医学高等专科学校、河南工业贸易职业学院等12所高等院校，在校学生17万余人。

中原工学院

【概况】中原工学院是一所以工为主，以纺织服装为特色，工、管、文、理、经、法、哲、史、艺等多学科协调发展的高等学校。学校始建于1955年，原名郑州纺织工学院，隶属于中华人民共和国纺织工业部，1998年实行中央与河南省共建，2000年更名为中原工学院。学校分南区、北区和西区三个教学区，共占地107.33公顷，建筑面积61.77万平方米。现有教职工1703人，其中专任教师1175人，在校全日制学生2.1万多名。

学校设有纺织学院、服装学院、能源与环境学院、机电学院、电子信息学院、经济管理学院、艺术设计学院等20个教学部门，开设60个本科专业。拥有8个一级学科硕士学位授权点、33个二级学科硕士学位授权点、2个硕士专业学位授权类别。有8个省级重点学科一级学科，2个省级重点学科二级学科。其中，“纺织服装新材料及高端装备”特色学科群获“河南省优势特色学科建设工程一期建设学科”。特色学科A类项目立项建设，在2016年度检查中成绩为A-。

学校秉承“质量立校”理念，重视教育教学改革，2016年5月，顺利通过了教育部本科教学工作审核评估。学校有4个国家级特色专业、1个国家级专业综合改革试点专业、1个国家级实践教学基地、1个全国高校思想政治理论课教学科研团队。

学校大力实施“科研强校”工程，建成一批科研平台，取得了标志性研究成果。现有金刚石高效精密锯切工具技术国家地方联合工程实验室、河南省纺织服装产业协同创新中心、河南省功能性纺织材料重点实验室、图像分析与机器视觉河南省工程实验室、河南省热泵空调工程技术研究中心等24个国家级和省级科研平台。“十二五”以来，学校承担纵向科研项目1，044项，其中国家级科研项目82项，获省部级以上科研奖励67项，其中国家科技进步二等奖2项。

学校先后被省委、省政府评为河南省文明单位、河南省思想政治工作先进单位，学校党委被授予河南省高等学校“五好”党组织、河南省创先争优先进基层党组织等称号，学校被教育部评为学籍管理先进单位，被河南省教育厅评为河南省文明标兵学校、就业工作先进单位。

中原工学院圆满完成本科教学工作审核评估

【领导分工】党委书记崔世忠同志负责校党委全面工作。党委副书记、校长俞海洛同志负责校行政全面工作，分管党政办公室、发展规划处工作。党委副书记郭正让同志分管组织、统战、武装、政保、老干部等方面工作。党委副书记刘志刚同志分管宣传、学生思想政治教育、就业指导、共青团工作，联系工会等方面工作。副校长谷景立同志分管财务、审计、保卫、离退、国资等方面工作。副校长杜建慧同志分管对外合作与交流、招生等方面工作。副校长曹健同志分管教学、学科建设、研究生教育、图书馆、现代教育中心、工业训练中心、教育教学质量评估中心、高等教育研究所等方面工作。副校长董丞明同志分管人事、继续教育学院、科研、学报编辑部等方面工作。副校长黄乾同志分管后勤管理处、后勤服务总公司和基建管理处等方面工作，负责中原工学院信息商务学院党委和行政全面工作。纪委书记李俊杰同志分管纪委工作。工会主席黄健同志分管工会工作。

【本科教学工作审核评估】高度重视本科教学审核评估，制定评建工作方案，扎实推进迎评促建，认真开展了本科教学诊断评估和审核评估。根据专家组提出的意见建议，扎实推进整改落实工作，并向上级主管部门上报了审核评估整改方案。

【教育教学】深化教育教学改革，修订本科综合培养方案，加强“慕课”理念指导下的课程建设，第二批立项的慕课项目已有15门通过了验收。新增3个省级综合改革试点专业、1个省级虚拟仿真实验教学中心、1个省级实验教学示范中心。利用课堂教学实时观测系统，加强日常教学监管，形成了“63221”的教学质量保障体系。开展了河南省教育厅第五轮公共艺术教育检查评估和专业试点评估。以六个专业作为试点，启动了工程教育专业认证的准备工作。

【科学研究】积极推进科研强校战略，多措并举强化高层次科研项目申报，2016年获批国家基金项目28项，其中自科基金23项、社科基金5项，国家级项目立项总数比去年翻一番。科研平台建设成效显著，新获批建设省级科研平台5个、厅级平台1个，使学校省部级以上科研平台数量达到29个。河南省功能性纺织材料重点实验室顺利通过验收，被河南省遴选推荐为国家重点实验室后备实验室，为申报国家级科研平台创造了有利条件。科技创新团队和人才建设工作成效明显，崔世忠同志主持的“河南省功能性纺织材料与纺织品研发团队”获河南省优秀创新型科技团队。协同创新和产学研合作取得新成效，“河南省纺织服装产业协同创新中心”通过河南省协同创新中心验收组的评估验收，验收结果为“优秀”。完成科技园区第二批入园项目的入驻和第三批入园项目的遴选工作，获河南省教育厅批准建设中原工学院众创空间。积极推动产学研合作，2016年签订合同50项，实现入校经费3358万元。

【学科建设和研究生教育】认真开展“纺织服装新材料及高端装备”省级特色学科群内涵建设，成立“中原工学院纺织服装产业研究院”，特色学科群在2016年度检查中成绩为A-。完成省级重点学科自评和校（院）级重点学科建设期满考核验收工作，第八批省级重点学科全部通过省专家组验收考核。专业学位硕士授权点全部通过教育部专项评估。开展硕士学位授权点动态调整工作，新增马克思主义理论硕士一级学科和会计硕士专业学位类别。获河南省特色品牌硕士专业学位授权点1个、河南省研究生教育创新培养基地1个、研究生教育优质课程1门。积极参加“2016年全国研究生数学建模竞赛”，共获全国二等奖5项、三等奖6项，二、三等奖获奖数量位居河南省普通高校第一名。

【师资队伍建设】修订《中原工学院引进博士待遇标准》，加强对高层次人才的引进力度，2016年签约博士63人，博士引进工作取得了新的突破。根据上级主管部门审批，公开招聘硕士研究生23人。做好人才培养工作，获批河南省特聘教授1名、河南省学术带头人2名、河南省教育厅学术技术带头人2名、“纺织之光”教师奖2名、省级青年骨干教师6名，评选出10名青年拔尖人才。认真开展教职工2012—2015年聘期考核工作。成功申请增加物理学、艺术学、信息与通信工程三个学科副教授职称评审权。

【学生和招生工作】加强学风建设，学校“启航工程”被评为2015年河南省第一批高校校园文化重点建设培育项目。加强学生工作队伍建设，继续实施“辅导员职业素质提升计划”。认真举行第十五届大学生心理健康教育宣传周活动和第六届心理素质拓展运动会。进一步加强学生资助管理工作，组织了“诚信校园行”短剧大赛。充分发挥学生组织在民主管理中的作用，组织召开了第三次学生代表大会。深入推进第二课堂成绩单改革，团中央学校部部长杜汇良和团省委书记王艺对学校该项工作给予了充分肯定。进一步发挥河南省就业市场龙湖分市场的作用，举办了2场大型毕业生就业双选会和近200场专场招聘会，为学生提供5万多个就业岗位。2016年，学校将建筑环境与能源应用工程、机械设计制造及其自动化、自动化、会计学4个专业在河南省调整到本科一批招生。2017年硕士研究生一志愿报名795人，较2016年增长124%。

【对外合作与交流】积极推进中外合作办学，“中原彼得堡航空学院”非独立法人机构通过教育部专家组的答辩会，并根据专家提出的意见建议向教育部上报了整改材料。成功承办第七届全国中外合作办学年会，学校当选中国高等教育学会中外合作办学研究分会常务理事单位。学校与英国曼彻斯特大学纺织工程、市场营销两个专业的中外合作办学项目顺利通过教育部的评估。加强与德国不莱梅大学的合作，成立中原工学院物流管理与工程国际合作研究中心，强化服务郑州航空港区国际物流特色。与西门子（中国）有限公司签署战略合作协议，推进建设“中原工学院—西门子增材制造联合实验室”“中原工学院—西门子先进自动化技术联合实训中心”，实现双方合作共赢、协同创新。

【管理与服务】加快行政职能转变，继续开展以“好服务、优质量、高效率”为主题的机关作风建设，强化机关干部责任意识、服务意识和担当精神。组织召开第七届第四次双代会，承办部门对提案工作委员会立案的150个提案进行了办理和答复。认真做好保密工作，筹备开展军工保密资格认证，保密工作顺利通过河南省国家保密局的检查评估。贯彻落实民主党派、无党派联合中心组学习制度，认真做好统一战线、宗教及防渗透工作。进一步整顿三区校内交通秩序，启用北校区停车管理系统，规划设计停车位和交通标志，完善了校内道路通行功能。

【学校建设】争取上级经费支持，2016年，获批中央共建资金1600万元，高校基础条件建设专项资金200

万元。偿还校内职工借款本金和利息5602.6万元。完成南苑地源热泵系统改造、南区湿地公园、绮湖（磨河桥东）生态湿地等重大项目建设工作。学校荣获“中国教育后勤信息化建设先进单位”。加强数字化校园建设，赴复旦大学等高校调研数字化校园建设先进经验，对学校数字化校园建设进行系统谋划和顶层设计。建立学院图书资料检索平台，推进学院资料室与图书馆系统联网。制订了《中原工学院2016年国有资产清查实施方案》，按时完成学校国有资产清查和数据上报工作。教职工生活区建设进展顺利，积极推动人防、消防、天然气管网工程验收，完成商品房买卖合同签订、合同信息备案和维修基金缴纳工作，解决了房屋缴税售价问题。成立后勤管理处南校区家属区物业管理中心，加强对物业公司的监管。3号教学组团工程建设顺利推进，南、北侧教学楼主体均实现封顶。

（撰稿：张　凯　杨　明　尚君君　审阅：俞海洛　邹海林）

河南工程学院

【概况】 河南工程学院是2007年3月经教育部批准设立，由原郑州经济管理干部学院和原河南纺织高等专科学校合并组建的省属普通本科院校。追本溯源，学院已有百余年的办学历史。经过多年融合发展，学校现已形成以工学为主、文理渗透、多学科专业协调发展的应用型本科院校。2016年，学校获批河南省重点建设的“示范性应用技术类型本科院校”。学校位于河南省会郑州市，由龙湖校区、桐柏路校区和南阳路校区组成，占地面积175.31万平方米，建筑面积86.39万平方米。教学科研仪器设备总值2.71亿元，校内实验室、实习基地177个，校外实习基地217个，馆藏纸质图书215万册。学校有全日制在校生近2.7万人，其中本科生1.7万余人。教职工1537人，其中正高级职称116人、副高级职称426人、博士学位255人、硕士学位764人、中央联系专家1人、国家万人计划领军人才1人、百千万工程国家级人选1人、全国优秀科技工作者1人、中原学者1人、享受国务院政府特殊津贴2人，省政府特殊津贴1人、河南省优秀专家5人、国家级及省级优秀教师17人、河南省学术技术带头人6人、省级教学名师1人、河南省科技创新杰出人才2人、杰出青年4人、河南省高校科技创新人才12人、河南省青年骨干教师31人、河南省教育厅学术技术带头人41人，并聘有中国工程院院士、博士生导师在内的客座教授和特聘教授97人。学校设有纺织学院、安全工程学院、土木工程学院等教学院（部）21个，本科专业45个。拥有国家级、省级本科教学质量工程项目28个，省级科研平台6个，市（厅）级科研平台6个，是河南省博士后研发基地。当前，全校师生员工正以“十三五”时期规划确定的奋斗目标为引领，奋力推进“示范校”建设，为高等教育事业及经济社会发展，为国家进步贡献力量。

【领导分工】 党委书记周太良，主持学校党委全面工作。校长、党委副书记高丹盈，主持学校行政全面工作。党委副书记李春英，负责学校思想政治、舆论宣传、校园文化、精神文明建设、校园稳定和综合治理工作。分管党委宣传部（校报）、学生工作部、校团委。党委副书记耿广智，负责学校机关党务、统战、对外联络、保密、信访和工会工作，分管党委办公室、党委统战部、机关党总支、校工会、对外联络处。党委副书记袁静波负责学校党的组织建设、党校、离退休工作，党委组织部、党校、离退休工作处。副校长董浩平，负责学校财务管理、国有资产管理、现代技术教育、教学评估督导、安全保卫和武装工作，分管财务处、国资处、现代技术教育中心、评估督导处、保卫处（武装部）。副校长许瑞超，负责学校发展规划、科研、对外合作交流及研究生工作，分管发展规划处、科研处、国际合作交流处、学报、分析测试中心。副校长卢奎，负责学校教学、招生就业、高教研究、图书和成人教育工作，分管教务处、招生就业处、高教所、图书馆、继续教育学院。副校长李晓春，负责学校后勤管理和后勤产业工作，分管后勤处、后勤产业发展总公司、南苑宾馆、豫阳公司。纪委书记憨振东，主持学校纪委全面工作，分管纪委（监察处）、审计处。工会主席李东风，主持校工会全面工作，分管校工会。副校级调研员周福义，负责学校基本建设工作，分管基建处。校长助理贺金凤，协助校长负责校办、人事、学生和博士后工作，分管校长办公室、人事处、学生处、学生资助中心。

【转型发展】 6月8日，学校获批为河南省示范性应用技术类型本科院校，实现了转型发展的新突破。编制了《应用型本科院校建设规划》和“十三五”时期应用型本科产教融合工程建设规划。学校荣获“2016全国纺织行业人才建设示范院校”荣誉称号，成为全国新建本科院校联盟成员单位、应用技术大学联盟新材料专业协作会会员单位和应用商科专业协作会副理事单位。编制“十三五”时期教育事业发展规划，深化校地校企合作，推动学校转型发展，与十余个地方政府实施校地全面合作，与企业开展实质合作项目50余项。与河南豫发集团有限公司合作共建了“河南工程学院锦荣服装学院”。推进研究生联合培养工作，新增研究生导师22名，招收研究生13名，毕业研究生13名。以“法治思维和法治方式”推进“依法治校”工作，调整学术委员会，推动“教授治学”。召开一届八次“双代会”；制定《二级教代会实施细则》，促进二级管理的民主化和制度化。编制《2015—2016年度信息公开工作年度报告》，推进党务、校务等信息公开。

【教育教学】按照教育部专家组进校考察提出的意见和建议，学校不断加强教学基本建设，持续深化教育教学综合改革，取得了预期效果，顺利通过了教育部本科教学工作合格评估，人才培养工作进入历史新阶段。完成了2012年以来建设的1个省级重点学科、3个重点学科、5个重点扶持学科及学科带头人的终期验收工作，其中纺织工程、矿业工程、材料科学与工程、应用数学4个学科被评为优秀等级。资源环境科学专业获批为省级综合改革试点专业，针织学获批省级网络精品课程。全年有35门校级重点课程通过验收，22门校级重点课程立项，10门校级精品课程立项。软件工程、英语、应用物理学等3个本科专业获得学士学位授予权。获批财务管理、计算机科学与技术、市场营销3个双学位专业。修订、完善了10余项教学管理制度。引入了毕业论文管理系统、实验室管理系统。开展毕业设计答辩、整周实训、考试环节三种专项督导，以及毕业设计（论文）外审工作。11月30日，召开教学工作会议，明确了未来几年在示范性应用技术类型本科院校建设过程中教学工作的重点和任务。在“河南省教育系统2016年度教学技能竞赛”中，4名教师获一等奖，并荣获“河南省教学标兵”称号，6名教师获得二等奖，2名教师获得三等奖。全年共4名教师被评为年度省级青年骨干教师。全年学科竞赛获国家级奖项18项、省级137项。推进体育教育平台建设，在郑州红樱桃庄园拓展基地挂牌成立学校“体能与素质拓展研究实践基地”。4月，学校成为“河南大学体育学研究生教育实习实践基地”。加强成人继续教育教学管理，2016级成教新生全部实行了网上学习，建立了网络教育教学辅导教师师资库。建成了新安煤矿等一批优秀校外实习基地，学校新增加校外实习基地35个，总数达到222个。初步构建了符合学校特色的实训教学体系。全年开放实验室项目164项，资助金额35.8万。启动了经管类实训中心建设工作。

【招生就业】录取新生8651人，其中本科4240人，专升本711人，专科3700人，理科录取线超省控线33分，文科录取线超省控线27分。组织开展国家级大学生创新创业训练计划项目申报工作，获教育部批准立项34项。组织开展SIYB创业培训3304人次。举办“创新创业师资培训EET”培训班，全年培训师资50人，7人参加人社部高级创业咨询师培训。河南省大中专院校就业创业课题结项5项，立项4项。在河南省教育系统2016年度教学技能竞赛（大学生创新创业教育）中，获一等奖、二等奖各1项。在第二届中国“互联网+”大学生创新创业大赛中，2个项目进入省教育厅选拔赛。在河南省第十五届科技文化艺术节中获得25个奖项，在2016年“创青春”河南省大学生创业大赛中获得1项金奖、2项铜奖。大学生创业孵化园新入驻9个项目，其中4个创业项目获得2016年大学生创业体系建设引导资金扶持，扶持资金18万元。1名学生获得“河南省首届大学生创新创业标兵”荣誉称号。71名在校大学生《就业创业证》获批。举办大型双选会、专场招聘会活动，提供就业岗位2.67万多个。2016届毕业生就业率为94.62%，其中本科就业率95.70%，专科就业率93.23%。成人继续教育坚持“招生片区责任制”和领导干部联系学习点制度，科学调整专业，加大招生宣传，录取学生5739人。

【科学研究】全年纵向科技计划项目立项182项，其中国家自然科学基金4项，省部级项目45项，市厅级项目54项，申报量与立项量同比增加237项和41项，获得资助466.37万元。签订各类横向科研项目12项，全年到账横向经费85.6万元。全年发表论文1081篇，其中SCI、EI、CSSCI等收录论文147篇，中文核心期刊256篇。组织各级各类项目鉴定、验收195项，组织成果鉴定111项，申报科技成果奖47项，获得各级各类科技奖励22项。获批厅级教研项目25项，获厅级教研成果奖11项，省级教研成果

2016年8月18日，省委第四巡视组对学校开展专项巡视

一等奖2项。组织申请专利588项，获得专利授权305项，其中发明专利26项，实用新型214项，获得授权专利的数量比上一年增加249项。立项教育厅科技创新团队1项、教育厅科技创新人才1项。与郑州大学联合申报的“新型建筑材料与结构”创新团队获得教育部“创新团队发展计划”滚动支持，资助金额300万元。4月，“煤矿环境地质灾害综合治理技术河南省工程实验室”获批成立，学校得省级科研平台总数达到6个。全年举办学术讲座241场，其中校外专家122场，校内专家119场，参与师生人数2.72万人（次）。

【学生教育管理】系统开展“三争三创”、文明修身、道德大讲堂、中华优秀传统文化教育、校规校纪教育月、学风督查、心理健康教育宣传月等活动，学生整体思想政治素质提升，纪律意识增强，学习积极性提高。12月，大学生文明修身工程、“清风校园”社团廉洁教育活动被评为2016年度河南省高等学校思想政治工作优秀品牌。实施“青年马克思主义者培养工程”，利用业余团校、学生干部培训班等形式加强学生骨干培养，全年轮训5000余人。在省高校廉政文化作品评选活动中，荣获二等奖、三等奖各1项。在第二届全省高校网络宣传思想教育优秀作品评选中，获得一、二、三等奖各一项。全年评选省级以上模范团干1人，模范团员1人，优秀毕业生223人，三好学生79人，优秀学生干部26人，先进班集体26个。开展校园歌手大赛、科技文化艺术节、社团文化艺术节、“一院一品牌”等品牌校园文化活动，丰富校园文化生活。暑期选派1000余名学生，组建38个重点实践团队，奔赴省内各市县广泛开展社会实践活动。暑期组织参加“印象辽宁 梦想中国”全国大学生暑期实践专项活动，实践成果被评为优秀成果，实践团队获得最美团队三等奖。7月，选拔6名毕业生参加大学生服务西部计划、志愿贫困县计划。全年选拔8名博士充实到了辅导员队伍。15名教师获得国家心理咨询师资格，学校具有该资格的教师达114人。12月，开展专职辅导员职级晋升工作，分别有12名辅导员晋升为正科和副科级辅导员，促进了辅导员队伍专业化职业化发展。1月，举办学校第二届辅导员职业能力大赛。学校辅导员获第五届河南省高校辅导员职业能力大赛“一等奖”1项，“第三届全省高校辅导员年度人物”入围奖1项，入选2016年度高校辅导员工作精品项目建设计划1项，入选国家教育部2016年高校辅导员访问学者计划1人。全年受到国家和学校资助的学生达到2.3万多人（次），资助金额6200万元，覆盖面达到在校生的63%。完成7315名家庭经济困难学生的认定工作。为4909名学生办理助学贷款。安排勤工助学岗位804个，累计上岗6777人（次）。发放2015年征兵补偿代偿学费65人，为68人申请2016年征兵补偿代偿学费。5月，在河南省大学生“诚信校园行”第二届校园短剧大赛总决赛中获三等奖和优秀组织奖。在团中央2016年度寻访“中国大学生自强之星”活动中，学校获优秀组织奖，两名同学获“中国大学生自强之星”提名奖，并分获2000元自强奖学金。

【人才队伍建设】全年引进博士21人，硕士12人。10名教师在职取得了博士学位，5名教师在职取得了硕士学位。全年组派赴美国、法国、德国及台湾地区四个培训团组的境外培训工作，参与培训教师87人。开展加大国家留学基金委项目选派及校内访问学者选拔工作，2人被河南省地方合作项目录取，3人被选派做校内访问学者。1人国内访学，42人下企业挂职或锻炼，54名新进教师接受岗前培训，50余人通过教师资格认定。8月，组织开展师德征文比赛，编印《河南工程学院师德建设优秀征文集》，开展师德演讲比赛活动，评选出10名校师德标兵和23名师德先进个人。全年选拔推荐河南省学术技术带头人2名、教育厅学术技术带头人2名、教育厅优秀教育管理人才2名、青年拔尖人才支持计划人选候选人1名、享受河南省政府特殊津贴人员1名、专业技术二级岗位人员1名。与郑州大学、河南理工大学达成合作培养博士后协议，2016年博士后出站1人，进站1人。全年评审推荐教授6人、副教授29人，聘任高级经济师2人、会计师1人、经济师1人，评出讲师、实验师23人。11月至12月，对学校现有各级各档专业技术空缺岗位组织了竞聘上岗，758名同志聘任到相应专业技术岗位等级。

【对外交流】深化与撒克逊应用科技大学、澳大利亚堪培拉大学合作办学项目，全年招生699人，派出赴外方培训专业教师8人，出国留学学生7人。正式启动中美合作办学本科项目的申报工作，与克利夫兰州立大学正式签署物流管理专业和人力资源管理专业两个本科合作办学项目协议。启动本校与国外高校交换生项目，选拔2名本科生、1名专业教师，参与本校与西班牙韦尔瓦大学“伊拉姆斯+计划”项目。4月，成立学校与澳大利亚纽卡斯尔大学联合设计科研中心。持续推进校友会组织建设，11月，成功召开校友会一届二次理事会，全校19个二级学院建立了校友分会，筹备成立了湖南、江西、山西、新乡、焦作等多地校友组织。举办“校友返校月”“走进校友企业”“母校情，校友路”优秀校友报告会等品牌校友活动。全年接待校友返校和参加校友聚会人数近3000余人次，校友及校友企业在母校捐设奖学金4个，总金额为150万元。接受“大宋官窑陶瓷艺术博物馆”捐建和各类实物捐赠7项，折合共计人民币200余万元。

【内部管理】 加大教学经费投入，确保教学日常运行支出逐年增长。严格控制学校债务规模，资本结构更趋合理。6月，出台《项目库管理办法》等内部制度，强化学校财经纪律。12月，制定《国有资产租赁管理办法》，规范国有资产租赁管理。12月，制定《政府采购内部管理实施细则(暂行)》，规范政府采购工作。开展内部管理风险隐患自查自纠工作，针对职称评聘、招生考试、基建修缮、选人用人、招标采购、科研经费、财务管理等重点领域加强日常监督和检查，聚焦重点问题开展专项治理，在重要时段和节点开展廉政监督，保证相关规定和制度落实到位。6月，成立本省首个高校反虚假信息诈骗志愿者联盟，建立一座微型消防站，做好了校安全保障工作。

【服务保障】 图书馆新增纸质图书4.4万册，馆藏纸质文献达到215万册。学校校园网络骨干设备万兆升级顺利完成，网络质量提升。数据中心云平台建设一期工程建设圆满完成，数据中心初步建立。学校信息系统安全保护定级工作顺利完成，一卡通App掌上校园系统上线运行。修建涵洞文化墙，购置景观石和石桌凳，修缮校园环境设施，美化亮化楼宇，提升了校园文化品位。加强宣传队伍和宣传阵地建设，成立扶持网络引导服务团、网络文明促进会，全年发布校园网新闻800余条，出版校报18期，发行报纸16000余份。10月，学校顺利通过省级文明单位年度复查。

（撰稿：陈自龙　审阅：张松顷）

郑州升达经贸管理学院

【概况】 学院位于郑州市南10km处的新郑龙湖宜居教育园区，共分五个功能区：行政区（行政大楼、图书馆）；运动区（体育馆、体育场、篮球场、排球场、网球场等）；教学区（教学1—4号楼、外语大楼、资讯大楼、商管大楼、综合教学大楼、艺术大楼、道镕大楼、时金大楼等）；生活区（学生宿舍楼、教工宿舍楼、招待所、外籍专家楼、学生餐厅、学生活动中心、生活馆等）；商业区（超市、邮局、银行、书店等）。学院设十个系、两个教学部，八处、四室、一馆、两个中心；共设80多个本专科专业（方向），涵盖管理学、经济学、文学、法学、工学、艺术学、教育学七个学科门类；现有省级实验教学示范中心1个，有沙盘模拟实验室、同声传译实验室、3D仿真实训中心、金融控制中心、语音教室、电脑教室等特种教室三百余个。图书馆各类藏书三百多万册（种）。

2016年11月3日，河南省民办高校教学工作研讨会

【学校治理】 学院坚持依法治教，精心组织开展了“河南省依法治校示范校”创建活动；召开了第一次党代会，选举出了第一届党委委员和纪委委员。成功组织了暑期主管研习营。开展了规章制度的“废、改、立”工作，逐步完善了会议制度和以章程为核心的制度体系与民主监督体系。进一步加强了作风建设和反腐倡廉建设，依法做好了安全稳定工作。学院被省教育厅评为“河南省依法治校示范校”“河南省省级平安校园”“河南省民办教育行业知名品牌”“最具品牌影响力的十佳典范高校”。

【迎评促建工作】 学院召开领导小组会议、党政联席会议、专家指导委员会会议，专题研究评建工作，调整优化组织机构，加大人、财、物投入力度，组织了校外考察学习活动，聘请多名专家莅校指导，开展专题培训30场次。

【师资队伍建设】 学院进一步完善人才引进、教师培养培训制度，多措并举加强师资队伍，促进教师专业发展。新聘专兼职教师300余人、客座教授14人。教职工外出参加交流、培训285人（次）、参与继续教育学习600余人次，培训费用37余万元。人事处等单位还组织了新教师培训、教研室主任沙龙、师德师风教育等活动。规范了职称推荐评审工作，通过高级职称21人、讲师职称27人，教师职称结构进一步优化。各系重视开展教研室活动。管理系、建工系、思政部、基础部举办“精彩一课”教学竞赛、观摩课、课堂教学研讨会、说课等活动，文法系、体育系、基础部结合专业发展和课程建设需要，打造教学团队。《大学英语》朱明元老师荣获外研社“教学之星”大赛全国总决赛冠军。

【专业建设和教学工作】人才培养方案制订。按照转型发展和应用型人才培养要求，教务处和各系广泛深入调研，多次组织行业和高校专家论证，拟定了人才培养方案指导性意见，精心编制了2016版人才培养方案，制定了学科专业建设发展规划和教学大纲模板。

专业建设。申请增设4个本科专业和2个专升本专业、3个专科专业，组织金融学、会计学、法学、计算机科学与技术4个本科专业参加河南省首批本科专业评估。“工商管理”和“国际经济与贸易”两个专业被评为省综合改革试点项目。在省教育厅第五轮普通本科高校公共艺术教育评估中，本院公共艺术教育被评为为数不多的“一等院校”。

教学质量工程建设。对在建的12项校级精品课程、2门精品资源共享课程和1个院级特色专业进行了检查验收。4项教学成果荣获郑州市地方高校教学成果奖。学院设专项资金鼓励开展教学研究，首次院级教改项目立项50项，其中重点项目13项。一项省级教改项目通过专家鉴定，顺利结项。

教学质量监控。教务处、教学质量监测中心、各系部加强教学管理和质量监控，成立了教学督导委员会和系部教学质量监控领导小组，基本构建了完善的教学质量保障体系，制定、修订教学管理制度90多个。

产教融合、校企合作。开放办学意识明显增强，校地合作处牵线搭桥，各系和就业处积极走出去请进来，与相关行业企业和校友紧密联系，建立实习实训基地，开展顶岗实习、教学见习、创新创业培训、共建研究中心、共建人才培养基地等形式灵活多样的合作项目，与新郑市人民政府、商务部中国国际贸易学会、郑州航空港跨境电商示范区、京东商城、河南歌舞剧院等35家政企事业单位签订了合作协议，全院合作单位已达141家。继会计系、金贸系之后，又有管理系、信工系、外国语系与企业开展了订单班培养，创新了应用型人才培养模式，促进了学院的转型发展和产学研合作教育。

科研工作。学院全年科研项目立项、结项410多项，其中省级以上30多项。厅级以上科研成果获奖70多项，其中省级1项。获得各类科研经费40多万元，学院项目配套资助和奖励费用90多万元。完成了科研制度修订、教学科研岗中期检查、重点学科自查、学报编印、科研成果统计和科研考核等工作。

创办人教育思想得到系统传承。学院设立了王广亚教育思想研究中心、广亚大讲堂，人才培养方案中专设了“广亚素质平台”。学院组织了创办人逝世一周年纪念大会、创办人生平暨书法展，《中国教育报》专版刊发了纪念文章，这为传承发扬创办人教育思想奠定了基础。

学院成立了思政部读书会和公民意识教育研究中心，召开了第五届科研工作大会，主办了“中华文化·2016黄河论坛”“郑州市2016年度社会科学学术年会”，承办了由省教育厅主办的河南省民办高校教学工作研讨会等重大学术会议，举办各类学术报告60多场。

【学生工作】学务处、各系坚持特色教育，完善辅导员“四深入制度”，强化辅导员培训，深入开展了“养成教育”和“三爱”教育活动，总结提炼出一批养成教育实践成果。在严抓课堂考勤、规范自习活动的同时，积极推广手机袋进课堂制度，开展“好学月”等系列主题教育活动，维护了良好的教学秩序，营造出浓郁的学习氛围。组织发放各类奖助学金及国家助学贷款5709余万元，为贫困学生发放羽绒服150多件。国家助学贷款工作考核成绩位居全省民办高校首位。心理健康教育中心加强《大学生心理健康教育》慕课教学和管理，积极发挥二级心理辅导站主阵地作用，开展了形式多样的心理健康教育活动，顺利通过了“河南省普通高校心理健康教育试点单位”建设成果验收。本院劳动育人工程列为河南省第一批高校校园文化重点建设项目。

院团委、各系部积极开展志愿服务和社会实践活动，举办了高雅艺术进校园、纪念长征胜利80周年、大学生科技文化艺术节等活动。院团委和反邪教宣讲团分别被团中央评为2016年全国大中专学生志愿者暑期“三下乡”社会实践活动“优秀单位”和“优秀团队”。本院选手在河南省第十五届大学生科技文化艺术节、第六届全国大学生外贸从业能力大赛、全国日语竞赛、全国体育舞蹈大赛等多项国家和省级大赛中，屡获大奖。升光书画社被团中央评为“全国百佳文艺社团”。

【招生就业】2016年，招生工作成绩斐然，新生报到注册7281人，招生计划数、计划完成率、报到注册率均创历史新高。就业处、各系全面深化就业创业工作，倾力打造“就业能力提升月”“创业文化月”等专题活动，积极推进“创业导师智库”建设，不断拓宽校外孵化合作新渠道，扶持学生创业项目10个，其中有1项获得省大学生创业体系建设引导专项扶持资金5万元。组织到校招聘企业1300多家，提供就业岗位4.23万多个，生均达到5个。截至年底，2016届毕业生年终就业率达94.21%，位居全省高校前列。就业处、各系部接待校友200余人，成功举办了校友大讲堂、校友沙龙、校友企业实习及招聘等特色活动，加强了与校友的交流和互动，为在校生提供了更多的服务。

（撰稿：朱永恒 审阅：郭爱先）

郑州大学西亚斯国际学院

【概况】郑州大学西亚斯国际学院是由美国西亚斯集团公司投资，与郑州大学合作、与美国堪萨斯州富特海斯州立大学（Fort Hays State University，英文缩写FHSU）协办的中外合作办学机构，是河南省首家被国务院学位委员会批准可以实施境外学士学位教育合作项目的全日制本科院校，是首批被中国教育部中外合作办学评估合格的高校。

学校占地面积146.67公顷，已建有90余万平方的教学馆舍。欧式现代园林与中国古典园林相结合的校园环境和教学楼群的建筑特色，完备的体育、音乐、美术教学场馆设施，既体现了西亚斯中西合璧的办学理念，也彰显了国际化育人环境的时空意识和德、智、体、音、美全面发展的育人思想。

2016年在校生人数2.71万人，教职工人数1915人，外籍教师131人。学校秉承中西合璧办学理念，实施全人教育，培养国际化复合型人才。为达此目标，学校在积极构建优良学习环境的同时，在办好基础学科，夯实基础课程学习的基础上，提供多元文化的学习渠道。通过全英班教学、实践性教学、信息化教学、科研渗透式教学、案例式教学等教学模式的探索，引导学生用科学的方法学习和接受新知识。通过创新教育实践，提高学生的实践能力与创新意识。通过创建独特而又丰富多彩的校园文化，拓展学生视野，促进学生综合素质的提高，培养自主学习的良好学风。通过外籍教师全英语授课和英语原版教材的使用，强化对学生汉语、英语双语能力和资讯能力的培养。

【领导关怀】建校以来，学校得到省市各级领导的亲切关怀和大力支持，保证了学校正确的办学方向和各项工作全面协调发展。2016年4月29日，第十届全国人大常委会副委员长许嘉璐莅临本校参观指导。陈肖纯理事长向许嘉璐委员长汇报了近期学校的工作。许嘉璐委员长对西亚斯学院取得的成绩表示肯定，对将世界文化发展和中国战略转型高等教育的责任与教育教学紧密结合，谋划学校未来发展提出了指导性意见。4月7日，河南省委原书记、中央马克思主义理论研究和建设工程咨询委员会主任徐光春一行，在出席第十届黄帝文化国际论坛期间，接见了学校理事长陈肖纯，对高校弘扬中华传统文化、加强学生综合素质的培养等相关问题进行了共同探讨。6月16日，教育部专家组就《高等学校体育工作基本标准》实施情况莅临学校进行调研与指导。陈思坤校长围绕落实体育工作校长责任制、体育课程建设、阳光体育运动、早操及课外体育活动、实施国家学生体质健康标准、开展体育竞赛和综合运动会及体育文化节、加强师资队伍建设和培训等12个方面做了汇报。专家组一行对西亚斯国际学院的办学理念及育人模式给予赞赏，对学校体育工作的发展与建设，提出了建议。11月22日，新郑市委常委、组织部部长黄卫东一行莅临学校调研党建工作，鼓励学校把握机遇，与地方经济共同发展，要稳抓党建工作，为新郑市的发展提供不竭动力。12月24日，中共河南省委常委、宣传部部长赵素萍，中国音协分党组书记、驻会副主席、著名音乐评论家韩新安，中宣部文艺局艺术处调研员马小龙等领导和专家亲临西亚斯国际学院，观看武秀之教授“三合一”“一演三”教学实践成果汇报演出。25日，由河南省委宣传部、河南省文化厅、河南省文学艺术界联合会主办了武秀之“三合一”“一演三”研讨会。河南省副省长张广智出席会议，张广智对武秀之教授的教学、科研活动给予高度赞扬，希望继续探索，为中华民族文艺界的伟大复兴做出更大的贡献。12月29日，河南省副省长张广智在河南省委宣传部副巡视员赵钢、河南省文化厅副厅长康洁、新郑市副市长缑云峰等陪同下，莅临本校先后参观了欧洲街学生创业实践区、意大利广场、德国街、CUBA训练场、高尔夫球练习场、中国园和新图书馆等学校教学和生活设施，对本校学生创新创业工作提出了具体要求。

【学科和专业建设】学院专业建设紧密结合中原经济区发展和服务于“一带一路”建设的需要，在区域经济建设中发挥着重要作用。学校现有15个二级学院，75个本科专业及专业方向（含5个中外合作交流专业），14个专科专业，涵盖了文、理、工、经、管、医、法、教育和艺术九大学科门类，在国民经济学、企业管理、英语语言文学、外国语言学及应用语言学英语笔译（专业硕士）和电子与通信工程（专业硕士）、体育训练学、体育教育（专业硕士）等8个专业，与郑州大学校本部实施联合培养硕士研究生教育项目。2016年，会计学和英语语言文学通过了省教育厅“省高校重点学科”验收，2016年8月经济管理实验中心获批“省实验教学示范中心”，2016年10月自动化专业获批“省民办高校品牌建设专业”，会计信息系统获批“省级精品在线开放课程”。至此，学校拥有河南省重点学科2个、河南省专业综合改革试点建设项目5个、河南省民办高校品牌专业建设项目5个、河南省高等学校特色专业建设点3个、河南省实验教学示范中心1个、河南省双语示范课程和精品资源共享课程及在线开放精品课程建设项目4个。校级重点建设专业17个、校级教学团队11个，校级精品课程41门。学校坚持质量第一，不断深化教学改革，2016年，开设学

西亚斯学院的中国园和图书馆

习管理平台示范课程32门，专业课导学课目标26门，新建校外实习基地35个，完成大学生实验创新124项，组织参加校内外学科竞赛50场次。

【对外交流与合作】学校充分发挥中外合作办学优势，坚持国际化办学。2016年，接待来自9个不同国家和地区的外事代表团33个，共计126人。2月23日至24日，美国亚利桑那大学音乐学院院长爱德华•里德，钢琴博士程淑菁教授，音乐艺术博士、中国音乐中心主任郎晓明教授访问西亚斯国际学院。4月2日至5日，波音特洛玛大学代表团一行6人到学校参观交流。5月25日，英国伯恩茅斯大学校长副校长一行来校访问。5月26日，陈肖纯理事长出席英国伯恩茅斯大学与河南新能源商会合作共建中国创新中心启动仪式并发表讲话；5月27日，美国硅谷市长代表团一行来学校考察；6月14日，美国约翰逊大学代表团一行访问学校；6月14日，英国哈德斯菲尔德大学一行来学校洽谈合作项目；6月27—28日，学校与英国伯恩茅斯大学联合举办了“中国博学节”，组织了“兼融中西，塑造全球视野”座谈会等系列活动。7月24日，联合国“中华文化探访团”到学校访问，并向学校授予联合国旗帜，人民网、中国网等19家媒体予以报道。9月8日，美国密苏里州立大学副校长一行来学校交流访问。9月13日，美国驻武汉总领事馆一行来学校考察。学校不断提高对外合作层次，本年度通过参加AUAP韩国会议、IAU泰国会议、IAUP奥地利会议和参与国际教育组织，拓展本校学生短期海外学习、出国留学、带薪实习等项目，利用“一带一路”发展契机，走出去、引进来，全年共计派遣学生出国交换交流57人次；在校留学生达220多人。新增美国阿克伦大学、阿塞拜疆国立石油工业大学、美国圣母湖大学、美国匹兹堡大学、美国加利福尼亚州立大学、美国南伊利诺伊斯州大学卡本代尔分校、美国尤宁山大学、韩国岭南大学、台湾南华大学、台湾树德科技大学和上海翔飞教育集团有限公司等11所友好院校（机构）为合作伙伴。截至2016年年底，学校已与40多个国家和地区的121所高校与科研机构建立了合作关系。

【科研工作】坚持以教学带科研，以科研促教学。2016年，启动了新一轮重点学科建设工作，经校学术委员会组织专家进行认真审核评议，增加设立4个省级重点学科培育学科、3个校级重点学科以及4个校级重点培育学科。增加体育教育训练学（学术学位）、体育教学（专业学位）2个硕士联合培养硕士研究生专业，本学年已开始招生。2016年，教师发表学术论文723篇、核心期刊论文208篇，EI收录16篇，参与撰写学术著作和教材105部，科技成果120项。2016年，获批省社科规划课题3项，获批省政府发展研究中心立项6项，首次获批省教育厅重点项目1项。重点抓了国家社科基金项目申报，有5项通过省规划办推荐，从申报标书论证质量方面有了较明显的改观。办理各级各类科研成果结项107项。在加强理论研究的同时，学校更加注重应用性研究，充分利用人文社会科学研究力量，积极开展技术推广、技术服务、成果转化和决策咨询，2016年，55项成果被政府、科研和企业采用，体现了高校文化传承和为地方特色文化建设服务的功能。独创的“假声位置真声唱法”和“三合一”声乐教学模式，获得“国家级优秀教学成果奖”，对于丰富我国声乐教学和声乐演唱形式，推动我国民族声乐艺术事业的发展做出了重要贡献。

【创新、创业与就业】学校“以就业带创业，以创业促就业”，注重创新和实效，持续保持毕业生高就业率，大学生创业率稳步提高。2016届毕业生就业率为98.2%，名列省属高校前列，荣获新华网“2016年度•中国品牌影响力中外合作院校”和“2016年度•就业典型高校”。11月4日，河南省教育厅高校专家组一行对西亚斯国际学院就业创业指导课程建设进行了检查。专家组分别查阅了学校在课程组织管理、教学管理、队伍建设以及教育教学成果等方面的相关资料，并实地察看了就业创业教研室、就业洽谈室、学生自主创业园区、中美创业孵化中心、CUBA训练营、综合体育馆、中国园等场地设施，深入课堂听取就业创业指导课，进一步了解了学校就业创业课程建设情况，对学校国际化的办学模式和就业创业工作给予肯定与赞赏。学校被评为“河南省高校就业创业指导课程建设评估优秀等级”。

学校积极挖掘区位产业资源优势，探索校政合作，加强学生创新创业工作的新途径，5月20日，与郑州航空港经济综合实验区跨境电子商务示范园签订毕业生就业实习协议，并举行了就业实习基地揭牌仪式。7月12日与郑州市经济技术开发区签订了合作仪式，双方表示将在“优势互补、互惠互利、共同发展”的原则下进一步推进合作关系，从而实现高校就业和区域经济的共赢发展。学校以提升毕业生就业质量和创业意识及能力为核心，强化服务，注重指导。10月23日，学校配合河南省教育厅人社厅、财政厅、发改委，与河南省大中专学生就业创业服务中心、河南省人才交流中心共同承办了郑州市郑东新区管委会、高新区管委会、经开区管委会协办的新梦想•2016年郑州市产业集聚区人才双选会暨秋季大型校园招聘会，来自省内外546家参会单位参加了招聘，共提供专业对口的高层次岗位1.63万个。10月24日，与中银国际证券有限责任公司举行了校企合作签约暨西亚斯学院首届“中银杯”证券精英挑战赛启动仪式。通过这一活动，同学们加强了对证券业专业知识的了解，开阔了视野，为做好人生规划提供了参考。10月31日，学校与“好想你枣业股份有限公司”举行了校企合作签约仪式。12月10日和12月14日学校分别召开了重点企业就业（实习）双选会和网络视频招聘会，共邀请京东、百禾传媒、海信电器、富士康、郑州新东方、精华教育、好想你枣业等175家专业对口、层次高的重点招聘单位参与本次招聘，其中上市公司31家，国有控股、外资企业56家，省外企业34家，提供岗位3160余个，达成求职意向的学生共有1647人。

【校园文化】学校中西合璧的建筑与布局让学生真实地感受到身处在国际化的大学，如中国园、欧洲街，法国、意大利、德国、俄罗斯、西班牙、伦敦、维也纳的风景，每一条街都体现所在国家的文化特色，展现着不同文化的交融。设计师独具匠心的设计，旨在通过校园建筑环境，营造中西文化的氛围，来帮助学生受到教育、熏陶和提升。活动育人，是学校实施“全人教育”的重要措施。学院将“两个课堂”即常规教学（第一课堂）、课外文化活动（第二课堂）都纳入学生培养计划。通过理想、信念和文化传承等活动，培养学生人格健全和道德完善。通过例行各种特色鲜明的主题活动，开阔中外师生国际视野，提高学生跨文化交际能力。2016年5月13日至15日，学校举行以《女性•使世界为之不同 拓展你的全球化社区》为主题的第十届女性成长论坛。国内外教育界、政届、商界等领域的杰出代表参加了论坛，会期3天，共有46场精彩的分论坛讲座。5月28日，学校举行第十四届访校日活动。这个活动来源于美国学校校友、学生、家长等会聚学校的一项传统活动，西亚斯借鉴这一活动，邀请社会各界朋友、学生家长参观、访问，分享办学成果，获得更多的支持和发展。9月19日，学校举行了2016级新生开学典礼暨迎新烛光晚会。10月30日至11月5日，学校举行了第18届国际文化节。在为期一周的时间里，陆续举行了亚洲日、拉美&非洲日、欧洲日、北美&澳洲日等独具特色的国际日活动，来自学院的外籍教师及留学生代表以不同主题、不同形式奉献的视觉文化盛宴将引领现场观众踏入丰富多彩的民族文化圣殿。学校200多个充满生机的学生社团、啦啦操等高水平运动队、交响乐团系列音乐会等高水准的体艺竞技展演活动等，营造了国际化全人教育的浓厚氛围。学院最大的学生社团军乐团，有600多名学生参加，多年来承担了河南省大型活动迎宾仪仗任务，多次赴泰国和台湾等地区和地区高校交流演出，先后获省级以上奖励79项，国家级1项，被河南省教育厅、河南省文化厅等单位联合授予“河南省校园文化艺术工作先进集体”“河南省校园文化建设先进集体”等荣誉称号。

【办学成果】2016年，完成了各批次的招生计划，均在第一志愿完成录取。生源结构不断优化，本省本科文、理科录取最低分高出省控线30分和47分，艺术类文、理科分别高出省控线32和38分，专科文、理科分别高出省控线133分和142分。组织学生参加校外学科竞赛53场，获省级以上奖励255项，其中，国家级奖励44项。在2016中国大学生计算机设计大赛中获得三等奖，李伟等6名学生分获2016第六届全国大学生物联网创新设计大赛二、三等奖，在2016年CCTV杯“中国好学生”英语大赛中，王海珍、高祥人等学生分获一、二等奖，在2016年12月4日学校辩论队荣获第七届世界华语辩论锦标赛河南赛区冠军，11月18日举行的第十届“新道杯”全国大学生创新会计人才技能大赛挑战赛中吕梦等8名学生获河南赛区“一等奖”“二等奖”及国联赛“优秀奖”，在2015—2016全国啦啦操锦标赛暨全国啦啦之星争霸赛中获1个特等奖、8个一等奖、6项第一名，体育学院成爽老师荣获“优秀裁判员”荣誉称号，张怡雯老师和孙凯老师荣获“优秀教练员”称号。

2016年，被河南省教育厅评为“2016年河南省优秀民办学校”；经教育行政部门和行业组织推荐、公开评议、投票表决，荣获“河南省民办教育行业知名品牌”称号；在新华网主办的第七届“大国教育之声”评选中，荣获“2016年度•中国品牌影响力中外合作院校”和“2016年度•就业典型高校”荣誉称号；荣获“河南省高校维稳安保工作先进单位”荣誉称号，学校保卫处荣获“郑州市高校维稳安保工作先进集体”荣誉称号。理事长陈肖纯博士荣获2016年度河南省民办高校教育工作先进个人荣誉称号。国家主流媒体对学校取得的成绩进行报道。5月4日，中共中央政治局委员、国家副主席李源潮亲切接见本校优秀毕业生韩璐璐等全国优秀青年代表。6月29日，《中国青年报》在头版“青春建功十三五”专栏以《韩璐璐：让志愿者旗帜飘扬在27万人的工业园》为题，对韩璐璐的先进事迹进行了报道。5月26日上午，陈肖纯理事长出席英国伯恩茅斯大学与河南新能源商会合作共建中国创新中心启动仪式，并发表讲话。中国创新中心启动仪式暨城市绿色发展与科技创新国际高端论坛是由英国伯恩茅斯大学与河南省新能源商会共同发起，旨在促进中英之间在创新领域的深入合作，探讨国际新趋势、新思路、新模式和新经验。7月23日，Plug and Play中国总部正式签约落户中关村智造大街。理事长陈肖纯博士出席中关村智造大街开街仪式与中关村智造大街签署了入驻协议。11月15日学校图书馆6万多平方米现代化图书馆投入使用。

（撰稿：杨雅涵　审阅：杨雅涵）

郑州工业应用技术学院

【概况】2016年，学校总占地面积131.93公顷，校舍总建筑面积64.20万平方米，其中教学行政用房面积36.08万平方米，运动场馆面积12.26万平方米。现有教学仪器设备总值1.385亿元人民币，校内实验实训室187个、校内实训中心35个、校外实习基地103个。馆藏纸质图书209万册、电子图书21万种、纸质期刊2335种，电子期刊数据库15个。学校现有专任教师1192人，其中，自有专任教师775人。自有专任教师中，具有正高级职称的教师104人、副高级职称教师176人，具有硕士及以上学位教师498人。学校有享受国务院政府特殊津贴的教师2人、国家级优秀教师3人、省级优秀教师8人、省级教学名师1人、省级学术技术带头人及骨干教师10人。学校设置12个院（系部），开设36个本科专业，涵盖工学、医学、管理学、经济学、艺术学、文学等6个学科门类，全日制本专科在校生2.3万余人。2016年，学校制订了“十三五”时期发展规划。

【领导班子成员分工】学校实行理事会领导下的校长负责制。校长杨光岐全面主持行政管理工作。校党委书记吴廷伟全面主持党委工作。常务副校长、党委副书记刘建协助校长处理科研外事、师资队伍建设工作，协助党委书记处理宣传、思想政治教育工作分管宣传部、科研外事处。校党委副书记、副校长张清华负责学生管理工作，协助党委书记负责日常党务工作，分管学生处、团委、就业创业、保卫处、后勤处。副校长、工会主席徐春华负责教学工作，分管教务处、工会、教学评建办、教学质量监测与评估中心、招生就业处、爱卫会、继续教育学院。财务总监司美玲负责财务工作，分管财务处、资产管理中心。

【本科教学工作评估】2016年5月23—26日，以金陵科技学院陈小虎书记为组长的教育部本科教学工作合格评估专家组一行11人对学校进行了评估。12月12日，接国务院教育督导委员会办公室《关于公布2015年和2016年普通高等学校本科教学工作合格评估结果的通知》，学校以优异的成绩顺利通过教育部本科教学工作合格评估。

【师资队伍】2016年，学校继续加大高层次人才引进力度，共招聘教师126人、思想政治辅导员30人、其他人员38人。学校围绕“师德高尚、业务精湛、结构合理、充满活力的高素质、专业化的师资队伍”建设目标，共评选出青年优秀教师37人、青年骨干教师10人、学科带头人5人、“双师型”教师48人、“双师素质”教师33人。同时组织开展了暑期教师培训、新教师岗前培训、青年教师达标课、师德演讲比赛、青年教师优质课大赛、优秀教案展评、中青年优秀教师（骨干教师、学科带头人）评选、师德标兵评选等活动。2016年，选派56名教师赴企业（行业）挂职锻炼，33名教师参加暑期“双师”培训。与教育部网络培训中心和国家行政教育学院分别合作，开展了两期网络培训，参训教师109人。2016年，学校教师入选河南省学术技术带头人1人、河南省中青年骨干教师3人。

【学科专业】学校以地方经济社会发展需求为导向，科学制定专业发展规划，按照“分类建设、突出重点”的原则，着力建设与地方产业需求紧密结合的专业。2016年，学校新增4个本科专业，分别是金融工程、商务英语、物联网工程、城乡规划，本科专业达到36个。通过充分论证，学校制订了《学科专业优化建设方案》，确立了机械工程、土木工程等5个重点发展和建设的一级学科和机械设计制造及自动化、车辆工程等9个重点发展和建设的二级学科。2016年，护理学、计算机科学与技术两个本科专业参加了全省专业评估，在公共艺术教育评估中被评为河南省第五轮普通本科高校公共艺术教育评估二类学校。

【科研工作】2016年，学校共获批市级以上科研项目738项，其中省部级科研项目立项18项。获得市级以上科研成果奖132项，发表学术论文837篇，其中发表高水平论文（SCI、EI、CSSCI、CPCI、北大核心、科技核心、CSCD等）172篇。2016年，申报专利200余项，获授权专利160项。2016年，学校新增企业管理研究所、太阳能应用技术研究所等8个科研机构。

【校企合作】2016年，理顺113家校企合作单位的关系。与华为技术有限公司、郑州三迪科技有限公司等6家企业合作，共建了华为网络学院实训中心、钢结构绿色建筑产业化体系研究实验室等5个实验室。与河南龙翔电气有限责任公司等企业合作，共建27个联合培养基地。与河南君和实业股份有限公司、华为技术有限公司等企业实施合作培养，开办了6个定向培养试点班。与河南森源鸿马电动汽车有限公司合作的“新能源汽车电器设计及结构设计人才的委托或联合培养、车辆控制系统核心技术的联合开发及资源共享”项目，获批为2016年省级产学研试点项目。河南省教育厅、河南省卫生和计划生育委员会、河南省中医管理局批准新郑市人民医院为郑州工业应用技术学院附属医院。

【毕业生就业创业】2016年，共举办各类专场招聘会130余场，举办就业创业专题讲座70余场次；开设《职业发展规划》《就业指导》《创业指导》三门必修课，开展了第二届“互联网+”大学生创新创业大赛、第三届大学生职业生涯规划大赛等活动。本专科毕业生共6082人，其中本科毕业生3148人，专科毕业生2931人。本科毕业生就业率为96.09%，专科毕业生就业率为94.27%。为82名毕业生办理了求职补贴，补贴金额为1000元/人。同时邀请社会第三方（河南省教育评估中心）对毕业生进行就业质量跟踪调查。为39名学生办理了《就业创业证》，对于成功运行3个月的学生创业项目一次性奖励创业基金8000元。学生创业项目在有事业单位人员、公务员等作为担保人的情况下每年可申请十万到三十万的小额贷款。以大学生创业孵化园为基础的“郑工众创空间”顺利申请并获批河南省首批高校众创空间建设项目立项。

【年度工作荣誉榜】2016年，学校被河南省住房和城乡建设厅评为“河南省园林单位”，被河南省民政厅授予民办非企业单位“先进社会组织”，被河南省教育厅授予“河南省依法治校示范校”，被河南省委高校工委评为河南省高等学校“先进基层党组织”，被郑州市教育局评为“教育系统平安校园建设先进单位”，被评为郑州市“维稳安保工作先进集体”“郑州地方高校信息化示范院校”，建工教学实训中心被省教育厅批准为第九批河南省高校“实验教学示范中心”，学校荣获第十届“新道杯”全国大学生创新会计人才技能大赛特等奖，荣获2016年度综治工作研究专项课题“优秀组织奖”，在“出彩河南”党建知识竞赛活动中获“优秀组织奖”，及“最具品牌影响力的十佳典范高校”荣誉称号。

（撰稿：郭敬源　审阅：张　亮）

河南检察职业学院
（国家检察官学院河南分院）

【概况】河南检察职业学院和国家检察官学院河南分院是一个机构两个名称，隶属于河南省人民检察院，接受河南省教育厅和国家检察官学院的业务指导。学院前身是1985年8月经省政府批准成立的河南省检察干部学校。学校属成人中专性质，以培训检察系统在职干部为主，主要承担河南检察干警的培训任务。1991年3月，经高检院批准成立中国高级检察官培训中心河南函授站。同年8月，更名为中国高级检察官培训中心河南分部。1994年4月，经省教委批准，从该年起，面向社会招收普通中专法律（检察）专业中专生，开展学历教育。2000年8月，经高检院批准成立国家检察官学院河南分院，主要承担全省检察官在职培训任务。2001年8月，经省政府批准，在省检察学校基础上成立河南检察官学院，为专科层次的成人高等学校，主要承担继续教育任务2003年4月，经省政府批准并报教育部备案，设置河南检察职业学院，为我国检察系统唯一面向全国招生的普通高等院校，主要承担法律专科学历教育。2014年4月，经省教育厅批复，与河南财经政法大学合办成立河南财经政法大学检察学院，培养检察系统需要的本科层次专业技术人才。

学院按照编制设置27个部门，现设25个。现有部门中，党委和行政机构13个，分别是：办公室、政治部组织处、纪委、工会、团委、教务处、学生处、培训处、保卫处、招生就业办公室、计划财务处、后勤服务中心、科研信息中心。教学机构12个：法律系、检察系、侦查系、司法管理系、信息管理系（尚未开展工作）、基础部、社会科学部、警体部、成人教育部、国际部、图书馆、检察技术试验中心。学院编制212人，现有教职工188人，其中副厅级4人（学院党委书记、院长、党委副书记、正院级调研员各一人），正处级5人，副处级25人，正科86人，副科41人，科员18人，工人2人，试用期干部7人。教授1人，副教授32人，讲师81人。

新校区于2006年9月投入使用，占地面积56.33公顷，现有建筑面积15万平方米，建有教学楼、培训楼、办公楼、400米标准化运动场、篮球网球场和学生公寓、餐厅等教学和生活设施。建有微机室，语音室，痕检、文检、侦查、教研实验室和模拟法庭，法律援助中心，鉴定中心等实训教学场地。图书馆藏书24万余册，其中纸质图书14万册，电子阅览图书10.4万册。订阅清华同方数据库，包括法律、文史、马克思主义哲学、科学、信息等五大类，折合电子图书61万册。订阅各类期刊520余种，报纸15种。

学院建设发展。先后通过了最高人民检察院组织的国家检察官学院分院评估、国家教育部组织的人才培养工作水平评估、省教育厅组织的全省高校德育评估以及团建评估、招生就业评估、体育评估、艺术教育评估等，分别获得优秀和良好。学院近几年被评为“全国检察教育培训先进单位”“河南省文明学校”和“河南省最具影响力的十佳职业学院”等光荣称号。学院党委被评为“河南省高校先进基层党组织”。学院连续两年被评为“行风建设先进单位”“省级文明单位”，党建评估工作被评为“优秀”。

【领导分工】党委书记万忠宪全面主持学院党委工作，院长田凯全面主持学院行政工作。党委副书记、工会主席刘秋香负责党委日常事务工作，负责工会工作，分管培训处，联系政治部、纪委。副院长蔡云川分管办公室、学生处、团委，联系法律系、国际部。副院长殷宏分管教务处、图书馆、技术实验中心，联系检察系、基础部。副院长邵军锋分管招办、保卫处、后勤服务中心，联系警体部、侦查系，纪委书记韩锦霞负责纪委工作，监管财务和科研中心工作，联系成教部。政治处主任史玉琴负责政冶部工作，联系司法管理系、社科部。

【培训工作】3月，学院被高检院确定为“全国检察机关民行检察业务特色培训基地”。学院充分发挥基地特色，加强师资培养，强化课程开发，共举办高检院和国家检察官学院交办培训班6期，全国民行业务培训班2期，培训全国检察干警898人（次），有效发挥了培训工作在提升检察队伍素质、服务检察事业发展方面的重要作用。

学院全年举办各类培训班首次突破50期大关，达到55期，同比上升41%。培训学员首次突破7000人（次），达到7600人（次），其中检察机关学员7236人（次），检察系统外学员364人（次）。研究制定《民行检察业务特色培训基地建设方案（草案）》，举办3期民行业务培训班，培训全国民行干警561人，继续在全国省级检察培训机构中处于领先位置。

【干部选拔任用和职级晋升】5月，学院2人晋升到正处级（院领导）岗位，8人晋升到副处级领导岗位，13人晋升到正科级领导岗位，并对14名现任副处级领导、6名现任正科级领导进行了岗位交流。12月份，15人晋升为正科级，3人晋升为副科级。1人获批享受河南省政府特殊津贴，1名同志被评为副教授，3人被评为讲师，1人被评为省级优秀教师。学院组织人事和师资队伍得到有力加强。

【省级文明单位创建】按照省级文明单位管理条例，学院成立创建领导小组，出台创建方案，建立考核、评价、督导等一系列制度，充分调动各方力量，经过共同努力，顺利通过精神文明创建复查。

【学历教育】改革人才培养方案，明确双证书教育方向，教学工作展现新气象。坚持以学生就业为导向，确立“一总三分”人才培养方向，重新制定大专和本科人才培养方案。专科教育突出专升本、速录技能、自主创业等三个方面的引导和培养，大胆尝试两年制大专培养模式和专业设置。本科教育以适应社会需求为原则，调整课程体系，改革教学内容，突出司法考试教育，人才培养方向更加清晰。

组织参加河南省第三届“卓越杯”法治辩论赛，成功晋级八强，是进入前八名的唯一专科院校，教学质量显著提升。梁世重同学获得全国第六届环青海湖自行车比赛总成绩第一名，肖子威同学获得河南省十九届大学生田径比赛男子跳高第二名。在河南省大学生“华光”体育活动第24届篮球比赛（专科组）比赛中，本院获得女子专科组第六名，体育工作成绩显著。

首次召开奖惩大会，评选“十佳学生干部”“十佳学习之星”“十佳大学生”，对获得国家、省级和学院奖励的1427名先进个人和17个先进集体进行表彰，对26名学生决定劝退，对9名学生决定延长学业1年，学风、校风明显好转。

【科研学术活动】成立学术委员会，承办省行政法年会，举办14期龙湖大讲堂，邀请美国哥伦比亚大学李本教授等学术大家来学院讲学，承担多项最高人民检察院和省院科研课题。

【招生就业工作】加大招生宣传力度，利用报纸、网络、微信等多种媒体广泛宣传，动员全院教职工共同参与招生，选派人员组成招生小组实地进行宣传和接受咨询。经过努力，招生人数创下近年来新高，2016年，学院共录取本、专科学生2965人，专科生2567人，其中省内1975人、省外592人，专科新生报到率达到89%以上。组织优秀师资力量开展专升本教学，联合校外优秀辅导机构为学生进行指导。2016年，学院共有1096名学生参加专升本升学考试，826名学生被本科院校录取，录取率达83%，获批河南省唯一速录技能师认证考点，多名学生考取速录资格证，被省内外法检两院录取为书记员等，聘请创业校友、行业专家、优秀就业创业工作者等到学院举办就业大讲堂11期，通过面对面的讲解和沟通，引导学生树立正确就业理念，提高就业技能。

（撰稿：王　雅　审阅：田　凯）

河南医学高等专科学校

【概况】河南医学高等专科学校是河南省人民政府批准设置的一所医学普通专科学校。学校始建于1952年，前身是河南职工医学院，2002年开始招收普通专科学生，承担普通专科医学教育任务。

学校是河南医学高等教育资源的重要组成部分。有南北两个校区，南校区位于郑州市南龙湖宜居教育园区，北校区位于郑州市金水区。学校占地面积74.84公顷，校舍总建筑面积24.07万平方米，固定资产总值5亿多元。环境优美，交通便利，设施完善。

学校以普通专科教育为主，并开办成人专科教育。设医学系、护理系、药学系、检验系、医学技术系、基础医学部、思政教研部、公共基础部、体育部、继续教育部等教学单位，开设临床医学、护理、康复治疗技术、医学营养、药学、药物制剂技术、食品药品监督管理、医学检验技术、医学影像技术、医学美容技术、眼视光技术、卫生信息管理、助产士等20多个专业（方向）。

学校建有基础医学实验中心、临床技能实训中心、科学研究中心以及专业实验实训室135个。拥有一所直属附属医院（河南省第二人民医院），60个非直属附属医院等实习实训基地。附属医院2011年建成投入使用，规划建设为三级综合医院，设计床位1300张。

以科研实验中心为依托，建有低温医学、脑退行性疾病等2个省级医学重点实验室和老年病研究所、肿瘤研究所、低温医学研究所，承担有多项省部级和地厅级科学研究项目。

学校是河南省卫生职业教育中心、河南卫生人员培训中心、河南省全科医学培训中心、河南省临床技能实训中心等，承担全省医疗卫生人员岗位培训任务。建有国家职业技能鉴定所和卫生部职业技能鉴定指导中心河南分中心，开展职业技能培训和鉴定工作。

60多年的办学历史，近30年的医学专科教育，探索形成了“立足河南，面向基层，依托行业，服务社会”的办学定位，以及“适应城乡基层卫生工作需要，与医疗卫生队伍建设紧密结合，努力培养德智体美全面发展的高素质知识技能型人才”的培养目标。教育教学水平和人才培养质量一直处于全省同类院校领先水平，为河南的医疗卫生事业，特别是基层医疗卫生队伍建设做出了突出贡献。

学校是国家绿化模范单位、河南省省级文明单位、河南省文明标兵学校、依法治校示范校。学校多次被省卫生和计划生育委员会、省教育厅授予职业教育先进单位、全省学校行风建设先进单位、省直机关“五好党委”“平安校园”等荣誉称号。

【领导分工】党委书记杨朝宽主持党委全面工作；党委副书记、校长孙韬作为学校行政主要负责人和法定代表人，对外代表学校，对内主持学校行政全面工作；党委副书记王传中主抓组织、统战、宣传思想、精神文明建设、维护稳定、离退休干部管理，协助校长分管继续教育工作；副校长周斌同志协助校长分管行政后勤、财务、安全保卫工作；副校长吴平才协助校长分管学生、共青团、资产管理工作；副校长王黎协助校长分管教学、医学教育研究工作；纪委书记、工会主席谢尚乐负责纪检、监察、审计、工会、计划生育工作；副校长张进忠协助校长分管科研外事、教学保障及人事工作。

【专业师资队伍和建设】专业建设持续加强。结合专业教学质量标准建设和专业综合改革工作，推进各专业建设。完成了20个专业（含专业方向）人才培养方案的修订。护理特色专业建设进展顺利，医学影像技术、医学检验技术省级“专业综合改革试点”项目取得阶段性进展。护理（老年护理）专业获批首批全国职业院校养老服务类示范专业点。新增助产、预防医学和卫生信息管理三个专业并通过省专家组评估验收。特色校中期建设获省教育厅督导专家组的充分肯定。人才培养质量稳步提升。医学影像技术专业在第二届全国职业院校医学影像技术实践技能大赛中获团体三等奖，检验专业在第三届全国职业院校检验技能比赛中获团体二等奖，护理专业在2016年全省卫生职业教育护理技能竞赛（高职组）中获团体一等奖和优秀组织奖，创团体五连冠历史。2016年护士执业资格考试通过率82.4%，其中普招学生通过率达91.94%。网络教育学习空间试点项目顺利通过省教育厅评估验收，取得良好成绩。师资队伍建设加强。积极引进高层次人才，加强双师素质教师队伍建设、学术技术带头人及专业带头人培养。年内公开招聘硕士研究生教师9人，引进博士1人。考核推荐正高级职称3人、副高级职称12人。通过校内公开遴选等方式，7人从管理等岗位转岗到专任教师队伍。6名教师参加全省教学技能竞赛均获得优异成绩，其中2人获一等奖，并被授予“河南省教学标兵”称号。

【科研工作及对外交流】“脑退行性疾病医学实验室”入选省级医学重点实验室。科研实验中心建设稳步推进，已完成分子生物学实验室、生物化学实验室、细胞分析实验室、细胞培养室、PCR室、图像分析室等的建设工作。修订完善科研成果管理办法、科研经费管理办法，充分调动教职工开展科研的积极性，营造浓厚的科研氛围。2016年，发表科研论文128篇，其中SCI、EI收录2篇，其他CN期刊81篇，核心期刊论文数量有所增加，论文质量呈上升趋势。出版教材和专著18部。获厅（市）级以上教科研项目立项77项，同比增长97.44%，获教科研成果奖励23项、国家专利19项。积极开展对外学术交流，邀请国内外知名专家来本校进行学术讲座和科研指导。与西班牙胡安卡洛斯国王大学签订了合作框架协议。2名教师分别赴美国哈佛大学和凯斯西储大学进行“5451”研修项目。

【学生工作】 围绕“立德树人”根本任务，培育和践行社会主义核心价值观。以“讲树做”活动和大学生科技文化艺术节为载体，对学生进行爱国、爱党和文明教育。在河南省第15届大学生科技文化艺术节上，本校有5个节目获二等奖、7个节目获三等奖。参加全省高校“学宪法、讲宪法”主题演讲比赛，本校被授予优秀组织奖。本校田径代表队在省第19届大学生田径运动会上取得优异成绩，荣获“体育道德风尚奖”和“河南最美华光体育活动特色院校”称号。做好贫困生资助工作。发放校园和生源地国家助学贷款1858人，总金额1409万元，发放国家奖助学金2116人次，总金额691.8万元，发放学校奖学金、勤工助学、临时困难补助等3868人（次），总金额167.64万元。本校连续九次被评为全省学生资助工作和国家助学贷款管理工作优秀单位。按照“3456”工作体系，通过制作心理健康教育宣传栏、举办心理健康教育讲座、心理健康知识竞赛、专家现场心理咨询等活动，大力普及心理健康知识，做好日常危机干预，及时排除学生心理障碍。加强辅导员队伍建设。招聘士官生辅导员1人，组织全体辅导员参加“辅导员职业能力提升”专题网络培训，推荐1名老师参加河南省第五届高校辅导员职业能力大赛并获二等奖。举办第六届辅导员职业能力大赛。积极开展学生工作研究，3位老师的论文获得2016年全省高校辅导员优秀论文二等奖。药学系党总支上报的“高校贫困生造血式帮扶成长成才工程”获2016年河南省高等学校思政工作优秀品牌。

【招生就业】 招生工作实现新突破，争取招生计划3610人，比2015年增加500人。报到新生3452人，报到率为95.7%。首次开展单独招生工作，录取729人。首次开展军地合作办学，招收护理士官生40名，成为河南省第二个招收士官生的专科院校。第一志愿上线率文、理科达到200%以上。录取分数线居省内高职高专院校前列。毕业生就业工作扎实有效，本校2016届毕业生共3253人，通过举办供需见面洽谈会、专场招聘会、“三支一扶”、应征入伍、专升本和灵活就业等措施，就业率达到95.45%。开展了大学生职业规划设计活动和创业培训工作，积极探索就业创业工作新途径。

【学校建设】 学校建设发展的综合保障能力持续提升，实现全年预算收入2.1亿元，其中财政拨款14603.22万元，同比增长超过7.2%。加大对教学科研、图书设备和信息化校园建设等方面投入，全年共投入3298万元。强化资产管理，扎实做好资产验收工作，完成了物品及工程竣工验收项目230项。积极与财政厅沟通协调，加快办理房屋建筑物转入固定资产。强化预算管理，切实做到预算管理与资产管理相结合，优化固定资产增量。积极筹建9#10#学生公寓楼、风雨操场、教学实训综合楼等，完成了成教楼等改造项目的建设工作。对校园环境卫生进行了深度清理与整治。以节约能源为切入点，大力推进节能减排工作，提高资源的使用效率。

【服务社会】 积极拓展培训项目，完成全省乡镇卫生院全科医生转岗培训和骨干师资培训1456人，连续5年被省卫生计生委评为河南省全科医生转岗培训先进单位。克服国家政策调整等因素影响，稳定成人专科学历教育招生数量，2016年录取新生257人。学校培训中心全年承办全省护理管理、手术室专科护理等培训8903人（次），完成行业外其他各级各类培训2400余人次。职业技能鉴定工作稳步发展，完成人社厅4个工种270人的考核鉴定，核发证书2933本。卫生应急演练培训中心初步完成室外模拟场景建设、装备储备仓库建设，完成卫生应急院前急救实验室建设，承办了省卫生应急干部管理培训、2016河南突发急性传染病防控队伍检验性拉动演练，协助省卫生计生委应急办参与保障2016年小型移动应急平台联调联试工作。

【宣传工作和精神文明建设】 以纪念中国共产党成立95周年、长征胜利80周年为契机，开展系列主题活动，深化爱国主义教育。继续开办好“文明中原大讲堂”“道德讲堂”，邀请专家学者讲学。组织开展河南医专2016年度最美教师评选等活动，强化师德师风建设。加强学校官网建设，建好管好用好官方微博、微信等新媒体，开通“党建微信公众平台”，营造了积极向上的校园网络文化。加强对外宣传，在河南日报发表宣传学校发展的文章1篇，中国新闻网发表文章5篇，映象网新农观察频道发表文章8篇，中国高校之窗发表我校新闻信息154篇。完成了校园园区、景观、道路的设计和招标。结合弘扬中华民族优秀传统美德、评选表彰文明教师、文明处室和文明家庭。深化“我们的节日”、学雷锋志愿服务、“文明结对帮扶”等主题，开展形式多样的宣传教育、道德实践活动。学校顺利通过省级文明单位届中复查，并被省高校工委、省教育厅命名为2016年度省文明学校。

【群团工作】 工会认真履行“四项

职能”，坚持教代会制度，开展丰富多彩的业余文化活动，扶贫帮困送温暖，营造和谐的校园环境。加强劳模之家建设，4个劳模创新工作室顺利通过省教科文卫体工会验收。共青团、学生会充分发挥组织优势，从思想育人、实践育人、文化育人、服务育人等方面入手，努力推进工作创新，打造工作品牌，广泛开展富有特色的青年志愿者活动、社会实践活动等，以本校青年志愿者为主体、省直工委和河南电视台联合录制的《青春助力行动》专题片在河南电视台播出，在社会上产生了积极影响。本校荣获河南省大学生志愿服务计划优秀高校项目管理办公室和省直院校暑期社会实践活动先进集体。本校无偿捐献成分血志愿者服务工作站被国家卫生计生委与中国红十字会总会、中央军委后勤保障部卫生局联合表彰为“全国无偿献血促进奖”单位奖。

（撰稿：赵建国　审阅：李　威）

河南工业贸易职业学院

【概况】河南工业贸易职业学院是一所省属公办高等职业学院，具有60多年的办学历史。前身是1950年创建于开封的河南省财政厅粮食干部培训班，1953年迁址于郑州。1965年成立了河南省粮食学校，1997年易名为河南省经济贸易学校，2004年经河南省人民政府批准，成立河南工业贸易职业学院。

学院占地总面积33.94公顷，龙湖校区29.36公顷（校园东侧现已划拨出去2.85公顷），优胜校区4.58公顷。校舍建筑总面积16.3万平方米。龙湖校区拥有3幢教学楼、1幢实训楼、105个实训实验室、5个省级示范性实训基地（粮食加工、电工电子、数控技术、汽车检测与维修、物流管理）、1个省级实训基地（移动电子商务)、1个国家级实训基地（汽车检测与维修）。学院固定资产总值约3.06亿元，各种教学设备总价值达8004万元。馆藏图书60余万册。学院设有9个教学单位，开设了粮食工程、机电一体化技术、移动互联应用技术、会计电算化、物流管理、室内设计技术、航空服务等41个招生专业（方向），初步形成了以粮食类专业为龙头，工、贸协调发展，具有粮食特色的专业群体。2016年学院招生4476人，在校学生达到12643人，形成了以大专学生为主体、中专和成人继续教育学生为补充的新格局。学院现有在职教职员工419人，其中在编339人、内聘80人。全院拥有博士研究生2人、硕士研究生学历（学位）的教师126人、副高级以上职称82人（其中正高9人）、中级职称144人。现有省级教学团队1个（粮食工程）、“双师”型教师81人、国务院特殊津贴专家1人、河南省优秀专家1人、省级骨干教师10人、省级学术技术带头人6人。学院被国家粮食局授予“全国粮食行业技能人才培育突出贡献奖”，被国家人力资源和社会保障部授予“国家技能人才培育突出贡献奖”，被教育部命名为“全国职业技术学校职业指导工作先进学校”，被省教育厅命名为“河南省职业教育特色项目学校”，学院人才培养工作水平评估被评为优秀等级。学院被评为“河南省最具影响力的十佳职业院校”，并被省委、省政府连续四届命名为省级文明单位。

【领导班子成员名单】党委书记：孙柏梁。院长：潘新超。党委副书记：李显杰，副院长：于学军、李杰虎、刘炜、李振伟、刘卫红、王铭，纪委书记：王修法。

【领导班子建设】学院党委高度重视民主集中制建设，学院党委集体决定的事项，每个党委成员都能坚决服从、认真落实，形成了互相理解、互相支持、团结一致、共谋学院发展大业的良好局面，避免了重大决策的失误。党委始终重视制度建设，建立和完善了党委会议制度，注重决策的民主化、科学化，充分听取广大干部职工的意见。建立和完善了工作报告、党内情况通报、情况反映、重大决策征求意见等各项制度，进一步扩大党内民主。形成了按制度办事、靠制度管人的长效机制。

【贯彻落实《规划纲要》】认真贯彻落实国家及河南省教育发展《规划纲要》，在教学质量攻坚取得成果的基础上，实施教学质量提升计划，加强内涵建设，突出办学特色，努力提高办学质量。学院启动“1135”教学提升计划，专业体系进一步优化。新增粮油储藏与检测技术、数字媒体应用技术、工业机器人技术、移动互联应用技术、网络营销等5个专业，现有招生专业（包括专业方向）41个。专业改革和课程优化进一步加强，河南省普通高等学校专业综合改革试点项目—会计（电算化方向）专业经省教育厅批准成功立项建设。第二课堂和讲座深受学生喜爱。教学管理方面进一步规范。学院修订完善《教师教学质量考核办法》《教师课堂教学行为规范》等制度，加强每日督导检查，有效保证了教学秩序的正常运行和教学计划的顺利完成。实验实训条件进一步提高。网络实训室、焙烤实训室、饮料蒸煮实训室、食品检验分析实训室建成投入使用，电子商务实训基地通过省级验收。智能校园建设取得新进展。2016年，学院网络基础建设、信息化门户建设、迎新系统建设完成。技能大赛硕果累累。组织学生参加各级各类技能大赛，电子商务技能、市场营销技能获得省级一类一等奖，会计技能竞赛、电子产品设计及制作获省级一类二等奖，计算机网络应用、汽车检测与维修、现代电气控制系统安装与调试、西餐宴会服务、中餐主题宴会设计、英语口语项目获省级一类三等奖。学院荣获第九届河南省高职院校技能大赛优秀组织奖。校企合作持续深化。通过校企合作带动相关专业群的发展，持续扩大校企合作范围。

【科研工作】 全院教职工在CN及以上刊物上公开发表学术论文227篇，出版学术专著20部，主参编教材、教辅读物11部；申请专利11项，立项省部级课题11项，获得省财政支持18万元，结项省级课题6项。科研成果获得省级一等奖2项、二等奖5项、三等奖1项，厅级一等奖13项、二等奖5项。修订了教科研成果奖励办法，2016年，共发放科研奖励资金78万元。

【招生就业】 2016年，共招生4476人，就业率96.22%，超额完成了省粮食局下达的3000人招生任务和毕业生就业率95%以上的目标任务。

【学生服务管理】 主动服务学生的意识进一步增强，实现了学生工作由“管理服务”到“服务管理”的转变。学生服务管理工作不断优化。理顺学生管理体系，将学籍管理、宿舍管理纳入学生管理系统，进一步规范了学生服务管理工作。加大早操、宿舍、上课出勤等检查力度，促进学生习惯养成。落实国家入伍政策，为24名入伍新生保留了入学资格，为50人申请了补偿学费或代偿国家助学贷款，共计496500元。落实国家“奖、贷、助、减、免”的政策。为家庭贫困学生提供了校内固定勤工助学岗位133个，创造资助经费3.99万余元。关注学生心理健康。为每位大一新生建立心理档案，共建档4455份，筛查出有严重心理问题的学生39个，并对其进行了心理咨询。学生综合素质明显提高。参加河南省第十五届大学生科技文化艺术节共获奖18项，参加省第十九届大学生田径运动会获得金牌1枚、银牌2枚，铜牌2枚。

【服务社会】 2016年，成功组织了粮食行业特有工种技能鉴定，共计鉴定531人。鉴定了省人社厅电工电子和汽车维修工种140人的职业资格。为登封粮食局、周口粮食局培训约150人。为豫粮集团130余名财会人员以及集团办公室、档案管理、人力资源等方面工作人员进行集中培训。积极开展教育扶贫、人才扶贫、公益扶贫，2016年本院被省直团工委评为省直大中专学生暑期社会实践活动先进集体。

（撰稿：焦艳娜　审阅：刘　炜）

小资料

中原工学院
党委书记：崔世忠
党委副书记、校长：俞海洛
创办时间：1955年
校址：郑州市新郑双湖经济技术开发区淮河路1号
电话：0371-62506888
邮编：451191
传真：0371-62506095
网址：http://www.zzti.edu.cn

河南工程学院
党委书记：周太良
校长：高丹盈
创办时间：2007年3月
校址：郑州市新郑龙湖镇祥和路1号
电话：0371-62508001
邮编：451191
传真：0371-62509983
网址：http://www.haue.edu.cn

郑州升达经贸管理学院
创办人：王广亚
董事长：王淑芳
院长：郭爱先
创办时间：1993年3月6日
校址：新郑市龙湖宜居教育园区文昌路一号
电话：0371-62566808
邮编：451191
传真：0371-62577766
网址：http://www.shengda.edu.cn

郑州大学西亚斯国际学院
理事长：陈肖纯
党委书记：费鹤祥
校长：陈思坤
常务副校长：董企铭
副校长：刘淑琴
党委副书记：李华峰
学监：韩小爱
校长助理：孙汝建
校长助理：郭学德
监事：肖云龙

郑州工业应用技术学院
校长：杨光岐
校党委书记：吴廷伟
创办时间：1997年
校址：河南省郑州市新郑新区中华北路
邮编：451150
电话：0371—85015000
网址：http://www.zzgyxy.com

河南检察职业学院（国家检察官学院河南分院）
党委书记：万忠宪
院长：田凯
创办时间：2003年
校址：郑州市新郑龙湖双湖大道1号
电话：0371-69970058
邮编：451191
网址：http：//www1.hnjc.edu.cn

河南医学高等专科学校
党委书记：杨朝宽
创办时间：1952年12月
电话：0371-62576630
传真：0371-62576649
党委副书记、校长：孙韬
校址：郑州市新郑龙湖镇双湖大道8号
邮编：451191
网址：http://www.hamc.edu.cn

河南工业贸易职业学院
党委书记：孙柏梁
院长：潘新超
创办时间:1950年
地址:郑州市新郑龙湖祥云路1号
电话:0371-60987888
邮编:451191
传真:0371-60987777
网址:http://www.hngm.cn

文化

CULTURE

·文化>>>

CULTURE

文化广电

【概况】2016年，文广新系统有在职干部职工471人，设办公室、人事科、财务科、宣传管理科、社会文化艺术科、政策法规科、行政审批科、产业发展科、广播影视管理科、电影管理中心、总编室、新闻部、栏目部、文艺部、制作部、技术部、播出部、广告部、图文信息部、广电信息网络中心、豫剧文化演艺中心（副科级）、文化新闻出版管理中心（副科级）、文化馆、图书馆、炎黄文化中心等20个科室部门和5个二级事业单位。现有班子成员9名，其中党委书记、局长1名，副局长5名，纪检书记1名，工会主席1名，总编辑1名。2016年，获“河南省供片工作先进单位”“郑州市文化广电新闻出版工作先进集体”“黄帝故里拜祖大典筹办工作（2006—2015年）先进单位”“郑州市第13届绿城读书节先进集体”等30多项荣誉。

【现代公共文化服务体系建设】坚持重基层、强基础，实现市乡村三级公共文化服务设施全覆盖，跻身全省公共文化服务体系建设示范县（区）行列。把加强基层综合性文化服务中心建设作为公共文化服务体系的工作重点，启动了文化建设“三年行动计划”（即利用三年时间在全省率先实现高标准的基层综合性文化服务中心全覆盖），加强领导，加大投入，加快推进。全年投入1600万元，建成乡镇文化服务中心10个，建成起点高、规模大、设施齐全、功能完善的村级（社区）综合文化服务中心110个，建成记录特色村历史变迁的村史馆6个。市政府每年投资500万元，用于购买设备、开展各种培训，组织各项比赛及奖金费用，同时为每个村、社区配备一名文化管理员，每人每月300元补贴。“两馆一站”坚持优质服务，做好免费开放，RFID自助借还系统及24小时街区自助图书馆建成并投入使用，炎黄读书节活动已成品牌。通过完善设施、组建队伍、开展活动，全市公共文化服务体系基本建成，跻身全省公共文化服务体系建设

河南省首届艺术广场舞展演郑州地区选拔赛

示范县（区）行列。10月，郑州市公共文化服务体系建设推进会在新郑市召开，推广新郑基层综合性文化服务中心建设经验，新郑经验在永城、平顶山全省公共文化服务建设推进会上交流推广。

坚持重培训、活源头，扎实推进“百千万”文化惠民工程，实现文艺队伍建设和文化活动全覆盖。在总结前几年工作经验的基础上，把“百千万”文化惠民工程往深处做、向实处做。在群众文艺队伍建设和文艺骨干人才培养上，每个村（社区）都组建不少于4支不同类型的文艺队伍，全市共辅导各类群众文艺团队1050支，共培训各类文艺骨干、文化志愿者、爱好者10万余人。在群众文化活动开展上，全年共举办20多种、上百场群众性文化艺术活动，包括义写春联、迎新春书画展、象棋大赛、灯谜晚会、元宵节民间文艺调演、戏迷擂台赛、艺术广场舞和轩辕盛世锣鼓大赛等。各乡镇（办）都举办了群众艺术节。如孟庄镇广场舞大赛，23个村参与队伍达70多支，群众演员达3000多人，规模大、水平高，《中国文化报》等多家主流媒体纷纷聚焦报道。以“百姓大舞台”为载体，组织策划承办“缔景天城之夜”“魅力新郑·辉煌交通”“中秋夜·拥军情”等15场文艺晚会，“幸福新郑”2016年全民大联欢文艺总展演及“颂歌献给党·出彩新郑人”庆祝建党95周年文艺会演取得圆满成功。同时，组织“百场演出送农民”“共走创业路 同唱和谐曲”演出活动300多场，承办郑州市“舞台艺术进乡村、进社区”文化巡演126场、郑州市“舞台艺术送农民”12场、河南省中原大舞台和郑州市中原大舞台各4场，“2131工程”免费放映公益电影3070场，“公益电影送基层”活动深入社区、学校、市直单位放映528场。

坚持重传承、促创新，统筹推进文艺精品创作和非物质文化遗产保护，实现文化提升艺术普及100%全覆盖。组织文艺骨干和文化志愿者深入基层，开展艺术辅导工作，共开展市、乡、村三级培训60多期。根据非遗项目创编的《轩辕盛世锣鼓》已在全市普及，60多支民间演奏团队活跃城乡。以群众文艺骨干组建的文化志愿者广场舞队在上级组织的各种文艺比赛中屡获大奖，《溱洧踏歌》《共同的我们》在郑州市及河南省艺术广场舞大赛中均获一等奖第一名。《踏舞郑风》在郑州市及河南省中老年舞蹈大赛中分获一等奖、第一名。新华路盘鼓队、和庄镇盘鼓队全部荣获郑州市2016年华夏优秀传统民间文化展演一等奖。新排《焦裕禄》《梨园盛世》《生旦净丑》《退贿》《生日悲喜》《燕归来》等剧目，演出后备受群众欢迎。切实加强非物质文化遗产保护工作，“白居易传说”“耿氏香制作技艺”“中原民居营造习俗”被公布为第四批河南省级非遗名录项目。“欧阳修传说”“香包”“新郑时家牛皮鼓制作技艺”“新郑师家膏药制作技艺”4个项目被郑州市公布为第五批郑州市级非遗代表性项目。

【新闻宣传】积极推进新闻宣传创新，关注民生、贴近民情、聚焦社会热点，发挥媒体助政、舆论监督作用。2016年，在新闻节目中共开办《回眸十二五 精彩看新郑》《迎大典展风采》《平安新郑》《防治大气污染在行动》《两学一做》等13个专题栏目。全年编、审、制、播《新郑新闻》365期、专题类节目80期、连续剧490部、动画片2500集、电影1700多部、《快乐生活一点通》148期、小品、歌曲、相声等文艺节目600多段，公益广告、宣传片210条。在精品栏目升级打造上，办好《一周新闻综述》，使之成为具有指导性、总结性、民生性、可看性于一体的精品栏目。按照市委宣传部工作部署，策划和创办了《轩辕大讲堂》，结合全市阶段性工作重点，发挥广播电视媒体的优势，邀请各行各业的先进人物和专家开展专题讲座，大力弘扬新人新事新风尚，培育和践行社会主义核心价值观，文明行为蔚然成风，全年共制作播出70期。《道德频道》围绕公益论坛、传统文化讲座等栏目全天候播出15小时以上，弘扬主旋律，传播正能量。在外宣、创优工作上，完成中央级6篇、省级31篇、郑州市级52篇，在上三级媒体发稿量逐年增多。其中，有2篇作品荣获河南省县级台好新闻奖，1篇作品荣获河南省电视文艺牡丹奖一等奖，14篇作品荣获郑州市好新闻奖。在安全播出上实现零差错。坚持每片必审、重播重审，严把自办节目、影视节目质量关，确保整体节目内容健康向上、画面清晰、音质良好。加大审查把关力度，凡播出广告必须符合相关法律规定，并提供广告播出的所有手续，净化电视荧屏，完成自办节目和中央、省市台节目的安全转播工作。

【广播电视产业】加快有线数字电视发展工作，免收全市8万多户城区及乡镇成熟社区居民家庭数字电视视听费，全年共办理有线数字电视机顶盒4637台，安装新建小区12个2172户，维修用户9000多户。稳妥推进无线数字电视建设工程，深入全市各乡镇安装无线机顶盒4.3万户，实现有线、无线数字电视信号全覆盖、全免费。全面提高服务质量，日保修单及投诉明显下降。

【文化市场管理和“扫黄打非”工作】加大文化市场检查力度，严厉打击低俗演出、侵权盗版、网吧接纳未成年人、无证经营等违法违规经营行为。组织开展“净网”“清源”“秋风”“护苗”等专项行动5次、文化市场集中整治行动26次、查处案件202件、依法取缔无证歌舞厅3家、无证网吧18家、无证印刷企业1家。查

广播电视信息网络中心正在为市民办理有线电视机顶盒

获5起非法印刷、发行侵权他人著作权案件，共收缴盗版出版物40余万册，机器设备8台。

（撰稿：任文举　审阅：王同锋）

文学艺术

【概况】 市文学艺术界联合会（简称文联）是市委市政府领导下的全市文艺界人民团体，是党和政府联系广大文艺工作者的桥梁和纽带，成立于1984年9月，属参照公务员管理的全供事业单位，办公地点设在市人民路市委市政府大楼四楼，共有9人，主席1人，副主席1人。下设有办公室、秘书处、编辑室、编制人事科、创研室，管理作家、书法家、美术家、摄影家、音乐家、戏曲曲艺家、舞蹈家、电影电视家、民间文艺家、收藏家、高校文学艺术、企业文学艺术12个协会，各协会设主席1人，现有会员581人。

【2016年迎新春书画展暨非物质文化遗产民俗展】 在春节、元宵节期间，由市委宣传部、市文广新局、市文联主办，市文化馆承办的2016年新郑市迎新春书画展隆重开展。展出主要来自新郑市书协、美协等协会的会员以及爱好者的书法、绘画、剪纸各种艺术作品200多件，活跃了群众文化活动，营造了浓厚的节日文化氛围。同时，新郑市非物质文化遗产民俗展也同时展出，展出的民俗实物丰富多彩，图片内容生动翔实，准确而生动地记述了新郑人民生活的历史变迁，具有重要的现实价值和历史意义。

【“醉美新郑”摄影大赛】 为全面展示新郑“全域旅游”风貌、历史文化遗产和优美的自然风光，提升新郑知名度和美誉度，促进黄帝文化历史名城和田园临空经济强市建设，新郑市旅游和文物局、新郑市摄影家协会特举办“醉美新郑”摄影大赛。本次摄影大赛以“醉美新郑”为年度主题，分春、夏、秋、冬四个阶段，每个阶段分别以“醉美之春”“醉美之夏”“醉美之秋”“醉美之冬”四个专题进行季赛评选，年度进行总评选。

【溱洧之约、郑风徐来——侯和平、钟海涛书法艺术精品展】 1月26日，由新郑市委宣传部主办，新郑市文联、河南省研山鸣文化传播有限公司、河南如莲文化传播有限公司、大河画廊，大河艺术联合会承办的“溱洧之约 郑风徐来”侯和平、钟海涛是书法艺术精品展在新郑市郑州大学西亚斯国际学院开幕。本次展览共展出80副作品，作品主要书写的是《郑风》的内容。

【“七一”书画精品展】 为庆祝建党95周年，7月1日，由市委宣传部主办，市文联、市文广新局承办的“七一”书画精品展在市文化馆开展，新郑市书画爱好者近300多人参观了展览。书画展从4月份开始筹备，经过近3个月的作品征集、专家评选、作品装裱等程序，入选作品

2016年7月1日，在市文化馆举办书画展

200余件。

【《郑风》杂志】《郑风》以本土、原创为特色，耐读、新鲜，记录下生活中难忘的点点滴滴，深受广大读者的喜爱。为了给本土作者打造一个相互交流、共同提高的文化平台，编辑出版了纯文学刊物《郑风》，该杂志设有“郑韩揽胜”“红色记忆”“百味人生”“诗苑”“人生感悟”等14个栏目，64页，共8万多字。杂志坚持“本土、原创”原则，侧重发表新郑市作者的作品，发现文学新人，为大批文学爱好者提供展示平台，为新郑市文学事业的发展提供了良好载体。

【第二届文学艺术优秀成果评审】参与组织新郑市第二届精神文明建设“五个一工程”暨第二届文学艺术优秀成果奖评奖委员会评审，青年作家郭伟民创作的纪实文学《黄帝故里文化之旅》被评为新郑市第二届精神文明建设“五个一工程”获奖作品。在市委宣传部组织的出版“文明生态·留住乡愁”黄帝故里新郑故事丛书中，青年作家郭伟民的诗文集《南街》被列入出版项目。

【首届新郑民俗摄影大赛】为持续深入开展“文明生态·留住乡愁”——新郑市非物质文化遗产资源征集活动，充分展示黄帝故里新郑丰富的民俗文化风采，弘扬光大民族民间优秀传统文化，繁荣新郑市摄影艺术创作，活跃人民群众精神文化生活，决定举办首届新郑民俗摄影大赛，2016年12月1日开始征稿。

（撰稿：郭伟民　审阅：孙宏志）

文　物

【文保单位及景区景点】全市拥有不可移动文物点700余处，其中国家级重点文物保护单位11处，省级重点文物保护单位14处，郑州市级文物保护单位25处，县（市）级文物保护单位58处，馆藏各类珍贵文物达6万余件。新郑市充分发挥历史文化优势，积极开发旅游资源，建成了国家重点文物保护单位和国家4A级景区轩辕黄帝故里、中国侨联首批命名的爱国主义教育基地具茨山游览区、中国唯一将《诗经》摆到地面上的主题公园郑风苑景区、中国藏车最多的车马坑和国家3A级景区郑国车马坑景区。

【文物勘探与保护】文物勘探。对全市60家单位和个人进行了文物勘探，钻探面积约316.6公顷，规范整理了2016年文物钻探资料。

文物保护单位“四有”工作。完成了第七批国保和第七批省保保护范围和建设控制地带的划定工作，完善文物保护档案的编制工作。

开展行政审批。简化文物勘探行政审批流程，公开办事程序、服务承诺，为60余家单位和个人办理选址意见、土地预审、规划许可、文物证明。

可移动文物普查。共采集文物照片5万余张，上报文物藏品9578件（套），新建藏品账目文物2377件（套）。

馆藏文物管理。完善《文物库房安全制度》《文物藏品提用制度》《文物藏品出入库制度》《文物藏品注销制度》《文物藏品征集制度》等相关规章制度，严格按照制度进行文物保护工作。业余文保员管理。对全市80余名业余文物保护员，定期进行电话沟通，并根据梳理出来的文物保护点，新增业余文物保护员49人。

学术研究。积极创造条件，扶持、引导文博专业人员进行文物研究，撰写业务文章4篇。

【文物安全工作】加强组织领导，强化安全管理。始终把安全管理作为文物工作的生命线来抓，长年坚持领导带班制度，并对夜间值班进行不定时、不定期抽查，全年无一起文物安全事故发生。同时，市旅游和文物局和博物馆、车马坑、欧阳修陵园分别制订了安全生产应急预案，完善了应急救援体系。

馆藏文物安全管理。对博物馆供电照明线路、安全系统、监控设备、照明灯光等进行了检查维修，增添完善对讲机、夜间探照灯、安全头盔及防护盾牌、防爆钢叉等设备。全年对博物馆文物库房安全检查4次，组织

郑国车马坑发掘保护现场

防火防盗演练3次，馆藏文物实现第34个平安年。

田野文物安全巡护。对全市各级文物保护单位、田野文物采取网格化管理，建立日常巡查制度。对重点文物保护区、盗墓案件易发区域开展夜间突击检查24次，白天对田野文物进行巡逻检查共260余次。对国保单位——郑韩故城，保证每15天对郑韩故城及城内各重点区域检查一遍。

文物执法。全年处理各类违法、违规案件16起，所有案件处理到位。其中，刑事案件2起，行政立案2起，与城市行政执法部门等单位联动强制拆除违法建筑3起，经批评教育认识到错误自行拆除的违法建筑3起，处理疑似盗墓案件4起。追缴下挖污水管道施工中发现文物1起，追缴文物2件，并移交博物馆。

（撰稿：闵　博　审阅：樊战东）

地方史志

【概况】市地方史志办公室成立于1982年，成立时名称为新郑县地方史志编纂委员会总编室，全供事业单位。2012年更名为新郑市地方史志办公室，内设综合科、编辑室、年鉴科、历史文化研究科、资料室、编制人事科6个科室，23人，其中财政聘用5人。办公地点设在市政府办公楼四楼。2016年，贯彻落实国务院《地方志工作条例》和《河南省地方志工作规定》，认真做好乡镇志、《新郑年鉴》编纂、《新郑大事月报》编辑和以黄帝文化为核心的历史文化研究工作。获全省用志先进单位、黄帝故里拜祖大典先进单位、郑州市史志工作先进集体。

【乡镇（街道）志编纂】认真落实省政府《关于做好乡镇志编纂工作的通知》精神，5月和10月，先后组织5名乡镇编写人员、1名负责协调乡镇志编纂的业务骨干参加省、郑州市史志办举办的业务培训班。12月3日，在新郑市皇宫大酒店会议厅举办新郑市乡镇（街道）志编纂加压促阵会暨乡镇（街道）志编纂业务培训班。12月，孟庄镇已完成镇志初稿的编写工作，和庄镇、八千乡的资料收集工作基本完成。新建路、新华路、新烟街、新村镇扎实推进志书编纂工作，取得了初步成效。

【《新郑年鉴》（2016）编纂】为认真做好《新郑年鉴》（2016）编纂出版工作，年初下发编纂通知，对年鉴编写工作进行部署，就编纂内容、供稿范围、资料类型、进度安排及保障措施等提出明确要求。在编写过程中，对版面设计、栏目内容进行改革创新，增设“辉煌十二五、年度关注、重大活动”等栏目，图文并茂，突出新颖，突出地方特色。《新郑年鉴》（2016）共设37卷，全书计80万字，随文照片110幅，彩页60个版面。

【历史文化研究与宣传】编辑地情书籍。完成《郑州名水》编纂约30万字，由中州古籍出版社出版，是《郑州名典》的组成部分，是宣传郑州的地情丛书，极具宣传、推介、收藏和传承价值，为打造自然之美、社会公正、城乡和谐的现代化都市提供有力支撑。编辑《高拱传说》，精选120篇高拱传说故事，分为故事篇、传说篇、神话篇，表现了明代首辅高拱的传奇人生、聪明智慧、为民情怀、勤政廉政、情系乡里、乐于助人、宽广胸怀、机智幽默等精神世界。首期《乐天文学》出版发行，以文学弘扬白居易文化、反映白居易故里开发建设进程。

撰写地情资料宣传新郑历史文化。发表历史文化文稿30篇，7.6万字。《太山稽》《祝融》《彭祖》《郑桓公》《郑武公》《郑庄公》《乡恋》等发表在《郑州日报》上。中华传统文化中，成语故事是历史与文化的智慧凝结，蕴含着深刻的道理，其中很多耳熟能详的成语故事就发生在新郑这片土地。《白虹贯日》《宾至如归》《俯仰由人如桔槔》《害群之马》《仓颉造字：惊天地泣鬼神》《子都暗箭射颍考叔》等在《郑州晚报》“语出新郑”专栏上发表。

编辑家训家规。8月，经省史志办评选，在全省100多个县（市、

以新郑历史名人命名的街头游园——李诚园

区）提供的家训家规中，新郑市有高姓、白姓、范姓、柳姓、周姓5大姓氏家训家规共6篇录入《河南省家训家规》。根据省史志办征集《河南省家训家规》通知要求，以下发文件、电视飞播、微信等形式面向全市征集家训家规，查资料，做工作，先后数十次深入群众家中，找寻民间保存的家训家规，收集到白氏（白居易）、高氏（高拱）、范氏（范仲淹）、北街周氏、柳氏、梨河周氏、赵氏、李氏、刘氏、郭氏等30多个姓氏的家训家规，准备集编出版。

参与策划指导《白居易家谱（新郑卷）》的编写工作。《白居易家谱（新郑卷）》分为中华白氏、中原白氏、石关白氏、新郑白氏、碑刻文献、景区景点、宗亲活动、家谱编修、家族人物等部分。白居易家谱（新郑卷）修编的一个重大贡献就是确立了新郑白氏发祥地地位，通过大量历史文献证实白氏始祖白公胜出生在新郑、伟大诗人白居易出生在新郑，新郑既是白公胜故里，又是白居易故里。

【黄帝故里·新郑大事月报】《新郑大事月报》是记述全市重要工作和重大事件的政务类信息刊物，以资政存史，鉴往知今为宗旨。每月1期。栏目设置有“卷首寄语、特别关注、调研指导、谋划创新、工作动态、和谐奋进、媒体回眸、友好往来、每月一星、方志简讯”等。每月按时向省、郑州市史志办报送稿件，其中《新郑四乡镇上榜全国首批农村优秀学习型组织》《新郑加快智慧城市生态系统建设》《新郑市华南城荣获全国2014—2015年度诚信示范市场》《首届轩辕文创论坛在新郑市举行》等12篇稿件被省、市媒体采用。

【信息化与方志室建设】围绕加强方志室建设，积极采取多种途径，通过购买图书，借助到外地兄弟单位学习交流的机会，交换他们历年的志鉴、地情出版物和通过邮寄的方式与外地方志馆等部门交换志书的方式，购买、交换各类志鉴、地情书籍，并把资料和藏书进行整理分类。全年共交换购买各类志鉴、地情书籍366册。同时，结合新郑市公共文化服务体系建设，向市政府提出了加快新郑方志馆规划建设的请示。围绕加强地方史志信息化建设，充分利用现代传媒工具和技术，实现史志资料的数字化、网络化，依托黄帝故里新郑市人民政府网站开设新郑地情网站，设有史志动态、史志园地、志鉴研究等栏目。

【参与举办第十届黄帝文化国际论坛】4月7—8日，第十届黄帝文化国际论坛在郑州大学西亚斯国际学院成功举办。活动期间主要承担着论坛前期筹备、论坛现场的指挥等任务。从制定会务组实施方案，到前期各种证件、门票的设计，以及论坛内外包装、会场布置，时间紧、任务重、压力大，克服各种困难，确保了论坛的成功举办。

（撰稿：马艳辉　审阅：李　磊）

河南新郑黄帝故里文化研究会

【概况】河南新郑黄帝故里文化研究会秘书处位于新郑市人民路186号，成立于2008年，事业全供单位，在职职工15人。内设综合科、学术研究科、宣传科、基金外联科和编制人事科5个科室。2016年，研究会秘书处高举黄帝文化大旗，传承和弘扬中华优秀传统文化，努力推进新郑市文化事业的发展。

【《轩辕大帝》电影上映】经过多年筹备以及数次的专家和学者的剧本论证研讨，4月1日，中国电影史上第一部讲述关于黄帝、炎帝、蚩尤三位中华人文始祖的故事影片《轩辕大帝》登陆全国各大院线。此片以真实的史实史料为基础，以中华三祖炎帝、黄帝、蚩尤等人为主线，再现五千年前中华民族人文始祖征战融合、繁衍生息的历史场景。

【黄帝文化遗址遗迹普查】6月，河南新郑黄帝故里文化研究会和郑州市政协拜祖大典办公室联合对新郑市内黄帝文化遗址遗迹开展全面普查工作。经过近半年时间，走遍新郑市辛店镇、龙湖镇、观音寺镇、薛店镇、孟庄镇、新建路街道、新华路街道、具茨山管委会、黄帝故里景区等近10个乡镇、街道、管委会，拍摄图片千余张，翻阅《黄帝故里志》《黄帝故里通鉴》《黄帝故里文献汇典》等10余部文献资料，共勘察发现新郑市黄帝文化遗址遗迹地点近60处，唐至明清碑刻15通，整理出文字近4万字。把黄帝史迹同仰韶文化遗址和具茨山岩画结合起来进行普查，使得黄帝文化更加具有内涵和丰富性。

【六月六恭拜嫘祖】7月9日上午，河南新郑黄帝故里文化研究会在具茨山风后嫘祖宫前举行恭拜嫘祖仪式，河南新郑黄帝故里文化研究会、新郑市妇联、具茨山国家级森林公园管委会及部分妇女干部参加了恭拜嫘祖仪式，向嫘祖礼拜、上香，深切缅怀中华民族之母嫘祖的洪恩浩德。新郑市自1996年开始，于每年阴历六月初六接连举办恭拜嫘祖活动，以纪念先蚕娘娘嫘祖的功德。

【中华优秀传统文化培训】以弘扬中华文明、宣传优秀历史传统文化为己任，以经典诵读、表彰民间孝亲模范、集中培训、观摩学习等方式，分别在梨河镇第二幼儿园、万佳龙湖店、黄水路小学、新烟街中学、观音寺镇敬老院、梨河镇敬老院、新烟街中学等地方先后10次组织开展爱心宣传活动，针对各类人群进行专题教育活动。

【书籍出版及内部期刊发行】出版《炎黄文化与社会主义核心价值观》《岩画百年》等书籍。《炎黄文化与社会主义核心价值观》全面、翔实地记载了参加第三届中部六省炎黄文化论坛专家学者的发言内容及论文原文。为纪念中国岩画研究100周年，结合中国各地岩画的研究成果汇集编成《岩画百年》，此书详细记录全国各地发现的岩画点、分布情况、保护情况、已出版著作、存在问题等多方面，为中国岩画百年绘制出了一幅清晰的理论轮廓。

完成双月刊《华夏源》杂志46—51期的编辑出版工作。《华夏源》是新郑市黄帝文化和丰富的历史文化宣传的窗口和主阵地，汇聚了众多专家、学者的研究成果。第47期为丙申年黄帝故里拜祖大典和第十届黄帝文化国际论坛特刊。

【对外学术交流】5月14日，河南新郑黄帝故里文化研究会应邀参加在山西晋城高平市神农镇炎帝陵广场隆重举行的“问祖炎帝 寻根高平”海峡两岸同胞炎帝故里民间拜祖典礼。来自全国的各界人士和1000多名台湾同胞共襄盛典，一起拜谒中华始祖神农炎帝。

5月22日，由中华炎黄文化研究会主办、迁安市委、市政府承办的轩辕阁开阁仪式和首届中国迁安黄帝文化高端论坛、首届中国迁安“炎黄文化与创业创新”经济论坛在迁安市举行。应中华炎黄文化研究会之邀，河南新郑黄帝故里文化研究会全程参加了本次交流活动。

6月29日至30日，中国岩画学会2016年会在北京《艺术市场》美术馆举行，研究会作为团体会员应邀参加，对于中国岩画的现状进行了交流。

10月9日，农历九月九重阳节，丙申（2016）年中国·仙都祭祀轩辕黄帝大典在仙都黄帝祠宇隆重举行，研究会应邀参加。海内外同胞、社会各界代表齐聚仙都，共同缅怀中华民族人文始祖轩辕黄帝。河南新郑与缙云仙都已形成共祭格局。

（撰稿：陈君梅　审阅：胡瑞芳）

旅 游

TOURISM

·旅　游 >>>

TOURISM

旅游景区与风景名胜

【黄帝故里景区】 黄帝故里是中华人文始祖轩辕黄帝的出生、创业、建都之地，战国《竹书纪年》和汉代《史记》等史书均有记载。汉代建轩辕故里祠，历代迭修。明隆庆四年（1570）于祠前建轩辕桥，清康熙五十四年（1715），新郑县令许朝柱于祠前立"轩辕故里"碑。20世纪90年代以来，黄帝故里多次进行扩建，景区面积已达7万平方米，整体布局突出"中华之根"主题，从北到南依次为轩辕丘拜祖区、故里祠区、中华姓氏广场区，构成了"天、地、人"三大板块，气势恢宏，灿然有肃。

三月三朝拜轩辕黄帝古来有之。据战国《竹书纪年》记载"黄帝崩、其臣左彻者，削木为黄帝像，帅诸侯朝奉之"，唐代以后渐成"盛世官拜，乱世民拜"的规制。自1992年起，新郑市人民政府开始主办炎黄文化节；2005年升格为郑州市人民政府主办；2006年，炎黄文化节升格为黄帝故里拜祖大典，由政协河南省委员会主办；2009年，黄帝故里拜祖大典升格为政协河南省委员会、中华全国归国华侨联合会、中华全国台湾同胞联谊会和中华炎黄文化研究会联合主办；2012年升格为国务院侨务办公室、河南省人民政府、政协河南省委员会、中华全国归国华侨联合会、中华全国台湾同胞联谊会和中华炎黄文化研究会联合主办。2013年又增加国务院台湾事务办公室为主办单位，大典主办单位增至7家。2014年国侨办退出主办单位，主办单位成为6家。2015年保6家主办单位。黄帝故里拜祖大典继承和弘扬了中华优秀传统文化，加深了海内外华人对中华民族的认同感和归属感，增强了民族凝聚力和向心力，对推进海峡两岸和平统一发挥了重要作用，已成为弘扬文化、凝聚人心，推进中原经济区建设、实现中华民族伟大复兴中国梦的盛世国典。2008年6月，黄帝故里拜祖大典被国务院列入第一批国家级非物质文化遗产扩展名录。

黄帝故里景区于2003年被评选为国家4A级旅游景区，2006年被确定为全国重点文物保护单位，2010年被命名为中国侨联爱国主义教育基地、河南省爱国主义教育基地，2012年12月黄帝故里景区被国家标准委推选为国家级服务业标准化试点；黄帝故里拜祖大典荣获2012郑州市十大城市品牌，2012年12月壬辰年黄帝故里拜祖大典被第三届中国节庆创新论坛评为最佳传承传统文化节庆活动，2012年12月黄帝故里拜祖大典被河南日报报业集团评选为首届中原经济区（河南）100张名片之"文化河南"，2008年游客接待中心被命名为全国巾帼文明示范岗，2012年12月景区网站被国家智慧旅游服务中心评为河南省唯一一家全国2012优秀旅游景区网站，2014年12月，被批准为国家级服务业标准化试点。

【具茨山景区】 国家3A级旅游景区，位于新郑市西南具茨山管委会境内，距新郑市区15km，总面积12平方千米，是轩辕黄帝访贤问道、结公拜将、屯兵驯兽之地。主要有中国最古老的浑石结构石庙——轩辕庙、天下一绝——琴声回音、连心锁、天心坑、炎黄二帝山体自然巨像、嫘祖洞、中天轩辕阁、黄帝乾坤鼓、黄帝屯兵洞、有熊氏部落村等景观。

【郑风苑景区】 郑风苑景区位于新郑市区东部风光旖旎的郑韩故城和黄水

河畔，始建于2001年，长2千米，占地面积66.67公顷（水域面积13.33公顷），总投资约7000万元，2002年7月建成开放。是一座以《诗经·郑风》为主题的旅游景区，它将郑韩文化遗址与自然风景完美融合，巧妙展现了2700多年前春秋时期的郑国风情。苑内有镌刻《诗经·郑风》诗歌的21块奇石，形态各异，意趣盎然；苑内杨柳依依，碧波荡漾，汇聚了中国南北方名品荷花百余种，千姿百态，荷香四溢。郑风苑是一座集休闲、文娱、旅游、观光于一体的多功能文化休憩公园。

2010年园林管理服务中心对郑风苑进行了景观整治提升。在西岸中段修建了郑国东门，对苑内灯光设施进行了改造提升，安装了灯光监控设施，同时依照3A景区标准对苑内的公厕、浮桥等基础设施进行了改造，对郑风阁和文化长廊进行了彩绘刷新。

【郑国车马坑景区】 位于市区西南，是郑国国君的陪葬墓群。2001年4月发掘东周时期郑国一号车马坑，内葬多种豪华实用车22辆和40余匹马，是我国发现东周时期葬车最多的车马坑，其历史文物价值可与秦始皇兵马俑相媲美。该景区东、西、南三面发掘了5座大中型同期墓葬及大量贵族墓葬，其西北、南面还有两座特大型车马坑正在发掘。2010年至2014年，景区进行了全面提升改造，建成了郑公大墓保护房、3号车马坑保护房、游客中心、郑氏三公广场、子产园、弦高救郑浮雕、售票房，对景区道路进行了大理石铺装。

【新郑博物馆】 位于新郑市区黄帝故里西侧，是河南省县级规模最大、馆藏文物最多的博物馆。现存馆藏文物6万余件，主要陈列有裴李岗文化时期的石磨盘、石磨棒，全国最长的象牙化石（长2.65米）以及春秋战国时期的编钟、礼器等。

【欧阳修陵园】 欧阳修是北宋杰出的政治家、文学家和史学家。欧阳修陵园位于新郑市城西12千米的欧阳寺村，欧阳修家族墓群和欧阳祠堂所在地。园内殿堂屹立，碑石林立、古柏参天，一片郁郁葱葱，古有“欧坟烟雨”之美誉。

（撰稿：闵　博　审阅：樊战东）

黄帝故里景区管理

【景区管委会概况】 管委会成立于2007年4月，是郑州市编委批准成立的副县级事业单位，2008年1月17日正式挂牌。2016年3月28日，经市机构编制委员会研究，设立中共新郑市黄帝故里景区工作委员会，机构规格相当于正处级，为市政府直属事业单位，领导2正3副。主要职责是贯彻执行国家、省、市有关方针、政策和法律、法规；根据城市总体规划和经济社会发展规划，编制并组织实施景区发展规划，落实景区的建设、管理和总体规划的实施；贯彻执行国家、省、市风景名胜、旅游行业等管理方面的法律法规、规章和政策，合理开发景区资源；负责黄帝故里景区内的规划建设、文物保护、安全保卫、环境保护、经营管理、接待服务、市场营销等工作；负责黄帝故里景区的宣传教育、对外交流等工作，发挥黄帝故里爱国主义教育示范基地作用；负责黄帝故里景区招商引资和对外经济技术合作事项，按照规定权限审批和审核报批投资项目；负责督促落实黄帝故里拜祖大典中的各项筹备服务工作，承办各类拜祖活动；负责黄帝文化研究、宣传、展示及黄帝故里文化的传承、发展和知识产权保护工作；行使市政府授予的其他职权，承办市委、市政府和上级交办的其他事项。管委会内设办公室、拜祖大典办公室、宣传接待局、经营管理局、规划建设局5个机构，均相当于正科级规格。下属新郑市黄帝故里景区游客接待中心、新郑市黄帝文化传承发展中心。景区现有干部职工121人。

【主题活动】 完美婚礼完美举行。6月12日至14日，央视财经频道（央视二套）在新郑拍摄完美婚礼活动，景区管委会在人员组织、现场布置和对接协调方面全力配合，完成了拍摄任务。该节目于7月3日晚在央视播出。

2016年6月12日，央视经济生活频道《完美婚礼》栏目组携50余对新人在黄帝故里举行盛大的中式婚礼

诚信企业从故里起航。7月18日，由央视策划、农商行主办、故里景区承办的“诚信企业从故里起航”活动成功举行，参与拜祖的59家企业共同拜谒始祖，并庄严进行“恪守诚信、律言律行”的宣誓。此次活动践行了社会主义价值观，增强了黄帝故里对海内外炎黄子孙的吸引力、感召力和凝聚力。

培育英才从故里起航。利用高校开学之际，于8月18日，“培育英才从故里起航”公益活动在故里景区举行，对高考优秀毕业生以及品学兼优贫困毕业生代表颁发助学金，极大弘扬了黄帝文化精神，让更多的学子心系故里，传承了帮困助学的美德。

9月16日晚，以“月是故里明”为主题的中秋拜祖音乐大典在黄帝故里景区隆重上演，大典现场，一首首与月亮、故乡相关的作品，深深打动了现场观众，让大家沉浸在优美的旋律中和诗词中。

重阳节敬老孝亲从故里起航。10月9日，由好想你枣业股份有限公司主办，市委各单位共同协办的丙申年重阳节拜祖活动在黄帝故里景区隆重举行。活动当天，老年人组成的文艺会演向众多游客和市民展现了老年人的精神风貌，同时，新郑市各界还专门为老年人举办了义诊、反电信诈骗宣传、心理辅导、老年人维权等各式各样的志愿者服务活。

【景区管理】 经营管理有新突破。在经营上，景区内部千方百计促增长，创新特色抓收入，采取举办特色活动，加强摊位人员轮训，引导游客消费，截至2016年年底，景区收入达516万元，同比增长32%。在管理上，紧抓地宫整修、景区绿化、办公区域综合改造、轩辕桥姬水河进行整改等项目，景区面貌焕然一新，游客满意度持续上升，达到95%。

宣传接待有新突破。2016年，景区游客人数达260多万人次，同比增长21%；接待拜祖团队达340余场，同比增长5%。为进一步扩大景区知名度，开发拜祖新模式，规范散客拜祖，开展团队拜祖，满足不同游客团体的需求。宣传新渠道拓展，景区网站、微博及微信公众号及时更新景区新闻动态，加强与宣传部门和郑州晚报、郑州日报、郑州广播电台、新郑政府网、新郑电视台等媒体的联系，共刊发50余篇稿件，景区网站访问量达60万人次，微信公众号关注1000人，微博关注6万人。2016年4月8日，黄帝故里拜祖大典献礼微电影《回家》正式上线，全网播出。

规划建设有新突破。景区管理团队6次赴京，与规划团队进行深入交流，故里景区改扩建修建性详细规划取得重大进展。2016年11月，规划汇报会在新郑召开，市领导及相关部门对规划进行了详细修改。

导游服务有新突破。导游讲解培训。在家、国、根集旅游线路成熟之后，对导游词进行修改，通过实施一带一、带徒弟、你听我讲的方式，使每位导游都能熟练掌握新修改的导游词。服务质量提升。为来景区参观的游客免费发放高香，以创建河南省文明风景旅游区为契机，对导游接待中心进行整修，增设了大量人性化设施。如轮椅、婴儿推车、医药箱等；增设宣传标识，扎实推进服务标准化体制运行，做到标准可依。

【景区创新】 体制机制创新。不拘泥于科室限制，成立了多个分工明确的不同小组：礼仪创新小组、写作小组、市场营销组、旅游线路打造组、文明景区创建小组等。使专项人才集中成一个团队，能更好地推进工作。如，礼仪创新小组，在故里祠实施家国情怀、天人合一环节，按照三个一（一套服务流程：规范化的导游词、服装、道具、主持人；一条旅游线路：家、国、根、文化市集；一个文化套餐：不忘初心系列活动）的服务理念引导游客规范拜祖。再如，文明景区创建小组，一手抓景区服务设施改造，安装摄像头40个，对景区重点部位进行全天候无间隙监控，预计陆续完善升级为100个摄像头；投资20万建成广播系统和身份证识别系统，对游客文明游览进行规范化管理，不间断播放文明旅游须知，引导游客和周边群众文明旅游，同时，不断对配套设施修缮完善，各种图形和文化符号更加规范，服务功能明显增强。一手抓软件资料完

2016年8月18日，黄帝故里举办“培育英才从故里起航”活动

善。按照景区文明创建标准补充完善，对要求的一系列制度、图册等软件资料一一对照完善。在省级文明景区创建评比中，获得了第二名的好成绩。

【旅游安全】严格推行岗位标准，制订岗位安全生产标准，认真落实安全生产责任制，做到安全生产任务到人、责任到人。强化队伍建设，加强对安保人员的管理，实行点对点打卡制度、晨课制度等，提升安保队伍作风纪律。完善安保设施，统一配备安保服装，解决了管理区域增大带来的安保难题；实施领导带班巡查制度，对景区重点部位、重要设施进行24小时不间断巡逻。完善安全设施，投资完善景区监控系统、控制中心等安全设施，实现景区全天候、无间隙监控；新购置防爆叉、防爆棍等安全应急设备，为突发应急事件和安全事件处理提供保障。先后多次组织安保队伍技能培训、消防技能培训、应急突发事件演练等活动，持续提升安保人员的安全消防防范意识和解决应急事件的能力，确保景区全年无安全生产事故发生。

（撰稿：李春甫　审阅：王　超）

具茨山国家级森林公园管理

【概况】具茨山国家级森林公园管理委员会位于人杰地灵的中原腹地黄帝故里河南新郑西南20千米处。占地4667公顷，是国家AAA级景区、代管规划范围内涉及12个行政村，是一处多功能综合性国家级森林公园。

【发展理念】围绕一个重点——黄帝文化旅游景区建设。瞄准两大看点（国保、省保）——轩辕庙文物群、具茨山岩画。打造黄、红、绿三条线路——黄线，即拜祖线（拜祖台主步道，轩辕庙）；红线，即红色记忆（抗日民主政府、老区历史）；绿线，即生态线（二龙潭寻芳探幽）。统筹四项工作——景区建设、公园管理、社会事务、产业发展。突出五种文化——黄帝文化、佛教文化、神龙文化、岩画文化、生态文化。加快发展旅游事业，带动老区经济发展，引领老区群众致富，促进社会和谐稳定。

【景区建设】2016年，景区共接待游客99.97万人次，登记旅游车辆9000余辆。具茨山景区通过了国家3A级景区复验工作，完成由耕富公司牵头委托华东建筑设计研究院编制的《河南具茨山生态旅游区概念规划》文本。管委会督促耕富公司一方面进一步完善景区基础设施建设，另一方面通过狠抓景区安全，加强景区道路交通管控，节假日期间设卡禁止社会车辆上山，强化环境卫生整治等措施，给游客创造良好的观光环境，搞好文明接待等一系列措施，逐步提升具茨山景区档次。建立森林防火长效机制，进入防火期之前，与各处室、行政村签订防火目标责任书并定期进行检查，发现隐患明确整改时限，确定整改标准，落实整改责任。高效利用森林防火预警系统，通过远程摄像头对森林公园进行全方位实时监控。

特色养殖助农致富

【精准扶贫】2016年，会同驻村工作队通过结合脱贫攻坚“转、扶、搬、保、救”五项措施，针对辖区内10个省级贫困村和2个郑州市级贫困村296户926人，因户到人制订“N+2”帮扶计划和措施，积极促使贫困村实施互助金项目，完成800公顷土地流转，解放了辖区内的劳动力，实现辖区内所有贫困户全面脱贫，完成了精准扶贫、精准脱贫目标。

【社区建设与安置】具茨山社区是新郑市扶贫搬迁工作的重点项目，占地面积33.4公顷，总投资10亿元，项目分两期进行，规划建设安置房共41栋，3623套住房，总建筑面积56万平方米。该项目于2014年6月动工建设，分为两期进行，其中一期建设安置房22栋，1380套住房，建筑面积20万平方米；2016年年底，一期已交付使用安置房7栋，完成封顶进入后期维修调试阶段15栋，配建幼儿园和充电车棚全部建成。二期建设安置房19栋，2243套住房，建筑面积36万平方米。社区严格按照“六通十二有两集中”的标准进行基础设施建设。

（撰稿：王胜利　审阅：郭伟酬）

旅游管理

【概况】市旅游和文物局位于文化路1号，为市政府正科级事业单位，现有职工235人。2015年10月，新郑市旅游局和新郑市文物管理局合并为新郑市旅游和文物局，主管全市旅游行业管理、文物保护和博物馆事业的发展，内设办公室、编制人事科、文物管理科、执法督察科、行政审批科、旅游规划监督管理科、旅游促进科、安全科、古树名木管理科等9个职能科室和导游服务中心、旅游质量监督管理所、新郑市博物馆、郑国车马坑景区管理处、欧阳修陵园管理所、新郑市郑韩故城保护管理处6个二级机构。

2016年，被郑州市旅游局授予旅游工作先进单位、第七届讲解员大赛三等奖、优秀组织奖；被新郑市评为乙未年黄帝故里拜祖大典筹备工作二等奖、精神文明建设先进单位、统战工作先进单位、质量工作先进单位、工业和信息化工作先进单位、安全生产工作先进单位、人大、政协提案办理工作先进单位、党委（党组）中心组学习先进单位、“黄帝故里、市民大讲堂”活动先进单位等荣誉称号，并接受了省文明委、郑州市文明办组织的2016年度省级文明单位复审。

【旅游节庆活动】举办“5·18中国博物馆日”和第11个“文化遗产日”活动，向市民群众赠送了《郑州市郑韩故城保护条例》《古都新郑》宣传册，开展了文化遗产有奖知识问答。举办“2016年中华枣乡风情游”活动，活动以央视王牌栏目《乡约》演艺节目为序幕，于9月3日至10月7日在孟庄镇举行。活动期间共接待游客近5万人，实现收入近200万元。举办“2016中国新郑文化旅游发展论坛”，邀请多位知名专家、旅游企业、旅发委相关单位参加，与会的专家学者紧紧围绕“文化传承与全域旅游”主题，共同探讨新郑全域旅游发展思路。举办新郑市首届旅游文物专题培训班，组织市直各旅发委成员单位、旅游企业和单位中层以上人员120多人参加，共同学习旅游文物知识，提升业务能力。

【旅游行业管理】发展全域旅游新业态。大力发展乡村旅游，推动旅游与新型城镇化、易地扶贫搬迁、都市区现代农业项目建设等工作有机结合，开发了龙湖镇西泰山村千稼集、童乡亲子农场、君源有机农场、翠谷农业公园等一批乡村旅游产品。积极推进休闲度假旅游，加强对全市农家乐的行业指导，对评定合格的13家农家乐按照市政府规定奖补到位。发展养生旅游，推动龙湖镇泰山村养老项目，形成老年旅游服务品牌。抓好商贸旅游，抓住华南城、华商汇等商贸物流设施日益完备的大好机遇，培育“好想你”“雪花啤酒”等特色旅游商品品牌。抓好工业旅游，支持好想你枣业股份有限公司对其旅游服务设施的升级改造，开发和推广旅游产品。

加强旅游行业管理，提升游客满意度。对全市旅游景区实行科学化、规范化、精细化管理，定期组织卫生检查评比并公布。积极开展旅游行业标准化、规范化工作，完成了郑州心连心旅行社和新郑洲际假日旅行社的郑州市旅游行业标准化试点任务，精心做好安全、交通、客运、宣传、卫生等假期旅游工作。做好全域旅游交通标识牌勘测布点信息采集工作，新增了标识牌6块；新建A级旅游厕所25座，规范旅游企业月报、季报、年报等统计工作，督促旅游景区、企业及时将经营、接待情况进行网上申报。加强对局属讲解员的业务技能培训，全年共举办3次讲解员业务培训，提升讲解队伍整体素质。

完善质监管理，积极处理投诉。建立健全旅游质量监督信息通报制度，及时对旅游信息、投诉维权、温馨提示等相关信息进行更新，对旅游违规、失信行为通过公众信息网进行通报批评。

【旅游宣传营销】拓宽宣传平台。借助拜祖大典和中华枣乡风情游等节庆活动形成的旅游高潮，在报纸、网站、微信、微博等平台上推出了新郑旅游专版、专栏、专题。运用官方微信平台，开展最佳旅行社、最佳魅力景区、最受欢迎农家乐、最美导游员系列评优活动。推出“新郑智慧旅游”手机客户端，安卓系统下载量达1.73万次。开展旅游口号和Logo征集活动，并对评选结果进行网上公示。组织“醉美新郑”摄影大赛，分春、夏、秋、冬四个阶段，完成“醉美之春”“醉美之夏”“醉美之秋”阶段1500余幅作品评选工作，“醉美之冬”作品正在征集中。

发挥博物馆社会宣传功能。在市博物馆举办了“申猴朝岁——丙申新春猴文物图片联展”“春光·春色——魏贺君、师行坤、周其乐丙申中国画联展”“常平安书画作品展”等3个临时展览，获得群众一致好评。

舆论引导。全年共向上级部门及新郑市主要领导发送旅游文物小知识手机短信40余次。“新郑市旅游和文物局”微信公众号以宣传旅游文物工作为主，编发各类信息280余条。“悦读新郑”微信订阅号以发布旅游资讯为主，编发各类信息452余条。

【旅游安全工作】旅游行业安全监管。与各旅游企业、景区签订了旅游安全目标责任书、消防安全目标责任书、旅行社组团用车安全目标责任书，全年对旅游经营单位共进行拉网式安全检查17次。

（撰稿：闵　博　审阅：樊战东）

卫生 体育

SANITATION AND SPORTS

卫生 体育
SANITATION AND SPORTS

·卫生 体育>>>

SANITATION AND SPORTS

卫生　计生

【概况】 新郑市卫生和计划生育委员会承担市域内卫生和计划生育服务资源配置、疾病预防控制、卫生和计划生育应急处置、医疗机构和医疗服务准入管理、卫生计生监督执法、深化医药卫生体制改革、基本公共卫生服务项目落实、中医药行业指导管理、卫生和计划生育服务信息化建设、依法管理计划生育技术服务、组织指导流动人口计划生育服务、开展卫生和计划生育科技教育宣传培训、开展卫生和计划生育健康教育和健康促进等职责。内设办公室、党办、财审科、编制人事科、行政审批科、纪检监察室、宣教科、医政科、疾控监督科、基妇科、药政科、信访安全法规科、健康教育所、基本公共卫生服务管理科、科学技术服务科、新郑市市直计划生育管理办公室、新郑市流动人口计划生育服务管理办公室、发展规划与信息科等科室。

2016年，卫生计生事业通过深化医改工作，提升医疗卫生服务质量，实施两孩政策，提高公共卫生保障能力，人民群众得到更多的健康实惠。中央电视台《新闻联播》对新郑市基层基本公共卫生服务工作进行报道；辛店中心卫生院获评全国“2015—2016年度群众满意的乡镇卫生院”，新郑市被确定为国家级健康促进示范试点县；新郑市荣获全国计划生育优质服务先进单位。市卫计委、市卫生计生监督所、城关乡被表彰为郑州市卫生计生系统先进集体。在新郑市2016年度总结表彰会上，市卫计委被表彰为绩效考核优秀单位。

【卫生计生资源】 2016年，全市共有各类医疗卫生机构531家，其中卫生机构有5家，包括市疾病预防控制中心、市卫生计生监督所、市紧急医疗救援中心、市健康教育所、市计划生育服务站。各类医疗机构共526家，包括市直医疗机构4家，乡镇卫生院10家，社区卫生服务中心4家、门诊部7家、个体诊所76家、校医务室12家、社会办医院9家、标准化村卫生所267个、居委会卫生所28个、村卫生室109 个，开放床位2876张。共有卫生技术人员2855人，其中在编1782人，人事代理1246人。在编专业技术人才1491人，其中高级人才152人，中级职称458人，初级职称881人，具有硕士研究生33人，本科学历680人、大专学历778人。人事代理高级职称4人、中级职称263人、初级职称979人。全市共有在岗执业（助理）医师1418人、在岗执业护士1312人、乡村医生740人。

【新农合制度】 2016年，全市参合442086人，参合率99.90%，位居郑州市郊县（市）第一名。个人缴费增长至120元。开展多种形式的支付制度改革，对乡级27种、县级45种常见病实施定额补偿，县乡两级20种疾病实施单病种限价政策；提高各级定点医疗机构报销比例，乡级最高报销比例由85%提高到90%，县级由75%提高到80%，市级、省级及省外由60%提高到。2016年，全年新农合总补偿679297人次，补偿金额24102.25万元。

【基本药物制度】 全市10家乡镇卫生院、251个村卫生所、4家社区卫生服务中心全部实施基本药物制度，销售基本药物6874.6万元，让利患者1924.9万元。推行药品（疫苗）电子监管，推广处方点评制度，强化药品招标采购与合理使用监管。

【行政审批制度改革】严格按照“两集中、两到位”要求，积极转变职能、整合资源、简政放权，将9大项51个子项的行政审批事项全部进驻市政务服务中心，坚决做到“法定职责必须办，法无授权不可为”。公共场所卫生许可、医疗机构许可、执业医师注册等许可项目的审批材料全部进行精简，执业医师、护士的变更事项也由原来的7个工作日缩减为“即时办结”。2016年，共办理行政审批业务和便民服务事项6.68万件。

【信息化建设】全面完成10家卫生院、4家社区卫生服务中心和4家市直医疗机构居民健康卡应用环境改造工作。试点开展远程会诊服务，灵活运用市场机制，通过与电信运营商合作，基层医疗机构积极融入郑州医联体，与上级大医院联合，实现远程会诊服务。积极做好“基层医疗云计算”项目在新郑市的部署推广工作，全部完成终端设备接收工作。依托市公立综合医院，筹划市区域医疗卫生信息平台建设，实现“智慧医疗”。市公立综合医院信息服务中心主体工程已建成。

【公共卫生服务】建设覆盖县、乡、村三级公共服务体系，全市城乡居民均可享受到国家十二项基本公共卫生服务，建立健康档案625141份，0~6岁儿童系统管理率88.9%，孕产妇健康管理率82.14%，管理高血压患者45088人、2型糖尿病患者18211人、重型精神疾病患者1674人，为52065名65岁以上老年人进行健康体检，中医药健康管理服务目标人群覆盖率98%。继续实施免费增补叶酸政策，叶酸服用依从数3613人。严格落实“降消”补助政策，全年补助4414人次，补助资金132.42万元。深入推进片医“十进社区”“十进单位”“十进农村”活动，全面实施地图式定位责任服务管理，建立服务绩效机制，优化片医团队，分包任务到人，全市片医服务团队280个、562人，进行片医义诊98次，开展各项“十进”活动168次。在开展“片医服务家庭保健协议”签订工作的同时探索推广家庭医生签约服务，充分发挥片医体系和地图式定位责任服务管理的优势，将签约服务融入农村片医工作，签订家庭片医保健协议13.56万户，发放《新郑市居民健康服务卡》52065张。与蓝卡健康集团签署“互联网+医疗健康”战略合作框架协议，试点启动新郑市蓝卡“移动互联网支持下的分级诊疗、远程会诊、双向转诊”平台，探索建立由家庭医生签约服务为引导的“互联网+医疗健康+医养结合”的服务新模式。

【疾病防控】加强手足口病、结核病等传染性疾病监测防控工作，及时处理预警信息；开展传染病防治知识全员培训，培训416人；接种疫苗27.77万剂次，各疫苗接种率均在95%以上；汲取“山东疫苗事件”教训，组织全市对二类疫苗使用管理情况进行深入自查，规范二类疫苗采购流通渠道，按照规范运输、储存疫苗，建立专账，做好出入库登记和接种记录；积极做好学校卫生工作，顺利完成4321名学生的预防接种证查验工作；开展精神卫生知识培训52场次，参与群众2601人次，发放宣传材料2.6万份；开展心理卫生知识讲座和危机干预42次，参与群众3421人。

【基本医疗】召开全市医疗质量运行分析会，举办全市医院感染管理和临床检验知识培训会，深入实施系列改善医疗服务行动活动，促进核心制度落实；组织开展全市医疗机构医院感染控制、医疗废物处置、临床输血安全等专项检查，提高各单位依法依规执业意识，筑牢医疗安全底线；继续实施基层医疗综合服务能力提升工程，扎实开展卫生支农工作，创新实行团队帮扶，提升基层单位服务质量；探索推进医养结合、日间老年人照料中心等服务模式，推动医疗卫生服务延伸至社区、家庭，有效缓解“养老院不能看病、医院不能养老”的难题；加强中医诊疗区（中医馆）服务能力建设，深入开展中医医疗服务资源普查，举办中医中药知识与技能交流论坛，对全市中医药从业者进行中医病历书写规范集中培训，拓展基层中医药服务范围，提升基层中医综合服务区服务内涵；基层医疗机构接收健康一体机303台，并对相关人员进行使用方法培训，进一步改善农村卫生服务硬件水平和服务水平；组织全市742名乡村医生卫生专业知识考试，有效提升村医知识水平，筑牢基层服务网底。

【健康促进】巩固省级慢病综合防控示范区成果，市卫计委、国税局、疾控中心三支代表队参加全国首届“万步有约”职业人群健走激励大奖赛；圆满完成2015—2016年度健康素养促进行动项目健康巡讲活动，受益1090人，免费发放各类健康教育材料20余种4000余份；举办卫生健康大讲堂287场，参与15274人，发放健康教育宣传资料817种80672人份，投入资金95373元，开展各种卫生日宣传咨询活动120余场；发放手机健康短信454456条；健康科普志愿者注册登记161人，为健康科普工作搭建良好的人才梯队。完成1万人“两癌初筛”和5000人的人类乳头状瘤病毒（HPV）DNA筛查任务，2016年新郑市宫颈癌筛查应查1万人，实查1万人；乳腺癌应查1万人，实查1万人；人类乳头状瘤病毒（HPV）筛查应查5000人，实查5000人，检查结果当前正在汇总中；共为具有郑州市户籍的新生儿免费进行耳聋基因筛查9031人次；35种遗传代谢病免费筛查7158人次；进行免费听力障碍初筛8082人次；免费苯丙酮尿症及先天性甲状腺功能低下症筛查8947人次；全面完成郑州市分配给新郑市结直肠癌筛查工作1000人任务数。

【卫生监督】推进省级示范卫生计生监督机构和省级公共场所示范区的“双创”工作，促进卫生计生监督工作提质上档，已通过郑州市卫计委初审，待省卫计委评估验收；积极开展公共场所卫生、医疗卫生、生活饮用水、职业卫生、放射卫生及餐具集中消毒单位等监督执法，医疗机构量化管理30家，联合公安部门开展二次供水突发事件应急处置模拟演练。2016年，共办理卫生行政处罚案件228件，其中公共场所144件、医疗机构76件、餐消企业4件、生活饮用水4件，荣获2016年郑州市第四届卫生计生监督技能竞赛团体二等奖。依法开展征收社会抚养费案件70起；综合治理出生人口性别比偏高问题，联合公安、食品药品监管等部门开展“两非”专项联合执法活动11次，查处“两非”案件5例，完成出生人口性别比在上年度超出基点107部分下降10%的工作目标。

【紧急救援】全年共完成2016年春节全民大联欢、百姓大舞台文艺演出、丙申年黄帝故里拜祖大典、黄帝文化国际论坛、安全事故隐患排查大会、具茨山古禅寺观音塔开光、全省住房工作暨棚改货币化安置工作现场会、文化旅游发展论坛会、高招、中招、“好想你”中华枣乡风情游、黄帝故里拜祖大典、重阳拜祖活动、轩辕湖全民健跑等22起重大活动的医疗保障工作。2016年，共受理120电话1.5万次，派诊1.3万次，派出急救车辆1.4万台次，共接诊病人8493人。完成重大交通事故、塌方、爆炸、打架斗殴等十七起重大突发事件救援工作，共救治病人135人，出动救护车72台次，出动急救人员369人次。加强急救演练，加强业务培训，推动急救演练常态化，提高急救站快速反应能力。加强急救站的监督管理，注重指挥调度，有序开展院前急救工作。做好电话回访，回访电话3500余次，满意率99.89%。

【基础建设】为适应群众医疗卫生需求，市财政投资7亿余元，建设一个占地面积6.27公顷、二期预留用地面积6.67公顷、总建筑面积9.2万平方米、设计床位800张、停车位800个的市公立人民医院。市公立人民医院主体工程、外部装饰已经完工，累计完成投资4亿元。经新郑市委、市政府同意，建成后的新郑市公立人民医院将由郑州市中心医院全面实施托管运营，成为新郑市域内医疗卫生中心和三级医疗卫生服务网络龙头，进一步促进和提升基本公共卫生服务的能力和水平。同时，加快推进市级公立中医院建设和市妇幼保健院迁建步伐，两个项目均被列新郑市2017年重点项目。

【落实全面二孩政策】贯彻落实全面二孩政策，市委市政府年初将其列入2016为民十件实事；统一思想，集中开展政策学习，提高认识，明确责任；运用多种新媒体向群众宣传普及全面二孩新政策；简化登记程序，市本级和各乡镇（办）办事大厅设立生育证服务专职窗口受理生育服务证申请，实行一站式服务；积极落实一次性书面告知制度、代理代办制度、承诺责任制、首接负责制、网上办理等规定；加大技术力量投入，提供免费孕前优生健康检查服务和唐氏综合症筛查二级预防服务，支持妇幼保健机构标准化建设和综合医院、专科医院妇产科、儿科规范化建设；充分调动各种资源，加强出生人口动态监测，引导群众合理安排生育。2016年，全市共依法登记发放二孩证5015例，审批发放三孩证41例。

【宣传教育】坚持以开展环境宣传、媒体宣传、文化宣传、人口学校教育、创建幸福家庭等五项活动为载体，扎实推进婚育新风进万家活动。2016年，在主要交通要道，街道醒目位置设立人口计生公益宣传牌、文化长廊158块。设立婚育新风宣传街32条，刷新人口计生宣传标语1052条。利用“双节”“7·11”世界人口日等节日、纪念日，组织开展宣传服务活动36场次，宣传服务群众9.69万人次，发放避孕药具4000多盒、宣传品2.54万份。在《中国人口报》等上三级新闻媒体发稿252篇。依托各级人口学校开展宣传教育活动554场次，培训育龄群众10.28万人次。培育文明家庭、健康家庭、优生家庭、致富家庭、奉献家庭等各种类型的“幸福家庭”示范户1465户。

【计生服务】以“生殖健康村村行”为载体，开展妇女病普查普治服务。以“免费服务”为载体，开展规范的避孕节育服务。2016年，为全市6.9万余名康检对象提供三次免费健康检查服务，为7160名服务对象提供安全、有效的避孕方法。深化流动人口计划生育药具服务年活动，安装15台新型二代药具自助发放机，全方位、网络化、智能化、精细化的药具发放新模式得到进一步拓展。积极为符合免费条件的服务对象提供信息采集、宣传教育、体格检查、优生监测、营养素发放等服务，并将每对夫妇240元结算标准增加为455元。2016年，为4874对计划怀孕夫妇提供免费孕前优生健康检查服务，为4542名服务对象免费发放叶酸复合营养素，为2342对参加优生检测的服务对象提供早孕及妊娠结局随访服务。

【奖励扶助】2016年，共确认奖励扶助对象2266人，落实奖励扶助金253.792万元。特别扶助对象62人，落实资金47.232万元。特殊困难对象34人，落实资金18.408万元。独生子女父母奖励费发放对象10435人，发放奖励费250.44万元。节育奖对象2891人，落实资金34.692万元。50~59周岁计生家庭生活补贴对象6112人，落实资金293.376万元。独女领证家庭补贴对象255人，落实资金9.18万元。参合费补贴对象24095人，落实资金289.14万元。城镇奖励扶助对象829人，落实资金92.848万元。城乡居民基本养老保险计划生育补贴对象10833人，落实资金152.6万元。计划生育特殊困难家庭一次性救助29户57人，落实资金28.5万元。全市共有707名学生享受中招照顾10分录取政策。共帮扶计划生育困难家庭793户，投入帮扶资金物资合计23.79万元。

【计生管理】落实“八项”免费服务，做到流动人口与常住人口同宣传、同管理、同服务。扎实推进人口计生基层群众自治，在295个村（居）民委员会中，已巩固村（居）民自治合格村（居）295个，合格村（居）比例为100%，示范村（居）161个，示范村（居）比例为54.57%，实现群众自我管理、自我服务、自我教育、自我监督。坚持矛盾排查、案件办理、公示回访、错案追究、领导接待等12项工作制度。市乡两级信访干部深入开展矛盾纠纷排查，做好信访接待和信访问题的受理登记，并采取有效措施积极妥善处理群众反映的各类问题。

【城区管理与服务】2016年，全市3个办事处共清查已婚育龄妇女606人，流入育龄女性377人，流出50人；与全市104个单位签订人口和计划生育目标管理责任书，明确单位、社区及有关部门的人口和计划生育工作目标和任务；每月28号进行信息交流，积极推进人口信息双向交流反馈制度的落实，实现信息互通，资源共享；2016年，调研各类经济组织和社会组织45个，调查总人口13388人，通过调研，进一步夯实城区工作基础；对3个办事处示范化创建工作进行指导、验收和评估。全市有15个社区已打造为示范化社区，为城区育龄群众提供温馨、舒适的服务环境。

【流动人口管理与服务】建立全员流动人口统计制度和重点地区流动人口监测系统，开展区域协作，完善流动人口公共服务网络体系，为流动人口提供计划生育、基本公共教育、就业保障、社会保障、医疗卫生等均等化服务。2016年，为流动人口开展职业病防治4883人次，慢病防治3999人次、性病/艾滋病等传染病防治2507人次、生殖健康与避孕/优生优育1674人次，免费发放避孕药具2741人次，免费健康检查3018人，免费开展妇科病普查服务1941人。基本实现卫生计生公共服务全覆盖。

【政务公开和民主监督】积极开展好“下评上”“流动人口评计生”、月民主满意度测评等三项评议，开展好严守政治纪律严明政治规矩、严查四风问题和懒政怠政为官不为治理、月评比和效能监察等三项活动。着力推进“阳光计生行动”，全面实现政务公开零障碍、维权服务零阻力、依法行政零投诉、民主评议零距离。

【健康扶贫】发挥行业优势，担当社会责任，积极开展具茨山管委会郭老庄村精准扶贫工作，投入12855元为郭老庄村857名村民办理城乡居民小额人身保险，投入5700余元对村卫生室进行修缮。结合部门优势，实施健康脱贫，郭老庄村的贫困户59户161人，已全部达到脱贫线标准。制定卫生计生系统健康扶贫实施方案，从预防保健、健康干预、基本医疗、医疗保障、大病保险等方面开展系列帮扶工作，确保农村因病致贫人口全部享有基本的、安全的医疗卫生计生服务。

（撰稿：田胜利　审阅：宋雪梅）

爱国卫生

【概况】2016年，新郑市确定为爱国卫生工作“巩固成果年”。围绕一个中心，即改善城乡卫生环境，促进人民身心健康。着力两个提升，提升城乡环境卫生整洁行动质量、提升农村环卫体系建设水平。健全三项机制：健全部门联动机制。完善评优评差机制。落实网格化管理机制。巩固四个基础，健康教育、病媒防制、农村改厕、垃圾清运。抓好五个创建，坚持创建为民、为民创建理念，采取全面动员与单位自愿相结合、部门创建与行业创建相结合、综合创建与上下联动相结合。开展六项整治，对市容镇容、路容路貌、交通秩序、建筑工地、集贸市场、公共场所。实现两个确保，确保圆满完成年度爱国卫生各项目标任务；确保在郑州市的先进位次，巩固国家卫生城市创建成果。

新郑市被郑州市政府评为“爱国卫生杯银杯”，继续保持国家卫生城市称号，并于2016年7月参加全国爱卫会在成都召开的表彰会，新郑市作为受全国表彰12个城市之一参加会议，并上台领奖（河南省唯一受国家表彰城市）。

【国家卫生城市管理】充分利用报刊、广播、电视、网络、微信和飞信等传统媒体与新媒体的结合，拓展宣传阵地，畅通信息渠道，加大宣传报道力度，广泛动员社会各界，全市形成人人参与、齐抓共建的浓厚氛围，使各级各部门和全市人民都积极投身到巩固创建成果活动之中。结合2015年国家卫生城市复审暗访反馈意见，对照《国家卫生城市标准》，结合新郑市实际，重点开展市容镇容、交通秩序、路容路貌（河道、高速公路、铁路）、建筑工地、集贸市场、新型社区（村庄）城中村、机关单位（社

环卫工人在清洗城市街道

区）、公共场所（窗口单位）、积存垃圾清运、健康文明生活方式教育宣传等十项集中整治活动。我办积极参与督导新型城镇化建设、拜祖大典、大气污染防治、各级领导视察、调研等线路环境卫生116余次，组织日督查220余次，排查环境卫生问题1100多项，近4200多个问题，整改落实4182个，问题整改率为99.6%，为新郑市丙申年拜祖大典、省市观摩检查等活动的成功举办和大气污染防治工作提供环境卫生保障。新郑市城区在全年的考评中，分别于4、9月名列第一，1、3、10、11、12、月名列第二，5月名列第三。认真落实“日常检查、评优评差、媒体曝光”等制度，坚持“日督查、周检查、月评比、季奖惩、年终考核”机制，开展“三色旗”评比活动。组织周检查32次，周观摩活动12次，开展月评比12次，进一步完善和落实了“属地管理、部门联动、综合督查、量化评比”的评优评差工作机制和卫生工作例会制度、接访投诉制度、限期整改制度、垃圾有偿清运制度、目标管理制度。

【农村卫生工作】 以农村为重点，持续开展城乡环境卫生整洁行动。按照全国、省和郑州市爱卫办工作要求，依据《新郑市丙申年黄帝故里拜祖大典指挥部关于印发<新郑市丙申年黄帝故里拜祖大典实施方案>的通知》精神制定《新郑市丙申年黄帝故里拜祖大典暨城乡重点区域环境卫生综合整治活动方案》，在巩固前期城乡环境卫生整洁行动成果的基础上，根据郑州市新型城镇化、“美丽乡村”建设、大气污染防治及改善农村人居环境的要求，开展迎新春卫生大扫除、丙申年黄帝故里拜祖大典和重点区域综合整治、夏收秋收农村环境治理、冬季城乡环境卫生集中整治等活动，加强基础设施建设，改善农村人居环境。全年的爱国卫生工作被评为“爱国卫生杯银杯”。根据《郑州市人民政府关于对积存垃圾实施有偿清运工作的意见》（郑政明电〔2011〕97号）和《郑州市爱卫办关于对市域范围内积存垃圾实施有偿清运的工作通知》（郑爱卫办〔2011〕57号），开展垃圾有偿清运工作。全市各乡镇、街道、管委会定期开展垃圾清运工作，其中新村镇、郭店镇、龙湖镇对107国道、郑新路沿线垃圾进行清运，市城管执法局转运生活垃圾180万余吨，坚持科学创建、理性创建，在巩固、提高的基础上稳步发展，孟庄镇、和庄镇顺利创成省级卫生镇。全市成功创建国家卫生镇2个（薛店镇、梨河镇）、省级卫生镇4个（龙湖镇、新村镇、和庄镇、孟庄镇）、郑州市卫生乡（镇）4个（辛店镇、观音寺镇、郭店镇、城关乡）；省级卫生先进单位67个、卫生村（社区）49个；郑州市级卫生先进单位56个、卫生村（社区）42个、郑州市无烟单位242个，全市乡镇卫生管理工作再上新台阶。

【健康促进工作】 以控烟为重点，深

义务保洁员清洁乡村公路

入开展健康教育和宣传工作。广泛动员全市各级政府、企事业单位、学校和广大市民群众积极参与，全方位、多层次地开展卫生知识宣传和健康知识普及工作。加强主流媒体对爱国卫生工作的宣传报道，制作播放爱国卫生和禁烟控烟知识宣传片。结合全国爱国卫生月、世界卫生日、世界无烟日、全国爱眼日、全国爱牙日、全球洗手日和世界厕所日等各类卫生日，围绕宣传主题与宣传口号，组织各乡镇、街道、管委会和爱国卫生成员单位深入开展健康教育宣传“十进”（进机关、进社区、进学校、进企业、进商场、进宾馆酒店、进工地、进窗口、进公园、进家庭）活动，取得了明显成效。全年组织各项宣传活动300余场，健康咨询12万多人次，义诊4万多人次，发放各种宣传单、小册子、彩页35余万份，展出各种健康知识宣传版面1800多面次。抓好各行业健康教育工作，巩固健康教育组织网络，做好全市健康教育专栏的管理工作，结合季节宣传健康知识，针对寨卡、H7N9型禽流感、手足口等传染病，组织各级各单位及时更新宣传教育专栏，增强防病知识。印发防病保健知识材料8万余份，制作健康教育宣传版面500余块，出动宣传车辆100余台次，医务人员80人次，开展文明卫生劝导480人次，受教群众1万余人。

【病媒生物防制工作】 以环境治理为重点，扎实开展病媒生物防制工作。利用各种媒体，开展形式多样的宣传活动，市病媒生物防制技术指导中心开设热线咨询电话，负责解答群众疑问、指导如何正确使用防治措施，深入现场解决有关问题，形成了一股强大的病媒生物防制舆论宣传氛围。根据《郑州市爱卫办关于做好2016年病媒生物防制市场化运作工作的通知》要求，新郑市科学规划、精心组织，协调相关单位、部门通过全面地前期调查摸底、排查、确认新郑市病媒生物防制工作市场化项目的公共环境样本量，市财政拨出专款60万元以公开招投标的方式选择有资质的专业PCO消杀公司对城区市管公共环境的22条道路；36处公园、游园、湿地；各类绿地（含道路绿地）；2条河道的病媒生物防制进行市场化服务运作。按照“政府组织、地方负责、部门协调、群众参与、科学指导、社会监督、市场运作”的工作方针，坚持“预防为主，消杀为辅”的原则，根据病媒生物的生长规律，组织开展以“四害”滋生地治理为主的季节性集中防制活动，即：2—3月集中开展防制越冬蚊蝇，5—10月开展夏秋季蚊蝇防制活动春、冬季鼠类集中防制活动，向市委市政府申请专项资金，通过2016年2次全市集中灭鼠活动，2次集中灭蚊蝇活动，1次集中灭蟑活动，免费对77个部门、单位发放鼠类防制药物8吨、粘鼠板80箱、蚊蝇类防制药物200箱；引导各乡镇（办）、单位新建、改建、完善病媒防制设施50000余处，督导相关部门组织所管辖行业开展病媒生物防制专项活动60余次，督促相关部门在广场、游园、绿地等公共场所设置蝇笼6000个、诱蚊灯650余盏。将四害密度始终控制在国家标准要求的范围内。

（撰稿：王兴涛　审阅：赵建军）

体　育

【学校体育】 抓好常规管理。督查学校体育课程开设，落实课间操、课外活动开展情况，保证各学校按要求保质保量上好体育课，开发符合学校实际情况的特色体育活动，加快足球进校园活动的开展步伐，加强体育教研活动，举办体育教师基本功比赛、专业技能培训等活动。

搞好常规竞赛。落实学生常规比赛。除每年四次的常规竞赛外，5月进行了全市青少年足球技能比赛等竞赛活动。11月进行了新郑市第一届“市长杯”中小学校园足球联赛，极大地调动了学生体育锻炼的兴趣。深入贯彻实施运动处方教学模式。通过教研、观摩、学习、交流、研讨等方法，积极开展落实运动处方教学模式，努力采用以点带面的形式，使运动处方教学模式在体育教学活动中常态化。2016年全市共向郑州市申报了6所运动处方试点校，获批准3所，是郑州县（市）、区当中，获批准最多

小学生足球技能比赛

的县区。

加快发展“一校一品”特色体育活动的开展。“一校一品”是指各学校根据自己学校实际情况开展符合自身条件的特色体育活动，形成“一校一品牌，一校一特色”，丰富校园体育活动文化，促进学生“终身体育”观念的树立。4月份教体局在和庄镇中心校开展了全市“一校一品”特色体育活动推进活动，部分学校的特色项目进行了展示，其中市直小学的轮滑、黄水路小学的毽球、政和路小学以及外国语小学的足球都形成了一定的规模和特色。

积极开展足球进校园活动。足球进校园工作是全市近两年以来体育工作中的重中之重，各学校积极以足球进校园活动为抓手，大力推动学校体育又快又好的发展。教体局在外国语小学开展了足球嘉年华活动，在龙湖推展了足球工作推进会，举办了第一届全市青少年足球技能比赛，同时还举行了新郑市第一届“市长杯”中小学校园足球联赛，参赛球队47支，参赛人数达到554人，总体规模达到近些年全市校园竞赛的峰值，通过活动的开展普及了全市中小学足球基础，推动了全市足球进校园活动的开展。

【社会体育】2016年8月，体育中心充分利用媒体、宣传标语、网络平台等形式，大力宣传《全民健身纲要》《全民健身条例》和《河南省体育发展条例》，发放《全民健身指导系列之健康指南》《全民健身指导系列之健身指南》等科学健身资料10000余份，同时利用重大活动和体育赛事扩大影响力，逐步形成了人人自愿参与各类健身活动的良好氛围。

2016年3月，新郑市运动员刘瑞环参加了重庆马拉松赛暨奥运选拔赛上勇夺女子全程组冠军，并顺利拿到里约奥运会门票。8月，新郑市运动员敬亚利参加里约奥运会获得女子场地自行车追逐赛第七名，9月，参加全国场地自行车锦标赛获女子场地自行车追逐赛冠军。3月，新郑市运动员耿少卿参加了郑开国际马拉松赛、获女子全程组亚军，孟莹获女子半程组季军。10月，新郑市运动员常学闯参加全国举重冠军赛获85公斤级第五名。2016年7月，新郑市运动员张会越参加世界跆拳道品势锦标赛取得青少年女子两个项目的两块银牌。另外，2016年向省、市级体校输送优秀运动员卢凡、邱怡想等17人。

体育竞赛。2016年，体育中心先后组织了新郑市2016年中小学生春季田径运动会、乒乓球比赛、篮球比赛、冬季长跑比赛、青少年英才大赛。2016年，组队参加了郑州市体育节田径、篮球等项目，参加了郑州市农民篮球赛、郑州市小学生苗子选拔赛。郑州市气功站点展示赛等多项活动，并取得了优异的成绩。

老年体育。广泛开展老年人体育活动，陆续开展了新郑市老年人门球比赛、太极拳比赛、抖空竹比赛、放风筝比赛、广场舞大赛、健身秧歌比赛，以及老年人书画展示，参赛人数达到了5000余人。组队参加了郑州市老年人运动会，新郑市派出门球队、健身气功、健身秧歌、乒乓球、空竹、健步走等7支代表队。2016年申请郑州市资金145万元、市级配套资金180万元，对中心体育场南端门球场进行升级改造，将中心门球场打造成老年健身示范园。

群众体育。2016年组织了迎新郑市新年登山比赛、教职工乒乓球比赛、“农商银行杯”职工篮球赛、干部职工羽毛球比赛、“全民健身 健康新郑”主题活动月、风行杯全民健康跑等丰富多彩的群众体育活动。

场馆开放。定时开放体育场塑胶跑道，每天开放时间达10小时。全年到体育场锻炼的人数达30余万人次。

场地建设。对申报2016年实施农民体育健身工程的行政村进行实地考察，将符合建设条件的98个行政村上报市局，经上级审查批复并已安装到位。积极向上级争取六套乡镇体育健身工程，分别安装在辛店镇蓝天社区、鑫弘花园、薛店镇枣园路天途易居小区、溱水路清雅佳苑小区、郭店镇铜佛赵村，为群众就近健身提供了方便。投入1万余元对市域内的体育健身设施进行了全面的维修保养，为广大群众更好地从事科学健身活动提供了安全便利的健身环境。年内顺利完成了迎接上级对新郑市2016年农民体育健身工程的检查验收工作。

体质监测。中心专门成立国民体质监测中心，负责对新郑市3~69岁市民进行体质监测，每周三、周六专门定期为市民免费体质监测，通过身体形态、机能及素质等方面测试，数据分析与研究，综合分析，开具“运动处方”。另外，组织人员到社区、机关单位、学校等地为市民进行体质检测。

社会体育指导员骨干力量壮大。2016年体育中心全体教职工取得了国家三级社会体育指导员资格任职证书、有一半人员取得了国家二级社会体育指导员资格任职证书。2016年度组织了四期1200人的新郑市基层社会体育指导员培训班，体育中心全体人员分批分期参加了郑州市体育局组织的社会体育指导员培训学习，全体人员取得二级社会体育指导员任职资格。

校外活动。2016年5月，举办了全市青少年学生星星火炬才艺大赛，参赛人数达2000多人，组织了全国青少年星星火炬才艺大赛河南赛区的选拔赛。11月，举办了全市青少年学生“英语风采”大赛，参赛人数达2000多人。组织了全国青少年学生星星火炬英语风采河南赛区的选拔赛，均取得骄人的成绩。

（撰稿：时巧玲　审阅：冯　煜）

社会生活

SOCIAL LIFE

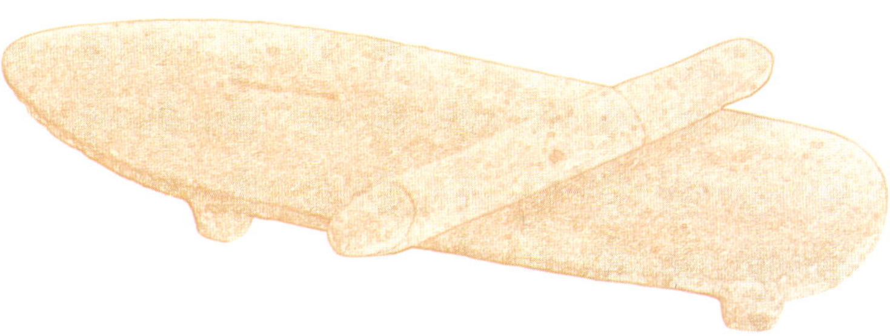

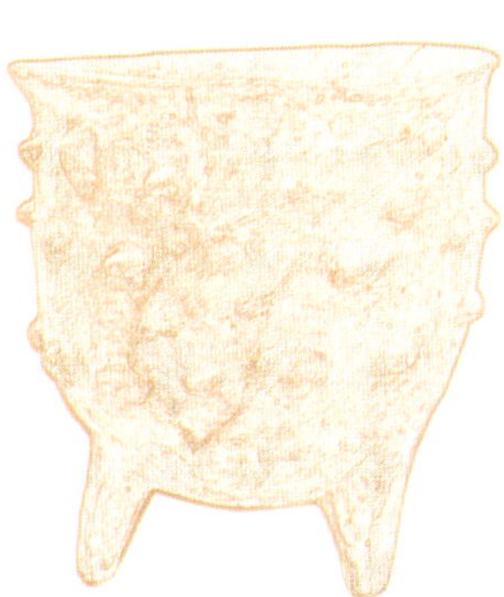

·社会生活>>>

SOCIAL LIFE

民政工作

【概况】 新郑市民政局位于中华路中段，内设10个行政科室，下属社区建设服务局、民间组织管理局、殡仪馆、人民政府地名办公室、殡葬管理所、军队离退休干部休养所、光荣院、烈士陵园、殡葬改革执法队、社会福利服务中心等10个事业二级机构。

2016年，新郑市民政局围绕民政工作要点和承担的政府十件实事、年度责任目标任务等，各项目标任务进展顺利，分别获得全省社会组织管理服务工作先进单位、郑州市社会组织工作先进单位、郑州市村务公开民主管理与和谐社区建设示范单位、郑州市民政局退伍安置工作先进单位、郑州市慈善工作先进单位，新郑市2015年度安全生产工作先进集体等荣誉。

【城乡居民最低生活保障】 提高城乡低保和农村五保标准。2016年7月，将城市低保保障标准由520元提高到550元，农村低保保障标准由290元提高到320元。规范完善居民家庭经济状况核对工作。城市居民最低生活保障工作已基本实现申请和审批程序化、资金筹措制度化、档案管理规范化、资金发放社会化和信息传输网络化的管理模式。实现动态管理下的“应保尽保”和“分类施保”。上年，累计核增753人次，核减3263人次，为全市城乡低保对象6309户11229人发放保障金3804.62万元。

【城乡医疗救助】 2016年，为3875人困难群众解决医疗救助款501.11万元，其中通过医疗救助定点医院同步结算4102人次，发放医疗救助款453.9万元。按照个人申请、民政局审批的程序发放182人次，发放医疗救助款85.2万元，很大程度上缓解困难群众看病难问题。

【农村五保供养】 将五保供养资金全额列入财政预算，在全省率先实行社会化发放。2016年7月，将分散供养五保老人供养标准由月人均348元提至384元，将集中供养五保老人供养标准由月人均580元提至640元。2016年，全市共有五保对象1243人。

【救灾救济】 开展扶贫济困送温暖活动，春节期间共下拨款45万元、面粉120吨、棉衣3100套、棉被3700条，下拨春季自然灾害生活补助资金59万元，为6名“两案”人员发放生活救助金17.37万元，临时救助资金163万元，为2439人次因病致困家庭发放救济款99.02万元，确保受灾受困群众基本生活不受影响。指导新郑市辛店镇袁集社区创建成为2016年度全国综合减灾示范社区。

【优抚安置】 全年为4396名优抚对象发放抚恤补助款1700余万元，为1346名享受抚恤补助的优抚对象缴参保参合费用21.6万元，为313名住院优抚对象发放医疗补助款25.8万元，为357名70岁以上重点优抚对象发放慢性病定额门诊补助金17.8万元，对2015年在部队立功、受奖和评为优秀士兵的37名战士发放奖励金1.36万元，为508名“生活难、住房难、医疗难”等三难优抚对象发放救助金20.61万元。对新郑市298名（其中团职40名，营级以下258名）新郑籍现役军官家庭进行集中走访慰问，优化全市优抚对象三级服务网络建设机制，重点完善网络服务制度。清明节期间，接待社会各界人士1000余人到烈士陵园开展祭扫活动，在9月30日烈士纪念日当天，组织开展2016年烈士纪念日公祭活动。

【社会福利】 全年共为全市孤儿553人次发放基本生活费42.81万元，为全市2人次艾滋病致单亲家庭未成年子女发放救助金6000元。为261名艾滋病患者发放定期定量补助金62.6万元。累计救助城市流浪乞讨人员191人，救助城市流浪乞讨人员中危重病人52人，弃婴18名。为2472人次特殊困难老人发放生活补贴117.7万元。开展农村留守儿童关爱保护工作，共排查出农村留守儿童315人、留守妇女21人、留守老人74人，全部建立台账，动态管理。为符合条件的困难残疾人1884人、重度残疾人2635人发放两项补贴526.15万元。

【老龄工作】 对全市100多家机关、企事业单位80周岁以上老年人进行统计核查，查出符合发放高龄津贴老人1240人，发放高龄补贴180万余元，重阳节期间，为每位百岁老人发放1000元红包。全市已批准社会办养老机构7家、入住2789人次，下拨养老服务机构建设补贴和运营补贴35.56万元。2016年，指导全市6家社会办养老机构投入资金300万元，对餐饮环境、住宿条件等硬件设施进行升级改造。新建成19所社区托老站，下拨建设奖补资金219万元、托老院护工经费23.36万元。投入300多万元为3800名符合助听器佩戴条件的老年人免费发放助听器。投入资金20万元，对100名养老护理人员进行护理技能培训和安全知识教育。

【社会事务】 提高殡葬管理与服务水平，全年共火化遗体4154具，其中新郑籍3032具、郑州市辖区及航空港区956具、外地市140具、无名尸26具。2016年7月1日起对新郑籍亡故人员，按照领取自愿原则，免费发放公益性骨灰盒。全年共完成结婚登记7116对，离婚登记2485对，补领结婚证1796对，补领离婚证103对，办理收养登记11人。全面启动新郑市第二次全国地名普查工作，截至2016年年底，已完成全市乡镇、街道、管委会的外业信息采集工作，收集各类地名信息5100余条，并完成坐标定位、多媒体等信息属性的采集及输入上传。对全市地名进行标准化处理工作，普查归类，统计出需要整改的不规范地名19个。对龙湖镇、郭店镇、薛店镇、辛店镇、梨河镇上报的110多条道路进行实地调查、审核，对13家新开发建设的项目名称进行审核备案。设置大小路名牌228块，其中单杆式路名牌140块、灯箱式路名牌88块。加强平安边界建设，将全市行政区域界线界桩全部更新。

光荣院里的老人与工作人员一起包粽子

【基层政权和社区建设】 切实强化城市社区服务专项经费管理，充分发挥城市社区服务专项经费的最大社会效益。根据对各街道、管委会、乡镇社区建设考核情况下拨2015年社区专项服务奖励经费460万元。联合组织部下拨社区专项服务基本经费230万元。按照《新郑市城市精细化建设管理12项重点工作推进方案》对“三级三类”市民服务中心建设的要求，对全市10个乡镇、2个管委会共35个社区服务中心居住区级社区服务中心建设工作进行督导。认真做好郭店镇海寨、鄢陵府、华阳寨、铜佛赵等社区“村改居”工作，6月完成社区居委会书记、主任培训工作。

【民间组织管理】 对全市所有教育培训机构进行排查登记，对无证教育培训机构的数量、规模、从业人数等情况建立信息台账，提出整改意见。新登记社会组织33家，备案5家，变更登记9家，注销登记1家。2016年社会组织增至230家，其中社会团体59家、民办非企业单位171家。对现有依法登记的201家社会组织进行年度检查，针对年审中发现的问题及时整改和处理，行业协会商会脱钩工作基本完成。对符合条件并自愿参加评估的社会组织及时开展评估工作，有13家社会组织达到3A级以上标准。

【慈善事业】 开展“快乐成长情暖孤儿”“慈善SOS”“传递温暖 呵护夕阳”“爱心成就梦想”“关注留守儿童 共享快乐生活”“衣暖人心—废旧衣物回收再利用”等各项工作，资助孤儿家庭、留守儿童、贫困学生、困难家庭、疾病患者等205人。

（撰稿：杨明辉　审阅：高新晓）

劳动和社会保障

【概况】郑州市社会保险局新郑分局位于新郑市中兴路与文化北路交叉口新郑市政务服务中心，是新郑市社会保险业务经办管理单位，主要负责新郑市社会保险的筹集、支付、管理、运营事务，组织实施社会保险的基础性、技术性、事务性和服务性工作。郑州市社会保险局新郑分局前身为新郑市社会保险局，2016年10月改现名，且编制内人员全部移交至郑州市人力资源和社会保障局垂直管理，内设办公室、基金财务科、社保综合科等16个科室，在政务服务中心一楼设有服务大厅，共有12个对外服务窗口，业务经办涵盖养老、医疗、工伤、失业、生育等5项保险9大类业务，实现各项社会保险的一站式办理。2016年，郑州市社会保险局新郑分局紧贴民生服务诉求，创新经办模式，完善管理制度，不断提升社会保险经办管理水平和服务质量，获"郑州市社会保障工作先进集体""郑州市人力资源和社会保障工作先进单位""新郑市绩效考核优秀单位"等多项荣誉。

【社保扩面】围绕全市"双融入、双承接"发展战略，以第三产业、新型市场和产业集聚区外来务工人员、新型社区转移就业居民、建筑企业农民工为重点，做到政策宣传先行、部门联合推进、优质服务保障，全力做好社会保险扩面征缴工作。全年新增开户企业78家。1—12月份，全市各项社会保险新增参保3.65万人，参保总人数达86.2万人，其中企业职工养老保险参保人数达到6.3万人，完成目标任务的101.4%；机关事业养老保险参保职工3.23万人；城乡居民养老保险参保居民累计达到34.4万人，参保率达到99%以上，60周岁及以上参保居民达到9万人，参保率继续保持100%；农村社会养老保险参保人数达3.48万人；城镇基本医疗保险参保人数达到23.14万人（其中城镇职工6.64万人，城镇居民16.5万人），完成目标任务的100.6%；工伤保险参保人数达到6.64万人，完成目标任务的105.3%；失业保险参保人数达到4.5万人，完成目标任务的105.7%；生育保险参保人数达到4.5万人，完成目标任务的131.9%。

【基金征缴】加大政策宣传引导力度，强化基金征缴和清欠工作，确保应缴尽缴、应保尽保。1—12月份，共征缴社会保险基金8.6亿元，其中征缴企业养老保险基金31174万元，完成目标任务的103.9%；征缴机关事业养老保险基金28175万元；征缴城乡居民社会养老保险基金2809万元；征缴城镇职工医疗保险基金15797万元，完成目标任务的101.9%；征缴居民医疗保险基金1423万元；征缴工伤保险基金2261万元，完成目标任务的133%；征缴失业保险基金2427万元，完成目标任务的323.6%；征缴生育保险基金1581万元，完成目标任务的126.5%。

【待遇发放】认真落实政策，各项社保待遇及时足额发放到位。截至12月底，累计为16.3万名参保对象发放各项社会保险待遇9.3亿元，其中为7324名企业离退休人员及遗属发放养老金（遗属补助）1.94亿元；为6874名机关事业单位离退休人员发放养老金3.21亿元；为9万名60周岁以上城乡居民发放养老待遇1.78亿元；为2817名原民办教师发放养老补贴332万元；为922名农村社会养老保险参保居民发放养老待遇10.4万元;为5.37万名参保职工和居民发放医疗保险待遇1.96亿元；为257名享受工伤保险待遇人员发放工伤保险待遇1359万元；为333名享受失业待遇人员发放失业保险金999.8万元;为735名享受生育保险待遇人员发放生育保险待遇965万元。社会保险待遇按时足额发放率和社会化发放率持续保持100%。

【调待政策落实】企事业离退休人员养老金同步上调，养老保障水平不断提高。圆满完成2016年度企业和机关事业单位退休人员养老金调整工作，1.31万名退休人员参与调资，其中企业退休职工6820人，人均月增资 165元；机关事业单位退休职工6276人，人均月增资208元，共补发养老金2367万元。

【特殊群体人员社会保险】全面做好规定病种人员、离休干部（伤残军人）等特殊群体医疗保障工作，为3620人发放门诊规定病种就医证，为3.4万人次参保职工和居民报销门诊规定病种费用1271.7万元，为8270人次离休干部（含二等以上伤残军人）报销医疗费用405.5万元。从保障退休人员医保待遇、参保人员缴费年限、降低用人单位缴纳过渡性医保费、提高床位费标准、提高转诊人员医疗待遇等五个方面进行政策调整，降低参保对象医疗费用负担；启动实施新郑市公务员医疗补助政策，提高医疗保险保障水平。"五大节日"慰问活动扎实开展，先后为432名离退休的老党员、劳模发放价值8.6万元慰问品。

【社保费率下调工作】下调社保费率发放稳岗补贴，为用人单位减负增效。从5月起，企业养老保险费率由20%下调至19%，失业保险费率由2%下调至1.5%，工伤保险费率整体下调0.3个百分点，各项费率调整后为辖区参保企业减负1800万余元。积极组织全市用人单位申报郑州市失业保险稳岗补贴，13家企业通过郑州市审核，获得补贴资金504万元。

（撰稿：田丽娜　审阅：郭玉玲）

残疾人事业

【概况】新郑市残疾人联合会成立于1989年8月，副科级规格，民政局代管，1997年12月升为正科级规格。2000年9月独立成为正科级单位。内设办公室、理事办、维权部、康复部、组联部、教育就业部、残疾人就业服务中心。办公地点位于中华路北段。

【助残工作】大力开展0~6岁残疾儿童抢救性康复工作，全年共有174名残疾儿童接受抢救性康复救助，给予15名听力残疾儿童每人2000元语训补贴。普查脑瘫儿童244名，均实名制登记。对到定点机构进行康复救助的智力残疾儿童每人每年提供12000元的康复救助。为5名成人听力残疾人免费配戴助听器，解决听力残疾人与外界交流难的实际问题。共为205名低保精神病患者给予每月100元服药救助款，共发放救助资金24.34万元。市残联在国家救助基础上每人给予200元补贴，共补贴资金40200元。为残疾人免费发放助视器、盲杖、拐杖、四角拐杖、轮椅八百余件，安装假肢18例，解决残疾人出行困难的问题。全年共有328名学前残疾学生及残疾家庭子女享受每生每学期500元的资助，提高残疾儿童学前入学率。资助30名义务教育阶段残疾人学生，每人每年200元。资助3名应届残疾高考生8000元，帮助其顺利入学。

【“帮、扶、包、带”工作】在全市范围开展党员结对帮扶活动，已累计慰问400多户贫困残疾人，慰问资金超60万元。帮扶残疾学生43名，发放帮扶资金4.8万元。全年共有1862人享受重度残疾人和精神、智力三级残疾人（非低保）特殊生活救助，发放资金603.297万元。有97人享受三无残疾人生活救助，发放资金33.75万元。全年共有161名重度残疾人享受“阳光家园”工程机构托养优惠政策，享受到每人每年1000元至3000元不等的托养补贴。全市共有1886人困难残疾人申请通过享受困难残疾人生活补贴，2636名重度残疾人申请通过享受重度残疾人护理补贴。同时，组织残疾人特色技能培训，培训残疾人841名，推荐320名残疾人就业。

（撰稿：袁艳蕾　审阅：周保华）

2016年11月1日，重度肢体残疾人轮椅发放仪式

民族宗教

【概况】新郑市共有30个少数民族（回族、蒙古族、藏族、维吾尔族、苗族、彝族、壮族、布依族、朝鲜族、高山族、仡佬族、满族、仫佬族、柯尔克孜族、德昂族、白族、布朗族、哈尼族、纳西族、黎族、傈僳族、拉祜族、土家族、瑶族、畲族、羌族、佤族、侗族、傣族、土族等），总人口5800余人，其中常住人口4800余人，流动人口1000余人，信仰伊斯兰教的回族人数4100余人。少数民族人口在500人以上的行政村有3个，即郭店镇华阳寨村、龙湖镇山西乔村、新建路办事处东关街居委会，其中郭店镇华阳寨为千人以上少数民族聚居村。

全市现有佛教、道教、伊斯兰教、天主教和基督教等5种宗教，共有信教群众57000余人（其中佛教约20000人，道教约8000人，伊斯兰教约4100人，基督教25000余人，天主教约230人）；宗教活动场所53处（基督教37处〈12处为以堂带点〉，佛教7处，道教3处，天主教1处，伊斯兰教5处）；宗教团体4个，即基督教“两会”（基督教三自爱国运动会，基督教协会）、伊斯兰教协会和佛教协会。

【政策法规宣传】以民族宗教三级网格为载体，依托“政策法规宣传月”，组织动员全市宗教界人士和信教群众，开展形式多样、富有成效的活动。2016年，共举办市级民族宗教政策法规、清真食品管理、使用技术培训等培训班4期，培训全市宗教团体、场所负责人600余人次；组织全市各场所开展政策法规学习宣传1期7天，3万余信众参加学习培训。通过培训，提高宗教界人士和信教群众的法律意识、公民意识和大局意识，提升依法管理宗教事务的能力水平。

【服务管理平台建设】 健全完善网上审批流程、限时办结、便民服务等服务型执法建设相关制度。做好“五单一网”和行政审批制度改革工作，结合“五单一网”运营情况和民族宗教法律规章的立改废情况，适时修改权责清单、审批清单、执法依据、运行流程等内容，进一步明确岗位责任，制定事中事后监管措施，强化权责事项网上公开透明运行，推动全市民族宗教领域权力运行和行政执法精细化、标准化管理。严格按照行政审批“两集中、两到位”要求，推进行政审批标准化建设工作。

【矛盾化解处理】 深化民族宗教网格化管理体系建设，对民族宗教工作重点区域实现“全覆盖”。健全矛盾纠纷排查机制，做好民族宗教关系的监测与协调，及时掌握涉及民族宗教的隐患苗头，依法妥善化解。完善突发事件预警、应急机制，增强应急处理能力，积极防范和妥善处理涉及民族宗教的突发事件，确保民族宗教领域团结稳定。

【民族工作】 民族团结进步创建 继续围绕“共同团结奋斗、共同繁荣发展”的民族工作主题，以“中华民族一家亲，同心共筑中国梦”主题宣传活动为引领，以民族团结进步创建活动进机关、企业、社区、乡镇、学校、寺庙（简称“六进”）为载体，夯实基层民族团结进步基础，扎实推进民族团结进步创建活动继续深入开展。荣获“郑州市民族团结进步示范单位”荣誉称号。

清真食品检查整顿 加强清真食品义务监督员的管理，充实清真食品监督员队伍的力量，持续做好清真食品义务监督员的管理培训工作，继续做好优秀监督员和“监督之星”评选工作，不断激励监督员充分发挥其市场监督员、政策宣传员、情报信息员和矛盾调解员的积极作用。不断深入开展清真食品牌证专项整治活动，共开展清真食品检查整顿5次，收缴各类非清真调味品、肉类8包（件），对问题突出、配合消极的商户下达责令整改通知书，规范清真食品生产和市场秩序，确保全市群众吃上放心的清真食品。

少数民族政策落实 积极争取各级少数民族发展基金，改善少数民族聚居地区基础设施和民生项目建设，提高其生产生活条件。2016年，共争取郭店镇华阳寨村修路（两条）、龙湖镇山西桥村完全小学操场改造、龙凤苑少数民族幼儿园清真厨房改造等4个帮扶项目，争取少数民族发展、帮扶资金75万元。解决少数民族群众出行难的问题，帮助少数民族师生改善运动环境。

【宗教工作】 **开展“和谐寺观教堂”创建** 在巩固“安全年”“教风年”创建成果的同时，继续扎实开展以“规范”为主题的和谐寺观教堂创建活动，以完善落实各项规章制度为抓手，不断提高场所管理的规范化水平。通过活动的开展，规范全市各宗教活动场所各项制度，培养一批“政治上靠得住、学识上有造诣、品德上能服众、关键时刻起作用”的宗教教职人员队伍，打造渔夫子路基督教堂、华阳寨清真寺等省级和谐寺观教堂先进示范点，促进宗教活动场所活动有序、管理规范。

宗教活动场所安全防范 按照“及时排查、工作在前、预防为主”的原则，会同消防大队多次对全市宗教活动场所的消防设备、电力线路、安全通道、火源管理及值班记录等方面存在的安全隐患进行排查。多次邀请市消防大队防火参谋对全市宗教团体、场所负责人进行消防安全现场演练。与各宗教活动场所签订安全目标责任书，督促各宗教活动场所成立消防安全领导小组，建立微型应急消防队伍，及时规范完善工作机制，确保人员到位、职责清晰、响应及时、场所安全。

宗教热点、难点问题解决 按照“保护合法、制止非法、遏制极端、抵制渗透、打击犯罪”的原则，打击清理一批不符合国家规定、没有按照要求依法登记的非法乱建寺观。制定颁发宗教活动场所标识牌，维护宗教界和信教群众的合法权益。对群众关心的乱设功德箱等问题进行专项整治，对全市合法佛道教活动场所功德箱进行登记备案和编码。规范朝觐管理，按要求输送10名符合要求的穆斯林群众参加朝觐。开展基督教私设聚会点的专项整治活动，积极做好非法传教和防渗透工作。

（撰稿：肖子豪　审阅：白新红）

乡（镇）街道

TOWNSHIP ,TOWN AND SUBDISTRICT

·乡（镇）街道 >>>

TOWNSHIP,TOWN AND SUBDISTRICT

城关乡

【概况】2016年，城关乡以强化城市精细化管理为契机，以重点项目建设为抓手，调整产业结构，促进经济转型升级，按照“早上领任务、白天抓进度、下午看速度、晚上加力度、全天谋思路”的工作机制及“三比一奖惩”的工作举措，确保全乡经济社会实现又好又快发展。先后获得“河南省百强乡镇”“新郑市坚持依靠群众推进工作落实长效机制工作先进单位”“新郑市绩效考核先进单位”“新郑市精神文明建设先进单位”“新郑市思想政治工作先进单位”“五一劳动奖状”“新郑市信访工作先进单位”“新郑市招商引资暨争取项目资金先进单位”“新郑市新型城镇化工作先进单位”“新郑市依法治理工作先进集体”“新郑市公共文化工作先进单位”等荣誉。

【经济社会发展】全年完成地区生产总值26.29亿元；主要工业增加值完成10.62亿元；全社会固定资产投资7.55亿元；社会消费品零售总额8.14亿元；粮食产量完成3.3万吨；财政收入完成2259万元；农村居民人均可支配收入达到1.81万元。

【城镇化建设】拆迁安置工作及道路建设。先后启动并完成镇区及省道323道路两侧拆迁改造、干线公路两侧村庄拆迁改造、土地增减挂、煤矿塌陷区、双洎河综合治理等拆迁工作，涉及企业66家、商户132家、农户767户。协助完成全长7.1千米涉及5个行政村的西环线工程做好丈量、附属物清查及补偿等工作。

安置房建设。居易新城社区一、二期实现薛庄村及高皮匠村668户群众的回迁安置；三期占地7.33公顷，计划建设17栋（12栋11层、5栋17层）1038套，已进场施工，建成后将实现1038户群众的回迁安置。西城花园北苑社区一、二期已安置胡庄村618户拆迁群众；三期4栋18层实现胡庄村首套未安置户及王老庄自然村432户拆迁群众的分房入住，另3栋18层已封顶，可实现324户群众的回迁安置。西城花园南苑社区一期8栋14层691套，已全部封顶。

【农业农村工作】通过广泛宣传发动，强力动员，逐村进行了摸底排查、地亩实地测量、完善土地承包经营权合同、登记、农户颁发证书及建档等工作，全乡14个行政村基本完成土地确权工作。进一步加强农业基础设施建设力度，着力推进全乡农田水利设施改造工程。2016年在全乡范围内，铺设电缆共1.6万余米，铺设地埋管近3000米，新修建灌溉井台80个，新增出水口400余个，更换维修水泵35台（次）。以村镇绿化工程、生态廊道网络建设工程为重点，扎实开展造林绿化工作，植树66.67公顷，育苗34.67公顷。落实各项惠民补贴政策，累计为253发放农业机械购置补贴601万余元，发放地力补贴及一喷三防补贴405万余元，覆盖全乡所有农户，争取上级农药技术支持，对全乡地块进行喷洒农药作业。全面开展秸秆综合利用、农业高产创建，在全市起到了良好的示范效应。

【民生事业】切实落实各类民生优抚政策，2016年累计发放低保金150.55万元，五保金36.86万元；对新增因灾、因病致贫户50户困难群众，及时纳入低保。为困难群众发放临时救助救济款10.31万元，发放精简职工困难老人补助9.3万元。对全乡232名优抚对象进行了信息采集，发放复员军人、残疾军人优抚款34.93万元，发放参战参试军人生活补助3.25万元，发放优抚对象八一慰问金3.8万元。完成全乡471名残疾人普查工作，对全乡162名重度残疾人发放特殊生活、护理补贴54.37万元，对95名困难残疾人发放生活补助12.16万元。切实落实各类就业支持政策。城镇新增就业360人，转移农村劳动力1700人，下岗失业人员再就业20人。深入推进养老保险续保缴费工作，续缴人数1.1万人；积极举办家政服务培训班，培训月嫂43人。先后组织举办家政服务、驾驶员驾驶与维护知识、幼儿教师技能、电商进乡村等培训及戏迷擂台赛、篮球、乒乓球大赛、广场舞、拔河、棋类等各种群众休闲娱乐活动。成功举办城关乡白居易文化故里纪念活动暨城关乡文化惠民工程。深化基层四项基础制度建设，畅通基层信息沟通反馈渠道，为“三支队伍”履职尽责提供最大程度的便利。基层网格人员深入排查矛盾，共采集社情3752件、办结业务3630件，办结率达96.7%。并及时组织召开联席会议，开展联动执法，集中解决疑难杂症，切实帮助群众解决各类问题。2016年，组织召开联席会议11次，开展联动执法11次，联动解决问题18个。继续开展阳光村务公开工作，及时回复民生等各类事项的咨询。

【社会事业】依据“六个百分之百”标准，通过实行网格化管理监管、属地监管、行业监管及项目指挥部监管的多措并举，着力对煤场、沙场、料场、建筑工地等实施全域治理，确保全乡范围内“黄土不漏天”，严格落实围挡屏障、洒水清扫、车轮清洗、硬化绿化、覆盖遮盖等举措。为做好大气污染防治工作，设置围挡2100平方米，播撒草籽5万平方米，硬化道路150米，同时加强公路日常养护，加大城乡接合部、重点项目周边等重点区域的清扫、洒水频次，减少道路扬尘，对辖区主次干道坚持日洒水3次，作业面积达6万平方米；完成对拆迁工地、煤场、沙场等扬尘污染源的防尘网覆盖，面积达28万平方米。进一步健全完善信访工作各项规章制度，着力排查化解关系群众切身利益的矛盾纠纷。上级交办案件办结率100%。充分发挥司法调解中心作用，及时调解民事纠纷，化解群众矛盾。全面开展基层群防群治工作，落实了农村治安防范承包责任制，确保社会稳定。围绕“三月三”拜祖大典环境整治、改善农村人居环境、省级卫生乡镇复审、全民创建日等活动，加大环境卫生整治力度。先后对镇区、省道323、国道107、各行政村道路两侧垃圾杂草清理清除、黄土覆盖、树木刷白，共清理垃圾2.4万多立方米；动用人工3000余人次；出动清理车辆800多台次；出动车辆洒水440余次。积极推进土地增减挂工作，完成复垦项目3宗104.96公顷，并邀请郑州市国土资源局及相关专家进行了验收；对全乡违法建设始终保持高压态势，对排查出违法占地15宗组织人员拆除、上报市国土资源局；按照“融入中心城区、承接故里辐射、做强根亲品牌、打造文旅小镇”的发展思路，对土地性质和指标进行了调整，编制科学合理的乡镇发展规划。邀请匠人规划建筑设计股份有限公司对城关乡西城花园四期和西城商贸中心的修建性详细规划进行设计完善；同时在对城关乡南部片区进行实地考察的基础上，完成了南部片区概念性规划。

（撰稿：代树勋　审阅：丁　聪）

辛 店 镇

【概况】辛店镇位于新郑市西部，辖36个行政村、166个自然村、301个村民组、1.63万户、 8万人，4246公顷耕地，镇域面积86平方千米，镇区面积 8平方千米，是新郑市工业重镇、农业大镇，是全国重点镇、全国文明镇。

2016年，辛店镇牢牢把握“创新、协调、绿色、开放、共享”发展理念，以新（市）镇建设为目标，深入实施“双融入、双承接”发展战略，突出产业结构优化，切实改善民生，着力构建和谐辛店，全镇经济和社会各项事业保持了平稳发展态势。先后获2015年全市重点一类镇、全省优秀基层党校、郑州市信访工作“四无”乡镇、郑州市革命老区建设先进集体、2015年度全市重点镇督察分类和奖补资金等的荣誉称号。

【经济社会发展】2016年，完成地区生产总值81.4亿元，同比增长6.5%；完成主要工业增加值54.8亿元，同比增长2%；固定资产投产完成21亿元；完成财政一般预算收入1.35亿元，同比增长44%；社会消费品零售额完成15亿元，同比增长17%；万元GDP能耗降低5.55%。

认真落实各项惠农政策，加大对农业的扶持力度，加强农业科技推广，兑现良种补贴，提高良种覆盖率和粮食单产率，充分调动农民从事农业生产的积极性，有效促进了农业增效、农民增收、农村发展。粮食产量完成4.48万吨，农民人均纯收入达到1.84万元，同比增长8.6%。继续保持河南省百强乡镇名列。

【工业经济和项目建设】在“一心两翼”总体发展规划下，加大招商引资力度，促进工业经济转型升级。对每个建设项目成立建设指挥部，通过建立在建项目抓投产、签约项目抓动工、洽谈项目抓签约机制，对项目建设采取周点评、月通报制度，加快项目建设进度。投资20.1亿元的郑州一建建材产业园项目建成投产，投资5.2

亿元的光大集团电厂垃圾焚烧项目正在进行基础建设，投资10亿元的杭萧钢构久生公司正在平整场地，投资9亿元的省一建现代建材产业园已签约落地，省五建、中新房等项目正在积极洽谈。

通过整合内部资源，促进传统产业转型升级。为集约利用土地，规范中小企业发展，规划了容纳服装、管件、加工等企业的农民创业园。在创业园建设上按照“腾笼换鸟，统一规划，分块出让，自主建设，配套共享”的理念快速推进。腾笼换鸟是去年在郑尧高速出站口附近，拆迁岳庄村76家住户和12家小企业，腾出18公顷的建设用地；统一规划是由政府邀请郑州建筑设计院对创业园统一规划，设计25栋、3层标准化厂房；分块出让是以规划的每栋标准化厂房所占地块为单位，出让使用权；自主建设是企业按照政府统一规划标准自主建设；配套共享是由政府对创业园基础设施进行配套，入驻企业共享配套设施。已有5家企业签约入驻，3家企业正在洽谈。在白居易文化公园三期建设上，采取PPP模式，吸纳社会资金投资，减少政府财政压力。文化公园三期设计已完成了规划设计。同时，对煤矿塌陷区搬迁安置，采取“一统三自”模式，由政府对安置社区统一规划，煤炭企业委托村“两委”按照村民自治原则，对安置社区自行建设、自我分配、自我管理。

【压煤村庄搬迁安置和城镇化建设】以拆迁安置为重心，加快社区建设，完善基础设施。围绕重点项目建设和压煤村庄搬迁安置，启动了丁庄、南贾嘴、鲁楼、闫楼、赵沟、界牌6个自然村拆迁工作，共拆迁住户1118户，拆迁建筑面积55.66万平方米。同时为确保动迁群众尽早安置，启动翰林居、和谐佳苑、靳沟社区3个新型社区建设，规划设计住房4000多套。翰林居社区安置楼已全部封顶，和谐佳苑社区安置楼已建成，靳沟安置社区现已完成了规划设计方案，注重水电路通讯等配套设施建设，加快蓝天新城社区内绿化、教育、医疗、文化休闲等设施建设。完成具茨山路西延、姬水路东西延伸工程，启动白居易文化公园二期建设，打造一流的居住环境。

按照“五规合一”的要求，完善新市镇规划，明确“一心两翼”的发展思路，为新（市）镇建设搭建平台。一心即：以6平方千米镇区为平台，建设8大新型社区，形成集居住、商贸、文化、教育、医疗、行政服务等为一体的公共服务中心。两翼即：东、西两翼产业集聚区。东翼是面积5平方千米，包括郑煤赵家寨煤矿、国投王行庄煤矿、郑煤洗煤厂、洁净煤厂、加气砖厂、煤矸石砖厂、水泥厂等企业在内，形成与煤炭产业相关联的资源型、税源型循环经济产业集聚区；西翼是规划面积3平方千米，包括以杭萧钢构、西门子电梯、西格玛公司、省一建等企业在内的新郑市中原绿色建材产业园和以促进“双创”为目标的特色农民创业园，形成以劳动密集型、创业型、创新型为主的产业集聚区。

【社会民生事业】以民生需求为方向，开展精准扶贫，促进群众充分就业。辛店镇现有贫困村9个，其中省级贫困村3个，郑州市级贫困村6个。全镇建档立卡认定贫困户1060户，贫困人数3543人。现完成脱贫959户、3189人。2016年计划脱贫困101户、354人。在扶贫攻坚上，坚持“两手抓”，即：一手抓扶贫队伍建设。为确保圆满完成2016年全部脱贫的目标任务，按照精准扶贫的要求，成立扶贫工作队，采取副科级以上干部包村，百名干部包户，各扶贫工作队通过进村入户、蹲点调研，科学制定有针对性的扶贫帮扶计划，做到了每村有扶贫工作队、每户有扶贫责任人、每人有脱贫帮扶计划。一手抓扶贫攻坚项目。组织开展技能培训、积极争取上级资金，并重点在贫困群众就近就业、创业上下功夫。共组织技能培训7期，培训贫困人口797人，已有70余人实现了自主创业，170多人找到了新的就业岗位。开展扶贫工作以来，在扶贫村中流转土地110公顷，成立农业合作社15家，共发展优质小麦育种133.33多公顷，种植谷子43.33

辛店镇阳光社区

公顷，种植红薯20公顷，发展林木20公顷。共发展养猪场5家，养猪户35户。发展羊养殖场1个，养羊户18户。积极争取上级整村推进和基础设施项目资金，改善贫困村基础设施配套，新打机井10眼，新修道路10000多米，总投资360万元。另一方面，全力配合具茨山异地扶贫搬迁社区建设。为服务好山区贫困群众异地搬迁安置工作这一政治大局，坚持安置工作"三个最"的理念，拿出最好的地块，成立最精干的服务队伍，创造最优的建设环境，全力为扶贫搬迁服务。为支持具茨山社区建设，共拆迁了465户1627人，腾出建设用地26.67多公顷。

以兵团作战为保障，推进中心工作，推动持续发展。对照大气污染防治、土地卫片执法等中心工作任务，制定具体推进工作方案，每项工作明确责任领导，党员干部全员上阵，确保工作扎实推进。加大大气污染防治工作力度。将大气污染防治工作作为全镇重点工作来抓，严格落实周六"全民创建日"活动，先后配备各种垃圾清运车7台、洒水车2台、清扫车1台、行政执法车2辆。对严重污染大气环境的19家防水卷材企业全部取缔，对无证经营的12家小煤场、4家小涂料和8家岩棉小作坊全部取缔拆除，对19家PVC管件生产企业全部断电关停整治。对辖区内道路、建筑工地、拆迁工地进行扬尘集中整治，有效控制机动车污染，累计淘汰黄标车157辆。辛店镇现有省级卫生村5个、省级卫生先进单位2个、郑州市级卫生村11个、郑州市级卫生先进单位6个。加大违法建设整治力度。对违法用地、违法建设行为持续保持高压态势，在2015年卫片执法整改中，采取早点名晚汇报的工作机制，镇领导班子大员上阵，机关干部、村组干部兵团作战。同时，出台《关于进一步加强对违法用地违法建设监管责任追究的意见》，严格问责。全镇2015年土地卫片执法需要拆除的违法用地22宗，违法用地面积19.22公顷，已全部拆除整改到位。加强食品药品安全监管。完善食品药品管理队伍，支持市食品药品安全管理所建设，完善日常管理机制，开展食品药品安全宣传教育，提高群众的食品安全意识。全年开展食品药品大检查6次，排查餐饮店、药店、食品企业247家。新办理《食品经营许可证》110个，参加食品生产企业换证办证6家次。

【"坚持依靠群众，推进工作落实"长效机制】2016年，坚持以新型城镇化为引领，围绕为民、惠民、便民的服务宗旨，依托网格化管理这一重要载体，积极探索，真抓实干，全镇网格化管理长效机制工作整体运行情况良好。辛店镇以网格化管理为载体，结合当前重点工作，开展多种形式的活动，为使网格化管理工作更好地开展，于2016年8月年对网格设置进行调整，以管区为单位将二级网格调整为4个，三级网格调整仍为36个，调整后二级网格长4名，三级网格长36名，队伍更精练，责任更明确，在管理上更加规范，工作效率大大提高。全年三级网格长上报社情信息10026起，已办结9956起，办结率为99.3%；排查非法生产问题1起，已解决1起，办结率为100%；非法建设15起，已办结15起，办结率为100%；城市管理提升33起，已办结31起，办结率为94%。实现问题件件有答复，件件有落实。

【精神文明和民主法治建设】加大违纪案件查办力度，全年自办结案件8件，共处理党员8人，全部完成全年案件任务。着力促进和谐稳定。以建设平安辛店为目标，健全社会治安防控体系，加强技防建设，完善村级民调、治保组织，搞好平安社区、平安村、平安家庭、平安网格等平安建设细胞工程创建活动，全镇28个行政村、1.32万个农户达到了平安村、平安家庭创建标准，全年刑事治安案件发案率下降28%。严格落实安全生产责任制，大力开展安全隐患排查和专项整治，累计检查生产经营单位196家，下发整改通知书156多份，查出隐患368处，整改363处，取缔非法生产经营单位2家，隐患整改率到98%以上。

政府自身建设得到加强。牢固树立民本意识，坚持科学执政、依法行政，切实把政府职能由管理转变到服务上来。认真落实党风廉政建设责任制，财政审计监督、政风行风建设、反腐倡廉工作取得了新成效。加强机关效能建设，建立健全《政府工作人员行为规范》《机关工作纪律》等各项管理制度。对政府网站进行重新设计，加强电子政务和信息化建设。推行办事公开制、首问负责制、跟踪服务制、绩效考核制等，严格奖惩兑现。

（撰稿：董新跃　审阅：左莉敏）

观音寺镇

【概况】观音寺镇位于新郑市区南5千米，地处新郑、禹州、长葛三市交界，辖21个行政村、75个自然村、174个村民组，总人口5.3万人。耕地4466.67公顷，总面积63平方千米。观音寺镇党委下设1个党总支、41个党支部，党员1820名。境内南水北调主干渠、西气东输主管线、省道103和溱关路贯穿全境。

2016年，紧紧围绕市委市政府"双融入、双承接"发展战略，以建设现代田园宜居乡镇为目标，以推进新型城镇化建设、加快产业结构调整、完善网格化管理为重点，深入实施富民惠民工程，经济社会各项事业稳步推进。全镇地区生产总值完成24.85亿元，同比增长8.2%；财政收入完成2097万元，同比增长13.41%；主要工业增加值完成13.63亿元，同比增长7.9%；全社会固定资产投资完成8.7亿元，同比增长23.2%；全镇社会消费品零售总额完成8.34亿元，同比增长12.93%；农民人均纯收入完成1.81万元，同比增长8.3%；新增限上企业3家，占全年责任目标的100%；万元GDP能耗降低率按要求完成任务。

【“三农”工作】做好全市农村土地承包经营权确权登记颁证试点镇工作，严格按照工作安排做好土地确权颁证各项工作任务，完成全镇21个村的农村土地承包经营权确权登记颁证工作任务。

加强水利设施建设，开展农田水利设施产权确权登记，明晰镇域内水利设施产权和使用权。投资180万元，分别在贾庄、沟冯和溱水三村实施小农水项目。新打机井1眼，发放水泵6个、喷灌设备3500套、电缆700米、滴灌带300万米。

充分发挥新郑农民协会观音寺镇分会作用，广泛开展知识技术培训、宣传推介、新技术新产品推广等活动10余次，提高全镇农民农业技术水平。多批次开展动物防疫培训，对辖区内规模养殖场、散养家禽开展春季补防。

落实惠农政策，发放地力补贴602.1万元，帮助农户申领农机补贴资金190余万元，推动农业机械更新换代。严格落实“一喷三防”补贴、良种补贴政策，减轻农民负担，保障群众利益。

【工业经济】全镇新招项目2个，到位资金1.1亿元，占全年责任目标的110%；实际利用外资300万美元，占全年目标任务的100%；外贸出口30万美元，占全年目标任务的100%；争取上三级资金1076万元，占全年目标任务的538%。新郑沣都现代都市农业生态园项目完成6万米各类灌溉用管铺设，搭建大棚2万平方米，新打330米机井2眼，并配套安装无塔供水设施2套，种植各类苗木50公顷，解决石固堆村150余人的就业问题。新扩建的鑫达座椅生产项目完成规划设计，两栋厂房主体已完工。

积极优化产业发展环境，开展安全生产综合整治百日行动，并按照“查、除、保”活动要求，重点对全镇建筑工地、危化、非煤矿山等行业进行专项检查，并严格督促相关企业做好隐患整改工作，全镇未发生一起重大安全生产事故。结合市大气污染治理工作在辖区内开展优化镇域环境活动，开展道路、建筑工地、洗沙场、碎石场、防水卷材厂及“土小”企业等领域扬尘专项治理，动用机械52台、人工600余人，清除各类垃圾6万余立方米，关停21家“土小”企业和25家洗沙碎石企业，拆除老旧锅炉10个，清除加水点10个，取缔散煤销售点3个。

【基础设施】不断完善镇区基础设施，加快推进道路、供水、天然气和雨污管网等基础设施项目建设。完成渠西路清表工作，完成11条13.9千米村道建设。投资200万元对镇区开元大道进行升级改造。投资730万元的临时水厂和投资1100万元的污水处理站项目主体建设完工。4.5千米雨污管网铺设到位，2.7千米天然气管网主管道已铺设至社区。

稳步推进城镇化建设，永康新城社区建成32栋安置楼，1036套安置房，共计15.2万平方米，建设完成临路商业用房和社区便民服务中心。石固堆社区建成安置房4栋249套，总建筑面积4.1万平方米，商业配套设施正在建设中。溱水寨美丽乡村项目投入资金500万元完成河道治理、道路建设等基础工作。同时，加大新型社区建设融资力度，积极与北区协调对接石固堆土地复垦项目土地指标置换工作，加快推进社区融资工作。

【社会民生】开展人居环境综合提升工程。投入22万元，完成溱水寨村垃圾分类处理和农业投入品废弃物回收站（点）建设。投入95万元，购置60个垃圾中转箱及垃圾转运车辆、洒水车各1台。投入10万元对镇区垃圾中转站及公厕进行升级改造，提高运行能力。投资190.7万元，实施扬尘治理路口硬化项目，硬化平交路口52处。持续开展周六全民卫生日活动，集中打扫48个活动地点，出动人员5000人、各类车辆380台，消除大量卫生死角，镇区面貌得到极大改观。做好省级卫生村复审和卫生单位创建工作，姚张村顺利通过省级卫生村复审验收，镇卫生院顺利创建为省级卫生单位。做好黄标车治理工作，淘汰黄标车100辆，灭失黄标车524辆。

深入落实惠民政策。认真开展精准扶贫工作，完成石固堆、岳口2个贫困村、30户贫困户脱贫工作，实现全镇整体脱贫。对全镇738户家庭、1319人实施低保动态管理，为26人办理了集中五保和分散五保，为361名优抚对象落实了国家政策待遇，为困难群众办理大病补贴21.36万元，发放救灾救济款29万元，救助困难群众768户1113人。落实农村劳动力转移、小额担保贷款、创业促就业等政策，建立村、镇、市三级自下而上的务工信息采集及发布机制，开展技能培训和维权服务，全年新转移农村劳动力1804人，城镇新增就业340人，协助办理小额担保贷款40组件。城镇居民医疗保险实现全覆盖，医保参保率和养老参保率均达到100%。积极落实二孩生育政策，发放二孩生育证290张，落实计生奖励、奖扶政策，开展国家免费孕前优生监测和健康检查工作。充分发挥“工、青、妇”等人民团体组织作用，成立专门的志愿者队伍，开展针对留守老人、留守妇女、留守儿童的关爱活动。

社会管理取得实效。按照长效工作机制建设要求，完善网格平台，规范网格运行，实现网格化管理无缝隙、全覆盖。五大重点领域共排查出问题228起，解决问题228起，问题调处率100%。落实“定期排查、定期研判、定期下访”的信访制度，建立以“管区为主、分级负责”的矛盾监测和化解机制。全镇矛盾化解率达97%以上，上级交办案件办结率100%。严格落实安全生产责任制，狠抓重点行业、重点领域的安全生产监管工作，积极营造安全生产环境。升级改造镇综治中心和村级综治工作站，认真开展“平安细胞”创建活动。公众安全感指数和群众对社会治安满意度均达到95%以上。

【年度工作荣誉榜】2016年，先后获得郑州市十佳书香之乡、郑州市公开（热线）电话系统“群众诉求办理优秀平台”、2014—2015年度郑州市“先进人民调解委员会”、新郑市2015年度平安建设先进乡镇、新郑市2015年度普法工作先进集体、2015年度劳动就业工作综合目标考核先进单位等荣誉称号。

（撰稿：王　冲　审阅：赵全聚）

梨　河　镇

【概况】梨河镇位于新郑市南部，辖24个行政村、66个自然村、3.8万口人，耕地面积2266.67公顷。镇域面积42平方千米，其中镇区面积8平方千米，镇区建成区域2.45平方千米，人口5600余人。2016年，梨河镇围绕建设富民强镇的发展定位，按照“南部田园化”的目标，深入实施“双融入、双承接”发展战略，加快融城步伐，推动产业升级，统筹推进经济建设、政治建设、文化建设、社会建设、生态文明建设和党的建设，经济社会保持了持续、健康、稳定的发展态势。地区生产总值完成36.86亿元，同比增加11.4%；财政收入完成3917万元，同比增加12.07%；主要工业增加值完成18.94亿元，同比增加7%；固定资产投资完成22.54亿元，同比增加9.8%；社会消费品零售额完成14.07亿元，同比增加15.16%；居民可支配收入完成18113元，同比增加8.5%。

【工业经济和项目建设】加快新产业、新项目落户速度，全镇规模以上工业企业达30家。2016年，新招工业项目5个，占全年责任目标3个的160%；到位资金3.5亿元，占全年责任目标3亿元的117%，其中郑州市以外境内资金完成2.5亿元，占全年责任目标2亿元的125%。总投资1.15亿元的郑州好友食品有限公司年产4000吨膨化食品项目、总投资1.4亿元的河南省刘华农业科技有限公司年产高档调味蔬菜项目、总投资9000万元的郑州千思食品有限公司水果干食品、炒货生产项目已完成签约。郑州泰源机械制造有限公司年产1200台集装箱建设项目、郑州宏峰塑业有限公司年产1200吨聚乙烯给排水管材建设项目、郑州太阳谷生物科技有限公司年加工1000吨苹果醋饮料、500吨果汁饮料及2000吨预调酒建设项目及郑州晨宇海绵制品有限公司4个项目陆续投产。

【新型城镇化建设】以新型城镇化为引领，大力推进新型社区、基础设施等工程建设。绰刘社区广场建设建成投入使用，七里堂社区按时完成村民回迁绿化、亮化工程交付使用。启动河李社区建设，顺利完成梅庄安置区拆迁工作。以医疗、休闲、商贸行业为重点，吸引万佳总部、新华置业等项目落地。淮河路农民创业园集聚效应初步显现，入驻商户120户，为农民增收增加了新途径。乡镇路网升级圆满完成，中华南路拓宽改造工程并通车，城乡路网实现融合；完成韩城西路改造工程，为周边区域发展创造了条件；3条乡道如期完工，群众出行更加便利。公立医院建设主体工程顺利结束，正在进行水电等装修施工。城关污水处理厂顺利启动，土建工程全力建设，配套管网正在抓紧施工。完成G107污水管网（绰刘村至长江路段）建设，有效解决南部镇区污水处理难题，为区域发展和水环境治理奠定了坚实基础。加大公共交通投入，开通了211、212路公交汽车。

【网格化管理】继续深化社会公共管理信息平台系统指挥、协调、监督的功能，对发现问题及时受理、处置、分发、交办，实现动态监管。信息平台共采集、办理业务7632件，其中社情业务7581件，台账业务51件，上报市级平台解决153件，自行办结7428件，问题处置率为98%。开展联合执法14次，解决占道经营、土小企业污染、非法建设等问题30余件。通过平台有效运用，切实帮助群众解决民生问题。持续完善阳光村务网平台信息，规范完善了村务公开的内容、程序、形式和监督保障。公开三资管理信息、低保信息、救灾救济、计生指标、四议两公开、监委会会议记录、重大事项等信息2160条，访问量1.26万人次。进一步完善网格代办制度，明确了网格工作人员的职责。2016年累计受理代办服务683起，为群众解决问题 672起，群众满意率达到100%。实现了变“群众跑”为“干部跑”，变“随意办”为“规范办”，变“多次办”为“集中办”。

【农业经济和项目建设】全面提升农业综合生产能力，优化农业产业布局，突出特色，拓展现代农业实现形式，改善农村面貌和农民生产生活条件。乡村特色旅游持续升温，特产休闲游发展迅猛，形成以河李村、黄甫蔡村、陈庄村为代表的西瓜、葡萄、无公害蔬菜、鲜鱼品牌。严格落实农业惠民政策，拨付地力综合补贴、“一喷三防”、农机购置补贴等“三农”资金280.6万元，调动农民种粮积极性。提高农业生产技术水平，在农业生产中引入新技术、新成果，采用无人机喷洒等方式实施灭虫作业，提高作业效率。畜禽养殖产业经营状况良好，大力推广畜禽养殖场标准化建设，推广长白、杜洛克公猪二元、三元杂交饲养，强化程序化免疫，做到防疫率、建档率、免疫发放率、挂标率四个100%。

【信访稳定和社会管理】 畅通信访渠道，认真办理群众来信，切实解决群众所反映的实际问题。完善信访工作制度，坚持依法逐级走访“一单式”工作法，与各行政村签订信访工作目标责任书，使信访工作责任得到层层落实。充分发挥各行政村信访代理员作用，真正配合村两委干部，把群众反映的大小问题解决在村级、各类矛盾化解在萌芽。加强信访矛盾调解化解，坚持领导“日接访”和“四包一”制度，确保案件有人管。完善镇、村、组三级信访工作网络，设立信访专线，推行信访“一单式”工作制度。全年接待受理群众信访事项75起，立案75起，办理75起；排查矛盾96起，已解决96起，调成率达100%。深入开展平安梨河创建，在全镇各行政村设立交通劝导站，降低交通事故发生率。牢固树立“安全生产，预防为主”的方针，开展“六打六治”为重点的“打非治违”专项行动。开展冶金、石油液化气、危化、涉氨等行业的专项检查，对全镇企业、建筑工地、人员密集场所进行安全隐患大排查，共检查企业单位70余家，累计复查隐患96处，到期整改率达100%。提高从业人员安全素质，普及安全生产知识，指导重点企业开展安全生产应急演练，使安全发展理念深入人心，全镇未发生重特大安全生产事故和重特大案件。

【社会 文化 生态建设】 强化教育投入，中心小学扩建工程征地工作已经结束，正在进行设计。医疗服务能力提升，镇卫生院与市人民医院合作，医疗资源共享。大力发展广电事业，全面推进无线数字覆盖工程，对盲点居民户入户改造，电视信号更加清晰。积极贯彻计生条例修订，深化“两创新亮规范”活动，围绕稳定低生育水平，由管理型向服务型转变，全镇范围内推广五项服务，统筹解决人口问题，全镇生育水平基本保持稳定。以省级文明村镇创建为抓手，深入开展精神文明创建活动，组建镇秧歌队、盘鼓队，成功举办梨河镇第四届“太极杯”广场舞比赛，群众文化活动成为代表梨河风采的靓丽名片。加强基层文化设施建设，健全公共文化服务体系，实施文化惠民工程，开展书香小镇建设，鼓励阅读，在中心小学开展国学朗诵会，提高学生传统文化意识。整合文化资源，开展农村科技阅读活动，营造健康向上的文化氛围。打造绿色梨河，严格执行环境保护政策、法规。启动双洎河沿岸综合治理工作，高班庄双龙坝工程建设顺利，城管污水处理厂建设实现进水。绿化造林成效显著，栽种各类树苗4.5万棵。强力推进工地扬尘治理和黄标车淘汰，全镇市政建设、建筑工地全部达标施工，淘汰黄标车255辆。大力实施“碧水蓝天”工程，深入执行秸秆综合利用和禁烧政策，运用蓝天卫士不间断监控，三夏、三秋期间未发生大面积焚烧秸秆现象。加大节能减排力度，万元地区生产总值能耗目标顺利完成。

【民生事业】 积极帮扶群众就业创业，新增城镇就业再就业330人，转移农村劳动力1700人。加大金融助农力度，发放小额担保贷款40笔400万余元，直接扶持创业40人，吸纳带动就业270人。充分发挥保障体系日益健全，对全镇低保对象进行全面核实，做到应保尽保、应退尽退，全镇共有低保户570户972人，1至11月共发放低保28.12万元。构建养老保障体系，积极宣传养老保险金政策，已参保21964人，占全镇总人口的71%，其中60岁以上享受待遇5966人，2016年新增参保158人，当年续费人员11893人，60岁以上参保享受和续费率实现两个100%。关心老年人生活，建成吴庄、双楼、岗李、三刘、高新庄、前吕村6个村级幸福院和七里堂社区托老站，探索更好地解决空巢老人和失能、半失能老人的社会化养老难题。对全镇贫困家庭实施动态管理，核实

2016年4月10日，太极华夏城项目奠基

救助对象，开展救灾救济，共救助孤儿23人、为残疾人发放轮椅10辆、为耳聋群众发放助听器、为372 户受灾户发放救灾款6.83万元。实施“温暖工程”，为存在住房难的4户家庭改造住房。深化双拥、优抚工作，建立“1211”优抚对象三级服务网络机制，通过12名义务联络员共同做好全镇288名优抚对象的日常管理，为479名各类优抚对象发放优抚款363.56万元。

【年度工作荣誉榜】2016年，荣获全国基层文化建设先进集体、国家卫生镇称号，通过省级文明镇验收，获得郑州市先进基层党组织、郑州市人民满意公务员集体等10余项荣誉，连续5年被评为郑州市坚持依靠群众推进工作落实长效机制先进乡镇。

（撰稿：毛　橘　审阅：高智军）

和　庄　镇

【概况】和庄镇位于新郑市东部，区域面积34.4平方千米，辖16个行政村，32个自然村，总人口3.1万人，耕地面积1800公顷，是河南省首批重点产业集聚区——新郑市新港产业集聚区核心区乡镇。地理位置优越，交通便利，京珠高速公路、京广高铁纵贯南北。是明朝隆庆年间内阁大学士、内阁首辅高拱故里。

2016年，通过河南省卫生镇验收和河南省文明村镇复审，先后获“河南省工会规范化建设示范点”“郑州市先进基层武装部”“郑州市优秀调解委员会”“新郑市绩效考核优秀单位”“新郑市重大项目建设及联审联批工作先进单位”“新郑市招商引资及争取项目资金先进单位”“新郑市精神文明建设先进单位”“新郑市先进团委”等荣誉称号。

【经济社会发展】2016年，完成财政收入1.737亿元，占全年目标任务的105.91%。完成地区生产总值62.78亿元，占目标任务109.1%，同比增长22%。完成主要工业增加值37.95亿元，同比增长18.5%。完成固定资产投资47.43亿元，占目标任务的101%。全镇农民人均纯收入达到1.93万元，完成全年目标任务的101.5%，同比增长8.5%。社会消费品零售额完成13.35亿元，占全年目标任务的100.2%，同比增长15.5%。

和庄镇依托新港南组团核心区交通、区位、环境、资源、人力等要素优势，通过调整引资策略、优化招商环境等方式，成功实现招商引资工作的新突破。镇党委政府坚持把项目建设作为全镇经济工作的重心，2016年度重点整合产业集聚区核心区交通、区位、环境、资源等要素优势，紧紧围绕食品加工、生物医药等主导产业，以及电商物流等相关配套产业项目，重点围绕珠三角、长三角、环渤海三大重点区域，紧盯龙头企业和大型央企的生产布局和发展动向，有针对性开展招商引资。通过调整引资策略、优化招商环境等措施，成功实现招商引资工作的新突破。2016年，新招项目6个，完成招商引资实际到位资金15.1亿元，占全年目标任务的100.67%。

【项目建设】按照“意向项目抓签约、签约项目抓落地、落地项目抓开工、开工项目抓投产、投产项目抓管理、管理项目抓效益”的服务理念，依托《和庄动态》这一平台和载体，不断加大项目建设管理和服务力度。2016年，和庄镇新郑市级以上重点项目14个，其中光明乳业、联合聚邦等企业建成投产；恒喜龙、遂成药业、鑫龙物流园等项目已建成，正在调试安装设备；润弘制药、佳龙食品、有客食品、冠超工业园等项目建设进度过半；中烟物流、腾翔物流、新鸿物流等项目已完成土地的征收、平整及围墙的建设工作。

【基础设施建设】和庄镇不断加大投资力度，围绕交通道路建设，加快推进永康路二期、红专路、南环路、冠超路东延等道路建设，重点做好新村大道东延、中兴路二期、铁西路等工程建设，着力打造“五横三纵”的便捷交通网络。配合做好11万千伏河西变电站、产业集聚区污水处理厂1期工程、西气东输新港支线迁建工程建设等工作，不断提升水、电、气、路、管网等基础设施覆盖面。投资185万元的冠恒路、投资760万元的红专路建成通车，完成南环路扩宽改造工程，永康路二期、新村大道、中兴路东延项目正有序推进，园区供水管网工程已完工、污水处理厂一期建设已接近尾声。

【农业生产】以发展现代农业、增加农民收入为核心，加大农业投资，促进农业结构进一步调整。通过土地流转提高了农业发展规模化、集约化程度，推进农业结构调整，大力推进提升南部片区农业产业化经营水平。以政策为主导，以市场需求为纽带，以产业龙头企业为带动，积极引导广大群众走休闲观光、集约化无公害果蔬种植等生态化农业发展道路。进一步加强农业基础设施建设，改善农业生产条件。继续加大农田水利基本建设力度，增强农业抵御自然灾害的能力，提高粮食综合生产能力。

【社会事业】2016年，坚持以人为本，高度重视民生事业发展，各项社会事业取得显著成绩。计划生育工作稳步推进，全年累计发放计划生育奖励扶助金、独生子女奖励金等各项奖补资金66.23万元；付庄村被评为全国计划生育协会村级先进单位。就业创业成绩突出，新增城镇就业478人，农村劳动力转移就业1706人；帮扶困难人员、残疾人参加公益性岗位15

人；申报小额创业资金40份、600万元。社会保障提质扩面，镇财政全额负担2.81万人、337.2万元的新型农村合作医疗费用，参合率达100%；城乡居民社会养老保险续保15121人，占目标任务的131.5%；投入8.6万元的西高村托老站、6.5万元的陆庄村托老站已建成使用；全镇复审落实城镇低保308户530人、农村低保177户319人。救济救助工作力度加大，全年共发放救济款11.72万元，发放面粉35.5吨，发放棉衣294件、棉被316条，共救济全镇困难群众1282人。为非低保户75人、低保户64人申请重度残疾补贴，民生社会事业得到进一步改善。农业基础地位不断增强，全年发放耕地地力保护性补贴290万元、农机补贴53.1万元、退耕还林补助资金18万元、廊道占地租金231万元。全镇共防疫猪3.4万头次、羊4000只次、禽183万羽次，采血样1000余份，现代畜牧业保持了健康平稳发展态势。深入开展精神文明建设、公共文明素养提升工程，顺利通过河南省文明村镇复审。成功举办第十二届民间文化艺术节、电影下乡、戏曲下乡、重阳节慰问演出等活动。争取150万元高标准打造镇级和11个村级综合文化服务中心，为群众提供文化活动场所。教育事业稳步发展，投资3000万元的河赵中学新校区建成使用，投资600万元的第二中心幼儿园建成竣工，老庄刘小学校舍加固和政和路小学操场改造工程顺利完工。工会工作扎实推进，投资25万元高标准打造职工活动室，新建企业工会8家，不断扩大工会覆盖面。

【社会管理】“平安和庄”建设。“七五”普法宣传工作，坚持常规普法宣传和节日特色宣传相结合，在“三八”妇女节开展“法进万家”知识讲座、在“3·15”消费者权益日开展消费者维权宣传等，深入学校机关开展反邪教警示教育活动、平安法制教育、综治维稳宣传等，印发平安综治宣传页3万余份，书写固定标语60条，悬挂横幅100余条，固定宣传喷绘长廊一条街。高标准建设镇、村综治工作中心，2016年，对全镇的11个行政村高标准建设了村级综治中心，投资20余万元，配套办公桌椅、空调等，持续加大综治安全巡防、护路护线联防、治安维护工作力度。群众安全感幸福指数显著提升，在市综治委的群众安全感、幸福指数入户调查中，和庄镇民意调查位居乡镇第二名；交通劝导站建设到位，人员配备到位，保证了村级交通安全，事故发生率明显下降。信访工作开展有条不紊，坚持源头“控”访、服务“减”访、责任“化”访、综合“治”访的工作思路，对重大事项和重点人员实施专案管理，建立完善“一人一档”接访制度，并对信访室进行硬件升级，全年接访369人次，立信访案件81起，结案率100%。

（撰稿：马旭超　审阅：王利衡）

和庄镇敬老院全景

薛　店　镇

【概况】薛店镇紧邻郑州新郑国际机场，北距省会郑州25千米，南距新郑城区10千米，全镇面积56平方千米，辖20个行政村、48个自然村，总人口约10万人，境内京广铁路、石武高铁、京港澳高速纵贯南北，商登高速、省道102横穿东西，南水北调、西气东输、规划地铁16号线等国家、省、市的重点工程穿境而过，具备空港、铁路港、公路港、信息港“四港联动”的综合立体交通优势。薛店镇是全国发展改革试点镇、全国重点镇、国家卫生镇、国家生态镇、河南省精神文明乡镇、郑州市18个重点建设中心镇之一。

2016年，紧紧围绕建设临空经济强市桥头堡的战略定位，深入推进“四重点一稳定一保证”总格局，坚持以全域城镇化为抓手，全力推进“三大主体”工作，全面加快“三化”协调发展。完成地区生产总值79.99亿元，财政收入2.59亿元，税收4.99亿元，农民人均纯收入达到1.64万元。

【现代产业体系】全镇企业总数已达426家。全年新增“四上”企业入库27家，累计85家，新引进IBM、聚思鸿等世界500强企业2家，产业税收对地方财政贡献率达到40%以上。雏

裕港·中德产业园

鹰农牧集团投资23亿元，引进郑州食品智慧化园区项目；好想你斥资9.6亿元并购电商平台百草味，双十一当天电商销量突破5000万元；雪花啤酒上缴税收1.4亿元，二期设备已进厂组装。众合石材城进驻企业、商户200余家，中德产业园完成招商162家，入驻企业49家，瑞孚医疗产业园完成招商28家，IBM智慧芯城完成招商21家。中原智谷总部基地完成土地摘牌，金星啤酒、百利罐业项目正在征地清表，永辉天然气、华润燃气破土动工。被中小城市经济发展委员会等机构评定为全国千强镇。

【新型城镇化】按照产城融合的建设理念，依托产业发展带动城镇建设，扎实推进全域城镇化进程。安置房建设。启动岗周、草店、山后马、岨嶂山4个村庄棚户区拆迁改造，共计拆除1094户；积极探索货币化安置政策，加速群众回迁安置，解放路社区一期711套安置房已完成分房。

基础设施建设。龙岗路水稳已铺设，翠竹路、园林路已招标，华山路及雪花啤酒后门2条道路正在铺设管网，省道102拓宽正在清理附属物。新建农村公路6.5千米。大吴庄小学已投入使用，建成解放路社区小学主体，花庄社区小学正在做地基。完成敬老院征地清表，污水处理厂二期正在做环评，293台选址迁建正在办理土地手续，110千伏变电站围墙已建成。争取上三级实际到位资金3134.4万元，占年度目标任务的261%。被评为郑州市新型城镇化“二十快”乡镇、郑州市村镇建设先进单位。

【生态环境】坚持以人为本、和谐发展、绿色发展，强化目标导向，深入推进生态环境建设。完善生态廊道体系。完成庆安路、莲花路等市级生态廊道任务5条，自行开建暖泉路、省道102生态廊道2条，绿化面积共108公顷。大气污染治理。出动500多人次，深入27个建筑工地和35个沙石料场进行整顿查改。对省道102、中华路等8条道路94个土路口进行硬化，硬化面积1.8万平方米，覆盖裸露黄土面积160万平方米，取缔露天烧烤37处，完成上级交办案件52件。城乡环境卫生综合整治。举办全民卫生日大扫除活动，创建郑州市级人居环境达标村5个，镇区机械化清扫率达到95%以上。

【对外开放】破解瓶颈制约。突出抓好闲置土地盘活利用，获批建设用地82.4公顷，持续加大土地指标申请报批力度，保障项目用地需求，全面完成土地卫片执法巡查任务，拆除复耕面积9公顷。创新创业卓有成效。加快大众创业、万众创新步伐，稳步推进“中原创客”特色小镇建设，与国内顶尖智库上海王志纲工作室签订战略合作协议，核心起步区建成3万平方米，“双创”服务中心开始规划设计。对外开放成绩突出。积极承接沿海产业转移和郑州产业辐射，紧盯国内外500强和行业50强企业，招商引进中国特检院郑州长管拖车检验站等

雏鹰农牧集团股份有限公司

4个项目，前期洽谈深圳计量研究院等5个项目。全年完成招商引资22.2亿元，占年度目标任务的100.9%，实际利用外资3800万美元，占年度目标任务的100%，外贸进出口930.2万美元，占年度目标任务的109.4%。

【社会事业】坚持依靠群众，推进工作落实长效机制建设，办好为民办实事工程。拓宽创业就业渠道，新增城镇就业再就业610人，转移农村劳动力1400人，发放小额贷款120万元。保障体系日益健全，投入资金580万元，继续实行全镇农民新型农村合作医疗参合费用全额补贴和夏粮收割全额补贴，继续实施产业集聚区60岁以上失地老人生活补贴，建成庙东陈村托老站和公共墓地。扎实开展安全生产专项整治，健全食品药品监管网络，全年无重大安全事故发生。完成人口抽样调查工作、第三次全国农业普查工作摸底调查。深化开展平安创建活动，投资100多万元，完成综治中心规范化建设，招募平安志愿者350人。积极开展“百千万”文化惠民工程，改扩建镇级综合文化站和格大张等3个村级综合文化服务中心，建成常刘社区村史馆，荣获新郑市“百千万”文化惠民工程第一名。积极开展文明乡镇、文明村创建活动，获得郑州市文明镇荣誉称号，创建河南省文明乡镇和文明村公示已结束。

（撰稿：李　阳　审阅：刘少玺）

孟庄镇

【概况】孟庄镇位于新郑市东北部，总面积66平方千米，辖1个居民委员会，22个行政村，35个自然村，有4万人，现有耕地4133.33公顷。东临郑州航空港经济综合实验区、西接郑州新郑教育园区和郑州华南城、北靠郑州都市区南部组团、南与新郑新港产业园区相连，区位优势显著。辖区毗邻郑州新郑国际机场，南水北调干渠穿越境内，京港澳高速、机场高速、石武快客纵贯南北，郑州地铁2号线、双湖大道、新老107连接线横穿东西，交通便利。新郑是中国著名的红枣之乡，孟庄是新郑红枣的主产区，每年金秋时节举办“枣乡风情游”，吸引众多游客前来观光游玩。辖区内还拥有全国最大的红枣集散中心，培育有“好想你”等全国知名品牌，带动全国大枣产业的发展。2016年，孟庄镇紧紧围绕建设空港旅游休闲小镇的发展定位，牢牢把握“三园三区”发展思路，深入实施“双融入、双承接”发展战略，持续推进“新型城镇化、产业发展、开放创新、生态建设”四项中心工作，大力实施新型社区、重点项目、基础设施和社会民生各项事业等“四大工程”。全年地区生产总值完成18.20亿元，同比增长17.6%;财政收入完成1.97亿元，同比增长71.08%;主要工业增加值完成7.36亿元，同比增长16.1%;全社会固定资产投资完成31.22亿元，同比增长67.9%;社会消费品零售额完成10.09亿元，同比增长17.4%;农民人均纯收入18158元，同比增长8.6%。

【社区建设】加快中心社区二期22万平方米、小石庄社区23万平方米、城后马社区32万平方米安置房建设，6月中旬可陆续交房回迁。做好群众回迁安置，完成中心社区二期13万平方米安置房建设，口张余庄村、寺西王村群众已顺利入住。完成小石庄村、肖庄村、地铁2号线涉及村庄的拆迁工作。

【项目建设】服务华南城项目，为华南城二期和商住区建设创造了良好的施工环境，完成华南城三期133.33公顷土地征收工作。完成飞宇机电城二期项目建设，已于2016年10月正式投入运营。抓好房地产项目建设，服务好泽晨置业凯旋城、恒基公司水榭华城等房地产项目建设。加大招商引资，新签约河南腾达畅正物流园、河南骏闯物流园和金德物流园项目。

【基础设施建设】完善“四纵五横”主干交通路网，加快推进新老107连接线下穿京广铁路、京港澳高速涵洞建设；地铁2号线于2017年春节前顺利开通；完成孟港路、潮河路、龙港路、人民路、黄河路、绿茵路等道路征地工作。建设群众文化活动平台，古枣公园和群众文化活动中心工程顺

2016年6月18日，孟庄镇群众在鸡王社区表演文化活动

利进行。科学规划建设镇区配套设施，启动镇区水、电、气、雨污水管道等基础设施建设；完成体育健康公园项目规划设计工作；加强污水和生活垃圾处理，改善城乡环境面貌。

【社会综合治理】 完成卫片图斑范围的97宗违法占地、违法建设拆除工作。全面实施蓝天工程，深入开展燃煤锅炉、扬尘治理、黄标车、料场搅拌站、露天烧烤、秸秆禁烧等专项整治。做好大气污染防治各项工作，进一步优化了全镇生态环境。开展平安建设工作，围绕“打造两级中心、健全两支队伍、完善三种机制”的工作思路，开展平安夜巡、平安进校园、平安进社区活动，综治工作取得显著成效。获郑州市平安建设先进集体、郑州市信访工作“四无”乡镇等荣誉称号。

【社会民生事业】 深入实施六大工程。实施文化惠民“百千万”工程。培训文艺骨干200名，组建63支文艺队伍，成功举办元宵节文艺会演活动和广场舞大赛；打造8个村级综合文化服务中心和2个社区综合文化服务中心。实施农村劳动力转移工程。共组织400人参加了物业管理、维修电工等培训，解决近300人的就业问题。实施农民合作创业工程。规范完善农民创业园管理机制，为园区企业搭建销售、宣传和服务平台。实施现代农业示范工程。配合上级部门完成中部42平方千米古枣树保护区农田农业综合开发规划设计。实施城乡居民社会保障工程。超额完成养老保险和新农村合作医疗续费工作，参合率达106%。实施行政效能提升工程。高标准打造新郑市一流的社区便民服务中心，为群众提供一站式全方位服务。

坚持落实长效机制管理。开展违法建设、信访稳定、安全生产、环境保护等重点领域排查集中整治活动17次，消除各种隐患125处；印发《本周孟庄》33期；完成社会管理台账信息17条，社情信息5440条；同时，妥善处理农民工讨要工资等重大信访问题，受理劳动纠纷23起，协调处理率100%，确保了社会大局稳定。

统筹推进其他民生工作。加强农村基层计划生育技术服务体系建设，全面落实二孩生育政策；加强法律知识培训，组织法律宣讲20场次；推进社会福利和慈善事业发展；做好拥军优属、征兵、优抚安置和军民共建工作；成功举办首届全民运动会，提高人民群众健康素质；全面推进人大、政协、统战、工会、共青团、妇联、老干部、保密、公共机构节能等各项工作。

【年度工作荣誉榜】 2016年，先后获得郑州市2016年度新型城镇化工作先进乡（镇）街道、郑州市2016年度市级文明镇、2016年度郑州市林业系统先进集体、2016年度郑州市先进基层党校等荣誉。

（撰稿：李向阳　审阅：刘志刚）

龙 湖 镇

【概况】 龙湖镇位于新郑市最北部，西接新密市，北临郑州市二七区、管城区。镇域面积96平方千米，辖17个行政村，11个社区，人口40万人，其中居民人口6.5万人。镇区规划面积70平方千米，建成区面积36平方千米。境内交通便利，国道107、郑新快速通道、大学南路纵贯南北，新老107连接线，省道102横穿东西，郑州西南绕城高速公路、郑尧高速穿境而过，城郊铁路、紫荆山南路、BRT城市公交线正在规划建设，与京广铁路、京珠高速、新郑机场相毗邻，具有得天独厚的区位优势和交通优势。

2016年，龙湖镇抓住“三区叠加”的重大机遇，加快融港融郑步伐，“三大主体”工作扎实推进，经济社会各项事业呈现出蓬勃发展的良好局面。地区生产总值99.83亿元；地方财政收入20.43亿元；固定资产投资126.04亿元；规模以上工业增加值30.78亿元；社会消费品零售总额34.8亿元。镇域发展实力领跑全省，全国综合实力百强镇排名由2015年的91位跃升至86位，实现了河南省乡镇在该项排名上的“零”突破，发展的首位度得到再次强化。

辖区内拥有河南省第二人民医院、新郑市第三人民医院等现代化医院。初步形成以嵩山重工、富源钢管为代表的装备制造业产业集群；以郑州升达经贸管理学院、中原工学院、河南工程学院等8所院校为主的文化教育产业集群；以省法官学院、省检察官学院、省职工医学院、省纪检宣教基地等8个培训省级以上培训基地为主的职业培训产业集群；以信息产业部二十七所、河南航天压力原件有限公司为主的科技研发产业集群。大湖溪谷、原生植被、学府家园、近郊大盘，使龙湖板块炙手可热，云集省内外数十家大型房地产企业，形成新的产业集群。“十二五”以来，一批商贸、物流企业引进龙湖并快速建设，宜居商贸城蓝图正在舒展。其中，郑州华南城有限公司总投资600亿元以上，拟征地1000公顷，兴建超大体量，集商贸交易、物流集散、展示推广、信息交流、创新促进、产业培训、特色旅游、城市化综合配套等八大功能于一体，成就中部地区最具规模效应的现代综合商贸物流城。

【新型城镇化建设】 基础设施。交通道路方面，地铁2号线、紫荆山路南延工程处于收尾阶段；建成郑老庄4条市政道路、国际城东路；双湖大道西延一期、祥安路西延一期已开始施工，鸿鹄路南延正在进行设计，国道107连接线西延设计已完成。市政管网方面，大力推进天然气、自来水、雨污水等各类管网综合提升工程。华南城水源顺利接入镇区，缺水问题初步缓解。广场游园方面，湿地公园、双湖大道人防及休闲广场工程正在加紧推进，对大学廊道、西南绕城高速进行绿化93.4万平方米，教育及公共服务配套方面，九年一贯制学校建设进展顺利，特勤消防站正在做前期准备工作。

城镇建设。以“全域城镇化”为目标，加快拆迁建设及群众回迁进度。2016年，新开工崔垌、荆垌一二组、东代寨3个安置点及王许美丽乡村自主改造，建设安置房29.8万平方米，续建罗垌、夏寨、三里岗、郑堡、孙庄、小乔新嘉苑二期、东苑等7个安置社区，建设安置房54.52万平方米，完成村庄拆迁759户96.5万平方米。完成沙窝李、西张寨2个村拆迁，启动王许美丽乡村自主改造。东部剩余6个村庄改造已签订协议，成立魏庄、后胡征迁工作指挥部，西部王口、张沟村正在研究改造方案。沙窝李首套安置房已顺利交付，郑堡、东苑社区一期2个安置点首套房和郑老庄、林锦店2个安置点第二套房即将回迁，计划回购520套安置房对小乔村、郑尧高速廊道被征迁户进行安置。

改善人居环境。不断加强环境治理，不断提升人居环境。环卫方面，新建垃圾收集池5座，镇区主要路段、市场清扫保洁率和清运率达到100%，每天定时对全镇20余条道路进行湿法清扫、洒水降尘。扬尘治理方面，对全镇86处建筑工地建立台账，督促进行7个100%整改。购置雾炮车、扬尘车、清扫车各1辆，并对项目工地和拆迁村庄覆盖防尘网280余万平方米。受理上级交办案件362起，办结358起，办结率98%。对全镇36处散煤点进行取缔，关停整改混凝土搅拌站8个，取缔非法炼油厂8家，取缔违规露天碎石厂、石料厂30余家。禁烧方面，投入使用“蓝天卫士”工程，安排各村设置禁烧岗和火情处置突击队，并配备人员和灭火设备；对全镇200余家露天烧烤摊位进行取缔整改；拆改燃煤锅炉88余台；淘汰黄标车260辆。

【社会综合管理】为确保新郑市顺利通过全国平安建设“长安杯”审验，以平安建设年为契机，深入开展平安龙湖建设。通过文化宣传衫、宣传页、电视飞播、LED显示屏等方式，全方位、无死角进行地毯式宣传，群众治安防范意识和能力明显提高。镇巡消防队力量不断加强，11个社区居委会分别成立治安巡防队，与公安力量相呼应，巡防、处突力量得到加强。全镇村级综治站已建成26个，镇综治中心正有序推进，建成后预将镇区主要路口、重点部位进行监控，并实现与派出所监控平台联网运行。重拳出击，对破坏经济发展、影响社会稳定的各类违法犯罪行进行严厉打击，2016年，立刑事案件3651起，破案150起，刑拘125人，逮捕45人。受理行政案件1152起，行政拘留174人，全镇治安形势持续稳定，人民群众安全指数和幸福感明显提升。认真落实领导接访、领导下访和领导包案制度，办理信访案件152起，承接上级交办案件138起，结案119起。充分发挥包村干部、村组干部、信访专职干部作用，调动司法所、各村调委会的积极性，进一步加大案件排查和调处力度，共排查调处各类矛盾纠纷530余件。加大违法占地、违法建设整治力度，以土地卫片执法为契机，联合公安、土地、行政执法、工商、电业公司等部门，多次开展卫片执法专项整治行动，出动执法人员1.5万余人次、执法车辆500余台次，对情节严重的进行立案13起，影响恶劣的移交司法机关，逮捕10人，刑拘10人，严厉进行打击。同时，加大违法建设巡查力度和频次，下达各类违法占地、违法建设停工整改通知书600余份。2016年，累计制止、拆除各类违法建筑600余处，清理违法占地80公顷，拆除违法建筑77万余平方米。强力遏制非煤矿山违法开采行为，联合公安、国土、交警等相关单位开展专项整治夜查行动50余次，关停露天采石厂40余家，驱离作业人员300余人次，查扣、驱离各类作业车辆240余台，维护良好的矿产资源开发秩序。以规范交通秩序，打击交通违法为重点，不断提高城市交通管理水平。新增交警15名，在大学南路、国道107等主干道铺设隔离带近10千米，查处各类交通违法案件2000多起，镇区交

河南工程学院图书馆

景色怡人的泰山村社区

通秩序得到明显改善。为加强城镇管理提升，加强镇容镇貌管理，成立龙湖城镇管理提升集中行动指挥部，组建城市管理队伍，对镇区“十四乱”现象进行长效整治，累计清理落地灯箱、广告牌2000余块，清理“牛皮癣”2700余处，整治店外经营、占道经营1850余起。安全生产形势平稳。加强对全镇的煤矿、非煤矿山、危险化学品、易燃易爆行业、一般工业企业、公共聚集场所，食品卫生、交通运输、建筑工地等单位进行了拉网式的安全生产大检查，开展各类安全生产专项整治活动8次，累计查出隐患近1070余处，累计下发整改通知书320余份。多次组织各单位生产负责人进行业务培训，确保全镇各企业单位生产检查率达到100%、隐患整改率达到100%、监控率达到100%、持证上岗率达到100%、职工安全生产教育率达到100%。特别是对侯庄、王许村的“三合一”服装加工厂进行关停、整改，非法食品加工作坊予以坚决取缔，有效遏制各类安全生产事故隐患。深入推进条块融合，组织全镇网格管理人员的各类业务培训18次，排查并录入郑州市网格化管理平台各类问题3233个，已经解决到位3085个，按期办结率达到95.42%。持续提高村级事务透明度，“三资”管理、农村低保、救灾救济等九大领域共录入信息3024条，各类信息公开及时。

【社会事业发展】社会保障。不断加大群众创业就业帮扶力度，先后举办职业技能培训班、创业培训班及各类人才交流招聘会，完成劳动力转移1800余人；发放创业贷款47笔，金额470余万元。贯彻落实低保政策，按照“应保尽保 应退尽退”原则，2016年对全镇415户718人低保家庭进行补贴，复审核减低保80户170余人。按照精准扶贫、对口帮扶等相关政策，投入75万元开发基础设施项目1个，全镇23户64人贫困户已全部实现脱贫。持续加强弱势群体帮扶工作，全年累计发放各类救灾款项19.5万元，救助贫困家庭130余户、300余人，救助优秀贫困大学生30名，救助其他弱势人群32人；继续为80岁以上龙湖籍老年人每月发放生活补助。不断加大农民工劳动维权和保障力度，涉及农民工近2000人，追讨农民工工资3000余万元。

教科文卫。教育方面，加大教育投入，新增小学3所，龙湖一中已启用新校区，教学环境和教学质量大大改善，2所幼儿园正做前期移交工作，投资2270余万元对王口、古城、镇直小学进行改扩建，王口小学已投入使用，启动九年一贯制学校建设。积极组织开展科技下乡和各类技能培训，提升群众素质，全年共组织群众收看远程教育直播、点播1.6万余人次，为农民群众提供各类信息600多条。文化方面，深入实施“百千万文化惠民工程”，不断丰富群众精神文化生活，组织戏曲演出30场，电影下乡300余场，组织1万余名群众参加各类文艺会演、比赛6场。卫生方面，加强医疗保障体系建设，继续为60岁以上龙湖籍老年人和中小学生进行免费体检，投入35万余元为近3000人的70岁以上龙湖籍老年人缴纳新型农村合作医疗费。城乡居民养老保险共计完成续费参保3.1万余人，超出市参保任务目标60%。坚持计划生育基本国策，各项措施进一步加强，2016年人口出生率为15.75‰，人口自然增长率6.57‰，增加政策生育率100%完成了人口控制目标。

（撰稿：付晓平　审阅：王俊艳）

郭店镇

【概况】郭店镇位于新郑北12千米、郑州南20千米处。东依新郑机场，南接新郑中心城区，北临龙湖教育城，西临新密新城。境内郑新快速通道、国道107、中华北路、大学南路、希望路与省道102、国道107连接线、黄金大道和莲花路构筑成“五纵四横”独具优势的交通网，四通八达，方便快捷。境内历史文化遗产丰富，有后周皇陵、华阳故城两个国保单位，北宋名相吕夷简父子墓、北宋时期一门三宰相墓——崇孝寺两个省保单位。

全镇辖32个行政村，89个自然村，219个村民组，总人口5.4万人，镇区人口9000人，镇域面积77平方千米，其中镇区面积4平方千米。现有耕地5360公顷，人均0.1公顷。辖区内以汉族为主，回民1900余人，主要集中居住在华阳寨。

2016年，地区生产总值完成56.61亿元，占目标任务55.50亿元的102%，同比增长14.7%；财政收入完成1.31亿元，占目标任务1.19亿元的110%，同比增长18.8%；规模以上工业增加值完成25.77亿元，同比增长22%；固定资产投资完成59.25亿元，占目标任务54亿元的109.7%，同比增长35.8%；社会消费品零售额完成8.16亿元，占目标任务7.88亿元的103.5%，同比增长23.7%；农民人均纯收入完成1.94万元，同比增长12.4%。先后获得郑州市“文明村镇”“村镇建设先进单位”，新郑市“依法治理工作先进集体”“招商引资暨争取项目资金先进单位”“信访工作红旗单位”“重大项目建设及联审联批工作先进单位”“绩效考核优秀单位”“新型工业化工作先进单位”“宣传思想文化工作先进集体”等荣誉。

【工业经济】 2016年，按照“强投资、夯基础、调结构、求提升”的总要求，全力以赴抓招商，千方百计上项目，二、三产业得到较快发展。项目建设有序推进，在建项目和新开工项目30个，其中工业项目13个，商贸物流项目4个，道路建设项目7个，社区建设项目6个。为保证项目建设有序推进，成立“企业家联谊会”，推行“项目建设首席服务官”制度和领导分包项目责任制。华美二期、智慧云谷、华盟商混凝土、神州物联、明佳电子、星灏电子、贝斯通等8个在建项目按计划有序建设；豫力无纺布、意利宝橱柜、郑州新联伟业和国瑞塑业4个续建项目顺利建成投产；金万家居、宏美包装、泰德能源、中宇包装、博新厂房等项目相继开工；华商汇、乾龙物流、沣泰置业、圣戈班绿建城4个商贸物流项目并驾齐驱，快速推进，其中华商汇商贸物流项目建设最快，已入住商户3500多家。招商引资工作坚持“释放新优势、抓住新机遇、创造新业态”的理念，全年新招项目3个，分别是投资50亿元占地133.33公顷的转化公路港、投资30亿元占地66.67公顷的海元物流和投资10亿元占地20公顷的豫中农副产品批发交易市场，累计合同投资额90亿元。

【新型城镇化】 按照全域城镇化、农民市民化的目标，不断明确责任，强化措施，强力推进社区建设和拆迁安置工作。2016年，中心社区新开工17栋18.8万平方米，其中7栋11层已封顶，8栋18层建至6层；南北街社区新建安置房8栋10.6万平方米，其中6栋安置楼和2栋商业已封顶，二期4栋正在建设；华阳寨社区11栋11.09万平方米主体已全部封顶，正在进行二次结构施工；铜佛赵社区12栋480套已建成并分房到户；海寨社区22栋8.2万平方米全部建成，已分房到户。常家庄社区和洪沟社区已完成规划设计、土地征收工作，洪沟社区已开工，常家庄社区正在做开工前期准备。拆迁安置坚持“政府主导、群众参与、企业开发、建安同步”的原则，先后对南北街、高寺、贾庄、代庄等9个自然村进行拆迁安置，累计拆迁343户17.2万平方米。建过渡安置房9689平方米，拆迁群众全部得到妥善安置。围绕S102互通立交桥建设，对周围企业商户和住户实施了拆迁安置，完成拆迁面积近4万平方米。

【农业经济】 农业基础设施投入。投资2000万元，修建园区汇科路3.6千米，完成房屋拆迁、土地清表工作，施工队已进场施工。做好上级农业基础设施项目资金申报工作，冠军农业成功申报郑州市农业基础设施项目资金430万元。

农业招商。流转土地62.67公顷，通瑞源农业公司顺利落地，该项目投资2亿元建卡乐童话小镇。占地13.33公顷的豫中农副产品批发交易市场顺利签约。

都市型农业示范区建设。以翠谷农业、大地果农业、金城国际、国槐庄园和厚居德等龙头项目为重点。其中翠谷农业公园已完成一期37.33公顷建设项目，建成葡萄采摘区24公顷、草莓大棚采摘区3.33公顷、樱桃采摘区6.67公顷、草莓露地采摘区3.33公顷，全年开园接待游客近2万人次。按照“农业与旅游、教育、文化等产业相融合”的发展要求，积极发展农业文化产业，完成了黄帝农耕文化园和崇孝寺历史文化园的规划设计。

精准扶贫。重点对小司、岗时两个村98户196人进行了精准扶贫工作，镇村干部与驻村工作队密切配合、共同努力，通过技术培训、协调安排就业，土地流转等措施，截至11月底，经核算确认，上级验收，全部脱贫。

【公共基础设施】 坚持“突出特色、完善设施、增强功能、提升服务”原则，加大镇区基础设施投入。在加强和规范镇区管理的同时，重点对镇区进行了科学规划，改造完善了公共设施建设，投资230万元高标准建成了综合农贸市场，成立专门的市场管理机构，各类商贩归行划市，规范经营，统一管理，杜绝了镇区私搭乱建、占道经营现象。投资260万元，完成新镇区道路绿化、亮化工程建设，改造安装太阳能路灯240盏，栽植景观树5000多棵，建文明墙和文化长廊1200米。投资600万元的社区广场改扩建工程。加强镇区环境综合治理。投资260万元添置了扫地车、洒水车、保洁三轮车、垃圾收集箱等保洁设施，保证了环卫工作正常运转。加快乡村路网建设，希望路北路、双拥路西延工程以及黄金大道拓宽改造工程顺利建成通车。惠科路、汇通路、卓商路顺利开工建设，求实路、轻工路已完成拆迁清表工作，适时开工建设。老郑新路雨水管网工程顺利竣工，污水管网完成80%。全力配合省道102互通立交桥工程建设，正在进行拆迁安置工作。顺利地完成莲花路6千米和希望路9千米的生态廊道绿化任务，累计绿化面积72公顷。

【社会综合管理】社会管理服务。积极探索网格管理新模式，建立健全了网格工作微信群，完成上报阳光村务数据3456条，录入社情信息8272条，民情日志1.08万条。在全市“三色旗”考核中，8次获得红旗单位。按照“服务群众，方便群众”的要求，投资近30万专项资金，改造完善了便民服务中心和综治服务中心，为群众提供方便快捷周到的“一站式”服务。

卫片执法。按照“处罚到位、拆除到位、追责到位、复耕到位”的要求，采取“动员自拆与集中强拆结合”的办法，先后对辖区违法建设、违法占地进行了依法拆除，全面复耕。全年共查处违法建设150多起，下发违法建设通知书100余份，组织联合执法20余次，共拆除违法建设2万余平方米。

大气污染防治。按照大气污染防治有关要求，拉网排查，台账管理，逐项整改，先后覆盖裸露黄土1.2万平方米，硬化平交路口78处4000多米，清理取缔主干道路边广告牌、加水点、修车点43处，整治在建工地20多个，关停取缔无证涉水涉气企业19家，提标改造燃煤锅炉19处，拆除燃煤锅炉5处，取缔散煤销售点6处，拆除免烧砖厂、石料厂35家。重点对中央环保督查组交办的12批14个问题，按照五个“第一时间”的要求进行全面整改，顺利通过验收。强力开展非法生产整治，进行断电取缔，砖机拆解移出，土地复耕；对8家无证小食品加工厂、小作坊依法取缔。

优化投资环境。定期开展经济发展环境专项整治活动，对项目落地、企业生产经营中强装强卸、强行交易、断门堵路等影响经济发展的违法行为进行了严肃打击处理，共打击处理5起11人。

【社会民生事业】文化事业。积极推进“百千万”文化惠民工程，不断加强农村文化阵地建设，开展村级综合性文化服务中心创建活动，冯寺、司洼、双岭、山根、新李营5个综合性文化服务中心顺利通过验收。全镇32个行政村高标准完成农村书屋建设，为农民汲取精神食粮提供了强有力的平台。开展群众文化娱乐活动，发展民间戏曲、盘鼓队、集体广场舞等民间文艺队伍35支，培养发展文艺骨干600余人，在全市文化活动展演中，冯寺村盘古队和山根村舞龙舞狮队分别获得一等奖。结合“文明镇”创建活动，不断深化文化惠民工程，成功地举办“元宵节民间文艺会演”“戏曲比赛”“歌曲大赛”和“广场舞比赛”等群众性文娱活动。坚持建载体、树典型，积极倡导农村文明新风，年初开展“最美郭店人”评选活动，表彰奖励一批“最美家庭”“好媳妇”“好婆婆”典型代表。

社会救助。做好低保户申报工作，定期足额为全镇836户1525人低保对象发放定补资金，有效地解决弱势群体的生活问题。开展救灾救济工作，累计发放救灾款3万元、救灾面粉1165袋、救灾棉被260条、棉衣220件，发放临时救助捐款8万余元，办理重度残疾人补贴216人、困难残疾人生活补贴201人。城乡养老保险征缴工作全面完成，参保人数达1.94万人。新农合工作顺利推进，参保率达到100%。为全镇60岁以上老人进行了免费体检，体检率达91%。

劳动保障。全年开展各类就业培训2000多人，促进就业1885人，发布就业信息1100多条，企业空岗信息上报45家，提供岗位200多个，实现就业再就业375人。为89人办理就业失业登记证，全面完成小额担保贷款任务。全力维护农民工合法权益，为农民工维权和咨询2000多人，处理劳务纠纷500多起，为农民工追讨欠薪工资3000多万元。

（撰稿：冯玉钦　审阅：王瑞杰）

新　村　镇

【概况】新村镇坐拥新郑市区北大门，与新郑新区紧密相连，是河南省首批、新郑唯一的“河南省小城镇

华商汇招商中心

建设重点镇”。全镇总面积64平方千米，耕地面积2866.67公顷，辖23个行政村、95个自然村、4.1万人。交通便利，环境优越，国道107、郑新快速通道纵贯南北，万郑公路横穿东西，新密铁路穿境而过，新村大道、中兴大道连通新区。南水北调中线工程环拱镇区，双洎河、黄水河东西环绕。老观寨水库、望京楼水库、桐树岗水库等共同构成了独具特色的水系环境。文化灿烂，底蕴深厚，裴李岗村是8000年裴李岗文化首发地，望京楼、公主湖是2300年前的春秋时期文化遗迹，望京楼夏商古城遗址位列“2010年度中国十大考古新发现”之首。域内有郑州华信学院、郑州理工职业学院、郑州城轨交通中等专业学校、新郑电大、新郑三中、新郑一中分校6所高中以上学校，在校学生近4.5万人，形成从幼儿教育到大学教育一应俱全的教育体系。

【经济社会发展】 2016年，全镇地区生产总值完成67.7亿元，同比增长18.6%。主要工业增加值完成32.0亿元，同比增长15.5%；全社会固定资产投资完成51.3亿元，同比增长38.3%；社会消费品零售总额完成19.58亿元，同比增长19.0%；财政收入完成1.67亿元，同比增长2.4%，居民人均收入达1.89万元。新招项目5个，招商引资总额5.25亿元，其中郑州市外资金3.18亿元。

以“抓项目、促转型”为重点，凝心聚力抓好产业转型升级。做大服务业。宏基王朝和坤宇凯旋城项目已全部售罄；正商环湖春天和宾悦龙城项目进展顺利，销售火爆；郑州城轨交通学校和郑州理工职业学院在校生连年猛增，已将近4万人，大大增加了人流物流，带动了第三产业的发展。做优工业。润弘制药A股主板上市指日可待，灵佑药业新三板成功挂牌；福华钢铁投资1.2亿元进行升级技改；郑州冷缘工贸新建冷库3.28万平方米投入使用；韩都药业年处理500吨中药生产线投产使用。这些项目的实施将进一步夯实工业基础，加速产业升级。做亮农业。全镇共引入农业企业42家，流转土地1293.33公顷，实现投资4.98亿元，提供就业岗位1800个。以有机蔬菜声名远播的佳源农业，成功在中原股权交易中心挂牌上市；郑研种苗科技有限公司重点培育的“郑研1508西瓜”，成功打破单株结瓜量世界吉尼斯纪录；力上公司千亩高品质果蔬种植基地，果蔬直供香港；童乡公司26.67公顷食用玫瑰和亲子观光体验园开园迎客；中研公司千亩果树苗圃，四季桃全年热销；带来福公司新栽植桂花6.67公顷，建成中原地区最大的桂花栽植基地；卓卓葡萄公园品种新、口味佳，产品广受好评。

【新型城镇化建设】 以“快拆迁、早安置”为重点，抓好新型城镇化建设，利用5个月时间重点攻坚，完成郝家岗、老观寨等12个村1289户4616人的拆迁计划，拆迁面积近20万平方米。公主湖社区拆迁群众已全部回迁入住；建成暖泉湖社区25栋1436套安置房，228户群众分得新房；吴庄社区二期开工续建9栋主体完工，20万平方米安置房正在进行工程招标。为力求群众早日安置，在加速社区建设的同时，又先后购置650套宏基王朝和畅馨园小区商品房共计6万5千平方米，让2000多名群众早日住上新房。

【大气污染防治】 以“零忍让、严管控”为重点，动真碰硬抓好大气污染防治工作。严格落实属地管理、班子成员分包企业等制度，明确直接责任

新郑市第二水厂

人，依托网格化管理，将各项任务层层分解、层层落实，镇、村两级密切配合、紧抓源头，集中人力、物力、财力做好重点企业治污及驻场监管、建筑工地扬尘治理、土小企业取缔、路域环境整治、散煤治理、农村环境卫生综合整治、全面禁烧、黄标车治理、渣土车运输、重污染天气应急管控等工作。全年硬化路口55个共计1.37万平方米，对107国道两侧2万方平方米人行道进行升级改造；覆盖防尘滤网40余万平方米，清除建筑垃圾20余万立方米；建设蓝天卫视技防系统，由专人24小时紧盯监控，确保第一时间发现着火点；完善城乡垃圾收运系统，争取上级资金修建垃圾中转站，即将投入使用。

【民生事业】以“惠民生、聚民心”为重点，全力以赴抓好民生保障。总投资4918万元农田水利现代化示范乡镇项目，涉及本镇17个行政村，大大提升了本镇农业基础设施；完成6条共计5.23千米村道修建任务，在建乡道2条共计6千米，上述道路全部完工后群众出行将更加便利；为600户群众发放救灾面粉3.13万斤、棉被300条、棉衣270件，发放大病救助金26.2万元、临时救助金12.3万元、五保金34.9万元、低保金161.5万元，为全镇466户1165人办理了低保手续，为全镇108名符合五保条件的老人签订了五保合同；转移农村劳动力1700人，城乡居民养老保险续费1.31万人，纠正违规欠薪20余起，清欠工资450余万元。不断加强平安乡镇、平安社区、平安网格等建设工程，不断加强信访、食品安全和安全生产工作力度，积极落实领导干部信访接待日制度、分包企业制度、村级三大主干值班制度。定期召开信访联席会，处理重点疑难信访案件30余件。对重点部位实施常态巡查，重点时段安全“零报告”，确保全镇社会大局安全稳定。

【新村镇医药产业园】新郑市城北医药园位于新郑市区北新村镇，是新郑市的工业组团和加快向房地产、生态观光休闲农业等第三产业转型的新市区。园区规划面积10平方千米，建成区面积7.8平方千米。区内人口38562人。交通区位优势明显，园区北距省会郑州32千米，东距郑州国际机场8千米，距京广铁路、京珠高速公路4千米。107国道、万邓公路、郑新快速通道、新密铁路和南水北调中线干渠穿区而过。

园内地势平坦，基础设施完备。四纵六横的园区干道与107国道、郑许公路构成了便利的交通网络；现有35千伏、220千伏变电站各一座；电话装机总量2万门，各种通信网络齐全；自建水厂日供水能力1万立方米，新郑市第二水厂于2016年建成供水，日供水能力1万立方米；园内现有中心幼儿园、中心小学、新郑三中、新郑一中分校、郑州华信剑桥附中、新郑电大、郑州城轨交通中等专业学校、郑州理工职业学院等各类学校10余所，涵盖幼儿教育到大学教育；8000年的裴李岗文化遗址，历史悠久的玉皇庙、望京楼遗址，黄水河湿地公园和万亩生态休闲农业片区形成一个集历史文化与自然风光为一体的生态园区。

（撰稿：李培源　审阅：毛丽芳）

新建路街道

【概况】新建路街道办事处位于市区西部。东起文化路，西临107国道，南到双洎河，北至郑韩路，总面积4平方千米，办公地点设在轩辕路286号，辖6个社区居民委员会、24个居民小组，常住人口3.3万人。2016年，围绕“旧城改造暨黄帝故里景区扩建”这个中心，突出“网格化管理”主线，加速经济发展，致力民生改善，推动各项工作实现新突破。

【经济社会发展】2016年，地区生产总值完成20.28亿元，占目标任务21亿元的96.6%，与去年同期相比增长8.3%。固定资产完成15.80亿元，占目标任务16.50亿元的95.8%，与去年同期相比增长15.6%。社会消费品零售额完成25.67亿元，占目标任务25.89亿元的99.16%，与去年同期相比增长17.53%。城镇居民可支配收入完成2.8万元，占目标任务2.89万元的97.2%，与去年同期相比增长7.4%。规模以上工业增加值降低2%。财政收入完成7572万元，占目标任务6400万元的118.31%。

【征迁安置】完成三期旧城改造征迁安置。在前三期拆迁3900户，拆除房屋面积80万平方米，投入征迁安置资金30亿元的基础上，2016年共进行3次征迁，涉及1650户，拆除建筑面积41.5万平方米。在征迁工作中做到“七个坚持”，即坚持依法征迁，严格法定程序不走样；坚持惠民征迁，确保群众利益不受损；坚持公正征迁，执行政策方案不动摇；坚持环保拆迁，始终湿法作业严抑尘；坚持安全拆迁，严格规范拆除保平安；坚持高效征迁，使用资金效力最大化；坚持和谐征迁，温暖如春面对征迁户，使征迁工作得以顺利高效推进。同时，实现“三个降低”“三个提升”，即补偿资金成本的降低、安置行政成本的降低、征迁社会风险的降低；资金使用效率的提升、征迁工作效力的提升、政府征迁安置公信力的提升，确保和谐征迁、高效安置、群众满意，为旧城棚户区改造奠定基础，为黄帝故里景区改扩建提供空间。安置房建设。新区第二社区安置房建设，楼房内外装饰、配套设施及小区道路均基本完工，基本具备分房条件。接旨胡同商业街建设，仿古街以北区域人防工程建设已基本结束，正在进行出地面施工，南区主体已建95%。嫘祖城商业广场建设，地下2层施工完成，正在进行地下1层施工。盛世嘉园社区已建至第六层。

【项目建设】完成南环路改线拓宽工程，主干道通车；轩辕路西延已做路基施工；宫城路完成设计，已开展招投标工作；迎宾路拓宽已拆除房屋；三个游园完成设计，已招标；小学和幼儿园的选址和规划设计已经完成，已做施工围挡。

【信访工作】贯彻落实“一单式”信访工作法，共受理信访案件62起，其中自立案件5起，信访局网上转送信访案件34起，信访局交办案件22起，网上投诉1起，查处率、录入率、结案率均为100%。

【社会管理平安建设】社会治安综合治理。以综治中心和综治工作站建设为载体，以平安建设为抓手，加大矛盾纠纷排查、调处、化解工作力度，严格落实“领导包案制”，实行了“1+3+1”模式，即：聘请1名律师，配备3名民调员，以10户为单位推选并培训1名法律明白人，实现了矛盾纠纷预防、排查、化解的常态化和制度化。2016年，建成6个社区综治工作站和1个综治工作中心，共调处矛盾纠纷55起。提高公众安全感指数和执法满意度。紧紧围绕“你我共同参与，共创平安家园”“法制宣传进校园”“法制教育伴成长”等主题组织开展三次大型的平安建设集中宣传工作，共发放宣传彩页1.8万余份，在辖区悬挂宣传标语30余条，充分利用沿街门店、酒店、商场等公共场所的电子显示屏宣传平安建设工作，在居民小区信息公开栏张贴“致全市人民的一封信”200余份，组织社区民警、网格工作人员做好“一村一警”工作，把服务群众作为根本的出发点和落脚点，真心为群众办事，解决群众生活中的困难。通过一系列的平安建设宣传工作，提升了群众对平安建设的知晓率和参与度，提高群众的安全感指数和执法满意度。

【安全生产】与辖区各类生产经营单位层层签订了消防、安全生产目标责任书，共签订各类消防、安全生产责任书85份、承诺书200余份。组织开展消防、安全生产培训4次累计260多人；参加特种作业人员培训32人。对安全隐患问题“零容忍”，2016年共下发整改指令书51份，查出隐患169处，整改率达到100%。

【社会救济和劳动保障】社会救济。对低保户实行“三榜公布”，2016年新申请35户51人，现享受低保405户741人，月发保障金29.50万元。新增廉租住房15户。全年慰问辖区贫困户345户，发放救灾款3万元、救济粮14.75吨、棉被132条、棉衣195套，保证办事处辖区“七不一促”的落实。双拥方面，优抚款全部发放到位，军属优待金增加到400元，在乡老复员军人、伤残军人、烈属、带病退伍军人优待面均达到100%。重点对象节日慰问达到100%。建成1所面积3200平方米的敬老院，可容纳200人养老，已投入使用，入住供养老人14人。

劳动保障。2016年新增城镇就业1160人，占全年总任务1160的100%，其中下岗失业人员再就业266人，占全年总任务240的111%，就业困难75人，占全年总任务75人的100%。协助办理《就失业登记证》150人次，协助申请办理小额担保贷款86人次。组织召开全民创业大会3场，实施援助就业，援助特殊困难人员和下岗失业人员258人，援助零就业家庭7户，7人就业。6个社区共安置1000人就业，带动2500人就业。城镇居民医疗保险参保6230人。辖区用工单位农民工工资支付率达100%。

【环境保护】环保办成立专项督查组，要求建筑工地和拆迁工地全部达到7个100%。投入经费10万元，施工队30余人，绿化、硬化、覆盖面积3万平方米，确保每日两洒水，落实降尘措施。取缔1家化工厂、一个石

黄帝故里百家姓广场

料厂、一个散煤销售点。道路扬尘污染治理实现全覆盖，2台机械化清扫车，每天清洁主次干道6次，70多名环卫工人分布在辖区内的大街小巷内，严格按照保洁要求全天进行保洁。双洎河流域封堵排污口35个。与辖区201家餐饮经营单位，签订《油烟污染限期治理的通知》，要求餐饮服务经营场所要安装高效油烟净化设施，坚决取缔无油烟净化设施的占道露天、夜市烧烤。全年共完成黄标车淘汰243辆。

【网格化管理】 建立网格联动机制，发动引导各级网格人员参与社会服务管理，加强稽查考核，确保网格创建工作落到实处。全面整合网格力量，充分发挥“三级网格、三级平台、四级联动”的网格体系作用，全年组织力量共拆除违法建筑30余处，有效遏制违法建设发生。积极参与大气污染治理工作，实行网格人员干部包片，参加集中清查活动516人次，累计对施工场所下达整改通知26份，确保大气扬尘治理工作有效开展。开展打击非法集资公益宣传2次，发放宣传页1300份，有效防范非法集资风险情况发生。开展“人人都是志愿者，共同服务为人人”志愿者精细化管理工作。坚持以社会面“网格化”防控开展巡逻工作，通过警民联合巡逻、办事处巡防队协同巡逻、看楼护院等形式，建立社区“联防、互防、自防”三防一体的防控网络体系。

（撰稿：时萌萌　审阅：潘刘邦）

新华路街道

【概况】 新华路街道办事处于2001年11月由城关乡分设成立，所辖范围为文化路及新建路北段以东，郑韩路以北，阁老坟以南、黄水河以西，城南双洎河以北，总面积12.6平方千米。地处新郑市城市中心，办公地点设在新华路291号，辖12个社区（小高庄、张玉庄、张龙庄、后屯、毛园、仓城、五宅庄、阁老坟、双龙寨、裴大户寨、白庙范、领秀城），共有36个居民小组，居民1.82万户、6.76万口人，常住人口18万人，耕地173.33公顷。

2016年，以项目带动为抓手，主动适应新常态，积极作为新常态，坚持稳中求进工作总基调，牢牢把握“抓改革创新、强投资开放、促结构转型、求民生改善”总要求，深入开展“两学一做”学习教育，持续改进工作作风，实现辖区经济持续健康发展、社会保持和谐稳定、民生得到不断改善。2016年，新华路街道被评为“郑州市2015年度长效机制工作先进单位”“郑州市2015年度计划生育先进单位”“郑州市文明单位”“新郑市2015年度绩效考核优秀单位”“新郑市2015年度平安建设红旗街道”“新郑市2015年度信访工作红旗单位”“河南省环境卫生先进单位”“郑州市平安建设先进街道”“郑州市坚持依靠群众推进工作落实长效机制先进街道”“郑州市无烟单位”“郑州市环境卫生先进单位”“郑州市劳动和社会保障综合目标考核先进集体”“郑州市防范处理邪教工作先进集体”等荣誉称号。

【经济社会发展】 2016年，地区生产总值完成31.23亿元，完成目标任务的103.75%；财政收入完成2.43亿元，完成目标任务的100.02%；规模以上工业增加值完成7.58亿元，完成目标任务的106.0%；固定资产投资完成29.3亿元，完成目标任务的108.52%；社会消费品零售额完成36.98亿元，完成目标任务的104.26%；招商引资到位资金完成2亿元，完成目标任务的100.0%；城镇居民人均可支配收入达到3万元，完成目标任务的102.72%。

新华路街道依托辖区内三产发展布局，按照“政府引导、突出特色、完善服务”原则，促进三产繁荣发展。为继续促进零售、餐饮、休闲、宾馆等传统服务业发展，不断壮大三产规模，共协助896家商户办理营业手续。人民路黄帝像商圈、中华南路特色餐饮、郑韩路汽车销售服务等产业深度聚集，不断向深度和广度发展，质量和效益得到明显提升。通过集中购买493套普通商品住房，对拆迁居民进行安置，既化解房地产库存，又缩短居民过渡时间。在经济持续下行的环境下，三产产值比2015年

新郑中心城区新华路

提高2.4%。

围绕“杜绝增量、消化存量、确保稳定”工作目标，落实领导包案制度，建立一案一策，强化排查，大力宣传，切实维护辖区金融稳定。全年共印发宣传资料10万余份，排查出非法集资风险公司18个，约谈公司负责人30余人次，签订承诺书20余份。对7个非法集资企业派驻工作组，涉案公司和融资户整体保持稳定。

【城镇化建设】棚户区改造安置房建设进展顺利，全年共投资30亿元，建设安置房约10万平方米，实现282户顺利回迁安置。其中，张龙庄盛世龙城建成安置房436套，5万平方米，实现每户两套安置；裴大户寨公园里建成首套安置房234套，2.81万平方米，可实现每户首套安置；边家缔景天城建成安置房130套，1.32万平方米，可实现居民全部安置。后屯金都花园二期在建安置房420套，5万平方米。在双洎河综合治理项目中，办事处在短时间内完成双龙寨社区286户拆迁、端湾65户拆迁，对双龙寨社区146.67公顷耕地进行测量登记。顺利推进107国道西侧95间门面房、25家企业拆迁。故城遗址公园、文化路北延、公共停车场建设、农贸市场建设、市直小学建设、社区托老站、综合文化服务中心建设等一批民生实事服务项目均得到很好落实。

以“全民参与、常态保洁、重点整治”为原则，以“卫生习惯养成”为重点，全年共投入资金300余万元，开展全民卫生日活动40余次，新增健康教育宣传栏108个，在日常保洁的基础上对重点区域进行集中整治，确保卫生环境整洁优美。

以7个100%为标准，对辖区6个在建工地进行监督整改，达标一处复工一处；在入市口安装6个限高杆，在国道107两侧安装2000余米护栏，对50余个道路岔口进行硬化，对茨山路经常性保洁。覆盖并绿化裸露黄土约3700平方米，取缔露天沙场5处、煤场6处；办事处联合相关职能部门集中取缔107国道两侧油桶厂等7家土小企业，拆除厂房约2000平方米，拆除设备8台。对金鑫钢厂等3家存在污染企业进行停产整改，拆除锅炉1台；全年共淘汰黄标车120辆；对辖区20余家餐饮企业油烟排放问题进行督促整改，全面取缔露天烧烤，杜绝垃圾焚烧。

郑风苑九曲桥

投入203万元，对12条背街小巷进行升级改造，硬化路面约5000平方米，粉刷墙体约2000平方米，增设路灯50余盏，更换路灯270余盏。充分发挥网格排查作用，配合市行政执法部门对违法占地、违法建设进行查处。2016年，办事处配合执法30余次，强制拆除违法建筑约9200平方米，拆除并复耕6处违法占地。

【社会保障】以促进就业为重点，在阁老坟等社区开办技能培训班30余期，收集发布就业信息26期，全年新增城镇就业再就业1512人，完成下岗失业人员再就业255人，完成困难人员再就业80人。发放小额担保贷款组件162件。完成城乡居民养老保险续费3461人，城镇居民医保参保1.49万人。以社会保险和社会救助为重点，通过精准救助、精准帮扶力争实现辖区居民全部脱贫。全年投入233万元，为287户低保户发放生活费。拨付社会救助资金12.67万元，对182户困难户进行救助。投入2.5万元对127名流浪乞讨人员进行临时救助。投入40余万元，分别在阁老坟、张龙庄新建1个托老站。为辖区残疾家庭申请轮椅35辆、安装假肢11副，为34位听力障碍老人佩戴助听器，为残疾人发放补贴25.3万元。在春节、中秋节、重阳节等节假日对辖区132名优抚对象、27名困难党员、300余贫困户进行慰问。投入2万余元慰问辖区160名环卫人员。

【文化建设】全面启动社区综合文化服务中心建设，建成文化服务中心5个。传承传统文化，切实加强文物保护，深度发掘文化内涵。在12个社区建立36支文艺队伍，配备专业演出设备，承办新郑市首届群众文化艺术节。在市“百千万”文化惠民工程系列比赛中，新华路街道广场舞队、大鼓队分别荣获一等奖。在河南省广场舞大赛中，新华路街道阁老坟社区广场舞队代表郑州市参赛并获一等奖。

【社会服务】推行“五单一网”制

度改革，做好政府信息与政务公开，实现行政审批和公共服务“一站式”办理。按照“依法管理，靠前服务”的原则，办事处便民服务大厅、综治工作中心全年接待群众12万人次，办理民生实事13万件。充分发挥网格化管理平台作用，对六个民生重点领域进行排查，全年发现社情8220条，台账7383条，办结率达到99.69%。全面落实二孩政策，开展孕前优生培训1460余人次，为425对已婚待孕对象提供免费优生检测，健康访视服务率达99.8%。加强流动人口计生服务管理，扎实开展全员人口信息采集。认真贯彻新时期武装工作方针，为志愿入伍的11名青年提供全程服务。

【平安建设】 围绕“大综治”工作重点，整合“综治、信访、司法”等资源，成立办事处综治工作中心，实现矛盾联调，治安联防，工作联动，进一步提升矛盾纠纷化解和治安防控综合能力。按照“发现得了，处理的好”原则，在拜祖大典、20国集团峰会（G20峰会）、中央全会、平安杯创建等重点敏感时期，准确分析研判，强力化解矛盾，全力保持社会大局和谐稳定，为新郑市平安创建做出了应有贡献。全年共接待来信来访162起185次812人，办结率达98%。以提升居民安全感指数为重点，通过有奖知识问答等方式，组织活动20余场，发放宣传页8万余份，显著提升宣传效果，普及平安建设知识。动员2400余名居民成立平安志愿者队伍，全力做好社会面防控。巡防队伍扎实开展24小时巡防消防巡查，获得“郑州市巡防消防一体化工作优秀巡防中队”称号。加强对58名社区矫正人员教育管理，帮助他们尽快融入社会。对拖欠农民工工资问题进行专项整治，领导包案，一抓到底，帮助700余名农民工按时足额拿到工资，共计500余万元。建立健全食品安全监管体系，依托网格化管理平台完善基层食品安全监管运行机制。开展食品安全宣传活动5场次，发放宣传页8000余张。

【安全生产】 办事处投入76万元，对辖区30个老旧小区、无主管楼院电动车充电线路进行规范改造，安装充电桩120台，能满足1400余辆电动车充电。组织消防、安监、巡防等力量清理堵塞安全通道电动车100余辆，清除私拉乱扯电线500余条，及时消除安全隐患。对辖区危化企业、建筑工地等重点单位开展经常性安全生产大检查，监督其严格按照流程作业。全年共排查生产经营单位140余家，排查出隐患260余处，全部及时整改到位。配合消防部门对商场、超市等人员密集场所进行不间断监督检查，对烟花爆竹摊点等重点部位进行规范管理。

（撰稿：孙航威　审阅：冯举涛）

新烟街道

【概况】 新烟街道办事处位于新郑市中心城区东部，总面积2.3平方千米，辖区现有8个社区，总人口4.6万人。新烟街道办事处拥有三大独特优势：区位优越、交通便利。东靠京珠高速公路，临近新郑国际机场，京广铁路穿境而过，人民路、解放路、烟厂大街、炎黄大道等主干道路密集分布，构成了方便快捷的立体交通网络。高校聚集。西亚斯、郑煤技校等高校近3万师生形成了巨大的消费市场，吸引了大量的商户入驻，为三产服务业发展提供了得天独厚的条件。上三级单位众多。辖区内有新郑卷烟厂家属区、火车站、二处、五处、地质队、中盐206库、糖库等11家上三级单位，在招商引资、资源共享方面具有极大优势，有力带动了辖区劳务、运输、仓储等相关行业的发展。2016年，牢牢把握“抓改革创新、强投资开放、促结构转型、求民生改善”总要求，抢抓机遇，务实重干，各项社会事业协调发展，先后获得“郑州市人民满意公务员示范单位”“郑州市信访工作‘四无’乡镇”“郑州市先进基层慈善组织”等荣誉称号。

【经济社会发展】 经济指标。全年实现地区生产总值17.8亿元，财政收入完成7167万元，工业增加值完成2.61亿元，固定资产投资10.1亿元，社会消费品零售总额19.6亿元，城镇居民可支配收入完成2.83万元，万元GDP能耗降低3%以上。主要经济指标均实现稳步增长。

重点项目。辖区现有重点项目5个：和庄社区改造项目，占地36.67公顷，涉及群众326户，签订协议261户，拆迁245户。市区东入市口景观改造项目，北侧部分投资200多万元的绿化靓化项目即将完工，南侧部分共涉及企业、商户78户，拆迁工作已基本完成，拆迁面积约2.8万平方米。东方国际二期项目，总投资2.5亿元，建设楼房16栋，8栋已经封顶，包括4栋安置房。西亚斯御景二期项目，占地2.13公顷，总投资2亿元，7幢楼房主体已封顶。华悦城二期项目，占地2公顷，总投资1.8亿元，进行地基开挖，地下管网电路铺设施工。

第三产业。以市区东入市口景观改造工程和解放路社区城中村改造项目为契机，充分发挥辖区西亚斯学院资源优势，努力建设大型商业体与点状商业相结合的综合商业产业形态，引导发展餐饮、娱乐、购物、家政等第三产业，辖区人民路、解放路、泰和路、渔夫子路三产服务业蓬勃发展，高校经济圈初步形成。

【城市建设】 坚持广泛宣传、大力投入、健全制度、长效管理，辖区环境明显改善，市场秩序得到规范。加大投入，改善环卫设施。为辖区主次

城中村改造居民安置社区

干道更换安装果皮箱396个，购置社区垃圾箱338个；新建移动公厕2处，开放沿街单位公厕4处，高标准整修公厕1处，辖区公厕基本满足需求。堵疏结合，规范市场秩序。坚持堵疏结合，针对占道经营严重的渔夫子路、解放路、烟厂大街等重点部位进行11次联合集中执法，清理流动摊点240多处，拆除简易房8处，科学合理设立便民疏导点3处，辖区2个省级卫生先进单位、2个省级卫生社区顺利通过复审考核。大力推进环卫精细化作业，按照以克论净标准，不断增加道路洒水降尘和冲洗频次，实现主次干道全天保洁，垃圾日产日清，彻底消除卫生死角。组织开展夜查行动38次，严格按照“七个百分百”标准，检查规范建筑工地5家、拆迁工地2处，新增围挡2800米、覆盖网3万平方米，消纳建筑垃圾1100立方米。联合相关职能部门，清理烧烤摊点9处，取缔燃煤大灶3家，安装油烟净化装置38家，对永兴浴池、英皇洗浴两处燃煤锅炉进行强制拆除。继续加大黄标车淘汰治理工作力度，淘汰黄标车81辆。做好自备井封停工作，共排查自备井62眼，封停34眼。

【平安建设】网格管理。充分利用公共管理信息平台，做到及时发现、迅速整改。2016年，共发现各类问题7642起，解决7632起，解决率均达99.8%。联合职能部门下沉人员开展联合执法12次，召开联席会议12次，解决疑难问题42起，在三色旗评比中获得红旗14面，工作信息被郑州市信息平台采纳12篇。

平安建设。深入开展百名干部进千家连万户平安建设创建活动，走访商户960家、家庭1770户，发放文化衫3500件，发放宣传彩页、扑克牌等8700份，填写有奖调查问卷3650份，排查矛盾纠纷51个，已全部解决到位。

安全生产。深入开展安全生产专项整治活动，预防、减少和杜绝安全生产事故发生，组织安全生产专项治理行动8次，集中排查12次，共排查出劳动密集型企业9家、危险化学品经营单位4家、液化气代办点5个、建筑工地5家以及人员密集场所324家，发现安全隐患267处，已全部整改到位。积极做好消防安全工作，建成电动自行车充电库（棚）34个，微型消防站16个。

信访稳定。坚持“有访必接、接访必办、办访必果”，全年共接待群众来访52起，处理解决52起，稳定52起。针对辖区农民工工资信访问题多发态势，提前着手，和房地产企业签订承诺书，定期对农民工工资发放情况进行督查，从源头上杜绝信访案件发生。

【民生实事】民生保障。办理城乡居民基本医疗保险3400人，城镇居民基本养老保险新增续费900人，实现城镇新增就业680人；继续坚持劳动监察向预防延伸，劳动维权向人性化迈进，共受理日常投诉40件，为劳动者追讨工资65万元。严格把关低保审查，核查符合条件低保户66户，取消低保户14户，做到应保尽保、应退则退。积极做好困难群众救助工作，救助生活困难居民360户，救助流浪乞讨人员62人次，为2000余名60岁以上老人免费体检。文化生活丰富多彩。邀请郑州市知名专家团队，组织大型文艺队伍培训两次，培训文艺队员180人次；组织元宵文艺会演、中秋节全民舞蹈大赛等大型活动三次，被人民网河南分网专题报道。荣获新郑市“百千万”文化惠民工程广场舞比赛一等奖，大鼓比赛一等奖等多项殊荣。新设立核心价值观、平安建设、大气污染防治等公益广告10处2358平方米。为志愿者服务站点购置服装120套、定制志愿者便民伞架、服务箱8个，开展各类志愿者服务活动18次。积极创新宣传形式，鼓励原创精品，编排原创戏曲小品《调查》，印制新烟街道文化手册。

（撰稿：张金凤　审阅：高留伟）

人物

PERSONAGE

·人 物 >>>

PERSONAGE

郑州市第十三批专业技术拔尖人才

李进凯　李　威　刘帅霞　吴淑芳

2016年度晋升中级职称人员

郑州市中小学一级教师

刘晓慧　柴智萍　乔永伟　张竹青
燕伟萍　李瑞红　张晓会　李晶晶
屈向伟　张　丽　敬丽娟　唐江波
高鋈赟　刘　源　李永强　左慧敏
闫小燕　刘传秀　邹宝成　郭秋培
康丽娟　胡　猛　张　静　李　芬
王朝霞　杨　芳　朱小明　郭珍慧
刘彦超　田晓辉　冯朝霞　王慧锋
王秀敏　张风霞　孟荣丽　董付建
司凤婷　王惠敏　高朝阳　张新枝
郭丽敏　秦瑞敏　白素洁　高朝阳
吕　娟　李艳红　张香云　敬宏霞
白　爽　史利涛　王永亮　陈建勋
李　艳　赵　君　王巧红　吴艳静
闫付现　朱会波　平慧娟　李静静
刘浩然　樊淑娟　冯妍敏　王松英
尹建超　赵晓丽　高幸福　李　娜
唐美娟　李　霞　苏芬芳　李明涛
李东伟　刘卫平　翟思雯　周慧敏
任会云　史瑞红　高书红　赵　阳
白丽娜　钱高领　赵继红　刘卓煊
师瑞敏　蒋　丽　乔瑞芳　于振伟
孙继敏　张素萍　刘改玲　赵志凯
刘会娜　邵鲜蕊　李炳芳　刘新峰
蔡海杰　白艳艳　高广霞　唐玉玲
王俊娥　王丽惠　庞亚辉　罗丽梅
李　杰　翟广亮　陆　静　郭振威
李慧珍　刘战军　赵俊杰　王俊萍
李艳丽　刘淑霞　牛晓菲　敬彩玲
刘培峰　白　玉　高　静　张合新
刘德恩　代　锐　郭春燕　冯　慧
梁培丽　周凯歌

讲师

王田中　敬新平　常慧强　董　静

工程师

吕明霞（畜牧）　杜永娜（农学）
李延铃（农学）　吴玉安（农学）
贾举义（交通）　赵保伟（交通）
李建周（交通）　张卫丰（矿山）
余加正（矿山）　王永超（矿山）
王登磊（矿山）　陈松华（交通）
董晓莉（林业）　王海洋（测绘）
马英杰（城建）　陈彩红（城建）
王士雷（矿山）　白小勇（陈建）
李瑞锋（陈建）　李会平（交通）
朱晓芳（城建）　张　勇（测绘）
岳东霞（技术监督）

护理学

高亚飞　赵翠萍　侯巧玲　李　果
部　帅　任芳莉　陈丽萍　李　星
刘晓英　白建萍　蔡海英　高　娜
孟红丽　刘　淼　安俊平　沈爽爽
常　红　范景娜　万改玲　司向荣
付敏霞　刘会娟　刘智慧　叶慧香
樊改萍　窦　豫

主管技师

刘青青（超声波医学）
郝天丽（超声波医学）
张　丽（超声波医学）
程欢欢（超声波医学）
刘伟玲（超声波医学）
张永生（放射医学）
苗慧峰（放射医学）

输血技术

唐金玲

主治医师

穆志强（内科学）

刘　园（内科学）
黄海娟（内科学）
肖永安（内科学）
陈　杨（内科学）
王福娥（内科学）
贾冬玉（内科学）
朱莹莹（中医内科学）
赵闫丽（中医内科学）
陈　燕（中医内科学）
尹燕燕（中医内科学）
高　龙（中医内科学）
王万书（中医内科学）
张　珂（中医内科学）
李瑞平（中医内科学）
刘向阳（中医内科学）
杨仲秋（中医内科学）
高明超（中医内科学）
高金玲（中医内科学）
乔军杰（中医内科学）
张永丽（中医内科学）
韩伟娜（中西医结合内科学）
刘　剑（中西医结合内科学）
李　峰（中西医结合内科学）
闫琼琼（中西医结合内科学）
史陈英（中西医结合内科学）
白会丽（中西医结合内科学）
梁祝光（中西医结合内科学）
赵建立（中西医结合内科学）
郜　莹（中西医结合内科学）
高　攀（中西医结合内科学）
张永强（中西医结合内科学）
王改娟（妇产科学）
王　娟（妇产科学）
盛玲玲（妇产科学）
王彩玲（妇产科学）
冯小艳（妇产科学）
高　燕（妇产科学）
张新芳（妇产科学）
白素娟（妇产科学）
赵亚丽（妇产科学）
朱丽娜（妇产科学）
常丽玲（妇产科学）
李　静（妇产科学）

王彩虹（中医妇产科学）
张艳红（中医妇产科学）
尹燕飞（中医妇产科学）
唐红云（中医妇产科学）
刘美良（中医妇产科学）
张　淼（儿科学）
张晓娟（儿科学）
左志敏（儿科学）
李军英（儿科学）
王志强（中医针灸学）
曹清花（中医针灸学）
孙伟霞（中医针灸学）
郑红艳（中医针灸学）
吕豪杰（临床医学检验技术）
乔小红（临床医学检验技术）
张蒙蒙（临床医学检验技术）
李海娟（临床医学检验技术）
苗丽霞（临床医学检验技术）
申晓琼（临床医学检验技术）
张涵泊（临床医学检验技术）
唐姗姗（临床医学检验技术）
张建伟（临床医学检验技术）
刘方宁（临床医学检验技术）
尹永涛（中医骨伤学）
沈　凯（中医骨伤学）
修　磊（中医骨伤学）
金　锋（中医骨伤学）
陈留军（中医骨伤学）
高　帅（中医骨伤学）
唐京伟（骨外科学）
罗天放（骨外科学）
马亚磊（骨外科学）
李　永（神经外科学）
王志超（神经外科学）
高红欣（神经外科学）
赵　亚（疾病控制）
陈小芳（疾病控制）
张利平（口腔医学）
刘灵辉（口腔医学）
王　冰（口腔医学）
刘　洋（心血管内科学）
李　娜（呼吸内科学）
刘亚旭（内分泌学）

刘利民（普通外科学）
邱继春（中医儿科学）

药学

朱瑞瑞　高　柯　李成地　丁瑞丛
闫　丽

2016年度晋升副高级职称人员

王留法　赵　慧　赵永峰　张艳红
王银祥　史晓慧　牛玉柱　程留军
杜淑萍　耿广亮　马留钦　赵月琴
陈丽平　沈志伟　孙文俊　李秀荣
刘明辉　罗李霞　周永军　乔利平
时留选　娄素萍　吴宪福　冯伟霞
花新治　乔红伟　黄彩玲　高振宇
王松涛　肖华周　胡国亮　贾智慧
靳贵杰　靳秀红　于春晓　张士民
岳彦君　苏凯霞　柳俊平　王玉红
侯新芳　朱松菊　朱莉娜　赵银娥
刘二勇　赵艳芳　王鸿超　王志红
李广民　刘永超　史海霞　赵江峰
高海涛　赵　红　苗洪涛　张占领
白遂芳　高俊安　宋翠玲　刘献岭
李书巧　李彩玲　郭伟平　连俊丽
李　彬　苏梦皓　赵培红　李宏亮
刘建霞　高聚良　王军周　常丽君
孙艳红　王政伟　侯小红　胡福建
岳　宁　左彩琴　冯遂喜　高胜利
唐巧莉　段瑞莉　李占平　叶海波
韩三梅　刘慧莉　左二红　张宝红
李军萍　黄辉玲　司拴琴　王开明
毛栋杰　张青显　赵桂兰　董　焕
陈慧芳　陈俊红　李俊霞　林爱红

2016年度晋升正高级职称人员

陈　容　闫建萍　贾宏伟

2016年老寿星（100岁以上）

姓名	性别	出生年月	家庭住址	姓名	性别	出生年月	家庭住址
王秀芝	女	1913年7月	辛店镇辛店293号	苏仁秀	男	1915年4月	郭店镇华阳寨228号
张三妮	女	1910年3月	薛店镇山后马四组	张梅花	女	1914年9月	郭店镇陵后村20号
张连妮	女	1913年11月	新村镇郝家岗岗李六组	王宝灿	男	1915年7月	观音寺夏庄75号
陈郭氏	女	1908年12月	新建办西拐29号院	司五妮	女	1915年9月	龙湖镇崔垌75号
朱仙妮	女	1909年5月	龙湖镇泰山村（于寨）	周多妮	女	1914年7月	新村镇王善垌038号
樊金兰	女	1913年11月	辛店镇阳光社区43号楼1门洞	郭兰英	女	1915年8月	新村镇张家054号
闫欣礼	男	1913年10月	孟庄镇肖庄村四组	孙金英	女	1914年12月	龙湖镇王许425号
刘花妮	女	1911年11月	薛店镇常刘村	马秀花	女	1915年7月	城关乡张玉庄8队
李丑妮	女	1910年12月	辛店刘岗八组	时高氏	女	1915年8月	新村镇小时庄046号
李翠花	女	1911年10月	新村赫家岗	陈秀连	女	1915年8月	龙湖镇于寨168号
赵苟妮	女	1909年12月	观音寺菜王7组	张凤英	女	1915年8月	龙湖镇古城610号
郭合妮	男	1912年2月	郭店镇郭庄村	陈新来	男	1915年12月	新村镇北沟028号
刘二妞	女	1912年11月	孟庄镇唐寨312号	时玉芹	女	1915年12月	观音寺姚张357号
时玉梅	女	1912年10月	城关乡沟张	郭大妮	女	1915年12月	新村镇岗李1号
王美荣	女	1913年9月	辛店镇马沟40号	欧阳英妮	女	1915年12月	城关乡刘庄五队452号
闫金花	女	1908年10月	龙湖镇魏庄278号	荆停妞	女	1916年2月	郭店镇小李庄67号
乔黑妮	女	1914年9月	龙湖镇山东乔216号	张连妞	女	1916年3月	观音寺镇史堂20号
马培兰	女	1914年6月	新建办新建南路康西巷31号	刘美荣	女	1916年4月	孟庄镇洪府475号
樊秀英	女	1914年12月	辛店镇人和244号	王明玉	男	1916年6月	郭店镇南街34号
李 留	女	1914年12月	城关乡官刘庄七对454号	靳德顺	男	1916年7月	新村镇靳小寨20号
雷保珍	女	1914年11月	具茨山管委会李庄二组	邢玉针	女	1916年7月	和庄镇老庄刘349号
张桂花	女	1915年1月	观音寺镇唐户村一组	张毛林	男	1916年12月	辛店界牌269号
周金水	女	1914年11月	薛店镇菜园马240号	高好妞	女	1916年11月	郭店司洼93号
张巧妞	女	1915年2月	辛店镇岳庄村八组	苏仁秀	男	1915年4月	郭店镇华阳寨228号

附录

APPENDIX

·附 录>>>

APPENDIX

新郑市2016年国民经济和社会发展统计公报

2016年，面对国内外错综复杂的外部环境和经济下行压力持续加大的严峻形势，全市上下在上级党委、政府和市委、市政府的正确领导下，牢牢把握“创新、协调、绿色、开放、共享”发展理念，重点突出“大开放、大创新、大建设、大管理”发展主线，深入实施“双融入、双承接”发展战略，扎实推进新型城镇化、产业发展、开放创新、生态建设等重点工作，务实重做、克难攻坚，经济社会实现了持续平稳健康发展。

一、综合

初步核算，全市完成地区生产总值651.1亿元，比上年增长9%。其中：第一产业增加值20.1亿元，增长5%；第二产业增加值335.4亿元，增长4.8%；第三产业增加值295.6亿元，增长14.8%。一、二、三产业增加值占地区生产总值的比重分别为3.1%、51.5%和45.4%。

全年居民消费价格总指数比上年上涨2.1%，八大类居民消费品价格呈“七涨一降”态势。其中：食品烟酒类价格同比增长4.4%，是推动全年居民消费价格总水平上涨的主力。其次是衣着类、居住类、生活用品及服务类价格分别比上年增长2.5%、1.6%、1.3%（详见附表1）。

二、农业

全年粮食总产量267966吨，比上年下降0.1%，其中：夏粮总产量137384吨，增长0.4%；秋粮总产量130582吨，下降0.6%。蔬菜产量215940吨，下降3.5%；花生产量21032吨，下降2.0%；瓜果产量10087吨，下降18.1%。

年末全市农业机械总动力58.50万千瓦，比上年增长3.13%。拖拉机和联合收获机分别为11210台、1823台。全市机耕面积、机播面积、机收面积分别达到30.84千公顷、51.25千公顷和43.96千公顷。全年农村用电量42550万千瓦时，比上年下降0.4%。化肥使用量（折纯）33795吨，比上年下降1.3%。

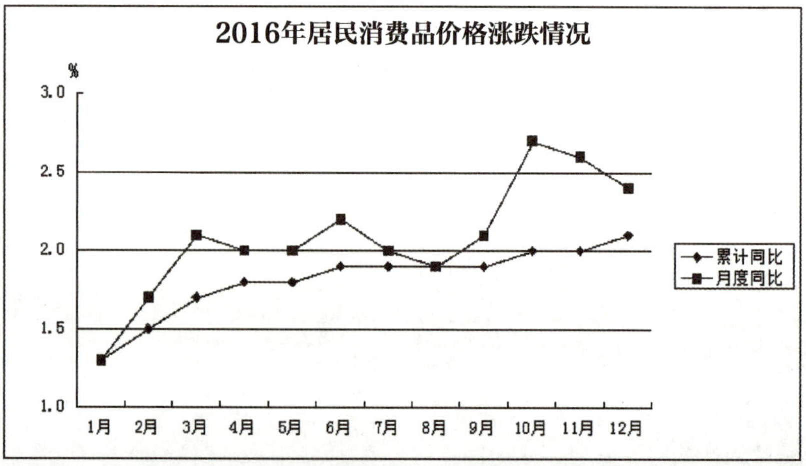

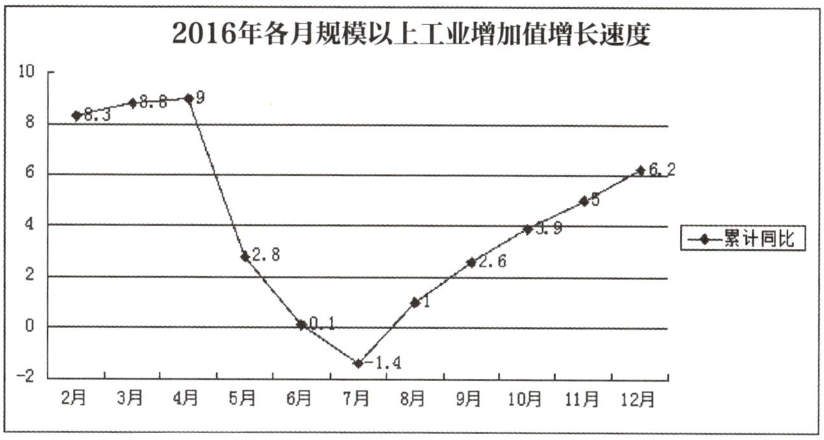

2016年各月规模以上工业增加值增长速度

三、工业和建筑业

全部工业增加值310.8亿元，增长4.6%。其中：规模以上工业增加值284.4亿元，增长6.2%。产销衔接状况较好，产销率达到96.6%。

从主要行业增加值完成情况看，食品制造业64.23亿元，增长13.2%；生物医药化工业68.08亿元，增长19.4%；非金属矿物制品业64.46亿元，增长1.3%；钢铁及金属制品业30.64亿元，下降17.8%；设备制造业22.29亿元，增长22.4%；纺织服装业6.7亿元，增长19.7%；煤炭开采和洗选业1.23亿元，增长9.7%。

全年规模以上工业企业主营业务收入1276.89亿元，增长3.5%；实现利润171.78亿元，增长8.0%；实现利税231.11亿元，增长6.4%。

全年建筑业实现增加值24.7亿元，比上年增长6.6%。全市具有资质等级的建筑企业利润总额1.5亿元，下降30.9%；税金总额1.9亿元，增长11.1%。

四、固定资产投资

全市完成全社会固定资产投资582.2亿元，比上年增长19.2%。其中：固定资产投资566.2亿元，增长20.8%；农村住户固定资产投资16亿元， 增长5%。在固定资产投资中，第一产业投资9.4亿元，增长105.6%；第二产业投资101.7亿元，增长4%；第三产业投资455.1亿元，增长24.2%。

房地产开发投资完成173.7亿元，增长92%。全市房屋施工面积1158.4万平方米，增长26.1%；房屋竣工面积139.9万平方米，增长65.6%；商品房销售面积402.5万平方米，增长58.4%。

五、国内贸易和对外经济

全年全市批发和零售业增加值41.5亿元，比上年增长12.0%；住宿和餐饮业增加值18.8亿元，增长10.0%。

全市完成社会消费品零售总额233.1亿元，比上年增长17.0%。完成销售（营业）总额650.6亿元，比上年增长22.1%，其中：批发业387.1亿元，增长19.8%；零售业222.6亿元，增长26.3%；住宿业2.4亿元，增长27.8%；餐饮业38.5亿元，增长21.4%。

全市共签订协议项目28个，签约金额464亿元，招商引资到位资金170亿元，比上年增长13.3%。引进域外境内资金115亿元，占郑州市下达目标标任务107.5亿元的107%，比上年增长7%；其中引进省外资金完成107.8亿元，占郑州市下达目标任务99亿元的108.9%，比上年增长9%。实际利用外资完成1.98亿美元，占郑州市下达

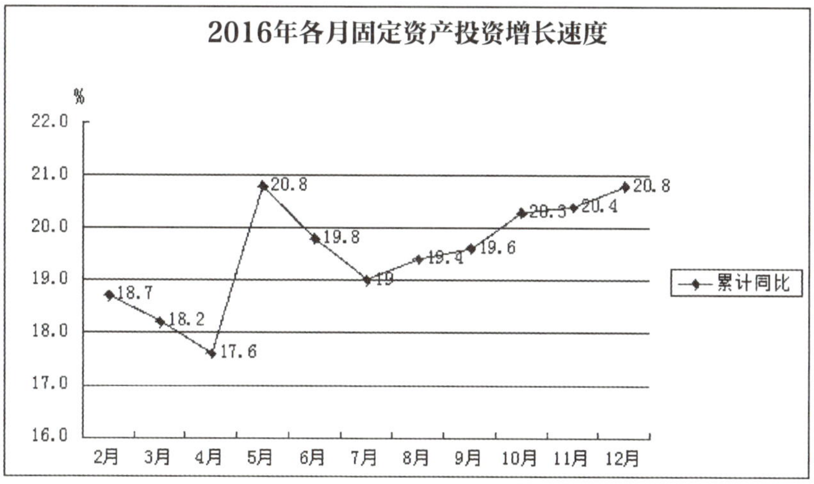

2016年各月固定资产投资增长速度

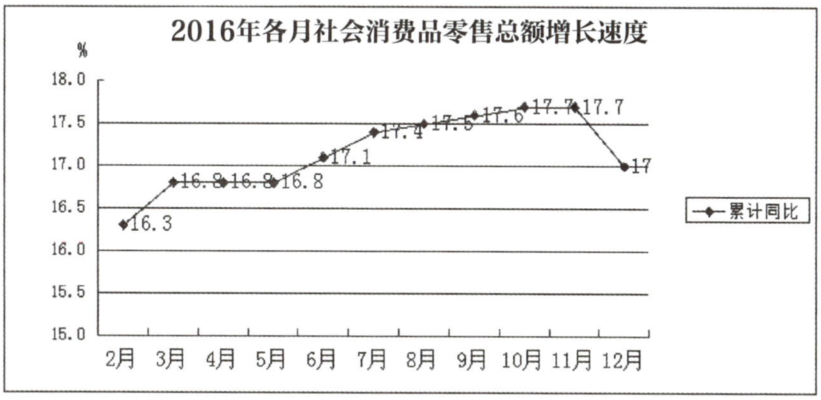

2016年各月社会消费品零售总额增长速度

目标任务19089万美元的103.9%，比上年增长8%。进出口总值7863万美元，比上年增长14.2%。

六、邮电、文化旅游

全年完成邮电业务总量206703万元，比上年增长85.6%。其中：邮政业务量完成1.42亿元，增长116.5%；电信业务量完成19.25亿元，增长83.7%。

高标准成功举办丙申年黄帝故里拜祖大典、第十届黄帝文化国际论坛，2016年中华枣乡风情游，新郑历史文化的感召力和黄帝品牌的影响力进一步提升。2016年，全市各景区接待游客433万人次；旅游总收入11.64亿元。全年共受理旅游投诉3起，处结率100%，游客满意率100%。无一起重大旅游、文物安全责任事故。全市旅游企业规章制度完善达标率100%。

七、财政和金融

全年完成财政总收入88.1亿元，比上年增长13.51%。地方财政收入116.8亿元，比上年增长9.35%。其中，地方公共财政预算收入65.3亿元，比上年增长17.72%，其中税收收入44.1亿元，比上年增长19.55%；政府性基金收入51.5亿元，比上年增长0.3%。

全市财政支出140.35亿元，比上年增长17.15%。其中，公共财政预算支出83.84亿元，增长19.22%；政府性基金支出56.51亿元，增长14.22%。

全市年末金融机构存款余额618.7亿元，比年初增长25.5%；金融机构贷款余额458.2亿元，比年初增长32.1%。

八、科技、教育和卫生

全年新增郑州市级以上工程技术中心、研发中心2家，公共服务平台1家，转化科技成果15项；专利申请达到1754件；实现技术市场交易额7.6亿元，同比增长13%；高新技术产业增加值为66.2亿元，增长14.2%。

全市共有职业中专6所，普通高中7所，普通初中27所，小学100所，幼儿教育139所，特殊教育1所，职业中专在校生2.97万人，普通高中在校生1.5万人，普通初中在校生2.4万人，小学在校生7.72万人，幼儿教育3.45万人，特殊教育135人。中小学素质教育全面推进，荣获“郑州市‘十二五’中小学幼儿园建设工作优秀单位”“郑州市群众体育先进单位”“全省中小学勤工俭学工作先进集体”“郑州市中小学环境教育活动优秀组织单位”等荣誉。教育教学质量稳步提高，2016年高考成绩再创新高，连续25年位居郑州六县（市）第一。2016年新郑市共有3914名考生参加普通高考，进入本科一批录取控制线969人，上线率24.76%；进入本科录取控制线2948人，上线率75.32%；专科以上上线人数3859人，上线率98.59%。全年先后举办新郑市2016年“全民健身·幸福新郑”登山比赛、新郑市“农商银行杯”篮球运动会、新郑市“全民健身幸福新郑”健身日主题活动、新郑市“释放激情·畅跑未来”全民健康跑活动、新郑市“市长杯”中小学生足球联赛、新郑市“老年节”门球比赛、新郑市“全民健身杯”太极拳比赛、新郑市“全民健身杯”广场舞比赛等体育赛事。

截至2016年年底，全市共有卫生机构（含村卫生室）567个，比上年增长5.64%；床位4300张。卫生技术人员4437人，降低19.4%；其中执业医师、执业助理医师1464人，注册护士1890人。全市共有44.21万人参加新型农村合作医疗，参合率达99.9%，办理合作医疗补助100.76万人次，补助金额2.32亿元；免费婚检率达到48.1%，较上年降低40.9个百分点；基本药物制度持续完善，全年共销售基药6874.6万元，直接让利患者1924.9万元。

九、人口和人民生活

年末全市总户数16.9万户，总人口63.58万人，其中女性32.34万人。全年人口出生率为12.47‰，死亡率为6.04‰，人口自然增长率为6.43‰。总人口中，城镇人口35.75万人。全市新型城镇化率为63%。

全年农民人均可支配收入1.84万元，比上年增长7.7%，人均生活消费支出1.74万元，增长9.8%。城镇居民人均可支配收入2.84万元，比上年增长6.5%，人均生活消费支出2.75万元，增长4.1%。

具茨山国家森林公园

溱水河畔起新城

十、劳动和社会保障

全年新增城镇就业再就业岗位7000个，其中下岗失业人员再就业2771人，就业困难人员再就业451人，公益性岗位就业111人，累计发放小额担保贷款525笔，7180万元。农村劳动力转移就业16582人，开展各类就业培训263期24135人、技能培训11357人。

全市企业养老保险参保总数达到794家，累计参保职工63312人，征缴企业职工基本养老保险费31174万元；机关事业养老保险参保单位411家，累计参保职工32335人，征缴机关事业单位养老保险费28175万元；城乡居民社会养老保险参保缴费居民累计达到344313人，征缴城乡居民社会养老保险费2809万元，参保率达到99%以上，60周岁及以上参保居民达到90742万人，参保率继续保持100%；工伤保险累计参保人数达66445人，征缴工伤保险费2261万元；失业保险累计参保职工达到45412人，征缴失业保险费2427万元。城镇职工基本医疗保险参保职工66448人，征缴城镇职工基本医疗保险金15797万元；城镇居民基本医疗保险参保居民165423人，征缴城镇居民基本医疗保险金1423万元；生育保险参保职工45352人，征缴生育保险费1581万元。

按照科学管理、应保尽保、分类施保、特困重保、超标退保的原则，累计将6309户11229人城乡困难家庭纳入低保范围，并按照城市家庭人均550元、农村家庭320元的保障标准，以社会化形式发放保障金3804.62万元。全市农村五保供养标准按照集中供养每人每月640元、分散供养每人每月384元的标准，全年共为1243名五保对象落实五保资金770.14万元。

十一、环境保护

城区空气质量达到或优于国家二级标准的天数为213天;城市集中饮用水源地水质达标率100%；城区可吸入颗粒物PM10年平均浓度为132微克每立方米，细颗粒物PM2.5年平均浓度为70微克每立方米；主要污染物削减量为：化学需氧量2642吨、氨氮349吨、二氧化硫783吨，氮氧化物294吨，均完成了年度削减任务。

全年造林绿化面积587.4公顷，生态廊道建设面积2千公顷，退耕还林自查验收1.75千公顷。

注：1、本公报数据为初步统计数，部分数据因四舍五入的原因，存在着与分项合计不等的情况。

2、公报中生产总值及各产业增加值绝对数按现行价格计算，增长速度按可比价格计算。

3、公报中部门数据来自于相关部门。

附表一：

居民消费价格指数

（上年同期价格为100）

类 别	指数
居民消费价格总指数	102.1
一、食品烟酒	104.4
粮食	101.3
鲜菜	122.5
畜肉	111.4
水产品	116.8
蛋	95.6
鲜果	97.0
二、衣着	102.5
三、居住	101.6
四、生活用品及服务	101.3
五、交通和通信	99.4
六、教育文化和娱乐	100.8
七、医疗保健	100.5
八、其他用品和服务	100.9

附表二：

农业主要产业情况

项 目	种植面积（公顷）	单产（公斤/亩）	总产量（吨）
粮食	50542	353.46	267966
其中：夏粮	25348	361.33	137384
秋粮	25194	345.54	130582
油料	6455	232.02	22465
其中：花生	5519	254.06	21032
蔬菜	5313	2709.58	215940
瓜果	263	2556.91	10087

附表三：

主要工业产品产量

名 称	单位	累计完成	比上年±%
原煤	万吨	95.5	6.0
速冻米面食品	万吨	27.3	22.0
饮料酒	万千升	58.5	69.2
啤酒	万千升	58.5	69.2
软饮料	万吨	145.2	26.2
纱	万吨	3.3	7.5
塑料制品	万吨	32.1	28.6
水泥	万吨	248.9	-0.3
钢材	万吨	223.0	-25.7
饲料	万吨	68.8	-11.5

树荫下的小枸杞

郭老庄

树荫下的小枸杞，
你来自那里？
你的父母在那里？
粗心的风说要带你遨游四方，
却又随意地将你遗忘在这里。
你举目无亲四顾茫然，
抬起头只看见树缝间漏下的几缕阳光，
肯定也不是有意地照耀你，
没有水滋润你，
只有一片空白的地……

你想问问别人，
天空中飞过几只老鸹，
身边路过一只忙碌的小蚂蚁，
每一个都在赶着走自己的路，
每一个都在寻觅着自己的生计，
你咬咬牙狠狠心，
没事的，不是还有一片白地吗！
好歹也算找到了自己的位置，
没有水，可以有雨，
没有雨，说不定哪一夜会有露水呢！
什么都没有的时候，
也就没有什么顾忌，
什么都没有的时候，
最饱满的就是希望啊！

在一个夜深人静的时刻，
你终于等来了露水，
仅仅只有一点儿，
你兴奋地发出了芽儿，
抽出了瘦弱的枝，
长出了自己的叶，
一片、两片、好几片啊！
尽管四周还是那样，
可是你毕竟拥有了自己的生活，
你还准备开几朵鲜艳的小花，
结上两个红红的小枸杞子呢！

酸柠檬

具茨山

即使命运给了你一个酸柠檬，
你也要把它榨成柠檬汁卖给别人。

如同贝多芬在耳朵聋了之后，
毅然选择扼住生命的喉咙，
将苦难变成灵感的源泉，
创作出气势磅礴的《英雄交响曲》。

但是，我也在想——
即使只是一枚酸柠檬，
也是柠檬树精心呵护下绽放出生命的精华，
也一样体验过柠檬花盛开的灿烂，
也有过被花蕊簇拥的幸福初恋，
也有过青涩的成长，
晒过炙热的太阳，
看过凉爽的月亮，
吹过暖暖的风，
就这样热爱过生命中的每一天，
即使到老了还饱尝着生活的辛酸，
依然还童心未泯地，
将酸酸的果子高高地捧上枝尖……

炭化枣核（三篇）

郭伟民

1972年，在新郑市新村镇裴李岗文化遗址中出土了一枚炭化枣核，距今8000年，炭化枣核现存于新郑市博物馆。

（一）

不知经历了几世的轮回，
几世的修行，
上苍才终于让你幻化成为一枚红枣，
挂在旷野的风中，
那时节，
人，还时在草莽丛林之中……
西湖的白蛇，
虽然不能与许仙厮守终生，
但毕竟还是有过花前月下的幽影；
柔弱的绛珠仙草，
颗颗清泪，肝肠寸断，
毕竟还有机会报答宝玉前世的恩情……

你渴望着，
等待着——
让亲爱的人儿品尝一下，
你辛酸的甜味儿，
他一刻的享受，
寄托了你几世的痴情……

八千年都已经过去了，
你实在忘不了那深深的一吻，
实在忘不了这尘世间的万种风情，
回味着唇边的亲密，
你凝视着一个一个的游客，
寻觅着那一双缘定十世的眼睛……

（二）

血肉消失了，
骨头还在；
生命逝去了，
种子还在；
时间过去了，
品质还在。

走过了八千年，
即使只剩下一颗苦涩的心，
炭化枣核，
你依然坚硬地等待，
等待着
那双缘定十世的眼睛，
一次温柔的抚摸……

命运和时光的轮回之中，
已经错过了此生此世，

你不愿再次错过她了，
就决然地选择——
坚守着自己的誓言，
永远地等待，
即使已经没有当年的容颜
和当年的温度，
即使只剩下一颗炭化的心。

（三）

白蛇仅仅修炼了一千年，
就能在西湖边上遇见了许仙，
我，
化作裴李岗上的一枚红枣，
痴痴地等待了八千年了，
容颜早已成灰，
伤心何止欲绝？

枝头吐出第一簇羞涩嫩芽的时候，
是我在等着他……
叶间开满米黄米黄的枣花的时候，
是我在等着他……
枝条上挂满红彤彤的大枣的时候，
是我在等着他……

多少年过去了，
我不敢离开裴李岗，
唯恐就在我转身的一刹那，
一扭头就错过了他。

直到有一天，
一个长发飘飘的白衣女孩，
在只剩下黑褐色尖刺的枣树下，
悄悄地读着席慕蓉《一棵开花的树》
的时候，
我幽幽地叹了一口气儿，
将一颗颗饱满的相思，
洒落大地。

猫 缘

郭铁峰

家里曾经先后有过两只猫。

第一只猫是常见的黄狸猫，那是在我上小学的时候喂的。那时候的猫不像现在的猫姐猫妹一样那么娇里娇气，只是喂它一些剩饭剩馒头的，就自个儿在屋顶房脊上飞檐走壁来去如风了，根本就不需要什么鱼头鱼肝油之类的营养品，也许它恐怕连这样的梦都没做过，因为它根本就不曾见过。有一次我给它抓了一只螃蟹，就让它兴奋了整整一个下午！根本不像现在城里的猫先生猫太太们吃得饱肚肥肠，还总是消化不良。不过现在的猫没法跟我家黄猫比的是：它的脖子上从来没有过绳圈链子之类的东西，出了屋门就可以直接上山！有一次，整整一天都没有见到它，到了晚上，妈妈和我“咪妞、咪妞、咪妞”地找遍了整个村子，以至于我的嘴唇麻木了，也不见它的踪影！直到很晚才睡，那天晚是我做梦都是跳满了黄猫的身影。第二天刚蒙蒙亮，妈妈就起来找猫，我在被窝里一伸脚，却蹬着一团极温软的东西，一时没反应过来，又蹬了一下，“喵”的一声，顿时我便坐了起来，抱起它：“哎呀！你这只死小猫！”连忙跑去给妈妈说，妈妈说：“我说呢，早上起来就看见院子中间摆着一只死老鼠，原来是它呀！”

黄猫的最终结局是不知所终，估计是被谁家逮起来了。

我家里喂的第二只猫是一只黑白相间的小花猫。

那时我正在上初中三年级，刚开始的时候，对它并不是怎么感兴趣，因为它整日里病蔫蔫的，总是离不开吃药打针，简直和黄猫形成了极鲜明的对比！黄猫跑起来快的时候，只让你看见一道黄影，停下来的时候浑身每一根毛都带着亮！而它却整天蜷卧在床头，活动范围是以床腿为圆心以两尺长的绳子为半径的那点儿地盘，就是这样屁股大的地块，还被书柜占去了四分之一！不过这也与我的家庭变迁有关，我们已经搬到了城市，一切都处于初级阶段，到现在留给我的印象只能用一个“挤”字来概括，不光地方挤，人挤，时间挤，钱也要挤，更何况一只无关生存攸关的小花猫呢？于是她就整天困在床头害病！不过这只猫按农村的说法可真算得上是有富气了：生在城里，吃的是商品粮，住的是商品房，却老是害病！也真算是有福不会享了。老爹不忍心让她死去，就整天抱着她打针，用汤匙撬开她的嘴灌药。在这样精心的伺候下，她的模样也没有什么起色，黑白相间的毛老是扑楞着，好像一个懒婆娘一样眼角存着擦不完的眼粪，乱糟糟的头发也不想梳，任凭身上散发着体臭，还得让老爹给她洗澡，她在水盆里喵呜喵呜地叫，好像孤独无助的少女遭受着强暴！唉，真算是“虽非倾国倾城貌，却是多愁多病身”！如果把她的福分均出十分之一，黄猫恐怕就会觉得受用不尽了！

不过这只猫却让我时时地牵挂，不为别的，仅仅因为我初恋的女友就昵称为“猫”，好像邓通没有别的本事，仅仅只是因为和汉文帝梦中的黄衣郎穿着同样的衣服而得到宠幸一样。每当周末，我回家就要逗她玩玩，这时候的她也显出少有的高兴，躺在我的怀里撒撒娇，我的眼前就会闪现出她那楚楚动人风情万种的模样，我逗着猫，便想象着假如是她躺在我的怀里该会是什么模样！这个秘密藏在我心中最隐秘的地方，没有人知道，我觉得这只猫仿佛是冥冥之间意味着什么。我越是爱她，就越是担心花猫的病情，有时花猫病了，她也病了，我的心就格外地痛；有时候回家看见花猫病恹恹的，她却眉飞色舞的，心中就隐隐地掠过一丝不祥的感觉。终于有一天，那个令我朝思暮想魂不守舍学习成绩一落千丈最终使我由三好学生腐化堕落变质成差生的女孩说：“为了我妈，咱们结束吧！”我这个从千户寨出来的穷学生又能怎么样呢？只能是任凭她的背影被路灯拉得越来越长……更令人想不到的是，在这个周末，我刚刚回到家里，妈妈就对我说：“花猫死了。”我问：“啥时候？”“八号吧，就是前几天。”是的，就是一九九一年元月八号，那个令我刻骨铭心的日子——一九九一年元月八号！站在门口，我的泪竟不知不觉地流了下来，妈说：“死了就死了，不就是一只猫吗？”我说：“以后别再喂那玩意儿了！”

从此，我见到猫就觉得心痛，彻心彻骨地心痛，没人知道的。

感慨李自成

郭老庄

查阅史料，李自成最令人感慨：起初，失业、欠债、妻子与人通奸，何其悲惨！然及其忍无可忍，以至于血性愤发，纵横中国，杀官无数，快意恩仇！最低谷时仅有十八人，藏于深山，犹能再起，连兵百万，开国称帝，何其壮也！及其败退，一败再败，再败又败，直到最终死于农夫之手，真可谓一败涂地，何其颓唐之极！

从起初的看似无能之极，到开国称帝的威武雄壮，又到一路败退的惶惶奔命，李自成的人生，令人恍然如梦，难以置信！这是同一个李自成吗？细细想来，李自成虽然还是李自成，但是其心态变了，内在的心态变化决定他外在的行为：

当他作为一介草民时，只想着如何应付一天三顿饭，就显得是那么的卑微，所有的行动都是无奈的挣扎！

当他作为一个怒发冲冠的英雄时，万里山河就任他驰骋！心有多大，舞台就有多大！

当他作为仅仅只想找个存身之处的败军之将时，天下虽大，竟无立足之地！

伟人因为理想的高远而好像显得遥不可及，凡人因为目标的现实而备感生活的艰辛。他是在凡人这条路上实在走不下去了，不得不铤而走险时，推开了上帝给他打开的另一扇窗，景色无限……

骤然而来的巨大幸福，最容易冲晕人的头脑。人，不可能总是坏运气，也不可能总有好运气。老子说：“飘风不终朝，骤雨不终日。”当一片石战役中突然冒出大辫子的清兵时，李自成的好运气到头了。

那时候的清兵，一天行军二百余里，连续行军十三天，正是朝气蓬勃气吞万里如虎的季节。当年李自成追击孙传庭，直追四百里。

满足于攀登上一座不太高的山峰，绝对也是一种惰性。李自成决定撤退，回老家西安去，临走时再过一回当皇帝的瘾，他要抓住即将离去的幸福。越是想抓紧的东西，越是抓不紧，甚至连抓都抓不住，如同抓紧一把流沙，如同挽回恋人的心。

火烧紫禁城，我得不到的东西，你也别想好好得到。

原来投降的明朝将领又纷纷反叛，人心难测啊，最后连李岩都杀了。

没想到西安也待不住了，哪里是能再存身的商洛山呢？

天下之大，再没有李闯王的商洛山！

一路败退，只有九宫山……

不由又想起后唐开国皇帝李存勖，欧阳修说他：“故方其盛也，举天下豪杰，莫能与之争；及其衰也，数十伶人困之，而身死国灭，为天下笑。”

人活一口精气神，气可鼓不可泄啊！

老兵崔须

洧水河

今天是“八一”建军节，在这个为军人致敬的节日里，不禁想起我的姥爷崔须，一个国民党老兵，这个节日本来不属于他，但是他以自己独特的方式证明自己是一个真正的军人：他是在这个日子去世的，临终前他要求穿上将军呢大衣，这件大衣是他上山割荆条卖梢几毛钱几毛钱挣来的，这个要求在偏僻而贫困的小山村里显得是那么地卓然不群。

姥爷其实并不想当兵，他是被卖壮丁出去的，据说还似乎是两次。“好铁不打钉，好男不当兵”是中国人祖辈的观念，但是日本鬼子打过来了，“地无分东西南北，年不分男女老幼，皆有守土抗战之责，皆应抱定牺牲一切之决心！”是政府的号召，落实到地方上就是买壮丁，买他的是邻村我家二爷郭增恩，因为根据传统是长子守家侍奉父母，大姥爷崔梨不须出征，若干高粱米、谷子、银圆，具体数目，后来我二大娘和我妈各执一词，已很难考证了。其实，出去未必见得就埋骨荒野，守在家里不一定就能寿终正寝，大姥爷崔梨作为长子，留在家乡，最终孤身一人至老死，一辈子没有讨上一个老婆，临老前专程到我家嘱托我妈逢年过节要记得给他烧纸，最终还是姥爷领着人把他埋了，我二爷郭增恩三十九岁就死于糖尿病。就这样，姥爷走上了生死未卜的战场。走后，卖壮丁的银元被村上的一个恶霸崔东抢走，我妈至今说起来犹是愤恨不已。

姥爷生前曾对哥哥说起过他的战斗序列：

第二战区：司令员卫立煌

第93军：军长吴勉之（东北人）

第163师：师长王明钦（陕西渭南人）

第47团：团长肖耀武

第3营：营长吕全中（河南新乡人，自杀殉国）

第8连：连长李炳增（安徽砀山人）

当兵走后，据姥爷说，足迹所至，北至沈阳、营口，1931年日本占领东北，他1937年后当兵，国军进东北似为不可能，估计是战后去的，可惜我当时年龄小，还不知道问个所以然，而那时他很少谈起往事，但他确实就是这样对我说的。东到江苏，南过江西，现有江西省国防部赣北屯垦处的证章一枚，编号365，存于三舅处，姥爷在“文革”中被批斗，姥娘遂将委任状等所有纸质资料付之一炬，仅存的两枚铜质证章，也被砸得模糊难辨。向西达兰州一带，说当时苏联支援中国物资的车队一眼望不到头，印象很深。

“塞翁失马，焉知祸福”，姥爷出自深山，走过这么许多地方，自然是见识大增，是一辈子没有出过小山村的大姥爷所难以想象的，村里的人都说别看你姥爷没上过学，说话可有水平呢。我曾问他到外面转着美不美，他说哪里有那个闲心？不是行军就是打仗，很多路是夜里走，黑乎乎的，一步一步打摸着向前走，军中称为“滑步”，手里拿个小石子，情况不明时扔一个，有一次走到周口，看见前面有点黑，扔了一下才知道是个井，当时要掉下去就掉下去了，和飘进去一片树叶一样。走到太行山时，那山真好看，满山尽是核桃，有当兵的吃核桃手染黑了，第二天长官检查，发现手黑就要枪毙，有些当兵的为磨掉手上的黑颜色，满手是血。

姥爷参加过忻口、中条山等战役[①]，我后来查资料才知道都是国军血战溃败的惨仗，不知道他当时在那血流成河死人成山的战场上怎么活过来的。我问他打仗害怕吗，他说害怕有啥用，成千上万的人在那儿，不打也不中。姥爷看打仗片的时候总是说太假了，我问你们打仗怎么打的，他说隔老远放枪，基本上是人看不见人，我说经常拼刺刀吧，他说哪敢呢，仗打到那分上，输赢就不行了，日本人也要活。我说你拼过几回刺刀啊，他认真地回忆一下，肯定地说两次，我说你把日本人捅死了吗，他说战场上乱得很，把他摔倒就走了，哪有空看那个！有一次他们连去偷袭敌人，在一半山腰，号兵也紧张啊，提前就吹响冲锋号了，人哗的一下就冲上去了，后面人没跟上，结果机关枪打死的人可不少，就像割麦一样，他赶紧趴到一个坎下，炮弹就在头顶坑边上爆炸，我问那你受伤了吗，他得意笑了笑说，你不知道，炸弹爆炸看着很吓人，其实它是一个扇面向上的，只要趴下就没事。我说打仗十来年，你负过几次伤，他说只有一次，是弹片炸着第三根小拇脚指头，当时他还给我比画了比画，时候长了我也记不清是左脚还是右脚了。有次我问你喜欢打仗吗，他说打仗要命，谁喜欢？不过当兵的心里都想打仗，不打仗的时候吃的是小米掺沙子和黑面馍，一打仗就是大米白面猪肉粉条随便吃，能吃一顿饱饭可得劲了！最好的时候就是吃过打仗饭了，任务又撤销了！

就这样，文盲出身的姥爷，身在地道的杂牌军部队，既要担负起抗日卫国的高尚职责，又要面对避免消灭的生存现实，在行军、打仗、驻扎、败退中度过了他的抗战岁月，如同一叶浮萍沉浮在时代的惊涛骇浪之中，数度沉沦，几经挣扎，却依旧顽强地漂荡在水面！消失，是他的必然宿命，不会惊起一丝波澜，存在，是他的运气造化，偶尔会引来几瞥惊奇的目光，仅此而已。“人生的道路虽然漫长，但要紧的只有几步，特别是他青年的时候。”作家柳青说过。最早读到这一句话的时候，我觉得它简直是真正的废话，多年以后，我觉得它真的是一句至理名言。

在抗战将近结束时，姥爷迎来了他人生似乎是第一次重大的机遇，他居然获得一次可以上学的机会！由于他历经多次作战而能不死，已由一个目不识丁的文盲壮丁，成长为一名经验丰富的老兵，随着前面长官的阵亡补缺，姥爷已经渐至营连级干部，上峰要派他到军校进修学习。我问他考题是什么，他说当时考试的试卷是随便写，他也不知道要写啥，也没有题目，有题目估计也不会，但是总不能交白卷吧，想来想去，就把农历二十四节气歌默写了一遍交上去了事，没想到居然就录取了！可能考官也没指望这批大兵能写出什么锦绣文章，只是测试基本文化程度吧，能拿住笔写出字的就算是很不错了。要去上学的姥爷激动不已，贫寒出身的他就要成为知识分子了！崔家的列祖列宗在冥冥之中似乎真是开眼了！就在他即将乘车前往新乡的头一夜，和他私交甚好的朱师长来找他，说：“须，到明天再走吧。”姥爷问他有什么事儿，他说没什么事儿，姥爷说上学学习的机会不多，车票已经定好了。朱师长也没再说什么就走了。姥爷就去新乡报到上学，当夜他所在部队连夜开拔，投奔共产党了！[②]军官全体职升一级，师长升军长，旅长升师长……我说姥爷你咋恁傻哩，要不是你现在也是大官，叫我也跟着沾沾光！姥爷幽幽地说那种事儿谁敢给你明说啊，临阵投敌，全体哗变，是要掉脑袋的啊。我说姥爷那时国民党和共产党打仗，你为啥不跟共产党走呢？要不是你也不会挨斗，咱家也不会恁穷啊！姥爷说那时的人才不管什么主义什么党哩，兵随将走，谁给吃饭就跟着谁干。记得姥爷好像要表白自己似的，不止一次地说他是坚决没有打过内战没有向解放军打过一枪的，当时我挺相信的，现在想来，不知道是“文革”中斗怕了，还是表白习惯了，即使是面对着自己的外孙。

后来，哥哥给我说了另外一种版本：姥爷要去上的学，不是新乡的农校，是南京中央军官训练团，抗战胜利后，国民政府要裁减一部分军队，姥爷所在的杂牌军自然是首当其冲，但是政府对他们这些百战不死的中下级军官很重视，进行集中整编，部队要反水的事儿，姥爷事先也知道，但是他中蒋介石的毒太深了，认为政府有能力力挽狂澜。姥爷的棺材里放了一本《三国演义》，他始终也认为刘皇叔才是正统。

历史就是过去的事实，不可能假设，也没有“要不是……”！

姥爷终于实现了自己上学的梦想，却永远地离开了自己的部队，如同鱼儿离开了水，瓜儿离开了秧。人生就是这样，处于不断的抉择之中，有所得必有所失。“熊掌与鱼肉，不可得兼”，多年以后，当我面对上研究生与提拔机会需要抉择时，我也做出了和姥爷一样的抉择："上学的机会不多，提拔的机会多得是。"其实有些机遇一旦错过，就永远不会再重来了。"性格决定命运"，我祖孙俩在不同的时代，面对相似的问题，下意识地做出了相同的选择，或许是内在性格使然吧。

姥爷来到学校，在选择专业时，心想我是农民，将来终究还是要回农村的，就学习了农业，毕业后分配在东北营口的一个农场当场长，后来关外打得厉害，一季也没有收获成，后来又到江西省国防部赣北屯垦处工作。"上帝为你关上一扇门，也一定会为你打开一扇窗。"估计姥爷就是在江西时遇见了姥娘。

姥娘王秀枝，或作留根，湖北省阳新县富水乡新桥村人。父亲好像叫得胜，母亲姓罗，这都是听舅舅们说的。我现在很奇怪她居然有名字，因为那时候女人一般都没有名字，我奶奶叫郭白氏，我二奶奶也叫郭白氏，我二姑死的时候还没有名字，都叫她小闺女，正式可以称为张郭氏，等于说都没有名字。十几岁以前我都不知道姥娘的名字，因为长辈的名字轻易不让说。有一次，哥哥神秘兮兮地翻出姥爷家的户口本说你知道咱姥娘叫啥名字，我也很好奇，一看居然是王秀枝，我俩哈哈大笑，因为当时正在演《霍元甲》，里面有个日本女特务叫王秀枝！我俩偷偷乐了好多天也不敢吭气，生怕舅舅们知道了挨打。

姥爷姥娘都是苦命人，他们的确切年龄他们自己都不知道，都是估计出来的。他们的生日都是指定的，姥娘的生日定在五月当五端午节，可能是南方人对端午节的印象比较深吧，她其实不知道五月当五出生的孩子在以往都是要被扔掉的，因为习俗认为他们克父母。姥爷的生日先是定在八月初八，后来又改成十月初十，现在我才明白或许是10月10日是中华民国的国庆节。姥爷命硬，从小死了母亲，他母亲抱着他就死了，他的父亲从此离家出走，一去几十年，听说是隐居在鲁山，是他爷爷养活他的，妈妈也是听她村里老年人说的。姥爷命硬，姥娘比他的还硬，如果说姥爷的命硬得像一块铁，姥娘的命硬得至少得是一块钢板！从小父母双亡，有一个小弟弟也死了。六岁时到江西省永修县涂家埠一家叫帅欣的大户人家做丫鬟，十几岁就要被纳为填房，半夜时正在船上睡觉，一个大娘叫醒她，让她逃跑，估计是在江西逃亡途中结识姥爷的。姥爷刚开始还不愿意，自己走了，不知道怎么的姥娘居然又找到他了，姥爷认为是天意，想想也是，那时候的人没有电话没有地址，在茫茫人海中分别，有时很可能就是永别了。唉，由此看来，两个人的结合也算得上是门当户对天作之合，好比是黄连碰见了苦瓜。

西楚霸王项羽灭掉秦朝时曾说："富贵不归故乡，如衣绣夜行，谁知之者！"汉高祖刘邦打败项羽建立汉朝后也是回到老家："大风起兮云飞扬，威加海内兮归故乡。"卖壮丁出去的崔须回来了！不但回来了，而且是当官回来了，还带回来了媳妇！相信当年姥爷回到崔家沟时，一定是这个几十户的小山村最具爆炸性的新闻。我老家在具茨山下，黄帝曾在此创业屯兵，是一座历史名山，可是在娶媳妇方面绝不是什么优势！哪个村子里没几个打光棍的？能当官固然好，衡量人生成功的最重要标志却是："你看看谁谁熬了一大家人啊！"姥爷家原来是村里最赤贫的，穷到什么地步呢？我妈说姥爷的爷爷他们都是在布衫的前后心那里掷一块儿棉花就当棉袄了，冬天睡觉没有被子盖，后来终于攒钱套了一个土布被子，并且用煤水染染上色，当晚他村里的人眼气地说这爷俩没盖过被子，今夜黑里别烧死了！现在姥爷回来了，领回来了媳妇，还买了几头牛，还有国民党的勋章，1948年，估计是姥爷度过的人生中最美好的一段时光！

1949年，中华人民共和国成立，蒋介石跑到了台湾，是许多中国人命运剧变的一年。随后接踵而来的"土改""镇反""三反""四清""五反""大跃进"……"文革"！小山村里找个地主都难，连当年能出钱买他壮丁的我家还是划为"下中农"成分，别说一个现成的国民党，还是连长！批斗会上，姥爷就是秃子头的虱子，"无役不与"，理所当然地都是头道菜，听我妈说新做的白土布布衫一麻绳勒上去就见肉了，大姥爷崔梨对亲侄女我妈破口大骂以显示他的积极，姥爷的表妹搜走了姥娘的金镏子，后来我爸爸也随着人群高喊口号："打倒崔须！"姥娘在惊恐中烧掉了姥爷所有的证件资料，能砸的砸，能扔的扔……种种情景，难以想象，遑论身受？

姥爷如同狂风暴雨中的一根野草，无遮无拦地迎接着各种各样的冲击，经受过来，没有垮下，细细想来，实属不易！相反，我姥爷还以旁人难以企及的生存智慧和劳动能力，先后生育抚养了我妈妈他们姊妹六人，部分达到初中文化程度。我曾问他别人斗你你害怕吗？他说战场上死人成堆，有的兵临死的时候说须哥给我老家里捎个信，我当时只能是先答应住他们，我能活不能活还不一定呢！我到现在还养活了一大家人，值了！想想他们，没有什么过不去的。姥爷还讲及受过别人的滴水之恩：有一次在批斗中要回答的数目要对上号，才能算过关，周家沟的支书许敬宇暗中给他伸了伸指头，使他免遭一顿毒打。

姥爷在外当兵打仗的十年，开阔了眼界，锻炼了体魄，组建了家庭，学习了才能，培养了气度，他的经历是哥哥崔梨所无法想象的，"宁肯出门错，不可在家坐。"潢川的李永保曾经对我说过，当我在长途汽车上偶遇他时，满面沧桑的他对我说，二十多年来，他的面目已经模糊，但是我永远地记住了这一句话。走出去，便是自己给自己创造一个更大的舞台。而姥爷父亲的出走，却是另一种逃避责任的走出去，抛弃老父幼子，独自隐居鲁山，刚开始我们还以为是庐山，到了1960年大饥荒时，再也待不下去，自己又一个人回来了，只带回来一捆丝绳，这就是他四十年的劳动成果！姥爷恍然如梦，对这个从天而降的父亲喜出望外，照样为他养老送终。

姥爷从离家时的文盲，到回家时能读书看报，读通《三国演义》《杨家将》等大本头，爱听收音机，关心国际局势国家大事台海风云。有次我爸爸看望他，正在幽暗的窑洞里趁着一盏如豆的小煤油灯看报纸，我爸说你七八十岁了还那么用功弄啥，想考大学吗，他不置一词，只是淡淡地说下次多捎点报纸回来让我看看。姥爷还曾多次给我分享他集一生的智慧研究出来的国家战略成果："孩子，要永远记住，俄罗斯和日本是中国最大的敌人！"我见过得脑溢血的人不在少数，治疗后基本上都是行动不便，或轮椅，或卧床，姥爷在六十六岁时得了脑溢血，除了基本治疗之外，家里也不可能提供更好的条件滋养他，他也不例外地半身不遂了，但是他仍然拄着锄头照样下地，坚持用好手拿着病手锄地、割草，硬是自己恢复自愈了，什么是"意志坚如钢"！我亲眼看到七十八岁的他在崖头沟边爬上一棵柿树砍树枝，我说你还能上吗，他不耐烦地摆摆手。八十六岁时他还下地割草，有一把镰刀，已磨至宽约一指，犹寒光闪闪锋利无比。累了，就躺在红薯地里听会收音机，自得其乐。

姥爷临终前一月，独自至四十里外县城找到我家，上至五楼，全家大惊，哥哥给他洗澡擦背，他像个孩子般高兴，说我这一辈子能让研究生搓搓背，真值！大舅说他家里条件差，作为一个老头却爱喝健力宝，有点嫌他奢侈浪费的意思，我哥领他到医院一检查，才知道是食道癌晚期，食道堵塞，喝了健力宝，一打嗝可以使喉咙透气顺畅一些。十来天后，我们将他送回老家。

2002年8月1日中午（农历六月二十三日），中国人民解放军"八一"建军节，国民革命军老兵崔须辞世，享年约86岁。临终前，他身穿墨绿色将军呢大衣，嘴唇紧绷，眉毛上挑，军容整肃，仪表威严。其时，电视中军歌嘹亮，红旗飘飘。

光阴似箭、岁月如梭、时光如水，这些小时候工工整整地摘抄在本子上的优美词汇，在写作文时往往放在头一句，为被老师用红笔划住表扬而沾沾自喜，四十多岁后，才真正体验到这些华丽词汇背后的冷酷。以往认为四五十岁的人都算得上是很老的人了，转眼自己也四十多岁了！小时候，我们认为姥爷一直那个样子，好像都不会老似的，转眼姥爷已经去世十三年了，问起姨姨和舅舅们，已经搞不清姥爷的名字到底是"须"还是"戍"了！姥爷的坟因为修高速公路已经迁过一次，现在的坟上又已经是长草萋萋了。

2015年8月11日，民政部、财政部通知，在纪念抗战胜利70周年之际，将向部分健在的抗战老战士发放一次性生活补助金5000元。其中包括参加过抗日战争，后回乡务农的原国民党抗战老兵。

姥爷生前曾托我父亲到民政局问问有关抗战老兵的政策，结果民政局的人说没有文件，最后对我父亲说干脆你回去给老头点钱算了。我父亲回去给了他一百块钱，说这是政府奖励你抗战有功的补贴，姥爷拿着那一百块钱看了好久，后来还被煤油灯烧掉了一个角。我想姥爷要是看到这则新闻，也会有稍许欣慰吧。

注:①中条山战役，日方称之为"中原会战"，是抗日战争进入相持阶段后，正面战场国民党军队在山西范围内的一场大规模对日作战。1941年5月7日开始，历时一个多月，中国军队由于事前准备不足、又缺乏统一指挥，除少数突围外，大部溃散，被俘虏3.5万人，遗弃尸体4.2万具，日军据中方公布毙伤9900人，按日方数字仅战死673人，负伤2292人。包括第三军军长唐淮源上将、第十二师少将师长寸性奇等滇军名将在内的多名国军将领壮烈殉国。

②1945年8月13日，伪南京警卫第三师师长钟剑魂，在中共地下党的策动下，率领该师3000多人在江苏六合县钟家集起义。部队改编为新四军华中独立第1军，辖第1、第2师，钟剑魂任军长。

此材料由三舅崔振午提供，钟剑魂曾任姥爷所部师长，但哥哥郭树伟说姥爷本人说姓朱。

索引

INDEXES

索引
INDEXES

·索 引>>>

INDEXES

说明：

一、本索引采用主题分析的方法，把年鉴所刊登的条目，按汉语拼语顺序排列，同音字按声调排列，声调相同的按下一个字的音序排列。

二、标目后数字为页码，字母a为左栏，b为中栏，c为右栏。

三、内容有交叉或完全不同而标题相同的条目，为便于读者检索，在索引中重复出现。

A

B

C

D

E

F

G

H

J

K

L

M

T

W

X

Y

Z